LA FORÊT DES ROIS

DU MÊME AUTEUR
CHEZ LE MÊME ÉDITEUR

Londres

Edward Rutherfurd

LA FORÊT DES ROIS

Traduction de Thierry Piélat

Roman

PRESSES DE LA CITÉ

Titre original : *The Forest*

ISBN 2-258-05555-5

Ce livre est dédié au musée de la Nouvelle Forêt,
source d'inspiration et de joies.

Sommaire

La pierre de Rufus 19
La chasse 23
Beaulieu 113
Lymington 189
L'arbre de l'Armada 243
Alice 321
Albion Park 411
Pride de la Forêt 569
La Forêt 625

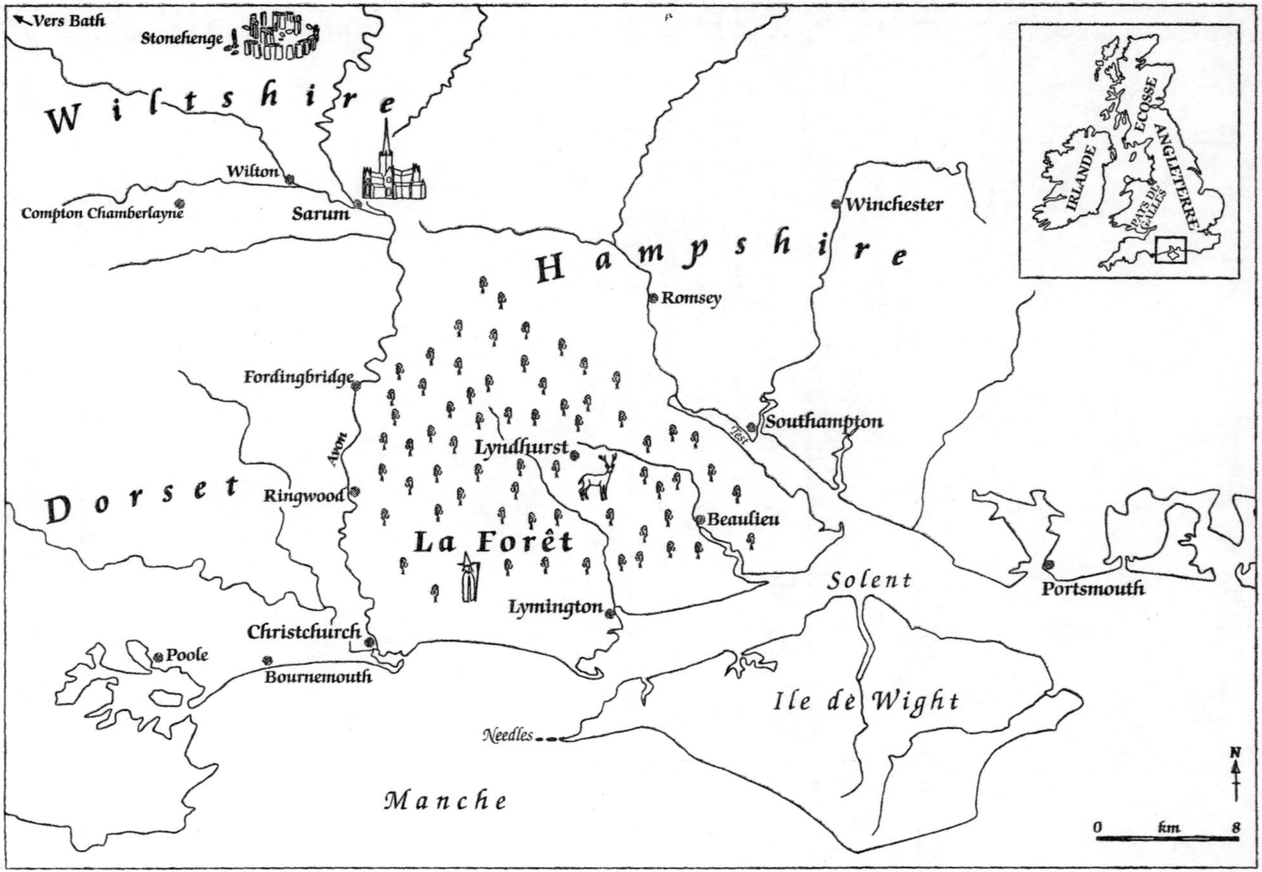
Vers Bath
Stonehenge
Wiltshire
Wilton
Compton Chamberlayne
Sarum
Winchester
Hampshire
IRLANDE
ECOSSE
ANGLETERRE
PAYS DE GALLES
Romsey
Fordingbridge
Southampton
Test
Avon
Lyndhurst
Dorset
Ringwood
Beaulieu
La Forêt
Solent
Portsmouth
Lymington
Christchurch
Poole
Bournemouth
Ile de Wight
Needles
Manche
N
0
km
8

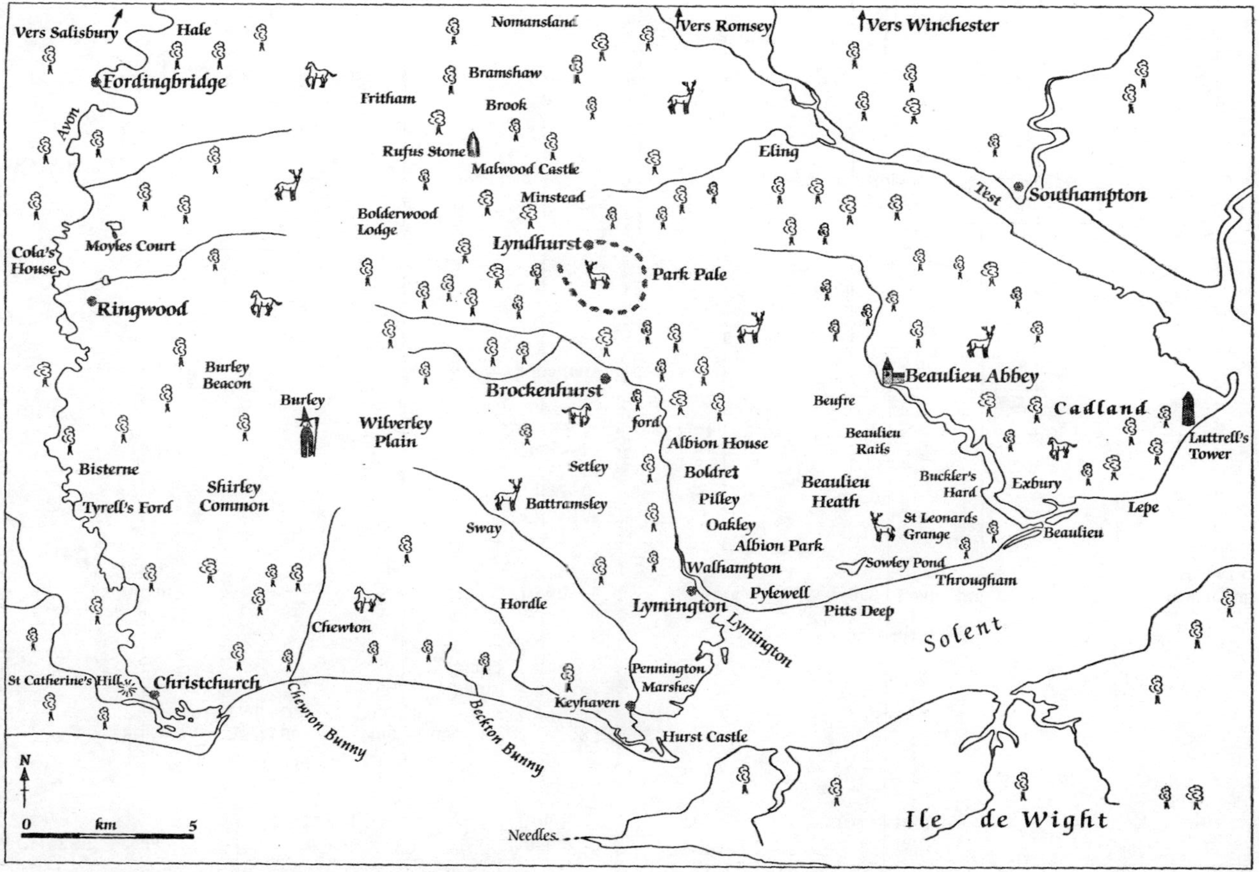
Vers Salisbury
Hale
Fordingbridge
Avon
Cola's House
Moyles Court
Ringwood
Burley Beacon
Burley
Bisterne
Shirley Common
Tyrell's Ford
St Catherine's Hill
Christchurch
Chewton Bunny
Chewton
Nomansland
Bramshaw
Fritham
Brook
Rufus Stone
Malwood Castle
Minstead
Bolderwood Lodge
Lyndhurst
Park Pale
Brockenhurst
Wilverley Plain
ford
Setley
Battramsley
Sway
Hordle
Beckton Bunny
Keyhaven
Pennington Marshes
Hurst Castle
Needles
Vers Romsey
Vers Winchester
Eling
Test
Southampton
Beaulieu Abbey
Beufre
Albion House
Boldret
Pilley
Oakley
Albion Park
Walhampton
Pylewell
Lymington
Lymington
Pitts Deep
Beaulieu Rails
Beaulieu Heath
Buckler's Hard
St Leonards Grange
Sowley Pond
Througham
Beaulieu
Exbury
Lepe
Cadland
Luttrell's Tower
Solent
Ile de Wight
N
0 km 5

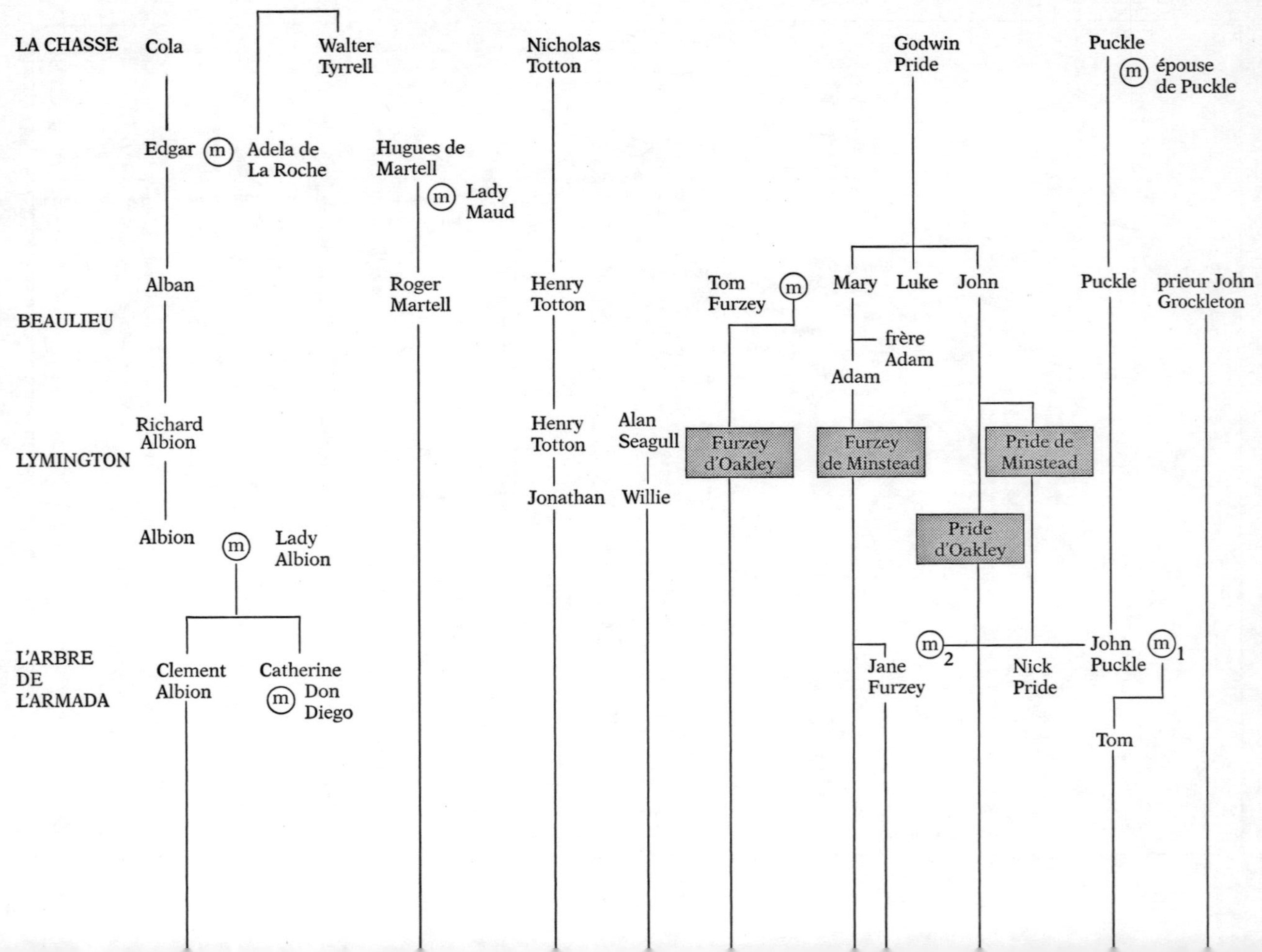

LA CHASSE
BEAULIEU
LYMINGTON
L'ARBRE DE L'ARMADA
Cola
Walter Tyrrell
Nicholas Totton
Godwin Pride
Puckle
m
épouse de Puckle
Edgar
m
Adela de La Roche
Hugues de Martell
m
Lady Maud
Alban
Roger Martell
Henry Totton
Tom Furzey
m
Mary
Luke
John
Puckle
prieur John Grockleton
frère Adam
Adam
Richard Albion
Henry Totton
Alan Seagull
Furzey d'Oakley
Furzey de Minstead
Pride de Minstead
Jonathan
Willie
Pride d'Oakley
Albion
m
Lady Albion
m
2
John Puckle
m
1
Jane Furzey
Nick Pride
Clement Albion
Catherine
m
Don Diego
Tom

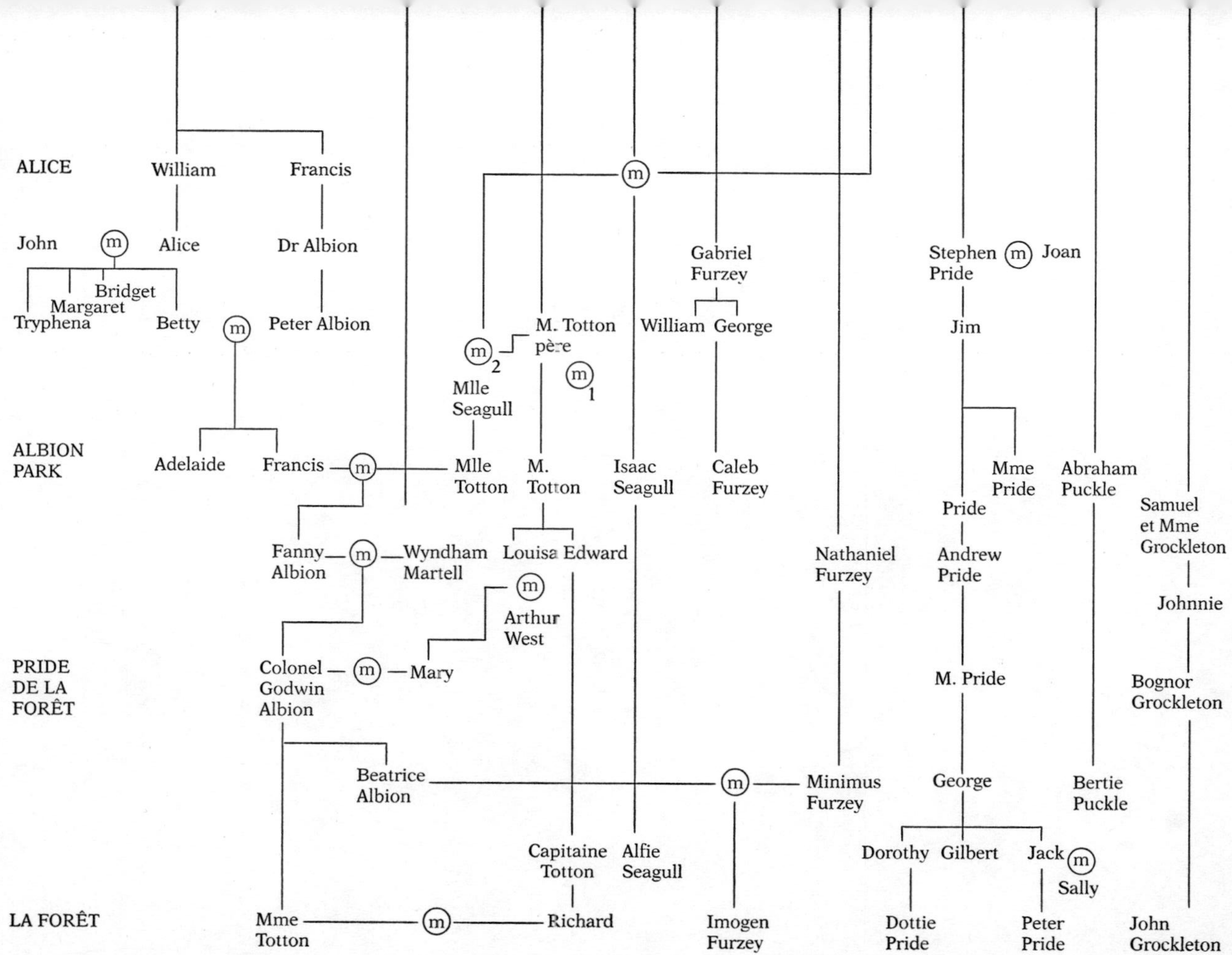
ALICE
William
Francis
John
Alice
Dr Albion
Bridget
Margaret
Tryphena
Betty
Peter Albion
M. Totton père
Mlle Seagull
Gabriel Furzey
William
George
Stephen Pride
Joan
Jim
ALBION PARK
Adelaide
Francis
Mlle Totton
M. Totton
Isaac Seagull
Caleb Furzey
Mme Pride
Abraham Puckle
Pride
Samuel et Mme Grockleton
Fanny Albion
Wyndham Martell
Louisa
Edward
Nathaniel Furzey
Andrew Pride
Johnnie
Arthur West
PRIDE DE LA FORÊT
Colonel Godwin Albion
Mary
M. Pride
Bognor Grockleton
Beatrice Albion
Minimus Furzey
George
Bertie Puckle
Capitaine Totton
Alfie Seagull
Dorothy
Gilbert
Jack
Sally
LA FORÊT
Mme Totton
Richard
Imogen Furzey
Dottie Pride
Peter Pride
John Grockleton

Préface

La Forêt est un roman. Les familles dont le récit suit les destinées sont fictives ainsi que leur rôle dans les événements historiques décrits. Je me suis cependant efforcé de raconter leur histoire en m'appuyant sur des personnes et des événements qui ont existé ou dont l'existence est plausible.

La maison et le parc Albion, le hameau d'Oakley sont inventés. Tous les autres lieux évoqués dans le livre sont réels. La plupart des toponymes de la Forêt actuelle n'ont pas changé depuis mille ans : dans le cas contraire, j'ai utilisé leur nom d'aujourd'hui. De même, tout en essayant d'éviter les anachronismes, il a fallu parfois employer un terme moderne quand un terme ancien eût risqué de porter à confusion.

La famille des Albion est inventée. Cola, le chasseur, a existé, Adela, la cousine de Walter Tyrrell, non. Le nom de Seagull est pure invention ; Totton et Furzey sont des toponymes locaux. L'élément Puck se rencontre souvent dans les toponymes du sud de l'Angleterre : j'en ai tiré Puckle. Martell apparaît dans des noms de lieux et des annales médiévales et suggère une origine chevaleresque. Grockle est un terme péjoratif contemporain local désignant un ignorant non originaire de la région : j'en ai tiré Grockleton. Enfin, j'ai choisi le nom de Pride, que l'on rencontre dans de nombreuses parties de l'Angleterre, pour évoquer la grande fierté, justifiée, que les familles de l'antique Forêt éprouvaient pour leur héritage. Une photo de feu M. Frank Kitcher m'a inspiré le personnage de Godwin Pride, l'archétype du roturier de la Forêt, mais le même type physique se retrouve sur les photos de membres de nombreuses familles de la région, notamment les Mansbridge, Smith, Stride et Purkiss. Les origines locales de ces familles semblent remonter à l'époque pré-romaine.

Quelques notes historiques seront peut-être bienvenues.

LE ROI GUILLAUME RUFUS : On ne connaîtra jamais la vérité sur le meurtre de Rufus, mais on sait probablement où il a eu lieu. J'ai suivi en cela M. Arthur Lloyd, le distingué historien de la Nouvelle Forêt, qui le situe à Througham et non sur le site de la pierre de Rufus. Quant au rôle joué par la famille Purkiss, j'ai adhéré au point de vue de MM. Lloyd et David Stagg, pour qui la légende selon laquelle Purkiss aurait emporté le corps sur une charrette est de date plus récente. La conversation entre Purkiss et le roi Charles relève de mon invention. L'esprit d'initiative de cette vieille famille est attesté aujourd'hui par sa grande épicerie, sans la visite de laquelle celle de la Forêt ne saurait être complète.

SORCELLERIE : La Nouvelle Forêt est depuis longtemps associée dans l'esprit de nombreuses personnes à la pratique de la sorcellerie. On ignore quelle forme elle a pu prendre dans les siècles passés. Je n'ai aucune expérience personnelle en la matière, mais il existe de nos jours une littérature abondante sur Wicca, ainsi qu'on l'appelle généralement, dont je me suis inspiré pour imaginer un récit que j'espère plausible. J'ai noté avec intérêt que beaucoup d'ingrédients qui entrent dans les chaudrons de sorcière sont en fait hallucinogènes.

LE DRAGON DE BISTERNE : Je suis très reconnaissant au général G.H. Mills de m'avoir expliqué ce qu'était en fait ce dragon.

ALICE LISLE : De nombreux documents relatent ce célèbre procès. Pour les besoins du roman, je me suis autorisé à faire intervenir à ce stade du récit les familles fictives des Albion et des Martell parmi celles, réelles, des Lisle et des Penruddock, mais de manière à ne déformer en rien l'histoire. Les recherches ont prouvé qu'il existait des incohérences dans la version habituelle de la légende. En fait, John Lisle n'a pas prononcé de condamnation contre le colonel Penruddock et la légende confond deux branches des Penruddock qui vivent dans la région. Je crois que la version légèrement modifiée donnée ici est beaucoup plus proche de la vérité historique. Les filles d'Alice Lisle ont bel et bien existé, à l'exception de Betty, personnage inventé.

LES CHÊNES MIRACULEUX : Je suis reconnaissant à M. Richard Reeves d'avoir attiré mon attention sur leur existence.

LE GALION ESPAGNOL AU TRÉSOR : Il n'y a apparemment aucune trace officielle de ce navire, mais des indices locaux donnent fortement à penser qu'il a existé. La liaison entre les châteaux de Hurst et de Longford n'est pas prouvée. Je crois cependant à son existence.

BATH : Le lecteur sera peut-être intéressé d'apprendre que l'histoire du vol de dentelle repose sur une accusation réelle portée contre la tante de Jane Austen.

LORD MONTAGU : Les scènes où apparaît Lord Henry (le premier Lord Montagu de Beaulieu) sont inventées, mais le rôle qu'il a joué dans le sauvetage de la Nouvelle Forêt est bien réel.

La pierre de Rufus

Avril 2000

Le petit avion survolait Sarum à haute altitude. L'élégante cathédrale, avec sa flèche élancée, se dressait sur les vastes pelouses comme une maquette géante. Au-delà de l'enceinte de la cathédrale, la ville médiévale de Salisbury s'étalait paresseusement au soleil. Plus tôt dans la matinée, il y avait eu une averse printanière, mais à présent le ciel était clair, d'un bleu pâle immaculé. Un jour idéal, pensa Dottie Pride, pour effectuer un repérage. Une fois de plus, elle se félicita de travailler pour la télévision.

On pouvait raconter ce qu'on voulait sur son patron — d'aucuns disaient que John Grockleton était une brute — mais il s'y entendait en matière d'organisation, pour affréter un avion par exemple. « La seule chose qu'il veut, c'est entrer dans tes bonnes grâces », avait fait remarquer l'un des cameramen. Qu'y faire ? L'essentiel, c'est qu'elle se trouvait maintenant à bord du Cessna et que la journée était magnifique.

A partir de Sarum, la belle vallée de l'Avon continuait plein sud au milieu de pâturages luxuriants sur plus de trente kilomètres jusqu'au port bien abrité de Christchurch. A l'ouest ondulaient les collines du Dorset ; à l'est s'étendait le vaste comté du Hampshire, avec sa vieille capitale, Winchester, et le grand port de Southampton. Dottie jeta un coup d'œil sur la carte. Il n'existait sur l'Avon que deux petites villes où se tenaient des marchés entre ici et la mer : Fordingbridge, à une douzaine de kilomètres au sud, et Ringwood, sept ou huit kilomètres plus loin. Quelques kilomètres plus bas que Ringwood, elle remarqua le gué de Tyrrell.

Ils n'avaient pas encore atteint Fordingbridge que l'avion vira sur l'aile vers le sud-est. Ils dépassèrent une longue crête couverte de chênes.

Elle se déploya alors sous leurs regards, immense, magnifique, mystérieuse.

La Nouvelle Forêt.

L'idée de ce reportage sur la Forêt revenait à Grockleton. Il y avait eu récemment une polémique dans la région : des réunions publiques houleuses, des incendies allumés par des gens du coin. On y avait déjà envoyé les caméras de la télévision quelques mois plus tôt.

Ce n'était cependant pas cela qui avait suscité l'intérêt de Grockleton, mais plutôt l'envie de retracer un morceau d'histoire plein de grandeur. « Nous couvrirons au moins cela, avait-il décidé. Mais il y a peut-être un sujet plus vaste, un reportage complet, en profondeur. Voyez cela, Dottie. Prenez quelques jours. C'est un bel endroit. »

Dottie pensa qu'il essayait vraiment de la caresser dans le sens du poil. Cependant, comme il apparut dès le lendemain, le patron y voyait peut-être un autre intérêt.

« Possédez-vous un lien quelconque avec la Forêt ? lui avait-il demandé.

— Pas que je sache, John. Pourquoi cette question ? Vous en avez un, vous ?

— De manière assez curieuse, oui. Ma famille était assez importante dans la région au siècle dernier. Un bois portait notre nom, je crois. Peut-être jugerez-vous opportun d'en parler. Si ça colle avec le reste, naturellement.

— Oui, John, avait-elle répondu avec une ironie désabusée. Je verrai ce que je peux faire. »

Ils survolèrent des cultures et des landes de bruyère brunes sur une quinzaine de kilomètres. La région était plus sauvage et nue qu'elle ne s'y attendait, mais en arrivant à Lyndhurst, au cœur de la Forêt, le paysage changea : des bosquets de chênes, des clairières verdoyantes où paissaient les poneys trapus de la Nouvelle Forêt, de jolis cottages à toit de chaume et murs de brique ou blanchis à la chaux. La Nouvelle Forêt qu'elle avait vue en cartes postales. Ils suivirent la vieille route qui traversait la région en direction du sud. Les bois de chênes étaient denses. Ils aperçurent un cerf dans une clairière. Ils passèrent au-dessus de Brockenhurst, un village au milieu d'une immense zone défrichée, avec des pelouses semées de poneys. Puis apparut une petite rivière qui coulait vers le sud à travers une vallée luxuriante aux flancs escarpés. Çà et là, de jolies maisons avec des enclos pour chevaux et des vergers. Prospères. Sur un tertre élevé se dressait une petite église paroissiale à l'architecture lourde, manifestement très ancienne. L'église de Boldre. Elle irait la visiter.

Un peu plus tard, ils survolaient la ville portuaire de Lymington et sa marina encombrée. Sur la droite, en bordure de marais, un panneau accroché sur un grand hangar à bateaux annonçait : CHANTIER NAVAL DU GOÉLAND.

La Manche se trouvait à quelques kilomètres plus à l'ouest. Sous eux s'étendait l'agréable plan d'eau du Solent, avec en toile de fond les pentes verdoyantes de l'île de Wight. Tandis qu'ils volaient vers l'ouest, elle regarda la côte.

— Là, dit-elle avec satisfaction. Ça doit être ça.

— Quoi ? demanda le pilote en lui jetant un coup d'œil.

— Througham.

— Jamais entendu parler.

— Personne ne connaît, mais vous allez en entendre parler.

— Vous voulez qu'on passe au-dessus de Beaulieu ?

— Bien sûr.

C'était là que devait être tournée la première séquence. Loin au-dessous d'eux, le soleil baignait l'enceinte de la superbe abbaye. Derrière, caché par des arbres, se trouvait le célèbre musée de l'Automobile. Ils décrivirent un cercle au-dessus, puis repartirent vers le nord, en direction de Lyndhurst.

Ils venaient de dépasser le village et volaient vers Sarum, au nord-ouest, quand Dottie demanda au pilote de décrire à nouveau un cercle. Il lui fallut un moment avant de localiser son objectif, mais il n'y avait pas d'erreur possible.

Une grande pierre, dressée à la lisière d'une clairière. Deux ou trois voitures étaient garées à proximité, dans un petit parking couvert de gravier, et elle distinguait leurs occupants, debout près du petit monument.

— La pierre de Rufus, dit-elle.

— J'en ai entendu parler, commenta cette fois-ci le pilote.

— Parmi les centaines de milliers de personnes qui viennent se promener ou camper dans la Nouvelle Forêt chaque année, rares sont celles qui ne vont pas voir ce curieux monument. La pierre marque l'endroit où, selon une légende vieille de neuf siècles, le roi Guillaume Rufus, le souverain normand, appelé Rufus en raison de ses cheveux roux, a été tué d'une flèche dans des circonstances mystérieuses au cours d'une chasse au cerf. Après Stonehenge, c'est probablement la plus célèbre pierre levée du sud de l'Angleterre.

— N'y avait-il pas là un arbre ? demanda le pilote. La flèche aurait ricoché sur le tronc et frappé le roi, n'est-ce pas ?

— C'est ce qu'on raconte. Il semble pourtant qu'il n'ait pas été tué là.

La chasse

1099

La daine sursauta. Elle resta là un moment, tremblante, puis tendit l'oreille.

La nuit de printemps étalait encore sa couverture gris fumée sur le ciel. A l'orée du bois, dans l'air humide, l'odeur de tourbe de bruyère se mêlait à celle des feuilles mortes. Le calme régnait comme si l'île de Bretagne tout entière attendait quelque événement dans le silence qui précède l'aube.

Soudain, une alouette se mit à chanter dans l'obscurité. Elle seule avait aperçu la première lueur pâle à l'horizon.

La daine tourna la tête, insatisfaite. Quelque chose approchait.

Puckle se frayait un chemin à travers les bois. Inutile de marcher en silence. Les feuilles bruissaient, les brindilles craquaient sous ses pieds, mais on pouvait le confondre avec un raton laveur, un sanglier ou quelque autre habitant de la Forêt.

Au loin, à sa gauche, le cri rauque d'une chouette hulotte résonna à travers les voûtes sombres des chênes.

Puckle. Etait-ce son père, son grand-père ou un ancêtre plus lointain que l'on avait appelé ainsi ? Puck appartenait à ces étranges noms anciens surgis mystérieusement du paysage anglais. On comptait plusieurs Puck Hill le long des côtes méridionales. Peut-être le nom venait-il de là. A moins qu'il n'ait été un diminutif : petit Puck. Nul ne le savait. Mais, ayant reçu ce nom en partage, la famille semblait ne s'en être jamais souciée davantage. Le vieux Puck, le jeune Puck, l'autre Puck, on ne discernait pas trop qui était qui. Lorsque sa famille et lui avaient été chassés de leur hameau par les serviteurs du nouveau roi normand, ils avaient erré à travers la Forêt et finalement construit des cabanes au bord de l'un des petits cours d'eau qui se jettent dans l'Avon, à la lisière occidentale de la Forêt. Récemment, ils s'étaient déplacés de plusieurs lieues vers le sud jusqu'à une autre rivière.

Puckle. Le nom lui allait bien. Râblé, noueux comme un chêne, doté de puissantes épaules voûtées comme s'il tirait un lourd chargement, il travaillait souvent avec les charbonniers. Même pour les gens de la Forêt, ses allées et venues restaient mystérieuses. Parfois, quand la lueur rougeoyante du feu éclairait son visage rude, il faisait penser à un lutin. Pourtant, quand il arrivait dans un hameau pour fabriquer des portes ou des clôtures en clayonnage, ce qu'il réalisait mieux que quiconque, les enfants se rassemblaient autour de lui. Ils aimaient son calme. Les femmes se sentaient étrangement attirées par la chaleur intérieure de cet homme des bois. A son camp près de l'eau, il y avait toujours des pigeons morts suspendus par les pattes, la peau d'un lièvre ou de quelque autre petit animal soigneusement tendue sur des piquets ou les restes d'une des truites qui remontaient les petites rivières boueuses. Pourtant, les animaux de la forêt cherchaient rarement à l'éviter, comme s'ils le prenaient pour l'un des leurs.

Il avançait dans l'obscurité, le torse protégé par un justaucorps en cuir brut, les pieds nus dans des bottes épaisses, presque sorti de la nuit des temps.

La daine restait immobile, tête dressée. Elle s'était aventurée un peu à l'écart du groupe qui broutait toujours tranquillement les jeunes herbes en lisière du bois.

Les cervidés disposent d'une bonne vue et d'un odorat extrêmement développé, mais leur ouïe — leur oreille externe est très grande par rapport au crâne — leur permet de détecter un danger, surtout s'ils se trouvent sous le vent. Ils peuvent entendre le craquement d'une brindille à de très grandes distances. La daine savait que Puckle s'éloignait d'elle.

Il existait trois sortes de cervidés dans la Forêt. Les grands cerfs communs au pelage brun-roux étaient, de tout temps, les princes du lieu. Dans certains coins, on rencontrait des chevreuils — de petits animaux délicats, à peine plus gros qu'un chien. Récemment, les conquérants normands avaient cependant introduit une espèce nouvelle et élégante : le daim.

La daine au pelage tacheté, âgée de presque deux ans, n'avait pas encore changé sa couleur de mûre hivernale pour son camouflage estival : un brun pâle à taches blanches. Comme presque tous les daims, elle exhibait une croupe blanche et une queue blanche frangée de noir. Mais son pelage était plus clair que la normale.

Un autre cerf l'eût presque certainement identifiée sans cette particularité : les taches de l'arrière-train sont subtilement différentes d'un daim à l'autre. Chacun possède, en quelque sorte, une marque aussi individuelle que les empreintes digitales des humains — et bien plus visible. La daine restait donc unique. Mais, peut-être pour le plaisir de l'homme, la nature avait-elle cru bon d'ajouter cette pâleur particulière du pelage. C'était un bel animal. Cette année, à l'automne, la saison du rut, elle trouverait certainement un partenaire... Si les chasseurs ne la tuaient pas avant.

Son instinct l'avertissait encore de se montrer prudente. Elle tournait la tête d'un côté et de l'autre, à l'affût d'autres bruits. Puis son regard se fixa. Au loin, les arbres demeuraient des silhouettes ombreuses dans l'obscurité. A quelque distance, une branche morte dépouillée de son écorce luisait comme une ramure de cerf. Derrière, un petit taillis de coudriers pouvait se confondre avec un animal.

Dans la Forêt, les choses n'étaient pas toujours ce qu'elles semblaient être. De longues secondes passèrent avant que, enfin rassurée, elle baisse lentement la tête.

Le chœur de l'aube commençait à s'élever. Là-bas dans la bruyère, perché sur un ajonc, trait jaune indistinct dans l'obscurité, un traquet y joignit son babillage sifflé. Le ciel s'éclairait à l'orient. Une fauvette fit irruption, ses trilles sonores emplissant l'air, puis la roulade flûtée d'un merle se fit entendre dans les arbres feuillus. Quelque part derrière le merle, un pic-vert donna deux brèves séries de coups sur un tronc d'arbre, précédant de quelques instants le doux roucoulement d'une tourterelle. Puis, toujours dans l'obscurité, le coucou enchaîna, un écho flottant à la lisière des bois. Chacun proclamait ainsi l'existence de son petit royaume avant la saison des amours.

Au-dessus des bruyères, toujours plus haut, le chant de l'alouette couvrit tous les autres. Elle avait aperçu le soleil levant.

Les chevaux s'ébrouaient. Les hommes martelaient le sol avec leurs pieds. Les chiens jappaient d'impatience. L'odeur des chevaux et de la fumée flottait dans la cour.

La chasse allait commencer.

Adela les regarda. Une douzaine d'hommes s'étaient déjà rassemblés : plusieurs chevaliers et châtelains de la région, de vert vêtus, des plumes piquées dans leur chapeau. Elle avait supplié qu'on lui permette de chevaucher avec eux, et son cousin Walter n'avait accepté à contrecœur que lorsqu'elle lui avait rappelé : « Au moins me verra-t-on. Vous êtes censé me trouver un mari, vous le savez. »

Ce n'était pas facile, pour une jeune fille dans sa position. Un an seulement avait passé depuis la période austère de la mort de son père. Sa mère, soudain pâlie et vieillie, était entrée au couvent. « Cela préserve ma dignité », avait-elle dit à Adela en la confiant à des parents, ne lui laissant pour toute dot que son nom et quelques douzaines d'arpents de terre pauvre en Normandie. Son entourage faisait tout son possible pour elle, ne tardant pas à songer au royaume d'Angleterre où, depuis sa conquête par le duc normand Guillaume, de nombreux fils de familles normandes avaient trouvé des terres — jeunes gens qui auraient été heureux de prendre une femme parlant français, venue de leur pays natal. « De tous tes parents, lui répétait-on, Walter Tyrrell est le mieux placé pour t'aider. Il a fait lui-même un fort beau mariage. » Il avait en effet épousé une fille de la puissante famille Clare, dont les possessions en Angleterre étaient immenses. « Walter te trouvera un mari », lui disait-on, mais, jusque-là, il n'en avait rien fait. Elle ne savait trop si elle pouvait se fier à lui.

La cour était typique des manoirs saxons de la région. De grandes bâtisses à toit de chaume, pareilles à des granges, l'entouraient de trois côtés. De grosses planches en bois assombri par le temps en constituaient les murs. Au centre, une porte finement sculptée s'ouvrait sur la grande salle, et un escalier extérieur permettait d'accéder à l'étage. Le manoir se situait à une courte distance des eaux claires et tranquilles de l'Avon, qui descendait des collines crayeuses proches du château de Sarum, à vingt-cinq kilomètres au nord. Plus loin en amont se trouvait le village de Fordingbridge, en aval la petite ville de Ringwood et, douze kilomètres au-delà, l'Avon se jetait dans le havre peu profond protégé par son promontoire.

« Les voilà ! » Le cri s'éleva quand la porte de la grande salle s'ouvrit pour livrer passage aux chefs. Walter apparut le premier, l'air enjoué, suivi par un écuyer. Derrière eux, l'homme qu'ils attendaient : Cola. Cola le Chasseur, seigneur du manoir, maître de la Forêt. Ses cheveux étaient maintenant argentés, sa longue moustache tombante virait au gris, mais, grand, la poitrine puissante, il possédait toujours fière allure. Si sa charpente avait perdu de sa souplesse, sa démarche restait celle d'un vieux lion. Jusqu'au bout des ongles, c'était un noble saxon. Et si quelque chose, au plus profond de lui, donnait à penser qu'il sentait un peu de sa dignité envolée depuis l'arrivée des Normands, Adela devinait que ses yeux restaient capables de lancer des flammes.

Cependant, elle ne regardait pas Cola, mais ses fils, qui le suivaient. Ils étaient deux, d'à peine plus de vingt ans, l'un de trois ou quatre ans plus âgé que l'autre. Grands et bien faits, avec de longs cheveux blonds, la barbe courte, les yeux bleus vifs, tels qu'avait dû être leur père. Ils avaient aussi la démarche légère et athlétique, noble, et elle fut contente que ces Saxons au moins aient conservé leur domaine, alors que les siens, les Normands, avaient accaparé celui de beaucoup d'autres. Les yeux toujours rivés sur eux, elle dut réprimer un sourire intérieur. Grand Dieu, elle se surprenait à penser que dans le plus simple appareil ces deux jeunes gens devaient être... absolument magnifiques.

Quelques instants plus tard, au moment où, à l'horizon, le soleil affleurait au-dessus des chênes, la petite troupe de chasseurs, une vingtaine d'hommes, s'ébranla.

La vallée de l'Avon, dont ils s'apprêtaient à sortir, formait une région délicieuse. A travers la large plaine côtière qui s'étendait au-dessous des collines crayeuses dénudées de Sarum, des couches de gravillons s'étaient accumulées au long des périodes géologiques. Depuis lors, la rivière y creusait un lit large et peu profond, flanqué de berges gravillonneuses basses couvertes d'arbres, sur lesquelles, au fil des siècles, elle avait lentement déposé de riches alluvions. Entre Fordingbridge et Ringwood, la vallée mesurait environ trois kilomètres de large. Si la rivière paisible qui serpentait maintenant entre des champs luxuriants n'était plus qu'un filet d'eau, elle sortait parfois de son lit après les pluies de printemps et inondait les prés environnants. Comme pour rappeler qu'elle restait la maîtresse des lieux.

Adela n'était jamais partie ainsi à la chasse et elle en éprouvait une grande excitation. La curiosité l'animait aussi. Ils allaient au-delà de la crête orientale de la vallée de l'Avon, elle le savait, et l'une des raisons pour lesquelles elle avait tant insisté pour venir tenait à son désir d'explorer cette région sauvage dont elle avait si souvent entendu parler. Ils ne tardèrent pas à atteindre le pied de la colline, dépassèrent un petit ruisseau et un énorme chêne solitaire. Ils menèrent leurs chevaux le long d'un sentier qui serpentait vers la crête entre chênes et houx. Le gravier affleurait par endroits sur le sentier.

Sur la crête, le bois s'arrêta brusquement ; l'horizon et le ciel se déployèrent soudain tout autour d'elle et ils pénétrèrent dans un pays entièrement différent.

Ça ne ressemblait pas à ce qu'elle attendait. Devant elle, aussi loin que portait son regard, s'étendait une vaste lande brune. Le soleil jaunâtre, encore bas sur l'horizon, dispersait déjà les traînées de brume matinale qui s'étiraient sur le paysage, telles des toiles d'araignée. La crête couverte de fougères et de bruyères qu'ils avaient franchie redescendait en pente douce vers une large vallée qu'occupaient un marais sur la gauche, une rivière au lit pierreux et aux berges herbeuses sur la droite. Tout autour, des massifs d'ajoncs fleuris parsemaient la bruyère. Sur une autre crête, un kilomètre plus loin, un bouquet de houx se détachait sur le ciel et, au-delà, un bois de chênes couvrait de nouveau la crête suivante.

Le paysage avait un autre trait particulier. En observant le sol tourbeux près des sabots de son cheval, elle remarqua la présence de gravier d'un blanc presque lumineux. Humant l'air, elle ressentit alors la curieuse impression que, bien qu'invisible, la mer était toute proche.

Cette grande étendue sauvage était-elle habitée ? S'y trouvait-il des hameaux, des fermes ou des cottages isolés ? Elle le pensait, mais aucun n'apparaissait. Tout semblait vide, calme, primitif.

Telle était donc la Nouvelle Forêt du roi Guillaume le Conquérant.

La Forêt, un terme français. Il ne désignait pas une région boisée, bien que d'immenses bois occupent l'intérieur de ses limites, mais plutôt une réserve de chasse du roi. Des lois draconiennes protégeaient en particulier les cerfs. En tuer un, c'était perdre une main, voire la vie. Comme le conquérant normand s'était approprié la région depuis peu, elle s'appelait maintenant la Nouvelle Forêt — *Nova Foresta*, dans le latin des documents officiels.

Rien dans le monde médiéval n'était censé cependant être nouveau. A chaque innovation, on cherchait un précédent antique. Les rois saxons avaient certainement chassé dans la région depuis des temps immémoriaux. Ainsi, selon le conquérant normand, une réglementation forestière rigoureuse régissait l'endroit depuis deux générations, depuis le bon vieux temps du roi Canut, et il avait même produit une charte pour le prouver.

La région choisie pour sa Nouvelle Forêt était immense : d'ouest en est, elle s'étendait sur plus de trente kilomètres, de la vallée de l'Avon jusqu'à un grand bras de mer. Du nord au sud, elle descendait doucement sur plus de trente kilomètres également, en une série de plates-formes rocailleuses, depuis les collines crayeuses à l'est de Sarum jusqu'à un grand marais en bordure de la Manche. C'était un territoire varié, une bigarrure de landes et de bois, d'herbages et de marécages, sur laquelle de petits groupes d'hommes avaient erré, s'étaient installés, défrichant avant de s'en aller, des milliers d'années auparavant. Il se révélait impossible de dire avec certitude si tel coin de paysage avait été façonné par la volonté divine ou par la main plus malhabile de l'homme. La majeure partie de la terre, tourbeuse, acide et donc pauvre, portait ici et là des étendues de sol plus riche cultivable. Les plus grands bois de chênes se trouvaient dans le bassin méridional, souvent près de terres marécageuses, et ils n'avaient probablement pas été profanés depuis plus de cinq mille ans.

La Nouvelle Forêt présentait aussi cet autre caractère perçu par Adela : la présence de la mer. Les tièdes brises de sud-ouest apportaient souvent un air légèrement salé jusque dans la partie la plus septentrionale de la Forêt. Mais la mer elle-même restait presque toujours cachée jusqu'à ce que l'on débouche sur les marais côtiers. Il y avait cependant un signe visible de sa présence, car, face à la partie orientale de la côte et séparée d'elle par le bras de mer du Solent, s'élevait la bosse crayeuse familière de l'île de Wight. Et en bien des endroits, même depuis les hautes collines herbeuses au sud de Sarum, par-delà l'ensemble du bassin de la Forêt et le bras de mer, on voyait l'île, nimbée de brume et violette.

— Cessez donc de rêvasser ! Vous allez rester à la traîne.

Walter lui faisait face, l'air embarrassé, et elle se rendit compte qu'elle avait pris du retard sur les autres.

— Désolée, dit-elle tandis qu'ils se remettaient en route, Walter trottant à son côté avec un empressement excessif.

Elle porta sur lui un regard critique. Avec sa petite moustache frisottée et ses yeux bleu clair un tantinet stupides, comment Walter réussissait-il à s'insinuer partout ? Probablement parce que, alors même qu'il ne possédait aucun talent particulier, il était de toute évidence bien décidé à se rendre utile aux autorités du moment. Ses puissants beaux-parents avaient vraisemblablement la satisfaction de croire que, se trouvant dans leur camp, il pensait sans doute être du côté des vainqueurs. Une recrue appréciable en ces temps incertains.

Des intrigues politiques agitaient sans cesse le monde normand. Après la mort de Guillaume le Conquérant, une douzaine d'années plus tôt, l'héritage avait été divisé entre ses fils : Guillaume le Roux, surnommé Rufus, avait reçu l'Angleterre en partage ; Robert, la Normandie ; Henri, le troisième fils, un simple revenu. Mais, comme le savait Adela elle-même, la situation restait troublée. Beaucoup de grands seigneurs possédaient des biens à la fois en Angleterre et en Normandie, mais, au contraire de Rufus, Robert n'était pas un souverain compétent et l'on disait souvent que Rufus prendrait un jour le pouvoir sur le continent. Pourtant, Robert avait ses admirateurs. On affirmait qu'une grande famille normande, qui possédait des terres le long de la côte de la Nouvelle Forêt, l'aimait bien. Et le jeune Henri ? Il semblait satisfait de son lot, mais l'était-il vraiment ? Le fait que jusque-là ni Rufus ni Robert ne s'était marié et ne possédait d'héritier compliquait encore les choses. Lorsque Adela avait innocemment demandé à Walter quand le roi d'Angleterre convolerait en justes noces, il avait haussé les épaules. « Nul ne le sait. Il préfère les jeunes gens. »

Adela soupira malgré elle. Quelle que soit la tournure prise par les événements dans l'avenir, Walter devait savoir quel serait le camp vainqueur.

La petite troupe progressait rapidement à travers la lande. Ici et là, des poneys robustes broutaient l'herbe ou les ajoncs.

— Il y en a dans toute la Forêt, expliqua Walter. Ils ont l'air sauvages, mais beaucoup d'entre eux appartiennent à des paysans des hameaux.

C'étaient de jolis petits animaux et, à en juger par leur nombre, ils devaient être des milliers dans la Forêt.

Cola et ses fils ouvraient la marche. Si le roi réservait la Nouvelle Forêt à ses cerfs, ce n'était pas seulement pour son plaisir. La chasse était sans doute excellente : non seulement des cerfs, mais aussi des sangliers ainsi que quelques loups. Lorsque le roi venait avec ses amis, ils chassaient en général à l'arc. Mais la fonction première de la Forêt se révélait bien plus pratique. Il fallait nourrir le roi et sa cour, ses hommes d'armes et parfois même ses marins. Ils avaient besoin de viande. Les cerfs se reproduisent et se développent rapidement, leur venaison est délicieuse et très maigre. Elle pouvait être salée — des marais salants se trouvaient près de la côte — et transportée dans tout le royaume. La Nouvelle Forêt équivalait à un élevage de cerfs.

Fort bien gérée par des agents forestiers — notamment des Saxons, comme Cola, laissés en place en raison de leur connaissance approfondie de la région —, la Forêt possédait un cheptel d'environ sept mille cerfs. Quand l'un des agents royaux organisait une chasse, comme le faisait Cola ce jour-là, les hommes n'utilisaient pas d'arcs, mais recouraient à une méthode beaucoup plus efficace. Aujourd'hui, ça allait être une grande battue : cette troupe et d'autres se déploieraient sur une vaste zone et rabattraient le gibier devant elles vers un énorme piège. Ce piège, tendu au manoir royal de Lyndhurst, au cœur de la Forêt, consistait en une longue palissade incurvée destinée à canaliser les cerfs vers un enclos, où ils seraient abattus en grand nombre à coups de flèches ou pris dans des filets.

— C'est comme une coquille en spirale au milieu de la Forêt, lui dit Walter. Il n'y a pas d'issue.

En dépit de sa redoutable efficacité, le procédé évoquait dans l'esprit d'Adela quelque chose de magique et d'étrangement mystérieux.

Ils descendirent vers un bois. A droite, elle entendit une alouette chanter et leva les yeux vers le ciel pour la chercher du regard. Ce faisant, elle se rendit compte que Walter lui parlait.

— L'ennui avec vous... l'entendit-elle commencer.

Il trouvait toujours à redire à son propos. « Vous devriez vous efforcer de marcher avec plus d'élégance », disait-il souvent. Ou sourire davantage. Ou porter une autre robe.

« Vous n'êtes point laide, avait-il eu la bonté de remarquer la semaine précédente, même si d'aucuns prétendent que vous devriez mincir.

— C'est ce qu'ils disent ?

— Non, mais ils pourraient le faire. »

Derrière toutes ces critiques et la gêne que sa présence lui causait manifestement, résidait le grand défaut qu'elle était incapable de corriger. « Je suis certaine, pensa-t-elle avec une ironie désabusée, que si j'avais une jolie dot, il me trouverait belle. »

Elle voyait maintenant l'alouette, minuscule tache haut au-dessus de la crête. Ses cris lui parvenaient, retentissants, clairs comme des sons de cloche. Elle sourit, puis se retourna, l'œil attiré ailleurs.

Le personnage qui chevauchait sur la lande les rattrapait rapidement. Il portait un chapeau de chasse et des vêtements vert sombre, mais avant même d'en distinguer davantage, son magnifique bai montrait d'évidence qu'il ne s'agissait pas d'un simple écuyer. Le grand cheval se dirigeait vers eux en un petit galop puissant et facile. Ce spectacle la transportait. Et le cavalier, par son calme, paraissait aussi impressionnant que sa monture. A mesure qu'il approchait, elle vit que c'était un homme de haute taille aux cheveux bruns, avec des traits aquilins de Normand, quelque peu sévères. Il devait avoir la trentaine et semblait manifestement né pour commander. En les dépassant, il toucha légèrement son chapeau par politesse, mais comme il n'avait pas tourné la tête, il était impossible de dire s'il l'avait vue. Il poursuivit son chemin au petit galop jusqu'à la tête de la colonne et salua Cola, qui lui rendit son salut avec un respect évident. Adela se demandait qui pouvait bien être ce nouveau venu et se tourna involontairement vers Walter.

— C'est Hugues de Martell, dit-il. Il possède de vastes terres à l'ouest de la Forêt.

Puis, comme elle faisait remarquer qu'il semblait plutôt froid et déplaisant, Walter eut un rire irrité.

— Vous ne pouvez l'avoir, petite cousine. Il est déjà pris. Martell est marié.

Le soleil matinal était haut dans le ciel et, si le calme régnait, il semblait cependant que Godwin Pride prenait quelque risque. Normalement, il finissait juste après l'aube.

— Tu connais la loi, lui rappela sa femme.

Mais Pride ne répondit pas et continua.

— Ils ne viendront pas par ici, dit-il finalement. Pas aujourd'hui.

Une odeur d'herbe tendre flottait dans l'air. Une mouche faillit se poser sur la femme, puis jugea plus prudent de s'abstenir. Un jeune garçon vint se placer près d'elle et regarda son père.

— J'entends quelque chose, hasarda-t-elle.

Pride s'arrêta un instant, écouta et lui lança un regard rassurant.

— Non, tu te trompes, dit-il.

Le hameau d'Oakley, des cabanes et des chaumières près d'un terrain tourbeux couvert d'herbe. De l'autre côté, on apercevait une mare envahie par une multitude de petites fleurs blanches. Deux chênes, un frêne et plusieurs ronciers et bouquets d'ajoncs surplombaient l'eau en divers endroits. Trois vaches et un couple de poneys paissaient l'herbe courte et rude. Juste derrière le hameau, un sentier pierreux conduisait à l'intérieur du bois, où il descendait bientôt entre deux hauts talus jusqu'à une petite rivière. A la lisière orientale du hameau, un peu à l'écart, se trouvait la ferme de Godwin Pride.

Godwin Pride : les deux noms pouvaient difficilement être plus saxons et pourtant un coup d'œil à celui qui les portait laissait entrevoir une autre ascendance. Il se penchait à nouveau sur son ouvrage, mais quand il s'était redressé pour parler à sa femme, il avait montré une belle silhouette. Longiligne, un dos droit, des cheveux noisette tombant en boucles abondantes sur les épaules, une grande barbe et une moustache assorties, un nez busqué, des yeux marron brillants — tout indiquait que, comme beaucoup de ceux qui vivaient dans la Forêt, il possédait, en partie du moins, des origines celtes.

Les Romains étaient venus, puis les Saxons. Une branche du peuple saxon, en particulier, les Jutes, s'installa dans l'île de Wight et dans la partie est de la Forêt, appelée Ytene — le pays des Jutes. Mais dans cette région isolée, dont les bois profonds, les landes pauvres et les marais ne suscitaient guère de convoitise, un reste de l'ancienne population celte continua de vivre tranquillement. En fait, la vie sur les fermes, modeste mais bien adaptée à l'environnement forestier, avait probablement très peu changé depuis le paisible et plaisant âge du bronze.

Il était inhabituel sous le règne de Rufus qu'un homme, surtout un paysan, possédât un nom de famille. Pourtant, plusieurs cousins portaient le nom de Pride dans la Forêt — en vieil anglais, *Pryde* ne désignait pas tant l'arrogance, bien qu'il y eût un peu de cela, mais le sentiment de sa valeur personnelle, une certaine indépendance d'esprit, la conviction qu'il vous appartenait de vivre dans la vieille Forêt comme vous l'entendiez. Cola, le noble saxon, prodiguait toujours ce conseil aux Normands en visite : « Il est plus facile de persuader les gens d'ici par la douceur que de leur donner des ordres. *Ils n'aiment pas qu'on leur dise ce qu'ils ont à faire.* »

Peut-être était-ce pour cette raison que même le puissant Conquérant, lors de la création de la Nouvelle Forêt, avait accepté quelques compromis. En ce qui concernait la terre, de nombreux domaines de la Forêt appartenaient d'ores et déjà au roi, et il n'était donc pas nécessaire d'exproprier quelqu'un. Certains autres n'avaient pas été absorbés, alors qu'autour de la lisière de la Forêt beaucoup avaient vu leurs bois et leurs landes intégrés à la chasse royale. Quant aux habitants, plusieurs aristocrates saxons, tel Cola, restèrent en place, dans la mesure où ils se rendaient utiles. Quoi qu'il lui en coûtât, Cola ne prit pas de risques. D'autres seigneurs perdirent leurs terres, comme nombre de nobles saxons dans toute l'Angleterre et certains paysans, qui s'installèrent dans d'autres hameaux ou, comme Puckle, quittèrent la Forêt. Tous ceux qui étaient demeurés dans la région bénéficiaient cependant de compensations.

Les lois normandes régissant la Forêt étaient certes sévères. Il existait deux catégories générales d'infractions : celles rangées sous le terme « vert » et celles sous le terme « venaison ». Les premières concernaient la végétation : il était interdit d'abattre des arbres, d'élever des clôtures, de faire quoi que ce soit pouvant endommager l'habitat des cerfs royaux. Il s'agissait des infractions les moins graves. Celles de venaison se rattachaient au braconnage du gibier, et en particulier des cerfs. Le châtiment réservé par le Conquérant à ceux qui tuaient un cerf était terrible : l'énucléation. Rufus allait encore plus loin : un paysan qui abattait un cerf subissait la peine de mort. Les lois de la Forêt étaient haïes.

Mais le Conquérant n'avait pas touché aux droits communaux des habitants de la Forêt, les étendant même en certains endroits. Dans le hameau de Pride, par exemple, bien qu'une parcelle de terre voisine de sa ferme tombât sous le coup de la loi de la Forêt — ce que Pride considérait comme une contrainte injustifiée —, sauf durant certaines périodes prohibées de l'année, il pouvait laisser paître autant de poneys et de têtes de bétail qu'il voulait dans la Forêt royale ; à l'automne, ses cochons profitaient de l'importante production de glands frais ; il avait aussi le droit de prendre de la tourbe pour faire du feu, de ramasser le bois mort, toujours abondant, et de couper des fougères pour servir de litière à ses bêtes.

Juridiquement, Godwin Pride était un tenancier de droit local. Le noble qui tenait maintenant le hameau d'Oakley était son seigneur. Cela signifiait-il que Pride devait labourer ses terres trois jours par semaine et s'incliner sur son passage ? Nullement. Il n'y avait pas de grands champs seigneuriaux. On se trouvait dans la Forêt. Il devait certes épandre de la marne sur le petit champ de son seigneur, lui payer quelques modestes droits féodaux — quelques pence pour les cochons qu'il élevait — et aider à charrier son bois. Mais tout cela ressemblait davantage à un fermage. En pratique, il vivait exactement comme ses ancêtres, s'occupant de sa parcelle et gagnant quelque argent en effectuant des travaux occasionnels en rapport avec la chasse royale et l'entretien de la forêt. C'était en somme un homme libre.

Les petits fermiers de la Forêt ne vivaient pas si mal que ça. S'en montraient-ils reconnaissants ? Evidemment pas. Face à l'intrusion étrangère, Godwin Price avait fait ce que les gens faisaient toujours en pareilles circonstances. Il avait d'abord enragé, puis grommelé avant d'arriver finalement, à contrecœur, à un compromis où perçait le mépris et d'entreprendre, tranquillement et méthodiquement, de trouver le défaut de la cuirasse. Voilà à quoi, sous l'œil inquiet de sa femme, il se livrait ce matin-là.

Il était enfant quand la Nouvelle Forêt du roi engloutit la terre jouxtant la ferme familiale. On leur laissa cependant une étroite parcelle d'un quart d'arpent juste à côté de leur petite grange. Entourée d'une palissade, elle servait d'enclos où ils gardaient et nourrissaient le bétail de la famille quand ils n'avaient pas le droit de le laisser paître dans la Forêt. Mais l'enclos n'était vraiment pas assez grand.

Chaque année, au printemps, quand le bétail revenait de la Forêt, Godwin Pride l'agrandissait donc.

Pas de beaucoup. Il se montrait très prudent. Un ou deux mètres seulement à la fois. Il commençait, la nuit, par déplacer la clôture. C'était le plus facile. Puis, quand le jour se levait, il examinait le terrain minutieusement afin de combler les trous, allant jusqu'à recouvrir de mottes de gazon la zone récupérée, et il y plaçait immédiatement des cochons. Quelques semaines après, le sol était trop sale pour que l'on distingue quoi que ce soit. Il recommençait l'année suivante et l'enclos s'élargissait ainsi imperceptiblement.

C'était illégal, bien entendu. Abattre des arbres ou s'approprier une parcelle de terre royale constituait un crime de « vert ». Un léger empiètement de ce genre, qualifié de *purpresture*, n'équivalait pas à une infraction grave, mais néanmoins à un délit punissable. C'était aussi, aux yeux de Pride, un pas secret vers la liberté.

Il aurait dû avoir fini depuis longtemps et mis ses cochons déjà à l'œuvre. Mais, en ce jour de grande chasse au cerf, il jugeait inutile de se presser. Les serviteurs du roi devaient tous se trouver à Lyndhurst, où les cerfs allaient être rabattus.

Plusieurs hameaux se trouvaient dans la partie centrale de la Forêt. D'abord Lyndhurst, avec son piège à cerfs. *Hurst* signifiant « bois » en anglo-saxon, le nom suggérait qu'il y avait jadis eu là un bois de tilleuls. Depuis Lyndhurst, une piste menait vers le sud à travers des bois anciens jusqu'au village de Brockenhurst, situé dans une clairière, six kilomètres plus loin, village doté d'un pavillon de chasse où le roi aimait à séjourner. De là, toujours vers le sud, la piste longeait un petit cours d'eau dans une minuscule vallée encaissée, dépassait le village de Boldre avec son église, puis continuait en direction de la côte. Le hameau où Pride possédait sa ferme était à près de deux kilomètres à l'est de cette rivière et à plus de six au sud de Brockenhurst, en un point où la ceinture de bois anciens donnait sur une vaste lande. Même à vol d'oiseau, le hameau se trouvait à près de dix kilomètres de Lyndhurst.

Les chasseurs, il le savait, rabattraient les cerfs dans le piège depuis le nord. Tous les forestiers du roi devaient s'y trouver et aucun d'eux ne passerait par ici ce matin.

Avec une lenteur presque délibérée, il prenait donc son temps, riant de l'inquiétude de sa femme.

Il fut surpris, quelques instants plus tard, de l'entendre pousser un petit cri et de voir deux cavaliers approcher.

La matinée s'était écoulée paisiblement pour la daine au pelage clair. Pendant des heures, à mesure que le soleil montait vers le zénith, sa petite troupe avait paissé en terrain découvert.

Elle se composait uniquement de daines et de faons, les mâles commençant pour la plupart en cette saison à faire bande à part. Les flancs légèrement renflés d'un certain nombre d'entre elles montraient qu'elles étaient pleines ; dans deux mois, elles mettraient bas. Les faons qui les accompagnaient encore étaient désormais sevrés. Sur la tête des faons mâles, deux bosses saillaient. Plus tard dans l'année, elles donneraient naissance à leurs premières dagues, qui, à un an, leur vaudraient le nom de daguets ou brocards. Les faons ne tarderaient pas à quitter leur mère et à prendre leur indépendance.

Le temps passait. Le chœur des oiseaux se résumait à un gazouillis mélodieux auquel se joignaient maintenant, dans la chaleur de plus en plus grande, le vrombissement et le bourdonnement d'innombrables insectes. Après le milieu de la matinée seulement, l'aînée des daines, qui menait la troupe, indiqua en entrant dans les bois d'un air digne que le moment était venu de prendre le repos de la journée.

Les cervidés tiennent à leurs habitudes. Au printemps, il leur arrive, il est vrai, de s'éloigner avec nonchalance à la recherche de nourriture choisie, d'effectuer des incursions dans les champs de blé en lisière de la forêt ou, sautant la nuit par-dessus les clôtures telles des ombres silencieuses, dans des petites fermes semblables à celle de Pride. Mais la vieille daine se montrait prudente. A deux reprises seulement, ce printemps, elle était sortie du terrain carré où la troupe vivait d'ordinaire et quand l'une de ses cadettes, comme la daine au pelage clair, s'agitait, aucun signe ne laissait supposer qu'elle entendait la satisfaire. Elles suivirent donc leur piste habituelle pour gagner leur lieu de repos — une agréable clairière bien protégée au cœur d'un bois de chênes — où les biches se laissèrent tomber dans leur position habituelle, les pattes repliées sous elles, la tête droite, le dos à la brise légère. Seules quelques brocards, incapables de rester en place, jouaient dans la clairière sous l'œil attentif de la doyenne.

La daine claire venait de se coucher quand elle se souvint de son mâle. C'était un jeune animal élégant. Elle l'avait remarqué pendant la dernière saison du rut, à l'automne précédent, lorsqu'elle voyait les daines adultes couvertes. Lui regardait avec les autres jeunes mâles en lisière d'une des aires d'accouplement secondaires ; elle avait deviné à la taille de ses bois que, l'année suivante, il serait prêt à revendiquer son aire à lui.

La croissance du daim comporte plusieurs étapes, marquées par la taille des bois, qu'il perd chaque printemps pour les remplacer par une nouvelle paire, plus belle, à l'approche de la saison du rut suivante. Après les dagues du brocard vient la petite ramure de l'animal de deux ans, le daguet. L'année suivante, le mâle devient une « seconde tête », puis une « troisième tête » et, à cinq ans, apparaissent les bois véritables. Même alors, il doit encore attendre deux ou trois ans avant d'être pleinement adulte et de posséder des bois qui atteignent la couronne magnifique, aux fourches sans nombre, du « gros cerf ».

Son mâle était encore jeune. Elle ignorait où il vivait, car les mâles qui s'introduisaient d'ordinaire sur les aires d'accouplement venaient d'autres coins de la Forêt. Serait-il encore là cet automne ou sa force lui permettrait-elle de déloger l'occupant d'un site plus important ? Pourquoi l'avait-elle remarqué ? Elle ne le savait pas. Elle avait vu les grands mâles avec leur puissante ramure, leurs impressionnantes épaules et leur cou gonflé. Les femelles s'agglutinaient autour d'eux ; leur odeur âcre, qui enivrait presque la jeune femelle, emplissait l'air. Mais en voyant le jeune mâle attendre modestement près du site, elle avait éprouvé autre chose. Cette année, ses bois seraient plus grands, son corps plus épais. Mais son odeur resterait inchangée, son odeur forte et douce à ses narines. C'est à lui qu'elle irait quand viendrait la prochaine saison du rut. Elle regardait les cimes des arbres baignées par le soleil matinal et pensait à lui.

La terreur régna soudain.

Le bruit des chasseurs arrivait de l'ouest. Ils progressaient plus vite que la brise, qui, sinon, aurait porté leur odeur. Ils ne cherchaient pas à avancer en silence ; ils chevauchaient bruyamment à travers la Forêt, droit vers la clairière.

La vieille daine se leva, imitée par les autres, et bondit vers les arbres. Les brocards poursuivaient leurs jeux de l'autre côté de la clairière. Ils ne prirent pas garde tout d'abord aux appels de leur mère, mais, l'instant d'après, eux aussi comprirent le danger et s'élancèrent en bondissant.

Voir sauter un daim est un spectacle extraordinaire. Les quatre pieds quittent le sol et les pattes donnent l'impression de pendre tout droit. L'animal semble rebondir et planer comme par magie. Normalement, il effectue plusieurs de ces sauts, qui sont autant de défis à la pesanteur, avant de courir quelques pas et de bondir de nouveau. En un mouvement superbe, féerique, tout le groupe s'enfuit vers le couvert des arbres. En quelques secondes, les daines et les faons avaient disparu et, échelonnés sur une même ligne, suivaient la meneuse, qui les entraînait vers le nord et les profondeurs des bois.

Ils avaient parcouru moins d'un kilomètre quand elle s'arrêta brusquement. Eux aussi. Elle écoutait, les oreilles tremblotant nerveusement. Elle ne pouvait pas se tromper. Des cavaliers se trouvaient devant eux. Elle se tourna et se dirigea vers le sud-est, loin des deux dangers.

La jeune femelle au pelage clair était effrayée. Cette double approche avait quelque chose d'intentionnel et de sinistre. La meneuse le pensait manifestement aussi. Elles galopaient maintenant, bondissaient pardessus les arbres morts, les buissons, tout ce qui leur barrait le passage. La lumière qui filtrait au-dessus d'elles à travers le feuillage semblait vaciller et lancer des éclairs menaçants. Elles parcoururent encore huit cents mètres, arrivèrent dans une zone mieux éclairée, débouchèrent dans une longue clairière herbeuse et s'arrêtèrent net.

Ils étaient une vingtaine de cavaliers, embusqués à quelques mètres seulement. La daine claire eut juste le temps de les remarquer avant que celle de tête ne rebrousse chemin vers les arbres.

Elle n'effectua que deux bonds, se rendant compte que d'autres chasseurs se tenaient dans le bois. Arrêtée dans son élan, elle s'élança comme une flèche à travers la clairière dans un sens puis dans l'autre à la recherche d'une issue. Les autres daims, sentant que leur guide ne savait que faire, la suivaient, pris de panique. Les chasseurs couraient maintenant après eux avec force cris. La meneuse tourna à droite dans un rideau d'arbres.

La femelle au pelage clair avait parcouru une centaine de mètres à travers les arbres quand elle aperçut encore d'autres chasseurs, sur son flanc droit cette fois-ci, légèrement en avant. Elle tenta en vain d'alerter les autres par un cri et interrompit sa course.

Devant elle, une petite troupe d'une demi-douzaine de mâles sortit soudain d'un fourré. Ils virent les daines pourchassées et, après un instant d'hésitation, bondirent merveilleusement vers les cavaliers, franchirent leur ligne comme l'éclair et disparurent dans le bois avant que les chasseurs, stupéfaits, aient pu lever leur arc. La scène avait été aussi rapide et magique qu'inattendue.

Et plus étonnant encore, son mâle se trouvait parmi eux. Elle ne pouvait pas ne pas le reconnaître. Elle avait tout de suite repéré ses bois et les marques de son pelage. Juste avant de fuir, il tourna la tête dans sa direction et la regarda de ses grands yeux marron.

La meneuse avait vu les mâles et assisté à leur percée hardie, mais elle ne tenta pas de les suivre. Elle entraîna aveuglément ses daines et ses faons dans une fuite éperdue, de sorte que la femelle claire se retrouva courant vers l'est, la seule voie restée ouverte, celle voulue par les chasseurs.

Tout exaltée, Adela assistait au rassemblement à Lyndhurst. Des petites troupes de chasseurs étaient arrivées de différents domaines, mais toutes se trouvaient sous le commandement de Cola. Situé sur une éminence dans la forêt de chênes, le manoir royal consistait en un petit groupe de bâtiments en bois, avec un enclos pour les chevaux. A courte distance vers le sud, une série de clairières coupait les bois avant de laisser place à une vaste prairie au-delà de laquelle commençait la lande. C'est à cette prairie que Cola les avait conduits pour inspecter le grand piège.

Adela n'avait jamais rien vu de pareil. Le dispositif était énorme. A l'entrée, entourée par des étendues verdoyantes, s'élevait un petit tertre circulaire, comme celui d'un château miniature ou d'un poste de guet. Une crête naturelle se dressait à deux cents mètres au sud-est du tertre et courait en ligne droite sur un kilomètre, le vert de la grande étendue herbeuse d'un côté, le brun de la lande de l'autre. Tout cela se révélait déjà fort impressionnant, mais là où la crête s'abaissait doucement à son extrémité sud-est, les hommes, prenant le relais, l'avaient prolongée, moins haute. Une tranchée profonde occupait le côté intérieur de l'étendue herbeuse, puis un grand talus en terre se déployait avec, autour, une solide clôture. Sur une courte distance, cette barrière suivait une ligne droite, puis elle s'incurvait doucement vers l'intérieur, franchissait l'étendue herbeuse là où une élévation de terrain formait une ligne naturelle, poursuivait son tour vers l'ouest à travers un terrain boisé et une clairière, jusqu'à s'incurver vers la droite et revenir en direction du manoir. C'était la limite du parc de Lyndhurst.

— C'est comme une forteresse dans la Forêt ! s'exclama-t-elle.

Une fois entrés dans cet enclos, les cerfs se trouvaient entraînés infailliblement vers les filets des chasseurs sans espoir de sauter par-dessus la barrière.

— Nous allons prendre une centaine de daims aujourd'hui, lui dit Edgar, le cadet des fils de Cola, qui s'était placé à son côté durant l'inspection.

La manœuvre se déroulait toujours soigneusement, expliqua-t-il. Sur le grand nombre de bêtes rabattues à l'intérieur du vaste piège, on ne tuait pas les femelles pleines, mais les mâles et les autres biches. Lorsque Cola en avait pris une centaine, il relâchait les autres.

Adela se réjouissait de la compagnie du beau Saxon. Comme toujours, Walter l'avait laissée seule et, le voyant chevaucher à côté de Hugues de Martell, elle se demanda s'il lui présenterait le Normand et estima qu'il ne le ferait probablement pas.

— Connaissez-vous l'homme à qui parle mon cousin ? s'enquit-elle auprès d'Edgar.

— Oui, mais pas très bien. Il est du Dorset, non de la Forêt... Mon père a une haute opinion de lui.

— Et vous ? demanda-t-elle sans quitter Martell des yeux.

— Oh. C'est un grand seigneur normand.

Elle le regarda. Que signifiait cette réponse ? Qu'Edgar était un Saxon qui n'aimait pas les Normands ? Qu'il trouvait Martell arrogant ? Qu'il ressentait peut-être même un peu de jalousie à l'égard du comte ?

Toute une foule était assemblée sur la pelouse près du tertre. Près des cavaliers se tenaient des hommes avec des chevaux de rechange, d'autres avec des charrettes pour enlever les carcasses, d'autres encore venus seulement en spectateurs. L'un d'entre eux attira particulièrement son attention. Il se frayait un chemin jusqu'à une charrette chargée de sections de barrières en clayonnage. Un homme trapu, aux sourcils broussailleux, au dos voûté, qui, aux yeux d'Adela, évoquait davantage un vieil arbre rabougri mais robuste qu'un être humain. Elle remarqua cependant qu'Edgar le salua sur son passage et que le paysan lui rendit son salut d'un léger hochement de tête. Elle se demanda qui il était.

A ce moment-là, Cola sonna de la trompe et la grande battue commença.

Il s'agissait en fait d'une série de battues. La région autour de Lyndhurst se divisait en secteurs ; les chasseurs, répartis en plusieurs compagnies, rabattaient de manière soigneusement coordonnée le plus grand nombre possible de cerfs vers le centre à partir d'une vaste zone. C'était une tâche délicate : les cerfs pouvaient se montrer insaisissables ou, sur la lisière extérieure, s'échapper. Quand un secteur avait été battu, les cavaliers rejoignaient le suivant et ils pouvaient répéter la manœuvre plusieurs fois avant que Cola décide que cela suffisait.

Si des cerfs tentaient de s'échapper dans les bois, leurs chances d'y parvenir devenaient à peu près nulles à mesure qu'ils approchaient du grand piège. Adela constata que d'autres barrières et ouvrages de terre moins importants rayonnaient à partir de l'entrée, de sorte que les cerfs de chaque secteur se retrouvaient dans une sorte d'entonnoir qui se rétrécissait vers le piège. L'ingéniosité du système suscitait l'admiration.

Après avoir sonné de la trompe, Cola grimpa sur le tertre, position avantageuse d'où, tel un général, il pouvait surveiller les opérations. Tous les cavaliers avaient reçu leurs instructions. A sa grande déception, Edgar les laissa avant qu'Adela se mette en route en compagnie de Walter et de quatre autres cavaliers.

Leur position n'offrait rien d'excitant. La première battue se déroulait dans le secteur sud-est. Là, au-delà de la clôture du parc, la lande s'étendait sur environ trois kilomètres vers le sud-est, pénétrée comme par de longs doigts par la forêt sombre de l'autre côté. Pour rabattre les cerfs à partir de ces bois, les cavaliers devaient se déployer en ligne à partir de la clôture afin de s'assurer qu'aucune des bêtes ne se précipiterait par là à la dernière minute. Adela comprit que, selon toute probabilité, ils n'auraient rien à faire. Comme toutes les troupes de chasseurs avaient disparu dans les bois lointains, elle se prépara à une longue attente.

Puis elle demanda à Walter de quoi il avait parlé avec Martell.

— De pas grand-chose, fut la réponse.

S'ensuivit un long silence et il ajouta :

— Il me demandait pourquoi j'emmenais une femme à la chasse.

— Il ne l'approuvait pas ?

— Pas vraiment.

Etait-ce vrai ou Walter inventait-il pour la contrarier ? Elle le dévisagea quelques instants et en conclut qu'il disait peut-être la vérité. Elle éprouva de la colère à l'encontre de l'arrogant Normand. Il l'avait donc remarquée ! Qu'il aille au diable !

Le temps passait, et ils se taisaient. Une ou deux fois, elle entendit des cris dans les bois, affaiblis par la distance, puis plus rien. Jusqu'au moment où elle vit enfin apparaître quelque chose en bordure de la lande, au loin sur sa droite.

Un petit groupe de daims était sorti du couvert des arbres. Il y en avait huit. Même à cette distance, on pouvait les compter facilement. Ils avancèrent sur la lande et se mirent à zigzaguer. Trois cavaliers se lancèrent à leurs trousses, puis deux autres, au grand galop, se déplacèrent vers la droite pour les déborder, et deux autres encore se précipitèrent sur leur autre flanc. Sentant le danger, les daims couraient à travers la lande dans leur direction.

Ils approchaient à une vitesse étonnante : malgré des pauses et de brusques crochets, ils donnèrent l'impression de couvrir la distance en une minute ou deux, les cavaliers sur leurs talons. Ils filèrent comme des flèches en faisant des écarts, dépassèrent le tertre et furent rabattus dans le piège si adroitement qu'il était difficile de ne pas applaudir. Un autre groupe arriva quelques minutes plus tard, poussant devant lui une troupe de deux douzaines de têtes cette fois-ci, puis un troisième et un quatrième. Adela et ses compagnons n'eurent qu'une seule fois à crier et à agiter les bras pour détourner un daim détaché des autres. La battue ne pouvait être plus parfaitement organisée. Quand on les rappela, il y avait plus de soixante-dix animaux dans le grand enclos.

Peu après, Cola annonça qu'ils battraient les bois au-dessus de Lyndhurst et, quelques instants plus tard, Adela fut enchantée de voir arriver Edgar, qui lui déclara en souriant :

— Vous allez vous joindre à ma compagnie, cette fois-ci.

Elle ne savait combien de temps ils avaient chevauché dans les bois avant d'arriver dans la clairière où Edgar devait les attendre. Elle entendait d'autres groupes de chasseurs faire du bruit quelque part au milieu des arbres et Walter était tendu sur sa selle quand, dans un fracas épouvantable, une petite troupe de daines déboucha soudain dans la clairière. Tandis qu'elles changeaient de direction, Adela remarqua juste qu'une des plus jeunes était plus claire que les autres. Alors, en poussant des cris, ils se lancèrent à leur poursuite, les rabattant devant eux, et, quelques instants plus tard, ils entrèrent dans un bosquet.

Elle s'était légèrement laissé distancer et vit parfaitement ce qui se passa ensuite. Un groupe de mâles apparut brusquement sur la droite, suivi par une autre troupe de chasseurs, au premier rang de laquelle chevauchait Hugues de Martell. Les mâles étaient jeunes. Ils avaient hésité.

Mais qui aurait pu prévoir leur réaction ? Stupéfaits, les chasseurs les virent faire demi-tour et se précipiter droit à travers leurs rangs. Même Martell, complètement pris au dépourvu, regardait bouche bée. Le fier Normand avait été humilié par quelques jeunes cerfs. Adela serra la bride de sa monture et éclata de rire.

— Venez ! lança Walter avec humeur pour la rappeler à son devoir.

Elle les rattrapa rapidement. Les deux compagnies s'étaient maintenant rejointes, Edgar, Walter et Hugues de Martell chevauchant de conserve. Ils opéraient avec une merveilleuse précision. Les cerfs tentaient de tourner d'un côté ou de l'autre, mais ils n'avaient plus aucune chance de s'échapper. D'autres groupes de daims, poussés par des lignes de cavaliers, se joignèrent à eux à deux reprises tandis qu'ils galopaient vers Lyndhurst. Seule la femelle au pelage clair permettait à Adela d'identifier la petite troupe de départ parmi les douzaines de silhouettes bondissantes. « Voilà une jolie petite biche », pensa Adela. Peut-être était-ce un effet de son imagination, mais elle lui semblait différente des autres. Bien qu'elle sût que cela ne rimait à rien, elle ne pouvait s'empêcher de se désoler à l'idée qu'un si joli petit animal fût sur le point d'être tué.

A plusieurs reprises, elle vit Edgar jeter un coup d'œil dans sa direction et une fois, elle en était quasiment sûre, Hugues de Martell la regarda aussi. La battue s'accélérait. Les cavaliers avaient pris le galop.

— Vous faites merveille ! lança Edgar pour l'encourager.

Les minutes qui suivirent comptèrent parmi les plus exaltantes de sa vie. Les choses semblaient se précipiter. Les chasseurs criaient. Tandis qu'ils filaient à la poursuite des cerfs au pied léger, elle avait à peine conscience de l'endroit où elle se trouvait. Une ou deux fois, elle aperçut Edgar et Hugues de Martell, l'expression tendue, en alerte. Bien qu'ils aient laissé échapper les mâles, ils semblaient contents d'eux. C'étaient sans doute eux qui avaient rabattu le plus grand nombre de cerfs ce jour-là. Comme ils paraissaient durs, féroces.

Elle aussi partageait leur fierté. Peut-être le massacre des cerfs était-il cruel, mais il ne pouvait en aller autrement. Cela appartenait à l'ordre des choses. Les hommes devaient se nourrir. A cette fin, Dieu leur avait accordé les animaux Il ne pouvait en être autrement.

Sur sa droite, à travers les arbres, elle entr'aperçut le pavillon de chasse royal. Elle n'imaginait pas qu'ils étaient déjà de retour à Lyndhurst. Les cavaliers n'avaient pu empêcher la troupe de cerfs de se scinder, et un groupe de femelles, parmi lesquelles celle au pelage clair, s'était écarté dans une clairière. Martell et quelques autres partirent au galop pour les déborder.

A cet instant, en jetant un coup d'œil sur sa gauche, elle remarqua Walter.

Elle avait dû prendre de l'avance sur lui sans s'en rendre compte. Il galopait à bride abattue pour se trouver devant elle quand ils arriveraient en terrain découvert, visibles depuis le piège. Quand il parvint à sa hauteur, elle vit parfaitement son profil et, malgré l'exaltation du moment, elle frissonna intérieurement.

Il était congestionné et concentré. Même maintenant, il semblait toujours plein de son importance et satisfait de lui-même. Cependant, son air cruel la frappait. Non pas l'expression dure prise soudain par le visage d'Edgar, mais plutôt la rage de tuer. Il semblait éprouver une véritable jouissance. Elle eut l'étrange impression que, dans son désir ardent, son visage flottait au-devant de lui, jubilant, au-dessus des cerfs.

Nécessité obligé ou non, c'était cruel. On ne pouvait échapper à la réalité de ce qui allait se passer : la battue parfaitement menée de Cola, l'énorme piège qui attendait là-bas, le sinistre dispositif des barrières dans les bois, les filets, le massacre non pas d'un, de dix, mais d'une centaine de cerfs. C'était cruel d'en tuer autant.

Trop tard pour y songer maintenant. La vue se dégagea. Elle aperçut devant elle le tertre où attendait Cola. Juste devant lui, une ligne d'hommes criaient et agitaient les bras pour s'assurer que les cerfs tourneraient à droite vers l'entrée du piège. La première des proies parvenait déjà à leur hauteur, suivie à quelques mètres par des cavaliers lancés au galop. Sur sa droite arrivaient maintenant les femelles rabattues par Martell. Elles passèrent près d'elle. Elles obliquaient déjà et dépassaient le tertre de Cola. Juste après, sur l'herbe grasse entre le tertre et le début de la crête, ne se tenaient que quelques chasseurs.

Les daims, escortés par les cavaliers sur leur flanc gauche, passaient à flots devant eux sans les voir. La femelle au pelage clair s'était un peu laissé distancer. Après avoir effectué le virage, elle parut hésiter un instant avant de se laisser entraîner vers la mort.

Adela eut alors une curieuse réaction.

Elle ne savait pas pourquoi et se rendait à peine compte de ce qu'elle faisait. Eperonnant son cheval, elle fila soudain en avant de Walter et lui coupa la route pour se précipiter vers la daine. Elle entendit Walter pousser un juron. En une douzaine de foulées, elle était presque au côté de la femelle et l'instant d'après elle se trouvait entre elle et la troupe de ses congénères. On criait derrière elle. Elle ne se retourna pas. Surprise, la daine tenta de s'écarter. Elle poussa sa monture en avant, voulant éloigner l'animal du piège, qui se trouvait maintenant à une centaine de mètres. Il fallait la maintenir sur la gauche.

Alors, d'un bond frénétique, elle fit ce qu'Adela désirait. A la stupéfaction de tous les spectateurs, l'animal et elle traversèrent à grande vitesse la pelouse entre le tertre et la crête et s'élancèrent sur la lande.

— Va, murmura-t-elle tandis que la daine s'enfuyait dans les bruyères. Va ! cria-t-elle en galopant après elle. Fuis !

Un chasseur suivait déjà, armé d'un arc. Trop effrayée et embarrassée pour regarder en arrière, Adela poussa l'animal devant elle jusqu'à ce qu'il file droit en terrain découvert en direction de la zone boisée la plus proche. Elle continua au petit galop en le suivant du regard jusqu'à ce qu'il atteigne le couvert des arbres.

Que faire ? Elle était seule au milieu de la lande. La ligne de crête et les abords de la clôture semblaient déserts. Ils devaient tous se trouver de l'autre côté. Elle n'entendait même plus les cris des chasseurs, mais seulement le léger sifflement de la brise. Elle tira sur la bride. Ne sachant trop ce qu'elle voulait, elle commença à chevaucher sur la lande en laissant la clôture du parc loin sur sa droite. Quand la barrière commença à s'incurver vers l'ouest, elle suivit le mouvement, conduisant sa monture à l'intérieur des bois, quatre cents mètres en deça de la clôture. Elle entra dans une longue clairière au sol couvert d'herbe et de mousse. Toujours seule.

Ou presque. Il se tenait près de la souche déracinée d'un arbre mort. Il n'y avait pas à s'y tromper — les épaules voûtées, les sourcils broussailleux. A moins que la Forêt n'ait engendré systématiquement ce genre d'hommes, il s'agissait bien de l'étrange personnage qu'elle avait vu plus tôt. Mais comment était-il arrivé là ? Mystère. Il la regardait tranquillement traverser la clairière et elle ne pouvait dire si son regard approuvait ou non.

Se souvenant du geste d'Edgar, elle leva la main et le salua. Mais, cette fois-ci, il ne rendit pas le salut. On lui avait dit que les gens de la Forêt n'accordaient parfois aucune attention aux étrangers.

Elle chevauchait depuis près d'une heure et ne rentrait toujours pas à Lyndhurst. Elle imagina la réception qu'on lui réserverait : le visage furieux de Walter, les regards méprisants des chasseurs. Et que pensait Hugues de Martell ? C'en était trop, elle ne retournerait pas là-bas.

Elle restait dans les bois sans savoir où exactement elle se trouvait. D'après le soleil, elle se dirigeait vers le sud. Le hameau de Brockenhurst devait se trouver quelque part sur sa droite, mais elle ne souhaitait pas particulièrement être vue et continua de suivre les pistes forestières. « Plus tard, je reprendrai la direction du manoir de Cola. » Avec un peu de chance, elle réussirait à y rentrer avant le retour des chasseurs sans trop attirer l'attention.

Elle se demandait laquelle de deux pistes emprunter, quand elle entendit un appel joyeux derrière elle. Elle reconnut la silhouette et le visage amical d'Edgar qui se dirigeait vers elle au petit galop.

— Ne vous a-t-on pas dit que vous n'êtes pas censée chasser le cerf seule ? lui demanda-t-il en riant au moment où il la rejoignait.

Son français était passable. Grâce à une nurse saxonne et à sa bonne oreille, elle pouvait se faire comprendre de ces Anglais et donc communiquer assez facilement. Il ne tarda pas à la mettre à l'aise. Il l'avait trouvée grâce à Puckle.

— Il m'a dit que vous chevauchiez vers le sud et comme personne ne vous avait vue à Brockenhurst, j'ai pensé que vous étiez quelque part par ici.

L'énigmatique personnage s'appelait donc Puckle.

— Il semble mystérieux, remarqua-t-elle.

— Il l'est, répondit Edgar avec un sourire.

Elle confessa sa peur de rentrer. Il la rassura.

— Nous choisissons les bêtes que nous abattons. Il vous suffisait de demander à mon père d'épargner votre jolie biche, fit-il en souriant derechef... Vous étiez censée requérir sa permission.

Elle sourit à son tour, s'imaginant demander la vie sauve pour une biche devant les chasseurs, mais il ajouta :

— Il faut que les cerfs soient tués, bien sûr, et pourtant je déteste le faire.

Après un silence, il reprit :

— C'est à cause de la façon dont ils tombent, si gracieuse. On voit leur esprit les quitter. Quiconque a jamais abattu un cerf le sait.

Il dit cela si simplement et honnêtement qu'elle en fut touchée.

— C'est sacré, conclut-il comme s'il n'y avait pas à en discuter.

— Je me demande si Hugues de Martell éprouve le même sentiment, poursuivit-elle après un moment.

— Qui sait... Il ne pense pas ainsi, ajouta-t-il avec un haussement d'épaules.

Non. Il ne possédait sans doute pas autant de délicatesse, supposa-t-elle. Un fier seigneur normand n'avait pas le temps d'entretenir de telles pensées.

— Il estime que je n'aurais pas dû participer à la chasse. J'imagine que votre père est du même avis.

— Mon père et ma mère partaient souvent chasser ensemble quand elle était en vie, dit-il à voix basse.

Elle eut tout de suite la vision d'un beau couple chevauchant avec élégance dans les clairières.

— J'espère faire de même un jour, reprit Edgar avec douceur. Venez. Nous allons rentrer par la lande, proposa-t-il en riant.

Ainsi, après avoir longé au petit galop l'herbage en bordure de la lande, les deux cavaliers approchèrent du hameau d'Oakley et tombèrent sur Godwin Pride, occupé à déplacer illégalement sa clôture en plein jour.

— Bon sang, murmura Edgar.

Mais il était maintenant trop tard pour éviter le bonhomme, pris sur le fait.

Godwin Pride se redressa de toute sa hauteur : avec sa large poitrine et sa barbe splendide, il évoquait un chef celte face à un percepteur. Et, tout comme un bon chef celte, il savait que lorsqu'on était coincé, il ne restait plus qu'à bluffer.

— Je répare ma clôture, comme vous le voyez, rétorqua-t-il imperturbablement quand Edgar lui demanda ce qu'il faisait.

La réponse était si impudente qu'Edgar faillit éclater de rire.

— Vous avez déplacé la clôture, dit-il.

Pride resta pensif quelques instants. Puis, froidement :

— Elle était plus éloignée, mais je l'ai rapprochée voilà quelques années. Pas besoin de tant de place.

L'homme montrait un toupet renversant.

— Absurde, dit Edgar sèchement. Vous connaissez la loi. C'est de la *purpresture*. Cela peut vous mener au tribunal.

Pride le regarda comme il aurait pu regarder une mouche avant de l'écraser.

— Ce sont des paroles de Normand. Je ne comprends pas ce genre de choses. J'imagine que vous les comprenez, vous, ajouta-t-il.

Le coup porta. Edgar s'empourpra.

— C'est la loi, dit-il tristement.

Godwin Pride continuait de le dévisager. Il ne ressentait aucune antipathie pour Edgar, mais les nobles saxons avaient coopéré avec les Normands et Edgar ne faisait donc pas partie des siens.

Les Cola ne comptaient pas parmi les étrangers, mais quand étaient-ils arrivés dans la Forêt ? Deux ou trois cents ans plus tôt ? Les gens d'ici ne s'en souvenaient plus. Cependant, aussi longtemps qu'ils aient vécu là, ça ne suffisait pas. Voilà ce que Pride s'apprêtait à dire quand, à sa grande surprise, la Normande prit la parole :

— Les Normands n'ont pas édicté cette loi. Cette terre était déjà soumise au droit forestier du temps du roi Canut.

Adela connaissait assez la langue anglo-saxonne pour suivre l'essentiel de la conversation. Elle n'aimait pas la manière rude avec laquelle ce bonhomme traitait Edgar et, en noble normande, elle décidait de le remettre à sa place. En dépit de sa brutalité, Guillaume le Conquérant avait été assez avisé pour respecter les anciennes coutumes de son turbulent nouveau royaume. Ce paysan ne possédait donc aucune raison de se plaindre. Elle lui lança un regard de défi.

Contre toute attente, il se contenta de hocher la tête, l'air mécontent.

— C'est ce que vous croyez ?

— Il existe une charte, rétorqua-t-elle en faisant l'importante.

— Ah. Un écrit ?

Comment cet homme osait-il prendre ce ton ironique ?

— Oui, un écrit.

Adela était fière de savoir lire et de maîtriser une certaine culture. Si un clerc lui avait commenté une charte, elle aurait été capable de suivre.

— Moi, j'sais pas lire, répliqua-t-il avec un sourire impertinent. Inutile.

Il avait évidemment raison. On pouvait cultiver la terre, faire fonctionner un moulin, gérer une grande propriété et, pourquoi pas, être roi, sans savoir lire ni écrire. On trouvait toujours des clercs pour prendre note. Ce petit fermier intelligent n'avait nul besoin de savoir lire. Et Pride poursuivit :

— Je crois cependant que beaucoup de voleurs savent le faire, ajouta-t-il calmement.

Par Dieu, cet homme était insultant. Elle regarda Edgar, s'attendant à ce qu'il prenne sa défense, mais il paraissait embarrassé.

Et Pride s'adressait à lui maintenant, en le fixant du regard :

— Je ne me souviens pas d'avoir entendu parler d'aucune charte, et vous, Edgar ?

— Ça date d'avant ma naissance, répondit le Saxon à voix basse.

— Oui. Vous feriez mieux de demander à votre père. Il doit le savoir.

Il y eut un silence, puis Adela commença à comprendre :

— Voulez-vous dire que le roi Guillaume a menti à propos de la loi de la Forêt édictée par le roi Canut ? Que la charte est un faux ?

Pride feignit la surprise.

— Vraiment ? Il aurait été capable de faire ça ?

Elle aussi se taisait, maintenant. Puis elle hocha lentement la tête.

— Je suis désolée, enchaîna-t-elle simplement. Je l'ignorais.

Elle détourna les yeux et posa son regard sur la bande de terre qu'il venait de s'approprier. Elle comprenait, à présent. Il ne fallait pas s'étonner qu'il se soit montré bourru quand ils l'avaient surpris à essayer, légalement ou non, de récupérer quelques mètres du patrimoine dont il s'estimait dépossédé.

Elle se tourna vers Edgar, puis sourit.

— Je ne dirai rien si vous faites de même, déclara-t-elle en français, tout en soupçonnant Pride, qui les observait, de comprendre ses paroles.

Edgar, que Pride regardait, semblait embarrassé, puis il secoua la tête.

— Je ne puis, murmura-t-il en français, et s'adressant à Pride dans sa langue : Remettez-la en place, Godwin. Aujourd'hui même. Je vous aurai à l'œil.

Il signifia d'un geste à Adela qu'ils devaient se remettre en route.

Elle aurait aimé dire quelque chose à Pride, mais s'en abstint. Elle attendit que le fermier et les siens soient hors de vue.

— Je ne puis rentrer à Lyndhurst, Edgar. Je ne puis affronter tous ces chasseurs. Pouvons-nous retourner chez votre père ?

— Je connais un chemin tranquille, répondit-il avec un hochement de tête.

Après deux ou trois kilomètres, il la conduisit à travers bois jusqu'à un petit gué et ils chevauchèrent sur une lande le long d'une piste qui menait vers l'ouest. En fin d'après-midi, ils se trouvaient dans la vallée paisible et luxuriante de l'Avon.

Ils n'avaient pas encore atteint la lisière de la forêt que Puckle passa par le hameau de Pride et entendit son histoire.

— Qui est cette Normande ? demanda le fermier.

Puckle le renseigna.

— Elle a sauvé une daine ? Elle aurait pu me l'amener. Tu crois que nous la reverrons ?

— Peut-être.

Pride haussa les épaules.

— Ce n'est sans doute pas une méchante Normande, dit-il sans conviction.

Le sort d'Adela, comme elle devait le découvrir le soir même, se trouvait cependant entre les mains de juges bien plus sévères que ne l'étaient Pride et Puckle.

— Une honte. Il n'y a pas d'autre mot ! tempêta Walter.

Dans la lumière du couchant, il semblait y avoir des ombres violettes sous ses yeux légèrement exorbités.

— Vous êtes passée pour une sotte devant tout le monde. Vous avez ruiné votre réputation. Et vous m'avez mis dans l'embarras ! Comment puis-je vous trouver un mari si vous vous comportez ainsi...

A court de mots, elle se sentit pâlir d'émotion et de rage.

— Peut-être vous en croyez-vous incapable, dit-elle finalement d'un ton glacial.

— Disons que votre présence ne facilite pas les choses.

La petite moustache et les sourcils sombres de Walter semblaient maintenant hérissés de colère, menaçants.

— Je crois que vous feriez bien de vous cacher pendant un moment, jusqu'à ce que nous puissions tenter notre chance ailleurs, poursuivit-il. Il me semble que c'est le mieux, pas vous ? Dans l'intervalle, puis-je vous suggérer de réfléchir attentivement à votre conduite ?

— Me cacher ? répéta-t-elle. Qu'entendez-vous par là ?

— Vous le saurez demain.

Le grand silence d'un après-midi d'été baigné de soleil régnait : c'était le mois de « clôture » durant lequel, pour permettre aux biches de mettre bas tranquillement, les paysans devaient retirer tout leur bétail de la Forêt. Plus que jamais, la région semblait alors revenue aux jours anciens où seules quelques rares bandes de chasseurs la parcouraient. C'était une saison de paix, d'intense lumière sur les landes et aussi d'ombres, d'un vert profond pareil à celui des herbes aquatiques, sous les chênes.

La tête prudemment rejetée en arrière, le mâle se déplaçait furtivement sans quitter l'ombre tachetée. Son pelage estival, d'un beige pâle à taches blanches, constituait un camouflage parfait. Il était beau, mais l'ignorait. Il se sentait gauche et honteux.

Le changement psychologique qui s'opère chez le cerf en été a été observé depuis la nuit des temps. Au printemps, les cerfs, puis, un mois plus tard, les daims perdent leur ramure. D'abord un bois se brise, puis l'autre, laissant un moignon ou pédicule à vif et généralement saignant. Les jours suivants, le daim affaibli risque même d'être rudoyé par ses congénères. Ses bois suivants se développent déjà comme de nouvelles dents, mais il leur faut trois mois pour atteindre leur taille définitive. Déjà revêtu de son nouveau et beau pelage d'été, le mâle reste privé de sa parure, nu, sans défense.

Il erre seul dans les bois.

Mais il n'est pas inactif. Il ronge les vieilles ramures avec ses incisives, en quête des substances chimiques dont il aura besoin pour fabriquer ses prochains bois, en particulier du calcium. Puis, se nourrissant de l'abondante végétation estivale et vivant en solitaire, il attend patiemment que le nouveau tissu osseux pousse, se ramifie et se déploie en absorbant les éléments nutritifs au moyen des vaisseaux sanguins des pédicules. Cependant, au cours de leur croissance, les bois sont délicats ; d'autre part, pour s'approvisionner en sang, ils se recouvrent d'une peau tendre et veineuse, de texture velouteuse, si bien qu'au cours de ces mois on dit que le mâle est « en velours ». Suprêmement conscient de la nécessité de ne pas abîmer sa précieuse ramure, le cerf solitaire chemine dans les bois la tête haute et rejetée en arrière, sa ramure contre ses épaules pour éviter qu'elle se prenne dans les branches, attitude majestueuse dans laquelle il a souvent été représenté au fil des siècles, sur les peintures rupestres ou sur les tapisseries médiévales.

Le mâle marqua une pause. Encore timide, il savait pourtant que la période la plus pénible était passée. Doté de ses bois de velours déjà à moitié poussés, il avait conscience des premiers émois qui l'agitaient, des premiers changements chimiques et hormonaux qui, deux mois plus tard, le transformeraient en ce magnifique héros de la saison du rut, au cou gonflé.

Il s'arrêta parce qu'il avait vu quelque chose. Depuis l'orée du bois où il cheminait, une lande s'étendait sur près d'un kilomètre, jusqu'à une déclivité semée de bouleaux. Là, la bruyère violette laissait place à de l'herbe verte, la lisière d'un bois en toile de fond. Plusieurs daines se reposaient au soleil sur l'herbage. L'une était plus claire que les autres. Il l'avait remarquée au cours de la dernière saison du rut, puis revue au printemps lors de sa fuite durant la battue. Il l'avait crue morte, jusqu'à ce qu'il l'entraperçoive de nouveau au loin, ce qui lui avait procuré un étrange sentiment de plaisir.

Elle viendrait à lui pendant le rut. Il en était aussi certain qu'il sentait le soleil dans le ciel dégagé ; il le savait instinctivement, comme il savait que ses bois grandissaient et que son corps changeait rapidement pour s'y préparer. C'était inévitable. Il observa longtemps la daine à la robe pâle sur le lointain herbage, puis reprit son chemin.

Il ignorait que d'autres yeux la regardaient aussi.

Lorsque Godwin Pride s'apprêta à se mettre en route ce matin-là, sa femme tenta de le retenir en voyant son visage. Elle trouva divers prétextes — il fallait réparer le toit de l'étable, elle croyait avoir vu un renard près du poulailler — mais en vain. Au milieu de la matinée, il partit, sans même emmener son chien. Il ne lui dit pourtant pas ce qu'il avait l'intention de faire. Si elle l'avait su, elle aurait probablement appelé les voisins pour l'en empêcher. Elle ne vit pas non plus qu'il avait pris un arc caché dans un arbre.

Voilà deux mois qu'il attendait cela. Depuis sa rencontre avec Edgar, il veillait à se comporter de manière exemplaire. Il avait remis sa clôture à sa place, rentré ses vaches de la Forêt deux jours avant le mois de clôture. Quand Cola avait jeté un coup d'œil soupçonneux à son chien, il s'était rendu le jour même au pavillon de chasse royal de Lyndhurst. Là se trouvait le cerceau de métal, « l'étrier » : quand un chien devenait trop gros pour passer à travers, ses dents de devant étaient « légalisées », coupées, afin qu'il ne puisse menacer les cerfs du roi. Pride insista pour qu'on fasse subir l'épreuve de l'étrier à son chien — « seulement pour s'assurer qu'il n'est pas hors-la-loi », avait-il assuré avec un charmant sourire pendant que le chien se faufilait à travers. Il s'était montré prudent. Il attendit aussi que le temps soit favorable, comme ce jour-là, où une brise légère soufflait d'une direction inhabituelle.

Peut-être ne parviendrait-il pas à récupérer son champ, mais du moins reprendrait-il quelque chose à ces voleurs de Normands. Il allait porter un petit coup pour défendre la liberté, ou par obstination, comme aurait dit sa femme. Aussi content de lui qu'un gamin sur le point de braver un interdit, le grand gaillard à la démarche balancée traversa les bois. S'il se faisait prendre, les conséquences seraient terribles ; il risquait de perdre un membre, voire la vie. Mais il ne se ferait pas prendre. Il gloussa intérieurement. Il avait tout prévu.

Il était midi quand il prit son affût, soigneusement choisi — une position stratégique en lisière des bois où il pouvait facilement se dissimuler dans une petite dépression et voir quelqu'un approcher. Il avait aussi étudié de près les habitudes de ses proies.

Peu après midi, comme prévu, elles apparurent, et grâce au changement de direction de la brise, il se trouvait sous le vent par rapport à elles.

Sans faire le moindre mouvement, il les observa pendant plus d'une heure. Puis, comme il s'y attendait, il vit l'un des hommes de Cola chevaucher en silence sur la lande à moins d'un kilomètre de là. Il laissa passer encore une heure. Personne d'autre ne vint.

Il avait déjà jeté son dévolu sur sa proie. Il lui fallait une petite bête pour pouvoir la porter rapidement sur son dos jusqu'à sa cachette. Il reviendrait la chercher la nuit avec une charrette à bras. La lune lui permettrait de reconnaître son chemin. Plusieurs petites daines appartenaient à la troupe. L'une était plus claire que les autres.

Il visa.

Les premiers jours, Adela n'en revenait pas de ce que Walter lui avait fait.

Si les villages de Fordingbridge et de Ringwood, qui se trouvaient au bord de l'Avon à la lisière occidentale de la Forêt, restaient de simples hameaux, le bourg situé sur l'estuaire de la rivière était plus important. A cet endroit, l'Avon, rejointe par une autre rivière qui venait de l'ouest, se jetait dans un grand havre bien abrité où les hommes pêchaient et commerçaient depuis plus de mille ans. Twyneham, ainsi que les Saxons avaient appelé cette agglomération et les prés, marécages, bois et landes attenant, qui s'étendaient sur plusieurs kilomètres le long de la bordure sud-ouest de la Forêt, relevait depuis longtemps du domaine royal. Au cours des deux derniers siècles, les rois saxons avaient doté quelques modestes institutions religieuses, et le bourg avait pris peu à peu le nom de Christchurch. C'était devenu une petite ville fortifiée. Cinq ans auparavant, la croissance de Christchurch se trouva encore stimulée lorsque le chancelier du roi décida d'y reconstruire l'église du prieuré en plus grand. Les travaux avaient d'ores et déjà commencé sur la berge de la rivière.

Mais Christchurch demeurait une petite bourgade paisible au bord de mer, avec une église en construction.

Et c'est là que Walter l'avait laissée. Non pas aux bons soins d'un chevalier : il n'existait ni château, ni manoir, ni même de personnage de quelque importance — seuls quatre chanoines du prieuré, parmi les plus décrépits, restaient là pendant la reconstruction. Il l'avait confiée à un marchand, dont le fils faisait de la farine au moulin du prieuré.

« J'ai dû le payer, vous savez, lui avait expliqué Walter avec humeur.

— Mais combien de temps suis-je censée rester ici ? s'était-elle écriée.

— Jusqu'à ce que je vienne vous chercher. Un mois ou deux, je pense. »

Puis il était remonté en selle et s'en était allé.

Elle aurait pu se trouver plus mal lotie. La maison du marchand consistait en plusieurs bâtisses en bois autour d'une petite cour et elle disposait d'une chambre indépendante au-dessus d'une réserve près de l'écurie. Elle était parfaitement propre et elle n'aurait pas été mieux logée dans un manoir.

Son hôte n'était pas un mauvais bougre. Nicholas de Totton — il venait d'un village du même nom situé à une quinzaine de kilomètres, sur la lisière orientale de la Forêt —, un bourgeois, possédait trois maisons, quelques champs, un verger et une pêcherie de saumons. La cinquantaine, il conservait une silhouette mince, presque jeune. On ne lisait la désapprobation dans ses yeux gris pâle que si quelqu'un proférait des paroles cruelles ou se vantait. Il parlait peu, mais Adela avait remarqué qu'il témoignait d'un sens de l'humour enjoué avec ses enfants. Il en avait sept ou huit. Adela le trouvait ennuyeux, mais sa femme, toujours affairée, semblait parfaitement contente. Les Totton n'avaient pas grand-chose à voir avec elle.

Elle ne connaissait personne à qui parler et il n'y avait rien à faire. L'endroit où devait s'élever la nouvelle église du prieuré, superbement situé au bord de la rivière, était un véritable chantier. L'ancienne église avait été démolie et des dizaines de maçons n'allaient pas tarder à se mettre au travail. Mais, pour l'heure, le lieu restait désert. Un jour, elle fit une balade à cheval autour du promontoire qui abritait le port. Tout était paisible. Des cygnes glissaient sur l'eau ; plus loin, des chevaux sauvages paissaient dans les marécages. De l'autre côté du cap, une immense baie s'incurvait vers l'ouest tandis qu'à l'est, les falaises basses du rivage de la Nouvelle Forêt s'étendaient sur plusieurs kilomètres avant de disparaître dans le bras de mer du Solent, où s'interposaient les hautes falaises crayeuses de l'île de Wight. La vue magnifique ne lui procurait aucun plaisir. D'autres jours, elle se promenait ou allait s'asseoir au bord de la rivière. Il n'y avait décidément rien à faire. Rien. Une semaine passa.

Puis vint Edgar.

— Walter a dit à mon père où vous étiez, expliqua-t-il.

Il ne précisa pas que dans toute la vallée de l'Avon, jusqu'à Fordingbridge, on l'appelait déjà la « dame abandonnée ». Après cela, tout alla mieux. Il la retrouvait au moins une fois par semaine et ils partaient à cheval tous les deux. La première fois, ils remontèrent la vallée de l'Avon sur deux ou trois kilomètres jusqu'à St Catherine's Hill, une petite colline rocailleuse d'où l'on avait une vue splendide sur la vallée et la frange méridionale de la Forêt.

— Il était question de bâtir ici le nouveau prieuré. La prochaine fois, dit-il en montrant une partie de la Forêt, je vous emmènerai là. Et la fois suivante, là-bas.

Il tint sa promesse. Parfois, ils remontaient la vallée de l'Avon ; d'autres jours, ils longeaient la côte de la Forêt, bordée de nombreux îlots, jusqu'au village de Hordle, où se trouvaient des marais salants. Où qu'ils aillent, il commentait la visite. S'arrêtant près d'un filet d'eau sombre, il lui dit :

— Les truites de mer viennent se reproduire ici. On ne le croirait pas, n'est-ce pas, mais elles le font. En plein milieu de la Forêt.

Lors de leur troisième virée, ils se retrouvèrent près de Ringwood et il l'emmena à travers la lande jusqu'à Burley, un petit hameau obscur au fond d'un vallon boisé.

— C'est un endroit étrange, remarque-t-elle.

— On raconte que la sorcellerie se pratique dans la région. Mais les gens disent toujours cela à propos de la Forêt.

— Vous connaissez des sorcières ? demanda-t-elle en riant.

— On dit que la femme de Puckle en est une.

Elle le regarda pour voir s'il plaisantait, mais il n'en avait pas l'air. Puis il sourit.

— Il est bon de respecter une règle dans la Forêt : dans le doute, abstiens-toi de poser des questions, ajouta-t-il avant de pousser sa monture au trot.

Au cours de ces randonnées équestres, il l'interrogeait : avait-elle l'intention de rester en Angleterre ? Quelle sorte d'homme attendait-elle que Walter lui présente ? Elle répondait avec circonspection. Elle ne se trouvait pas, après tout, dans une position facile. Un jour, elle confessa pourtant, avec un soupçon de condescendance : « J'espère trouver un chevalier normand, car je suis moi-même normande. » Elle regretta qu'Edgar prît un air un peu déconfit, mais elle tenait à garder son rang.

Deux mois passèrent, et elle était toujours sans nouvelle de Walter.

Si elle n'avait pas été mise en confiance par toutes ces excursions, elle ne se serait pas aventurée si loin toute seule en ce jour d'été. Alors qu'elle chevauchait dans la partie centrale de la Forêt, son esprit battait la campagne et son cheval la conduisait à son gré, au pas, le long des pistes forestières. Puis elle mit pied à terre et se reposa dans une petite clairière pendant que l'animal paissait. Le fracas soudain d'une troupe de cerfs qui passait dans le sous-bois un peu plus loin la tira de sa rêverie. Curieuse, elle remonta rapidement en selle et partit au trot. Débouchant brusquement en terrain découvert et apercevant quelqu'un qu'elle pensait avoir reconnu, elle se dirigea vers lui au petit galop sans trop songer à ce qu'elle faisait. Il se retourna. C'était déjà trop tard.

— Bonjour, Godwin Pride, dit-elle.

Pride la fixait. Pour une fois, il perdait sa maîtrise habituelle. Bouche bée, il n'en croyait pas ses yeux : comment avait-il pu ne pas l'entendre venir ? Il ne lui avait fallu que quelques instants pour traverser en courant l'espace découvert et hisser la daine abattue sur ses épaules, mais cela avait manifestement suffi. La malchance.

Et en plus, il tombait sur elle. Une Normande. Pire encore, tout le monde dans la Forêt savait qu'elle se promenait à cheval avec Edgar.

Il était pris, selon les termes mêmes du droit forestier, « avec du sang sur les mains ». Il n'existait pas d'échappatoire. Il serait bon pour la mutilation : on lui couperait un membre. Peut-être même le pendrait-on, qui sait ?

Il jeta un coup d'œil circulaire. Ils se trouvaient seuls. Il se demanda un instant s'il n'allait pas la tuer, mais chassa cette pensée de son esprit. La daine glissa de ses épaules quand il se redressa devant elle de toute sa hauteur, courageux comme un lion. Il avait peur, mais ne le lui montrerait pas.

Puis il pensa à sa famille. Que deviendraient-ils si on le pendait ? Il les vit soudain : ses quatre enfants, sa fille de trois ans à peine, sa femme. Elle aurait des paroles amères. Comment expliquer cela à ses enfants ? Il s'entendait leur dire : « J'ai fait une bêtise. »

Mais que faire ? Supplier cette Normande ? Pourquoi se montrerait-elle clémente avec lui ? Elle en parlerait certainement à Edgar.

— Quelle magnifique journée, n'est-ce pas ?

Il cilla. Qu'avait-elle dit ?

— Je suis partie tôt ce matin, poursuivit-elle tranquillement. Je ne pensais pas aller si loin, mais il faisait si beau. Je crois que si j'avance par là, fit-elle en indiquant la direction, je devrais arriver à Brockenhurst.

Il hocha la tête, stupéfait. Elle continuait de parler comme si de rien n'était. Que diable mijotait-elle ?

Il comprit enfin le message. *Elle n'avait pas vu la daine.*

Elle le regardait en face. Dieu, voilà qu'elle demandait des nouvelles de ses enfants ! Il essaya de marmonner une réponse. *Elle n'avait pas vu la daine.* Il saisissait, maintenant. Elle bavardait tranquillement pour qu'il comprenne clairement. Il ne devait pas y avoir de complicité, de culpabilité partagée, de gêne, de dette pour une faveur reçue : elle était trop intelligente pour ça. Elle valait mieux que cela. *La daine n'existait pas.*

Elle continua encore un peu, lui demanda le meilleur chemin pour rentrer chez elle et, sans un seul regard à la daine étendue par terre sous ses yeux, elle annonça :

— Bon. Il faut que j'y aille.

Puis elle fit tourner son cheval et partit en le saluant de la main.

Pride prit une profonde inspiration. « Quel noble cœur », se dit-il. Quelques instants plus tard, la daine était soigneusement cachée et il s'apprêtait à rentrer chez lui. En se mettant en route, une autre pensée lui traversa l'esprit et il sourit d'un air contraint.

Ce n'était pas la daine au pelage clair qu'il avait tuée.

Adela eut la surprise, à son retour à Christchurch, de trouver Walter Tyrrell, qui l'attendait, de méchante humeur.

— Si vous n'étiez pas rentrée si tard, nous serions partis aujourd'hui, déclara-t-il sur le ton de la réprimande, le fait qu'elle n'ait été nullement au courant de sa venue semblant ne pas importer. Soyez prête demain à la première heure, ordonna-t-il.

— Mais où allons-nous ?

— A Winchester, répondit-il, comme si cela allait de soi.

Winchester. Enfin, une ville vraiment importante. Il y aurait là des représentants du roi, des chevaliers, des gens de qualité.

— Auparavant, nous resterons cependant quelques jours dans un manoir à l'ouest d'ici. Dans le Dorset.

— Chez qui ?

— Chez Hugues de Martell.

Le temps changea le lendemain matin. Tandis qu'ils chevauchaient vers l'ouest et s'engageaient à travers les collines majestueuses du Dorset, un gros nuage gris cacha le soleil, ses bords brillants jetant une lueur rougeoyante et maussade sur le paysage.

Walter conserva son habituel silence renfrogné pendant la plus grande partie du trajet. Comme ils franchissaient la dernière longue crête, il lui fit cependant remarquer d'un air lugubre :

— Je ne voulais pas vous emmener là, mais je me suis dit qu'il valait mieux le faire avant d'aller à Winchester. Cela vous donnera un jour ou deux pour soigner vos manières. Je vous recommande en particulier d'observer l'épouse de Martell, Lady Maud. Elle sait se tenir. Efforcez-vous d'en prendre de la graine.

Le village se nichait dans une longue vallée. Le paysage différait de celui de la Forêt. De chaque côté, d'immenses champs de blé et d'orge, nettement divisés en bandes, couvraient les versants et disparaissaient par-dessus les crêtes. A l'entrée de la vallée, près d'un étang, une petite église anglo-saxonne en pierre trônait sur une pelouse. Les cottages étaient bien clôturés et particulièrement soignés. Même la rue du village donnait une impression de propreté, comme si elle avait été balayée par une main invisible. Elle menait à l'entrée du manoir. La demeure se trouvait à quelque distance, en retrait. Peut-être était-ce un effet de la lumière, mais, tandis qu'ils longeaient l'allée, la pelouse coupée de frais semblait d'un vert particulièrement foncé. Devant eux, sur la gauche, des bâtiments agricoles, en pierre et à charpente de bois, formaient un vaste carré, et sur la droite, à l'écart derrière une grande cour bien balayée, se dressaient l'élégant manoir et ses communs, en silex et surmontés de hauts toits de chaume bien nets. Il ne s'agissait pas d'une demeure seigneuriale ordinaire, mais du cœur d'un grand domaine foncier. Son ordre paisible et plutôt austère annonçait clairement : « Cette terre appartient au seigneur du lieu. Inclinez-vous. »

Un palefrenier et son aide sortirent pour s'occuper des chevaux. La porte du manoir s'ouvrit et Hugues de Martell apparut, seul, et vint rapidement à leur rencontre.

Elle ne l'avait encore jamais vu arborer ce sourire, un sourire chaleureux qui le rendait plus bel homme que jamais. Il lui offrit sa main pour l'aider à descendre de selle. Elle la prit, remarqua les poils sombres sur son poignet et mit pied à terre.

Il se recula tranquillement et, avant que Walter ait eu le temps de dire quoi que ce soit, fit remarquer :

— C'est tout aussi bien que vous veniez aujourd'hui, Walter. Hier, j'ai été retenu à Tarrant toute la journée.

La démarche aisée, il les précéda ensuite vers la demeure et s'effaça pour laisser entrer Adela.

Le manoir était vaste, aussi haut qu'une grange, avec de gros chevrons en chêne et, au sol, des nattes de jonc. Deux énormes tables en chêne luisant flanquaient le grand foyer central. Leurs volets de bois ouverts, les hautes fenêtres laissaient passer une lumière agréable et légère. Adela chercha du regard leur hôtesse, qui apparut de l'autre côté de la pièce. La dame se dirigea droit vers Tyrell.

— Vous êtes le bienvenu, Walter, dit-elle tandis qu'il prenait sa main. Nous sommes heureux de vous accueillir.

Elle se tourna vers Adela.

— Vous aussi, naturellement, ajouta-t-elle avec un sourire forcé, comme si elle nourrissait quelque incertitude quant au rang de la jeune femme.

— Ma cousine, Adela de La Roche, la présenta Walter sans enthousiasme.

Ce n'était cependant pas la froideur de cette réception qui frappa surtout Adela, mais l'apparence de cette dame.

A quoi s'attendait-elle à ce que ressemblât la femme de Hugues de Martell ? Probablement à lui : grande, belle femme, d'un âge approchant peut-être. En fait, elle était à peine plus âgée qu'elle, petite et pas jolie du tout, dotée de traits pas vraiment laids, mais irréguliers. Ses lèvres, fines et pas droites, se relevaient légèrement d'un côté. Elle portait une robe de belle étoffe, d'une nuance de vert trop pâle, qui faisait paraître son teint encore plus terreux qu'il n'était. Un mauvais choix. Elle semblait maigre, insignifiante. Voilà ce qu'en pensa Adela.

Pour l'heure, elle n'eut pas le loisir de poursuivre son examen plus avant. Le manoir comportait deux appartements réservés aux invités, l'un pour les hommes, l'autre pour les femmes, et après que l'hôtesse lui eut montré celui des dames, elle laissa Adela se débrouiller. Quand un peu plus tard celle-ci retourna dans la grande salle, elle y trouva Walter, seul, et lui demanda depuis quand Martell était marié.

— Il y a tout juste trois ans, répondit celui-ci avant de jeter un regard circulaire alentour et de poursuivre, à voix basse : Il a perdu sa première épouse, comme vous le savez.

Elle l'ignorait totalement et le lui dit.

— Il l'a perdue, ajouta-t-il, ainsi que leur seul enfant. Il en a eu le cœur brisé. Il est resté longtemps sans se remarier, puis a décidé de refaire sa vie. Il lui fallait un héritier.

— Mais pourquoi cette Lady Maud ?

— C'est une héritière. Il possédait deux domaines, celui-ci et Tarrant. Elle lui en a apporté trois autres en dot dans le même comté. L'un jouxte ses terres de Tarrant. Il arrondit son patrimoine. Martell sait ce qu'il fait.

Ce morne rappel de l'inexistence de sa dot n'échappa pas à Adela.

— A-t-il un héritier maintenant ?

— Pas encore.

Peu après, Lady Maud apparut et la conduisit dans une agréable pièce ensoleillée en haut d'une volée de marches à une extrémité de la salle. Une vieille nourrice l'y accueillit avec courtoisie, elle s'assit et fit la conversation aux deux dames qui reprirent leur tapisserie à l'aiguille.

La discussion était assez amicale. Suivant consciencieusement le conseil de Walter, elle prêtait une grande attention à tout ce que disait et faisait son hôtesse. Dans ce cadre intime, la dame du manoir semblait être d'une agréable compagnie. Elle avait manifestement une maîtrise parfaite de tout ce qui concernait la maison : la cuisine, où le bœuf cuisait déjà à la broche, le cellier, où elle faisait des conserves, le jardin potager, la tapisserie, dont elle et la nourrice se montraient fières à juste titre — elle parlait de tout cela tranquillement et plaisamment. Mais quand Adela l'interrogeait sur la propriété ou la politique du comté, elle se contentait d'un sourire crispé et répondait : « Oh, je laisse cela à mon mari. Ça regarde les hommes, ne croyez-vous pas ? »

Pourtant, à l'évidence, elle connaissait bien les propriétaires terriens de la région et Adela ne croyait pas qu'elle n'avait pas quelque idée de leurs affaires. Cependant, elle n'estimait manifestement pas qu'il lui appartenait d'en parler. « Elle a décidé une bonne fois pour toutes ce qu'elle veut être et ce qu'elle doit penser, se dit Adela. Elle l'a fait parce qu'elle croit que cela la sert. Derrière son sourire affecté, elle pense sans doute que je suis une sotte de ne pas jouer le même jeu. » Elle remarqua également que Lady Maud ne lui posait pratiquement pas de questions d'ordre personnel, soit que cela ne l'intéressât point, soit parce qu'elle ne voulait pas mettre dans l'embarras la parente manifestement pauvre de Walter.

Dans l'après-midi, ils partirent tous faire une promenade à cheval. Avec ses champs immenses, ses vergers bien entretenus, ses étangs poissonneux, le domaine constituait le modèle parfait de ce que devait être une propriété seigneuriale. Apparemment, Hugues de Martell connaissait bien son affaire. Quand ils arrivèrent au pied d'une colline, les deux hommes la gravirent au petit galop et Adela aurait aimé les suivre à la même allure.

Mais Lady Maud se montra catégorique.

— Gardons nos montures au pas et laissons les hommes galoper, dit-elle.

Adela fut donc obligée de lui tenir compagnie jusqu'au retour des hommes.

— Jolie vue, remarqua Walter.

Quand ils rentrèrent au manoir, les domestiques avaient installé les tables à tréteaux dans la grande salle, posé les nappes. Comme ils n'avaient encore rien mangé de la journée, on leur servit un dîner complet. Tout se faisait en silence, mais avec élégance. En une petite procession, on apporta le pain et le bouillon, le saumon et les truites, puis trois plats de viandes. Hughes de Martell découpa lui-même les viandes et Lady Maud servit Walter en prélevant les mets dans sa propre assiette. Le vin était clair et bon, légèrement épicé. Fruits frais, fromages et noix achevèrent le repas. Tyrrell complimenta poliment Lady Maud à chaque plat et Martell prit la peine d'amuser Adela en lui contant l'histoire plaisante d'un marchand de Normandie qui ne parlait pas un mot d'anglais. Peut-être avait-elle un peu trop bu.

Comment pouvait-elle savoir qu'elle commettait une erreur en évoquant la Forêt ? Puisque, aux yeux de Walter, elle s'y était fait passer pour une sotte, il supposait peut-être qu'elle ne reparlerait pas de la grande battue. Quoi qu'il en soit, elle se borna au début à demander à son hôtesse si elle s'était déjà aventurée dans la Nouvelle Forêt.

— Dans la Nouvelle Forêt ? répéta Lady Maud, un peu surprise. Je n'ai aucune envie d'y aller.

Elle adressa à Walter un de ses petits sourires, comme si Adela venait de dire quelque chose de déplacé.

— Les gens qui vivent là sont très étranges. Y êtes-vous allé, Walter ?

— Une fois ou deux seulement. Pour la chasse royale.

— Ah. C'est tout à fait différent.

Adela remarqua que Walter la regardait en fronçant les sourcils. Il souhaitait de toute évidence changer de sujet, mais cela l'irrita. Pourquoi se laisserait-elle traiter comme une idiote ? Il la mépriserait, de toute façon.

— J'ai chevauché toute seule dans la Forêt, poursuivit-elle gaiement. J'y ai même chassé.

Elle marqua une pause pour laisser ses paroles produire leur effet, puis ajouta :

— Avec votre mari.

Et elle adressa à Walter un sourire de défi.

Mais quelle que fût la réaction attendue, ce n'était pas celle qu'elle provoqua.

— Hugues ? s'enquit Lady Maud, pâlissant légèrement. Vous êtes allé chasser dans la Forêt ?

— Oui, oui, répondit rapidement Martell. Avec Walter. Et Cola. Au printemps dernier.

— Je ne crois pas avoir été au courant.

Elle le regardait d'un air de reproche.

— Vous l'étiez, dit-il avec fermeté.

— Bon. En tout cas, je le suis maintenant, répliqua-t-elle d'une voix douce avant de s'adresser à Adela d'un ton faussement enjoué : Les hommes ont l'habitude de chasser dans la Forêt.

Walter contemplait son assiette. Quant à Martell, montrait-il de l'impatience dans son attitude ? N'avait-il pas légèrement haussé les épaules ? Pourquoi n'aurait-il pas dit à son épouse qu'il partait chasser ? D'autres raisons le poussaient-elles à se rendre dans la Forêt ? S'absentait-il à certains moments ? Adela se posait des questions. S'il s'échappait de temps à autre, elle n'était pas sûre que sa femme l'en blâmait, quoi qu'il fît.

Walter vint à la rescousse :

— A propos d'affaires royales, enchaîna-t-il calmement comme si de rien n'était, avez-vous entendu dire...

Et il rapporta l'un des derniers scandales de la cour. Comme souvent, le roi avait adressé des paroles choquantes à des moines. Intolérant à l'égard de la religion, Rufus résistait rarement à l'envie de tourmenter les ecclésiastiques. Comme d'habitude aussi, le roi s'était montré à la fois grossier et drôle. Bien que choquée et se croyant obligée de l'être, Lady Maud ne tarda pas à rire autant que son mari.

— De qui avez-vous appris cela ? s'enquit Martell.

— De l'archevêque de Canterbury lui-même, confessa Walter, ce qui les fit d'autant plus rire.

Au grand amusement d'Adela, Tyrrell avait donc réussi à s'insinuer aussi dans les bonnes grâces de l'archevêque Anselme.

Puis, ayant trouvé son rythme, Walter continua de distraire la compagnie, enchaînant les anecdotes. Pleines d'esprit, amusantes, la plupart concernaient les grands personnages du moment. Walter les racontait bien, les assortissant fréquemment de la recommandation de ne pas les répéter. Personne ne manquait d'être enchanté, flatté, fasciné par un courtisan aussi spirituel. Pour Adela, c'était une révélation. Elle n'avait encore jamais vu Walter déployer son charme. « Il ne l'a certes jamais fait avec moi, pensa-t-elle. Mais il faut bien admettre qu'il possède du talent. » Elle se sentait impressionnée, quoi qu'elle en eût.

S'il faisait montre d'impatience à son égard, pouvait-elle l'en blâmer entièrement ? Ce malin de Walter Tyrrell, entré par alliance dans la puissante famille des Clare, était l'ami des grands.

Lorsque, plus tard, la compagnie se sépara et se prépara à aller se coucher de bonne heure, elle vint à côté de lui et murmura :

— Excusez-moi. Je continue de faire ce qu'il ne faut pas, n'est-ce pas ?

Il lui sourit tout à fait gentiment et dit :

— C'est aussi de ma faute, Adela. Je n'ai pas été très aimable avec vous.

— C'est vrai. Mais j'ai été un fardeau dont on n'a guère envie de s'encombrer.

— Bon. Voyons ce que nous pouvons faire pour vous à Winchester. Bonne nuit.

En se réveillant le lendemain, elle se sentit merveilleusement délassée. Elle ouvrit les volets : le jour se levait, un ciel bleu immaculé estompait déjà le rose de l'aube. L'air frais et humide lui picota le visage. Hormis le doux babillage des oiseaux, tout était silencieux. Un coq chanta au loin. Elle crut percevoir l'odeur légère de l'orge. Toute la maisonnée semblait encore assoupie ; seul un paysan longeait un sentier sur la crête.

Elle ne pouvait attendre dans la chambre que les autres se lèvent, il faisait trop beau, elle éprouvait un besoin irrépressible de prendre l'air. Après avoir passé sa chemise et une tunique en lin, attaché son corset, repoussé ses cheveux en arrière, chaussé ses mules, elle sortit rapidement de la maison. Peu importait qu'elle paraisse un peu débraillée, pensa-t-elle. Personne ne la verrait.

Il y avait un jardin clos de murs juste derrière la maison. Elle y entra. Le soleil ne tomberait pas dans cet espace silencieux avant un moment. Des herbes et du chèvrefeuille poussaient là. Trois pommiers occupaient un carré de pelouse, chargés de fruits à moitié mûrs bien que déjà empourprés. Des framboises sauvages pailletaient l'air de minuscules taches rouges. Des araignées avaient tendu leur toile dans les angles du mur. Tout était humide de rosée. Elle esquissa un sourire de plaisir. Elle aurait pu aussi bien se trouver dans le jardin d'un château ou d'un monastère de sa Normandie natale.

Elle resta un moment là à savourer la paix du lieu.

Il n'y avait apparemment encore personne en vue quand elle ressortit du jardin. Elle songea à aller jusqu'à l'écurie, qui se trouvait dans le grand carré des dépendances, ou peut-être dans le champ situé derrière, où quelques chevaux avaient été sortis pour la nuit. Mais, alors qu'elle longeait le côté du manoir, une petite porte basse à laquelle on accédait en descendant trois marches de pierre attira son attention. Elle semblait conduire à une crypte et devait être fermée à clef. Poussée par la curiosité, elle descendit pour essayer de l'ouvrir et, à sa surprise, elle céda.

Une vaste crypte s'étendait sur toute la longueur du bâtiment. Son plafond était soutenu par des piliers de pierre qui divisaient l'espace en travées. Un petit soupirail barreaudé percé dans la partie supérieure du mur opposé ajoutait à la lumière qui tombait de la porte, qu'elle avait laissée ouverte.

Il lui fallut quelques instants pour s'habituer à la pénombre, mais elle ne tarda pas à voir que la cave contenait le genre d'objets auquel elle s'attendait, bien que, contrairement à la pagaille qui régnait généralement en de tels lieux, tout y fût soigneusement rangé. Il s'y trouvait des coffres et des sacs ; des tonneaux de vin et de bière occupaient une travée ; dans une autre, pendaient des cibles de tir à l'arc, des arcs sans corde, des flèches, une demi-douzaine de filets de pêche, des colliers de chien, des gants et des capuchons de fauconnerie. En parvenant à la dernière travée sur la gauche, au sol couvert de copeaux de bois, elle vit quelque chose d'étrange : luisant faiblement, une haute silhouette dans l'ombre, si semblable à un homme qu'elle sursauta.

Il s'agissait d'un mannequin en bois, revêtu d'une longue cotte de maille et d'un heaume en métal. Derrière lui, elle le distinguait maintenant, un second mannequin portait la tunique de cuir que l'on mettait sous la cotte de mailles. Sur un guéridon se trouvait une selle à grand pommeau, contre laquelle était appuyé un long bouclier en métal clouté ; à côté, sur un ratelier, un énorme sabre, deux lances et une masse d'armes. Elle prit une brève inspiration. Ce devait être l'armure de Hugues de Martell.

Mieux valait ne toucher à rien. La cotte de mailles et les armes avaient été soigneusement graissées pour empêcher la rouille : dans la pénombre, elle voyait que tout était en parfait état. Tous les maillons de l'armure se trouvaient à leur place. Il flottait une odeur mêlée d'huile et de cuir, de métal et de copeaux de bois résineux, qu'elle trouva étrangement excitante. Instinctivement, elle s'approcha du mannequin en armure, le sentit, presque à le toucher.

— Mon grand-père se servait d'une hache d'armes.

La voix résonna de manière si inattendue, tout contre son oreille, qu'elle faillit pousser un cri et sursauta. Elle pivota sur elle-même et, ce faisant, effleura sa poitrine.

Hugues de Martell ne bougea pas, mais eut un petit rire.

— Je vous ai fait peur ?

— Je...

Elle essaya de reprendre sa respiration. Elle se sentait rougir. Son cœur battait à tout rompre.

— Oh, mon Dieu, lâcha-t-elle en français. Oui.

— Toutes mes excuses. Je m'y entends à marcher sans faire de bruit. Dans cette mauvaise lumière, je vous ai prise d'abord pour un voleur.

Il n'avait toujours pas bougé. Ils se tenaient tout près l'un de l'autre. Elle était à peine vêtue. Que dire ? Elle n'arrivait pas à se concentrer.

— Une hache d'armes ? répéta-t-elle.

Voilà le dernier mot qu'elle semblait capable de se rappeler.

— Oui. Les Normands sont des Vikings, après tout. C'était un grand rouquin. J'ai hérité des cheveux sombres de ma mère, ajouta-t-il en souriant. Elle était bretonne.

— Ah, je vois.

Elle ne voyait rien, à l'exception de son pourpoint de cuir et de la manche de son long bras. Elle n'avait conscience que du silence qu'il ménagea avant de reprendre la parole :

— Vous ne cessez pas d'explorer, ce me semble. D'abord, la Forêt, puis cette cave. Vous avez l'âme aventureuse. Voilà qui est très normand.

Elle leva son visage vers le sien. Il la regardait en souriant.

— Et vous, n'êtes-vous point aventureux ? lui demanda-t-elle. Peut-être n'avez-vous pas besoin de l'être.

Son sourire s'évanouit, mais il ne paraissait pas en colère, seulement pensif. Il avait compris ses paroles, évidemment : les domaines bien en main, la riche épouse, sa façon d'insinuer qu'il possédait l'esprit conquérant de ses ancêtres vikings.

— J'ai beaucoup à faire, comme vous le voyez, répondit-il tranquillement.

Une impression de calme autorité, de puissance, émana de lui quand il prononça ces mots.

— Me voilà remise à ma place, fit-elle.

— Je me demande où est votre place, répondit-il en souriant à nouveau. La Normandie ? L'Angleterre ?

— Ici, je crois.

— Vous allez à Winchester. C'est un bon endroit pour trouver un mari. Il y a beaucoup de passage. Peut-être vous reverrons-nous là-bas.

— Peut-être. Vous allez souvent à Winchester ?

— De temps en temps.

Il recula d'un pas et l'embrassa machinalement du regard. Il était sur le point de s'éloigner. Dire quelque chose, n'importe quoi pour qu'il reste. Mais quoi ? Qu'il avait épousé une femme riche indigne de lui ? Qu'il aurait été mieux avec elle ? A quoi pourrait bien mener une liaison entre eux ?

— Venez, dit-il, offrant de l'escorter dehors.

Il lui fallait, bien sûr, aller s'habiller convenablement. Sur son invitation, elle le précéda vers la porte. Arrivée là, elle sentit qu'il lui prenait la main, la levait et l'effleurait de ses lèvres.

Un geste courtois dans la pénombre. Inattendu. Elle se tourna vers lui. Une douleur sembla lui étreindre la poitrine. L'espace d'un instant, elle fut incapable de respirer. Il inclina la tête. Telle une somnambule, elle franchit le seuil, presque aveuglée par la lumière extérieure. Il se retourna pour fermer la porte. Elle s'éloigna sans se retourner et rentra dans le manoir.

Le reste de la journée s'écoula paisiblement. Elle en passa la majeure partie en compagnie de Lady Maud. Quand elle retrouva Hugues de Martell, il se montra poli mais un peu froid et hautain.

Et lorsque Walter et elle prirent congé le lendemain, avant de se mettre en route pour Winchester, il resta distant. Mais, parvenue sur la crête, elle se retourna et vit sa haute silhouette sombre : il les regarda s'éloigner jusqu'à ce qu'ils disparaissent.

L'automne arrive lentement dans la Forêt. Les journées restent longues en septembre, les grands chênes sont encore verts, l'humus tourbeux de la lande conserve une douce chaleur estivale et un parfum suave et piquant flotte dans l'air.

Ailleurs, c'est une saison plaisante. La moisson est rentrée, les pommes commencent à tomber, la brume, qui plane sur les champs dénudés, rappelle aux hommes de récolter tout ce qu'ils peuvent tandis que le soleil entame sa retraite progressive.

Dans la Forêt, la nature se présente sous un autre jour. A cette période les chênes perdent leurs glands verts, qui couvrent le sous-bois. Des hommes comme Pride sortent leurs cochons pour qu'ils se gavent de glands et de faines, suivant un droit ancien que même le conquérant normand n'avait pas voulu abroger. « Si les cerfs mangent trop de glands verts, ils tombent malades, lui rappelèrent les gardes forestiers. Mais les cochons adorent ça. » Au fil des jours, les hêtres jaunissent. Dès le premier signe de dépérissement, une autre transformation se produit. Comme pour saluer la venue prochaine de l'hiver, le houx femelle se couvre de fruits, dont les grappes cramoisies et serrées luisent sur le fond bleu limpide du ciel de septembre.

Après l'équinoxe, quand les nuits deviennent un peu plus longues que les jours, d'autres changements se manifestent. Les fleurs de bruyère ne sont plus qu'une brume de minuscules points blancs et la lande passe du pourpre estival au mordoré automnal. Le brun de la tige des fougères monte dans les feuilles en train de sécher, au point que, dans certains massifs, la lumière du soleil d'automne leur donne la teinte du bronze poli. Les glands, tombés de leur cupule sur les feuilles mortes, ont bruni eux aussi. La brume matinale apporte un froid humide et la fraîcheur de l'aube est tonifiante. Cependant, dans la Forêt, ces signes n'indiquaient pas une fin, mais un commencement. Le soleil s'en va pour laisser la place à une divinité encore plus ancienne. L'hiver approche : voilà la saison de la lune argentée.

Pour les cerfs, c'est celle du rut.

Le mâle s'avança fièrement vers le milieu de l'aire d'accouplement. C'était l'aube. Un givre léger couvrait la terre. Sur le pourtour de l'aire, où les foulées marquaient le sol — les traces laissées par les pieds fendus —, huit ou neuf daines attendaient. Certaines se déplaçaient en émettant un craquement. L'excitation et la tension étaient perceptibles. La femelle à pelage clair, elle aussi présente, patientait en silence.

Les bois du daim resplendissaient et il le savait. Leurs lourdes empaumures luisantes, impressionnantes à voir, se déployaient au-dessus de sa tête. Leur croissance était achevée depuis le mois d'août, moment auquel leur peau veloutée avait commencé à peler. Pendant des jours et des jours, il avait frotté ses nouveaux bois contre de petits arbres, laissant des marques sur leur tronc. Sentir les jeunes arbres vigoureux s'arc-bouter et se courber sous leur poids lui avait procuré une impression agréable ; il sentait sa puissance augmenter. Cet aiguisage remplissait une double fonction : non seulement il éliminait les derniers vestiges de peau veloutée, mais l'os des bois, d'un blanc crème au début, s'enrobait, se polissait, durcissait jusqu'à prendre une teinte brune luisante.

En septembre, il donna des signes d'agitation. Son cou gonfla, sa pomme d'Adam grossit ; la sensation de picotement que lui procurait sa puissance semblait envahir son corps, depuis l'arrière-train jusqu'aux épaules, de plus en plus épaisses. Il commença à se pavaner et à marteler le sol ; il ressentait le besoin d'exercice pour faire montre de sa force. La nuit, il se déplaçait seul dans les bois, errant de-ci de-là comme un chevalier en quête d'aventure. Peu à peu, cependant, il se dirigeait vers la partie de la Forêt où la daine à la robe claire l'avait vu l'année précédente — car les mâles s'éloignent instinctivement de leur gîte d'origine quand ils s'apprêtent à s'accoupler, pour que le patrimoine génétique de l'espèce se recombine constamment. Fin septembre, il était prêt à marquer son aire d'accouplement. Mais, avant cela, une autre cérémonie ancestrale devait se dérouler.

Qui savait quand les premiers cerfs communs arrivèrent dans la Forêt ? Ils s'y trouvaient depuis des temps immémoriaux. Plus grands que les daims intrus, les hommes les désignaient de noms différents : le mâle était un cerf, la femelle une biche, le jeune un faon. Alors que les bois du daim se déploient en larges empaumures, ceux, encore plus grands, du cerf le font en andouillers ramifiés. Les cerfs communs ne sont jamais nombreux. La rapidité et l'astuce du daim leur faisant défaut, ils se révèlent plus faciles à tuer. En outre les daims étaient déjà bien plus nombreux qu'eux. Alors que le daim aime les clairières, le cerf commun reste sur la lande où, quand il se couche dans la bruyère, il paraît se confondre avec le paysage, même en plein jour, primitif et nordique en comparaison avec les élégants nouveaux venus. Il semble juste, à l'approche du rut automnal, que même les grands daims mâles accordent la préséance à ces anciens occupants, qui s'étaient perpétués dans le silence vide de la lande, depuis l'époque glaciaire sans doute.

C'est normalement quelques jours après l'équinoxe d'automne, lorsqu'il a pris en charge le groupe de femelles qui constituera son harem exclusif, que le cerf dresse sa tête puissante et émet son appel obsédant, plus haut que le beuglement des bovins de quelques notes, qui résonne à travers la lande au crépuscule. Les hommes l'écoutent et disent : « Les cerfs ont commencé à bramer. »

Plusieurs jours passeront avant que, dans les clairières, les daims mâles ajoutent leur appel différent aux bruits de l'automne.

L'aire du mâle n'était pas l'une des plus importantes — les plus âgés et puissants les détenaient — car il ne s'agissait encore que de son premier rut. Elle mesurait une soixantaine de mètres de long sur une quarantaine de large. Il l'avait soigneusement préparée pendant des jours. D'abord, s'ouvrant un chemin sur le pourtour, il avait battu les jeunes arbres et les buissons avec ses bois. Grâce à la forte odeur dégagée par les glandes situées sous ses yeux, il marquait ainsi son territoire. Il avait également oint les arbres tout le long de ce périmètre. Puis, à l'approche du rut, il laissa des marques sur le sol en le grattant avec ses pieds de devant, qui contenaient aussi des glandes, le labourant même par endroits avec ses bois. Il urina dans ces éraflures puis se roula dans la terre mouillée. Cela produisit l'odeur âcre du mâle en rut, qui excite tant les daines ; car contrairement à ce qui se passe chez le cerf commun, ce sont les femelles qui viennent au mâle.

Et donc, comme si quelque tournoi magique devait avoir lieu dans la clairière, l'élégant jeune mâle était prêt à défier tous ses congénères qui empiéteraient sur son aire d'accouplement. Le rut allait durer de longs jours, durant lesquels il ne mangerait pas, subsistant grâce à l'énergie fournie par une production phénoménale de testostérone. Peu à peu, il perdrait de sa vigueur, jusqu'à épuisement. Les daines attentives le protégeraient alors en patrouillant autour de l'aire, aux aguets. En fait, toute la nature participerait : les oiseaux pousseraient leur cri à l'approche d'un danger, et même les poneys de la forêt, généralement silencieux, henniraient si des humains approchaient.

Le mâle avait arpenté l'aire pendant des heures. Le sol était jonché d'herbe et de fougères piétinées et de glands au goût de noisette. En même temps que les daines, deux brocards et un daguet regardaient aussi. Une lumière tamisée filtrait à travers les arbres. De temps à autre, le mâle s'arrêtait pour bramer.

Il tend la tête légèrement en avant, puis lève son cou gonflé pour émettre cet appel au rut difficile à décrire : un étrange barrissement, un grognement évoquant un renvoi. Quand on l'a entendu une fois, on ne l'oublie jamais.

Au centre de l'aire, beau, puissant, il brama trois fois.

Mais un nouvel acteur approchait maintenant, au milieu des arbres. Dans un bruissement de feuilles, les daines décampèrent sur son passage. Il apparut, pénétra tranquillement dans l'arène et se dirigea avec insouciance vers l'occupant.

C'était un autre mâle et, à en juger par ses bois, de force égale.

La daine à robe claire tremblait. Son mâle allait se battre.

L'intrus traversa l'aire sans se presser. Son pelage était plus foncé que celui de son mâle. Elle sentait son odeur, âcre, aigre, pareille à la vase au fond des eaux saumâtres. Il paraissait fort. Il dépassa son mâle, qui lui emboîta le pas — tel était le rituel du combat. Les deux mâles continuaient à marcher, presque avec désinvolture ; elle voyait jouer les muscles de leurs puissantes épaules, leurs bois osciller lentement de haut en bas. Elle remarqua qu'un des deux petits andouillers incurvés à la base des bois du mâle foncé était brisé et formait une pointe déchiquetée. Il pouvait éborgner son adversaire d'un coup de tête. Les autres daines regardaient en silence. Même les oiseaux semblaient s'être tus dans les arbres. Elle n'avait conscience que du bruissement lent des pieds des deux mâles sur les feuilles mortes et les fougères.

Toute la nature savait que le sort de son mâle allait se décider. Un daim peut défier l'un des grands et puissants mâles et perdre de manière honorable. C'était peut-être ainsi que l'intrus avait brisé son andouiller. Mais lorsque deux mâles de force égale s'affrontent, l'un doit être vaincu. Il arrive qu'il soit blessé, voire tué, mais l'important est qu'il a perdu le combat, et sa fierté avec. Les daines le savent, toute la forêt a été témoin. Il s'en va honteusement ; l'aire et les femelles appartiennent au vainqueur.

Les deux mâles atteignirent l'autre côté de l'aire et firent demi-tour. Après une si longue attente, l'intrus au redoutable andouiller brisé battrait-il le partenaire qu'elle s'était choisi et la posséderait-il ? Elle était venue à l'aire d'accouplement et appartiendrait de droit au vainqueur. Il en était ainsi.

Son mâle s'avança alors un peu et donna un petit coup d'épaule dans l'arrière-train de son rival. C'était le signal du combat.

Le mâle au pelage foncé pivota sur lui-même. Il y eut une pause brève : les deux adversaires se ramassèrent sur leurs pattes de derrière, puis, avec un bruit sec dont la forêt renvoya l'écho, les deux énormes ramures se heurtèrent.

Le combat de deux mâles adultes offre un spectacle terrible. Voyant les deux puissants animaux au cou gonflé se pousser de toutes leurs forces, la jeune femelle se recula involontairement. Ils paraissaient soudain si énormes, si dangereux. Et si l'un des deux s'échappait, s'ils chargeaient dans sa direction... Ils se révélaient de force égale. Pendant quelques secondes, ils avancèrent et reculèrent alternativement, leurs bois unis presque à ras de terre, leurs pattes arrière creusant le sol, leurs muscles bandés à tout rompre. Son mâle semblait avoir le dessus.

Ses pattes arrière glissèrent alors. L'intrus poussa en avant, trente centimètres, cinquante, un mètre. Son favori labourait le sol, il glissait sur la litière humide. Il était sur le point de perdre pied. Il bloquait ses pattes, mais glissait en arrière, le corps raidi, immobilisé dans sa position. L'intrus donna un dernier coup de boutoir ; il parut près de se jeter en avant et de terrasser son adversaire.

Mais son champion arriva sur un sol plus ferme, ses pieds trouvèrent une prise dans l'herbe. L'arrière-train frémissant, il s'arc-bouta. Ses épaules se soulevèrent, son cou s'abaissa. C'était maintenant l'intrus qui glissait sur les feuilles humides. Lentement, prudemment, leurs bois enchevêtrés, les deux mâles commencèrent à tourner, tous deux sur le sol herbeux à présent. L'intrus rompit soudain l'engagement et donna un coup de tête, visant l'œil de son adversaire avec son andouiller cassé. Il se rua sur lui. Son mâle se balança en arrière, puis riposta. Il se jeta de tout son poids sur les bois de l'autre. Il y eut un raclement. Le cou tordu, déséquilibré par le coup bas, l'intrus lâcha du terrain.

Puis tout fut bientôt fini. Son mâle le faisant reculer, pied après pied, l'intrus perdit son aplomb ; il lutta, se tourna et fut pris sur le flanc. Son favori avait maintenant nettement le dessus, il donnait des coups de tête et le poussait devant lui. Du sang maculait le flanc de son adversaire. Après avoir reçu un dernier coup terrible, il émit une plainte, se tourna en chancelant et sortit de l'aire en boitant. Vaincu.

Après s'être pavané, magnifique, sur l'aire dont il était maintenant le maître incontesté, son mâle tourna la tête vers elle.

Ses énormes bois, le triangle de sa face, le regard vide de ses yeux pareils à deux trous noirs tourné dans sa direction : son mâle s'était volatilisé, métamorphosé en une autre entité appelée seulement « daim » — une image, un esprit, rapide et terrible. Il bondit vers elle.

Elle se retourna, comme le lui dictait son instinct. Voilà un an qu'elle attendait. A présent, son tour était venu. Elle commença à courir, s'éloignant de l'aire à travers bois, frolée par les buissons. Elle attendait depuis un an, mais maintenant qu'elle le savait si grand et fort, si étrange et terrible, elle tremblait de peur. Allait-il lui faire mal ? Certainement. Et pourtant, il devait en être ainsi, elle le savait. Elle éprouvait une bizarre sensation de chaleur, tout le sang de son corps affluait vers l'arrière, à la base de la colonne vertébrale et de l'arrière-train, qui tremblait pendant sa course. Il arrivait. Il se trouvait juste derrière elle. Elle l'entendait, sentait sa présence. Soudain, son odeur lui parvint. Sans trop savoir ce qu'elle faisait, elle s'arrêta net.

Il était là. Sur elle. Elle sentit qu'il la montait, chancelante sous le poids. Elle dut faire un effort pour ne pas tomber. Son odeur l'enveloppait comme un nuage. Elle eut un brusque mouvement de tête en arrière, involontaire. Ses bois apparurent, planant au-dessus d'elle, terribles, souverains. Elle le sentit alors la pénétrer. Une douleur cuisante, puis quelque chose de plein, d'insistant, d'énorme, qui l'emplissait comme un flot.

Adela aimait Winchester. Située dans les collines crayeuses au nord du grand bras de mer du Solent, c'était une ancienne ville provinciale romaine. Pendant des siècles, elle avait été la principale résidence des rois saxons d'Occident, finalement devenus rois de toute l'Angleterre. Et si, au cours des dernières décennies, Londres était effectivement devenue la capitale du royaume, le Trésor restait à Winchester et le roi continuait de réunir sa cour de temps en temps dans le palais royal de la ville.

Elle ne se situait pas très loin de la Nouvelle Forêt. Une route conduisait vers le sud-ouest, sur une douzaine de kilomètres, jusqu'à la petite ville de Romsey, dotée d'un couvent. Encore six kilomètres et l'on atteignait la Forêt. Et là, c'était un autre monde, comme Adela ne tarda pas à s'en apercevoir.

Bâtie à flanc de côteau, dominant une rivière et entourée de majestueuses chaînes de collines couronnées de bois de chênes et de hêtres, Winchester était, pour l'essentiel, une cité fortifiée de quelque cent quarante arpents, avec quatre portes très anciennes. Une élégante cathédrale normande récente, le palais de l'évêque, le prieuré de St Swithun, la maison du trésor et la résidence royale de Guillaume le Conquérant ainsi que plusieurs autres beaux bâtiments de pierre occupaient la partie sud. Le reste de la ville était à l'avenant et comportait une place du marché, plusieurs salles des guildes, des maisons avec jardin et pigeonnier et des rues animées d'artisans et de commerçants. Il y avait un hospice pour les pauvres près de l'une des portes. La vue sur les collines était dégagée et l'air vivifiant.

La ville conservait en grande partie son caractère ancien. Les rues portaient toutes un nom saxon comme Gold Street et Tanners Street, et même à consonance germanique, comme Fleshmongers Street. Mais la cour du Wessex avait été un lieu de culture. Même avant la conquête normande, la cité grouillait de prêtres, de moines, de fonctionnaires royaux, de riches marchands et de gentilhommes, et l'on y entendait parler le latin et même le français aussi bien que le saxon.

Les dispositions prises pour elle par Walter représentaient certes une amélioration par rapport à son hébergement chez le marchand de Christchurch. L'hôtesse d'Adela était une veuve âgée d'une cinquantaine d'années, fille d'un Saxon de noble naissance, qui avait été mariée à l'un des gardiens normands du trésor de Winchester et logeait maintenant agréablement près de la porte ouest. Walter était resté longtemps enfermé avec elle à discuter, dès leur arrivée, et, après son départ, la dame avait gratifié Adela d'un sourire encourageant en lui disant : « Je suis sûre que je peux faire quelque chose pour vous. »

Elle ne manqua de compagnie, en effet. Le premier jour, elles parcoururent les rues à pied jusqu'à St Swithun et au retour, en traversant le marché, des prêtres, des fonctionnaires royaux et des commerçants saluèrent son hôtesse.

— Mon mari avait beaucoup d'amis et ils se souviennent de moi par égard pour lui, fit-elle remarquer.

Sa propre position en était favorisée d'autant. « C'est une cousine de Walter Tyrrell, de Normandie », expliquait son hôtesse, et sa réputation de jeune noble aux puissantes relations s'en trouvait immédiatement assise. Avant la fin de la première journée, le prieur de St Swithun avait prié les deux femmes à dîner.

En privé, sa nouvelle amie était pleine de bon sens, mais terre-à-terre.

— Vous êtes une jolie fille. N'importe quel noble serait fier de vous avoir à son côté. Mais vous ne possédez pas de dot...

— Je ne suis pas sans un penny.

— Non, bien sûr, fit son amie, avec plus de gentillesse que de conviction. On ne doit jamais affirmer ce qui n'est pas, poursuivit-elle, mais aussi bien il est inutile de décourager les prétendants. Je crois donc préférable que... nous n'en parlions pas, tout simplement, acheva-t-elle en laissant tomber sa voix, le regard perdu dans le vide, avant d'ajouter : De toute façon, si vous entrez dans les bonnes grâces de votre cousin Walter, peut-être pourra-t-il vous pourvoir quelque peu.

Surprise d'Adela :

— Vous voulez dire, d'argent ?

— Il n'est pas pauvre. S'il pense que vous pouvez être utile...

— Je n'y avais pas songé, confessa Adela.

— Oh, ma chère enfant ! Dorénavant, dit-elle avec fermeté, vous devez vous rendre très *précieuse* pour votre cousin.

Tandis que son hôtesse l'encourageait à se montrer un peu plus avisée, la bonne société de Winchester l'ouvrait sur le monde. Elle apprit que le roi avait des différends avec l'Eglise, mais fut profondément choquée quand un dignitaire du clergé parla de lui en le qualifiant de « diable rouge » dans la cour de la cathédrale.

« Songez cependant à ce qu'a fait Rufus, lui déclara plus tard son amie. Il a d'abord eu une vive querelle avec l'archevêque de Canterbury. Quand celui-ci est allé rendre visite au pape, Rufus a refusé de le laisser rentrer en Angleterre. Ensuite, ici même à Winchester, lorsque l'évêque est mort, il n'a pas voulu en installer un nouveau. Vous savez ce que cela signifie, n'est-ce pas ? Tous les revenus du diocèse de Winchester, immensément riche, tombent dans le gousset du roi et non de l'Eglise. Et, le comble, il vient de nommer évêque de Durham son meilleur ami, une canaille de la pire espèce. Non seulement les ecclésiastiques haïssent le roi, mais beaucoup aimeraient le voir mort.»

Elle ne tarda pas non plus à être au fait de ce qui se passait dans son pays natal. A plusieurs reprises, quand les gens apprenaient qu'elle venait de Normandie, ils remarquaient : « Ah, j'ose affirmer que bientôt nous aurons tous le même souverain. » Elle apprit que, lorsque le duc Robert de Normandie partit en croisade, trois ans plus tôt, il finança l'expédition au moyen d'un énorme prêt concédé par son frère Rufus en donnant la Normandie en garantie. Ce qu'elle n'avait pas compris, mais que tout le monde savait à Winchester, c'était que Rufus ne désirait absolument pas voir son frère rentrer dans son duché. « S'il n'est pas tué en croisade, aurait-il dit à ses amis avec une joie mauvaise, il reviendra léger d'argent. Il ne pourra jamais rembourser. Je recevrai donc la Normandie et serai aussi grand que l'était mon père, le Conquérant. »

— Il a probablement raison, confirma la veuve à Adela, mais il existe un danger. Des amis de Robert ont essayé de tuer Rufus il y a quelques années. Certains membres de la famille Clare, pour tout dire. Remarquez, ils craignent tous Rufus. Mais on ne sait jamais...

— Qu'en est-il du troisième frère, du jeune Henri ? hasarda Adela. Il ne possède aucune terre à gouverner.

— C'est vrai. Peut-être le verrez-vous, soit dit en passant. Il vient par ici de temps en temps. Je le crois intelligent, ajouta-t-elle après un moment. Je ne pense pas qu'il prenne parti pour l'un de ses frères, car, en pareil cas, on se trouve toujours entre deux feux. Il garde profil bas et ne cause pas d'ennuis. C'est sans doute l'attitude la plus sage, vous ne croyez pas ?

Chaque fois qu'il y avait quelque distraction à Winchester — l'arrivée d'une petite troupe de chevaliers ou un banquet donné par le gardien du trésor à un représentant du roi et sa suite —, la veuve et Adela étaient assurées de participer à la fête. En l'espace de quelques semaines, elle avait rencontré une douzaine de partis acceptables, des jeunes gens qui, s'ils ne s'intéressaient pas nécessairement à elle, pouvaient parler d'elle alentour.

A l'un de ces banquets elle croisa Sir Fulk.

C'était un quinquagénaire, mais tout à fait plaisant. Elle fut désolée d'apprendre qu'il venait de perdre sa quatrième femme — il ne lui raconta pas comment. Il possédait des terres en Normandie et dans l'Hampshire, tout près de Winchester. Il croyait avoir rencontré un jour son père. Avec sa petite moustache et son visage rond, il lui rappelait malheureusement beaucoup Walter, mais elle essaya de chasser cette pensée. Il parlait avec affection de toutes ses épouses.

— Toutes ont été très aimables, très dociles, lui dit-il gentiment. J'ai eu beaucoup de chance. La seconde, ajouta-t-il en manière d'encouragement, vous ressemblait.

— Vous avez l'intention de vous remarier, Sir Fulk ?

— Oui.

— Vous n'êtes pas à la recherche d'une héritière ?

— Pas du tout, lui assura-t-il. Je suis très bien comme je suis. Sans ambition. Et vous savez, dit-il avec une sincérité manifestement destinée à la toucher, l'ennui avec les héritières, c'est qu'elles se font souvent une haute idée de leurs opinions.

— Il faut les guider.

— Tout à fait.

A la fin du banquet, son hôtesse rejoignit Adela et lui annonça :
— Vous avez fait une conquête.
— Sir Fulk ?
— Il affirme avoir reçu des encouragements.
— C'est l'homme le plus pesant que j'aie jamais rencontré.
— Peut-être, mais il est solide. Il ne vous donnera aucun souci.
— C'est moi qui lui en donnerai ! s'écria Adela.
— Vous ne devriez pas. Maîtrisez-vous. Au moins, commencez par conclure un mariage sans risques.
— Il ressemble comme deux gouttes d'eau à Walter ! rétorqua Adela, exaspérée.
Sa compagne prit une brève inspiration et la regarda en coin.
— Votre cousin n'est pas laid.
— A mcs yeux, si.
— Vous voulez dire que vous éconduiriez Sir Fulk s'il demandait votre main ? Votre famille — autrement dit, Walter — pourrait insister pour que vous l'acceptiez.
— Oh, il suffit que vous lui dévoiliez ma véritable nature et il battra tout de suite en retraite.
— Vous êtes insensée.
— Vous ne compatissez pas ?
— Je n'ai pas dit cela.
— Je devrais me sacrifier ? demanda-t-elle en lui lançant un regard accusateur. *Vous* êtes-vous sacrifiée quand vous vous êtes mariée ?
Silence. Puis :
— Je vais vous répondre ceci, fit la veuve à voix basse. Si je l'ai fait, feu mon époux ne s'en est jamais aperçu.
Adela digéra ces paroles, puis hocha la tête piteusement.
— Suis-je assez intelligente pour me marier ?
— Non, répondit son aînée. Mais rares sont les filles qui le sont.
La proposition fut faite le lendemain. Adela la rejeta. Walter Tyrrell arriva une semaine plus tard et alla immédiatement rendre visite à la veuve.
— Elle a éconduit Sir Fulk ?
— Ce n'était peut-être pas le bon, suggéra la veuve avec bienveillance.
— Sans ma permission ? En quoi ne convient-il pas ? Il possède deux beaux domaines.
— Peut-être y a-t-il autre chose.
— C'est un fort bel homme.
— Sans doute.
— Je prends ce refus pour une offense personnelle.
— Elle est jeune, Walter. Je l'aime bien.
— Alors, parlez-lui. Moi, je ne le veux point. Mais dites-lui ceci, continua le chevalier, furieux. Si elle repousse un autre bon parti, je la

conduis à l'abbaye de Romsey et elle finira ses jours comme nonne. Dites-le-lui.

Sur ce, après avoir baisé la main de sa vieille amie, il prit congé.

— Vous voyez, dit la veuve à Adela une heure plus tard, il menace de vous mettre à l'abbaye de Romsey.

Adela en fut toute retournée.

— Quelle sorte d'endroit est-ce là ? Y connaissez-vous quelqu'un ? demanda-t-elle, alarmée.

— C'est plutôt huppé. Des dames nobles, pour la plupart. Oui, j'ai des liens avec une religieuse, Edith, une princesse saxonne — l'une des dernières de notre vieille maison royale. Je connaissais fort bien sa mère. Edith est à peu près du même âge que vous.

— Aime-t-elle cette vie ?

— Quand l'abbesse ne regarde pas, elle retire son habit et le piétine.

— Oh.

— Vous ne devez aller là-bas que si vous désirez vous faire nonne.

— Je ne le veux pas.

— Mieux vaut vous marier, mais nous avons un peu de temps devant nous. Veillez seulement à ne plus prodiguer d'encouragements à Sir Fulk.

Puis, la prenant en pitié, la veuve ajouta :

— En fait, il y a bien peu de chances que Walter mette sa menace à exécution.

— Pourquoi ?

— Parce que, l'abbaye de Romsey étant ce qu'elle est, il devrait vraisemblablement bourse délier pour vous y faire entrer.

Cependant, après cela, l'automne n'amena que peu de visiteurs à Winchester. Novembre arriva, les feuilles tombaient, le ciel était gris et le vent qui soufflait sur les collines dénudées, souvent d'un froid piquant. Elle n'avait plus de prétendant. Elle songeait parfois à la Forêt et en arrivait presque à regretter Christchurch et ses randonnées équestres avec Edgar. Elle pensait souvent à Hugues de Martell, mais n'en parlait jamais, même à son aimable hôtesse. Puis vint décembre. De l'avis des gens du pays, la neige n'allait pas tarder à tomber.

Sa surprise n'aurait pu être plus grande quand, sortant de la cathédrale dans la froidure, elle vit son cousin Walter, coiffé d'une casquette de chasse crânement piquée d'une plume, qui se tenait près d'un élégant chariot bâché duquel, prenant sa main tendue, descendit avec précaution une dame enveloppée dans une cape bordée de fourrure.

C'était Lady Maud.

Elle se hâta vers eux et les appela. Tous deux se retournèrent.

Walter paraissait légèrement contrarié. Il devait estimer qu'elle importunait Lady Maud. Il n'avait pas annoncé sa venue à Winchester, mais cela n'était guère surprenant. Se pouvait-il qu'il soit passé par là sans avoir l'intention de venir la voir ? Le signe de tête qu'il lui adressa semblait l'autoriser à se joindre à eux et elle entra donc en leur compagnie dans la résidence royale, où le portier et les domestiques connaissaient manifestement son cousin.

Lady Maud, pensa-t-elle, aurait pu se montrer plus amicale, moins distante, mais Adela mit son attitude sur le compte des fatigues du voyage. Pendant que la dame s'absentait un moment, Walter expliqua qu'ils ne faisaient qu'une halte. Lady Maud se rendait chez un sien cousin qui habitait au-delà de Winchester, et Hugues de Martell, chez qui Walter avait séjourné quelque temps, lui avait demandé de l'y escorter.

— Ensuite, je retourne en Normandie, annonça-t-il.

Il faisait les cent pas d'un air morose, ce qui ne facilitait guère la conversation.

Lady Maud ne tarda pas à les rejoindre, apparemment de meilleure humeur. Comme à l'accoutumée, elle semblait un peu pâle, mais ses manières étaient civiles malgré le soupçon de circonspection vis-à-vis d'Adela qu'elle avait déjà manifesté. Quand Adela s'enquit de sa santé, elle répondit qu'elle allait bien.

— Votre mari aussi, je suppose ? s'obligea à demander Adela en espérant avoir l'air polie mais non intéressée.

— Oui.

— Vous allez rendre visite à l'un de vos parents, m'a dit Walter.

— Oui.

Elle parut réfléchir un moment et ajouta :

— Richard Fitzwilliam. Peut-être l'avez-vous vu.

— Non, mais j'ai entendu parler de lui, naturellement.

Elle en avait en effet entendu parler souvent. La trentaine, propriétaire d'un des plus beaux domaines du comté, il habitait à moins de dix kilomètres de là et était célibataire.

— J'ai cru comprendre qu'il est fort bel homme, ajouta-t-elle poliment.

— Oui.

— J'ignorais que vous étiez apparentés.

— C'est mon cousin. Nous sommes très proches.

Ce lien n'avait pas été évoqué durant son séjour chez la dame l'été précédent, remarqua Adela. Lady Maud allait-elle laisser entendre qu'ils pourraient se rencontrer ?

Elle n'en fit rien et Walter ne souffla mot.

Il y eut un silence.

— Peut-être voulez-vous vous reposer un peu avant de reprendre la route ? suggéra Walter.

— Oui.

Il se tourna vers Adela et hocha légèrement la tête, un signe de courtisan signifiant qu'il était temps pour elle de se retirer.

Elle l'acceptait volontiers, mais elle aurait aimé que Walter l'accompagne jusqu'à la porte.

— Vous reverrai-je avant longtemps, Walter ? demanda-t-elle en tournant les talons.

Il hocha la tête derechef, mais de façon à montrer que son départ devenait plus urgent, et, avant qu'elle ait pu rassembler ses pensées, elle se retrouva dans le froid.

Elle ne voulait pas retourner à son logement et déambula au hasard. Après un moment, elle franchit la porte de la ville et contempla la campagne. Le ciel était gris. Les bois dénudés sur la colline d'en face semblaient se moquer d'elle. « Je suis méprisée », pensa-t-elle. Peut-être était-elle pauvre, mais pourquoi son cousin devait-il la traiter ainsi, la congédiant comme un laquais ? Qu'il aille au diable ! Qu'ils aillent au diable tous les deux !

Elle fit les cent pas devant la porte. Sortiraient-ils de la ville par là ? Tenterait-elle de leur dire quelque chose ? Non. Elle aurait l'air d'une sotte, debout, incapable de se faire entendre au bord de la route. Elle se sentait accablée.

Et cependant quelque chose persistait à se rebeller en elle. « Je vaux mieux que cela, se dit-elle. Je ne les laisserai pas m'abaisser ainsi. » Il fallait absolument qu'elle les revoie, qu'elle les mette dans une position telle qu'ils soient contraints de se montrer polis. Mais comment ? Quelle excuse pouvait-elle trouver pour retourner là-bas ?

La solution lui vint soudain à l'esprit. Bien sûr : son hôtesse et Walter entretenaient des liens amicaux. Quoi de plus naturel que de retourner à la résidence royale avec son amie, désireuse de le saluer à l'occasion de son passage ? La veuve était noble. Lady Maud serait bien obligée de l'accueillir conformément à son rang. Et si par hasard elle leur disait que tous appréciaient fort Adela dans la ville et que celle-ci faisait honneur à son cousin... La beauté de l'idée ne lui était pas plus tôt apparue qu'elle rentra chez son hôtesse en courant aussi vite que possible.

Son amie se trouvait là. Sans s'appesantir sur les épisodes les plus humiliants de l'entrevue, lui expliquer la situation fut l'affaire d'un moment et la veuve accepta volontiers de l'accompagner, le temps de se préparer.

Elle était encore en train de mettre de l'ordre dans sa coiffure quand une autre idée vint à Adela. Et si Walter et Lady Maud s'en allaient avant leur arrivée ? Mieux valait s'assurer qu'ils n'en feraient rien. Walter pourrait difficilement partir si elle lui annonçait que la veuve s'apprêtait à lui rendre visite.

— Je vous retrouve à l'entrée du palais royal ! s'écria-t-elle en ressortant précipitamment, priant pour qu'il ne soit pas trop tard.

Mais non. Le portier lui affirma qu'ils étaient encore là. Elle attendit près de la porte, puis, comme il faisait froid et qu'elle se sentait un peu godiche, elle demanda au portier la permission de rentrer. Il ne fit aucune objection et accepta d'introduire la veuve dès son arrivée.

— C'est une vieille amie de mon cousin Tyrrell, expliqua Adela, qui se sentait beaucoup mieux maintenant.

Adela attendit dans le vestibule. Elle s'était soigneusement préparée. S'ils sortaient soudain de la grande salle, elle leur sourirait tranquillement et dirait qu'elle revenait parce qu'elle avait rencontré la veuve sur son chemin. Elle était sûre de s'en tirer avec les honneurs. Elle avait répété son discours plusieurs fois. Mais ils ne paraissaient pas. Se pouvait-il qu'ils empruntent une autre sortie ? Elle écouta à la lourde porte de la salle. Rien. Elle arpenta le vestibule, écouta encore, hésita, puis entrebâilla la porte.

Ils se tenaient là tous les deux, déjà enveloppés dans leur cape, et Walter avait coiffé sa casquette à plume ; ils étaient sur le départ, en arrêt devant une scène de chasse.

Walter, debout juste derrière l'épaule de Lady Maud, penché sur elle, lui montrait un détail de la tapisserie. Sa joue était près de la sienne, mais cela n'avait rien de particulièrement étrange. Il se recula un peu et elle se pencha vers lui, tournée à moitié. Le geste comportait quelque chose de taquin et de familier. Walter abaissa la main et, sans méprise possible, la posa un bref instant sur son sein et le tint. Lady Maud sourit. Puis elle vit Adela.

Ils s'écartèrent brusquement. La dame, se détournant pour se serrer plus étroitement dans sa cape, fit un pas ou deux vers la tapisserie. Walter, fixant Adela, lui lança un regard noir.

Que signifiait tout cela ? Étaient-ils amants ou s'agissait-il tout simplement de cette sorte de badinage si courant dans les cercles de courtisans ? Qu'est-ce que cela laissait supposer quant aux sentiments de la dame pour son mari ? Elle restait là, immobile, à les regarder stupidement.

— Que diable faites-vous donc dans la salle du roi ? lança Walter, bien trop habile pour laisser transparaître sa colère.

Malgré son trouble, Adela remarqua avec quelle promptitude il réussissait à faire d'elle la fautive, l'intruse.

Elle répondit d'une traite que la veuve voulait le voir, qu'elles étaient venues ensemble. Cela semblait d'autant plus stupide qu'elle n'était pas là.

— Lady Maud s'en va maintenant, dit-il sèchement.

Adela se demanda s'il croyait à la venue de la veuve.

De nouveau drapée dans sa dignité, Lady Maud se dirigea droit vers la porte, ignorant Adela. Mais elle s'arrêta soudain et la regarda.

— Tout le comté sait que vous êtes à la recherche d'un mari, dit-elle gentiment. Mais je ne crois pas que vous ayez beaucoup de chances d'en trouver un, et je me demande bien pourquoi.

C'en était trop. D'abord, la manière méprisante dont ils l'avaient traitée, puis la petite scène d'infidélité et maintenant cette insulte impudente. Eh bien, ils allaient s'apercevoir qu'elle pouvait rendre coup pour coup.

— Si je me marie, répliqua-t-elle sur un ton calme, je suis sûre que je ferai honneur à mon époux et lui donnerai un enfant.

C'était une riposte dévastatrice. Elle le savait et ne s'en souciait guère. Elle guetta la réaction sur le visage de la femme.

Mais, à sa grande surprise, Lady Maud se contenta de sourire et regarda Walter avec un petit air de triomphe.

— Je crains que vous ne tardiez pas à vous forger une réputation de mauvaise langue, fit-elle remarquer. Et mensongère de surcroît, prit-elle la peine d'ajouter avant de poursuivre son chemin vers la porte que Walter lui ouvrait.

Adela s'attendait à ce qu'il tourne les talons et s'en aille, mais il resta là et lui tint aussi la porte, indiquant ainsi qu'elle devait sortir avec lui. Elle se retrouva à emboîter le pas à Lady Maud, suivie par Walter. Il aida la dame à monter dans le chariot et se prépara à se mettre en selle.

Il fit signe à Adela d'approcher.

— Il vous faut savoir que lorsque je suis arrivé l'autre jour chez Hugues de Martell, il m'a appris de bonnes nouvelles. Lady Maud sait depuis peu qu'elle attend un enfant. Vous venez de vous faire deux ennemis de plus : elle et son mari. Car vous pouvez être certaine qu'elle ne lui chantera pas vos louanges. A votre place, je ferais attention.

Il monta en selle et ils partirent.

Ils venaient de franchir la porte de la ville quand la veuve apparut, se hâtant vers elle, mais trop tard.

Il gela cette nuit-là. Adela dormit mal. Elle s'était une fois de plus rendue ridicule, s'acquérant à jamais la haine de Lady Maud et probablement l'inimitié de Hugues de Martell. Walter devait finir par en avoir par-dessus la tête. Elle était seule au monde, sans amis. Toutes ces contrariétés auraient pu finalement s'évanouir s'il n'existait pas ce fait inéluctable, qui lui revenait sans cesse à l'esprit et chassait les brumes du sommeil : la femme de Martell allait lui donner un enfant.

Le lendemain matin, le vent du nord soufflait depuis les collines et saupoudrait la ville de neige. Le monde lui parut plus froid.

D'ordinaire, Edgar aimait les mois d'hiver. Ils étaient durs, certes. L'herbe se recroquevillait en touffes minuscules et pâles. Le gel et la neige arrivaient. Les cerfs se nourrissaient essentiellement de houx, de lierre et de bruyère. Dans les conditions les plus rudes, ils rongeaient même l'écorce des arbres. Les robustes poneys sauvages, qui broutaient presque n'importe quoi, se contentaient de genêt épineux. A la fin janvier, la plupart des animaux étaient amaigris ; les poneys économisaient leur énergie. La nature mettait alors la vie à l'épreuve, et certaines bêtes n'y survivraient pas.

Beaucoup y parvenaient, cependant. Alors que les oiseaux rasaient en vain la lande désolée et enneigée, que le hibou solitaire poursuivait sa quête à travers les arbres dénudés et ne trouvait aucune proie, Edgar avait malgré tout l'impression que la tourbe conservait sa chaleur. La couche de gel qui recouvrait sa surface était brisée par les pas des daims délicats. Les alouettes et les fauvettes se débrouillaient pour trouver de quoi manger, les renards chapardaient dans les fermes. Les écureuils, les geais, les pies, tous avaient constitué des réserves ; les fermiers nourrissaient leur bétail. Et à divers endroits de la Forêt, les gardes laissaient de la nourriture pour les cerfs afin d'assurer leur survie.

Un jour qu'il chevauchait dans la Forêt, il avait vu paître la daine à la robe pâle et cela lui avait rappelé Adela, une fois de plus.

Il eut envie d'aller la voir à Winchester. Son père l'arrêtait toujours. « N'y songez plus, lui avait-il conseillé. Elle veut un Normand. » Puis Cola lui annonça qu'elle avait déjà été demandée en mariage. En novembre, il apprit à son fils qu'Adela était pratiquement sans dot et, en décembre, il lui dit, de manière assez brutale : « Il ne sert à rien d'épouser une femme qui vous regardera toujours de haut parce que vous êtes chasseur et saxon. » Mais même ces arguments ne seraient pas parvenus à le détourner d'elle s'il n'y avait eu une autre considération.

Edgar ne sut jamais exactement comment son père avait été informé. Peut-être par les amis qu'il s'était faits au cours des chasses royales ? Des messagers bizarres faisaient leur apparition de temps à autre. Ou l'avait-il appris lors d'une de ses visites mensuelles à son vieil ami le châtelain de Sarum ? Qui le savait ? « Ce sont peut-être les hiboux de la forêt qui lui parlent », avait un jour suggéré son frère. Quoi qu'il en soit, leur père avait entendu des choses et, durant cet hiver, il était devenu soucieux. En novembre, il avait envoyé son fils aîné à Londres pour s'occuper de quelque affaire, qui devait l'y retenir plusieurs mois. Cola avait grommelé à Edgar : « Vous resterez ici. J'ai besoin de vous. »

Quand Edgar se hasarda une fois ou deux à l'interroger sur ce qui le préoccupait, son père se montra évasif, mais lorsqu'il lui demanda franchement s'il craignait un autre complot contre le roi, il ne démentit pas. « C'est une période houleuse, Edgar », marmonna-t-il, refusant d'en dire davantage.

Les possibilités d'intrigue restaient si nombreuses qu'Edgar pouvait difficilement deviner de quel parti pouvait venir le danger. Il y avait les partisans de Robert, bien sûr, et l'un d'eux possédait des terres sur la côte sud, en lisière de la forêt. Mais, derrière, se trouvait peut-être le roi de France, qui redoutait une offensive sur son territoire si le belliqueux Rufus devenait son voisin en Normandie. Ce pouvait être aussi quelque chose de moins évident. A peine quatre ans plus tôt, un complot visait à assassiner Rufus et à placer le mari de sa sœur, le comte de Blois, sur le trône. Les parents par alliance de Tyrrell, la puissante famille des Clare, y avaient été impliqués avant de changer brusquement de camp et d'avertir Rufus du danger. Et comme ils avaient déjà participé à d'autres complots dans le passé, il paraissait évident à Edgar qu'on ne pouvait leur faire confiance, pas plus qu'à leurs partisans, comme Tyrrell. L'Eglise, qui n'avait aucune raison d'aimer Rufus, n'aurait pas été mécontente non plus de le voir tomber.

Mais pourquoi ces grandes affaires préoccupaient-elles tant son père ? Quel que fût le prochain roi, il serait vraisemblablement content des services de l'expert forestier qu'était Cola et celui-ci avait toujours su s'y prendre pour éviter les ennuis. Pour quelle raison, alors, se montrait-il si soucieux ? Etait-il impliqué ? Cela restait un mystère.

Edgar était un fils obéissant. Il ne se rendit pas à Winchester. Il demeura auprès de son père, patrouilla dans la Forêt, s'assurant que la majorité des cerfs passaient l'hiver sans encombre.

Vers la fin de la saison, une autre rumeur parvint en Angleterre. Robert de Normandie, de retour de croisade, où il avait assez bien combattu, avait fait halte dans le sud de l'Italie. Non seulement il y avait été accueilli en héros, mais il y avait apparemment trouvé une future épouse qui allait lui apporter une dot fabuleuse.

— Suffisante pour rembourser le prêt et récupérer la Normandie, déclara Cola.

Pour une raison ou pour une autre, les Italiens appelaient Robert le roi d'Angleterre.

— Dieu seul sait ce que cela signifie, poursuivit Cola, mais même s'il rembourse le prêt, Rufus ne le laissera pas retourner en Normandie. Il recourra à la force. Et les amis de Robert en auront alors après Rufus.

— Je ne vois toujours pas en quoi cela nous concerne, nous, les gens de la Forêt, tenta Edgar.

Son père secoua la tête et refusa d'en dire plus.

Un autre mois passa et il n'y eut plus d'autres nouvelles, de quelque côté que ce fût. Sauf, bien sûr, celles, préoccupantes, de Hugues de Martell.

Adela n'en crut pas ses yeux quand elle vit Hugues de Martell à la porte de son logis.

Les rues luisaient sous le soleil pâle après l'averse. Une brise pénétrante de début de printemps avait rosi et légèrement engourdi ses joues au cours de la petite promenade qu'elle avait faite autour de l'enceinte de la cathédrale et du marché.

Elle poussa malgré elle une exclamation de surprise. Sa haute silhouette élégante était exactement telle qu'elle la voyait en imagination. Elle l'aurait reconnu même s'il avait été à l'autre bout de la Forêt. Et pourtant, il existait quelque chose en lui de différent et, quand il se tourna dans sa direction, elle fut frappée par ce changement.

— On m'a dit que vous n'alliez pas tarder à revenir.

Il semblait presque soulagé de la voir.

Que cela signifiait-il ? Pour quelle raison était-il venu ? Walter lui avait assuré que Lady Maud lui mettrait Martell à dos, mais cela ne semblait pas le cas.

Il sourit, pourtant la tension se lisait manifestement sur son visage.

— Pouvons-nous marcher un peu ? demanda-t-il.

— Certainement.

Elle indiqua la direction de St Swithun et ils se mirent en route.

— Etes-vous à Winchester depuis longtemps ?

— Depuis une heure ou deux seulement, répondit-il en baissant les yeux vers elle. Vous n'êtes pas au courant ? Ma femme est malade. Très malade, ajouta-t-il en secouant la tête.

— Oh, je suis désolée.

— Peut-être parce qu'elle est enceinte. Personne ne le sait, fit-il avec un geste d'impuissance.

— Et vous êtes donc ici pour... ?

— Il y a un médecin. Un Juif compétent. Il a soigné le roi. On m'a dit qu'il était à Winchester.

Adela avait entendu parler de lui et l'avait même vu une fois — un homme superbe à barbe noire qui, depuis une semaine, était l'hôte du gardien du trésor royal.

— Il est parti faire une promenade à cheval avec des hommes du roi, poursuivit Martell. Ils devraient revenir d'ici une heure ou deux. J'espère que ma venue n'est pas importune. Je ne connais personne à Winchester.

— Non.

Elle ne savait trop quoi dire. Il déambulait à côté d'elle à pas mesurés afin qu'elle n'ait pas à presser le sien.

— Je suis contente de vous voir.

Pourquoi était-il venu la voir ? En levant les yeux vers lui, elle comprit soudain. Cet homme solide ressemblait aux autres. Il était angoissé et seul, en quête de réconfort auprès d'elle.

— On dit que ce médecin juif est très habile, dit-elle.

— Les Normands avaient une grande estime pour l'antique savoir des Juifs. C'était le Conquérant qui avait établi la communauté juive en Angleterre et son fils Rufus les favorisait particulièrement à la cour.

— Je suis certaine qu'il parviendra à la guérir.

— Oui, dit-il en regardant droit devant lui d'un air absent. Espérons-le.

Ils marchèrent longtemps en silence. La cathédrale se dressa devant eux.

— Winchester est une belle ville, remarqua-t-il alors, comme pour lui faire la conversation. Vous l'aimez ?

Elle répondit oui et parla des petits événements survenus récemment dans la cité, des gens qui étaient passés par là, de tout ce qui pouvait lui faire oublier ses soucis un moment. Elle voyait bien qu'il lui en était reconnaissant, mais aussi qu'il revenait à ses sombres pensées. Ils continuèrent en silence leur promenade autour de St Swithun.

— L'enfant doit naître au début de l'été, dit-il soudain. Nous avons attendu si longtemps. Mon épouse est une femme merveilleuse, ajouta-t-il. Courageuse, douce, gentille.

Adela acquiesça silencieusement. Que dire ? Qu'elle savait sa femme timorée, mesquine et malveillante ?

Le souvenir de la dame debout près de Tyrrell, la main de son cousin posée sur son sein, revint à Adela.

— Bien sûr, dit-elle.

Comme il était bon ! Mille fois trop bon pour Lady Maud, pensa-t-elle. Pourtant, elle se rangeait tranquillement à son avis, malgré son aveuglement.

Ils approchaient de la porte de la ville quand ils virent entrer un petit groupe de cavaliers parmi lesquels, on ne pouvait s'y tromper, se trouvait le personnage impressionnant du Juif.

Martell se dirigea vers eux, puis s'arrêta et se retourna.

— Chère Lady Adela, merci de m'avoir tenu compagnie en pareille circonstance, dit-il en lui prenant les deux mains et en la regardant dans les yeux avec une réelle tendresse.

— Je vous en prie.

— Bon... Je vous connais à peine, mais j'ai le sentiment de pouvoir me confier à vous.

Se confier à elle... En levant les yeux vers son visage viril et soucieux, comme elle aurait aimé pouvoir lui parler sincèrement ! Comme elle aurait aimé lui dire qu'il se rongeait les sangs pour une femme qui ne le méritait nullement. « Doux Jésus, pensa-t-elle, si j'étais à la place de Lady Maud, je vous aimerais, je vous ferais honneur. » Elle avait envie de le lui crier.

— Je serai toujours contente d'être de quelque aide pour vous, répondit-elle simplement.

— Merci.

Il sourit, s'inclina et se dirigea à grands pas vers les cavaliers.

Elle ne le revit pas les jours suivants. Le médecin juif revint une semaine plus tard pour rester à Winchester jusqu'à Pâques, jusqu'à la venue du roi, apprit-elle. Il ne pouvait dire si Lady Maud survivrait ou non, bien qu'elle fût toujours en vie et n'eût pas, jusque-là, perdu son enfant.

Les jours passèrent. Le temps se réchauffait un peu. Adela réfléchissait.

Puis, un beau matin à la première heure, après avoir laissé un message à son hôtesse, elle sortit de Winchester à cheval, seule. Dans son message, elle priait son amie de ne parler à personne de son départ et promettait de revenir à la nuit tombée, le lendemain, sans autre précision.

Godwin Pride était assez content de lui. Devant sa fermette, sous le regard de sa femme et de trois de ses enfants, il tenait une corde à laquelle était attachée une vache. Un rouge-gorge, perché sur la clôture, regardait aussi avec intérêt.

Il avait passé un bon hiver. A la fin de l'automne, il avait tué et salé la plupart de ses cochons nourris sur les glandées. Ses poules lui donnaient des œufs, ses quelques vaches du lait ; ils disposaient de conserves de pommes et de légumes secs. Non seulement il jouissait du droit de vaine pâture dans la Forêt, mais aussi de celui de prendre la tourbe, grâce à quoi il ne manquait pas de combustible. Il était resté au chaud dans son cottage, avait gardé son petit cheptel, et il abordait le printemps de bonne humeur.

Il venait aussi d'acheter une nouvelle vache.

« Une affaire, avait-il déclaré à son retour de Brockenhurst.

— Ah ? Combien ? avait demandé sa femme.

— Peu importe. C'était une affaire.

— Nous n'avons pas besoin d'une autre vache.

— C'est une bonne laitière.

— Et c'est moi qui vais devoir m'occuper d'elle. Où as-tu pris l'argent, à propos ?

— Ne t'occupe pas de ça. »

Elle avait eu l'air soupçonneuse. Elle l'était encore, semblait-il. Les enfants regardaient en silence. Le rouge-gorge sur la clôture paraissait lui aussi un peu perplexe.

— Et où vas-tu la mettre ? s'enquit sa femme.

Allait-il aménager une autre stalle ? Il n'y avait pas la place pour une bête de plus dans le petit enclos à bétail. Il n'aurait certes pas l'intention d'essayer de l'agrandir de nouveau, après s'être fait prendre en flagrant délit l'année précédente.

— Tu ne peux pas reculer les limites de l'enclos.

— Ne t'en fais pas. J'ai une autre idée. Tout est prévu, tout.

Il refusa d'en dire plus, mais paraissait plus content de lui que jamais. Le rouge-gorge, lui, semblait fort impressionné.

Et le fait qu'il ait acheté la vache sur une impulsion, qu'il n'ait rien prévu ni eu la moindre idée de ce qu'il allait en faire l'hiver suivant, ne le troublait guère. Il disposait de tout le printemps et de l'été pour y penser. Comme sa femme le savait si bien, il lui arrivait de se comporter en gamin. Mais si elle croyait pouvoir discuter encore, elle se trompait.

Car à cet instant Adela apparut, menant son cheval dans leur direction.

— Que diable peut-elle bien vouloir ? s'exclama Godwin Pride.

C'est en fin d'après-midi que les deux cavaliers descendirent du plateau de Wilverley Plain — une vaste lande où paissaient les poneys de la Forêt sous le ciel immense. Suivi par Adela, Godwin Pride, monté sur un poney vigoureux, ouvrait la marche.

Le ciel se dégageait, révélant le croissant argenté d'une lune cireuse, annonce de la douceur printanière. Adela était contente de revenir dans la Forêt, quoique un peu effrayée.

Ils avaient emprunté la piste qui menait vers l'ouest à travers la lande de Wilverley et ils se trouvaient maintenant à environ six kilomètres à l'ouest de Brockenhurst. Un bois de chênes s'étendait devant eux. Continuer tout droit les aurait conduits dans le fond du vallon où se nichait le sombre village de Burley. Ils coupèrent donc sur la droite à travers bois et descendirent la côte de Burley Rocks. Ils prirent un sentier qui longeait une lande.

— Voilà la lande de Burley sur notre droite, annonça Pride. La Lande Blanche est devant nous. Et ça, fit-il en montrant une éminence au sommet de laquelle un unique arbre semblait agiter les bras, c'est la Colline Noire.

Le sentier obliquait brusquement à gauche et descendait vers un ruisseau, qui coulait rapidement en faisant un coude.

— Les Eaux Etroites, dit-il.

Sur la droite s'étendait une zone marécageuse envahie de chênes, de houx et de bouleaux rabougris, et d'un enchevêtrement d'arbustes et de buissons. Juste après, complètement isolées, se dressaient un petit groupe de huttes et une cabane en torchis au toit en branchages, brindilles et mousse duquel s'échappaient des volutes de fumée.

Ils arrivaient chez Puckle.

Pride ne voulait pas l'y emmener, mais elle avait insisté. « J'ignore où il habite et je ne veux pas demander mon chemin. On ne doit pas savoir que je suis venue là. Je crois, avait-elle ajouté en le regardant avec insistance, que vous me devez une petite faveur. » La daine. Il ne pouvait le nier. « En outre, avait-elle poursuivi en souriant, si c'est vous qui le lui demandez, elle acceptera plus volontiers de me recevoir. » C'était là le hic, la vraie raison pour laquelle il avait d'abord refusé de lui servir de guide. Car elle ne voulait pas voir Puckle, mais sa femme. La sorcière.

Adela attendit près du ruisseau pendant que Pride entrait dans la cabane. Au bout d'un moment, Puckle et plusieurs enfants et petits-enfants en sortirent et s'affairèrent dehors.

Puis Pride réapparut et se dirigea vers elle.

— Elle vous attend. dit-il. Entrez.

L'intérieur était sombre. Une pièce unique en tout et pour tout, à peine éclairée par une fenêtre aux volets entrebâillés. Au milieu, un cercle de pierres faisait office de foyer, dans lequel rougeoyait un petit feu de tourbe. Une femme était assise de l'autre côté sur une chaise basse. A ses pieds, un chat gris se réchauffait. Elle indiqua à Adela un tabouret, également près du feu.

Elle ne correspondait pas à ce qu'Adela avait imaginé. Devant elle, une quinquagénaire tout à fait à l'aise, le visage large, le nez plutôt retroussé, des yeux gris très écartés, l'observait.

— Une belle jeune dame, reprit-elle à voix basse. Et vous avez fait tout ce chemin depuis Winchester ?

— Oui.

— Tiens, tiens. Et que puis-je pour vous ?

— Si j'ai bien compris, vous êtes une sorcière, dit Adela carrément.

— Oh ?

— C'est ce qu'on dit.

— Qui ?

L'information semblait l'amuser. Non que l'accusation ait été terrible : l'Eglise voyait certes la sorcellerie d'un mauvais œil, mais les persécutions systématiques étaient rares dans l'Angleterre normande, surtout dans les profondeurs du pays, où l'ancienne magie populaire n'avait jamais disparu.

— Et à supposer que je le sois, poursuivit-elle, qu'est-ce qu'une jeune dame comme vous peut bien attendre de moi ? La guérison d'une maladie ? Une potion d'amour ?

— Non.

— Vous désirez que je vous révèle l'avenir. Beaucoup de jeunes filles le souhaitent.

— Pas exactement.

— Alors que voulez-vous, dame ?

— La mort de quelqu'un.

Le silence s'installa un moment.

— Je crains de ne pouvoir vous aider, répondit-elle.

— Avez-vous déjà fait cela ?

— Non.

— Pourriez-vous le faire ?

— Je n'essaierai même pas. Ces choses arrivent quand elles le doivent. Vous devriez prendre garde. Que vous souhaitiez du bien ou du mal à quelqu'un, il vous reviendra trois fois.

— C'est ce que disent les sorcières ?

— Oui. Je vois cependant que vous êtes troublée. Expliquez-vous.

Alors elle parla de Martell et de Lady Maud. Elle raconta ce qu'elle avait vu, évoqua l'infidélité de la dame, la manière dont Hugues de Martell était induit en erreur.

— Et vous pensez que vous feriez une épouse beaucoup plus agréable ?

— Oh, oui. Ainsi vous le voyez, si sa femme, qui de toute façon est très malade, venait à mourir, ce n'en serait que mieux.

— C'est ce que vous dites, dame. Je vois que vous y avez pensé.

— Je suis certaine de ne pas me tromper.

La femme de Puckle soupira, mais ne fit aucun commentaire. Elle se balança d'avant en arrière sur sa chaise tandis que son chat levait la tête juste assez pour adresser à Adela un long regard avant de se remettre à dormir.

— Je crois que je puis vous aider, dit-elle enfin.

— Vous pourriez faire advenir quelque chose ? Influencer l'avenir ?

— Peut-être... Mais il se peut que ce ne soit pas ce que vous espérez.

— Je n'ai rien à perdre, dit simplement Adela.

Après avoir hoché la tête, la femme se leva et sortit. Elle revint après un moment et resta debout.

— La sorcellerie, comme vous l'appelez, ne consiste pas à jeter des sorts, dit-elle à mi-voix. Ce n'est pas seulement ça. Alors, asseyez-vous là et détendez-vous, fit-elle en indiquant la chaise sur laquelle elle était assise.

Sur ce, elle alla à un coffre posé dans un coin de la petite pièce et s'affaira avec des objets en fredonnant. Pendant ce temps-là, son chat vint s'installer près du coffre, où, après un autre regard chargé de signification à Adela, il se rendormit.

La femme de Puckle entreprit alors de disposer certains objets sur le sol près de la chaise : un petit calice, une minuscule coupe remplie de sel, une autre d'eau, un plat contenant des galettes d'avoine, une baguette, une petite dague et deux ou trois autres choses qu'elle ne reconnut pas. Pendant que sa femme était ainsi occupée, Puckle apparut sur le pas de la porte et lui tendit un rameau de chêne, qu'elle prit avec un hochement de tête et plaça sur les autres objets. Quand tout fut prêt, elle s'assit en silence sur le tabouret, plongée dans ses pensées. Tout était calme.

Elle saisit le plat de galettes d'avoine et les offrit à Adela.

— Prenez-en une, dit-elle.

— Ont-elles quelque chose de spécial ? Contiennent-elles un ingrédient magique ? demanda Adela en souriant.

— De l'ergot, répondit simplement la sorcière. Cela vient des grains. D'autres utilisent un extrait de champignons ou de crapaud. Elles préparent toutes des potions du même genre. Mais c'est l'ergot qui fait le plus d'effet.

Adela mangea la petite galette, qui n'avait pas de goût particulier. Elle se sentait à la fois nerveuse et passablement excitée.

— Maintenant, dit enfin la femme de Puckle, je veux que vous restiez assise, parfaitement immobile, les pieds bien à plat sur le sol. Posez les mains sur votre giron et adossez-vous bien droite à la chaise.

Adela obéit.

— Maintenant, continua gentiment la sorcière, prenez trois inspirations, très lentement, en relâchant l'air tout aussi doucement. Détendez-vous aussi complètement que possible.

Adela fit ce qu'elle lui demandait. L'impression de détente, malgré sa nervosité, la fit rire doucement.

— Allez-vous m'emmener dans un autre monde ? un royaume magique ? demanda-t-elle.

La sorcière fixait le sol.

— Il en est en haut comme en bas, répondit-elle à voix basse. Le royaume magique est le monde entre les mondes... Imaginez maintenant que vous êtes un arbre. De vos pieds, des racines s'enfoncent dans la terre. Pouvez-vous imaginer cela ?

— Oui, je crois.

— Bien... Une autre racine pousse maintenant à partir du bas de votre colonne vertébrale, traverse la chaise et plonge dans le sol.

— Oui, je la sens.

La sorcière hocha lentement la tête. Adela avait effectivement l'impression d'être enracinée comme un arbre. Au début, cela lui fit un drôle d'effet, puis elle trouva ça extrêmement relaxant. Alors seulement la sorcière se leva et commença à se déplacer dans la pièce.

Elle prit d'abord la petite dague et, la pointant, elle décrivit en l'air un cercle qui semblait les embrasser toutes deux ainsi que l'ensemble des objets posés par terre. Le chat restait en dehors du cercle.

Puis elle toucha l'eau contenue dans la coupe avec la pointe de la dague en murmurant d'obscures paroles, fit de même avec le sel. Après quoi, à trois reprises, elle prit un peu de sel avec l'extrémité de la lame et le versa dans la coupe d'eau, puis remua sans cesser de murmurer.

Saisissant alors la coupe d'eau, elle en aspergea par trois fois quatre points du cercle imaginaire, les quatre points cardinaux. Elle plaça une braise dans un petit tesson de poterie, chuchota quelques mots et l'étouffa en regardant s'élever des volutes de fumée. Puis, une fois encore, elle se tourna vers les quatre points cardinaux en faisant des signes bizarres face à chacun.

— Suivez-vous toujours le même ordre : nord, est, sud ? hasarda Adela.

— Oui. Sinon, on va à contresens. Ne parlez pas.

Une troisième fois, elle parcourut les points cardinaux en tenant la dague et en effectuant à chaque fois un étrange mouvement en l'air. Adela crut d'abord qu'elle l'exécutait au hasard, mais le second était identique au premier. Au troisième, elle comprit : la sorcière dessinait un pentagramme au centre du cercle.

— Air, feu, eau, terre, dit-elle à voix basse. Le cercle est fermé.

Elle refit le tour en dessinant encore un pentagramme avec la dague. Puis elle se tint au centre du cercle sans regarder Adela mais, semblait-il, les points sur le périmètre, s'adressant à voix basse à chacun. Elle s'assit enfin sur le tabouret et attendit calmement.

Adela attendit en silence elle aussi — elle ne sut trop combien de temps. Pas longtemps, apparemment.

Au début, quand la femme de Puckle lui avait dit de se visualiser sous les apparences d'un arbre, elle avait ressenti dans son corps comme une vague pression vers le bas. Après un petit moment, elle constata qu'elle pouvait non seulement s'imaginer transformée ainsi, mais aussi sentir réellement les racines se déployer à partir de ses plantes de pied, puis de sa colonne vertébrale, cherchant à se frayer un chemin vers les profondeurs de la terre sombre. Elle appréhendait la terre, comme si elle s'était dotée de nouveaux ensembles de mains et de doigts : elle était fraîche, humide, nourrissante, et dégageait une odeur de moisi. Cette sensation de mouvement vers le bas perdura. Si elle voulait se déplacer, les racines la retiendraient à la même place. « Je ne suis plus libre d'aller et venir, pensa-t-elle, je suis un arbre, je suis prisonnière de la terre. »

Peu à peu, elle s'y habitua. Son corps était peut-être enraciné dans le sol, mais son esprit semblait doté d'une liberté nouvelle. Une sensation agréable, paisible. Elle croyait flotter.

Le temps passa. Elle avait conscience d'être dans la pièce plongée dans la pénombre, du rougeoiement du feu, du calme de la sorcière. Puis deux ou trois choses curieuses se produisirent. Le chat gris commença à grandir, doubla de volume et se changea en cochon. Adela se mit à rire. Ensuite le cochon s'envola par la fenêtre, ce qui lui parut relativement normal puisque les cochons vivent dehors.

La nuit était tombée et elle pouvait voir le ciel et les étoiles à travers le toit de la cabane. C'était remarquable. Les branchages, les brindilles et la mousse existaient toujours, mais elle voyait à travers. En plus, il lui semblait qu'étant elle-même un arbre elle poussait maintenant à travers le toit et déployait sa voûte de feuillage dans la nuit.

Et à présent, elle volait. C'était si simple. Elle volait dans le ciel nocturne sous le croissant de lune. Elle ne portait plus ses vêtements et n'en voulait plus. Elle sentait l'air frais et un soupçon de rosée sur sa peau. Elle était très haut au-dessus de la Forêt et les étoiles se groupaient autour d'elle, étincelantes sur sa peau comme des diamants. Elle vola au-dessus des bois, qui ondulaient doucement, semblables aux vagues. Finalement, elle se dirigea vers un chêne plus gros que les autres et atteignit ses branches, comprenant vaguement que cet arbre, c'était elle.

Lentement, elle se laissa descendre en voletant sur le sol moussu. Une multitude de sentiers se dessinaient sous les arches des chênes, mais l'un d'eux attira particulièrement son attention, pareil à un long tunnel sans fin, qui luisait d'une lumière verdâtre. A l'autre bout, un animal venait rapidement dans sa direction. Il semblait très loin, mais se rapprocha en un rien de temps. Il bondissait vers elle.

C'était un cerf, un magnifique cerf aux bois ramifiés. Il se rapprochait de plus en plus. Il venait pour elle. Elle se sentait effrayée, mais contente.

Silence. Vide. Elle s'était assoupie un court moment. Elle se trouvait de nouveau dans la petite pièce. Le chat gris se tenait là dans le coin. La femme de Puckle dessinait le signe du pentagramme, mais en sens inverse des fois précédentes. Après quoi, elle la regarda et dit à voix basse :

— C'est fini.

Adela resta immobile quelques instants, puis remua les mains et les pieds, légère.

— Il s'est passé quelque chose ?

— Oh, oui.

— Quoi ?

La femme de Puckle ne répondit pas. Le faible rougeoiement du feu de tourbe jetait une douce lumière dans la pièce.

Par la fenêtre, Adela vit qu'il faisait à peine jour. Elle se demanda depuis combien de temps elle était là. Au moins une heure puisque la nuit tombait déjà. Elle avait prévu de dormir chez Pride, il pourrait encore la ramener chez lui après le crépuscule.

— Je dois m'en aller. La nuit ne va pas tarder à tomber, dit-elle.

— La nuit ? répliqua la femme de Puckle en souriant. Vous êtes restée là toute la nuit. Le jour se lève.

— Oh... Vous avez dit qu'il s'était passé quelque chose. Pouvez-vous me le décrire ? Est-ce que Lady Maud... ?

— Je n'ai pas vu grand-chose de votre avenir.

— Et ?

— J'ai vu la mort de quelqu'un. Elle vous apportera la paix et aussi le bonheur.

— Ainsi, cela va arriver.

— N'en soyez pas sûre. Ce pourrait ne pas être ce que vous pensez.

— Mais une mort...

Adela la regarda, mais la sorcière n'en dit pas davantage. Elle alla à la porte et appela Pride.

Adela se leva pour sortir. La femme de Puckle attendait manifestement qu'elle s'en aille, maintenant. Elle fouilla dans la bourse suspendue à sa ceinture et en tira deux pennies. La femme de Puckle les prit avec un hochement de tête, elle avait de toute évidence le sentiment que c'était son dû. La silhouette de Pride, qui menait son cheval par la bride, émergea de la semi-obscurité.

— Merci, dit-elle. Peut-être nous reverrons-nous.

— Peut-être, répondit la sorcière. Rappelez-vous, avertit-elle, les choses ne sont pas toujours ce qu'elles semblent être dans la Forêt.

Puis elle rentra.

Le jour se levait. Ils traversaient le grand herbage devant Burley Rocks. La lune avait disparu. Les étoiles s'éteignaient doucement dans le ciel clair et une lumière dorée chatoyait à l'horizon oriental.

Adela était contente d'elle quand elle rentra dans Winchester cet après-midi-là. Pride et elle avaient chevauché à une allure tranquille à travers la Forêt, passant au nord de Lyndhurst, et il avait refusé de la laisser jusqu'au moment où, un peu avant Romsey, ils rencontrèrent un respectable marchand qui allait dans la même direction.

Elle se demanda si, à son retour, elle devait dire à son amie, la veuve, où elle était allée et décida finalement de n'en rien faire. Elle concocta une histoire à propos d'une amie qui habitait la Forêt et avait sollicité son aide. Elle persuada même Pride de la confirmer, si nécessaire. Dans l'ensemble, elle estimait avoir bien mené son affaire.

Elle fut donc surprise de voir la veuve, calme et froide, lever la main pour couper court à ses explications.

— Je regrette, Adela, mais je ne veux rien entendre. Je suis seulement soulagée qu'il ne vous soit rien arrivé. J'aurais aimé envoyer des gens à votre recherche, mais vous ne m'aviez laissé aucune indication sur le chemin que vous prendriez.

— C'était inutile. Je vous avais dit que je reviendrais.

— Vous êtes sous ma responsabilité. Adela. Il est impardonnable que vous soyez partie ainsi. Quoi qu'il en soit, poursuivit-elle, je crains que vous ne deviez vous en aller. Je ne peux vous garder ici plus longtemps. J'en suis désolée, car Pâques approche.

A Pâques, le roi et la cour venaient à Winchester, l'occasion ou jamais de trouver un mari.

— Mais je ne veux plus assumer la responsabilité de vous garder sous mon toit. Retournez auprès de votre cousin Walter.

— Mais il est en Normandie !

— Le gardien du trésor y envoie un messager dans quelques jours. Il vous escortera. Tout est arrangé.

— Je ne peux aller en Normandie ! s'écria Adela. Pas maintenant.

— Ah ? fit la veuve, qui lui lança un regard perçant, puis haussa les épaules. Qui d'autre vous recevra ? Avez-vous en tête d'autres arrangements ?

Adela ne répondit pas tout de suite.

— Peut-être, dit-elle hésitante. Peut-être.

Edgar chevauchait souvent au-delà de Burley, le secteur de son ami garde forestier. En cette matinée de printemps, il avait traversé le vallon encaissé où se nichait le village, poursuivi son chemin vers l'est à travers le grand herbage, puis était entré dans les bois quand il aperçut son ami dans une clairière en grande conversation avec Puckle. Le garde le salua et lui suggéra de mettre pied à terre.

Le garde avait l'air tout excité. Puckle avait dû lui apprendre quelque nouvelle, car les deux hommes s'apprêtaient manifestement à partir ensemble. Son ami posa un doigt sur ses lèvres et fit signe à Edgar de les accompagner.

Les trois hommes s'enfoncèrent dans les bois, attentifs à ne pas faire de bruit. A un certain moment, le garde forestier vérifia la direction du vent en levant un doigt mouillé de salive. Ils poursuivirent ainsi leur chemin pendant près d'un kilomètre. Puis Puckle et le garde ralentirent le pas en se cachant derrière des buissons. Edgar agit de même. Ils continuèrent d'avancer tout doucement sur une centaine de mètres. Puckle montra alors un endroit, tout près.

Il s'agissait d'une petite clairière avec une vieille souche d'arbre et un petit buisson de houx au milieu. S'il n'y avait eu un cercle sombre de traces dans les feuilles mortes, pas même Puckle n'y eût regardé de plus près. Mais, aujourd'hui, les lieux étaient occupés.

Ils étaient cinq, tous des mâles, prêts pour la saison suivante du rut. Arborant encore leurs bois, ils avaient fière allure. Et ils dansaient en cercle.

Il n'y avait pas d'autre mot. Ils tournaient en procession en décochant des coups de talons en l'air. De temps en temps, deux d'entre eux se dressaient sur leurs pattes de derrière, se tournaient et échangeaient des coups sans se faire de mal, comme des boxeurs à l'entraînement. C'était l'une des cérémonies de la Forêt les plus rares et les plus émouvantes. Voilà dix ans qu'Edgar n'avait pas assisté à une danse des cerfs.

Pourquoi les mâles dansaient-ils en rond ? Pourquoi les hommes faisaient-ils de même ? Les trois hommes regardèrent longtemps le spectacle, emplis de joie et de respect, avant de s'éloigner furtivement.

Edgar redescendit dans la vallée de l'Avon, le cœur en fête, impatient de tout raconter à son père.

Mais son père avait autre chose en tête. Il affichait une mine sinistre.

— Nous avons reçu un messager, annonça Cola à son fils en le précédant dans la salle. Un messager de Winchester.

— Ah !

Cela ne parlait pas à l'esprit d'Edgar, alors que son père le regardait attentivement, comme pour observer sa réaction.

— Cette fille, la cousine de Tyrrell. Elle veut venir ici. Elle a des problèmes à Winchester. Elle n'a pas voulu dire quoi.

— Je vois.

— Vous n'êtes pas au courant ?

— Non, père.

— Je n'aime pas cela.

Cola marqua une pause et regarda de nouveau son fils.

— Elle a des parents puissants, lui rappela Edgar.

— Hmm... Je ne suis pas sûr qu'ils se soucient d'elle. Mais vous avez raison. Je ne voudrais pas offenser Tyrrell. Ni les Clare.

Il se tut, pensif. Comme cela arrivait souvent, Edgar sentait que son père en savait plus qu'il n'en disait.

— Je crois que cette fille représente une source d'ennuis, déclara-t-il finalement. Je suis certain que c'est la raison pour laquelle elle quitte Winchester. Elle a dû faire des sottises. Et je n'ai pas besoin de ça ici. De plus...

Il regarda Edgar tristement.

— De plus ?

— Je crois me rappeler que vous vous intéressiez à elle.
— En effet.
— Est-ce encore le cas ?
— Cela se pourrait.
— C'est bien ce qui m'inquiète, fit Cola en secouant la tête. Elle ne vous sera d'aucune aide, vous savez. Et à moi non plus, grommela-t-il.
— La croyez-vous mauvaise ?
— Non. Pas exactement. Mais... Elle n'est pas ce qu'il nous faut.

Edgar acquiesça. Il comprenait. Ils avaient besoin d'une héritière. De quelqu'un qui ne se montre pas offensant. Mais, que ce fût à cause du spectacle donné par les cerfs, de l'air printanier ou du souvenir de leurs promenades à cheval, il se sentit poussé à dire :

— Nous ne pouvons faire autrement que de l'héberger, père.

Cola soupira.

— Je redoutais ces mots... Bon, elle restera là jusqu'à ce que je puisse prendre langue avec Tyrrell. Je lui demanderai ce qu'il désire à son sujet. J'espère seulement qu'il viendra la chercher dès qu'il apprendra qu'elle se trouve ici.

Elle était plus proche de Martell. Cela devait advenir. Sa position demeurait difficile, il fallait en convenir, mais heureusement la veuve s'était finalement radoucie et lui avait suggéré un prétexte : Adela, soi-disant harcelée par un prétendant indésirable, avait besoin de s'éloigner quelque temps de Winchester. Pas sûr que Cola croie à cette histoire, mais elle n'avait rien trouvé de mieux. Elle le remercia, lui murmura que Tyrrell et ses parents normands lui en seraient grandement reconnaissants et fit son possible pour se rendre agréable.

Après un jour ou deux, il lui apparut clairement qu'Edgar, en se montrant circonspect, était toujours attiré par elle. Elle aimait bien le beau et jeune Saxon, et cela lui rendait la vie plus plaisante.

Elle acceptait avec joie de partir à cheval avec lui, mais ne lui donnait pas de faux espoirs.

Quant à Lady Maud, il était aisé d'obtenir de ses nouvelles. Elle raconta à Cola en quelles circonstances elle avait rencontré Martell à Winchester. Il semblait naturel qu'elle se préoccupât de la santé de la dame chez qui elle avait été reçue. Le chasseur entendait parler de Martell de temps en temps. Adela savait ainsi que Lady Maud était toujours très malade, d'aucuns disaient d'ailleurs qu'elle ne survivrait pas à l'accouchement. Adela attendait donc patiemment.

La réponse de Tyrrell n'arriva de Normandie qu'un mois après. La lettre, écrite en anglo-normand, était un petit chef-d'œuvre.

Cola la fit lire par un vieux moine de Christchurch.

« Walter Tyrrell, seigneur de Poix, adresse ses compliments à Cola le Chasseur.

Je vous remercie, mon ami, et sa famille ferait de même, pour vos bontés pour dame Adela. Les bons soins que vous prodiguez à une mienne parente, même si éloignée, ne seront point oubliés.

Je serai de retour en Angleterre à la fin de l'été, viendrai alors la chercher et règlerai toutes dépenses que vous pourrez avoir supportées pour elle. »

— Quel fieffé rusé, grommela Cola. Il fait en sorte que je doive la garder pendant trois mois. Et si elle crée des ennuis, ce n'est après tout qu'une « parente éloignée ». Il ne saurait en être tenu responsable...

Il observait Adela et son fils avec une inquiétude croissante, mais avait d'autres soucis en tête.

Après avoir passé Pâques à Winchester, le roi Guillaume II, dit Rufus, était de passablement bonne humeur et elle ne fit que s'améliorer encore au cours des semaines suivantes.

Son frère Robert ne pouvait se comporter plus conformément à ses vœux. Après son mariage en Italie avec son héritière, le duc de Normandie aurait dû se hâter de revenir avec sa jeune épouse et sa dot pour purger l'hypothèque pesant sur son fief. Il ne l'avait pas fait. Après une croisade plutôt héroïque, il avait retrouvé son indolence habituelle. Le duc et sa femme voyageaient sans se presser et dépensaient sans compter. Il était peu probable qu'ils arrivent en Normandie avant la fin de l'été.

« Laissons-lui un peu de temps, avait déclaré Rufus devant sa cour. Il va dépenser toute la dot, vous verrez. » En attendant il détenait la Normandie et tirait des plans pour faire main basse alentour sur tous les petits bouts de France qu'il pouvait.

Au début de l'été, il se produisit un fait nouveau, plus favorable encore. Inspiré par l'exemple de tant d'autres souverains chrétiens qui s'étaient couverts de gloire en croisade, le duc d'Aquitaine décida lui aussi de partir pour la Terre sainte. Et comment faire autrement, pour financer sa campagne, que de solliciter de Rufus un énorme prêt, comme Robert de Normandie ? « Il propose de donner une hypothèque sur l'ensemble de l'Aquitaine », annoncèrent ses émissaires. Rufus, qui n'était probablement pas croyant, se mit à rire. « Voilà qui suffit à redonner la foi ! » commenta-t-il.

Et la rumeur ne tarda pas à se répandre à travers l'Europe : Rufus veut non seulement la Normandie, mais aussi l'Aquitaine. Pour ceux qui ne l'aimaient pas ou le craignaient, il ne s'agissait pas d'une bonne nouvelle, loin s'en fallait.

Edgar adorait apprendre à Adela les secrets de la Forêt. C'était ce qu'il connaissait le mieux. Et, son frère séjournant à Londres, il l'avait pour lui tout seul.

Il lui montrait les empreintes d'un daim. « Vous voyez, le daim a le pied fendu. Quand il marche, les deux parties du pied sont collées et les traces qu'elles laissent sur le sol ressemblent donc à celles d'un petit sabot. Quand il trotte, le pied s'écarte et vous remarquez une fente. Quand il galope, le pied s'ouvre complètement et fait une marque en forme de V. Vous voyez ces foulées avec les pieds tournés vers l'extérieur ? C'est un mâle. Les empreintes de la femelle sont bien droites. »

Une autre fois, après avoir chevauché à travers bois de Burley à Lyndhurst, il lui demanda :

« Savez-vous comment vous orienter dans la Forêt ?

— Oui, grâce au soleil.

— Et si le ciel est couvert ?

— Je ne sais pas.

— En trouvant un arbre bien droit exposé aux intempéries. Le lichen pousse toujours du côté humide de l'arbre, c'est-à-dire celui exposé au vent dominant, qui apporte l'humidité de la mer. Dans cette partie de l'Angleterre, il vient du sud-ouest. Cherchez le lichen, vous aurez le sud-ouest. Si jamais vous vous perdez, les arbres vous indiqueront ainsi où j'habite, conclut-il en souriant. »

Adela se rendait compte qu'il s'amourachait d'elle et, en juin, sa conscience commença à la tirailler. Elle aurait dû prendre ses distances, mais sa compagnie était si plaisante... Ils faisaient des promenades à cheval, riaient, marchaient ensemble.

Certains jours, elle refusait de sortir. Elle avait commencé un grand et bel ouvrage à l'aiguille pour l'offrir à son père. C'était le moins qu'elle pût faire. Cela ressemblait à la scène de chasse qu'elle avait vue dans la salle du roi à Winchester, avec des arbres de la forêt, des cerfs, des chiens courants, des oiseaux et des chasseurs. L'un représentait de toute évidence Cola. Elle avait aussi eu envie de dépeindre l'élégante silhouette d'Edgar couronnée de cheveux d'or, mais s'en était finalement abstenue. Ces travaux lui fournissaient une bonne excuse pour éviter sa compagnie certains jours. Et bien souvent, en pareilles occasions, Cola venait la regarder travailler. A mesure que passaient les semaines, sans jamais se départir de sa réserve, il lui semblait que, malgré lui, il en venait aussi à bien l'aimer.

Au cours d'une telle journée, dans la seconde semaine de juin, alors qu'elle était à son ouvrage dans la lumière oblique qui tombait de la fenêtre ouverte de la salle, il vint à elle en souriant.

— J'ai des nouvelles qui vont vous faire plaisir.

— Ah ?

— Hugues de Martell a un fils. Un garçon en bonne santé. Il est né hier.

Elle sentit son cœur battre la chamade.

— Et Lady Maud ? demanda-t-elle en regardant son aiguille levée briller dans le jour déclinant.

— Elle a survécu. Et, étonnamment, elle semble se porter assez bien.

Il se produisit une autre naissance dans la Forêt ce jour-là.

Depuis quelque temps déjà la daine à robe claire, grosse de son faon, fouillait la Forêt en solitaire. C'est une habitude chez les daines de mettre bas dans la solitude, presque toujours un seul faon. Elle avait finalement jeté son dévolu sur un petit espace dans un fourré, dissimulé par des buissons de houx. Elle y avait aménagé une couche dans l'herbe haute.

Il fallait de la prudence. Dans les premiers jours de sa vie, son faon allait être complètement sans défense. Si un chien ou un renard le trouvait alors qu'il restait seul, il mourrait. Tel était le handicap que la nature, dans sa morne sagesse, imposait au daim. Cependant, les renards vivaient généralement en lisière de la forêt, près des fermes. Elle avait soigneusement humé l'air, sans détecter aucune odeur de renard.

Dans l'ombre verdâtre, la tiédeur et le grand silence du mois de juin, elle donna naissance à son faon — une petite masse anguleuse et gluante dans l'herbe —, le lécha pour le laver et se coucha près de lui. Un mâle : son pelage serait de la même couleur que celui de son père. Couchée à côté de lui, la daine espérait que l'immense Forêt se montrerait clémente avec eux.

Vers la fin juin, il se passa deux faits nouveaux inattendus. Cola annonça le premier :

— Rufus va envahir la Normandie.

L'arrivée de son frère Robert dans son duché était alors espérée fin septembre. Rufus avait l'intention de l'y attendre.

— Une grande invasion ? demanda Edgar.

— Oui, énorme.

De Londres, le frère d'Edgar décrivait les préparatifs en cours. De grosses sommes étaient levées pour payer les mercenaires. On prélevait l'or à pleines charrettes sur le trésor de Winchester et convoquait le ban et l'arrière-ban dans tout le pays.

— Et il réquisitionne des navires de transport dans la plupart des ports de la côte méridionale, expliqua Cola. En arrivant chez lui pour purger son hypothèque, Robert va trouver porte close. Rufus dispose de toutes les ressources. Si Robert livre bataille, il perdra. C'est une vilaine affaire.

— Et tout le monde y croit ? demanda Adela.

— Oui. Mais c'est une chose que de prévoir un événement, de le dire probable, c'en est une autre qu'il survienne effectivement. En un sens, bien sûr, Rufus a raison. Robert n'est pas vraiment fait pour gouverner. Mais agir ainsi...

— Je ne pense pas que les Normands vont voir cela d'un bon œil, dit Adela.

— Non, ma chère, ils n'en feront rien. Les amis de Robert, en particulier, sont...

Il marqua une pause pour chercher le mot juste.

— ... Ils sont marris, conclut-il finalement en secouant la tête. Et s'il se montre capable de faire cela à son propre frère en Normandie, imaginez ce qu'il fera en Aquitaine ! Ce sera la même chose. Le duc d'Aquitaine part en croisade. Rufus lui prête l'argent nécessaire et lui souhaite bon vent, puis dérobe ses terres en son absence. Que croyez-vous que les gens pensent de cela ? Que croyez-vous qu'en pense l'Eglise ? Je vous le dis, grommela-t-il, la tension monte dans la chrétienté.

— Grâce à Dieu, ces choses-là ne nous touchent pas, ici dans la Forêt, fit remarquer Edgar.

Son père le regarda sombrement.

— C'est une forêt royale. Tout cela nous touche de près, marmonna-t-il avant de s'en aller.

Une semaine plus tard, un homme vêtu de noir qu'Adela ne connaissait pas arriva et passa un certain temps en tête à tête avec Cola, qui paraissait furieux. Elle ne l'avait jamais vu ainsi, et il ne décoléra pas les jours suivants.

— Il ne dit rien, fit Edgar, qui s'inquiétait pour lui.

Le second événement se produisit lors de leur promenade à cheval. Edgar lui demanda si elle voulait bien l'épouser.

Sur le bord ouest du vallon obscur de Burley, le terrain s'élève jusqu'à une crête boisée assez haute, qui atteint son point culminant à environ un kilomètre au nord du village, sur un promontoire appelé Castle Hill. Aucun château normand ne s'érigeait là, mais seulement l'esquisse d'une modeste enceinte. Personne ne savait si ces murets en terre et ces fossés étaient les vestiges d'un enclos à bétail, d'un poste de guet ou d'un fortin, ni si ceux qui les avaient aménagés étaient les lointains ancêtres des gens de la Forêt ou quelques autres habitants de la région à une époque reculée. Mais quels qu'aient été les esprits du lieu, c'était un coin paisible et plaisant. On y jouissait, à l'ouest, d'un point de vue sur la lande brunâtre en lisière de la Forêt jusqu'à la vallée de l'Avon et, au loin, sur les lignes de collines bleu-vert du Dorset.

L'endroit était bien choisi en cette belle matinée d'été. Le soleil resplendissait sur les cheveux d'or d'Edgar. Il fit sa demande calmement, gaiement et avec beaucoup de noblesse. Quelle femme aurait refusé ? Elle eût aimé être soudain une autre.

En fait, pourquoi lui opposer un refus ? N'était-ce pas absurde ? Les Normands conquérants épousaient encore des membres de la noblesse saxonne vaincue. Elle perdrait un peu la face, mais pas trop. C'était un garçon délicieux et elle se trouvait sous le charme.

Cependant, devant elle, au loin vers l'ouest, dans l'une des vallées séparées par les crêtes, se dressait le manoir de Hugues de Martell. Et derrière elle, à un kilomètre ou deux seulement, coulait le ruisseau sur la berge duquel la femme de Puckle avait vu l'avenir.

Elle épouserait Martell. Elle le croyait encore. Elle s'était certes interrogée après l'annonce de l'accouchement réussi de Lady Maud. Mais les paroles de mise en garde de la sorcière lui étaient revenues. « Les choses ne sont pas toujours ce qu'elles semblent être. » Elle lui avait promis le bonheur et elle gardait la foi. Il allait arriver quelque chose, elle le savait. Il lui paraissait évident que Lady Maud passerait de vie à trépas de manière imprévue.

Si cela advenait, elle serait une mère pour son fils. Une excellente mère. Ce serait sa bonne action, la justification de ce qui arriverait.

Que répondre à Edgar ? Elle ne voulait pas se montrer cruelle.

— Je vous suis reconnaissante, dit-elle doucement. Je suis persuadée que je serais heureuse à vos côtés. Mais je ne me sens pas sûre de mes sentiments. Je ne puis vous dire oui maintenant.

— Je vous le redemanderai à la fin de l'été, fit-il en souriant. Nous repartons ?

Dans la pièce inondée de soleil, Hugues de Martell contemplait sa femme et son enfant. Son fils dormait dans un berceau en osier posé par terre. A cause de sa mèche brune, tout le monde disait qu'il ressemblait déjà à son père. Heureux, Martell regardait le bébé. Puis il tourna la tête vers Lady Maud.

Elle était calée, presque assise, par des oreillers dans un petit lit installé à son intention. Elle aimait rester là avec l'enfant plusieurs heures par jour. Elle était assez pâle, mais réussit à lui adresser un faible sourire.

— Comment va le père plein de fierté ?

— Fort bien, me semble-t-il.

Un court silence régna dans la pièce.

— Je crois que je ne vais pas tarder à aller mieux, dit-elle.

— J'en suis sûr.

— Cela n'a pas dû être facile pour vous de vivre si longtemps en compagnie d'une malade. Je fais une bien piètre épouse.

— Absurde. L'important est que vous vous remettiez.

— Je veux être pour vous une bonne épouse.

Il eut un sourire machinal, puis regarda dehors pensivement.

Il ne l'aimait plus. Il ne s'en blâmait pas entièrement. Personne ne pouvait critiquer son comportement durant les mois de maladie de sa femme. Il s'était montré prévenant, aimant, l'avait soignée lui-même. Il était resté auprès d'elle, lui tenant la main, lui prodiguant tout le réconfort dont un mari est capable lorsque, par deux fois, elle avait cru mourir. Là-dessus, sa conscience était claire.

Mais il ne l'aimait plus. Il ne la désirait plus. Il la connaissait trop bien. La bouche qu'il avait baisée, qui avait même murmuré des mots passionnés, était immobile, petite et insignifiante. Il ne pouvait partager cette affection étriquée, l'enceinte bien ordonnée de son imagination. Elle était trop timorée. Pas faible, néanmoins. Sinon, il aurait pu se sentir lié par l'obligation de la protéger, aussi ingrate fût-elle. Elle s'était montrée étonnamment forte. Peut-être avait-elle été malade, mais si elle s'en remettait, son caractère resterait aussi ferme que jamais. Sa volonté lui faisait parfois l'effet d'un petit fil courant à travers les profondeurs de son âme, assez fin pour passer par le chas d'une aiguille et pourtant aussi solide que l'acier, impossible à briser.

Comment l'aimait-elle ? Purement et simplement par nécessité. Elle avait décidé de ce que sa vie devait être et faisait en sorte qu'il en soit ainsi, se retranchant derrière les convenances. Elle avait besoin de lui. Le mariage pouvait-il être autrement ?

Il s'était mis à penser à Adela.

Il l'avait fait souvent au cours de l'année écoulée. La fille solitaire, l'esprit libre : elle l'avait intrigué dès le départ. Plus que cela. Sinon, pourquoi serait-il parti à sa recherche à Winchester ? Il avait appris que Cola l'hébergeait et qu'elle demandait de ses nouvelles. A la dernière pleine lune, il avait eu une envie soudaine et folle de la voir. Trois nuits plus tôt, il en rêvait.

Il resta un moment le regard perdu au-dehors, puis annonça brusquement :

— Je vais faire un tour à cheval.

Il arriva au manoir de Cola en début d'après-midi. Seuls Edgar et Adela s'y trouvaient.

Il laissa son cheval à Edgar, puis Adela et lui descendirent l'allée jusqu'à l'Avon où glissaient les cygnes et où les longues herbes aquatiques ondulaient doucement dans le courant. Ils bavardèrent, sans trop savoir de quoi, et après un moment il lui proposa de la rencontrer de nouveau dans l'intimité.

Elle accepta.

Au retour, en la présence d'Edgar, il eut soin de la remercier, de manière assez cérémonieuse, de l'intérêt qu'elle témoignait pour sa famille dans une période difficile, puis, après avoir salué courtoisement le jeune homme, il monta en selle et s'en alla.

Il éprouvait un sentiment d'exaltation qu'il ne connaissait plus depuis longtemps. Il ne doutait pas du succès de son aventure. Ce n'était pas la première.

La lettre de Walter arriva une semaine plus tard, brève et allant à l'essentiel. Il était en route pour l'Angleterre, devait rencontrer certains membres de la famille de sa femme puis rejoindre le roi. Il espérait être en mesure de venir la chercher début août. La lettre s'achevait sur l'information suivante : « Soit dit en passant, je vous ai trouvé un mari. »

Trois semaines passèrent sans aucun message de Martell. Bien qu'elle s'évertuât à cacher son agitation, Adela était pâle et tendue.

Pourquoi n'était-il pas venu ? Lady Maud était-elle retombée malade ? Non, la dame reprenait des forces de jour en jour.

Elle ne savait trop ce qui se passerait si Martell et elle se rencontraient de nouveau. Se donnerait-elle à lui ? Elle l'ignorait et ne s'en souciait guère. La seule chose qu'elle désirait, c'était le voir. Elle avait une envie folle d'aller jusque chez lui, mais ne le pouvait pas. Elle voulait lui écrire, mais ne s'y risquait pas.

Les nouvelles de Walter rendaient la situation encore plus urgente. Il allait l'emmener et la marier. Oserait-elle refuser de le suivre ? S'aviserait-elle d'éconduire un autre prétendant ? Rien de tout cela ne semblait avoir de sens.

Pendant ce temps, le roi était arrivé à Winchester. L'armée et la flotte seraient bientôt prêtes. L'argent rentrait dans le Trésor, disait-on, et Rufus était si occupé qu'il n'avait même pas le temps de chasser.

Elle ignorait si Walter se trouvait déjà à Winchester et ne chercherait pas à se mettre en contact avec lui si tel était le cas.

Dans la dernière semaine de juillet, elle alla voir la femme de Puckle. Elle la trouva dans sa cabane comme la première fois, mais, quand elle sollicita aide et conseil, la sorcière refusa de les lui donner.

— Pouvons-nous jeter un autre sort ? demanda Adela.

La femme secoua la tête calmement.

— Soyez patiente. Ce qui doit advenir adviendra, répondit-elle.

Adela s'en retourna donc, découragée.

Dans le manoir de Cola, l'air maussade d'Edgar ne contribuait pas à alléger l'atmosphère. Il n'avait plus été question de sa demande en mariage — il ne pouvait se douter de ses sentiments secrets pour Martell —, mais l'annonce que Walter venait la chercher pouvait difficilement le réjouir. En apparence, leur relation était toujours la même, malgré le chagrin dans ses yeux.

Cola persistait dans son silence. Elle ne savait pas si Edgar avait parlé ou non à son père de sa demande en mariage. S'il était au courant, donnait-il son approbation ? Elle n'avait pas voulu l'interroger sur le sujet ni même mettre celui-ci sur le tapis. Mais elle se demandait si cette humeur sombre était liée à elle ou aux périls du moment.

Dans les derniers jours de juillet, la tension monta encore dans la maisonnée. La venue de Walter paraissait imminente. Cola avait l'air furieux et Edgar était visiblement de plus en plus agité. Une ou deux fois, il sembla sur le point d'évoquer de nouveau la question de leur mariage, mais il se retint.

La crise fut précipitée lorsque, le dernier jour de juillet, Cola les réunit.

— On m'a informé que le roi et quelques compagnons arrivent demain à Brockenhurst, annonça-t-il. Il désire chasser dans la Forêt le lendemain. Je dois me mettre à son service.

Il sortit pour s'occuper de quelque affaire, la laissant seule avec Edgar.

— Vous partez avec Tyrrell ? demanda celui-ci.

— Je l'ignore.

— Ah ? Cela signifie-t-il que je puis espérer ?

— Je n'en sais rien.

C'était une réponse stupide, mais elle se sentait trop nerveuse pour dire des choses sensées.

— Alors, qu'est-ce que cela veut dire ? s'exclama-t-il soudain. Walter vous a-t-il trouvé un prétendant ? L'avez-vous accepté ?

— Non, non.

— Alors quoi ? Y a-t-il quelqu'un d'autre ?

— Quelqu'un d'autre ? A qui songez-vous ?

— Je n'en sais rien.

Il parut hésiter. Puis, sur un ton exaspéré, il ajouta :

— Un prince charmant, j'imagine.

Et il tourna les talons, furieux.

Adela l'évita tout le reste de la journée.

Le lendemain matin, Cola alla voir Puckle ; il fallait prévoir des chevaux de rechange à Brockenhurst, où l'agent forestier local se préparait à recevoir le roi. Edgar fut chargé de diverses courses et elle se retrouva seule.

Dans l'après-midi, elle alla se promener sur l'allée qui longeait la rivière. Elle venait de rebrousser chemin quand un homme habillé en domestique apparut devant elle et lui tendit quelque chose.

— Etes-vous Lady Adela ? Je dois vous remettre ceci.

Il lui glissa un petit bout de parchemin, plié et scellé dans la main et, avant qu'elle ait eu le temps de dire un mot de plus, repartit en courant.

Elle brisa le sceau et lut un court message, écrit proprement en français : « Je serai demain matin au château de Burley. Hugues. »

Son cœur bondit de joie. Puis, le parchemin serré dans sa main, elle rentra au manoir.

Bien que tout absorbée par son affaire, elle remarqua, intriguée, à son retour, que Cola recevait un visiteur. Ce n'était pas vraiment inhabituel et elle n'y aurait guère prêté attention si elle n'avait reconnu l'inconnu vêtu de noir qu'elle avait déjà vu et dont la visite avait à tel point perturbé le chasseur. Quand elle arriva, il était en grande conversation avec Cola, conversation qui fut brève.

Quand elle revit Cola au dîner, le changement était terrible. Il fulminait. Elle ne tarda pas à comprendre que cette fureur masquait autre chose. Pour la première fois depuis qu'elle le connaissait, il lui sembla qu'il avait peur.

Lorsqu'elle lui servit du ragoût de venaison, il se contenta de hocher la tête, l'air absent. Il lui versa une coupe de vin d'une main tremblante. Que diable avait pu lui dire le messager pour produire un tel effet ?

Quoi qu'il ait pu avoir d'autre en tête, Edgar regardait lui aussi son père avec inquiétude.

— Il vous faudra rester là demain tous les deux. Personne ne doit sortir d'ici, annonça Cola à la fin du repas.

— Mais, père... commença Edgar, ahuri. Ne dois-je point vous accompagner à la chasse du roi ?

— Non. Vous resterez là. Vous ne devez pas laisser Adela.

Tous deux le regardèrent, horrifiés. Elle savait ce que signifiait chasser avec le roi pour un jeune homme dans sa position. Quant à elle, rester confinée avec lui ici le lendemain matin était la dernière chose qu'elle désirait.

— Ne peut-il vous accompagner ? hasarda-t-elle. Il verrait le roi.

Cela ne fit que déclencher une tempête.

— Il ne fera rien de tel, madame ! Il obéira à son père. Et vous aussi ferez ce qu'on vous dit ! rugit Cola en tapant du poing sur la table avant de se lever. Tels sont mes ordres, et vous y obéirez, monsieur, ajouta-t-il en décochant un regard incendiaire à Edgar.

Il se tenait là, hérissé, vieillard magnifique qui pouvait encore être effrayant.

Elle fut réveillée un peu avant l'aube par des voix. Dans son rêve il lui avait semblé entendre un bruit de querelle.

Elle se leva et se dirigea à pas de loup vers l'entrée de la grande salle. Cola et Edgar étaient assis à la table, sur laquelle une fine bougie donnait juste assez de lumière pour éclairer leur visage. Le premier était déjà tout habillé pour la chasse alors qu'Edgar ne portait qu'une longue chemise de dessous. Ils discutaient manifestement depuis un moment, car à cet instant Edgar lançait un regard interrogateur à son père, qui gardait les yeux fixés sur la table. Il semblait fatigué.

Finalement, sans lever la tête, il dit :

— Ne croyez-vous pas que si je vous demande de ne pas venir dans la Forêt, il y ait une raison à cela ?

— Si, mais vous devriez me dire laquelle.

— Il est prudent, ne le voyez-vous pas, que vous l'ignoriez.

— Vous devriez me faire confiance.

Cola resta songeur un moment.

— S'il m'arrive quoi que ce soit, dit-il lentement, il est en effet peut-être préférable que vous en sachiez un peu plus. Le monde est dangereux et il se peut qu'il ne soit pas bon de trop vous protéger. Vous êtes un homme.

— Je le pense.

— Vous êtes-vous déjà demandé combien de gens aimeraient voir Rufus disparaître ?

— Beaucoup.

— Oui. De toutes parts. Et jamais autant que maintenant.

Il marqua une pause, puis :

— Si donc Rufus avait un accident dans la Forêt, ces gens, quels qu'ils soient, trouveraient cela bien venu.

— Le roi, un accident ?

— Oubliez cela. Les membres de la famille royale sont assez souvent sujets à des accidents dans la Forêt.

C'était vrai. Quelques années plus tôt, Richard, le quatrième fils du Conquérant, encore jeune homme, était mort dans la Nouvelle Forêt en heurtant un arbre avec sa monture. Et l'un des neveux de Rufus, un bâtard de son frère Robert, y avait été tué par une flèche perdue encore plus récemment.

Et pourtant. Un roi ! Edgar était stupéfait.

— Rufus va avoir un accident ? C'est ce que vous voulez dire ?

— Cela se peut.

— Quand ?

— Cet après-midi peut-être.

— Et vous le savez ?

— Peut-être.

— Si vous le savez, vous devez avoir un rôle à y jouer.

— Je n'ai pas dit cela.

— Vous ne pouviez pas refuser ? D'être mis dans le secret, j'entends.

— Il y a des gens puissants, Edgar. Très puissants. Notre position — la mienne, un jour la vôtre —, notre position est difficile.

— Mais vous savez qui manœuvre derrière tout cela ?

— Non. Je n'ai aucune certitude. Des gens puissants m'ont parlé, mais les choses ne sont pas toujours ce qu'elles semblent être.

— Cela doit arriver aujourd'hui ?

— Peut-être. Peut-être pas. Rappelez-vous, Rufus devait déjà être tué dans les bois, mais l'un des Clare changea d'avis au dernier moment. Rien n'est jamais certain. Cela arrivera ou pas.

— Mais, père... commença Edgar en le regardant maintenant avec inquiétude. Je ne vous demande pas quel peut être votre rôle dans cette affaire, mais êtes-vous sûr que, s'il arrive quelque chose, on ne vous en imputera pas la faute ? Vous n'êtes qu'un chasseur saxon.

— C'est exact. Mais je ne le crois pas. J'en sais trop et, ajouta-t-il avec un sourire, par le truchement de votre frère à Londres, j'ai pris certaines précautions. Je crois que je ne risque rien.

— N'auront-ils pas besoin d'un bouc émissaire ?

— Très juste. Je vois que vous avez la tête sur les épaules. Autant que je le sache, il est d'ores et déjà désigné. Et ils l'ont bien choisi. Un malin qui n'est qu'un sot et pense faire partie du sérail, mais qui, en réalité, ne sait pas grand-chose.

— De qui s'agit-il ?

— De Walter Tyrrell.

— Tyrrell ? répéta Edgar. Vous voulez dire que sa propre famille, les Clare, le sacrifierait ?

— Ai-je dit que les Clare étaient impliqués ?

— Non. Père. Vous n'avez rien dit.

Tyrrell. Adela eut froid dans le dos. Son cousin Walter, victime d'un coup monté. Dieu seul savait dans quel péril il se trouvait. Elle eut la gorge sèche à l'idée de connaître un tel secret. Tremblante, craignant que les battements de son cœur ne trahissent sa présence, elle battit furtivement en retraite.

La tête lui tournait. Dans la fraîcheur et la grisaille du petit matin, elle commença à y voir clair. On projetait de tuer le roi. C'était un crime devant Dieu. Il n'en existait pas de plus terrible. Cependant, était-il son roi ? Elle ne le pensait pas. Tant qu'elle n'avait pas épousé un vassal du roi anglais, elle restait fidèle à Robert. Mais Walter était son parent. Peut-être ne l'aimait-elle pas et ne se montrait-il pas loyal envers elle, mais c'était son parent et elle devait le sauver.

Elle s'habilla à la hâte. Après un petit moment, par la fenêtre de sa chambre, elle vit Cola s'éloigner seul sur son cheval dans le demi-jour. Il portait un arc et un carquois sur le dos.

Elle attendit qu'il soit hors de vue. Le silence régnait dans la demeure. Avec précaution, elle enjamba la fenêtre et se laissa choir en contrebas, sans s'apercevoir qu'elle laissait tomber la lettre de Martell.

L'aube naissait quand Puckle se mit en route avec sa charrette. Cola lui avait demandé de se rendre au pavillon de chasse de Brockenhurst, où il recevrait d'autres instructions, et de se préparer à transporter un cerf abattu.

Sa femme le vit s'en aller. Elle lui dit :

— Tu ne seras pas rentré ce soir.

— Ah bon ?

— Non.

Il lui adressa un regard et partit.

Adela se montra prudente. Après avoir sellé son cheval dans l'obscurité, elle le mena par la bride en restant sur le bas-côté du chemin pour amortir le bruit jusqu'à ce qu'elle parvienne à bonne distance du manoir. Puis elle monta en selle, traversa la vallée et entra dans la Forêt.

L'idée de faire faux bond à Martell lui apparaissait insupportable, mais pouvait-elle agir autrement ? Il ne lui était pas possible d'avertir Walter ni de l'abandonner à son sort. Quand elle parvint au château de Burley, elle attendit jusqu'à ce que le soleil soit bien au-dessus de l'horizon. En vain. Elle eut alors l'idée de demander à Puckle ou à l'un des membres de sa famille d'attendre ici avec un message et elle se dirigea vers le ruisseau en espérant les trouver chez eux. Mais, bizarrement, il n'y avait personne. Elle n'osa pas entrer dans Burley pour solliciter un inconnu de remettre le message.

Elle renonça. Elle priait le ciel de trouver Walter assez vite pour pouvoir retourner à Castle Hill avant que Martell n'en soit reparti. Elle se hâta.

L'emploi du temps du roi Guillaume II, dit Rufus, le 1er et le 2 août de l'an de grâce 1100 est assez bien connu. Il publia une charte au pavillon de chasse de Brockenhurst, dîna avec des amis, puis se coucha.

Mais, comme il avait mal dormi, au lieu de partir à l'aube, il se leva alors que le soleil était déjà bien au-dessus de l'horizon pour rejoindre ses courtisans qui l'attendaient.

C'était un petit groupe choisi : Robert FitzHamon, un vieil ami ; Guillaume, le gardien du trésor de Winchester ; et deux autres barons normands. Trois membres de la puissante famille Clare, qui naguère avaient été sur le point de le trahir, étaient également présents, ainsi que son jeune frère Henri — un brun débordant d'énergie contenue, impitoyable, disaient certains, comme son père. Et enfin, Walter Tyrrell.

Quand le roi aux cheveux roux s'assit sur une banquette pour enfiler ses bottes, un armurier lui présenta une demi-douzaine de flèches récemment forgées.

Rufus les prit, les examina et sourit.

— Magnifiques ! Poids idéal. Hampe souple. Parfait, félicita-t-il l'armurier.

Puis, tournant son regard vers Tyrrell, il déclara :

— Prenez-en deux, Walter. C'est vous le meilleur tireur. Vous feriez mieux de ne pas manquer votre coup !

Suivirent les plaisanteries habituelles de la cour pour divertir le roi. Un moine apparut alors. Cela ne plut guère à Rufus, qui tolérait tout juste les ecclésiastiques. Mais l'importun, l'air lugubre, insistait pour lui remettre une lettre urgente de son supérieur.

Après l'avoir lue, le roi se mit à rire.

— Walter, n'oubliez pas ce que je vous ai dit. Vous feriez bien de ne pas manquer votre coup !

Il se tourna alors vers la compagnie.

— Croiriez-vous ce qu'écrit cet abbé de Gloucester ! L'un de ses moines a fait un rêve. Il a eu une apparition, la mienne, s'il vous plaît. Dans les flammes de l'enfer, sans doute ! La moitié des moines d'Angleterre rêvent de me voir dans les pires tourments, fit-il en agitant la missive, et lui, il m'écrit une lettre pour m'avertir et l'envoie à l'autre bout de l'Angleterre pour m'enjoindre à la prudence ! Et cet homme, Dieu nous vienne en aide, est un abbé ! On aurait pu penser qu'il fût plus sensé.

— Allons chasser, sire, dit quelqu'un.

La matinée était bien avancée quand Hugues de Martell partit de chez lui. Sa femme le retarda avec des vétilles et il dut la quitter abruptement. Il se sentait coupable et de mauvaise humeur. Il poussa son cheval au petit galop.

Cependant, il ne s'inquiétait pas outre mesure, persuadé qu'Adela attendrait.

Edgar fut très étonné quand l'un des domestiques lui annonça que le cheval d'Adela ne se trouvait plus là. C'était le milieu de la matinée et il avait été occupé jusque-là. Il semblait étrange qu'il ne l'ait pas vue s'en aller. Il alla immédiatement dans sa chambre et y trouva le message de Martell.

Point n'était besoin de comprendre le français pour en saisir le sens. Il reconnut les mots « château de Burley » et « Hugues ». Quelques minutes plus tard, il montait en selle.

Elle désobéissait à son père alors qu'il était censé veiller sur elle. Première chose. Mais il y avait aussi la question de Martell. Elle était manifestement partie pour le rencontrer.

Il avait eu des soupçons quand Martell avait demandé à la voir, mais faire des remarques eût été insultant. Cola lui avait appris depuis longtemps que Martell s'intéressait aux femmes, avait eu des aventures en lisière de la Forêt. Cela ne le choquait pas. Les seigneurs étaient habitués à arriver à leurs fins, comme les puissants le faisaient depuis toujours. Il pensait que, en raison de l'état alarmant dans lequel se trouvait sa femme, Martell avait renoncé à ses fredaines pour un temps. Adela était libre et le riche propriétaire terrien avait probablement été incapable de laisser passer l'occasion. Le fait que lui, Edgar, veuille l'épouser, s'il même l'avait su, n'était pas de nature à le décourager. Il l'avait même sûrement aiguillonné, pensa Edgar, afin de prouver sa supériorité.

Pour commencer, il les observerait. Il tenterait de découvrir ce qu'il y avait entre eux. Se confronterait-il avec eux ? Se battrait-il ? Il ne savait trop.

Il ne tarda pas à sortir de la vallée. Il lui suffisait de faire un détour d'un kilomètre et d'approcher d'eux par-derrière sans bruit à travers les arbres. Tel un espion, il attacha sa monture à un arbre et continua à pied.

Aucune trace de leur présence. Il fouilla du regard la lande en contrebas. Pas le moindre mouvement. Se cachaient-ils dans des bruyères ou des herbes hautes ? Il battit les environs. En vain.

Le cœur battant, il chevaucha dans les parages, demanda à Burley si on les avait vus et guetta depuis des éminences voisines. Peine perdue. Il redescendit lentement dans la vallée. Peut-être s'était-il trompé. Si elle n'était pas là, il repartirait dans la Forêt et chercherait à nouveau.

Adela s'était approchée de Brockenhurst avec précaution. Il lui fallait à la fois trouver Walter et éviter Cola.

Alors qu'elle arrivait à proximité du pavillon de chasse royal, par chance elle vit Puckle, seul sur sa charrette. Quand elle lui demanda où se trouvaient le roi et ses compagnons, il lui répondit qu'ils étaient partis en direction du nord, au-dessus de Lyndhurst.

C'était une bonne nouvelle. Le secteur étant boisé, peut-être parviendrait-elle à entrer en contact avec Walter sans se faire repérer. Après avoir demandé à Puckle de ne rien dire de leur rencontre, elle se mit en route vers le nord, le cœur plus léger.

Après le départ de son mari, il s'écoula un bon moment avant que Lady Maud ne se lève de son lit de repos. Au grand étonnement de toute la maisonnée, elle demanda qu'on lui apporte ses vêtements d'extérieur et qu'on selle son cheval.

— Vous n'avez pas l'intention de monter, ma dame ? s'enquit anxieusement sa servante.

— Si.

— Mais, ma dame, vous êtes trop faible.

Il était vrai qu'après une si longue période d'inactivité Lady Maud tenait à peine debout. Mais en dépit de toutes les remontrances de sa servante, elle persista. Personne ne pouvait s'opposer à sa volonté. Un domestique courageux se hasarda à lui faire remarquer que le maître ne serait pas content, mais elle lui coupa la parole en lui lançant un regard mauvais.

Le palefrenier amena sa monture devant la porte et l'aida à se mettre en selle.

— Laissez-moi au moins vous accompagner, supplia-t-il.

— Non.

Elle fit brusquement tourner son cheval et partit au pas.

Toute pâle, le regard fixé droit devant elle, oscillant à droite et à gauche, sur le point de tomber, elle parcourut ainsi la longue rue du village tandis que les paysans sortaient pour la regarder passer. Elle gravit le chemin emprunté par son mari.

Elle le suivait à l'instinct. Savait-elle qu'elle avait perdu son amour ? Elle le sentait. Savait-elle qu'il était allé en retrouver une autre ? Elle le devinait. Et quelque chose en elle, une conviction animale, lui disait qu'elle voyait juste, qu'elle devait le ramener. En ce jour d'août, elle s'en alla donc au vu et au su de tous, maintenue en selle par sa seule volonté. En haut de la côte, elle poussa son cheval au petit galop et ceux qui la voyaient d'en bas, le souffle coupé, marmonnaient : « Juste ciel, elle va se tuer. »

Le roi et sa cour partirent gaiement de Brockenhurst, accompagnés de Cola.

— Mon fidèle Nemrod ! Vous organisez toujours les choses à la perfection, dit le roi.

Rufus était de bonne humeur. Son regard aiguisé transperça Cola, puis il se mit à rire.

— Je ne veux pas rabattre les cerfs dans votre grand piège aujourd'hui. Je désire chasser dans les bois.

On avait sorti les chiens. Il y en avait de deux sortes : les chiens d'attaque, agiles, à l'odorat développé, dont la tâche consistait à sentir et à débusquer le cerf, et les chiens courants, dont la seule fonction aujourd'hui se résumerait à terrasser un cerf qui, blessé, se serait échappé en terrain découvert.

Ils restèrent d'abord dans les bois au-dessous de Brockenhurst, puis, après y avoir chassé un moment, le roi décida d'aller vers l'est, à travers une vaste étendue de lande, malgré la mise en garde de Cola : « Vous y trouverez quelques cerfs, sire, mais très peu de daims. »

A midi, le roi s'arrêta pour se reposer et demanda une collation. Puis, dans l'après-midi, toujours aussi peu disposé à se hâter, il accepta cependant de laisser Cola les conduire vers un terrain de chasse plus giboyeux.

— Venez, Tyrrell ! s'écria-t-il. Nous allons vous regarder.

La daine à la robe claire sursauta. Elle trembla, puis tendit l'oreille. Le grand silence de l'après-midi estival était pareil à une chape sur le chaud ciel bleu. A son côté, son faon pouvait maintenant faire quelques pas. Dégingandé, délicat, nourri à la mamelle, très précieux à ses yeux, il avait survécu. Mais serait-il assez grand pour courir si les chiens arrivaient ?

Elle tourna la tête. Elle était sûre de les entendre, maintenant. Elle regarda son faon. Les chasseurs venaient-ils par ici ?

Hugues de Martell avait assez attendu. Il n'était pas habitué à ce qu'on le fasse lanterner. Il savait par le messager qu'Adela avait reçu son petit mot. Avait-elle eu un empêchement ? Il en doutait. Etait-elle venue et l'avait-elle attendu avant de s'en aller ? Possible. Il lui avait donné rendez-vous dans la matinée et était arrivé avant midi. Elle serait restée, il en était certain. Et voilà maintenant deux heures qu'il patientait là.

Non. Elle avait certainement changé d'avis. Trop risqué d'aller jusqu'au manoir de Cola. Rentrer chez lui eût été reconnaître son échec. Il quitta Castle Hill, longea Burley et mena son cheval paresseusement dans la montée qui conduisait à la lande. D'ici quelques kilomètres, il jouirait d'une vue magnifique vers l'est et la mer. Il avait eu une aventure avec la fille d'un pêcheur, là-bas sur la côte. Il s'en était vite lassé, mais aujourd'hui il en gardait un souvenir agréable.

Il arriva sur la lande de meilleure humeur. Il se pouvait qu'Adela ait été empêchée de venir. Il se renseignerait. Peut-être serait-elle encore sienne.

Godwin Pride avait fini d'élever sa nouvelle clôture juste avant l'aube et il se sentait fier. L'enceinte n'était guère plus grande. Il avait en fait repoussé la barrière de moins d'un mètre. Mais, et là résidait l'astuce, il l'avait fait des deux côtés et non d'un seul. Les proportions restaient donc les mêmes. Sauf à examiner le sol de près, il était impossible de remarquer le changement.

— A quoi ça sert ? lui demanda sa femme. Il n'y a toujours pas assez de place pour la nouvelle vache.

— T'occupe pas de ça, répliqua-t-il.

Il faisait cela pour le principe. Il inspectait son travail pour la cinquième fois de l'après-midi peut-être quand, en levant les yeux, il aperçut Adela.

Il ne l'avait jamais vue ainsi auparavant. Elle semblait épuisée, presque accablée. Son cheval était à bout, la bouche écumante, les flancs trempés. Elle lança à Pride un regard désespéré.

— Les avez-vous vus ? Le roi et ses compagnons de chasse ?

Il répondit par la négative.

— Je dois absolument les trouver !

Elle n'expliqua pas pourquoi. Par chance, il était assez près d'elle pour la rattraper quand elle bascula et tomba de cheval.

Elle avait passé des heures à fouiller les environs de Lyndhurst avant de conclure que la petite troupe royale était partie dans une autre direction. Elle revint sur ses pas jusqu'à Brockenhurst, où un domestique lui indiqua la direction qu'ils avaient prise, et elle inspecta donc les bois vers le sud. Elle chercha de tous côtés, suivit des pistes, traversa des clairières, tendit l'oreille pour guetter un lointain écho dans la forêt immense, mais ne rencontra qu'un profond silence, rompu de temps à autre par un battement d'ailes dans le feuillage.

Elle avait battu les bois dans un état proche de la panique, éperdue, au bord du désespoir. Elle ne pouvait cependant pas renoncer. Elle avait interrogé les gens dans plusieurs hameaux, mais personne ne savait où ils étaient. Maintenant, son cheval n'en pouvant plus et elle étant à bout de nerfs, elle avait finalement pensé à Pride.

Il fallut un moment pour qu'elle se remette. Après quoi, elle voulut absolument repartir.

— Vous ne pouvez le faire avec ce cheval, dut lui dire Pride.

— Je marcherai s'il le faut.

Il l'entraîna dehors.

— Vous pensez que vous pourrez monter un de ceux-ci ? lui demanda-t-il.

Adela sentait sur son dos la chaleur du soleil de la fin d'après-midi, qui tombait obliquement en larges rayons dorés sur l'immensité de la Forêt.

Son vigoureux petit poney était étonnamment rapide. Elle réalisait à quel point ces animaux de la Forêt possédaient le pied sûr en comparaison de son hongre pur sang. Né de la bruyère, il semblait la traverser en dansant.

Pride chevauchait près d'elle. Il avait eu d'abord l'intention d'explorer de nouveau les bois près de Brockenhurst, mais un paysan leur dit avoir vu des cavaliers à l'est sur la lande.

C'était une large plaine côtière doucement ondulée. Au sud, à moins de dix kilomètres, les longues collines bleu-vert, indistinctes dans le lointain, de l'île de Wight signalaient la présence proche du Solent et de la mer. Devant elle, la lande, violette en août, où les ajoncs étaient moins abondants que dans la partie occidentale de la Forêt, s'étendait depuis le hameau de Pride jusqu'à la ceinture de marais et de prés boisés qui masquait la côte : Itene, ainsi que l'on avait appelé jadis la terre que les Jutes de l'île de Wight venaient cultiver.

Elle se réjouissait d'avoir Pride à son côté. Elle ne pouvait certes rien lui dévoiler, mais sa présence tranquille lui redonnait courage. « Après tout, pensa-t-elle, si le roi et ses compagnons sont toujours en train de chasser, c'est qu'il ne s'est encore rien passé. » Walter était probablement encore hors de danger. Peut-être tout avait-il été annulé. Tant qu'il faisait jour, elle devait essayer de le trouver et de le mettre au courant.

Peut-être à cause de la fatigue ou de la chaleur, le silence de cet après-midi d'été devenait de plus en plus irréel. Les oiseaux qui, de temps à autre, planaient au-dessus d'eux semblaient perdre toute substance, comme si à chaque instant ils pouvaient disparaître dans les hauteurs infinies des cieux azur ou se dissoudre dans la mer de bruyère pourpre.

Mais où étaient les chasseurs ? Pride et elle parcoururent un kilomètre, puis un autre, traversèrent une zone marécageuse, remontèrent sur la lande sèche, virent au loin des bouquets d'arbres et de chênes, mais nulle trace de cavaliers.

— Il n'y a que deux endroits où ils peuvent être. Là, fit Pride en indiquant des bois vers l'est. Ou bien dans les marais, conclut-il, balayant l'horizon vers le sud. A vous de décider.

Adela réfléchit. Peu lui importait désormais de tomber sur Cola ou le roi lui-même ; pour informer Walter des risques qu'il encourait, il fallait faire vite.

— Le mieux est de nous séparer afin que chacun explore un des deux secteurs, dit-elle.

Les sentiers des bois de chênes de la côte étaient traîtres et ils convinrent que Pride irait par là-bas pendant qu'elle battrait la région est.

— Et que dois-je dire à votre cousin si je le trouve ? demanda-t-il.

— Dites-lui...

Elle marqua une pause. Si elle voyait Walter, malgré le peu de respect qu'il lui témoignait, elle pensait parvenir à l'entraîner à l'écart et lui en apprendre suffisamment quant au danger qui le menaçait. Mais quel message pouvait lui transmettre le garde forestier ?

— Dites-lui, reprit-elle, que vous venez de la part de Lady Maud. Dites-lui qu'elle lui expliquera tout, mais que, sous n'importe quel prétexte, il doit s'enfuir immédiatement s'il veut garder la vie sauve.

Cela marcherait. Ils se séparèrent.

— Comment s'appelle l'endroit où vous allez ? cria-t-elle.

— La ferme de Througham ! lança-t-il avant de s'éloigner au trot.

Pendant près d'une heure, elle parcourut au hasard la lisière des bois à l'orient, mais ne trouva aucun signe de leur présence. Ils devaient être quelque part dans les bois que fouillait Pride, et elle rebroussait chemin quand elle vit un spectacle des plus étranges.

Un animal se déplaçait sur la lande vers les bois de Througham à une vitesse extraordinaire. Le soleil déclinant l'éblouissait et elle se protégea les yeux. Elle distinguait l'animal assez bien.

La daine à la robe claire. Elle filait comme un point lumineux, suivie par deux cavaliers, deux chasseurs, et aussi deux chiens. Elle était seule. Peut-être y avait-il un autre daim, un faon, qui, tremblant dans les fourrés, regardait sa mère. La daine allait plus vite qu'eux ; elle courait, volait presque, pour se mettre à l'abri dans les bois et les marais.

Oubliant presque Walter, elle poussa son poney en avant vers la daine. Elle héla les chasseurs, mais ils semblèrent ne pas la voir. La daine avait presque atteint le couvert des arbres. Les deux chasseurs galopaient maintenant. Malgré ses efforts, Adela ne put leur couper la route et elle se trouvait encore à huit cents mètres derrière eux quand ils pénétrèrent dans les bois à la suite de l'animal.

Quand elle atteignit les bois, elle ne rencontra que le silence. La daine, les cavaliers, les chiens semblaient s'être évanouis comme des fantômes. Elle suivait une piste après l'autre et ne voyait qu'une succession de bois de chênes, de clairières et de prés marécageux. Elle venait de s'engager sur une piste quand, sur sa gauche, elle entendit un battement de sabots se rapprocher rapidement. Elle s'arrêta. Etait-ce Pride ? L'un des chasseurs ? Le cavalier apparut quelques instants plus tard.

Walter, tel qu'elle ne l'avait encore jamais vu. Il haletait, les yeux fous, et il était pâle, presque verdâtre. Quand il la vit, il lui cria cependant, d'une voix rauque :

— Fuyez. Fuyez, votre vie est en danger !

— Vous avez donc eu mon message ? lança-t-elle en réponse. A propos du roi ?

— Quel message ? Je n'ai reçu aucun message. Le roi est mort.

Hugues de Martell se réveilla. Il était retourné bêtement à Castle Hill et resté là-haut. Il avait dû s'endormir au soleil. C'était la fin de l'après-midi. Et peut-être serait-il demeuré là encore un moment s'il n'avait alors aperçu venant du nord, de la direction de Ringwood, un cavalier en qui il reconnut Edgar.

Il marmonna un juron. D'un côté, le jeune homme pourrait probablement l'informer de ce qui était arrivé à Adela, mais il n'était pas certain de vouloir le lui demander. Il se pouvait aussi que Cola et les membres de sa famille, apprenant leur rendez-vous, aient empêché Adela de s'y rendre. Peut-être Edgar la cherchait-il. Quoi qu'il en soit, il ne voulait pas le rencontrer.

Il lança sa monture au petit galop pour se mettre à couvert. La piste, ferme et tourbeuse, était aisée. Devant lui, à l'ouest, le soleil commençait à décliner sur la vallée de l'Avon, baignant le paysage dans une lumière rose doré. De chaque côté, la lande faisait songer à un lac violet miroitant. Le moment était si magique qu'il laissa échapper un rire.

Il avait parcouru un tiers du chemin quand il se rendit compte avec irritation qu'Edgar cherchait visiblement à lui couper la route. Le splendide étalon de Martell bondissait.

A mi-chemin, il prit son galop. Edgar fit de même. Le jeune Saxon n'avait aucune chance. Son étalon avançait aussi vite que la foudre, il dévorait la piste, ses sabots lançaient des étincelles en heurtant les graviers blancs enchâssés dans la tourbe.

A sa grande surprise, il s'aperçut qu'Edgar filait à la même allure. Il allait le rencontrer avant d'avoir atteint le bois.

Il obliqua donc brusquement sur la gauche. Son étalon s'élança dans la bruyère. Il était presque à la hauteur d'un frêne, qui le cacherait à la vue du maudit Saxon. Il poussa son cheval, oubliant que le sol de la Forêt n'était pas aussi ferme et sûr que celui des collines crayeuses autour de chez lui, mais mou, changeant, et traître pour ceux qui tentaient de s'y aventurer. La jambe de sa monture s'enfonça dans une poche cachée du sol marécageux. Il fut projeté, la tête la première, contre une pile de bois.

— Mais que s'est-il passé ?

Elle ne reconnaissait pas Walter dans cet état de choc.

Il la regardait sans la voir.

— C'est un accident. Un accident, répétait-il, le regard fixé droit devant lui.

— Où allez-vous ? demanda-t-elle.

— Vers l'ouest. Je dois aller à l'ouest. M'éloigner de Winchester. Il faut que je trouve un bateau. Plus loin sur la côte.

— Un bateau ?

— Vous ne comprenez donc pas ? Je dois fuir. Quitter le royaume. J'aimerais savoir m'orienter dans cette maudite forêt.

— Moi, je le sais. Je vous guiderai.

Le temps passait avec une rapidité étonnante. Sans hésitation, elle se dirigeait à présent droit vers un point dont elle connaissait la position : le petit gué désert au nord du hameau où habitait Pride. La lande était déserte. Ils ne parlaient pas. Ils descendirent vers le gué en aval de Brockenhurst, le franchirent et arrivèrent sur la lande onduleuse de l'ouest de la Forêt.

— Voulez-vous essayer de trouver un bateau à Christchurch ? demanda-t-elle.

— Non. C'est trop près. Je serais contraint d'y attendre un jour ou deux et on viendrait m'arrêter. Il faut que je me rende beaucoup plus à l'ouest...

— Nous allons traverser l'Avon. Je connais la vallée. Grâces soient rendues à mes promenades à cheval avec Edgar. Il existe un gué pour le bétail, à mi-chemin entre Christchurch et Ringwood. Ensuite, on traverse des près et c'est la lande sur des kilomètres et des kilomètres.

— Parfait. Prenons par là, dit Tyrrell.

Le soleil tombait sur l'horizon, énorme orbe rouge sombre ; ici et là, un arbre solitaire se dressait comme une étrange fleur indigo sur le fond du ciel cramoisi et projetait vers eux une ombre démesurément allongée pareille à un doigt tendu en signe d'avertissement. Ils durent mettre les chevaux au pas, mais, hormis les poneys de la Forêt et quelques bovins, ils étaient seuls.

Tyrrell semblait avoir un peu repris ses esprits.

— Vous disiez que vous étiez à ma recherche, que vous m'aviez envoyé un message, dit-il calmement. Pour quelle raison ?

Elle lui raconta toute l'histoire : le comportement de Cola, la conversation qu'elle avait surprise et ses recherches avec l'aide de Pride.

Il l'écouta, silencieux.

— Vous êtes-vous rendu compte que vous risquiez votre vie pour moi, ma chère cousine ?

Il ne l'avait encore jamais appelée sa chère cousine.

— Je n'y ai pas songé.

— Ce Pride... Il ne sait rien, en dehors du message que vous lui avez confié, soi-disant de la part de Lady Maud ?

— Rien.

— Espérons qu'il se montrera discret.

Il resta perdu un moment dans ses pensées, puis, regardant droit devant lui, dit à voix basse :

— Vous devez oublier tout ce que vous avez entendu, tout ce que vous avez vu. Si quelqu'un vous interroge, Cola par exemple, racontez que vous êtes allée faire une promenade à cheval dans la Forêt. Aviez-vous quelque raison pour cela ?

— En fait, confessa-t-elle, j'avais rendez-vous avec Hugues de Martell. Mais je l'ai manqué.

— Aha !

En dépit des circonstances, il se mit à rire.

— Il est incorrigible Soyez sur vos gardes. Mais le prétexte ne pouvait être meilleur. Tenez-vous-en à cela si besoin est. Expliquez que vous avez pris peur et que vous vous êtes enfuie pour vous mettre à ma recherche au cas où l'on vous presserait de questions. Mais, si vous tenez à la vie, Adela, oubliez tout le reste, ajouta-t-il très sérieusement.

— Que s'est-il réellement passé ?

Il mit du temps à répondre.

— Je n'en sais rien. Nous nous étions séparés. L'un des Clare s'est précipité à ma rencontre et m'a dit qu'il y avait eu un accident. « Vous vous trouviez seul avec le roi, a-t-il ajouté, on vous en imputera la responsabilité. » Je lui ai répondu que je n'étais pas avec le roi, mais j'avais compris le message. Il m'a promis qu'ils couvriraient ma fuite un jour ou deux si je me faisais discret et traversais la mer. Il semblait inutile de discuter.

— S'agissait-il vraiment d'un accident ?

— Qui sait ? Les accidents arrivent.

Qu'est-ce qui comptait : une vérité cachée ou des apparences trompeuses ? Ce qu'on choisissait de dire ou ce qu'on choisissait de croire ?

— Je crains, ma pauvre petite cousine, de ne plus pouvoir faire grand-chose pour vous à présent, reprit Tyrrell. J'avais pour vous un prétendant possible, mais, pendant quelque temps, personne ne voudra s'allier à une mienne cousine, démunie de surcroît. Et il est hors de question que vous veniez avec moi en Normandie. Que faire ?

— Je vais rentrer chez Cola, répondit-elle. Ensuite, je verrai. On m'a prédit que je serais très heureuse, ajouta-t-elle en souriant.

— Vous êtes un peu folle, mais je commence à vous aimer.

Ils arrivèrent à ce moment-là en haut d'une colline basse. Devant eux, le soleil couchant était dans toute sa gloire, vaste embrasement rougeoyant sur l'horizon au-dessus de la vallée de l'Avon. Adela se retourna et vit la bruyère violette de la lande se muer soudain en un énorme incendie, magnifique et cramoisi, le sol de la Forêt pareil à de la lave dans le cratère d'un volcan secret.

Ils poursuivirent leur chemin et, quand ils atteignirent la rivière aux eaux assombries et les grandes prairies près du gué, ils bifurquèrent, elle vers le nord, lui vers l'ouest.

Une seule flèche avait tué Rufus. Le monarque roux était mort instantanément. Ses compagnons s'étaient rassemblés pour rapidement tenir conseil. Son jeune frère Henri, silencieux et réfléchi, décida de se rendre à Winchester. Là où se trouvait le Trésor.

Grâce à l'efficacité de Cola, Puckle et sa charrette stationnaient à proximité. Ils enveloppèrent le corps du roi, le placèrent sur la charrette et tous se mirent en route pour l'ancienne capitale. Tous, sauf Cola, qui, sa tâche accomplie, rentra chez lui.

Il arriva au manoir un peu après le crépuscule, au moment même où, dans un autre manoir, plus grand, plus à l'ouest, on réveillait Lady Maud, qui dormait après sa randonnée, pour lui annoncer que son mari s'était rompu le cou sur un tas de bois en faisant une chute de cheval dans la Forêt. Elle resta éveillée toute la nuit.

Dans les profondeurs de la Forêt, une autre mère et son petit se reposaient tranquillement dans la tiédeur de la nuit estivale : la daine à la robe claire et son faon. Après avoir entendu les chasseurs s'éloigner, elle s'était de nouveau installée avec son faon. Elle vivait dans une région de la Forêt très éloignée de celle où la partie de chasse du roi Rufus s'était terminée de manière tragique. Impossible de dire si, en traversant la lande, Adela avait aperçu une autre daine au pelage clair, si la couleur de la robe de celle-ci résultait d'un jeu de lumière ou si elle s'était trompée pour une autre raison.

Personne ne put dire non plus ce qui se passa exactement dans la Forêt en ce jour étrange et magique. Les compagnons de chasse du roi étaient connus. Tyrrell, disait-on, avait visé un cerf, manqué son coup et touché le roi. Personne ou presque n'affirmait qu'il l'avait fait délibérément et il ne possédait aucune raison évidente d'agir ainsi.

Qui profita de cette mort ? Pas son frère Robert, en l'occurrence, ni la famille Clare, pour autant qu'on le sache. Mais son jeune frère, le loyal et silencieux Henri, à la frange de cheveux noirs, s'empara du trésor de Winchester à l'aube et fut couronné à Londres dans les deux jours. Il prit ensuite la Normandie à Robert, comme Rufus projetait de le faire. Mais rien ne prouvait qu'il ait été complice de sa mort.

De fait, la Forêt avait si bien conservé son secret qu'on oublia où se trouvait le lieu du drame jusqu'à ce que, quelques siècles plus tard, on pose une pierre pour commémorer l'événement... Dans une tout autre partie de la Forêt.

Quelqu'un d'autre cependant tira bénéfice de l'événement. Quelques jours après, Cola tomba sur Godwin Pride, qui s'approcha poliment de lui pour lui parler en tête à tête. Il avait apparemment des raisons de croire qu'il était, en toute honnêteté, possesseur d'un droit à un vaste enclos près de sa ferme, un enclos bien plus grand que celui qu'il avait illégalement aménagé.

— Quelle preuve en as-tu ? s'enquit Cola.

— Je crois que vous serez satisfait, répondit Pride avec prudence. Et si vous êtes satisfait, je le serai aussi.

— Ce qui veut dire ?

— J'étais sur le chemin de Througham, l'autre jour.

— Ah ?

— Oui. On voit parfois de drôles de choses.

— Par exemple ? demanda Cola, maintenant intéressé et même très intéressé. Veux-tu me dire ce que tu as vu ?

— Je ne veux le dire à personne.

— Il y a du danger ?

— Peut-être bien.

— Je n'ai pas la moindre idée de ce que tu as vu, répondit Cola en le regardant pensivement, et je ne veux pas le savoir.

— Vous avez raison.

— Parler est parfois dangereux.

— Vous voyez ce que je veux dire à propos de cet enclos ?

— Je ne le vois pas mieux que toi, Godwin Pride.

— Très bien, lança Pride joyeusement avant de s'en aller.

Lorsque, l'été suivant, un splendide enclos tout neuf, plus grand de près d'un arpent, entouré par un talus, un fossé et une barrière, apparut comme par miracle près de la ferme de Pride en bordure de la lande, ni Cola, ni son fils cadet Edgar, ni Adela, la femme de ce dernier — qui avait reçu pour son mariage une jolie petite dot de son cousin Tyrrell en Normandie —, ni aucun garde forestier du roi ne sembla le remarquer.

C'est ainsi que les choses s'arrangeaient dans la Forêt.

Beaulieu

1294

Il courait ventre à terre en lisière du champ, rasant les haies. Il haletait, le visage tout rouge, et entendait encore les cris de rage qui venaient de la ferme derrière lui.

Sa robe maculée de boue montrait qu'il appartenait au monastère, mais il ne portait pas la tonsure des moines du chœur. C'était un frère lai.

Il atteignit le champ et se retourna. Personne ne le poursuivait. Pas encore. *Laudate Dominum.* « Dieu soit loué. »

Le champ était plein de moutons, mais il y avait un taureau dans le suivant. Peu lui importait. Il releva sa robe et enjamba l'échalier.

Le taureau ne se tenait pas loin. Il avait le poil brun, long et rude, et faisait penser à une petite meule de paille. Il le fixait de ses yeux rouges à moitié cachés par la frange entre ses longues cornes recourbées. Le fuyard faillit le bénir d'un signe de croix mais s'abstint.

Tauri Basan cingunt me... « Les taureaux de Basan m'ont cerné » : les paroles de psaume XX lui revinrent. Il les chantait pas plus tard que la semaine précédente. Un bon moine lui avait dit ce qu'elles signifiaient. *Domine, ad juvandum me festina.* « O Seigneur, hâte-toi de me venir en aide. »

Trois choses seulement lui occupaient l'esprit. Etait-il suivi ? Le taureau allait-il charger ? Et avait-il tué l'homme qu'il avait laissé en sang dans la ferme ?

La paix régnait dans l'abbaye de Beaulieu en ce chaud après-midi d'été. Les cris de la ferme étaient largement hors de portée de voix.

Seul le battement d'ailes occasionnel d'un cygne sur la rivière voisine rompait l'agréable silence de ce monde clos en bordure du cours d'eau.

Dans son cabinet particulier, fermé par une porte verrouillée, l'abbé regardait pensivement le grimoire qu'il venait d'examiner.

Chaque abbaye possédait ses secrets. Généralement, ils étaient couchés par écrit et conservés en lieu sûr, transmis exclusivement d'abbé à abbé. Ils recelaient parfois une grande importance historique, se rapportant à l'habileté politique des rois, voire au lieu de sépulture secret d'un saint. Plus souvent, il s'agissait de scandales, cachés ou oubliés, dans lesquels le monastère avait été impliqué. Rétrospectivement, certains apparaissaient insignifiants, d'autres jaillissaient de la page comme des cris étouffés par l'Histoire. Il existait enfin les annotations récentes, concernant ceux qui se trouvaient encore au monastère — des choses que, aux yeux de son prédécesseur, l'abbé en exercice se devait de connaître.

Les annales de Beaulieu restaient peu volumineuses, car l'abbaye était nouvelle.

Depuis la mort de Rufus, la Forêt n'avait guère connu de drames. Quand, après un long règne, Henri mourut, sa fille et son neveu se disputèrent le trône pendant des années. Mais ils ne le firent pas dans la Forêt. Lorsque le fils de sa fille, l'impitoyable Henri Plantagenêt, accéda au trône, il se querella avec son archevêque, Thomas Becket, et d'aucuns disaient qu'il l'avait fait assassiner. Toute la chrétienté fut sous le choc. Il y eut un autre émoi quand l'héroïque fils d'Henri, Richard Cœur de Lion, rassembla ses chevaliers à Sarum pour partir en croisade.

Mais, en vérité, les gens de la Forêt ne se souciaient guère de ces grands événements. Malgré les multiples tentatives des barons et de l'Eglise pour réduire les vastes forêts royales, les rois Plantagenêts rapaces les avaient agrandies, si bien que les limites de la Nouvelle Forêt étaient alors plus reculées qu'au temps du Conquérant ; cependant, les lois forestières étaient par bonheur moins draconiennes. Le roi ne faisait plus de Brockenhurst son principal relais de chasse, mais séjournait au manoir royal de Lyndhurst, où le vieil enclos à cerfs avait été énormément développé.

Un événement national mobilisa néanmoins l'attention. Lorsque le frère de Cœur de Lion, le mauvais roi Jean, fut contraint par ses barons d'accorder l'humiliante Magna Charta, cette grande charte des libertés anglaises établit les limites de son oppression dans la Forêt. Une charte séparée concernant la Forêt, édictée deux ans plus tard, précisa encore plus clairement tout ceci. Il ne s'agissait pas d'histoires de clocher car, à cette date, presque un tiers de l'Angleterre était devenu forêt royale.

Et puis il y avait eu Beaulieu.

Si l'on disait que le roi Jean était mauvais, ce n'était pas seulement parce qu'il perdit toutes ses guerres et se querella avec ses barons. Mais aussi parce que, pis encore, il insulta le pape, qui avait placé l'Angleterre sous interdit. Pendant des années, il y n'eut pas de services religieux dans le pays. Il ne fallait donc pas s'étonner si les ecclésiastiques et les moines, qui écrivirent toute l'histoire, le haïssaient. De leur point de vue, le roi n'avait réalisé qu'une seule chose de bien dans sa vie : la fondation de Beaulieu.

Le seul établissement religieux qu'il ait jamais fondé. Pourquoi l'avait-il fait ? Une bonne action accomplie par un homme mauvais ? Dans les chroniques monacales, les paradoxes de ce genre étaient généralement mal perçus. On était bon ou mauvais ; il avait dû agir ainsi pour se racheter de quelque acte particulièrement odieux. Selon une légende, il ordonna même que des moines soient piétinés sous les sabots de ses chevaux et fut ensuite hanté par un rêve.

Quelle qu'en fût la raison, en l'an de grâce 1204, le roi Jean fonda Beaulieu, un monastère de l'ordre cistercien — celui des moines blancs, ainsi qu'on les appelait —, doté d'abord d'un riche domaine seigneurial dans l'Oxfordshire, puis de vastes terres dans la moitié orientale de la Nouvelle Forêt, qui englobaient, par hasard, le lieu même où son arrière-grand-oncle Rufus avait été tué, un siècle plus tôt. Durant les quatre-vingt-dix années postérieures à sa fondation, l'abbaye reçut des subsides, aussi bien d'Henri III, le fils pieux de Jean, que du roi actuel, le puissant Edouard Ier, qui avait été aussi un ami fidèle. Grâce à sa bienfaisance, non seulement l'abbaye était riche, mais ses effectifs avaient grandi. Des moines étaient même partis fonder ailleurs des filiales ; l'une, Newenham, se trouvait même à une centaine de kilomètres de là, sur la côte sud-ouest du Devon. L'abbaye était bénie et connaissait le succès.

L'abbé soupira, referma le grimoire, le déposa dans une grosse cassette qu'il referma soigneusement à clef.

Il avait commis une erreur. Le jugement de son prédécesseur, qu'il avait si sottement ignoré, était juste. L'homme possédait manifestement un caractère vicieux, peut-être même était-il dangereux.

« Pourquoi donc l'ai-je nommé ? » pensa-t-il. L'avait-il fait comme une sorte de pénitence ? Peut-être. Il s'était dit que l'homme méritait une seconde chance, qu'il avait bien gagné de se trouver dans cette position, qu'il lui incombait à lui, en tant qu'abbé — par la prière et la grâce de Dieu, bien sûr — de permettre que cela marche. Quant à son crime, mentionné dans le livre, il était ancien, et Dieu miséricordieux.

Il jeta un coup d'œil par la fenêtre ouverte. C'était une journée magnifique. Son regard tomba sur deux moines qui conversaient tranquillement en se promenant. A leur vue, son expression se détendit.

Frère Adam. Un homme exceptionnel. Il sourit. Il était temps de sortir. Il déverrouilla la porte.

Frère Adam affichait une humeur enjouée. Comme il le faisait parfois quand il se promenait, il avait tiré le petit crucifix en bois suspendu à son cou par une cordelette sous son cilice et il le tripotait machinalement. Sa mère le lui avait donné à l'occasion de son entrée dans les ordres. Elle le tenait, disait-elle, d'un homme revenu de Terre sainte. Il était en cèdre du Liban. Frère Adam aimait sentir les chauds rayons du soleil de l'après-midi lui réchauffer le crâne. Devenu à moitié chauve et grisonnant à trente ans, il ne paraissait pourtant pas plus vieux. A trente-cinq ans, ses traits réguliers et fins lui donnaient un air intelligent, presque juvénile, mais, sous sa robe de moine, son corps puissant et musclé dégageait une impression de force.

Il aimait aussi ce qu'il était en train de faire, à savoir, en effectuant des allées et venues entre deux carrés de légumes, inculquer gentiment un peu de bon sens, dont il avait grand besoin, au jeune novice qui marchait respectueusement à côté de lui.

On venait souvent solliciter les conseils de frère Adam, car il était calme, avisé et d'un abord toujours facile. Il n'en donnait jamais quand on ne lui en demandait pas, possédant trop de perspicacité pour cela. Mais, quand on était préoccupé, on allait discuter un moment avec lui et on s'en retournait l'âme légère.

« Vous est-il arrivé de faire des réprimandes ? lui avait un jour demandé l'abbé.

— Oh non, avait-il répondu avec un clin d'œil. Les abbés sont là pour ça. »

Son présent discours n'avait cependant pas un effet réconfortant et n'était pas censé en avoir. Frère Adam l'avait déjà tenu. Il appelait ça son « cathéchisme de vérité sur les moines ».

« Pour quelle raison entre-t-on dans un monastère ? avait-il demandé au novice.

— Afin de servir Dieu, frère Adam.

— Mais pourquoi dans un monastère ?

— Pour échapper au monde extérieur où règne le pêché.

— Ah, avait dit frère Adam en contemplant l'enceinte du monastère. Un havre de paix. Comme le jardin d'Eden ? »

En un sens, ça l'était. Le site choisi par les moines était délicieux. Une petite rivière se jetait dans le grand bras de mer du Solent à l'est de la Forêt, formant un estuaire de quelque cinq kilomètres de profondeur. A la tête de celui-ci, là où le roi Jean entretenait un modeste pavillon de chasse, les moines avaient élevé la vaste enceinte du monastère sur le modèle de la maison mère de l'ordre, en Bourgogne. L'église de l'abbaye dominait tout le reste — une grande construction gothique, au clocher carré et trapu au-dessus de la croix centrale formée par le transept et la nef principale. Quoique simple, l'édifice était élégant et en pierre. On ne trouvait pas de pierres dans la Forêt ; certaines avaient été apportées de l'île de Wight à travers le Solent ; d'autres, comme les meilleurs pierres de la Tour de Londres, de Normandie ; et les piliers étaient du même marbre sombre de Purbeck, sur la côte sud, utilisé dans la construction de l'imposante nouvelle cathédrale de Sarum. Les moines se montraient particulièrement fiers du pavage de leur église. A côté s'ouvrait le cloître ; au sud, les logements des moines du chœur et, sur son flanc ouest, l'immense *domus conversorum*, pareil à une grange, la maison où les moines lais dormaient et prenaient leurs repas.

L'enceinte renfermait également la maison de l'abbé, de nombreux ateliers, deux étangs à poissons et un corps de garde où l'on nourrissait les pauvres. On venait de commencer la construction d'un autre, plus vaste.

Hors de l'enceinte, sur l'estuaire, il y avait un moulin et, en amont de son bief, un grand étang aux berges couvertes de joncs argentés. Au-delà, à l'ouest, des champs escaladaient une petite éminence d'où l'on jouissait d'une vue magnifique : au nord, surtout des bois et de la lande ; au sud, de riches terres marécageuses, que les moines avaient déjà partiellement asséchées afin d'y créer plusieurs fermes et qui descendaient jusqu'au Solent, gardé par la longue bosse de l'île de Wight. L'ensemble, bois, lande et terres cultivées, couvrait quelque huit mille arpents, et comme la limite en était marquée par un fossé et une clôture, les moines appelaient le « Grand Clos » non pas l'enceinte de l'abbaye, mais les huit mille arpents du domaine.

Le nom de l'abbaye, *Bellus Locus* en latin, signifiait « Beau Lieu » en normand. Mais les gens de la Forêt ne parlaient pas français et prononçaient donc *Boolee* ou *Bewley*. Les moines ne tardèrent pas à faire de même. Havre de paix opulent, le Grand Clos de Beaulieu pouvait bel et bien passer pour le jardin d'Eden.

— Nous nous trouvons en sécurité ici, c'est vrai, remarqua aimablement frère Adam. Nous sommes nourris et logés. Nous n'avons guère de soucis. Alors, dites-moi, fit-il en se tournant soudain vers le novice, après avoir pu nous observer pendant plusieurs mois, quelle qualité jugez-vous la plus importante chez un moine ?

— Le désir de servir Dieu, je pense, répondit le garçon. Une grande passion religieuse.

— Vraiment ? Oh, mon cher, je ne suis pas du tout de cet avis.

— Vous ne l'êtes pas ? s'enquit le novice, désorienté.

— Laissez-moi vous dire quelque chose, expliqua frère Adam avec entrain. Le jour où, après votre noviciat, vous deviendrez moine, vous prendrez place parmi nous en tant que cadet, à côté du moine arrivé le dernier avant vous. Puis un nouveau moine sera placé au-dessous de vous. A chaque repas, chaque service, vous serez toujours assis à la même place entre les deux moines — chaque jour, chaque nuit, année après année. Et, à moins que l'un de vous ne parte pour un autre monastère ou ne passe abbé ou prieur, vous resterez ensemble comme cela jusqu'à la fin de vos jours... Songez-y. L'un de vos compagnons possède la fâcheuse habitude de se gratter ou de fredonner à tout moment, l'autre bave en mangeant et a mauvaise haleine. Et ils se trouvent là, sans cesse à vos côtés. Pour toujours.

Il marqua une pause et, rayonnant, regarda le novice.

— Voilà ce qu'est la vie monastique, conclut-il aimablement.

— Mais les moines vivent pour Dieu ! protesta le novice.

— Ce sont aussi des êtres humains ordinaires, ni plus ni moins. Voilà pourquoi nous avons besoin de la grâce de Dieu, ajouta doucement frère Adam.

— Je pensais que vous m'inspireriez davantage, avoua le novice.

— Je sais.

Le jeune homme garda le silence. Il avait vingt ans.

— Les qualités les plus importantes qu'il faut à un moine sont la tolérance et le sens de l'humour, poursuivit frère Adam en regardant le novice. Toutes deux des dons de Dieu, ajouta-t-il pour le rassurer.

L'abbé avait observé en silence la dernière partie de cette conversation. Comme il se plaisait toujours en compagnie de frère Adam, il voulait se joindre à eux et en avait été empêché, au moment précis où il sortait, par l'arrivée du prieur. Il fallait cependant sacrifier à la courtoisie. Tandis que le prieur murmurait près de lui, l'abbé le regardait de temps à autre d'un œil morne.

La position d'un prieur dans un monastère est assez honorable. Il s'agit du moine que l'abbé choisit comme adjoint, mais son rôle se borne à cela. En l'absence de l'abbé, il le remplace ponctuellement. Toutes les décisions importantes, jusqu'à l'attribution des tâches aux moines, se prennent en présence de l'abbé. Le prieur est l'exécutant, l'abbé le chef. Les abbés ont du charisme, ses adjoints n'en ont pas. Les abbés résolvent les problèmes, les prieurs les leur signalent. Enfin ces derniers deviennent rarement abbés.

Jean de Grockleton — simplement frère Jean, mais son nom d'origine, Grockleton, lui était toujours resté. Où diable se trouvait Grockleton ? L'abbé ne s'en souvenait pas. Au nord, peut-être. Peu lui importait. L'apparence du prieur Jean de Grockleton ne comportait rien de remarquable. Il avait dû être assez grand, mais les ans l'avaient voûté. Ses cheveux noirs, naguère épais, étaient maintenant clairsemés. Malgré les infirmités de l'âge, il restait toujours vigoureux. « Il m'enterrera sûrement », pensa l'abbé.

Si seulement il n'avait pas eu ces mains ! L'abbé avait toujours l'impression que c'étaient des serres. Il essayait de se raisonner. Ce n'étaient que des mains. Un peu osseuses, un tantinet crochues peut-être. Mais pas pires que toute autre paire de mains appartenant à l'une des créatures de Dieu. Sauf qu'elles ressemblaient à des serres.

— Je suis heureux de voir que notre jeune novice cherche à s'instruire auprès de frère Adam, fit-il remarquer au prieur. *Beatus vir qui non sequitur...* psaume I : « Béni soit l'homme qui ne suit pas les conseils des impies... », verset 1.

— *Sed in lege Domine*... murmura le prieur, « Mais sa joie est dans la loi du Seigneur », verset 2.

Cette référence aux psaumes était banale. Même les frères lais, qui assistaient à des services moins nombreux, les citaient. Car dans les offices à l'église qui ponctuaient la vie quotidienne des moines — des matines aux vêpres et aux complies, ou même aux offices nocturnes, pour lesquels on les réveillait bien après minuit — c'étaient les psaumes, en latin bien sûr, que les frères disaient. En une semaine, il leur arrivait de chanter les cent cinquante.

Toute la vie humaine se trouvait dans les psaumes. A chaque occasion correspondait une phrase. De même qu'un simple villageois émaillait souvent sa conversation de dictons et de proverbes locaux, il était tout à fait naturel pour un moine de citer les psaumes. Il entendait sans cesse ces paroles.

— Oui. La loi du Seigneur, répéta l'abbé en hochant la tête. Il a certes fait des études, n'est-ce pas ? A Oxford.

Leur ordre n'était pas un ordre d'érudits, mais une évolution avait eu lieu une douzaine d'années plus tôt : on envoyait les moines les plus doués à Oxford. Frère Adam y était allé.

— Oxford, répéta Jean de Grockleton avec dégoût.

Peut-être l'abbé voyait-il Oxford d'un bon œil, lui, non. Il connaissait les psaumes par cœur, ça suffisait. Probablement des gens comme frère Adam se considéraient-ils comme supérieurs ; bien que les moines d'Oxford aient été logés bien à l'écart de la ville universitaire elle-même, ils avaient néanmoins connu la corruption mondaine du lieu. Ils n'étaient pas meilleurs que lui, mais pires.

— A ma mort, frère Adam ferait un bon abbé, ne croyez-vous pas ? dit l'abbé en regardant le prieur, s'attendant à son approbation.

— Je ne serai plus là, répondit Grockleton avec aigreur.

— Absurde, mon cher frère Jean, rétorqua joyeusement l'abbé. Vous nous enterrerez tous.

« Pourquoi railler ainsi le prieur ? se dit-il en s'infligeant une pénitence. C'est son refus obstiné de reconnaître ses limites qui fait ressortir ce qu'il y a de pire en nous et voilà que cela me rend coupable de cruauté. »

Ces réflexions furent brutalement interrompues par des cris provenant de la porte de l'enceinte. Quelques instants plus tard, un individu arriva sur eux en courant, suivi de plusieurs moines affolés.

— Père abbé, venez vite ! cria l'homme, hors d'haleine.

— Où, mon fils ?

— A la ferme de Sowley ! Il y a eu un meurtre !

Personne ne l'avait suivi. Luc s'arrêta près d'un bouquet d'ajoncs, désemparé. A un kilomètre de là, l'un des bergers de l'abbaye surveillait son troupeau de moutons sur la lande, mais il ne le vit pas.

Pourquoi avait-il fait cela ? Dieu savait qu'il n'en avait pas eu l'intention. Ce ne serait jamais arrivé sans la venue de frère Matthieu. Mais ce n'était pas une excuse. D'autant plus que frère Matthieu — pauvre frère Matthieu, il grimaça en y songeant — l'avait chargé, lui, humble frère lai, de s'occuper de la ferme en son absence.

Les cisterciens étaient différents des autres moines. Presque tous les ordres monastiques reposaient sur l'antique règle de saint Benoît. Et le modèle fourni par saint Benoît était sans ambiguïté : les moines devaient mener en commun une vie de prière constante, équilibrée par le travail physique, et faire vœu de pauvreté, de chasteté et d'obéissance. L'obéissance et même la chasteté avaient d'ordinaire été plus ou moins respectées, mais la pauvreté posait toujours un problème. Les monastères avaient beau connaître la plus grande simplicité à leurs débuts, ils finissaient toujours par s'enrichir. Leurs églises devenaient magnifiques, leur vie aisée. De temps en temps apparaissaient des ordres réformés. Le plus important était celui né à Cluny, en France, mais les clunisiens connurent la même évolution et leur place fut prise par un nouvel ordre, qui essaima à partir de la maison mère de Cîteaux, en Bourgogne : les cisterciens.

On ne pouvait pas ne pas les reconnaître. Appelés « moines blancs » en raison de leur robe simple en laine écrue, les cisterciens évitaient le monde du péché en construisant leurs monastères en des lieux sauvages et isolés. Ils exploitaient des fermes, souvent situées à plusieurs kilomètres du monastère, et pratiquaient surtout l'élevage des moutons. Les moines de Beaulieu en élevaient des milliers, qui paissaient non seulement dans le Grand Clos, mais aussi dans la Forêt, où le monastère jouissait du droit de vaine pâture. Afin de pouvoir se consacrer à la prière, ils avaient institué une catégorie de moines subalternes — les frères lais — qui prononçaient les vœux monastiques et assistaient à certains offices, mais dont l'occupation principale consistait à garder les moutons et à travailler aux champs. Ils étaient d'ordinaire assez rustres, des gars de la région que, pour une raison ou pour une autre, l'atmosphère religieuse du monastère ou sa sécurité attirait. Des hommes comme Luc.

Ils étaient venus la nuit précédente. A huit. Avec des arcs et des chiens. Il y avait Roger Martell, un jeune aristocrate impétueux, et quatre de ses amis, mais les trois autres étaient du coin, des gens ordinaires comme lui. L'un, Will atte Wood, lui était apparenté. Il soupira. L'ennui, c'est que, dans la Forêt, tout le monde était cousin.

Si seulement frère Matthieu ne lui avait pas confié cette responsabilité. Il s'agissait certes d'une faveur. La ferme de Sowley était importante. Outre le cheptel et les terres arables habituels, les moines devaient s'y occuper d'un vaste étang poissonneux. La ferme comptait également un parc à cerfs appartenant à l'abbaye, près de Througham.

Frère Matthieu n'ignorait pas que le prieur n'aimait pas Luc. En lui confiant la ferme, il lui donnait l'occasion de prouver au prieur qu'on pouvait lui faire confiance. Mais lorsque le jeune Martell et ses amis arrivèrent et lui demandèrent le gîte pour la nuit, il ne fut pas facile à un homme simple comme lui de refuser.

Il savait, bien sûr, qu'ils avaient braconné. Ils transportaient même un cerf. Un délit grave. Quand on tuait l'un de ses précieux cerfs, le roi n'exigeait plus qu'on ôte la vie ou un membre au coupable, mais les amendes étaient lourdes. En leur donnant le gîte, il devenait leur complice. Alors, pourquoi l'avait-il fait ? L'avaient-ils menacé ? Certes, Martell l'avait couvert d'imprécations en lui lançant un regard mauvais. Mais la vraie raison, il le savait, c'était que Will l'avait poussé du coude en lui murmurant : « Allons, Luc. Je leur ai dit que tu étais mon cousin. Tu ne vas tout de même pas me mettre dans l'embarras ? »

Ils mangèrent tout le pain et un fromage entier, sans faire grand cas de la bière. La meilleure bière et le vin, réservés aux invités, étaient conservés à l'abbaye. Ils repartirent le matin.

En dehors de lui, une demi-douzaine de frères lais et autant de journaliers se trouvaient à la ferme. Mais il était inutile de leur faire un sermon. Ils avaient tous compris. Aucun ne soufflerait mot de cette visite.

« Qu'allons-nous faire, pour le fromage et la bière qui manquent ? avait hasardé un frère.

— Nous entrouvrirons le robinet, laisserons un peu de bière se répandre par terre et nous ne dirons rien. Quand quelqu'un le remarquera, il pensera qu'il y a eu une fuite. Quant au fromage, je dirai qu'il a sans doute été volé. »

Cela aurait peut-être marché si frère Matthieu ne possédait pas un regard aussi aiguisé et s'il n'était pas venu à la ferme deux jours seulement après sa visite précédente. Il était entré, l'air affairé, peu après midi, et, après une inspection rapide des lieux, il avait remarqué la fuite du tonneau de bière et appelé Luc.

« Il doit fuir depuis hier... avait commencé Luc.

— Invraisemblable. Il était plein et le robinet ne perdait que quelques gouttes. De toute façon, il était bien fermé à mon départ. Quelqu'un a bu. »

Il avait jeté un coup d'œil circulaire.

« Il manque un fromage entier.

— On a dû le voler. »

Ce n'était pas convaincant. Luc aurait dû se préparer à mentir et frère Matthieu le prenait au dépourvu. Le moine lui avait lancé un regard sévère. Qui sait dans quelle histoire stupide il se serait lancé si, à cet instant, on n'avait pas frappé des coups furieux à la porte.

C'était Martell. Il avait adressé un signe de tête au frère lai.

« Nous revoilà, Luc. Nous avons encore besoin de ton aide. » Puis, jetant un coup d'œil à frère Matthieu, qu'il n'avait pas encore daigné remarquer, il avait ajouté, avec désinvolture : « Qui diable êtes-vous ? »

Luc se cacha le visage dans les mains en se rappelant la suite : la fureur de frère Matthieu, sa propre humiliation, l'ordre brusque donné aux braconniers de s'en aller et leur refus arrogant. Puis...

Si seulement frère Matthieu ne s'était pas mis en colère. Il l'avait d'abord maudit d'être de mèche avec des coquins. Dieu sait qu'il était tout à fait naturel qu'il l'ait pensé. Il avait menacé d'avertir le prieur et de le faire expulser du monastère. Devant les autres frères lais. Devant témoins. Ils étaient alors sortis pour faire face aux braconniers. Puis frère Matthieu avait ordonné aux autres de bloquer l'entrée. Avec insolence, Martell avait empêché la fermeture de la porte avec son pied et le moine s'était mis en colère. Il s'était précipité sur un bâton posé contre le mur pour s'en saisir et s'était retourné.

Luc ne voulait pas lui faire du mal. Bien au contraire. Il n'avait eu qu'une pensée : si le moine frappait Martell, le bouillant jeune homme risquait de le tuer. Il n'avait pas eu le temps de réfléchir davantage. A côté du bâton, il se trouvait une lourde pelle qu'il avait empoignée en faisant un moulinet pour arrêter le coup au moment où frère Matthieu abattait son bâton.

Il avait tapé trop fort. Le manche avait rebondi et le fer de la pelle avait fendu le crâne du moine avec un affreux grincement sourd. Puis, ç'avait été l'enfer. Les autres frères lais s'étaient jetés sur lui, Martell et Will leur étaient tombés dessus et, dans la mêlée, il s'était enfui pour sauver sa peau.

Une chose restait certaine. Quelle que soit la façon dont on interpréterait l'affaire, il en serait tenu pour responsable. Il avait laissé entrer les braconniers, frappé frère Matthieu et le prieur le détestait. S'il tenait à la vie, il devait fuir ou, au moins, se cacher. Ils ne tarderaient pas à lui courir après.

Il se demandait où aller.

Mary s'arrêta de récurer la marmite le temps de secouer la tête.

Le problème se révélait au fond assez simple. Du moins se le disait-elle. Le problème, c'était le poney.

John Pride estimait qu'il lui appartenait et Tom Furzey soutenait le contraire. Voilà à quoi la question se résumait. Une semaine s'était écoulée et on avait dit beaucoup de choses, mais cela ne changeait rien aux faits : Pride le considérait comme le sien et Furzey le niait.

Pour un observateur impartial, il y avait place au doute. Une ponette mettait bas dans la Forêt. Tant que le poulain restait avec sa mère, on savait où on en était. Mais si la jument mourait ou si le poulain s'égarait, on se retrouvait avec un poulain errant dont on ne connaissait pas le propriétaire. Voilà ce qui s'était passé. Le poulain avait été trouvé par Pride. Du moins l'affirmait-il.

C'était un bel animal. De là venait en partie le problème. Un poney typique de la Nouvelle Forêt — petit et vigoureux, à l'encolure épaisse —, mais avec une tête bien dessinée, presque délicate. Il marchait à petits pas élégants. Il avait une robe noisette unie, la crinière et la queue plus foncées. « C'est le plus joli petit poney que j'aie jamais vu », lui avait dit son frère et elle partageait son avis.

Mary et John Pride n'avaient qu'un an de différence. Ils avaient joué ensemble pendant toute leur enfance. Ils étaient bruns, bien faits, minces, libres et indépendants d'esprit. Personne ne pouvait les suivre quand ils couraient à travers la Forêt. Ils ne ralentissaient que pour attendre leur petit frère, le rêveur. John s'était montré légèrement méprisant lors du mariage de sa sœur avec Tom Furzey, un peu borné, potelé, les cheveux bruns bouclés. Mais ils le connaissaient depuis toujours ; tous habitaient à Oakley. Ils ne prêtaient pas attention à lui.

Et elle avait été assez heureuse. Après cinq grossesses, trois jeunes enfants restés en vie, elle était devenue un peu replète, mais ses yeux brillaient d'un bleu sombre toujours aussi saisissant. Son râblé de mari se montrait parfois bourru, mais en quoi cela importait-il quand on vivait au milieu de toute sa famille dans la Forêt ?

Jusqu'à cette histoire de poney. Cela faisait maintenant trois semaines que John Pride et Tom Furzey s'ignoraient. Et ils n'étaient pas les seuls à ne plus s'adresser la parole. On ne pouvait laisser la situation en l'état. On avait dit et répété des choses. Aucun des Pride — nombreux — ne parlait plus aux Furzey — qui ne l'étaient pas moins — où que ce fût dans la Forêt. Dieu seul savait combien de temps cela durerait. John Pride avait placé le poney dans son étable. Il ne pouvait le laisser paître dans la Forêt, car l'un des Furzey l'aurait capturé. Le petit animal était donc enfermé là, tel un chevalier attendant le paiement de sa rançon, et toute la Forêt s'interrogeait sur ce qui allait se passer.

Quant à Mary, elle avait des ennuis. On lui interdisait de voir son frère, alors que John n'habitait qu'à un quart de mile de chez elle, dans le même hameau. Au début, elle se rendait chez lui spontanément. Son mari n'avait pas apprécié. Il avait été très clair. Elle ne devait plus parler à John tant qu'il gardait le poney.

Que faire ? Tom Furzey était son mari. Si elle ignorait ses consignes et faisait un détour pour aller voir John, la sœur de Tom, qui habitait à mi-chemin, ne manquerait pas de le rapporter. Il se produirait alors une autre dispute devant les enfants. Cela n'en valait pas la peine.

Elle sortit. L'après-midi d'automne était encore tiède. L'air sombre, elle leva les yeux vers le ciel bleu. Il avait quelque chose de métallique, de menaçant. Elle n'avait pas encore vécu seule avec son mari.

Le regard toujours perdu dans le vague, elle entendit siffler dans les bois tout proches. Nouveau sifflement. Elle fut extrêmement surprise de voir apparaître une silhouette familière. C'était son petit frère Luc, de l'abbaye de Beaulieu. Il semblait affolé.

Dans la brume du matin, frère Adam ne remarqua d'abord pas la femme. Il avait l'esprit ailleurs.

Les événements de la veille ébranlaient la communauté. Aux vêpres, tout le monde était déjà au courant. Les moines éprouvaient rarement le besoin de parler. Sans faire vœu de silence, les cisterciens limitaient la conversation à un certain nombre d'heures, et le temps s'étirait dans le silence sans qu'un sentiment d'urgence se manifeste : annoncer une nouvelle pouvait attendre au lendemain. Ce soir-là, pourtant, tous mouraient d'envie de parler.

Frère Adam savait qu'il fallait y mettre un frein. Cette exaltation constituait un écran entre soi et Dieu, qui empêchait la venue du Saint-Esprit. C'est dans le silence qu'on entendait Dieu le plus distinctement, dans l'obscurité qu'on Le voyait. Après complies, il accueillit donc avec satisfaction le *summum silencium*, la règle du silence total, qui durait jusqu'au petit déjeuner.

La nuit était toujours un moment privilégié pour frère Adam. Elle lui apportait un réconfort. Il lui arrivait de regretter ce qu'il avait manqué en entrant dans les ordres ou les gens d'esprit qu'il avait rencontrés à Oxford. Et, bien sûr, il maudissait parfois la cloche qui résonnait au milieu de la nuit, quand il fallait enfiler ses pantoufles de feutre et descendre les froides marches de pierre pour se rendre à la chapelle plongée dans l'obscurité. Pourtant, même en de tels moments, quand il chantait les psaumes à la lumière des cierges et savait que, dehors, l'immense univers étoilé était suspendu, vigilant, au-dessus du monastère, il lui semblait sentir la présence palpable de Dieu. Et cette vie de prière continuelle, se disait-il, qui élevait un mur protecteur aussi épais que celui du cloître, créait au-dedans de soi un espace vide, dans lequel on percevait la voix silencieuse de l'univers. Pendant de longues années, frère Adam avait ainsi vécu derrière le rempart de la prière et perçu la présence de Dieu la nuit.

Ces derniers temps, le matin équivalait pour lui à un moment particulièrement plaisant. Quelque mois plus tôt, il avait demandé à l'abbé d'alléger ses tâches pendant quelque temps et sa requête avait été acceptée. Après le service de prime et le petit déjeuner, que les moines du chœur prenaient dans le *frater* et les frères lais dans leur *domus*, il partait en général faire une promenade solitaire.

Ce matin-là avait été délicieux. La rivière était ensevelie sous une brume automnale. Sur la berge opposée, les feuilles des chênes paraissaient dorées. Les cygnes surgissaient de la brume comme si la surface de l'eau les avait miraculeusement engendrés. Et, à son retour, il restait si pénétré de cette image de la création de Dieu qu'il remarqua à peine la paysanne avant d'arriver presque au groupe de pauvres hères qui attendaient leur aumône quotidienne à la porte de l'abbaye.

Elle possédait un physique agréable, le visage épaté, de beaux yeux bleus, le type celte — de toute évidence une femme de la Forêt. Peut-être l'avait-il déjà vue. Bien qu'elle le regardât avec circonspection, elle souhaitait manifestement lui parler.

— Oui, mon enfant ?

— Oh, frère. On dit que frère Matthieu a été tué. Mon mari travaille pour l'abbaye au temps des moissons. Frère Matthieu a toujours été très gentil. Nous nous sommes demandé...

Elle ne finit pas sa phrase.

Frère Adam fronça les sourcils. Toute la Forêt avait à présent entendu parler de ce qui s'était passé la veille. En dehors des frères lais, l'abbé donnait parfois du travail à des gens de la Forêt. Ils aimaient bien frère Matthieu, cela ne faisait aucun doute. Le souvenir troublait sa paix intérieure. Quel égoïsme de sa part ! Il sourit.

— Frère Matthieu n'est pas mort, mon enfant.

Comme à l'accoutumée, les premiers comptes rendus déformaient l'incident. Frère Matthieu avait reçu un mauvais coup et perdu beaucoup de sang, mais, grâce à Dieu, il était vivant. On l'avait amené à l'infirmerie de l'abbaye et il avait déjà pris un peu de bouillon.

Le soulagement de la visiteuse était si évident qu'il en fut touché. Quelle bénédiction que cette paysanne se soit tant inquiétée pour le moine !

— Et ceux qui ont fait cela ? s'enquit-elle.

Ah. Il comprenait. Les établissements religieux protégeaient leurs membres de la justice et cela déplaisait fortement. Il pouvait la rassurer sur ce chapitre. L'abbé était furieux. Il y avait eu un incident de ce genre, une quinzaine d'années plus tôt : il s'agissait alors d'une bande de braconniers, et on avait soupçonné les frères lais d'avoir été mêlés à l'affaire. Le fait que Luc ait été mal noté par le prieur avait couronné le tout.

— L'abbaye ne protégera pas le frère lai qui l'a frappé, lui assura-t-il. Les tribunaux de la Forêt le jugeront.

Elle hocha la tête en silence.

— Ce n'était pas un accident ? demanda-t-elle. Si le frère lai se repentait, est-ce qu'on se montrerait indulgent avec lui ?

— Vous avez raison d'être prudente dans vos jugements. Et la miséricorde est une grâce de Dieu.

Quelle femme de cœur ! Elle s'inquiétait pour le moine en montrant de la compassion pour son agresseur.

— Mais nous devons tous accepter un juste châtiment pour nos fautes, reprit-il, l'air sévère. Vous savez que le gaillard s'est enfui ? De toute façon, on le prendra. L'abbé a informé le régisseur de la Forêt ce matin. Ils doivent être en train de lâcher les chiens.

Il la salua aimablement de la tête et s'en alla. Et la pauvre Mary, le cœur battant, courut à travers la lande tout le long du chemin, jusqu'à l'endroit où, la veille au soir, elle avait caché son frère Luc.

Tom Furzey serra les poings. Ils allaient voir ce qu'ils allaient voir. Il entendait déjà les chiens aboyer au loin. Il n'était pas agressif, mais il avait récemment subi une méchante affaire. Parfois, il ne savait trop que penser.

Depuis toujours, les Pride le croyaient un peu lent, il ne l'ignorait pas. Mais, avant, la vie avait été facile. Ils venaient tous de la Forêt, appartenaient tous à une grande famille, pour ainsi dire. L'affaire du poney lui occasionnait donc un choc. Si John Pride pouvait s'approprier avec une telle désinvolture un poulain dont la jument lui appartenait, à lui, Tom Furzey, quelle sorte de beau-frère était-ce là ? « Il me méprise, pensa Tom, maintenant je le sais. »

Curieusement, le premier jour il n'arrivait pas à croire ce qui s'était passé, alors même que le poulain se trouvait dans l'enclos de Pride, sous ses yeux. Puis, quand il l'avait sommé de lui rendre l'animal, Pride lui avait ri au nez.

Tom l'avait alors traité de voleur devant tout le monde. Et c'est bien ce qu'il était, non ? Ensuite, l'affaire avait fait boule de neige.

Mais avec Mary, il s'agissait d'autre chose. Le premier jour, après avoir appris ce qui venait d'arriver entre son frère et lui, elle était passée voir Pride comme si de rien n'était. « Tu ne lui as pas dit de rendre le poney ? » avait fulminé Furzey. Elle n'y avait même pas songé. « De quel côté es-tu donc ? » s'était-il écrié. Le fait est que, après des années de mariage, elle n'avait pas du tout pensé à lui. Voilà la triste vérité. Pauvre vieux Tom ! Un mari utile à Mary, voilà tout ce qu'il représentait aux yeux des Pride.

Mais, quoi qu'elle pensât de lui, elle lui devait le respect. Quel exemple donnait-elle aux enfants si elle laissait voir à toute la Forêt le peu d'égards qu'elle lui témoignait ? Il ne se laisserait pas ridiculiser ainsi. Il y mettrait le holà et lui interdirait d'aller chez Pride. N'était-ce pas normal ? Sa sœur disait que oui. Et elle n'était pas la seule. Tout le monde dans la Forêt ne pensait pas que du bien des Pride et de leurs grands airs. Il acceptait difficilement que sa femme se montre chaque jour un peu plus froide avec lui.

Eh bien, il remettrait les Pride à leur place aujourd'hui même. Et ensuite... Il ne savait pas trop ce qu'il adviendrait. Mais ça arriverait.

Il était plongé dans ses pensées quand il aperçut, à plus d'un kilomètre, Puckle, monté sur un poney de la Forêt, qui tirait un objet derrière lui.

Ils étaient dix cavaliers. Tous les chiens donnaient de la voix. Le prieur leur avait fait sentir la literie de frère Luc et ils suivaient l'odeur depuis la ferme. Le régisseur de la Forêt en personne conduisait la petite troupe. Deux gentilshommes agents forestiers, deux agents subalternes, des valets.

Depuis le début, la Nouvelle Forêt était divisée en circonscriptions administratives, les bailliages, chacun dirigé par un agent forestier, issu généralement de la petite noblesse. La partie occidentale de la Forêt comprenait les bailliages de Godshill, Linwood et Burley. Une grande zone située immédiatement à l'ouest du centre formait le bailliage de Battramsley. Depuis peu, le plus grand de tous, le bailliage royal central de Lyndhurst, qui s'étendait à travers la lande de Beaulieu, avait été subdivisé, le hameau où vivaient Pride et Furzey tombant dans la partie méridionale. L'ensemble, dirigé par le gouverneur de la Forêt, un ami du roi, était administré au quotidien par son régisseur.

Ils furent surpris, en arrivant au hameau, de voir Tom Furzey devant eux, qui agitait les bras.

— Je sais où il est ! criait-il.

Les cavaliers s'arrêtèrent.

— Tu l'as vu ? demanda le régisseur, la mine sévère.

— Pas la peine. Je sais où il est.

Le régisseur fronça les sourcils, puis jeta un coup d'œil au beau jeune homme blond qui chevauchait à son côté.

— Alban ? lança-t-il.

Philip Alban était un jeune gentilhomme favorisé par la fortune. Deux siècles plus tôt, son ancêtre Alban, né de la Normande Adela et de son mari saxon Edgar, n'avait pas tout à fait réussi à conserver son rang dans la bonne société de plus en plus française de l'Angleterre des Plantagenêts. Mais ses descendants, qui avaient porté son nom pendant plusieurs générations, avaient été agents subalternes de la Forêt dans divers bailliages et, en récompense de ces bons et loyaux services et grâce à son beau mariage, il avait été promu agent forestier du nouveau bailliage méridional. Personne ne connaissait mieux que lui la Forêt et ses habitants.

— Alors, où est-il, Tom ? demanda-t-il sur un ton plaisant.

— Chez John Pride, bien sûr ! s'écria Tom.

Sans un mot de plus, il tourna les talons et les entraîna vers la maison de son beau-frère.

— Le fugitif et John Pride sont frères, expliqua Alban.

Comme les chiens se dirigeaient dans cette direction, le régisseur hocha la tête en suivant Tom.

Pride était sorti mais sa famille se trouvait là. Ils attendirent en silence pendant que deux hommes fouillaient en vain la petite ferme et ses dépendances.

Furzey attirait maintenant leur attention avec force gestes vers l'étable.

— Il est là ! cria-t-il. Regardez là-dedans !

Il était si excité que cette fois-ci tout le groupe, y compris le régisseur, entra dans l'étable. Quelques instants suffirent pour constater que personne ne se cachait là.

Tom paraissait penaud. Mais il ne voulait pas renoncer aussi vite.

— Il était là, insista-t-il, avant d'ajouter, les voyant sceptiques : Où croyez-vous que John Pride soit en ce moment ? Il se moque de vous ! Il est en train de cacher son frère quelque part.

Ils ressortirent de l'étable. Cela ne se passerait pas ainsi.

— Regardez ce poney ! s'écria Tom derechef. Qu'allez-vous faire pour arranger ça ? hurla-t-il en leur montrant, attaché dans un coin, le poulain qui le regardait, effrayé. Il a été volé. C'est le mien !

Ils se tenaient déjà dehors. Son plan tombait à l'eau. Il était persuadé qu'ils allaient retrouver Luc, emmener John Pride les chaînes aux pieds et lui rendre son poney. Il se précipita à leur suite.

— Vous ne comprenez pas ! cria-t-il. Tous ces Pride sont les mêmes, des forbans !

Deux des hommes se mirent à rire.

— Ta femme en est donc une, Tom ? fit l'un d'eux.

Même Alban dut réprimer un sourire et il expliqua au régisseur que la femme de Tom était la sœur du fugitif.

— Que Dieu nous aide ! s'exclama le régisseur. C'est bien là la Forêt !

Se tournant vers Tom, il lança :

— Qu'est-ce qui me prouve que ce n'est pas *toi* qui le caches ? Tu es probablement le plus grand forban du lot. Où vit cet homme ?

On le lui dit.

— Fouillez sa maison, séance tenante !

— Mais... fit Tom, qui n'arrivait pas à croire que les événements puissent prendre une telle tournure. Et mon poney ? pleurnicha-t-il.

— Au diable ton poney ! répliqua le régisseur en poussant son cheval vers la ferme.

Ils n'y trouvèrent rien non plus. Mary y avait veillé. Mais, peu après, les chiens se lancèrent sur une piste dans les bois voisins et la suivirent sur plusieurs kilomètres.

De fait, à mesure qu'ils progressaient, après des tours et des détours, leur chemin semblait décrire un grand cercle autour de Lyndhurst.

Personne n'avait vu, deux heures plus tôt, Puckle, monté sur son poney, tirer derrière lui le paquet de vêtements de Luc que lui avait confié Mary.

— Nous perdons notre temps, fit remarquer le régisseur à Alban. Cet idiot avait probablement raison. Les Pride le cachent.

— Peut-être, répondit Alban avec un sourire. Mais personne ne peut se cacher indéfiniment dans la Forêt.

Lorsque l'abbé reçut l'assignation un matin de novembre, frère Adam était fin prêt. Il avait fait ce que lui avait demandé l'abbé un mois plus tôt et tiré ses conclusions. Sa période de méditation et d'étude lui avait procuré force et certitude morales pour se consacrer à cette affaire, à caractère mondain et politique. Son esprit se trouvait en paix.

L'abbaye l'était aussi. Octobre s'était écoulé tranquillement. Les oiseaux migrateurs avaient tournoyé avant de se diriger vers le sud, au-delà des mers. Puis, pareils aux voiles d'un vieux navire, les nuages grisonnants de novembre avaient couru vers l'est ; les feuilles jaunies des chênes étaient tombées le long de la berge et rien n'avait troublé le silence de l'abbaye. A la Saint-Martin, au tribunal ordinaire, la Cour des saisies avait renvoyé l'affaire de la ferme devant l'instance supérieure, qui se réunirait selon le bon plaisir des juges du roi, quand ils se rendraient dans la Forêt au printemps suivant. Le jeune Martell et ses amis s'étaient sagement livrés au représentant de leur comté respectif, et comparaîtraient à la session de printemps. Luc, le frère lai, n'avait toujours pas été retrouvé. Frère Matthieu avait gentiment émis le désir de lui pardonner, mais l'abbé se montrait ferme. « Justice doit être faite pour la sauvegarde de notre réputation », avait-il déclaré.

En se dirigeant vers le logement de l'abbé, frère Adam regardait avec plaisir la scène autour de lui. Les sonneries de cloche qui, toutes les trois heures, appelaient les moines à la prière, ponctuaient sa vie et le monastère ressemblait à une ruche paisible. Il y avait des ateliers de tissage et de confection, ainsi que le moulin à foulon près de la rivière, où l'on nettoyait l'énorme quantité de laine. Les peaux de moutons et de bovins approvisionnaient plusieurs autres ateliers : une tannerie malodorante située à l'extérieur de l'enceinte, un atelier de peausserie, où l'on confectionnait les capuchons et des couvertures de cuir, celui du cordonnier, très occupé puisque chaque moine, chaque frère lai utilisait deux paires de bottes ou de sandales par an. Près du cloître se trouvaient la section des parchemins et l'atelier de reliure. Il y avait un moulin à farine, une boulangerie, une brasserie, deux rangées d'étables, une porcherie et un abattoir. Avec sa forge, son charpentier, son fabricant de cierges, ses deux infirmeries et un hospice pour héberger les visiteurs, l'abbaye constituait une véritable petite ville close. Ou peut-être, du fait que les manuscrits et les offices étaient en latin, que les robes des moines ressemblaient aux toges des Romains, rappelait-elle davantage une énorme villa romaine.

Il ne se produisait aucun gaspillage ; les moines utilisaient tout. Entre les bâtiments, par exemple, le sol était soigneusement cultivé en carrés de légumes et d'herbes. Des fruits et du raisin poussaient sur des treilles, à l'abri des murs. Il y avait du chèvrefeuille pour les abeilles, dont les ruches, réparties le long de l'enceinte, produisaient du miel et de la cire.

« Nous sommes nous aussi des abeilles ouvrières, avait dit un jour frère Adam en plaisantant à un chevalier en visite. Mais la reine que nous servons est celle des cieux. » Il avait été assez satisfait de ce trait d'esprit, en se réprimandant ensuite de s'être laissé aller aussi facilement à commettre le péché de vanité.

L'essentiel était que l'abbaye fonctionne de manière autonome. « Toute la nature se répand à travers l'abbaye, se plaisait-il à faire remarquer. Tout y est en équilibre, achevé. Comme la nature elle-même, le monastère peut perdurer jusqu'à la fin des temps. » C'était un mécanisme idéal pour contempler la création merveilleuse de Dieu.

Et c'est précisément cette vérité qu'il avait à l'esprit quand il entra dans le cabinet de l'abbé, s'assit à côté du prieur, en regardant droit devant lui, tandis que l'abbé lui demandait à brûle-pourpoint :

— Eh bien, Adam, qu'allons-nous faire avec ces malheureuses églises ?

Fait curieux, avéré au fil des siècles, la possession d'une église paroissiale représentait avant tout une source d'ennuis et de conflits pour les monastères.

Pourquoi en allait-il ainsi ? Une église n'était-elle pas, par sa nature même, un lieu de paix ? Mais les églises possédaient un prêtre, des paroissiens et des seigneurs locaux, et tous avaient une raison de discuter : l'argent.

La dîme — un dixième de la production de la paroisse —, acquittée par les paroissiens, servait à entretenir l'église et son prêtre. Mais si une église entrait dans le patrimoine d'un monastère, celui-ci percevait la dîme et payait le prêtre. Cela entraînait souvent des querelles. Pis encore, lorsqu'un monastère possédait des terres, il refusait d'ordinaire de verser la dîme en vertu d'une exemption ancienne accordée à l'ordre à l'époque où les moines se bornaient pour l'essentiel à défricher des terres incultes afin d'y élever des moutons, mais qui ne se justifiait plus lorsqu'ils reprenaient des terres productives. Cela exaspérait le prêtre, le seigneur et les paroissiens, et provoquait souvent des litiges.

La menace d'une querelle de ce genre avait amené l'abbé à demander à frère Adam d'éplucher l'ensemble des cartulaires de l'abbaye et de formuler des recommandations. L'église en question se trouvait à cent cinquante kilomètres, plus loin même que le petit établissement secondaire de l'abbaye à Newenham, dans la partie la plus occidentale de la Cornouaille, et elle avait été donnée à l'abbaye par un prince du sang quelques décennies auparavant.

L'abbé était particulièrement pressé de régler cette affaire. Il devait partir bientôt pour quelque temps, comme le faisaient souvent les abbés, pour assister au conseil et au parlement du roi.

— J'ai deux recommandations à exposer, abbé, répondit frère Adam. La première est fort simple. La demande de ce curé de Cornouaille n'apparaît pas fondée. Le revenu annuel qui lui échoit a été convenu avec son prédécesseur et il n'existe aucune raison de l'augmenter. Dites-lui que la cour en décidera.

— Très juste, commenta Jean de Grockleton, qui était peut-être jaloux d'Adam, mais approuvait les discours de ce genre.

— Vous êtes sûr que nous sommes dans notre droit ?

— Certain.

— Très bien. Qu'il en soit ainsi... Envoyez-lui une paire de sandales, ajouta l'abbé en soupirant.

Il était persuadé que l'on pouvait apaiser quiconque ayant des revendications en lui offrant une paire de sandales fabriquées à l'abbaye. Il en donnait plus de cent paires par an.

— Vous aviez parlé d'une seconde recommandation ?

Frère Adam tarda à répondre. Il ne se faisait aucune illusion sur l'accueil réservé à son autre conseil.

— Vous m'avez demandé d'examiner toutes les archives de nos tractations et de nos relations avec les églises, commença-t-il prudemment, et je l'ai fait. En dehors de Beaulieu, nous détenons des propriétés dans l'Oxfordshire, le Berkshire, le Wiltshire et la Cornouaille — où nous tirons aussi un important revenu de mines d'étain. Sur toutes ces propriétés, il y a une église paroissiale. Nous possédons également une chapelle ailleurs. Partout, nous avons connu des litiges. Dans les neuf décennies écoulées depuis la fondation de Beaulieu, je n'ai trouvé qu'une seule de ces propriétés où il n'y ait pas eu de procédure. Certains de ces procès ont traîné pendant vingt ans. Je puis vous assurer qu'on nous attaquera encore en Cornouaille alors que nous serons depuis longtemps tous morts et enterrés.

— Mais l'abbaye a toujours su tirer son épingle du jeu, n'est-ce pas ? dit l'abbé.

— Oui. Notre ordre y est passé maître. On trouve des compromis. Nos intérêts sont toujours sauvegardés.

— Bien sûr, intervint Grockleton. Nous gagnons toujours.

— Mais à quel prix ! poursuivit doucement frère Adam. En Cornouaille, par exemple, faisons-nous du bon travail ? Non. Sommes-nous respectés ? J'en doute. Haïs ? Certainement. Sommes-nous légalement dans notre droit sur toutes ces questions ? Probablement. Mais moralement ? fit-il en écartant les bras en signe de doute. Nous sommes amplement dotés avec Beaulieu. Nous n'avons pas besoin de ces églises et de leurs revenus... J'ose affirmer, abbé, qu'à cet égard, nous ne nous différencions guère des clunisiens...

— Des clunisiens ?

Grockleton faillit bondir de son siège.

— Nous ne nous rapprochons pas le moins du monde des clunisiens ! vociféra-t-il.

— Notre ordre a été fondé précisément pour contrer leurs erreurs, reconnut Adam. Après avoir accompli la tâche que vous m'avez assignée, j'ai relu la charte fondatrice de notre ordre. La Carta Caritatis.

La Carta Caritatis — la « charte d'amour » — des cisterciens était un document remarquable. Rédigée par le premier chef effectif du nouvel ordre monastique, un Anglais en l'occurrence, elle garantissait le respect de l'ancienne règle de saint Benoît. Son propos établissait précisément que les monastères cisterciens soient modestes, simples et autonomes afin d'éviter toute distraction venue du monde extérieur.

Les maisons cisterciennes ne devaient en aucun cas posséder d'églises paroissiales.

— Pas d'églises paroissiales, acquiesça tristement l'abbé.

— Ne serait-il pas concevable, demanda Adam avec ménagement, que Beaulieu échange ces églises contre d'autres propriétés ?

— C'étaient des cadeaux royaux, Adam, fit remarquer l'abbé.

— Offerts il y a bien longtemps. Peut-être le roi ne s'en formaliserait-il pas.

Le roi Edouard Ier, ce grand législateur et guerrier, avait passé la majeure partie de son règne à soumettre les Gallois et il projetait la même chose avec les Ecossais. Ce que faisait l'abbaye de ses dotations royales ne l'intéressait peut-être pas. Mais sait-on jamais ?

— Je répugne à le lui demander, confessa l'abbé.

— Soit, trancha frère Adam avec un sourire. Je vous ai soumis la question. Je ne puis faire davantage.

— En effet. Merci, Adam.

Il lui signifia de se retirer.

Après son départ, l'abbé resta un bon moment à regarder dans le vide pendant que Jean de Grockleton l'observait, la main sur le bord de la table.

— Il a raison, naturellement, soupira l'abbé.

Grockleton serra légèrement sa main crochue, mais ne l'interrompit pas.

— Beaucoup de maisons cisterciennes possèdent aussi des églises, voilà l'ennui. Si nous suscitons une agitation, les autres abbés pourraient le prendre mal.

Grockleton continuait de le regarder. Peu lui importait que l'abbaye fût propriétaire d'une douzaine d'églises et ait mis sur la paille la moitié des curés de la chrétienté.

— Un abbé se doit être prudent, reprit l'abbé d'un ton songeur.

— Très prudent, renchérit Grockleton.

— Sa première recommandation est manifestement juste. Il faut remettre à sa place ce curé de Cornouaille. Qu'avons-nous d'autre à voir ? demanda-t-il en se levant.

— L'affectation des tâches en votre absence. Vous avez parlé de deux nominations, celles du maître des novices et du nouveau surveillant des fermes...

Après le violent incident auquel avait été mêlé Luc, l'abbé avait décidé que, pendant un an au moins, un moine surveillerait et inspecterait en permanence les fermes. « Je veux qu'ils sentent une main de fer », avait-il déclaré.

— Frère Etienne, notre maître des novices, a besoin de repos, tout le monde en convient. J'avais donc pensé à frère Adam, dit l'abbé. Il est remarquablement bon avec les novices.

Grockleton acquiesça.

Sa main était toujours posée sur la table.

— J'ai une requête à vous faire, abbé, dit-il à mi-voix. Pendant que vous serez absent et moi responsable de l'abbaye, j'aimerais que vous ne nommiez pas frère Adam maître des novices.

— Ah ? Pour quelle raison ?

— Parce qu'il a en tête cette histoire d'églises. Je ne mets point en doute sa fidélité à l'ordre...

— Certes, non.

— Mais si, par exemple, un jeune novice posait une question après avoir lu la Carta Caritatis... Peut-être serait-il difficile à frère Adam de ne pas nous critiquer...

Il s'interrompit de nouveau, puis ajouta, d'un ton qui en disait long :

— Cela me mettrait dans une position difficile. Je ne crois pas que ce soit bien venu...

L'abbé le regarda. Il n'était pas dupe. Grockleton ferait en sorte que frère Adam se trouve dans l'embarras. D'un autre côté, il ne pouvait nier qu'il y avait du vrai dans les paroles du prieur.

— Que proposez-vous ? demanda-t-il froidement.

— Frère Matthieu est encore sous le choc. Mais il ferait un parfait instructeur pour les novices. Pourquoi ne pas laisser frère Adam inspecter les fermes ? Sa longue méditation lui a sans doute donné des forces nouvelles pour cette tâche.

Le madré, pensa l'abbé. Ces derniers mots équivalaient à un coup de patte parce qu'il gratifiait Adam de tâches légères. Le message était clair : « Je suis votre adjoint et formule une requête raisonnable. Si vous ne confiez pas à votre préféré un travail déplaisant, je lui causerai des ennuis. »

Une pensée indigne lui vint : « Si je suis capable de supporter le prieur, Adam pourra accepter de surveiller les fermes pendant quelque temps. » Il adressa à Grockleton un sourire amène.

— Vous avez raison, Jean. Et si, comme je le présume, Adam devient un jour abbé, un abbé *réformateur* vraisemblablement, cette expérience lui sera fort utile.

C'est ainsi que frère Adam fut chargé de surveiller les fermes.

Par un après-midi glacial de décembre, Mary se hâtait vers Beaulieu.

Un vent froid soufflait dans son dos et la poussait sur le sentier, la bruyère lui égratignait les jambes. Au nord, la ligne des arbres disparaissait sous la légère ondulation de terrain, si bien que le paysage évoquait la toundra qu'il avait dû être des milliers d'années plus tôt. Au-dessus de l'étendue de bruyère brunâtre et d'ajoncs vert foncé, des bancs de nuages d'une légère lueur orangée se déplaçaient régulièrement le long de la côte à mesure que Mary progressait vers l'est à travers les vastes terres désolées que l'on appelait maintenant la lande de Beaulieu.

Elle n'avait pas voulu venir là et ne s'exécutait que pour complaire à son mari.

Tom ne travaillait pas pour l'abbaye pendant l'hiver, mais cette année les moines avaient fait appel à lui pour une tâche particulière. Ils avaient besoin d'une charrette.

Tom n'était pas menuisier. Il se laissait difficilement convaincre de faire quoi que ce soit dans la maison. Mais, Dieu sait pourquoi, son imagination s'enflammait depuis toujours à l'idée de fabriquer des charrettes. Une charrette construite par Tom Furzey était énorme, avec un châssis, quatre côtés en bois amovibles et des poutrelles soigneusement ajustées les unes aux autres. Elles étaient toujours sur le même modèle et faites pour durer jusqu'à la fin des temps. Mais il ne réalisait jamais les roues. « C'est un travail de charron, disait-il. Je fabrique la charrette et lui la fait rouler. C'est comme ça que je le vois. »

Un jour, John Pride l'avait amené à confesser qu'il n'aimait pas l'idée de confectionner les roues à cause de leur forme circulaire.

« Tu les fabriquerais si elles étaient carrées, n'est-ce pas, Tom ? lui avait demandé Pride plaisamment.

— Je crois que je le ferais, avait gravement répondu Tom, à sa plus grande joie. »

Tom fabriquait donc une charrette pour les moines depuis une dizaine de jours. Il lui faudrait au moins six semaines pour achever le travail et pendant ce temps-là, il était hébergé à la ferme St Léonard. Mary lui rendait visite régulièrement. Aujourd'hui, elle lui avait promis de lui apporter des galettes. Elle y tenait particulièrement, car elle se sentait coupable de ne pas souffrir de son absence.

A sa façon étrange et rêveuse, Luc paraissait presque heureux d'être obligé de vivre en pleine Forêt. Par ce temps froid, il se débrouillait toujours pour s'aménager une tanière douillette quelque part. « Je suis un animal de la forêt », lui avait-il dit. Il prétendait parvenir à se nourrir tout seul. Mais elle lui avait fait remarquer que, l'hiver, on nourrissait même les cerfs. Dès que Tom fut parti pour St Leonard, elle amena donc Luc dans leur petite grange. Personne, pas même son frère et ses enfants, ne savait qu'il était nourri et dormait là. Ça l'effrayait et elle ignorait combien de temps cela durerait. Mais comment faire autrement ?

Quand elle arriva en lisière des terres cultivées qui s'étendaient autour de la ferme, le vent avait fraîchi. Un froid humide tombait sur sa nuque. Les nuages jaunâtres s'accumulaient sur la lande de Beaulieu et apportaient des rafales de neige sur sa bordure occidentale. Elle voulait rebrousser chemin, mais, étant venue de si loin, elle continua.

Frère Adam arriva enfin à la porte de la grange. Les rafales de neige lui cinglaient le visage.

Il existait cinq fermes au sud-ouest de l'abbaye : Beufre, le centre principal des bœufs de trait, Bergerie, où l'on tondait les moutons, Sowley, près de la côte, où les moines avaient aménagé un immense étang à poissons, Beck, et, la plus proche de l'embouchure de l'estuaire, St Leonard. Il était allé à Bergerie ce jour-là et comptait, après avoir inspecté St Leonard, rentrer à l'abbaye le soir même.

Les deux dernières semaines avaient été épuisantes. A l'intérieur du Grand Clos, outre les cinq fermes du sud-ouest, il s'en trouvait dix autres au nord de l'abbaye et trois encore à l'est de l'estuaire de Beaulieu. En outre, un chapelet de petites propriétés dans la vallée de l'Avon, à l'ouest de la Forêt, approvisionnaient l'abbaye en foin. Il avait encore à peine inspecté les autres terres à l'extérieur du Grand Clos. Pas le temps de souffler. Le prieur y veillait. La période de contemplation qu'il avait tant appréciée était bel et bien révolue.

Il poussa la porte. La demi-douzaine de frères lais parurent très surpris de le voir arriver. Excellent. Arriver à l'improviste, comme un maître d'école. Il s'arrêta à peine pour épousseter la neige sur sa robe.

— Pour commencer, annonça-t-il d'un ton sévère, je vais inspecter les magasins à provisions.

La ferme St Leonard était typiquement cistercienne, longue bâtisse au milieu de laquelle s'ouvrait une porte en chêne. Les frères lais y vivaient dans des conditions spartiates. Ils retournaient au *domus* principal de l'abbaye pour les fêtes et les jours saints les plus importants et étaient relayés de temps en temps. Sur les quelque soixante-dix frères lais, il y en avait toujours une trentaine dans les fermes.

— Jusqu'ici, ça va, leur dit frère Adam après avoir cherché des signes de chapardage, notamment de bière et de vin. Maintenant, je vais voir la grange.

« Il est curieux, pensait-il, qu'ayant côtoyé les frères lais chaque jour pendant des années, je ne les connaisse pas. » Leur immense *domus conversorum* occupait tout le côté ouest du cloître, mais il était complètement indépendant et une étroite allée le séparait même du mur de celui-ci. Il fallait faire le tour par l'extérieur pour y arriver. A l'église, les moines chantaient dans le chœur, les frères lais dans la nef. Ils prenaient leurs repas de leur côté.

Jusque-là, il ne s'était pas rendu compte qu'il les regardait de haut. Il avait certes jugé nécessaire de les traiter comme des petits enfants afin d'assurer la discipline. Pourtant, c'étaient aussi des hommes. Leur dévouement à l'abbaye ne se situait pas en deçà du sien. « Ils réfléchissent moins que moi, songea-t-il, j'évalue chaque jour de mon existence en fonction de mes pensées pour Dieu, mes semblables ou le monde extérieur à l'abbaye. Alors qu'eux sentent tout cela, et s'ils se souviennent de leur journée, c'est à partir des sentiments qu'ils ont eus pour ces choses-là. Il se pourrait même qu'en pensant moins et en sentant davantage, ils s'en souviennent mieux que je ne le fais. »

Si le logement restait modeste, ce n'était pas le cas pour le reste des bâtiments de la ferme. On y trouvait des enclos à bétail et des étables — St Leonard veillait parfois sur une centaine de bœufs et soixante-dix vaches. Il y avait des bergeries, des porcheries et surtout, dominant l'ensemble, l'immense grange. Grande comme une église, en pierre, avec de massifs chevrons de chêne. Le blé et l'avoine y étaient emmagasinés en d'énormes empilements de sacs. Voilà tout l'équipement de la ferme. D'un côté, une véritable montagne de fougères servait au couchage. Il existait même une aire de battage. Au milieu de la grange obscure, à peine éclairée par quelques lampes, trônait la charrette que Tom Furzey venait de commencer à construire.

Dans la pénombre, une silhouette à côté du paysan attira l'œil de frère Adam. Sauf erreur, il s'agissait d'une femme.

Les femmes n'étaient pas autorisées dans l'abbaye. Une grande dame avait certes le loisir d'y venir en visite, mais elle n'était pas censée y passer la nuit, même dans les logements réservés aux hôtes royaux. Les épouses des journaliers pouvaient aller les voir aux fermes, mais, et l'abbé avait particulier insisté sur ce point, elles ne devaient pas s'attarder et, en aucun cas, rester là pour la nuit.

Il se dirigea donc tout de suite vers eux.

Elle était assise par terre à côté de Furzey. A son approche, ils se levèrent tous les deux respectueusement. La femme portait un châle sur la tête et, comme elle baissait les yeux modestement, il ne distinguait pas très bien son visage.

— C'est mon épouse, dit Furzey. Elle m'a apporté des galettes.

— Je vois.

Il ne voulait pas blesser Furzey, mais se montra ferme :

— Je crains qu'elle ne doive s'en aller avant la nuit, vous savez, et le jour commence à décliner.

L'autre prit l'air maussade mais, bien qu'elle ne levât pas la tête, cela semblait être égal à sa femme.

— La charrette de votre mari va être magnifique, dit-il sur un ton amical avant de se tourner vers les autres.

Il passa un certain temps à discuter en faisant le tour de la grange, et il ne s'étonna donc pas, quand il eut fini, de constater que la paysanne était partie. Comme il voulait lui-même retourner à l'abbaye, il se dirigea vers le portillon ménagé dans l'énorme porte de la grange et l'ouvrit.

La tempête de neige le frappa comme un coup de poing. Les murs épais de la grange avaient étouffé le bruit du vent à mesure qu'il avait augmenté en violence : pendant le court laps de temps qu'il avait passé à l'intérieur, les rafales s'étaient changées en bourrasques et celles-ci en une tempête hurlante. Même à l'abri de la grange, les flocons de neige lui fouettaient le visage. Rentrer à l'abbaye, distante seulement de cinq kilomètres, semblait de la folie. Mieux valait rester là.

Il se souvint alors de la paysanne. Juste ciel, il l'avait envoyée dehors par un temps pareil ! Quelle distance avait-elle à parcourir ? Sept kilomètres ? Plus près de huit ! A travers la lande dénudée, dans les griffes de la tempête. Une épreuve terrible ; il eut honte. Qu'est-ce que son mari penserait de lui et de l'abbaye ? Il rentra dans la grange et appela Tom et deux frères lais.

— Emmitouflez-vous en vitesse, prenez une couverture de cuir et venez avec moi.

Après avoir demandé dans quelle direction elle était partie, il se précipita dehors en avant des autres.

C'était sans doute encore l'après-midi. Quelque part dans le ciel, l'obscurité n'était pas encore tombée. Mais là, en dessous, il faisait déjà nuit. Devant lui, tandis qu'il s'élançait tête baissée dans la bourrasque, il régnait une blancheur aveuglante en furie qui lui mordait le visage, comme si Dieu envoyait une nouvelle nuée de sauterelles sur les pays du nord. La neige tombait presque horizontalement et enveloppait tout, de sorte que, à quelques pas seulement devant lui, l'univers semblait se dissoudre dans une opacité grise.

Doux Jésus, comment la trouver ? Périrait-elle ? Subirait-elle le même sort que les cerfs et les poneys qu'on retrouverait sans doute par dizaines figés dans la mort sur le sol de la Forêt après une nuit pareille ?

Il fut donc très surpris, après avoir dépassé la dernière haie, d'entrevoir juste devant lui une silhouette sombre qui luttait contre le vent. Il cria, mais elle ne l'entendit pas. C'est seulement quand il la rejoignit et l'enveloppa d'un bras protecteur qu'elle s'aperçut de sa présence.

— Venez, dit-il.

— Non. Je dois rentrer chez moi.

Elle essayait de se dégager pour reprendre son impossible marche. Mais il la tint fermement.

— Votre mari est là, dit-il, bien qu'il fût hors de vue.

Et il la ramena à la ferme.

De mémoire d'homme, on n'avait jamais connu de tempête de neige plus violente. Sur la côte, elle semblait ne faire qu'un avec la mer déchaînée. Autour de la ferme St Leonard, d'énormes congères accumulées le long des haies recouvraient complètement celles-ci. Sur la lande de Beaulieu, le vent alternait sifflements perçants et longs gémissements. Et même lorsque, dans l'obscurité, une légère grisaille signala la venue du matin, la tempête continua, occultant la lumière.

Le devoir de frère Adam était évident. Hors de question pour lui de retourner à l'abbaye. Il devait rester à la ferme et assurer à ses occupants tout le soutien spirituel possible.

Sur le chemin du retour, il avait reconnu la paysanne avec qui il avait parlé de frère Matthieu. Il se réjouissait d'avoir sauvé une si belle âme de la tempête.

Les dispositions à prendre étaient des plus simples. Il fit aménager dans la grange un brasero. Furzey et sa femme passeraient la nuit là dans d'assez bonnes conditions tandis que lui et les autres resteraient dans le *domus*. Et pour dissiper tout malentendu, il rassembla tout le monde dans la grange après le repas du soir, puis, ayant dit quelques prières, fit un petit sermon.

En cette froide nuit proche de Noël, leur dit-il, alors que, comme la sainte Famille, ils avaient trouvé un abri dans une humble grange, il désirait leur rappeler que chacun possédait sa place, et une place honorable, dans le projet divin. Les deux catégories de moines que comptait l'abbaye ressemblaient à Marie et Marthe. Peut-être la pieuse Marie avait-elle, comme les moines du chœur, le meilleur rôle, mais Marthe, la fidèle travailleuse, était elle aussi nécessaire. Comment, en effet, une vie de prière serait-elle possible sans le dur labeur des frères lais ? Eux-mêmes n'avaient-ils pas besoin de l'aide des bons paysans ? Et enfin, le bon paysan Tom pouvait-il se passer du soutien de sa femme, plus humble peut-être, mais tout aussi aimée de Dieu ?

— Peut-être vous étonnez-vous, poursuivit-il, que cette femme soit autorisée à rester ici cette nuit. Car la règle imposée par l'abbé ne doit pas être enfreinte. Aucune femme dans le Grand Clos. Mais Notre Seigneur nous enjoint aussi de nous montrer miséricordieux. N'a-t-il pas lui-même sauvé la femme adultère de la lapidation ? Et c'est donc, en vertu de l'autorité à moi conférée par l'abbé, que nous autorisons cette brave femme à passer ici cette terrible nuit à l'abri de la tempête.

Il les bénit et se retira.

Comme le lendemain, la tempête continuait de faire rage — elle faillit même le renverser quand il ouvrit la porte —, la pauvre femme commença à se faire un sang d'encre pour ses enfants. Mais Furzey assura que sa sœur et les autres villageois s'occupaient d'eux, et il interdit donc à sa femme de s'en aller. Ainsi, tandis que le brasero les réchauffait et que Tom reprenait la construction de sa charrette, elle resta là. A trois reprises dans la journée, frère Adam leur fit réciter à tous de courtes prières.

Elle avait hâte de repartir. Sa fille aînée veillait certainement sur les plus jeunes, mais ils devaient s'inquiéter pour elle. Et puis surtout, il y avait Luc.

Il avait dû se demander où elle était passée en ne la voyant pas revenir dans la soirée. Essaierait-il de la chercher chez elle ? Et si les enfants le voyaient ? Elle attendit toute la journée anxieusement que la tempête se calme.

Il lui fallait prendre son mal en patience. De temps à autre, frère Adam faisait une apparition. Les frères lais le trouvaient distant. « Comme il est froid ! » avait dit Tom, mais il ne tenait pas en haute estime les gens qui n'étaient pas de la Forêt.

Le moine venait certes d'un autre monde. Pourtant, il était allé chercher Mary dans la tempête. Lorsqu'il dirigeait les prières dans la pénombre de la vaste grange, il y avait dans sa voix une conviction qui l'impressionnait. Il devait être beaucoup plus intelligent que les gens simples comme elle, et pourtant, dans son for intérieur, une petite voix lui disait qu'eux aussi pouvaient apprendre à lire et à écrire et savoir ce qu'il savait. « Dans une autre vie, peut-être », soupira-t-elle. Elle ne le disait pas à Tom, mais elle trouvait que frère Adam, à sa manière, était plutôt bien.

En fin d'après-midi, le portillon de la grange s'ouvrit en grinçant et le moine, s'avançant à quelques pas du brasero, lui fit signe de venir.

Il resta là un moment à la regarder. Il était fortement charpenté, comme Tom, mais un peu plus grand. A la lueur du foyer qui lui chauffait le dos, ses yeux paraissaient étrangement sombres.

— Je ne le savais pas quand vous m'avez parlé à la porte de l'abbaye... commença-t-il. On vient de me dire que Luc, le fugitif, est votre frère.

Il parlait à voix basse pour que Tom, qui travaillait à quelques pas, ne l'entende pas.

La peur l'envahit. Elle était incapable de soutenir son regard. Tout le monde savait qu'elle était la sœur de Luc, mais le fait que cet homme intelligent l'apprenne lui semblait particulièrement dangereux.

— Oui, frère, répondit-elle, tête basse. Pauvre Luc.

— Pauvre Luc ? Peut-être.

Un silence. Puis, à mi-voix :

— Savez-vous où il est ?

— Si nous le savions, frère, vous seriez déjà au courant, répondit-elle en le regardant droit dans les yeux. Mon mari l'aurait livré aux autorités. Vous voyez, il n'aurait pas dû s'enfuir, étant innocent.

Elle le fixait car, en disant « nous », elle n'avait pas menti.

— Vous pourriez peut-être le savoir, *vous* ?

Elle percevait l'odeur de sa robe, celle de la cire des cierges dans la laine humide. Elle sentait aussi son odeur à lui, agréable.

— Peut-être est-il à l'autre bout de l'Angleterre, à l'heure qu'il est.

Elle soupira. Cela aussi était vrai. Ça restait tout à fait possible.

Adam réfléchissait. Son large front se ridait quand il posait une question, mais il basculait la tête légèrement en arrière lorsqu'il réfléchissait et les rides disparaissaient.

— Ce matin-là, à l'abbaye, vous m'avez dit qu'il n'avait pas eu l'intention de frapper frère Matthieu. S'il en est ainsi, il devrait venir le dire.

— Je crois qu'il ne reviendra jamais, répondit-elle tristement. Il ira à l'autre bout du monde.

Elle n'était pas certaine que ces paroles aient satisfait le moine.

Elle se comporta alors comme elle ne l'avait encore jamais fait.

Comment une femme signifie-t-elle à un homme qu'elle le désire ? Par un sourire, un regard, un geste. Mais ces signes auraient rebuté un moine. Elle resta donc tout bonnement devant lui. Et frère Adam sentit la chaleur rayonner de son corps, invisible, qui, de son estomac, allait vers le sien. Puis elle sourit et il s'éloigna, troublé.

Pourquoi avait-elle agi ainsi ? Honnête femme, elle ne badinait pas. Un instinct primordial l'y avait poussée. Laisser supposer une intimité, une attirance, qui détournerait son attention. Voilà ce qui l'entraînerait sur une fausse piste et protégerait son petit frère.

Frère Adam sortit de la grange.

La tempête ne s'apaisait pas. Ils alimentèrent le brasero pour une seconde nuit. De nouveau, après le repas du soir, frère Adam dirigea la prière. Quelques heures plus tard, tandis que son mari l'étreignait dans l'immense grange obscure où l'on voyait seulement le rougeoiement du charbon de bois, elle eut un petit sourire ironique, ferma les yeux et pensa secrètement à frère Adam.

En pleine nuit, vers l'heure de l'office, frère Adam sortit de son sommeil agité et se rendit compte que le vent avait cessé et que le silence régnait.

Il se leva de son banc, murmura le psaume et les prières, puis, pour faire bonne mesure, ajouta un Pater Noster. *Pater Noster, qui es in coelis...*

Amen. La nuit. Le moment où il entendait la voix silencieuse de Dieu. Pourquoi, alors, se sentait-il tourmenté ? Il se leva, voulut faire les cent pas, mais se recoucha pour ne pas réveiller les frères lais.

La paysanne. Elle dormait sans doute avec son mari dans la grange. C'était certainement une brave femme. Comme toutes les paysannes, elle avait les joues un peu rouges et gardait sur elle les odeurs de la ferme. Il ferma les yeux. La chaleur de son corps. Il n'avait jamais rien senti de pareil. Il essaya de dormir. Est-ce que Furzey lui ferait l'amour dans la grange cette nuit ? Peut-être était-il en train de le faire en ce moment même, pendant que lui reposait ici dans le silence. Le constructeur de charrette baignait-il dans cette douce chaleur ?

Il ouvrit les yeux. Grand Dieu, quelles pensées ! Et pourquoi son esprit s'appesantissait-il là-dessus ? Il soupira. Il aurait dû s'en douter. Le diable jouait ses tours habituels : petite épreuve permettant d'évaluer sa foi, une épreuve d'un genre nouveau.

Cette femme était-elle habitée par le diable ? Bien sûr. Comme toutes les femmes, depuis la première. Peut-être aurait-il dû se montrer sévère quand elle se tenait là, comme ça, devant lui. Le diable se servait d'elle pour tenter de le distraire. Il referma les yeux, mais ne dormit pas.

La matinée resplendissait. Le vent s'était éloigné. Tout était parfaitement immobile, le ciel bleu. Un manteau blanc recouvrait Beaulieu, son abbaye, ses champs et ses fermes.

Les traces de pas qui partaient de la grange prouvaient que la femme de Furzey était déjà partie. Il l'imagina marchant seule sur la lande d'un blanc étincelant.

Fin février, Luc disparut et Mary ne savait trop si cela la soulageait ou l'attristait.

Fin janvier, dès que la neige avait fondu, il sortait avant l'aube pour ne rentrer qu'à la nuit tombée. Elle redoutait qu'il laisse ses empreintes de pas dans la neige. Chaque jour, elle cachait un peu de nourriture dans le grenier où il dormait.

Pendant tout le mois de janvier, alors que Tom travaillait à St Leonard, elle sortait sans bruit le rejoindre après que les enfants s'étaient endormis et ils bavardaient assis côte à côte comme pendant leur enfance. Ils discutèrent plusieurs fois de ce qu'il allait faire. Il ne se tiendrait pas de réunion pleinière de la cour de la Forêt avant avril. Les verdiers s'étaient contentés de renvoyer l'affaire devant elle et, jusque-là, on ne pouvait savoir dans quelle mesure l'incident de Beaulieu serait pris au sérieux. Ils évoquèrent la suggestion de frère Adam — que Luc se livre aux autorités —, mais il secouait toujours la tête. « C'est facile à dire. Mais comme l'abbé et le prieur me désavouent, on ne sait jamais ce qui risque de se passer. Au moins suis-je libre. »

Pour elle, ce fut une joie de parler avec l'un des siens. Et quelles conversations ils eurent ! Il lui décrivait l'abbaye, le prieur à la démarche voûtée et aux mains crochues, chaque frère lai et chaque moine, et elle riait tant qu'elle craignait de réveiller les enfants. Pourtant, Luc était si simple et si gentil qu'il ne donnait jamais l'impression de haïr qui que ce soit, même Grockleton. Elle lui posait des questions sur frère Adam. « Les frères lais ne savent trop que penser de lui, mais tous les moines l'aiment bien. »

Mary n'avait pas été surprise quand Luc, doux et rêveur, était devenu frère lai, mais elle n'avait pu résister à l'envie de lui demander un jour s'il n'avait jamais désiré de femme.

« Honnêtement, je ne sais pas, avait-il répondu sans façon. Je n'en ai jamais eu.

— Cela ne te dérange pas ?

— Non. »

Il avait ri gaiement. « Il y a toujours tant de choses à faire dans la Forêt ! »

Plus jamais elle n'aborda le sujet.

Ils parlèrent aussi de la querelle entre Furzey et Pride à propos du poney. Il était de son côté, naturellement, mais révélait ainsi son caractère irresponsable, un peu puéril, pensa-t-elle.

Tom revint fin janvier. Ils durent espacer leurs réunions — une conversation à la dérobée de temps en temps. Et comme rien n'indiquait que la querelle cesserait, elle se sentait presque prisonnière. Luc sortait avant l'aube et ne rentrait qu'après le crépuscule : seule l'écuelle de nourriture vide attestait de sa venue.

Il lui annonça ensuite qu'il se préparait à partir.

— Je ne peux pas te dire où. Mieux vaut que tu ne le saches pas.

— Tu vas quitter la Forêt ?

— Peut-être. C'est sans doute préférable.

Elle l'embrassa et le laissa s'en aller. Que pouvait-elle faire d'autre ? La seule chose qui importait était qu'il ne lui arrive rien. Mais elle restait très seule.

Le jeudi après la Saint-Marc, dans la vingt-troisième année du règne du roi Edouard, par une journée humide d'avril de l'an de grâce 1295, la cour de la Nouvelle Forêt se réunit en session solennelle dans la grande salle du manoir royal de Lyndhurst.

C'était un spectacle impressionnant. D'énormes bois de cerfs ornaient les murs en alternance avec de splendides tentures. Présidant la séance, dans un fauteuil en chêne noirci par les ans installé sur une estrade au premier plan, le juge de la Forêt resplendissait dans sa tunique verte et son manteau cramoisi. Les quatre gentilshommes verdiers, dans des fauteuils également en chêne, occupaient les fonctions de magistrats et de coroners, dirigeaient l'instance inférieure, la Cour des saisies, jouaient ici le rôle d'assesseurs. Les agents forestiers et les *agisters*, responsables du bétail qui paissait dans la Forêt, étaient aussi présents. Des représentants de chaque village, ou *vill*, comme on disait, s'y trouvaient pour rendre compte des crimes et délits qui y avaient été commis. Un jury de douze gentilshommes assistait également la cour. Tout homme accusé d'un grave délit pouvait, s'il le souhaitait, demander que ce jury décide de son innocence ou de sa culpabilité. Le roi aimait les jurys et encourageait cette pratique. Beaucoup choisissaient d'être jugés par eux.

Le prieur de Beaulieu était là en l'absence de l'abbé. Deux shérifs de comtés voisins accompagnaient le jeune Martell et ses amis. On n'avait pas vu un tel rassemblement depuis longtemps et la salle était bondée.

— Oyez, oyez, oyez, toutes gens ayant quelque plainte à déposer ! cria le greffier. La séance est ouverte !

Un certain nombre d'affaires ordinaires devaient être entendues. Certaines concernaient des délits en rapport avec la Forêt, les délits de venaison, bien sûr, ainsi que les atteintes à la paix du roi. Et aussi des litiges entre particuliers.

Les affaires se succédèrent pendant toute la matinée. L'un avait volé du bois dans la Forêt, un autre avait illégalement essarté un bout de terrain. L'un des *vills* avait omis de mentionner la présence d'un cerf mort sur sa commune. La vie dans la Forêt restait presque inchangée depuis le temps de Rufus, malgré une différence notable. Alors que le droit forestier normand, qui prévoyait mutilations et peines de mort, visait à punir et à dissuader, le monarque et les gens de la Forêt avaient depuis longtemps abouti à un compromis, même devant le plus officiel des tribunaux. On ne pratiquait plus la mutilation et seuls les criminels endurcis étaient pendus. On punissait la plupart des délits d'une amende, et celle-ci variait selon les moyens du coupable. On fit grâce à un pauvre, mis à l'amende de six pence à la dernière session de la cour et incapable de payer. Dans les minutes des tribunaux, beaucoup d'amendes pour empiétement sur les terres de la couronne se retrouvaient si systématiquement de session en session qu'elles constituaient en fait des loyers payés pour occupation illégale. Les plus riches donnaient des gages pour garantir que leurs voisins paieraient leurs amendes ou ne commettraient plus d'infractions à l'avenir. Dans la Forêt, comme ailleurs dans l'Angleterre des Plantagenêts, le droit était une affaire communautaire et de bon sens.

Enfin, peu après midi, on en vint au cas de Beaulieu : « Attendu que le vendredi avant la dernière Saint-Matthieu, Roger Martell, Henri de Damerham et d'autres sont entrés dans la Forêt avec arcs et flèches, chiens d'arrêt et chiens courants, pour attenter au gibier... »

L'acte d'accusation, inséré dans les minutes de la cour en latin, fut lu par le greffier. Il décrivait en détail les agissements des braconniers qui n'étaient pas contestés. Tous s'en remirent à l'indulgence du tribunal. Le juge avait le regard sévère tandis que l'assistance écoutait attentivement.

— Il s'agit d'un délit de venaison, commis ouvertement au mépris de la loi, par des hommes qui, du fait de leur rang, devraient donner l'exemple. Cela ne sera pas toléré. Vous serez mis à l'amende comme suit : Will atte Wood, un demi-mark...

Pauvre Will. Une lourde amende. Deux de ses cousins se portèrent garants et on lui donna un an pour payer. Tous les autres gens du cru furent condamnés à la même chose.

Puis vint le tour des jeunes gentilshommes : cinq livres d'amende chacun, quinze fois plus que pour les hommes de la Forêt. Ce n'était que justice. Le juge en arriva alors à Martell :

— Roger Martell. Vous étiez sans conteste le meneur de ces malfaiteurs. Vous les avez conduits à la ferme. Vous avez tué un daim. Vous êtes en outre un jeune homme fortuné.

Il marqua une pause, puis :

— Le roi a entendu parler de cette affaire sans en être aucunement amusé. Vous êtes mis à l'amende de la somme de cent livres.

Stupéfaction de toute l'assemblée. Les deux shérifs paraissaient consternés. C'était une somme prodigieuse, même pour un riche propriétaire terrien, et le roi Edouard avait manifestement au préalable approuvé la sévérité de la sentence. Disgrâce royale. Martell devint blanc comme un linge. Il lui faudrait soit vendre des terres, soit perdre son revenu pendant de longues années. En dépit de sa fermeté de caractère, il était visiblement bouleversé.

Les commentaires allaient bon train. D'un ton sec, le juge demanda à l'huissier :

— Et maintenant, qu'en est-il de ce frère lai ?

Le silence retomba dans la salle. Luc était un Pride. Cela intéressait tout le monde. Près du fond de la salle, Mary tendit l'oreille pour ne perdre aucune parole.

Le chef d'accusation retenu contre Luc était moins clair.

— Attendu, premièrement, annonça le greffier, qu'il a donné asile aux malfaiteurs. Deuxièmement, qu'il était en coalition avec eux. Troisièmement, qu'il a agressé un moine de l'abbaye, frère Matthieu, qui a cherché à empêcher les braconniers d'entrer dans la ferme...

— L'abbaye est-elle représentée ? demanda le juge.

Jean de Grockleton leva sa main crochue, puis frère Matthieu et trois frères lais se présentèrent devant le juge.

Celui-ci était naturellement bien informé des faits par le régisseur, mais certains aspects de l'affaire ne lui plaisaient guère.

— Vous refusez de vous tenir responsables des actes de ce frère lai ?

— Nous le désavouons entièrement, répondit le prieur.

— Il apparaît dans l'acte d'accusation qu'il était de mèche avec ces braconniers. Vraisemblablement parce qu'il les a laissés entrer dans la ferme ?

— Quelle autre explication peut-il exister ? dit Grockleton.

— Il a pu avoir peur d'eux.

— Ils n'ont commis aucune violence, fit observer le greffier.

— C'est exact. Alors, comment s'est déroulée cette agression ? s'enquit le juge en se tournant vers frère Matthieu.

— Voilà... commença le moine, un peu embarrassé. Lorsque Martell a refusé d'emmener son compagnon blessé, je regrette de dire que je l'ai attaqué avec un bâton. Frère Luc a empoigné une pelle et brisé le bâton en donnant un coup avec. La pelle m'a ensuite touché à la tête.

— Je vois. Ce moine lai était-il votre ennemi ?

— Oh non. Bien au contraire.

Grockleton se leva d'un bond.

— Ce qui prouve qu'il devait être de mèche avec Martell !

— Ou tentait d'empêcher ce moine de se battre.

— Je dois avouer, confessa frère Matthieu avec douceur, que je me suis fait après coup la même réflexion.

— Frère Matthieu est trop bon, son jugement trop indulgent, Votre Honneur ! coupa le prieur.

Le juge n'aimait pas du tout ce Grockleton.

— Il n'est pas là, je suppose ?

Le greffier et les assesseurs secouèrent la tête.

— Fort bien, dit-il avant de regarder le prieur avec dégoût. Comme il appartenait à l'abbaye au moment du forfait, si forfait il y a, et se trouvait à l'intérieur du Grand Clos, vous devez comprendre qu'il vous incombait de l'amener à comparaître.

— A moi ?

— A vous. A l'abbaye. Evidemment. Pour ce défaut de comparution, l'abbaye est donc mise à l'amende. Deux livres.

Le prieur devint écarlate. Il y eut des sourires dans tout le tribunal.

— Je regrette qu'il ne se trouve pas là pour se défendre, poursuivit le juge, mais il en est ainsi. La justice doit suivre son cours. Comme il semble s'agir d'un crime et qu'il n'est pas là, je n'ai pas le choix. Qu'il soit requis à comparaître et, s'il ne se présente pas à la prochaine session, mis hors la loi.

Au fond de la salle, Mary avait écouté, le cœur lourd. Requis à comparaître : il devait donc se présenter. Et mis hors la loi ? Personne ne pourrait plus l'héberger et on pourrait même le tuer en toute impunité. Il serait déchu de tout droit. Une sanction terrible.

Si seulement Luc était venu. Frère Adam avait raison. Luc avait sous-estimé le bon sens du juge. Le tribunal semblait de toute évidence enclin à lui accorder le bénéfice du doute. Mais que faire ? Personne ne savait où il était. Elle en aurait pleuré.

— C'est tout ? demanda le juge au greffier. Il n'y a plus d'autre affaire ?

— Si.

Mary sursauta. Elle avait perdu Tom de vue dans cette foule. C'était pourtant sa voix, et elle l'apercevait maintenant qui s'avançait en jouant des coudes. Que faisait-il donc ? En même temps, il y eut un petit mouvement sur sa gauche, près de la porte.

Tom, justaucorps en cuir et cheveux ébouriffés, se tenait devant le juge comme s'il s'apprêtait à se battre avec lui.

— Nous n'avons rien au rôle. Cette affaire-là ne nous a pas été renvoyée par la Cour des saisies, dit le greffier, irrité.

— Nous sommes là, autant l'entendre, répondit le juge en fixant sur Tom un regard sévère. De quoi s'agit-il ?

— D'un vol, Votre Honneur ! brailla Tom d'une voix qui fit trembler les chevrons. D'un vol odieux !

Silence dans la salle. Le greffier, que le beuglement du plaignant avait failli faire tomber de son banc, prit sa plume. Le juge, un peu interloqué, regardait Tom avec curiosité.

— Un vol ? De quoi ?

— Mon poney ! s'écria Tom derechef, comme s'il appelait le ciel à témoin.

On entendit des rires étouffés dans toute la salle.

— Votre poney... Où vous l'a-t-on volé ? questionna le juge en fronçant les sourcils.

— Dans la Forêt ! cria Tom.

Des gens riaient maintenant dans l'assistance et même les agents forestiers se prenaient à sourire. Le régisseur aussi secouait la tête et souriait.

Le juge aimait la Forêt. Il appréciait les paysans et se délectait secrètement de leurs menus forfaits. Après l'affaire Martell, qui l'avait profondément ennuyé, il ne voyait pas d'objection à terminer la journée sur une note plus légère.

— Vous voulez dire que votre poney a été emmené alors qu'il paissait dans la Forêt ? Etait-il marqué ?

— Non. Il venait de naître.

— Ah, c'était un poulain. Comment savez-vous qu'il vous appartenait ?

— Je le sais.

— Et où est-il maintenant ?

— Dans l'étable de John Pride, voilà où il est ! s'écria Tom de rage et de désespoir.

C'en était trop. Toute l'assistance se mit à rire. Même les autres Furzey ne pouvaient s'empêcher de trouver ça drôle. Morte de honte, Mary regardait par terre. Le juge chercha à obtenir des éclaircissements auprès des *agisters*, puis Alban, les faits étant advenus dans son bailliage, s'avança et lui murmura quelque chose à l'oreille.

— Où est John Pride ? demanda le juge.

— Il est ici ! cria Tom en montrant l'arrière de la salle.

Tout le monde se retourna. Le juge regarda aussi. Il y eut un bref silence.

Puis, derrière la porte, quelqu'un cria d'une voix grave :

— Il est parti !

La salle croula sous les rires. Les agents forestiers, les graves verdiers et même les gentilshommes du jury ne pouvaient se contenir. Le juge, qui contemplait la scène, secoua la tête et se mordit la lèvre pour garder son sérieux.

— Vous pouvez rire ! hurla Tom.

Et ils ne s'en privaient pas. Mais il ne baissait pas pavillon. Ecarlate, il regarda à droite et à gauche, se tourna vers le juge et, pointant un doigt vengeur vers Alban, il s'écria :

— C'est lui et ses pareils qui ont laissé Pride s'en tirer à si bon compte. Et vous savez pourquoi ? Parce qu'il les paie !

Le juge changea d'expression, les agents forestiers aussi.

— Silence ! rugit le juge tandis que les rires s'éteignaient d'eux-mêmes. Pas d'impertinence ! lança-t-il à Furzey en l'incendiant du regard.

Il y avait hélas quelque vérité dans ces paroles. Le jeune Alban ne trempait probablement pas là-dedans. Mais il existait inévitablement certaines connivences entre les gens de la Forêt et les autorités des bailliages. Une bonne tourte, un fromage, une clôture réparée — après avoir accepté des petits cadeaux de ce genre, il était difficile au régisseur de ne pas fermer les yeux sur des infractions mineures. Tout le monde le savait. Le roi lui-même avait une fois fait remarquer au juge, non sans plaisanter, qu'il lui faudrait un jour nommer une commission pour enquêter sur l'ensemble de l'administration de la Forêt. Si Furzey voulait jouer les fauteurs de troubles, il choisissait mal le moment et l'endroit.

— Vous devez suivre la procédure normale, lui rétorqua le juge sèchement. Votre plainte ne sera entendue ici qu'après l'avoir été par la Cour des saisies. Greffier, prenez note. La séance est levée, décréta-t-il.

Ainsi, tandis que Tom restait là, bouillant de rage, et que la foule se dirigeait vers la sortie, le greffier trempait sa plume dans l'encrier et rédigeait sur le parchemin la minute de la séance, authentique voix de la Forêt, qui serait conservée pendant de longs siècles : « Thomas Furzey se plaint de ce que John Pride lui a volé son poney. John Pride n'a pas comparu. En conséquence, à la prochaine session... »

Luc aimait marcher dans la Forêt. Il parcourait des kilomètres. Enfant, il avait appris à aller vite pour ne pas se laisser distancer par John et Mary.

Les gens le croyaient rêveur et pourtant son regard se révélait toujours plus aiguisé que le leur. Il connaissait les moindres ruisseaux de la Forêt. Les vieux chênes, énormes masses recouvertes de lierre, étaient comme des amis intimes.

Sa silhouette avait changé depuis son départ de l'abbaye. Avec son sarrau et son justaucorps de bûcheron, ses guêtres en laine et son épaisse ceinture de cuir, ses cheveux et sa barbe en broussaille, il ressemblait à des douzaines d'autres et quiconque l'aurait vu cheminer sur un sentier forestier n'y aurait pas regardé à deux fois.

Mais il se trouvait en fuite, sur le point d'être mis hors la loi. Que cela signifiait-il ? En théorie, qu'il avait tout le monde contre lui. En pratique, tout dépendrait de ses amis et de la volonté des autorités à le retrouver.

Dans l'état actuel des choses, s'il tombait nez à nez avec des gardes forestiers, ils le mettraient en état d'arrestation. Hors de question ! Si le jeune Alban l'apercevait au loin, s'approcherait-il pour l'interpeller ? Peut-être. Mais il y avait de bonnes chances qu'il fasse tourner son cheval et passe son chemin.

Il ne continuerait pas à marcher ainsi droit devant lui jusqu'à la fin des temps. La cour de Lyndhurst avait exprimé clairement ses sentiments sur son affaire. Peut-être ferait-il bien de se livrer aux autorités en espérant bénéficier de leur indulgence.

Luc ne possédait aucune confiance dans les autorités.

Cela pouvait sembler curieux pour un homme qui avait choisi de vivre sous la règle monastique de Beaulieu, mais ça ne l'était pas. Pour lui, l'abbaye représentait un refuge au milieu d'un immense domaine où il aimait travailler et profitait de la Forêt en toute liberté. Il écoutait les chœurs en extase. Bien qu'il ne sût pas lire, d'un naturel curieux, il avait appris beaucoup de psaumes en latin. Il n'aurait pas aimé, pourtant, assister à tous les services comme les moines du chœur. Il désirait retourner dans les champs ou donner un coup de main aux bergers. L'abbaye lui procurait le gîte et le couvert, le vêtissait, et il n'avait pas à assumer de responsabilités ni à se préoccuper du monde extérieur. Que demander de plus ?

Et surtout, dans son esprit, l'abbaye prospérait parce qu'on y respectait l'ordre de la nature. Et la nature, il la comprenait. Les arbres, les plantes, les animaux de la Forêt, tous suivaient leur rythme propre. On ne pouvait tout connaître, mais cela marchait et le domaine de l'abbaye n'avait de raison d'être que parce qu'il participait à ce processus.

Si, donc, des gens de l'extérieur, des hommes comme Grockleton ou les juges du roi, qui ne comprenaient pas la Forêt, venaient là et essayaient d'imposer un tas de règles stupides, s'ils prétendaient incarner l'autorité, la seule chose à faire consistait à les éviter. Dans son cœur, les seules lois qu'il respectait étaient celles de la nature.

« Les autres ne comptent pas », proclamait-il. Et il ne fallait pas faire confiance aux autorités qui attachaient tant de prix à ces règles. « Un jour, ils sont justes avec vous, le lendemain, ils vous trompent. La seule chose qui compte pour eux, c'est le pouvoir. » Il ne comptait donc pas s'en remettre au juge et à sa cour, surtout avec Grockleton dans les parages. Le mieux restait de ne pas se montrer et d'attendre.

Il avait des amis. Tout irait bien jusqu'à l'hiver prochain. En attendant, il avait amplement trouvé de quoi s'occuper. A l'insu de sa sœur, il s'assurait régulièrement qu'elle allait bien. Même s'il ne lui parlait jamais, il aimait la regarder vaquer à ses tâches domestiques ou jouer dehors avec les enfants. C'était comme s'il avait été son ange gardien. « Je suis plus près de toi que tu ne le penses, ma fille », murmurait-il avec satisfaction. Jouer les hommes invisibles lui plaisait tant qu'il se mit aussi à observer son frère John. Celui-ci laissait maintenant le poney courir dans le champ, mais l'un de ses enfants le gardait toujours.

Et puis, bien sûr, il marchait dans la Forêt.

Ce jour-là, ses pas l'avaient conduit au nord de Lyndhurst. Les bois étaient silencieux. D'énormes chênes se déployaient alentour. Ici et là, un vieil arbre abattu par la tempête formait une petite clairière, sous un morceau de ciel bleu dans le dais de feuillage. Il s'arrêtait de temps en temps, inspectait un tronc couvert de lichen ou retournait une branche morte pour voir quels insectes elle abritait. Il venait de dépasser le village de Minstead et d'arriver au bord d'une lande quand il remarqua quelque chose par terre.

Un simple gland tombé l'année précédente, qui avait échappé aux cochons et qui, niché dans l'humus humide, s'était ouvert pour plonger de petites racines dans le sol.

Luc sourit. Il aimait voir les choses croître. Les minuscules racines blanches paraissaient si vulnérables ! Une petite pousse verte sortait. Il était étonnant de penser qu'il s'agissait des débuts d'un grand chêne. Puis il secoua doucement la tête.

Sur la multitude de glands tombés, combien deviendraient des chênes ? Dieu seul le savait. Un sur cent mille ? Certainement pas. Ainsi se manifestait l'immense puissance de la nature, son extraordinaire surabondance. Les chances qu'un gland survive étaient infinitésimales. Les cochons en liberté pendant la glandée d'automne et bien d'autres animaux de la forêt pouvaient le manger, les poneys et le bétail l'écraser. Si un gland survivait à la première saison et prenait racine, pour qu'il se transforme en arbre, il fallait qu'une ouverture dans le feuillage laisse passer la lumière. Mais même pour les rares glands qui se développaient en jeunes arbres, le danger restait toujours présent.

L'homme n'est pas le seul destructeur. Des animaux, laissés à eux-mêmes, détruisent les prairies et les bois aussi stupidement. Les cerfs apprécient les pousses de chênes. Pour elles, la seule façon d'en réchapper est d'avoir un protecteur. La nature leur en fournit plusieurs : le houx, qui, bien que mangé par les cerfs, peut cacher un chêne ; le faux buis, un petit arbuste à feuilles persistantes et piquants acérés, qu'évite le cerf. De même, ce dernier mange rarement les fougères.

Luc creusa le sol autour de la jeune pousse avec d'infinies précautions, puis la porta dans un petit cercle de houx entouré par de faux buis. Indifférent aux épines qui lui écorchaient les bras, il pénétra dans ce havre de sécurité et replanta la pousse au milieu. Il leva les yeux. On voyait le ciel bleu au-dessus. « Installe-toi là », lui intima-t-il gaiement avant de poursuivre son chemin.

Frère Adam connaissait si bien l'abbaye de Beaulieu qu'il s'y dirigeait les yeux fermés.

Rien n'était, selon lui, plus agréable que les renfoncements voûtés — les alcôves — qui se succédaient sur le côté nord du grand cloître, en face du *frater,* où les moines du chœur prenaient leurs repas. Ils étaient parfaitement abrités de la brise et orientés au sud. S'asseoir là sur le banc, un livre à la main, et laisser son regard errer sur le carré vert du cloître silencieux, sentir la douce odeur de l'herbe coupée mêlée au parfum plus prononcé des pâquerettes, tout cela équivalait pour lui à un avant-goût du paradis.

Son alcôve préférée se situait à peu près au milieu. En sortant de l'église, il fallait descendre les cinq marches de pierre, tourner à droite et faire douze pas pour y arriver. Durant un bel après-midi, on sentait la chaleur du soleil à travers les arches dès le septième pas. Au douzième, on tournait encore à droite et on y était.

Ces dernières semaines, il avait rarement eu la possibilité de s'accorder ce plaisir à cause de son travail dans les fermes. Mais en ce chaud après-midi de mai, le capuchon relevé — signe qu'il ne voulait pas être dérangé —, il lisait distraitement la vie de saint Wilfrid, quand il entendit :

— Frère Adam ! Venez vite ! Le *Salut* est là !

Le *Salut*, comme l'appelait le novice ignorant, en fait le *Salvata*, était le bateau de l'abbaye, un navire trapu gréé en carré. Après avoir quitté l'estuaire de Beaulieu, sa première escale se trouvait tout près ; à la tête du grand bras de mer du Solent, sur la côte orientale de la Forêt, Southampton, un petit port prospère, s'était développé au cours des derniers siècles. Les moines de Beaulieu entreposaient la laine destinée à l'exportation dans une maison près des quais. Au retour, le *Salvata* embarquait à Southampton toutes sortes de marchandises, notamment le vin français tant apprécié des hôtes de l'abbé. De Southampton, le navire poursuivait son chemin le long de la côte jusqu'au comté de Kent, puis traversait la Manche. Ou bien il continuait pour remonter la Tamise jusqu'à Londres, ou, le plus souvent, il longeait la côte orientale de l'Angleterre jusqu'au port de Yarmouth, où il embarquait une grosse cargaison de harengs salés pour l'abbaye. Le retour du *Salvata* à la jetée en contrebas de l'abbaye suscitait toujours un grand émoi.

Quand Adam y arriva, la plus grande partie de la communauté de l'abbaye — plus de cinquante moines et une quarantaine de frères lais — s'était déjà rassemblée là et, comme à son habitude, le prieur lançait des ordres inutiles : « Comme ça, droit ! Attention à l'amarre ! »

Adam observait la scène. Il arrivait parfois, il fallait l'admettre, que même les moines les plus dévots se comportent presque comme des enfants.

Il s'agissait d'une cargaison de harengs salés. Dès que la planche de débarquement fut mise en place, tous voulurent rouler à terre une caque.

— Deux par caque ! lança le prieur. Roulez-les jusqu'au magasin.

Une vingtaine étaient déjà débarquées. Les moines échangeaient des plaisanteries et il flottait un petit air de fête. Il s'apprêtait à retourner au cloître quand il vit le capitaine du bateau murmurer quelque chose au prieur. Il indiqua la direction de l'aval et Jean de Grockleton tressaillit. Puis il se mit à crier.

Si quelque chose le mettait en fureur, c'étaient bien les atteintes aux droits temporels de l'abbaye. Il avait consacré sa vie à les protéger. Parmi ces nombreux droits, il y avait celui de pêcher dans la rivière Beaulieu.

— Vilenie ! cria-t-il. Sacrilège !

Les moines qui roulaient les caques s'arrêtèrent et se retournèrent.

— Frère Marc, frère Benoît !... appela le prieur. Allons chercher la yole. Venez avec moi !

Inutile d'être grand clerc pour deviner ce qui allait se passer. Quelques hommes pêchaient plus bas sur la rivière et, d'une barque, jetaient ouvertement leurs filets. Pis, l'un d'eux était un marchand de Southampton. Les bourgeois avaient maintenu dur comme fer qu'eux aussi jouissaient de droits de pêche dans la rivière, plus anciens que ceux de l'abbaye. Voilà tout à fait le genre de bataille que Dieu le destinait à soutenir, croyait Grockleton.

Dieu ne procure pas chaque jour l'excitation d'une belle poursuite à ceux qui ont renoncé à tous les plaisirs de ce monde. Une yole avec trois moines à bord fila vers l'aval pendant que deux petites troupes, chacune d'une douzaine de moines, se hâtaient le long des berges. A la tête de celle qui suivait la rive orientale se trouvait Grockleton, le bâton à la main, penché en avant comme une oie en train d'attaquer. Sans y avoir été invité, frère Adam s'était joint à son équipe.

Ils progressaient avec une rapidité remarquable. Usant de son bâton comme d'une perche ou d'une jambe supplémentaire, le prieur se propulsait si vite que certains moines devaient relever leur robe et presque courir pour parvenir à le suivre. Deux frères lais envoyés en éclaireurs couraient en avant. Ils n'avaient pas plus tôt débouché dans la grande courbe marécageuse de la rivière qu'ils entendirent crier sur la yole à leur gauche.

Les hommes de Southampton pêchaient à bord d'une grosse embarcation bordée à clins, à mât unique et huit avirons. On n'y voyait pas trace de voile : ils prévoyaient probablement de rentrer à Southampton à la rame. Ils n'avaient pas encore remonté leurs filets ; trois d'entre eux avaient allumé un petit feu sur la rive gauche et préparaient un repas. A en juger par sa mise, l'un d'eux était un marchand important, ce que confirma le prieur en lâchant d'une voix sifflante : « Henry Totton ! » Le propriétaire des entrepôts voisins de celui de l'abbaye près du quai.

— Intrus ! Coquins ! Cessez immédiatement ! cacarda Grockleton à travers le marais.

Totton leva les yeux, surpris. Adam eut l'impression qu'il grommelait quelque chose, puis haussait les épaules. Ses deux compagnons semblaient ne pas trop savoir que faire. Mais il n'y avait aucun doute quant à l'attitude de ceux qui se trouvaient à bord de la barque.

Ils étaient cinq. L'un, à l'avant, avait une drôle d'allure. Bien qu'ils fussent à deux cents mètres au moins, on ne pouvait pas ne pas le remarquer car, outre ses cheveux noirs, ramenés en arrière et attachés sur sa nuque, sa barbe broussailleuse ne parvenait pas à cacher l'absence presque complète du menton. Une certaine gaieté empreignait son visage. Et c'était lui qui, après s'être retourné lentement, sans malice particulière, regardait maintenant le prieur et lui adressait un geste obscène.

Ce fut comme si Grockleton recevait une flèche.

— Chien impie ! cria-t-il, puis, désignant les trois hommes sur la berge : Emparez-vous de ceux-là ! Rossez-les !

Il y eut un instant d'hésitation. Certains moines jetèrent un regard circulaire à la recherche d'un bâton, d'autres fermèrent les poings avant de se précipiter sur les hommes réunis autour du feu de camp.

— Arrêtez ! cria frère Adam avec autorité.

Il savait qu'il se mettait en travers du prieur, mais il le fallait. Se hâtant au côté de Grockleton, il lui murmura quelques mots en montrant l'embarcation :

— Prieur, si vous usez de violence, les hommes à bord de la barque risquent de nous attaquer. Même si nous avons le droit de notre côté, après les ennuis de la ferme... ajouta-t-il par déférence.

Le sens de ces paroles était clair. La réputation de l'abbaye en pâtirait si le prieur déclenchait une bagarre.

— Si nous connaissons leur nom, reprit-il, nous pouvons les traîner en justice.

Il se tut et retint son souffle. Grockleton sursauta comme s'il venait de s'éveiller d'un rêve.

— Frère Adam, dit-il soudain, prenez leur nom et identifiez-les. S'ils opposent une résistance, nous les terrasserons.

— Bien, prieur, répondit Adam qui inclina la tête et s'avança rapidement vers les pêcheurs.

Il fit signe à deux moines de l'accompagner et se précipita pour accomplir sa mission.

Il avait fait tout son possible pour que le prieur sauve la face. Il espérait y avoir réussi. Mais, à sa grande consternation, l'un de ses compagnons murmura :

— Vous avez bien fait honte au prieur, frère Adam.

Il sut que Grockleton ne le lui pardonnerait jamais.

Une semaine plus tard, dans un coin reculé à l'ouest de la Forêt, deux hommes se reposaient près de leur feu de camp et attendaient.

A quelques pas de là, ajoutant au vague mystère de la scène, se dressait une énorme levée de terre couverte d'herbe. Des volutes de fumée s'échappaient par les trous percés sur ses flancs. Puckle et Luc préparaient du charbon de bois.

La fabrication du charbon de bois est un art très ancien qui requiert un grand savoir-faire. Durant l'hiver, Puckle coupait des bûches et des petites branches, les billettes. Toutes les principales essences de la forêt — chêne et frêne, hêtre, bouleau et houx — faisaient l'affaire. A la fin du printemps, il élaborait son premier feu.

Ce feu-là ne ressemble à nul autre. Il est énorme. Lentement, soigneusement, Puckle disposait les billettes en un cercle d'une demi-douzaine de mètres de diamètre. La montagne de bois dépassait deux mètres de haut. Puis, grimpé sur ce grand tas conique au moyen d'une échelle incurvée, il le recouvrait entièrement d'une couche de terre et de gazon, ce qui lui donnait un air mystérieux de four herbeux. Il l'allumait par le haut, car le feu à charbon de bois brûle vers le bas.

— Il ne nous reste plus qu'à attendre.

— Combien de temps ? s'enquit Luc.

— Trois ou quatre jours.

Le carbonisateur est une merveilleuse machine qui convertit le bois humide et résineux en un matériau aussi proche que possible du charbon pur. Il faut carboniser le bois sans le laisser se consumer ni s'oxyder en cendres inutilisables. On y parvient en réduisant au maximum la concentration d'oxygène à l'intérieur du cône, d'où les côtés recouverts de gazon. On ralentit encore le processus en brûlant le bois par le haut. Le charbon de bois obtenu est léger, facile à transporter, et il brûle lentement dans un brasero, sans flammes, en dégageant une chaleur intense.

A la fin de la première journée, de la vapeur s'échappait des trous et la partie supérieure du cône restait humide.

— On appelle ça transpirer, dit Puckle. L'eau sort du bois.

Le troisième jour, vers la fin du processus, un déchet goudronneux s'écoulait à la base. Il fallait que ça refroidisse pendant trois jours.

Ils pourraient faire plusieurs charretées de charbon de bois.

Luc aimait bien ce travail. Ceux qui l'effectuaient passaient le plus clair de leur temps dans la Forêt : on les voyait rarement, les remarquait à peine. Cela lui convenait parfaitement, d'autant plus que la région autour de Burley se situait loin de l'abbaye et que les gardes forestiers du bailliage ne le connaissaient pas. La tâche était peu astreignante. Pendant que le feu brûlait, il vagabondait dans les bois ou allait couver Mary du regard.

Puckle était très content de l'héberger. Le forestier n'avait jamais suivi d'autre loi que la sienne. Sa famille, nombreuse, comprenait ses propres enfants, ceux de son frère décédé et divers autres rejetons apparentés dont personne ne s'était soucié de rechercher les origines. Lorsqu'un garde forestier lui demanda un jour qui était son aide, il répondit négligemment qu'il s'agissait d'un de ses neveux et son interlocuteur se contenta de hocher la tête avant de changer de sujet.

Il pouvait rester dans la Forêt avec Puckle plusieurs mois. Seuls les membres de sa famille connaissaient son identité, mais ils ne parlaient pas. « Moins il y a de gens au courant, mieux c'est, avait dit son hôte. Tu ne risques rien. » Et pourtant Luc ne put s'empêcher de tressaillir quand, un après-midi de mai, Puckle, levant soudain les yeux, avait dit : « Tiens, voilà du monde. » Et il avait ajouté à voix basse : « Fais ce que je dis. »

Frère Adam chevauchait lentement sur son poney. Il se sentait sans énergie. Il pensait savoir pourquoi. Il s'était même murmuré le mot *acedia*. Tous les moines connaissaient cet état. *Acedia*. Ce mot latin désignait un glissement dans l'ennui, la dépression, l'apathie ; on avait le sentiment d'une mort affective, une sensation de vide, d'engourdissement, comme si on entendait sonner le glas sans pouvoir réagir. Elle lui venait certains après-midi, comme une somnolence, ou à des époques précises de l'année — au milieu de l'hiver, quand il ne se passait rien, ou à la fin de l'été, après les moissons. Il fallait bien sûr la combattre. Ce n'était que le diable, qui tentait de saper le moral ou d'affaiblir la foi des moines. Travailler dur constituait le meilleur remède.

C'est bien ce qu'il avait fait. Il avait passé les jours précédents dans la vallée de l'Avon. Après que les prés eurent été fauchés, de grandes charretées de foin en partaient à travers la Forêt. Logé à Ringwood, il faisait des allées et venues le long de la rivière pour passer les prés en revue. Il avait vérifié l'état des faucilles. Trois frères lais allaient partir en mission à l'étranger et il devait diriger les préparatifs. Même Grockleton ne pouvait insinuer qu'il négligeait son travail.

Pour une fois, il n'avait pas été fâché de quitter l'abbaye. Après l'incident sur la rivière, l'atmosphère avait été tendue. Les moines se devaient de chasser de leur esprit toute pensée et intention mauvaises et de se montrer charitables envers leurs frères. Bon gré mal gré, Grockleton s'y était probablement efforcé en toute sincérité. Mais la présence d'Adam ne manquait pas de l'irriter et celui-ci avait donc été content de s'en aller.

Il lui fallait maintenant rentrer à l'abbaye et il n'en ressentait pas l'envie. En arrivant à Burley, il était déjà déprimé ; inconsciemment, il avait laissé son poney prendre une mauvaise piste et, avec un vague sentiment de culpabilité, il coupait à travers bois pour retrouver le bon sentier quand il vit les deux hommes occupés à fabriquer du charbon de bois. Un an plus tôt, il aurait probablement passé son chemin en se contentant d'un petit salut, mais il lui parut maintenant naturel de s'arrêter et de leur parler. Et si c'était aussi un prétexte pour retarder un peu son retour, soit.

Le forestier se tenait près du petit feu de camp ; son compagnon s'était un peu éloigné, de l'autre côté du cône fumant. Frère Adam crut avoir déjà vu Puckle quand il livrait à l'abbaye des tuteurs pour les vignes. Le plus jeune possédait aussi quelque chose de vaguement familier, mais comme tous les gens de la Forêt étaient apparentés, il n'y trouva rien de surprenant. De sa selle, il regarda Puckle et lui demanda sur un ton amical s'il avait presque fini.

Il lui posa d'autres questions anodines — d'où il venait, à qui il viendrait son charbon de bois, etc. Plus que le temps, les déplacements des cerfs formaient aussi un sujet de conversation habituel chez les gens de la Forêt.

— Je crois qu'on devrait en voir sur le Stag Brake, dit-il.

— Non, ils sont plutôt du côté d'Hinchelsea.

Adam hocha la tête. Puis son regard erra du côté du cône à charbon de bois derrière lequel rôdait l'autre bonhomme.

— Vous n'avez qu'un seul aide ? demanda-t-il.

— Pour aujourd'hui seulement, répondit Puckle, qui, avec désinvolture, lança : Peter. Viens ici, mon garçon.

Frère Adam regarda avec curiosité le jeune homme s'approcher.

Il arrivait en traînant les pieds, la tête et les yeux baissés, apparemment timide, la mâchoire un peu pendante. Un pauvre diable, pensa le moine.

— Alors, Peter, vous êtes déjà allé à Beaulieu ? s'enquit-il avec gentillesse.

Le jeune homme parut sursauter, puis marmonna quelques paroles incohérentes.

— C'est mon neveu, expliqua Puckle. Il n'est pas bavard.

Frère Adam regardait le personnage hirsute debout devant lui.

— Nous utilisons votre charbon de bois pour chauffer l'église, dit-il d'un ton encourageant, sans rien trouver d'autre à ajouter.

— C'est bien, mon garçon, fit doucement Puckle en donnant congé au jeune homme d'un geste. Il est un peu simplet, confia-t-il au moine quand son neveu se fut éloigné.

Comme pour confirmer ces paroles, en arrivant près du grand tas fumant, le bonhomme se retourna à moitié et montrant le cône, l'air parfaitement abruti, il proféra un seul mot : « Feu ! » Puis il s'assit par terre.

Adam aurait dû repartir, mais, Dieu sait pourquoi, il ne le fit pas. Il resta encore un moment avec le forestier et son neveu, partageant avec eux la paix du lieu. Curieuse chose que ce cône recouvert de gazon. Quelle chaleur épouvantable, quel feu ardent pouvait cacher ce grand monticule vert ? Et cette fumée qui s'échappait sans bruit des fissures latérales, comme si le Tartare ou l'enfer lui-même se trouvait dans ses profondeurs ! Une pensée amusante lui vint soudain. Et si, à cet endroit même, au cœur de la Forêt, Puckle gardait l'entrée des régions infernales ? Il observa de nouveau le forestier.

Il n'avait pas remarqué jusque-là combien son allure était étrange. Peut-être à cause de l'ombre des arbres ou du rougeoiement des braises du feu de camp, ses formes noueuses lui donnèrent soudain l'impression qu'il s'agissait d'un gnome. Son visage buriné lui parut prendre un éclat mystérieux. Etait-il démoniaque ? Il se blâma de cette sottise. Puckle n'était qu'un paysan inoffensif. Et pourtant il y avait en lui quelque chose d'indéfinissable, un feu intérieur caché, intense, un feu que lui-même ne possédait pas. Enfin, sur un bref salut, il talonna doucement son poney et se remit en route.

— Bon Dieu ! s'exclama Luc dès qu'il fut hors de vue. Je croyais qu'il ne s'en irait jamais !

Il n'aurait pas dû prendre ce chemin-là. Après avoir dépassé la petite église de Brockenhurst, frère Adam avait suivi une piste qui menait vers le sud à travers bois jusqu'à un gué. L'endroit demeurait aussi désert que lorsque Tyrrell et Adela étaient passés par là deux siècles plus tôt. Cependant, de l'autre côté de la rivière, en haut du long sentier qui grimpait dans les bois, de grands champs occupaient le plateau défriché que le moine était chargé de surveiller.

Devant lui, au-dessus de ces terres, s'étendait la lande de Beaulieu et s'ouvrait la piste qui conduisait vers l'abbaye, à l'est. Voilà le chemin qu'il aurait dû prendre, mais il obliqua vers le sud. « Cela ne fait pas de différence », se dit-il.

Il restait en lisière des bois. Au bout d'un moment, il arriva à une piste qui partait vers la droite. Par là, seule sur un tertre sombre qui dominait la vallée de la Lymington, se dressait la vieille église paroissiale de Boldre. Il ne prit cependant pas cette direction et continua vers le sud. Il parvint bientôt à Piley, un petit élevage de bétail, avec quelques chaumières et des pâturages pour une trentaine de vaches et un taureau. C'est tout juste s'il le remarqua.

Pourquoi le souvenir de cette femme, la paysanne qui s'était tenue devant lui dans la grange, lui était-il revenu à l'esprit ? Il ne pouvait se l'expliquer. Il s'ennuyait, mais ce n'était rien. Il poursuivit son chemin sur près d'un kilomètre et parvint au hameau d'Oakley. Il pouvait tout aussi bien couper à travers la lande à partir de là.

Les villages de la Nouvelle Forêt étaient restés les mêmes. Ils disposaient rarement d'un centre. Leurs maisons s'égrenaient, parfois le long d'un cours d'eau ou d'une lande. Aucun seigneur local n'avait ordonné leur développement. Les mêmes chaumières, les mêmes fermes avec leur petite grange en bois, toutes modestes, indiquaient que c'étaient des communautés d'égaux installées dans la Forêt depuis de longues générations.

Le chemin qui traversait Oakley allait d'est en ouest et, comme partout dans la Forêt, sa surface consistait en un mélange de boue tourbeuse et de gravier. Au lieu de tourner vers l'est, Adam poussa son poney dans la direction opposée. Plusieurs chaumières s'échelonnaient sur un demi-kilomètre, puis le chemin commençait à descendre dans la vallée entre de hauts talus. La dernière, sur le côté nord du chemin, était une ferme avec plusieurs dépendances, dont une petite grange. Derrière s'étendaient un enclos, puis une friche semée d'ajoncs et, au-delà, les bois.

Il se demanda si la paysanne habitait là. S'il la voyait, il s'arrêterait sans doute pour prendre courtoisement des nouvelles de son mari. Il n'y avait pas de mal à cela. Il prit son temps, fit tourner son poney pour voir si quelqu'un ne sortait pas de la maison, mais personne n'apparut. Il s'arrêta un moment pour passer en revue les autres chaumières, puis rebroussa lentement chemin. Il demanda à un paysan qui habitait dans la ferme devant laquelle il était passé.

— Tom Furzey, frère, répondit le bonhomme.

Elle habitait donc bien là. Il eut soudain envie d'y retourner. Mais sous quel prétexte ? Il échangea quelques mots avec le paysan et poursuivit son chemin.

La sortie du village donnait sur un pré et un étang. Adam savait que la dernière ferme de ce côté-ci, un peu plus importante que les autres, appartenait à Pride. Un chêne rabougri, un petit frêne et des saules poussaient autour de l'étang recouvert de renoncules blanches.

Le chemin passait devant chez Pride, puis continuait sur la lande. Il le suivit doucement. Il était boueux par endroits. Par le nord, le sol aurait été plus sec. Il regrettait de n'avoir pas vu la paysanne.

A mi-chemin, sur la lande, les murs en torchis d'une bergerie accrochaient la clarté morne du jour. Au-delà s'étendaient les champs de la ferme de Beufre.

Il serait bientôt de retour à l'abbaye.

Acedia.

Tom Furzey se sentait si content de lui que, lorsqu'il se trouvait seul, il restait assis à jubiler en silence. Il s'étonnait d'avoir été capable de combiner tout cela. Le plan était si subtil, si plein d'ironie, d'une symétrie si parfaite ! Peut-être ne connaissait-il pas des mots comme ceux-là, mais il les aurait tous compris.

La chose était tombée du ciel. La femme de John Pride avait un frère, parti à Ringwood pour s'y marier : un bon mariage avec la fille d'un boucher aisé. Toute la famille Pride allait là-bas pour la noce. Mieux encore, la sœur de Tom lui avait dit :

« Ils vont rester tard à Ringwood. Il ne rentreront pas avant le petit matin.

— Tous ?

— Sauf le petit John. »

C'était l'aîné des fils de Pride, un gamin de douze ans. « Il doit rester là pour s'occuper des bêtes. Et du poney », avait-elle ajouté. « Ça, ça m'a fait réfléchir », lui avait-il dit fièrement en peu plus tard en lui dévoilant son plan. Elle était la seule mise dans le secret, car il avait besoin de son aide. Elle aussi avait été impressionnée par sa combine. « Faut reconnaître que t'as pensé à tout », l'avait-elle félicité.

Comme prévu, les Pride partirent de bonne heure pour Ringwood sur leur charrette. La matinée était chaude et ensoleillée. Tom vaqua à ses tâches comme à l'accoutumée. C'est seulement en fin d'après-midi qu'il annonça à Mary qu'ils allaient récupérer son poney.

— Ce n'est pas possible, Tom. Ça ne marchera pas.

— Ça va marcher.

— Et John. Il va...

— Pourra rien faire.

— Il va se mettre en colère, Tom...

— Ah oui ? Et moi, j'étais pas en colère ?

Il ne lui avait pas encore révélé le plus beau de l'affaire.

— Ce n'est pas tout, ajouta-t-il placidement. C'est toi qui vas le ramener.

— Non ! C'est mon frère, Tom.

— Ça fait partie de mon plan. C'est vital, comme qui dirait.

Il prit son temps avant de porter l'estocade :

— Tu devras faire autre chose, ajouta-t-il avant de lui expliquer le reste de son plan.

Elle ne pouvait refuser de coopérer, naturellement. Il semblait inutile de plaider, de lui faire remarquer combien cela serait humiliant pour elle. Peu lui importait. Il voulait qu'il en soit ainsi. Il prenait sa revanche contre eux tous. Elle le ferait pour maintenir la paix de la famille. Mais elle le mépriserait, ce serait sa défense.

— Ça va marcher, l'entendit-elle murmurer.

Le soleil commençait à se coucher et le petit John Pride ressentait la satisfaction du devoir accompli. Bien sûr, il avait déjà nourri les poules et les cochons, nettoyé l'étable et effectué les autres travaux de la ferme mille fois. Mais on ne l'avait jamais laissé un jour entier s'occuper de tout. Il ne lui restait plus qu'à ramener le poney.

Comme son père le lui avait demandé, il avait gardé un œil sur lui toute la journée. Pour plus de sûreté, il alla dormir près de lui dans l'étable.

Tout près, un cri brisa le silence du soir. La sœur de Tom Furzey habitait de l'autre côté. John Pride et elle ne se parlaient guère depuis l'histoire du poney, mais leurs enfants se voyaient presque chaque jour. C'était Harry, un garçon de son âge, qui criait.

— Au secours !

Il se précipita hors de la cour et traversa la prairie en courant le long de l'étang. Ce qu'il vit l'alarma. La mère de Harry gisait face contre terre. Apparemment, elle avait glissé près de la porte et, de la tête, en avait heurté le montant. Elle ne bougeait pas. Harry parvint enfin à la relever au moment où son mari et Tom Furzey sortaient de la maison. Tom avait dû lui rendre visite. Ses autres enfants arrivaient aussi.

Tom s'affaira : il s'agenouilla près de sa sœur, lui prit le pouls et la retourna sur le dos.

— Elle n'est pas morte, dit-il. Elle a dû se cogner le crâne. Vous les garçons, prenez-la par les jambes, fit-il avec un signe de tête au petit John.

Lui et son mari la soulevèrent par les aisselles et ils la portèrent dans la maison.

John s'attarda là quelques minutes. Un autre voisin arriva. Cependant, il n'y avait personne aux alentours de la ferme des Pride.

Quelques instants plus tard, Tom sortit et adressa des paroles rassurantes quant à l'état de sa sœur avant de rentrer dans la chaumière.

John repartit chez lui. Il contourna l'étang. Il jeta un coup d'œil dans l'enclos, ne vit pas le poney et regarda de nouveau. Pris de panique, il courut dans tous les sens. Le poney était parti.

Mais comment ? La porte était fermée. Un mur en torchis et une clôture entouraient le pré ; il n'avait pu sauter par-dessus. Il courut voir dans l'étable. Vide. Il se précipita vers la prairie et en fit le tour en courant. Il rencontra Harry à mi-chemin et ils partirent ensemble vers la lande de Beaulieu.

Le soleil était presque couché maintenant. Un rougeoiement embrasait la lande et les ajoncs projetaient des ombres démesurées. Ici et là, on voyait les formes sombres des poneys près des fourrés. Désespéré, le petit Pride chercha le sien des yeux.

Puis son compagnon le poussa du coude et lui montra quelque chose. Le poney. Il en était certain. Le petit animal se tenait près d'un massif d'ajoncs, à un kilomètre de là. Les deux gamins prirent leurs jambes à leur cou et se dirigèrent vers lui. Mais, comme s'il les avait vus, le poney s'éloigna soudain à toute vitesse et disparut derrière une déclivité.

Harry s'arrêta.

— Nous ne l'attraperons jamais comme ça, dit-il, haletant. Nous ferions mieux de le poursuivre à cheval. Tu peux prendre mon poney, je monterai celui de mon père. Viens.

Ils rebroussèrent chemin en toute hâte. Le petit John ne prit même pas la peine de seller le poney. Quelques instants après, les deux garçons se mettaient en route dans les derniers feux du couchant.

— Je parie qu'on ne les reverra pas de la nuit, fit Tom avec un petit rire.

Un peu après la tombée de la nuit, Mary avait conduit le poney à travers les bois derrière leur ferme et il l'avait aidée à le faire entrer dans la petite grange. Là, une fois la porte fermée, ils l'avaient examiné à la lumière d'une lanterne. Il était encore plus joli que dans son souvenir. Il voyait bien que Mary pensait la même chose. La nuit était bien avancée quand ils verrouillèrent la porte derrière eux.

Lorsque Tom se réveilla, le soleil était déjà au-dessus de l'horizon. Il se leva d'un bond.

— Va nourrir le poney, chuchota-t-il. Je t'avertirai quand ce sera le moment que tu viennes.

Il sortit précipitamment et se hâta sur le chemin qui menait chez John Pride. Il ne voulait pas manquer de voir la tête qu'il ferait à son retour.

Tout allait bien. Pride n'était pas encore là.

Mais il y avait son fils. Le pauvre petit John, assis en bordure de la pelouse, Harry à son côté, était pâle, l'air pitoyable. Ils avaient passé toute la nuit dehors, déclara Harry, qui, suivant les instructions de son oncle, n'avait pas quitté son camarade d'une semelle. John devrait maintenant annoncer à son père qu'il avait laissé le poney s'échapper.

Tom en fut même un peu désolé pour lui. Mais c'était son jour de gloire et tous les Pride en pâtiraient.

Il avait tout répété. Les gens commençaient à se rassembler : sa sœur, un pansement sur la tête, d'autres habitants du hameau, une ribambelle d'enfants, qui, tous, attendaient le retour de Pride. Tom savait exactement ce qu'il lui raconterait.

« Le poney s'est échappé, John ? Je ne vois pas comment il a pu le faire. » Ne se trouvait-il pas avec le petit Pride quand cela était arrivé ? N'était-ce pas le fils de sa sœur qui l'avait repéré sur la lande ? « Il est parti dans la Forêt ? » Ensuite, il lui dirait : « Tu ferais bien d'aller à sa recherche. Je sais que tu t'y entends pour trouver les poneys, John. »

Mais le meilleur viendrait ensuite. Dès le retour de Pride, le jeune Harry devait courir chercher Mary. En arrivant, celle-ci s'écrierait : « Oh, Tom, devine un peu ! Je viens de trouver notre poney sur la lande.

— Mieux vaut le conduire dans la grange, Mary, répondrait-il.

— C'est déjà fait. »

Comment réagirait John Pride quand sa sœur lui dirait ça ? Qu'y ferait-il ?

« J'en suis désolé, John, qu'il lui dirait. Il a certainement voulu rentrer chez lui. »

Ce serait le meilleur moment de toute son existence.

Les minutes passaient. Les gens bavardaient tranquillement. Le soleil, d'un jaune délavé, venait de dépasser la cime des arbres et le sol était encore couvert de rosée.

— Les voilà ! s'écria un enfant.

Tom fit un signe de tête imperceptible au petit Harry, qui partit en catimini.

Après avoir nourri le poney, Mary s'attarda un peu dans la petite grange. Au début, elle avait été si surprise qu'elle n'en avait pas cru ses yeux. Puis elle avait froncé les sourcils. Finalement, après avoir jeté un coup d'œil vers le grenier où elle avait passé tant d'heures heureuses l'hiver précédent, elle hocha la tête.

Ce ne pouvait être que ça. Elle ne voyait pas d'autre explication. Elle chuchota même : « Tu es là ? » mais ne reçut pas de réponse. Alors elle soupira et murmura : « C'est sans doute ta façon à toi de plaisanter. » Elle ne savait trop si elle devait rire ou pleurer.

Ensuite, elle sortit de la grange, alla jusqu'à la clôture et regarda les bois au-delà du pré. Elle s'attendait un peu à un signal, mais il n'y en eut aucun. Oubliant même le poney un moment, elle resta là à regarder dans le vide.

C'était sa manière à lui de lui faire savoir qu'il restait là et veillait sur elle. Une bouffée de joie l'envahit. Puis elle secoua la tête. « Mais qu'as-tu fait là, Luc », murmura-t-elle.

Sur ces entrefaîtes arriva le petit Harry.

Tout se déroulait comme prévu. Tom gloussait de plaisir et d'excitation. John Pride foudroyait son fils du regard et celui-ci était au bord des larmes. Alors que les Pride descendaient de leur charrette, l'air mal à l'aise, tout le hameau appréciait la bonne blague.

— Tu ferais bien de vérifier qu'aucune autre de tes bêtes ne manque ! lança Tom. Elles sont peut-être toutes parties !

Il venait juste de penser à celle-là. Il était si content de son bon mot et des rires qu'il déclenchait qu'il poussa encore plus loin :

— Il y a quelque chose chez toi qu'elles n'aiment pas, tu ne crois pas, John ?

Toute l'assistance riait, maintenant. Il jeta un coup d'œil vers le chemin. Mary devait arriver d'un moment à l'autre. La dernière surprise. Le triomphe. Elle aurait d'ailleurs bien fait de se dépêcher. Pendant que tout le monde était là.

L'une des fillettes de Pride avait couru jusqu'à l'étable pour se rendre compte par elle-même de l'absence du poney. Elle revenait juste, l'air déconcertée. Elle alla à son père et lui murmura quelque chose. Pride fronça les sourcils, puis se dirigea à son tour vers l'étable. Ça, c'était fort ! Il revint et le regarda droit dans les yeux.

— Je ne sais pas à quoi tu joues, Tom Furzey ! lança-t-il. Le poney est dans l'étable.

Silence. Tom écarquilla les yeux. Pride haussa les épaules. Tom ne bougeait toujours pas. C'était impossible.

Il s'élança à travers la cour, passa devant Pride et courut jusqu'à la grange. Le poney se trouvait bien là. Aucune erreur possible. L'idée de le détacher et de l'emmener le démangeait.

— Alors, Tom, ça ne va pas ?

A son tour de faire les frais des plaisanteries. La petite foule était en joie.

« Il est rentré au bercail et s'est enfermé à l'intérieur, hein, Tom ? Où croyais-tu qu'il était ? On sait bien que tu te faisais du souci pour lui... T'inquiète pas, Tom. Le poney est en lieu sûr maintenant ! »...

John Pride le regardait lui aussi, mais pas vraiment en riant. Il était toujours perplexe, ça se voyait.

Tom passa à côté de lui. Il dépassa la foule sans même jeter un coup d'œil à sa sœur, longea l'étang et disparut sur le chemin.

Comment était-ce possible ? Quelqu'un avait-il averti Pride ? Non. Il n'en aurait pas eu le temps. Pride ne savait rien, c'était évident. Son fils avait-il deviné ce qui s'était passé et avait-il récupéré le poney ? Le petit Harry ne l'avait pas quitté de la nuit. Qui était au courant ? Sa sœur et les membres de sa famille. L'un avait pu parler, mais il en doutait. De toute façon, il ne voyait pas qui, dans le hameau, aurait fait le travail pour Pride.

Mary. Il ne restait plus qu'elle. Etait-elle sortie cette nuit pendant qu'il dormait ? Ou avait-elle demandé à quelqu'un d'autre de ramener le poney ? Il n'arrivait pas à y croire. Mais il n'arrivait pas à croire non plus qu'au début elle ait pu adopter cette attitude à propos du poney.

Il ne savait pas ce qui s'était passé et ne le saurait probablement jamais. Une chose était sûre : auparavant on le prenait pour un imbécile, maintenant il avait l'air deux fois plus bête. « Quoi que je fasse, pensa-t-il, le sol se dérobera toujours sous mes pieds. »

Elle était seule dans la cour. Elle savait visiblement que les choses avaient mal tourné.

Il s'approcha d'elle et la gifla à toute volée. Elle tomba par terre.

Peu lui importait.

La moisson. Les longs jours d'été. Des files d'hommes en sarrau qui avançaient lentement à travers les champs dorés en balançant en cadence leurs longues faux. Des frères lais en habit blanc et tablier noir suivaient avec leurs outils. La poussière emplissait l'air, des mulots et d'autres petits animaux trottinaient vers les haies bourdonnantes, des mouches volaient partout.

Le ciel était limpide, d'un bleu profond, la chaleur accablante. Dans un coin du firmament, la pleine lune se levait lentement.

Frère Adam chevauchait tranquillement. Après Beufre, il se trouvait à St Leonard et se dirigeait à travers la lande vers les champs au-dessus du gué. Il ouvrait l'œil.

L'abbé était revenu la semaine précédente, puis reparti pour Londres. Avant son départ, il lui avait laissé des consignes. « Soyez particulièrement vigilant pendant les moissons, Adam. C'est à ce moment-là que nous avons le plus de journaliers. Veillez à ce qu'ils ne boivent pas et ne nous attirent pas des ennuis. »

Une charrette remontait le chemin, tirée par un grand cheval de trait. Elle était chargée de miches de pain, du pain à base de farine grossière, réservé aux journaliers, et de tonneaux de bière.

« Ne leur donnez que de la Wilkin le Naket », avait insisté Adam. C'était la moins alcoolisée des bières brassées à l'abbaye. Elle étancherait leur soif sans les saouler. Il jeta un coup d'œil du côté de la lande. Le champ de blé suivant avait été fauché la veille.

Et c'est là qu'il vit Mary, la paysanne, vêtue d'une simple cotte attachée à la taille, qui se dirigeait vers lui à travers le chaume.

Mary prit son temps. Tom ne l'attendait pas. C'était ça l'essentiel. Elle portait un petit panier de fraises des bois ramassées à son intention.

Que fait une femme lorsqu'elle est obligée de vivre avec un homme ? Quand elle ne peut s'en aller, quand elle a des enfants avec lui ? Que fait-elle quand elle vit sous le même toit que lui alors que le couple bat de l'aile ?

Voilà si longtemps qu'ils se battaient froid qu'elle se sentait lasse, bien qu'elle ne l'aimât pas. Comment agir, dans ces conditions, pour sauver un couple ? Un petit cadeau, une marque d'affection. Peut-être, si elle était décidée, si l'amour revenait, réussirait-elle à éprouver de nouveau des sentiments pour lui. Suffisamment du moins pour que cela devienne supportable. C'est ce qu'elle espérait.

On ne parlait plus du poney, à présent. Tom ne voulait plus y penser, il semblait même ne plus désirer le récupérer. Une ou deux fois, sous divers prétextes, elle était allée voir son frère et Tom n'avait pas relevé. Elle avait toujours veillé à revenir tout de suite. Peut-être finirait-elle par pouvoir rester un peu plus longtemps. Elle n'avait ni revu Luc ni eu de ses nouvelles. Tom parlait de lui de temps en temps. Peut-être soupçonnait-il qu'il se cachait dans la Forêt, c'était difficile à dire.

En apparence, ils semblaient assez sereins. Mais, depuis l'incident du mois de mai, pas une seule fois il n'y avait eu d'intimité entre eux. Tom se montrait calme, mais froid ou fuyant, ce qui revenait au même. Quand le temps des moissons fut venu, période à laquelle les journaliers dormaient souvent dans les fermes ou dans les champs, il parut content de s'en aller et il ne chercha pas à rentrer le soir à la maison.

Elle arriva dans le champ juste au moment où frère Adam ordonnait le repos.

Tom fut surpris de la voir. Il eut même l'air un peu embarrassé quand elle se dirigea vers lui et lui offrit le panier.

Apparemment, il ne voulait pas montrer ses sentiments devant les autres. Il retourna sa faux et entreprit de l'affûter avec une petite pierre à aiguiser.

Ses compagnons s'approchaient de la charrette où un frère lai servait la bière. Tom défit le gobelet en bois attaché à sa ceinture par un lacet, le remplit et but en silence.

— Tu en as fait du chemin, dit-il enfin.

— Ce n'est rien, répondit-elle en souriant. Les enfants vont bien, ajouta-t-elle. Ils seront contents de te voir de retour.

— Oui, sans doute.

— Et moi aussi.

Il avala une autre gorgée de petite bière et hocha la tête sans se compromettre, avant de retourner aiguiser sa faux.

D'autres arrivaient maintenant. Ils saluaient Mary d'un signe de tête, regardaient le panier et trouvaient son geste aimable.

— Des fraises que ta femme t'a apportées là, Tom ; tu vas les partager avec nous, hein !

Ils étaient d'humeur enjouée. La conversation allait donc bon train, comme cela se produit souvent quand les gens n'ont rien à dire. Chacun se sent obligé d'entretenir un petit courant de plaisanterie tandis qu'autour fusent des traits d'esprit et des commentaires plus aigres.

— Les Pride veillent sur toi ! lança quelqu'un. Voilà Tom submergé de fraises et nous on n'a rien !

— J'ai l'impression que Tom est comblé, hein, Tom ? railla un autre.

Bien que la plaisanterie fût un peu effrontée et tristement inexacte, Mary en rit aussi, et Tom, démonté, baissa les yeux.

Quelque mauvais esprit poussa alors l'un des plus jeunes en lisière du groupe à lancer d'un ton gouailleur :

— Si t'avais épousé son frère, Tom, t'aurais eu le poney en prime !

Et Mary de rire derechef. Elle rit parce que tous riaient, parce qu'elle avait été prise un instant par surprise. Elle ne rit qu'une fraction de seconde puis s'arrêta net. Trop tard.

Tom avait vu la chose autrement. Il avait cru qu'elle se moquait de lui, que son cadeau était un stratagème, comme une pomme qu'on offre à un poney pour qu'il reste tranquille. Ces Pride, tous les mêmes. Ils pensaient pouvoir vous avoir et vous croyaient trop stupide pour que vous vous en aperceviez. Ils le faisaient même devant d'autres pour vous ridiculiser davantage. Tom la vit se moquer de lui ouvertement, puis s'arrêter soudain, comme si elle se disait : « Bon sang, il a remarqué. » Il trouva dans cette attitude encore plus de moquerie et de mépris. Tout son ressentiment et sa rage contenus du printemps et de l'été montèrent de nouveau en lui.

Son visage rond s'empourpra. D'un coup de botte, il renversa le panier.

— Va-t'en d'ici ! hurla-t-il en la frappant au visage. Va-t'en !

Mary partit donc. Elle ne regarda pas en arrière.

Frère Adam se tenait un peu à l'écart, mais il avait tout vu et pouvait difficilement laisser passer. S'approchant du groupe, il dit sèchement à Furzey :

— Vous êtes sur les terres de l'abbaye. Les comportements de ce genre ne sont pas tolérés ici. Et vous ne devriez pas traiter ainsi votre femme.

— Vous n'avez jamais eu de femme, moine, alors qu'en savez-vous ? lança Tom avec un regard de défi.

Les regards se tournèrent vers eux.

— Maîtrisez-vous, rétorqua Adam avant de se détourner.

Mais Tom était trop remonté pour s'arrêter en si bon chemin.

— Je vous dis ce que j'ai envie de dire ! Et ne vous mêlez pas de ce qui ne vous regarde pas ! cria-t-il.

Frère Adam s'immobilisa. Il ne pouvait tolérer cette attitude et il était sur le point de se retourner et d'ordonner à Furzey de quitter le champ quand il pensa à la femme. Il s'adressa au frère lai responsable de l'équipe.

— Ne faites pas attention et laissez-le, dit-il calmement. Pas la peine de l'envoyer rejoindre sa femme dans un état pareil.

Il prononça ces mots juste assez fort pour que deux ou trois journaliers les entendent. La punition suivrait, naturellement, mais pas maintenant.

Il monta en selle et s'éloigna. Il était temps d'inspecter les champs sur la lande.

Il s'arrêta pour parler aux bergers près de Bergerie et ne l'aperçut qu'en arrivant sur la lande.

Il la regarda marcher au milieu des bruyères. La voyant presque trébucher, il poussa sa monture dans sa direction. Elle se retourna. Une marque rouge lui barrait le visage et elle avait pleuré. Il lui restait encore près de cinq kilomètres à parcourir sur un mauvais chemin.

— Venez, dit-il en se penchant et tendant le bras vers elle. Votre village est sur mon chemin.

Elle ne discuta pas, fut soulevée de terre et se retrouva à califourchon devant lui sur le garrot du grand cheval.

Le soleil tapait dur ; la bruyère n'était plus qu'une brume violette, son doux parfum aussi entêtant que celui du chèvrefeuille. La pleine lune ajoutait une étrange touche argentée au bleu du ciel.

Ils chevauchaient en silence. Frère Adam avait passé ses bras autour d'elle pour tenir les rênes.

— Je peux vous emmener au village, lui proposa-t-il.

— Je pourrai marcher. Il existe un chemin à travers bois qui conduit à l'arrière du hameau. Je ne veux pas que tout le monde me voie dans cet état.

— Et vos enfants ?

— Ils sont chez mon frère. J'irai les chercher ce soir.

Frère Adam ne dit rien. Une lande plate s'étendait devant eux et au-delà, à un kilomètre, un écran de verdure cachait le pâturage de Pilley. Il n'y avait pas âme qui vive, seules quelques vaches et quelques poneys.

Il avait chaud et apercevait sous la cotte de Mary de petites gouttes de sueur qui perlaient sur sa nuque et ses épaules. Il percevait le goût salé de sa peau, pareil à celui du blé, mêlé à l'odeur légère de cuir chaud de ses savates. Il remarqua le contraste entre ses cheveux noirs et la peau plus claire de son cou. Ses seins, pas gros mais pleins, se trouvaient juste au-dessus de ses poignets, presque à les toucher. Ses jambes, de solides jambes de paysanne, bien formées, étaient découvertes jusqu'au genou.

Ce sot de Furzey tenait cette femme dans ses bras, possédait ce corps à sa guise. Il l'avait toujours su, naturellement. Mais maintenant, pour la première fois de sa vie, cette réalité le heurtait de plein fouet comme une vague. « Dieu du ciel ! fut-il sur le point de s'écrier, c'est la vie de tous les jours, l'univers de ces gens simples. Et je ne l'ai jamais connu. » Avait-il raté sa vie ? Avait-il tout raté ? Existait-il une autre voix dans l'univers, chaude, éblouissante comme le soleil, qui résonnait, courait dans ses veines, qu'il n'avait jamais entendue dans le silence rempli d'étoiles du cloître ? Contre toute attente, voilà qu'il était jaloux de Furzey et de l'univers entier. « Tout le monde a connu cela et pas moi », pensa-t-il.

Ils entrèrent dans les bois déserts, silencieux comme une église, et la lumière mouchetée filtrait doucement à travers le feuillage estival.

Une ou deux fois, il entrevit, à travers champs, l'un des toits de chaume des petites maisons du hameau, doré dans le soleil. Puis, les bois s'incurvant vers le sud, la piste s'enfonçait plus profondément au milieu des arbres, le long du petit ravin qui descendait vers la rivière. Ils avaient parcouru un arc de cercle autour du hameau quand elle indiqua une direction sur la gauche. Il fit tourner le grand cheval, quitta le chemin et chevaucha à travers bois.

— C'est ici, dit-elle après un petit moment.

Ils n'étaient qu'à une vingtaine de pas de la lisière de la forêt, qui laissait place à des ajoncs et à un petit enclos pour les chevaux. Il descendit de cheval et la déposa doucement à terre.

— Vous devez avoir chaud, dit-elle simplement. Je vais vous chercher de l'eau.

Il attacha son cheval à un arbre et la suivit. Sa curiosité le poussait à voir de plus près cette ferme.

Ils traversèrent l'enclos. La maison était à gauche, la grange, à droite. Près de celle-ci, il y avait un tas de fougères coupées, comme une petite meule de foin. Elle entra dans la chaumière, puis en ressortit avec une coupe en bois et une cruche. Elle versa l'eau dans la coupe, posa la cruche par terre et, sans un mot, rentra dans la maison.

Il but, puis remplit la coupe. L'eau était délicieusement fraîche. Comme celle de beaucoup de ruisseaux de la Forêt, elle avait un goût un peu piquant de fougère.

Quand Mary revint, elle s'était baigné le visage et l'eau avait atténué la marque sur sa joue. Elle s'était brossé les cheveux ; sa cotte légèrement descendue, pendant qu'elle se lavait, supposa-t-il, laissait entrevoir la naissance de ses seins.

— J'espère que vous vous sentez mieux, dit-il.

— Oui. Il faut que vous voyiez mes bêtes, répondit-elle avec un petit sourire. J'en suis très fière.

Il la suivit donc, prévenant comme un chevalier servant avec sa dame, tandis qu'elle lui faisait visiter son domaine.

Elle prenait son temps. Elle donnait à manger aux poules, qui portaient toutes un nom. Ils examinèrent les porcs. La chatte venait d'avoir des petits ; ils les admirèrent comme il convient.

Mais lui admirait surtout cette femme. Elle avait retrouvé son équanimité. Son visage était paisible, elle paraissait délassée. Quand elle lui énuméra les noms de ses poules, elle arbora un petit sourire. Ils semblaient si bien choisis — un ou deux étaient assez spirituels — qu'il lui demanda si c'était elle qui les avait trouvés.

— Oui. Mon mari va aux champs, je baptise les poules, ajouta-t-elle avec une ironie désabusée.

Il éprouvait pour elle de la tendresse et de l'admiration. Il montrait une attitude protectrice, restait à son côté en observant tout ce qu'elle faisait. Il n'avait pas remarqué jusque-là la grâce de ses mouvements. Bien que solidement charpentée, elle marchait avec légèreté en un charmant déhanchement. Une ou deux fois, quand elle s'agenouilla pour s'occuper des bêtes, il remarqua la ligne ferme de ses cuisses et les jolies courbes de son corps. Quand elle tendit le bras, presque sur la pointe des pieds, pour cueillir une pomme, il vit ses seins parfaitement dessinés à contre-jour.

Il sentait sur sa peau le chaud soleil de l'après-midi. Outre les odeurs légères de la cour, il percevait celle du chèvrefeuille. C'était curieux comme, en la présence de cette femme, tout — les animaux, le pommier et même le ciel bleu — lui semblait plus réel qu'avant.

— Venez, dit-elle, j'ai encore une bête à voir. Elle est dans la grange.

Ils passèrent à côté de la meule de fougère, qui embaumait l'air.

A l'entrée de la grange, elle s'arrêta.

— Tout cela doit vous ennuyer, dit-elle en levant les yeux vers lui.

— Non, répondit-il. Pas du tout.

— Hmm, fit-elle en souriant. Visiter une ferme ne doit pas vous intéresser beaucoup.

— Quand j'étais enfant, j'ai vécu dans une ferme un certain temps.

C'était vrai. Son père avait été commerçant, mais son oncle possédait une ferme où il avait passé une partie de son enfance.

— Bon, bon... Il était une fois un garçon de ferme... commença-t-elle avec un rire léger. Une fois il y a bien longtemps.

Puis elle tendit la main et lui toucha la joue.

— Venez, dit-elle.

Quand l'idée avait-elle pris forme dans son esprit ? Mary ne le savait trop. Etait-ce sur la lande quand le beau moine l'avait secourue ? Lorsque le pas balancé du cheval l'avait apaisée, lorsqu'elle sentait ses bras puissants autour d'elle ?

Oui. Peut-être à ce moment-là. Les gens du village, sa belle-sœur et même son frère, personne ne savait qu'elle passait tout près en compagnie d'un inconnu. A ce moment-là aussi, son cœur s'était mis à battre la chamade.

Elle avait su ce qu'elle voulait en lavant son visage. L'eau fraîche lui avait picoté le front et les joues ; elle avait descendu sa cotte et des gouttes étaient tombées sur sa poitrine. Et là, par la porte entrebâillée, elle le voyait qui l'attendait.

Ils entrèrent dans la grange. L'animal dont Mary avait parlé ne faisait pas partie du cheptel de la ferme. Elle alla dans un coin, s'agenouilla et lui montra une petite boîte pleine de paille.

C'était un merle avec une aile cassée. Mary l'avait recueilli, avait confectionné une attelle pour son aile et l'avait mis à l'abri dans la grange jusqu'à ce qu'il puisse de nouveau voler.

— Ici, le chat ne peut pas l'attraper, expliqua-t-elle.

Il s'agenouilla à côté d'elle. Elle caressa doucement l'oiseau, il fit de même et leurs mains se touchèrent. Puis il se redressa et l'observa, toujours penchée sur l'oiseau.

Elle ne regardait pas le moine et percevait seulement sa présence.

C'était étrange, jusqu'à ce jour, il n'avait été pour elle que cela : une présence, presque un esprit. Un être hors de portée, au-dessus d'elle, intouchable, protégé par ses vœux et préservé du contact de toute femme. Et pourtant, elle le savait maintenant, il était comme les autres.

Son mari pouvait l'humilier, elle restait assez attirante pour avoir cet homme, infiniment supérieur au pauvre Tom.

Elle fut soudain envahie par le désir. Elle, la modeste Mary, la fermière, avait le pouvoir, ici et maintenant, de tranformer cet innocent en un homme. C'était une sensation enivrante.

— Regardez, dit-elle en soulevant l'aile de l'oiseau afin qu'il se penche pour la toucher.

Puis elle se tourna de côté et ses seins effleurèrent sa poitrine. Elle se leva lentement. Sa jambe toucha son bras. Elle alla à la porte et resta là à regarder le beau soleil, le cœur battant.

Elle sentait ses rayons sur sa peau, un picotement dans sa poitrine, un émoi qui se répandait dans tout son corps comme quand on rougit. Elle ferma la porte de la grange et se retourna.

— Je ne veux pas que le chat entre, dit-elle en souriant.

Elle se dirigea vers lui en silence. La grange était plongée dans la pénombre, mais des faisceaux de lumière passaient par des fentes dans les murs en bois. A son approche, il se leva lentement et ils se retrouvèrent face à face, elle le touchant presque, le regard levé vers lui.

Et frère Adam, qui aimait entendre la voix de Dieu dans le grand déploiement des étoiles de la nuit, savait seulement que son univers avait été envahi par une clarté plus forte, plus chaude, qui éclipsait les astres nocturnes.

Elle leva le bras et le passa autour de son cou.

L'après-midi estival était paisible. Loin, à la grange de Beaulieu, les moissonneurs avaient repris leur travail et le sifflement rythmique des faux sur les tiges des blés dorés s'ajoutait au léger bourdonnement des insectes dans les haies. Près de la petite ferme, le silence régnait. De temps à autre, un oiseau voletait dans les arbres. A l'orée herbeuse de la forêt, des poneys paissaient à l'ombre ou buvaient dans les petits ruisseaux qui coulaient encore malgré la sécheresse de l'été. A travers la vaste lande, le soleil, sous l'œil de la lune pâle, tapait sur les bruyères embrasées de pourpre et les fleurs d'ajoncs d'un jaune éclatant. Au sud, dans le Solent, la marée montait et ses eaux bienfaisantes baignaient le rivage de la Nouvelle Forêt.

Le service du matin. Formes immuables. Paroles éternelles.

Laudate Dominum... Et in terra pax... Prière. *Pater Noster, qui es in cœlis...*

Soixante moines, trente de chaque côté de l'allée centrale, chacun à sa place, que seule la mort pouvait changer. Habits blancs, têtes tonsurées, voix qui s'élevaient ensemble dans la psalmodie nasillarde des psaumes immarcescibles. Les cisterciens pratiquaient une forme précise, saccadée, de chant grégorien, qu'ils avaient toujours trouvée particulièrement satisfaisante. *Laudate Dominum*. Loué soit le Seigneur. Les voix devenaient plus fortes, plus joyeuses, du simple fait que ces psaumes et ces prières étaient les mêmes cinq siècles plus tôt, aujourd'hui et à jamais. La joie et le réconfort d'un mariage solide, la conviction d'appartenir à un ordre appelé à durer éternellement.

Ils se tenaient tous là : le sacristain, responsable de l'église, le grand chantre, qui dirigeait le chant, le cellérier, qui s'occupait de la brasserie, et le sous-cellérier, chargé de la pêcherie. Le bon frère Matthieu, maintenant maître des novices, frère Jacques, l'aumônier, Grockleton, sa main crochue serrée sur le bout de sa stalle. Cheveux gris ou blonds, grands ou petits, gros ou maigres, absorbés par leur chant et attentifs, les soixante moines de l'abbaye de Beaulieu, auxquels s'étaient joints une trentaine de frères lais dans la nef, assistaient à leur service du matin. Frère Adam occupait aussi sa place parmi eux.

Il n'y avait pas de cierges dans les stalles du chœur ce matin-là. Le sacristain les avait jugés inutiles. Le soleil estival filtrait déjà doucement à travers les vitraux sur les dalles de chêne luisant et formait des petites flaques de lumière sur le sol.

Frère Adam regarda autour de lui. Que chantait-il ? Il l'avait oublié et essaya de se concentrer.

Puis une terrible pensée lui vint. Il fut pris de panique. Et si quelque chose lui avait échappé ? S'il avait prononcé son nom ? Ou pis. Ne venait-il pas de penser à son corps, ne s'était-il pas attardé sur le souvenir de ses replis les plus secrets ? Son odeur, le goût, la texture de sa peau. Doux Jésus, et s'il avait crié ? N'était-il pas en train de le faire en cet instant même sans s'en rendre compte ?

Tous se recueillirent pour prier. Mais frère Adam ne murmura pas les paroles sacrées. Il ferma la bouche, colla sa langue contre ses dents pour plus de sûreté. Il rougit, l'air coupable, et observa à la dérobée les visages en face de lui. S'était-il trahi ? Avaient-ils entendu ? Connaissaient-ils son secret ?

Apparemment pas. Les crânes tonsurés s'inclinaient dans la prière. Quelqu'un ne jetait-il pas un regard furtif dans sa direction ? L'œil de Grockleton n'allait-il pas se poser sur lui en un jugement sans appel ?

Ce n'était pas tant son sentiment de culpabilité qui l'affligeait, mais la terreur d'avoir laissé échapper des paroles compromettantes. Au lieu de le détendre, le service du matin le torturait. Il fut soulagé de sortir. Après le petit déjeuner, il se rendit chez le prieur.

L'heure des affaires du matin dans le cabinet du prieur portait d'ordinaire sur la gestion de routine. Mais d'autres questions étaient parfois évoquées. Si, pour le bien-être de la communauté, il se révélait nécessaire, comme le devoir le nécessitait, d'effectuer un rapport personnel — « Je crains d'avoir vu frère Benoît prendre une double portion de harengs » ou « Hier, frère Marc est allé dormir au lieu de travailler » —, c'était le moment de le faire.

Comme il se demandait si quelqu'un ne rapporterait pas sur son compte, il attendit la fin pour entrer. S'il avait été dénoncé, autant le savoir tout de suite. Quand il se trouva en face de Grockleton, le prieur ne semblait pas avoir été informé.

— C'est à propos de Tom Furzey... commença-t-il.

Il fit à Grockleton un compte rendu précis de ce qui s'était passé dans le champ et le prieur hocha la tête pensivement.

— Vous avez fort bien fait de ne pas le renvoyer chez lui à ce moment-là, dit-il. Il aurait probablement encore frappé sa pauvre femme.

— Il faut cependant qu'il s'en aille, maintenant. Nous ne pouvons tolérer l'indiscipline, fit observer Adam, persuadé que le prieur abonderait dans ce sens.

Grockleton marqua une pause en regardant Adam d'un air songeur.

— Je me demande, répondit-il en se renversant dans son fauteuil, si c'est la bonne solution.

— Certainement. Si un journalier insulte un moine responsable...

— C'est répréhensible, bien sûr... Cependant, frère Adam, peut-être devons-nous élargir notre vision.

— Elargir notre vision ? répéta Adam.

Voilà qui était certes nouveau pour le prieur.

— Peut-être vaut-il mieux que cet homme et sa femme restent séparés. Elle lui manquera. Espérons qu'il fasse amende honorable. En temps utile, l'un de nous pourrait lui parler, tranquillement.

— Cela ne me met-il pas dans une position déplaisante ? Il me parlera avec insolence en toute impunité et peut-être les autres agiront-ils de même.

— Vraiment ? Vous le pensez ? Il nous faut parfois nous efforcer de ne pas prendre en considération nos sentiments personnels, mais l'intérêt de nos semblables. Je ne doute pas que, si nous gardons Furzey ici, le travail sera fait et bien fait. Vous y veillerez. Peut-être aurez-vous l'impression de passer pour un sot ou vous sentirez-vous humilié, mais nous devons tous apprendre à nous accommoder de ce genre de situation. Cela entre dans notre vocation, ne croyez-vous pas ? conclut-il en souriant gentiment.

— Il faut donc que Furzey reste ici ? Même s'il se montre encore insolent avec moi ?

— Oui.

Frère Adam acquiesça. « Je paye chèrement l'humiliation que je lui ai infligée à la rivière, pensa-t-il, alors que c'était sa faute et non la mienne. » Mais ce n'était pas tant à son humiliation qu'il songeait en s'inclinant devant le prieur pour prendre congé.

En renvoyant Furzey dans ses foyers, il l'aurait contraint à retourner auprès de sa femme. Cela eût pratiquement mis un terme à ses relations avec elle. Il se demandait ce qui se passerait. « Tu ne sais pas ce que tu as fait, Jean de Grockleton », se dit-il.

Luc s'approcha à pas de loup dans l'obscurité. Il ne restait plus qu'un mince croissant de lune, mais il distinguait assez bien à la lumière des étoiles le cheval attaché à un arbre, une centaine de pas à l'écart. C'était la troisième fois qu'il le voyait là.

Il se coucha par terre. De là, il apercevait la petite grange, celle où il avait passé tant de nuits d'hiver. Derrière lui, dans le bois qui descendait jusqu'à la rivière près de Boldre, un hibou hulula.

Un peu avant l'aube, une silhouette se glissa hors de la grange et longea le bord de l'enclos jusqu'au bois. Elle passa à une cinquantaine de pas de lui. Il la reconnut. Puis il entendit le cheval s'éloigner.

Luc attendit un peu, puis se dirigea vers la grange.

L'abbé n'était toujours pas de retour quand la nouvelle arriva : la cour de la Forêt se réunirait de nouveau avant la Saint-Michel et Jean de Grockleton s'accorda deux jours de réflexion. Avant d'annoncer sa décision, il manda cependant frère Adam.

« Frère Adam se porte manifestement comme un charme », pensa-t-il alors que le moine se tenait devant lui. Après des semaines dans les champs, il était halé. Il semblait plus grand, en meilleure forme. Il savait qu'Adam aurait préféré rester au cloître, mais son allure athlétique n'était guère appropriée pour un moine du chœur. Il voulait seulement lui poser une question :

— Les journaliers ont-ils des nouvelles du fugitif, de frère Luc ?

— S'ils en ont, ils ne m'en disent rien, répondit Adam.

— Croyez-vous que quelqu'un sache où il est ?

Frère Adam ne répondit pas tout de suite. Mary lui avait parlé de Luc à deux reprises. Il la soupçonnait de savoir que son frère se trouvait dans la Forêt.

— La plupart de nos journaliers sont persuadés qu'il a quitté la Forêt, dit-il.

— La cour va de nouveau se réunir. S'il est encore dans la région, je veux qu'on le trouve. Que préconisez-vous ?

Adam haussa les épaules.

— Comme vous ne l'ignorez pas, la cour a la conviction qu'il a tenté d'empêcher une échauffourée. Le juge lui-même a laissé entendre que ce point de vue pourrait être adopté. Je me demande s'il n'est pas préférable de ne pas réveiller le chat qui dort.

— La cour peut adopter n'importe quelle position, répliqua sèchement Grockleton. Je suis censé le faire comparaître et j'ai bien l'intention d'y parvenir. Je vais donc offrir une récompense, mettre sa tête à prix.

— Je vois.

— Deux livres à celui qui le ramènera ici. Il me semble que cela devrait faire réfléchir les gens de la Forêt, ne croyez-vous pas ?

— Deux livres ?

Ça représentait une petite fortune pour des gens comme Pride et Furzey. Ses traits se décomposèrent en pensant à Mary et au souci qu'elle allait se faire.

— Ça ne va pas ? s'enquit Grockleton en le dévisageant soudain avec intérêt.

— Si, prieur, je vais très bien, répondit-il en reprenant rapidement contenance. Cela semble seulement beaucoup.

— Je sais, fit Grockleton avec un sourire.

Quand Adam couchait avec Mary, il s'émerveillait parfois qu'une telle chose puisse se produire. Ils n'utilisaient jamais de lanterne. Ils n'osaient pas. Elle venait dans la petite grange tard dans la nuit quand les enfants dormaient — grâce à Dieu, ils avaient le sommeil profond — et, lui, qui observait depuis les bois, allait la retrouver sans bruit. Il commençait à s'y entendre.

Une nuit, à leur troisième rencontre, elle s'était placée sous un rayon de lune qui passait par une fente de la porte et s'était déshabillée en silence devant lui. En extase, il l'avait regardée ôter sa robe grossière et se tenir, pieds nus, vêtue de sa seule cotte de lin. D'un petit mouvement de tête, elle avait laissé ses cheveux sombres dégringoler sur ses épaules. Puis elle avait baissé la cotte, dévoilant lentement ses seins pleins et pâles et, la laissant tomber par terre, toute nue, elle s'était tournée vers lui.

Tout restait pour lui une révélation : le contact, l'odeur de sa peau quand il en explorait sans honte les moindres recoins. Quand ils étaient séparés, il s'enflammait de désir en songeant à de nouvelles façons de la posséder.

Mais il ne s'agissait pas seulement de cela. Il y avait aussi sa présence physique, sa vie, sa manière de penser ; maintenant qu'il était entré dans ce monde nouveau, il voulait le connaître entièrement. « Doux Jésus, pensait-il, j'ai connu l'univers de Dieu et j'étais passé à côté de toute Sa création. » Curieusement, il ne se sentait pas vraiment coupable. Il était bien trop honnête avec lui-même pour s'abuser sur ce chapitre. Il éprouvait de la fierté. Les risques encourus ajoutaient même à cette fierté et à son excitation. « Dieu sait que je n'ai jamais rien fait de dangereux jusque-là », se disait-il.

Parfois, quand il était avec elle, au plus fort de la passion, il lui semblait avoir pénétré dans un autre monde, aussi simple, aussi plein de la présence divine que l'était l'antique désert, avant que naisse l'idée de célibat. Dans ces moments-là, malgré les vœux qu'il avait prononcés, le sentiment de ne pas avoir perdu, mais trouvé son âme l'envahissait.

Combien de temps cela durerait-il ? Il l'ignorait. Furzey ne faisait que de courtes apparitions chez lui. Il ne semblait pas avoir envie d'y rester, et il s'avérait donc assez facile de s'assurer qu'il était occupé aux fermes. Adam avait déjà pensé à divers travaux pour le retenir là jusqu'à fin septembre. Quant à ses propres absences, il les expliquait sans difficulté. Il dormait souvent à l'abbaye, mais s'il marmonnait un soir qu'il quittait une ferme pour se rendre dans une autre, personne n'y prenait garde. Quand au prieur, il n'était que trop content de le voir contraint de passer une nuit à l'extérieur. Tout cela pouvait durer jusqu'à l'automne. Ensuite, il ne savait pas.

Tard dans la nuit, couchés à demi endormis, il lui parla de l'intention qu'avait le prieur de mettre à prix la tête de son frère. Pensant qu'elle savait où était Luc, il voulait l'avertir. Il fut surpris de sa réaction.

Elle se dressa brusquement sur son séant.

— Oh, Seigneur, deux livres ? s'exclama-t-elle en regardant droit devant elle. Puckle ne le trahira pas. Même pour une somme pareille.

Elle s'interrompit et se tourna vers lui.

— Bon, fit-elle en soupirant. Maintenant, tu es au courant.

— Il est avec Puckle, le charbonnier ?

— Oui. Du côté de Burley.

— Ne crains rien, je ne le dirai à personne.

— Cela vaudrait mieux.

— C'est amusant, dit-il avec un petit rire.

— Quoi donc ?

— Je crois l'avoir vu.

Elle resta silencieuse un moment, puis :

— Autant que tu le saches, il est venu ici l'autre matin. De bonne heure.

— Et ?

— Il est au courant de ce qu'il y a entre nous. Il t'a vu.

— Ah.

Cela ouvrait au moine de nouvelles perspectives. Le frère lai fugitif savait maintenant des choses sur son compte — un danger supplémentaire.

— Qu'en a-t-il dit ?

— Pas grand-chose.

— Je pense qu'il ne peut être plus en sécurité qu'avec Puckle, dit-il après réflexion. Mais si j'apprends du nouveau, je t'en informerai.

Ils passèrent ensemble trois heures encore. Les premières lueurs de l'aube apparaissaient déjà quand Adam se glissa dehors après avoir convenu de revenir le surlendemain. Comme toujours, il regagna le bois avec précaution puis chevaucha sans bruit jusqu'au gué.

Cette fois-ci encore, des yeux attentifs avaient été témoins de son départ. Et ce n'étaient pas ceux de Luc.

L'annonce de la récompense offerte par Jean de Grockleton fut connue le lendemain. Le soir, la nouvelle parvint à Burley. Luc surveillait le nouveau feu à charbon de bois. Puckle était chez lui, sa nombreuse famille rassemblée devant la chaumière.

— C'est deux livres, dit son fils.

— Oublie-les, rétorqua Puckle.

— Deux livres quand même, fit en écho l'un de ses neveux.

Puckle les regarda un à un.

Il faisait rôtir un lièvre à la broche sur un petit feu qu'il avait allumé dehors. La peau de l'animal était posée par terre à ses pieds. Au bout d'un moment, il montra la dépouille.

— Vous m'avez déjà vu écorcher un lièvre ? demanda-t-il à voix basse.

Tous hochèrent la tête. Il pointa du doigt le lièvre embroché.

— Si l'un de vous ouvre la bouche à propos de Luc...

Il dévisagea très calmement son fils et son neveu, puis parcourut des yeux le cercle des autres.

— Si l'un de vous ouvre la bouche, voilà ce qui l'attend.

Silence. Si un ancien de la Forêt comme Puckle lançait pareil avertissement, il était sage d'y prêter attention.

Tôt le lendemain matin, Puckle parla à Luc.

— Deux livres, ça fait beaucoup.

— Les tiens ne diront rien, n'est-ce pas ?

— Mieux vaut pas. Mais les gens vont commencer à ouvrir l'œil maintenant. Quand ils te verront, ils vont penser : « D'où il sort, ce neveu-là ? » Quelqu'un finira par faire le rapprochement.

— Je l'ai dit à Mary.

— C'est stupide, fit Puckle en haussant les épaules. De toute façon, je suis sûr qu'elle ne dira rien.

— Qu'est-ce que je vais faire ?

— Je n'en sais rien...

Son visage s'éclaira.

— J'ai trouvé. Tu aimerais m'aider à préparer un autre feu ?

L'histoire du poney avait toujours intrigué la sœur de Tom Furzey, mais à présent, alors qu'elle traversait la lande de Beaulieu en direction de St Leonard, elle croyait tenir la clef du mystère.

Et cette clef valait une fortune.

Une chance qu'elle se soit levée si tôt la veille. Son mari avait posé deux pièges à lapin dans les bois au creux de la vallée et elle était allée voir s'il avait pris quelque chose. Elle s'apprêtait à s'engager dans la descente quand elle aperçut une silhouette emmitouflée qui sortait de chez Tom et courait, pliée en deux, vers les bois.

Elle resta là à se demander qui cela pouvait bien être. Elle n'en parla à personne. Le lendemain, l'annonce de la récompense offerte par le prieur lui vint aux oreilles et ses soupçons se confirmèrent. C'était Luc. Ce ne pouvait être que lui.

Cela expliquait aussi l'énigme du poney. Luc Pride rôdait dans les parages, il entrait et sortait furtivement de chez Tom la nuit. Il avait dû ramener le poney. Le démon...

Elle était tout sourire. Les Pride allaient finalement avoir ce qu'ils méritaient. Tom et elle partageraient à égalité. « Une livre pour lui, une livre pour moi », murmura-t-elle.

La journée de travail était presque terminée quand elle arriva à St Leonard. Elle trouva Tom sans difficulté et l'entraîna à l'écart.

Une fois son récit fini, le visage rond de son frère s'éclaira d'un sourire.

— J'les tiens, dit-il.

— C'est Luc, hein ?

— Pour sûr.

— Deux livres, Tom. Moitié moitié. On peut commencer à faire le guet dès ce soir.

— L'ennui, c'est que je suis supposé rester ici cette nuit. On commence à l'aube, tu comprends ?

Frère Adam venait de passer par là pour s'assurer que tout le monde était présent.

— Tu ne peux pas t'échapper en douce ? A la nuit tombée ?

— Je pense que oui.

— Je t'attendrai. Deux livres, Tom. Je garderai tout si tu viens pas.

Il faisait nuit depuis longtemps quand frère Adam attacha sans bruit son cheval et se dirigea à pas de loup vers l'enclos. La nuit était si noire qu'il lui fallut une ou deux fois avancer à tâtons. Il s'arrêta en bordure de l'enclos, puis poursuivit lentement son chemin vers la silhouette indistincte de la grange.

Ce fut comme s'il avait reçu deux coups violents dans le dos. Il n'avait pas la moindre idée de ce qui lui arrivait, mais il heurta le sol si durement qu'il en eut le souffle coupé. L'instant d'après, ses deux agresseurs le saisissaient par les bras et tentaient de le retourner. Toujours incapable de parler, il donna des coups de pied furieux. Il entendit une voix d'homme pousser un juron. Puis l'un des deux assaillants immobilisa ses jambes pendant que l'autre lui assenait un coup de poing dans le creux de la poitrine. Apparemment, aucun de ses deux agresseurs n'était grand, mais tous deux avaient de la force. Des voleurs ? Ici ? Il reconnut alors la voix de Tom Furzey :

— On t'a eu !

Que dire ? Il n'en avait aucune idée. Ce paysan allait-il le traîner jusqu'à l'abbaye en l'accusant d'avoir forniqué avec sa femme ? Qu'adviendrait-il de lui ?

L'un des deux tripotait quelque chose à tâtons dans l'obscurité, puis soudain une lanterne fut allumée et tournée vers son visage.

— Frère Adam !

Grâce à Dieu, il n'avait pas perdu sa présence d'esprit. La voix de Tom Furzey exprimait sa stupéfaction, son trouble : quoi qu'il en soit, ce n'était pas lui qu'ils s'attendaient à trouver. Ils lâchèrent ses jambes, signe qu'ils se sentaient en position de faiblesse. Il fit un effort pour se redresser. Il fallait bluffer.

— Furzey ? Je reconnais votre voix. Qu'est-ce que cela signifie ? Pourquoi n'êtes-vous pas à St Leonard ?

— Mais... Et vous, que faites-vous là, frère Adam ?

— Ne vous occupez pas de ça. Pourquoi êtes-vous ici et pourquoi m'avez-vous agressé ?

Il y eut un silence.

— Je vous ai pris pour un autre, répondit Furzey d'un ton maussade.

— De toute façon, il ne vaut pas deux livres, fit une voix de femme, qui n'était pas celle de Mary.

C'est alors qu'il comprit.

— Je vois. Vous pensiez que Luc allait venir par ici.

— Ma sœur croit l'avoir vu.

— Ah.

Grâce au ciel, il savait maintenant quoi dire.

— Vous n'auriez pas dû quitter la ferme sans permission, Furzey, mais c'est pour ça que je suis ici également. J'avais dans l'idée qu'il pourrait venir là, et s'il vient, il se fera prendre.

— Alors nous n'aurons pas nos deux livres. C'est vous qui les aurez, je suppose, dit Tom.

— Je n'ai que faire de cet argent, vous l'oubliez. Les moines ne possèdent aucun bien matériel.

— Vous voulez dire que nous pouvons le capturer ?

— Pourquoi pas ? fit sèchement Adam.

— Ah, fit Furzey, qui s'animait visiblement. Peut-être pouvons-nous le guetter tous ensemble ?

Adam jeta un coup d'œil vers la grange. Et si Mary, se demandant où il était, sortait pour se mettre à sa recherche ou, pis, l'appeler ? Devait-il leur annoncer qu'il allait inspecter la grange et tenter d'avertir Mary ? C'était trop risqué. Ils penseraient que leur présence pourrait révéler à Mary qu'ils recherchaient son frère. Et si, pis encore, Tom entrait dans la grange et Mary, le prenant pour son amant, l'appelait Adam ?

Il comprit vite que Tom était heureusement bien plus ardent à mettre la main sur Luc qu'à rencontrer sa femme. Il restait cependant possible que Luc vienne rendre visite à sa sœur au petit matin. Il ne voyait pas comment le détourner. Ils attendirent donc. Luc ne vint pas. Quand le jour se leva, ils abandonnèrent. Furzey voulait revenir faire le guet et Adam approuva avant de reprendre sa monture et de s'en aller.

Il avait beaucoup à faire.

Le soleil était déjà haut quand il arriva à l'endroit où il avait rencontré Puckle près de Burley. Il ne tarda pas à retrouver le charbonnier, qui l'avait manifestement vu arriver.

Il surveillaient deux grands cônes à charbon de bois. Le processus de carbonisation de l'un d'eux semblait presque achevé ; l'autre venait de commencer. Puckle était seul ; il n'y avait pas trace de Luc.

Frère Adam ne perdit pas de temps :

— J'ai un message pour Luc.

— Pour qui ?

— Je sais. Vous ne l'avez pas vu. Transmettez-lui seulement le message.

Il expliqua rapidement à Puckle que Tom cherchait à lui mettre la main dessus.

— Il ferait mieux de ne pas aller là-bas en ce moment.

Il prit une profonde inspiration — il avait pensé la prévenir lui-même, puis estimé que le risque était trop grand — et poursuivit :

— J'ai besoin que vous me fassiez une faveur. Voulez-vous dire à Mary que la maison est surveillée. Vous pouvez lui dire que c'est moi qui vous ai mis au courant. Elle comprendra.

Dans quelle mesure Puckle comprenait-il lui aussi ? Se demandait-il pourquoi il se souciait ainsi de Mary et de Luc, ou bien devinait-il toute la vérité ? Impossible de le savoir en observant ce visage buriné. Il regarda Puckle dans les yeux.

— Un silence en vaut un autre, j'espère, dit-il.

Puckle se contenta de le dévisager, puis baissa le regard vers son feu. C'est seulement quand le moine s'éloigna qu'il marmonna :

— Il en a toujours été ainsi dans la Forêt.

« Juste Ciel, pensa Adam sur le chemin du retour, en plus, me voilà maintenant de mèche avec Puckle. » Pourtant, tandis qu'il écoutait le chant matinal des oiseaux, sa déchéance ne suscitait en lui qu'un étrange sentiment d'euphorie.

Il eût été très surpris de voir ce qu'était devenu le deuxième cône à charbon de bois après son départ. Une porte s'ouvrit dans son flanc recouvert de gazon, par laquelle Luc sortit, pas le moins du monde brûlé ni même incommodé par la chaleur.

La cachette conçue par Puckle était la chose la plus ingénieuse qu'on pût imaginer. La partie supérieure de l'énorme cône ressemblait à peu près à un carbonisateur ordinaire, si ce n'est qu'en se servant de billettes humides il produisait une grande quantité de fumée et très peu de chaleur. Mais au-dessous, séparé par un épais plancher en gazon, un espace libre permettait à Luc de rester là, très confortablement grâce à des trous d'aération, aussi longtemps qu'il le désirait. Chaque jour à l'aube, Puckle se proposait d'alimenter le feu dans la partie supérieure et quiconque passerait par là, aussi aiguisé que fût son regard, ne devinerait jamais la supercherie.

La semaine suivante, il y eut un grand affairement dans la Forêt.

Sur l'insistance du prieur, les gardes forestiers sortirent les chiens deux jours de suite. L'affaire ennuyait tant le régisseur qu'il en confia l'entière responsabilité au jeune Alban. Le premier jour, ils se dirigèrent dans les bois proches de chez Pride et poussèrent presque jusqu'à Burley, mais là, la piste se brouilla tant qu'ils se mirent à tourner en rond. Le lendemain, ils essayèrent du côté de Minstead, mais, mystérieusement, la piste semblait conduire droit à la maison du garde forestier, que cela n'amusait pas du tout.

La moitié des habitants de la Forêt, ouvertement ou en secret, faisaient le guet. Les gardes forestiers et les régisseurs chevauchaient en groupes. Ils inspectaient toutes les chaumières, interpellaient tous les chasseurs. Peine perdue.

— Il va t'être difficile de sortir, fit tristement remarquer Puckle à Luc le soir.

Mary avait attendu dix jours avant de se mettre en route pour aller à son rendez-vous. Pendant tout ce temps, elle n'avait pas vu une seule fois frère Adam, mais elle n'avait cessé de penser à lui.

Quels sentiments éprouve une femme quand elle séduit un moine ? Elle sourit en songeant que, même la première fois, il ne s'était pas rendu compte qu'elle avait fait le premier pas. C'était son innocence qui l'avait instinctivement attirée, cet homme viril qui n'avait jamais connu de femme. Et elle, l'épouse d'un humble journalier, l'avait initié à l'amour. Il avait fait un pas, un demi-pas, vers elle. Il avait demandé sans savoir qu'il demandait ni, sans doute, ce qu'il demandait.

Son sentiment de triomphe l'enivrait. Elle ne le lui avait pas laissé voir. Au début, du moins. Elle l'avait amené à agir exactement comme elle voulait.

Ce n'était donc que cela ? De la séduction ? Oh, non. Son raffinement, son intelligence l'avaient charmée au départ, le sentiment qu'il possédait ce qu'elle n'avait pas, la certitude que, même si elle ne savait pas vraiment en quoi consistaient ces choses-là, elle désirait les posséder.

Au début, quand ils bavardaient dans le noir, elle lui demandait à quoi il pensait. Et il lui faisait une réponse qu'il espérait facile à comprendre. Mais bientôt, comme elle ne s'en contentait manifestement pas, il s'efforçait de lui expliquer ses réflexions. « Il y avait un grand philosophe appelé Abélard et il pensait que... » Ou bien il évoquait des pays lointains, des grands événements, un monde bien au-delà de tout ce qu'elle connaissait et que, pourtant, elle était capable d'entrevoir vaguement, comme à travers les vitraux d'une église. Et lui vivait dans cet autre monde, elle le savait. « Tu as la tête dans les étoiles », lui avait-elle murmuré un jour, sans se moquer. Une autre fois, après qu'il lui eut exprimé quelque pensée merveilleuse, elle lui avait dit en riant : « Voilà à quoi ça te fait songer de te trouver dans moi ? » En fait, elle était plus contente qu'elle ne l'avait jamais été.

Mais récemment, elle avait eu de nouvelles raisons de s'inquiéter. Son rendez-vous avec Luc, convenu lorsque Puckle lui avait porté le message, devait se dérouler dans un coin tranquille au milieu des bois, au nord de Brockenhurst. Elle s'assura qu'elle n'était pas suivie.

Il l'y attendait déjà, près d'un énorme chêne moussu et couvert de lierre. Il se portait bien et semblait joyeux. La nouvelle qu'il lui annonça l'était cependant beaucoup moins.

— Puckle pense que je ferais bien de quitter la Forêt. Le prieur ne renoncera jamais.

— Après la réunion de la cour à la Saint-Michel, peut-être le fera-t-il ?

— Non. Tu ne le connais pas, répondit Luc en soupirant.

— Je reste persuadée que tu devrais te livrer aux autorités. Ils ne te pendront pas.

— Sans doute, mais on ne sait jamais.

— Où iras-tu ?

— En pèlerinage, peut-être. Compostelle. Des milliers de gens vont là-bas.

Compostelle. L'Espagne. On pouvait mendier tout le long du chemin, disait-on. Elle en doutait.

— Tu n'es jamais sorti de la Forêt.

— J'aime marcher.

Ils se turent un moment.

— Alors, qu'est-ce qui se passe avec frère Adam ? demanda-t-il.

C'était son tour d'annoncer des nouvelles inquiétantes.

— Je crois que je suis enceinte.

— Tu es sûre ?

— Presque. C'est l'impression que j'ai.

— Ça ne peut pas être Tom ?

Elle secoua la tête.

— Que vas-tu faire ?

Elle se contenta de hausser les épaules. Luc était pensif.

— Je pense que toi et Tom... Fais-lui croire que l'enfant est de lui.

Elle prit une longue inspiration.

— Je sais, dit-elle d'une voix monocorde qu'il ne lui avait jamais entendue.

— Tu as couché avec lui pendant tant d'années. Ça ne doit pas être si désagréable !

— Tu ne comprends pas.

Il ne comprenait pas, en effet. A ses yeux, tous les hommes étaient les mêmes.

— Tu vas le dire à frère Adam ?

— Peut-être.

— Tu sais, Mary, cela ne pourra pas durer. Je veux dire que l'hiver va arriver. Tom va revenir. Tu as une famille et frère Adam est moine.

— Le printemps et l'été vont revenir, Luc.

— Mais, Mary...

Comment aurait-il pu comprendre ? C'était un garçon simple. Peut-être mentirait-elle à Tom. Elle aurait probablement à le faire. Il n'existait pas d'autre solution. Mais il y avait Adam. Elle avait entendu d'autres femmes parler d'amants. Voilà des choses qui se faisaient dans certains villages, surtout à la saison des moissons. Peut-être avait-elle pensé, quand leur liaison avait commencé, que le moine ne risquait rien : il retournerait tranquillement dans son abbaye lorsque ce serait fini. Mais elle connaissait maintenant un autre genre d'homme, aux sentiments plus nobles. Et cela, elle ne pourrait jamais l'oublier. Elle ne pouvait pas revenir en arrière. Le paysage avait subtilement changé.

— Beaulieu n'est pas loin, Luc. Je ne me contenterai plus de Tom.

— Il le faudra bien.

— Non.

Luc et Puckle parlèrent longuement ce soir-là.

A la fin, Puckle dit :

— Je crois que tu dois le faire.

— Tu m'aideras ?

— Bien sûr.

En longeant le côté gauche du cloître de Beaulieu à partir de l'église, on arrivait à un grand placard fermé à clef — car ce n'était guère qu'un placard — qui faisait office de bibliothèque. Venaient ensuite la sacristie, puis la salle capitulaire, plus grande, où, chaque lundi matin, en l'absence de l'abbé, Grockleton lisait à voix haute les règles de l'abbaye aux moines assemblés. Il y avait ensuite l'écritoire, où frère Adam aimait à étudier, le dortoir des moines et, juste après le coin, à côté du grand *frater*, la salle où l'on se réchauffait autour du feu.

Le prieur venait d'en sortir quand arriva le messager et il se hâta jusqu'à la porte de l'abbaye. C'était un valet, envoyé par Alban, qui désirait lui parler en privé. En lisant le message, Jean de Grockleton se dérida : « Je crois que nous tenons frère Luc, prieur. »

L'ennui était qu'il refusait de parler. Alban répugnait apparemment à l'emmener à l'abbaye avant de s'être assuré de son identité. Sans quoi, ils risquaient tous de se ridiculiser une nouvelle fois. Il gardait donc l'individu au secret chez lui. Le prieur était-il disposé à venir, discrètement, identifier le frère lai ?

— Si vous le voulez bien, je suis ici pour vous y conduire, expliqua le valet.

— J'arrive tout de suite, dit Grockleton en envoyant chercher son cheval à l'écurie.

Tandis qu'il chevauchaient à travers la lande, le prieur avait peine à contenir son exaltation. Ils allaient au trot ou au petit galop, mais il aurait volontiers poussé sa monture. A l'autre bout de la lande, ils entrèrent dans les bois à l'est de Brockenhurst et s'élancèrent le long de la piste.

— Par ici ! cria le valet en obliquant sur la gauche. C'est un raccourci.

Le chemin était plus étroit. Une ou deux fois, des branches basses le giflèrent, mais il n'y prenait pas garde.

— Par là, messire ! lança le valet en tournant à droite.

Il le suivit avec empressement, puis le perdit de vue. Il s'arrêta et appela.

Et fut grandement surpris quand deux mains l'empoignèrent parderrière, le tirèrent de sa selle et, avant même qu'il ait eu le temps de se débattre, le ligotèrent avec une corde, qui, l'instant d'après, fut attachée à un arbre.

Il s'apprêtait à crier « Au meurtre ! Aux voleurs ! » quand un autre personnage apparut comme par miracle devant lui, un homme de la Forêt, hirsute, en qui il ne tarda pas à reconnaître frère Luc.

— Vous !

En temps normal, le prieur se tenait penché en avant, mais il tira si fort dans sa direction qu'il semblait vouloir le mordre.

— Du calme, répondit l'insolent. Je voulais seulement bavarder. Je serais bien allé à l'abbaye, mais...

Il sourit et haussa les épaules.

— Qu'est-ce que vous voulez ?

— Retourner à l'abbaye.

— Etes-vous fou ?

— Non, prieur. J'espère que non.

Il s'assit par terre devant Grockleton.

— Puis-je vous parler ?

Grockleton ne s'attendait pas à cela. Luc évoqua d'abord l'abbaye et ses fermes, les années qu'il y avait passées. Il le fit si simplement et avec tant de sincérité que Grockleton comprit qu'il aimait vraiment l'endroit. Puis il lui expliqua tout. Il ne chercha pas à s'excuser d'avoir laissé entrer les braconniers, mais raconta qu'il avait tenté d'empêcher frère Matthieu de frapper Martell, puis qu'il s'était enfui, pris de panique. Le prieur devina que c'était vrai.

— Vous auriez dû revenir.

— J'avais peur. Peur de vous.

Etre craint par le paysan ne déplaisait pas entièrement à Grockleton.

— Et pourquoi devrais-je faire quoi que ce soit pour vous maintenant ? demanda-t-il.

— Si je vous apprends quelque chose d'important, pour le bien de l'abbaye, quelque chose que personne ne sait, peut-être pourriez-vous... ?

— C'est possible.

— Cela risque cependant de tourner mal pour l'un des moines.

— Quel moine ?

— Frère Adam. Ça irait très mal pour lui.

— De quoi s'agit-il ? demanda le prieur, incapable de cacher l'étincelle qui s'était allumée dans son regard.

Elle n'échappa pas à Luc. Voilà tout à fait ce qu'il espérait.

— Vous devez l'éloigner. Pas de scandale. Ce ne serait pas bon pour l'abbaye. Il faut qu'il s'en aille. Et moi que je revienne, sans qu'il y ait de tribunal de la Forêt ou que sais-je. Vous pouvez arranger ça. Il me faut votre parole.

Grockleton hésita. Il connaissait la portée d'un accord et une parole était une parole.

— Les prieurs ne marchandent pas avec les frères lais, dit-il franchement.

— Vous n'aurez plus à vous plaindre de moi ensuite. Je vous le garantis.

Grockleton réfléchit. Il pesa le pour et le contre. Il pensa aussi à la réaction de la cour et des agents forestiers, qui en avaient par-dessus la tête de lui, quand ils entendraient cet honnête garçon parler devant eux avec autant d'éloquence. Peut-être valait-il mieux qu'il ait Luc de son côté. Et puis... Luc avait affirmé savoir quelque chose à propos de frère Adam.

— C'est bon, vous avez ma parole, s'entendit-il dire.

Et c'est ainsi que Luc trahit frère Adam et sa sœur Mary.

Sauf, pensa Grockleton en écoutant le paysan, qu'il ne s'agissait pas vraiment d'une trahison. Du point de vue de Luc, il y avait là-dedans quelque chose de profondément naturel. Il voyait la famille de sa sœur sur le point d'éclater et il la protégeait donc. Un coup soudain, le sang répandu, c'était la nature.

Le parfait équilibre de l'arrangement n'échappait pas non plus au prieur. Adam parti, Mary n'aurait d'autre choix que de vivre en paix avec son époux. L'enfant passerait pour celui de Tom. Personne n'avait intérêt à vendre la mèche. Sauf lui, bien sûr, s'il voulait réellement provoquer la perte de frère Adam. Mais cela serait dénué de sens. Car s'il dévoilait son comportement, il portait atteinte à la réputation de l'abbaye. Et qu'en dirait l'abbé ? Non, le jugement du paysan était bon. En outre, il pensa à ce qui reposait dans le livre secret, connu seulement de l'abbé. Il devait se tenir sur ses gardes.

Et Luc ? Pouvait-on compter sur lui ? Probablement. Il ne désirait nullement nuire à sa sœur en jouant la mouche du coche, mais continuait de brandir la menace de ce qu'il savait sur le moine comme une sorte de bouclier. « En tout cas, mieux vaut pour moi qu'il soit à l'intérieur de l'abbaye qu'en dehors », se dit le prieur.

Et ainsi, pour la première fois de sa vie, Grockleton commença à penser en abbé.

Avec une grande joie, les moines de Beaulieu apprirent, quelques jours plus tard, que leur abbé était de retour et ne projetait pas de repartir de sitôt.

Frère Adam aussi se réjouissait. Il craignait seulement que, en un geste de bonté mal venu, il ne décide de le relever de ses fonctions d'inspecteur des fermes. Il s'était cependant soigneusement préparé à cette éventualité. Ses états de service étaient excellents. Un an serait nécessaire à tout autre pour apprendre ce qu'il savait maintenant. Et qui voudrait se charger de cette tâche ? Pour le bien de l'abbaye, il devait continuer à l'assumer encore un an ou deux. L'un dans l'autre, il estimait être prêt à plaider sa cause.

Quant à son coupable secret, il avait appris désormais à assister aux offices sans redouter de se trahir. Il s'était déjà endurci dans le péché, il se l'avouait. Il était seulement satisfait que l'abbé ne sache rien, voilà tout.

Lorsque, un matin, il fut convoqué devant l'abbé et le prieur, il était préparé à tout sauf à ce qui l'attendait.

Quand il entra, l'abbé avait l'air amical, quoique pensif. Grockleton était assis là, sa main posée sur la table comme à l'accoutumée. Mais Adam était trop content de revoir l'abbé pour prêter vraiment attention au prieur. Et c'est l'abbé, et non Grockleton, qui prit la parole :

— Bien, Adam, nous savons tout sur votre commerce amoureux avec Mary Furzey. Heureusement, ni son mari ni les moines ne sont au courant. Je voudrais seulement que vous nous en parliez.

Grockleton aurait voulu lui demander s'il n'avait rien à confesser et lui donner ainsi l'occasion de se parjurer, mais l'abbé s'y était opposé.

Ce ne fut pas long. L'abbé ne fit rien pour prolonger son humiliation.

— Cela restera un secret pour le bien de l'abbaye, lui dit-il, et, j'oserai ajouter, pour celui de cette femme et de sa famille. Vous devez partir immédiatement. Aujourd'hui même. Mais je veux que personne ne connaisse la raison de votre départ.

— Où vais-je aller ?

— Dans notre annexe du Devon. A Newenham. Personne ne trouvera cela étrange. Il y a eu quelques frictions là-bas et vous êtes, ou étiez, l'un de nos meilleurs moines.

Adam inclina la tête.

— Puis-je dire adieu à Mary Furzey ?

— Certainement pas. Vous ne devez avoir aucun contact avec elle.

— Je suis surpris, intervint Grockleton, qui n'y put résister, que vous y ayez seulement songé.

— C'est que...

Adam soupira, puis il regarda Grockleton, tristement bien que sans malice.

— Vous n'avez jamais fait une chose pareille.

Il y eut un silence. La main crochue de Grockleton ne bougea pas. Peut-être le prieur s'était-il penché un peu plus sur la vieille table en chêne sombre. L'abbé, impassible, regardait prudemment, à mi-distance. Frère Adam ignorait que dans le grimoire secret de l'abbé il y avait une annotation concernant Jean de Grockleton, une femme et un enfant. Mais cela c'était passé dans un autre monastère, loin au nord, il y avait bien longtemps.

— Il ignore qu'elle est enceinte ? demanda l'abbé après son départ.

— Oui.

— C'est mieux ainsi.

— En effet, acquiesça Grockleton.

— Ah, mon cher, dit l'abbé avec un soupir. Aucun de nous n'est à l'abri du péché, comme vous le savez, ajouta-t-il d'un air entendu.

— Je sais.

— Je veux qu'on lui donne deux paires de sandales neuves avant qu'il s'en aille, fit l'abbé avec fermeté.

Il n'était pas tout à fait midi quand frère Adam et Grockleton, accompagnés d'un frère lai, sortirent de l'abbaye sur leur monture et gravirent le chemin qui menait à la lande de Beaulieu.

Adam remarqua les arbustes qui couronnaient le versant opposé à l'abbaye. La brise de mer du sud-ouest ne les avait pas courbés, mais avait façonné leur cime de telle sorte qu'ils semblaient avoir été tondus de ce côté-là, et qu'ils fleurissaient au nord-est. On voyait cela souvent dans les régions côtières de la Forêt.

Derrière eux, des nuages blancs couraient à toute allure au-dessus de l'abbaye inondée de soleil et paisible.

Frère Luc retourna tranquillement à la ferme St Leonard. Son affaire ne vint pas devant la cour réunie à la Saint-Michel.

Mary annonça à son époux qu'il allait de nouveau être père.

Il fronça les sourcils, puis sourit, un peu perplexe.

— C'était un coup heureux.

— Je sais, fit-elle en haussant les épaules. Ce sont des choses qui arrivent.

Peut-être y eût-il réfléchi à deux fois si, quelque temps après, John Pride, que son frère Luc avait harcelé pendant deux heures pour le convaincre d'accepter, si John Pride, donc, n'était pas venu lui proposer de mettre un terme à leur querelle. Il avait amené avec lui le poney.

1300

Par un après-midi de décembre où le soleil jaune et bas jetait ses derniers feux sur le paysage figé de la lande de Beaulieu couverte de neige, deux cavaliers emmitouflés se dirigeaient lentement vers l'ouest en direction de l'abbaye.

La neige était tombée quelques jours plus tôt et sur toute la lande une fine croûte de glace se brisait maintenant sous les sabots des chevaux. Une brise légère mais glaciale soufflait de l'est, balayant de petits flocons de neige et de glace. Les ombres démesurées projetées par les branches des buissons pointaient comme de longs doigts vers Beaulieu.

Cinq ans s'étaient écoulés depuis que frère Adam avait quitté l'abbaye pour rejoindre l'austère petite annexe de Newenham, si éloignée sur la côte occidentale. Cinq ans, passés en compagnie d'une douzaine d'autres moines seulement dans ce petit coin reculé. Ce paysage glacial éclairé par la lueur sulfureuse du soleil couchant hivernal pouvait sem bler désolé, mais il ne le voyait pas. Tel un cheval qui sent l'écurie, il n'avait qu'une idée en tête : les grands bâtiments gris au bord de la rivière étaient à moins d'une heure.

Il s'agit d'un fait curieux, qui n'a jamais été pleinement expliqué : vers cette période de l'histoire, un certain nombre de moines appartenant au petit monastère de Newenham dans le Devon commencèrent à être affligés d'un mal particulier. Les annales de l'abbaye de Beaulieu le montrent clairement, mais personne n'a jamais pu déterminer si cette affection provenait de l'eau, de la nourriture, de quelque influence néfaste exercée par la terre ou les bâtiments eux-mêmes. Plusieurs étaient cependant atteints si gravement qu'on fut contraint de les ramener à Beaulieu pour les soigner.

C'est ce qu'il advint à frère Adam. Il ne voyait pas la lumière jaunâtre dans laquelle baignait le paysage parce qu'il était aveugle.

A partir de cette époque, les moines de Beaulieu s'émerveillaient souvent de voir frère Adam trouver son chemin, seul. Et pas seulement dans le cloître. Même en pleine nuit, lorsque les moines longeaient le corridor et descendaient l'escalier pour assister à l'office, il les accompagnait et se dirigeait d'un pas sûr vers sa stalle. A l'extérieur également, il se promenait dans l'enceinte sans se perdre.

Il accomplissait toutes sortes de tâches, notamment le jardinage et la fabrication des cierges.

Il restait bel homme. Il conversait peu et aimait la solitude, mais il avait toujours l'air serein.

Une seule fois, dix-huit mois environ après son retour, quelque chose se produisit en lui qui parut le perturber pendant plusieurs jours. Il s'égarait parfois et se cognait sans cesse. Après une semaine pendant laquelle l'abbé s'inquiéta pour lui, il parut retrouver son équanimité et son équilibre. Frère Luc, seul, en connaissait la raison.

Par un chaud après-midi d'été, le moine lai lui avait proposé de l'escorter dans sa promenade favorite le long de la rivière.

« Je ne verrai pas la rivière, mais je la sentirai, avait répondu Adam. Allons-y. »

Luc lui avait pris le bras et l'avertissait quand se présentaient de petits obstacles sur le sentier. Ils avaient facilement traversé les bois à grands pas avec assez de facilité et débouché enfin dans la zone marécageuse près de la courbe de la rivière, où, à sa grande joie, le moine avait entendu un vol de cygnes prendre son essor à la surface des eaux.

Ils étaient restés un moment dans le silence de l'après-midi, sentant avec plaisir le soleil sur leur visage, quand frère Adam entendit des pas légers sur le sentier.

— Qui est-ce ? demanda-t-il à Luc.

— Quelqu'un vient vous voir, répondit le frère lai. Je vais faire un petit tour dans le coin, ajouta-t-il.

Adam comprit.

Elle se tenait devant lui. Il la sentait. Il était conscient de sa présence, comme seuls les aveugles peuvent l'être. Il avait envie de tendre la main pour la toucher, mais il hésita. Il lui semblait qu'elle n'était pas seule.

— Frère Adam.

C'était sa voix. Elle parlait calmement, doucement.

— Je vous ai amené une visite.

— Ah. Qui donc ?

— Mon dernier-né. Un petit garçon.

— Je vois.

— Lui donnerez-vous votre bénédiction ?

— Ma bénédiction ?

Il était presque surpris. Il était normal de demander cela à un moine, mais, sachant ce qu'elle avait fait avec lui...

— Pour ce que vaut ma bénédiction... dit-il. Quel âge a-t-il ?

— Cinq ans.

— Ah. C'est un bel âge, répondit-il, souriant. Comment s'appelle-t-il ?

— Je l'ai appelé Adam.

— Nous portons le même prénom.

Il la sentit se rapprocher, presque à le toucher, et elle put ainsi lui murmurer à l'oreille :

— C'est ton fils.

— Mon fils ?

Le choc fut tel qu'il faillit tomber à la renverse. C'était comme si, dans son monde de ténèbres, il y avait eu un grand éclair de lumière dorée.

— Il ne le sait pas.

— Vous... commença-t-il d'une voix rauque. Tu es sûre ?

— Oui, répondit-elle avant de se reculer.

Il resta là, parfaitement immobile.

— Viens, petit Adam, dit-il doucement.

Quand le garçonnet s'approcha, il lui toucha la tête à tâtons, puis le visage. Il avait envie de le prendre dans ses bras, de le sentir, de le serrer contre lui. Mais il ne pouvait le faire.

— Alors, Adam, reprit-il gentiment. Sois un bon petit garçon, obéis bien à ta mère et accepte la bénédiction d'un autre Adam.

Il posa les mains sur sa tête et récita une courte prière.

Il voulait à tout prix lui donner quelque chose. Il se demandait quoi. Il tira le crucifix en bois de cèdre que sa mère lui avait offert, cassa d'un coup sec le lacet de cuir qui le retenait à son cou et le lui tendit.

— Il vient de ma mère, dit-il. On raconte qu'un croisé l'a rapporté de Terre sainte. Ne t'en sépare jamais.

Il se tourna vers Mary avec un haussement d'épaules.

— C'est tout ce que je possède, ajouta-t-il.

Durant les longues années de son existence d'aveugle, c'est quand, par un après-midi ensoleillé, frère Adam restait en silence à méditer dans l'une des alcôves bien abritées du mur nord du cloître, qu'il semblait le plus serein. Les moines plus jeunes avaient le sentiment que, étant de toute évidence très proche de Dieu, frère Adam se trouvait dans un état de communion silencieuse qu'il eût été impie d'interrompre. Et c'était parfois vrai. Mais à d'autres moments, quand il humait le parfum de l'herbe et des pâquerettes du cloître et sentait le chaud soleil arriver du *frater*, une autre pensée — il n'y pouvait rien, même si cela devait le mener à la perdition — emplissait son esprit de joie et de plaisir.

« J'ai un fils. Doux Jésus, j'ai un fils. »

Un après-midi, il prit un petit couteau et grava discrètement une lettre « A » dans la pierre près de lui.

« A », comme Adam. Et un jour, si son châtiment était d'être chassé du jardin de Dieu dans quelque lieu plus sombre, alors, pour l'amour de son fils, peut-être recommencerait-il.

Pendant de longues années, frère Adam vécut ainsi avec son secret dans l'abbaye de Beaulieu.

Lymington

1480

Vendredi. Jour du marché aux poissons à Lymington. A huit heures du matin, les pêcheurs dressaient leurs éventaires, le mercredi et le vendredi, pour une heure.

C'était une tiède matinée de début avril. L'odeur des poissons frais fleurait bon. Des anguilles, des huîtres en provenance de l'estuaire, du colin, de la morue et d'autres poissons blancs pêchés en pleine mer, et aussi des poissons dorés, comme on appelait alors le doucet, avaient été débarqués à l'aube sur le petit quai. Les femmes de marchand, en robe à larges manches, coiffées d'une guimpe, d'autres, plus modestes, et les servantes, certaines en corselet noir, toutes avec un tablier et un petit capuchon sur la tête pour avoir l'air respectable, venaient au marché aux poissons.

Le bailli venait de sonner la cloche pour annoncer la fermeture du marché quand, dans la direction du quai, deux personnages apparurent.

Au premier coup d'œil on avait l'impression de connaître l'homme à la mince silhouette qui remontait la rue. Cela tenait à sa façon de marcher. Il se souciait manifestement comme d'une guigne de ce que les autres pensaient. Les jambières en lin flottantes qu'il aimait porter battaient gaillardement sur ses mollets, découvrant ses chevilles. Il portait aux pieds des sandales lacées. La propreté de son pourpoint à rayures bleues et jaunes laissait à désirer et il avait raccommodé lui-même sa casquette en cuir.

Le petit Jonathan Totton ne se souvenait pas d'avoir jamais vu Alan Seagull sans ce couvre-chef.

Si le visage joyeux d'Alan Seagull prenait un raccourci de la bouche à la poitrine, si sa barbe clairsemée tombait sur sa pomme d'Adam sans guère s'arrêter sur un ornement tel que le menton, c'est sans doute que lui et ses ancêtres avaient estimé pouvoir fort bien s'en passer. Et quelque chose dans son sourire rusé prouvait qu'ils n'avaient pas tort. « Nous avons arrondi les angles, semblait dire le sourire de Seagull à propos de son menton, et nous pourrions probablement en arrondir d'autres que vous n'avez pas à connaître. »

Il sentait le goudron, le poisson et l'eau salée. Comme souvent, il fredonnait. Le petit Jonathan Totton était ensorcelé par lui et, alors qu'il marchait fièrement à côté du marin dans la rue en pente et venait d'atteindre le petit hôtel de ville trapu, une voix calme mais autoritaire le héla :

— Jonathan, viens ici.

Il quitta Seagull à regret et se dirigea vers la maison en bois à haut pignon devant laquelle se tenait son père.

— Je préférerais, Jonathan, que tu ne traînes pas trop avec celui-là.

— Pourquoi, père ?

— Parce qu'on trouve à Lymington des gens de meilleure compagnie.

Situé comme il l'était à l'embouchure de la rivière qui, de Brockenhurst et Boldre, venait se jeter dans la mer, Lymington se trouvait géographiquement au milieu du littoral de la Forêt. A proprement parler, la bourgade et son petit coin de terres agricoles et de marais côtiers n'étaient pourtant pas entrés dans la juridiction de la réserve de chasse du Conquérant.

C'était un petit port prospère. Depuis les abris à bateaux, les magasins et les maisons de pêcheurs agglutinés autour du quai, la grand-rue grimpait entre des maisons à colombages et pignons, dont le deuxième étage surplombait la chaussée. A main gauche, au sommet de la colline, l'hôtel de ville, typique de l'époque, consistait en une bâtisse en pierre où divers commerçants proposaient leurs marchandises dans une petite salle obscure entourée d'arcades ; elle était surplombée à l'étage, auquel on accédait par un escalier extérieur, par un local spacieux qui faisait office de salle d'audience où se discutaient les affaires de la ville. En face se dressait la croix, et, de l'autre côté de la rue, l'auberge de l'Ange. A deux cents mètres, sur la crête de la colline, une église formait la limite du bourg. Il existait deux autres rues, à angle droit, une église, une croix qui marquait la place du marché, car Lymington avait le droit de tenir une foire annuelle de trois jours au mois de septembre. La ville disposait aussi d'un pilori et d'une petite prison, d'une sellette à plongeon destinée aux mégères et d'un poteau des condamnés au fouet. Elle possédait enfin un puits. Tout cela servait une communauté de quelque quatre cents âmes.

Depuis la grand-rue, au-delà du quai et du petit estuaire, on voyait le talus élevé de la rive opposée. De derrière l'hôtel de ville, on distinguait la longue silhouette de l'île de Wight, de l'autre côté du Solent.

Tel était le bourg de Lymington, où l'on trouvait des gens de meilleure compagnie qu'Alan Seagull.

Il était difficile de dire à quand remontait la création de la petite ville portuaire. Quatre siècles plus tôt, lorsque les clercs du Conquérant avaient rédigé son Grand Livre cadastral, ils avaient enregistré la petite agglomération proche de la côte, appelée maintenant Old Lymington, ainsi que ses terres juste suffisantes pour une charrue, quatre arpents de prés, et sa population composée de six familles et d'une poignée d'esclaves.

Juridiquement, en dépit de sa faible importance, Lymington était un domaine seigneurial détenu, en même temps que bien d'autres, par une succession de suzerains qui l'avaient développé. Du port partaient les bateaux qui traversaient le détroit jusqu'à leurs autres possessions dans l'île de Wight. Les seigneurs détenaient également le domaine de Christchurch où, peu après la mort de Rufus, ils avaient bâti un château près du nouveau prieuré et des eaux peu profondes du havre. A première vue, celui-ci semblait le port naturel. Des hauts-fonds et des courants forts séparaient malheureusement Christchurch de l'île de Wight, alors qu'on approchait de Lymington par un bras de mer profond et aisément navigable.

« La traversée est plus courte », disait-on. Ce fut donc Lymington.

Ce n'était pourtant qu'un hameau, mais il se développa vers l'an 1200 grâce au seigneur local. Entre le hameau et la rivière, sur un terrain escarpé, une rue en terre battue avait été tracée et bordée de trente-quatre modestes parcelles. Il avait incité les pêcheurs, les marins et même les commerçants, tels que les Totton, des ports voisins à venir s'y installer. Et, pour les attirer davantage, la nouvelle agglomération, New Lymington, avait reçu un nouveau statut, celui de municipalité.

Que cela signifiait-il dans l'Angleterre féodale ? Avait-elle reçu du monarque une charte lui conférant les privilèges d'une ville ? Pas tout à fait. La charte municipale était accordée par le seigneur féodal, parfois par le roi lui-même ; dans les nouvelles cités épiscopales qui fleurissaient à l'époque, comme Salisbury, l'évêque la concédait. Dans le cas de Lymington, elle avait été octroyée par le grand seigneur local, qui détenait Christchurch et bien d'autres terres voisines.

L'arrangement était simple. Les hommes libres de Lymington — qualifiés dorénavant de bourgeois — devaient se constituer en corporation, qui verserait au seigneur une redevance annuelle de trente shillings. En retour, ils étaient affranchis de toute corvée et le seigneur leur avait également accordé le privilège de circuler et de commercer sur ses vastes domaines sans payer aucun droit ni péage. Confirmés dans leur privilèges, un demi-siècle plus tard, par une deuxième charte, les bourgeois de Lymington pouvaient administrer les affaires quotidiennes de leur bourg et élire leur premier magistrat, sorte de croisement entre un maire de deuxième catégorie et un intendant seigneurial, pour les représenter : « Sachent tous les hommes présents et à venir que moi, Beaudoin de Redvers, comte du Devon, ai accordé et confirmé par cette présente charte à mes bourgeois de Lymington toutes libertés et franchises de douane... par terre et par mer, aux ponts, bacs et portes, aux foires et marchés, dans la vente et l'achat... en tous lieux et en toutes choses... »

Par ces paroles engageantes commençait la charte, modèle du genre, en vertu de laquelle la bourgade portuaire du seigneur du lieu prenait rang de ville.

Mais le suzerain n'en restait pas moins le seigneur du bourg, et ses habitants ainsi que son maire, comme on appelait dorénavant leur premier magistrat, ses tenanciers. Ils continuaient à lui verser les loyers des parcelles de terrain — les *burgages* — et des tenures qu'ils occupaient. S'ils édictaient des règles, il avait le droit de les approuver. Dans les questions ordinaires de droit et d'ordre public, eux et leur bourg dépendaient de la juridiction de sa cour seigneuriale. Même plus tard, lorsque les cours royales se substituèrent de plus en plus à la justice locale, le manoir féodal d'Old Lymington, édifié sur le domaine rural extérieur au bourg, conserva son rôle d'autorité de tutelle judiciaire.

Pendant un siècle, les grands événements de l'histoire d'Angleterre n'affectèrent guère l'endroit. Vers 1300, quand le roi Edouard Ier demanda pourquoi ce bourg n'avait pas fourni de navire pour sa campagne contre les Ecossais, ses délégués lui rapportèrent qu'il ne s'agissait que d'« un pauvre petit village, seulement un village », et ses habitants furent excusés. Au siècle suivant, on assista cependant à un changement spectaculaire.

La terrible peste noire balaya l'Europe à la fin des années 1340 et la face de l'Angleterre en fut à jamais bouleversée. Un tiers de la population périt. Des fermes, des villages entiers furent vidés. La main-d'œuvre était devenue si rare que les pauvres paysans et les serfs trouvaient du travail et pouvaient acquérir des parcelles de terre. Les grandes forêts giboyeuses, faiblement peuplées, ne donnaient guère prise au changement, alors que dans la moitié orientale de la Nouvelle Forêt, sur le domaine de Beaulieu, il y eut une ébauche de révolution agricole. Il n'y avait plus assez de frères lais pour exploiter les fermes. L'abbaye se vouait à la prière et ses moines vivaient passablement bien. Ils n'exploitaient pas leurs immenses domaines et donnaient la majeure partie à ferme en la subdivisant souvent. Le petit Jonathan rendait visite à la famille de sa mère, qui vivait dans l'aisance depuis trois générations dans l'une des fermes. Son père ne lui disait pas « Voilà les terres des cisterciens » mais « C'est là que se trouve la ferme de ta mère ». Les moines de Beaulieu ne tenaient plus une place à part. Ils étaient devenus des seigneurs féodaux comme les autres.

Et si l'abbaye se repliait sur elle-même, le petit port, lui, allait de l'avant. Peu après la Grande Peste, lorsque le troisième roi Edouard et son éblouissant fils, le Prince noir, menèrent leurs brillantes campagnes contre les Français au cours de la guerre de Cent Ans. Lymington était déjà capable de fournir plusieurs navires et des marins. Cette guerre fut l'une des rares qui profitèrent vraiment à l'Angleterre. Le butin et l'argent des rançons affluaient. Les Anglais raflèrent des terres et des ports précieux à leurs cousins français. En dépit de sa taille modeste, le port de Lymington fut amené à faire le commerce des vins, des épices et de toutes sortes d'articles de luxe en provenance des territoires français riches et ensoleillés. Ses commerçants gagnèrent en assurance. Quand, en 1415, l'héroïque Henri V remporta une dernière victoire triomphale sur les Français à Azincourt, ils se sentirent très fiers.

Et si, depuis peu, les choses ne marchaient plus aussi bien, tout dans leur attitude revenait à dire : « Il y a toujours de l'argent à gagner. »

Henry Totton se faisait souvent du souci pour son fils.

« Je ne suis pas sûr qu'il comprenne vraiment ce que je lui dis, confia-t-il un jour à un ami.

— Tous les gamins de dix ans sont les mêmes », lui assura l'autre.

Mais cette réponse ne l'avait pas entièrement satisfait.

Henry Totton était d'une taille bien en dessous de la moyenne et il avait un maintien modeste, mais sa mise révélait qu'il entendait qu'on le prenne au sérieux. Quand il était jeune homme, son père lui avait donné des vêtements convenant à sa condition, qui était considérable. Les vieilles lois somptuaires avaient depuis longtemps défini les règles vestimentaires pour chaque classe de la société médiévale, extrêmement diversifiée. Ces règles ne passaient pas néanmoins pour une contrainte injustifiée. Lorsque les conseillers municipaux de Londres portaient leur cape cramoisie et le lord-maire sa chaîne, toute la communauté se sentait honorée. Le maître de l'université d'Oxford avait gagné sa toge, ses élèves pas encore. Cet ordre possédait un caractère honorifique. Le marchand de Lymington ne s'habillait pas comme un noble, on se serait moqué de lui s'il l'avait fait, ni comme le paysan ou l'humble marin. Henry Totton portait une longue houppelande — un manteau à manches, boutonné du cou aux chevilles. Il la portait ample, sans ceinture, et, bien que simple, son étoffe était de la plus belle qualité. Il en avait une autre en velours, avec une ceinture en soie, pour les grandes occasions. Il était rasé de près et ses yeux gris à l'expression tranquille dissimulaient mal l'ambition qu'il nourrissait pour sa famille. On trouvait des Totton marchands à Southampton et à Christchurch depuis des siècles et il n'entendait pas que la branche de Lymington reste à la traîne derrière ses nombreux cousins.

Il s'efforçait de ne pas se tracasser pour Jonathan. Ce n'était pas justifié. Et Dieu sait qu'il l'aimait. Depuis la mort de sa femme, l'année précédente, Jonathan représentait tout pour lui.

Quant à Jonathan, il n'ignorait pas qu'il décevait son père, sans trop savoir pourquoi. Certains jours, il faisait tout son possible pour lui complaire, mais, à d'autres moments, il pensait à autre chose. Si seulement son père comprenait l'intérêt qu'éveillaient en lui les Seagull. L'année du décès de sa mère, il avait commencé à se promener seul sur le quai. En bas de la grand-rue, là où se terminaient les anciens *burgages*, le terrain descendait brusquement jusqu'à la mer. C'était une chute brutale dans tous les sens du terme. Le vieux bourg s'arrêtait en haut de cette pente, la respectabilité aussi, pour des gens comme les Totton en tout cas. En bas de cette descente sociale se regroupaient les petites maisons mal tenues des pêcheurs, ainsi, comme disait son père, que « les autres épaves et rebuts » que rejetait à la côte la mer ou la Forêt.

Mais pour Jonathan cela équivalait à un petit paradis : les navires bordés à clins avec leurs lourdes voiles, les bateaux retournés sur le quai, les cris des mouettes, l'odeur du goudron, du sel et des algues en train de sécher, les tas de filets et de nasses — il adorait déambuler au milieu de tout cela. La maison la plus proche de la mer était celle des Seagull. Si tant est qu'elle méritât bien le nom de maison, car cela se résumait à une collection d'objets, tous plus fascinants les uns que les autres, entassés en une joyeuse pagaille. Cela avait dû se produire par magie — peut-être la mer les avait-elle déposés là une nuit de tempête, car il était impossible d'imaginer Alan Seagull prenant la peine de construire quoi que ce fût qui n'ait pas été destiné à aller sur l'eau.

Il se peut donc que la petite maison des Seagull ait été capable de flotter. Le long de l'un de ses murs, les vestiges d'une grande barque, suspendue sur le flanc, ses côtés tournés vers l'extérieur, formaient une sorte d'abri où la femme de Seagull s'asseyait habituellement pour allaiter l'un de ses enfants. Le toit, gondolé, consistait en un assemblage de planches, d'épars, de toiles à voile, et présentait ici et là des arêtes et des bosses : un aviron, la quille d'un bateau ou une vieille caisse. La fumée s'échappait de ce qui ressemblait à une marmite à langouste. Le toit comme les murs en planches étaient presque entièrement noirs de goudron. Ici et là, un volet brinquebalant suggérait l'existence d'une fenêtre. Près de la porte trônaient deux grosses coquilles Saint-Jacques peintes. Du côté de la mer, un bateau était remonté au sec et des filets de pêche, dotés d'une multitude de flotteurs, mis à sécher. Au-delà se dressaient des massifs de roseaux, qui parfois sentaient mauvais. Bref, aux yeux d'un enfant, il s'agissait d'un endroit magique.

Mais l'occupant de cette masure « les pieds dans l'eau » n'était pas pauvre. Loin de là : Alan Seagull était propriétaire de son bateau, une embarcation à mât unique, bordée à clins, plus grosse qu'une barque de pêche, avec une cale assez grande pour transporter des petites cargaisons, non seulement dans les eaux côtières mais aussi jusqu'en France. Et bien que rien ne fût astiqué et clinquant, toutes les parties du navire se trouvaient en parfait état de marche. Pour son équipage, il était le maître. En fait, beaucoup pensaient qu'Alan Seagull avait un peu d'argent à gauche. Pas autant que Totton, bien sûr, mais quand il voulait quelque chose, il le payait toujours comptant. Et sa famille mangeait bien.

Le petit Jonathan allait souvent traîner autour de chez Seagull, et il voyait ses sept ou huit enfants entrer et sortir continuellement de la maison comme des flèches, tels des poissons d'une grotte sous-marine. A les regarder avec leur mère, il sentait une chaleur, un bonheur familial qui faisait défaut dans sa propre vie. Un jour, il baguenaudait seul près de leur maisonnette quand l'un d'eux, un garçon de son âge, lui avait demandé s'il voulait jouer avec lui.

C'était Willie Seagull, un drôle de petit bonhomme. Si maigre qu'on pouvait le croire souffreteux, mais en réalité seulement noueux et nerveux — et prêt à tout. Jonathan, comme les autres fils des marchands aisés, devait fréquenter une petite école dont le maître avait été engagé par Burrard et Totton. Mais, les jours où il n'avait pas cours, Willie et lui jouaient ensemble et chaque jour était une aventure. Parfois ils jouaient dans les bois ou remontaient les ruisseaux de la Forêt pour pêcher. Willie lui avait appris à taquiner la truite. Ou bien ils allaient dans les marécages près de la mer ou longeaient la côte jusqu'à la plage.

« Tu sais nager ? lui avait demandé Willie lors d'une de leurs premières escapades.

— Je ne sais pas trop, avait répondu Jonathan, qui découvrit bientôt que son nouvel ami nageait comme un poisson.

— T'inquiète pas. Je t'apprendrai. »

En terrain plat, Jonathan courait plus vite que Willie, mais quand il essayait de l'attraper, il lui échappait toujours. Willie l'avait aussi fait participer à des jeux avec les autres enfants de pêcheurs près du quai, et Jonathan s'en sentait très fier.

Et lorsque, un après-midi, ayant croisé Alan Seagull sur le front de mer, Willie déclara à son père : « Voilà Jonathan, c'est mon ami », le petit Totton fut aux anges. « Willie Seagull a dit que j'étais son ami », raconta-t-il fièrement à son père ce soir-là, mais Henry Totton ne fit aucun commentaire.

Il arrivait que le père de Willie l'emmène en mer et il restait parti un jour ou deux. Dans ces moments-là, Jonathan l'enviait beaucoup. Il n'avait pas osé demander la permission de les accompagner, mais il était certain que la réponse serait négative.

— Viens, Jonathan, lui dit son père, j'ai quelque chose à te montrer.

La pièce où ils se tenaient n'était pas grande. Elle donnait sur la rue. Au milieu trônait une lourde table et, contre les murs, se dressaient plusieurs placards et malles, ces dernières fermées par d'impressionnantes serrures. Il y avait aussi un grand sablier, dont le marchand tirait fierté et grâce auquel il connaissait l'heure exacte. C'était le cabinet de travail d'où Henry Totton dirigeait son affaire. Sur la table, il avait disposé un certain nombre d'objets et, devinant immédiatement qu'ils visaient à son instruction, Jonathan soupira. Il détestait ces séances avec son père. Il savait que celui-ci faisait cela pour son bien, mais là résidait justement le problème.

Pour Henry Totton, le monde était simple : seuls les formes et les nombres offraient de l'intérêt. Quand il voyait une forme géométrique, il la comprenait. Il en découpait pour Jonathan dans du parchemin ou du papier. « Regarde, suggérait-il, si tu la tournes de ce côté, elle change. Si tu la tournes de celui-là, elle donne cette figure-ci. » En imprimant une rotation à un triangle, il obtenait un cône, avec un carré il faisait un cube. « Plie-le, disait-il d'un carré, et tu obtiendras un triangle, un rectangle ou une petite tente. » Il inventait aussi des jeux avec les nombres, supposant que cela l'amuserait. Et le petit Jonathan, que ces choses ennuyaient, rêvait des hautes herbes des prés, du chant des oiseaux dans les bois et de l'odeur de sel qui flottait sur le quai.

Il s'évertuait à comprendre tout cela pour plaire à son père. Et, justement parce qu'il craignait de ne pas y parvenir, son esprit se paralysait et il ne saisissait rien. Alors, tout rouge, il disait des sottises et voyait son père essayer de cacher son dépit.

La leçon du jour serait simple et pratique. Une série de pièces de monnaie était étalée sur la table.

— Peux-tu me dire comment elles s'appellent ? demanda Totton doucement.

La première était un penny. Ça, c'était facile. Il y avait ensuite un demi-groat, qui valait deux pence, et un groat, quatre pence. Des pièces anglaises ordinaires. Venaient ensuite un shilling, soit douze pence, puis un réal, qui valait plus de douze pence. Mais Jonathan n'avait jamais vu la suivante, une splendide pièce d'or où figurait l'archange Michel tuant le dragon.

— C'est un angelot, dit Totton. De grande valeur et rare. Et celle-ci ? demanda-t-il en montrant une autre pièce.

Jonathan n'en avait pas la moindre idée. C'était une couronne française. Puis il y avait un ducat et un double ducat.

— Ce sont les meilleures de toutes les pièces pour le commerce maritime, expliqua Totton avec un sourire. Les Espagnols, les Italiens, les Flamands, tous prennent les ducats. Maintenant, je vais te dire quelle est leur valeur relative. Car il va te falloir apprendre à les utiliser.

Les marchands qui commerçaient outre-mer n'étaient pas les seuls à se servir des monnaies européennes. On trouvait aussi des pièces étrangères sur les marchés intérieurs. Pour une raison toute simple : elles valaient souvent plus.

Le XVe siècle n'avait pas été une période heureuse pour les Anglais. Après le triomphe qu'ils avaient remporté sur les Français à Azincourt, l'extraordinaire personnage de Jeanne d'Arc n'avait pas tardé à faire son apparition. Inspirés par ses visions mystiques, les Français avaient une nouvelle fois bouté les Anglais hors de leur pays. Au milieu du siècle, lorsque l'interminable guerre de Cent Ans s'était enfin terminée, le conflit était devenu ruineux et le commerce en avait souffert. Une querelle entre les deux branches de la famille royale, les York et les Lancaster, avait alors suivi pendant une génération. Si cette guerre des Deux-Roses avait plutôt ressemblé à une succession de batailles féodales qu'à une guerre civile, elle n'avait en rien favorisé le droit et l'ordre dans les campagnes. Confrontés aux troubles sociaux et à la chute des rentes foncières, les responsables royaux de la frappe des monnaies rognèrent sur leur titre, comme ils le faisaient toujours lorsque le Trésor était vide. Et malgré les efforts entrepris ces dernières années, Henry Totton affirmait avec justesse qu'il restait difficile de trouver de la bonne monnaie anglaise. Chaque fois que c'était possible, les transactions commerciales s'effectuaient donc dans la monnaie la plus forte, généralement étrangère.

Henry Totton expliqua tout cela à son fils calmement.

— Ce qu'il nous faut, Jonathan, conclut-il, ce sont des ducats. Tu comprends ?

Jonathan acquiesça, sans être vraiment sûr de comprendre.

— Très bien, fit Totton en gratifiant son fils d'un sourire encourageant.

Comme Jonathan semblait d'humeur réceptive, peut-être allait-il aborder la question des ports.

Peu de sujets lui tenaient plus à cœur. Pour commencer, il y avait la grande Etape de Calais et ses énormes transactions financières. Puis, bien sûr, la question controversée de Southampton. Il pensa, pour aujourd'hui, se limiter à Calais.

— Père ?

— Oui, Jonathan ?

— Je dois me tenir à l'écart d'Alan Seagull, mais je peux continuer à jouer avec Willie, n'est-ce pas ?

Henry Totton le regarda fixement. Pendant un moment, il ne sut trop quoi répondre. Puis il haussa les épaules, résigné. Il n'y pouvait rien.

— Excusez-moi, père. Nous continuons ? dit le gamin, penaud.

— Non, c'est assez pour aujourd'hui.

Totton regarda les pièces étalées sur la table, puis la rue.

— Joue avec qui tu veux, Jonathan, dit-il à voix basse en lui faisant signe de s'en aller.

— Faudrait que vous voyiez ça, papa ! s'exclama Willie Seagull, rayonnant, en aidant son père, qui raccommodait un filet.

Le matin même, après la conversation que Totton avait eue avec son fils, pour la première fois Jonathan avait emmené Willie chez lui.

— Henry Totton était là ? demanda le marin en s'arrêtant de fredonner.

— Non. Il n'y avait que Jonathan et moi. Et les domestiques. Ils ont une cuisinière et un marmiton, papa, un garçon d'écurie et deux autres servantes...

— Les Totton ont de l'argent, fiston.

— Et j'aurais jamais cru, papa... Toutes ces maisons, elles paraissent pas bien grandes quand on les voit de la rue, mais elles vont loin derrière. Juste après le cabinet de travail, il y a une immense salle, haute de deux étages, avec une galerie à l'intérieur. Puis deux autres pièces sur l'arrière.

— Je sais, fiston.

Le domicile des Totton était une maison de commerçant typique, mais le petit Willie n'en avait encore jamais vu.

— Il y a une énorme cave, sur toute la longueur de la maison. Il possède tout un fourbi là-dedans. Des tonneaux de vin, des balles de tissu. Et aussi des sacs de laine. Des pleines cargaisons. Et puis, sous le toit, il y a un grenier aussi grand que la cave, poursuivit Willie, enthousiaste. Il a des sacs de farine et de malt et Dieu sait quoi encore !

— Il le sait sûrement, Willie.

— Et les jardins, Papa, je ne m'étais jamais rendu compte qu'ils étaient si profonds. Ils vont jusqu'au chemin derrière la ville.

La disposition des *burgages* de Lymington suivait un plan caractéristique des villes médiévales anglaises. Leur façade sur la rue mesurait près de cinq mètres de large, une mesure appelée perche. Elle avait été choisie, car c'était la largeur habituelle d'une bande de labour dans les champs anglais. Une bande de deux cent vingt mètres de long se nommait un furlong et quatre furlongs formaient un arpent. Les *burgages* équivalaient donc à des parcelles longues et étroites, comme un champ labouré. Henry Totton avait deux parcelles contiguës, la seconde comprenant une cour et un atelier loué ainsi que son écurie. Derrière, son jardin, large de dix mètres, s'étendait sur près d'un demi-furlong.

Alan Seagull hocha la tête. Il se demandait si Willie rêvait de posséder ce genre de chose, mais, à première vue, il était seulement content d'observer le mode de vie du marchand. Il décida cependant d'avertir son fils sur deux points.

— Tu sais, Willie, dit-il doucement, tu ne dois pas t'imaginer que Jonathan restera toujours ton ami.

— Pourquoi, papa ? Il est très gentil.

— Je sais. Mais un jour les choses changeront. C'est ainsi.

— Ça m'ennuierait.

— Peut-être, peut-être pas. Et ce n'est pas tout.

Alan Seagull regarda son fils avec insistance.

— Oui, papa ?

— Il y a des choses que tu ne dois pas lui raconter, même si c'est ton ami.
— Vous voulez dire...
— A propos de nos affaires, fiston. Tu sais à quoi je pense.
— Ah, ça...
— Tu n'en dis pas un mot, d'accord ?
— Bien sûr.
— Tu ne dois jamais en parler. A aucun des Totton. Tu comprends ?
— Oui. Je ne dirai rien.

Le pari fut conclu le soir même. Geoffroi Burrard le lança à l'auberge de l'Ange, et Henry Totton l'accepta après avoir fait ses calculs. La moitié de Lymington était témoin.

L'auberge de l'Ange était un établissement accueillant en haut de la grand-rue. Les habitants de Lymington y venaient, quelle que fût leur condition, et cela n'avait donc rien d'étonnant que Burrard et Totton s'y soient retrouvés par hasard ce soir-là. Les familles des deux hommes appartenaient à la classe des francs-tenanciers : des fermiers libres propriétaires de leur terre ou de prospères commerçants locaux. Tous deux étaient des personnages importants dans leur petite ville, des gens de condition, comme on disait. Ils habitaient des maisons à pignon, avec l'étage supérieur en surplomb ; chacun possédait des parts de deux ou trois navires et exportait de la laine par l'intermédiaire des entrepôts de l'Etape de Calais. Les Burrard étaient à Lymington depuis plus longtemps que les Totton, mais ceux-ci ne se montraient pas moins soucieux des intérêts du bourg. Une cause commune, en particulier, les unissait.

Southampton était déjà une ville importante quand Lymington restait encore un hameau. Quelques siècles plus tôt, Southampton s'était vu accorder la juridiction sur tous les ports plus petits de cette partie de la côte méridionale et le privilège de percevoir l'ensemble des droits de douane et des impôts royaux sur les entrées et sorties de marchandises. Le maire de la ville était même appelé « Amiral » dans les documents royaux. Durant la guerre de Cent Ans, quand Lymington fournissait des navires au roi, le bourg considérait cette suzeraineté de Southampton comme une atteinte à sa fierté. « Nous percevrons nous-mêmes les droits de douane, déclarèrent les citoyens de Lymington. Il nous faut entretenir notre bourg. » Depuis plus de cent soixante ans, il y avait en fait des querelles sporadiques et des procès.

Ses liens de parenté avec plusieurs citoyens de Southampton n'attiédissaient en rien le dévouement de Totton à cette cause. Après tout, c'était à Lymington qu'il possédait ses propres intérêts. Avec sa minutie habituelle, il avait étudié la question à fond puis conseillé ses concitoyens : « Pour ce qui touche aux douanes royales, la balance penche toujours du côté de Southampton, mais si nous limitons nos revendications aux droits de quai et de carène, je suis certain que nous obtiendrons gain de cause. » Il avait raison.

« Que deviendrions-nous sans vous, Henry ? » disait Burrard sur un ton approbateur. C'était un grand gaillard de belle prestance au visage rubicond, de quelques années plus âgé que Totton. Alors que ce dernier, rassis, se montrait prudent, lui était exubérant et impétueux, mais les deux hommes avaient en commun une autre passion surprenante.

Ils adoraient parier. Ils le faisaient souvent l'un contre l'autre. Burrard pariait en suivant son intuition et cela lui réussissait assez bien. Henry Totton s'en remettait aux probabilités.

En un sens, pour Totton, tout était pari. On calculait ses chances. C'est ce qu'il faisait pour chacune de ses transactions ; même les grands courants de l'Histoire lui semblaient procéder d'une succession de paris dont le résultat allait tantôt d'un côté, tantôt de l'autre. Il suffisait de se pencher sur l'histoire de Lymington pour en avoir la preuve. Du temps de Rufus, les seigneurs du lieu étaient une puissante famille normande. Lorsque Rufus avait été tué dans la Nouvelle Forêt et que son jeune frère Henri était monté sur le trône, la cité avait stupidement soutenu Robert de Normandie, l'autre frère d'Henri. Résultat ? Henri leur avait pris Lymington et la plupart de leurs terres pour les concéder à une autre famille. Depuis, pendant trois siècles et demi, le domaine avait été transmis au sein de celle-ci par héritage jusqu'à la guerre des Deux-Roses, moment auquel Lymington avait pris parti pour les Lancaster. Fort bien. Jusqu'en 1461, date à laquelle le nouveau roi, un York, avait fait décapiter le seigneur de Lymington. Une autre famille détenait donc maintenant le domaine.

Même sa modeste famille avait participé à ce dangereux jeu de hasard. Totton avait été assez fier secrètement quand son oncle préféré était devenu partisan du plus aristocratique des aventuriers, le comte de Warwick, appelé le « Faiseur de rois » parce qu'il pouvait changer la fortune du parti auquel il se ralliait. « Je ne suis maintenant qu'un franc-tenancier, mais je reviendrai gentilhomme », avait-il dit à Henry avant de se mettre en route. On arrivait effectivement à faire sa fortune en servant le puissant Faiseur de rois. Quelques temps plus tard, cependant, juste avant Pâques, la nouvelle s'était transmise dans la Forêt : « Il y a eu une autre bataille. Le comte de Warwick a été tué. Sa veuve vient chercher refuge à Beaulieu. » L'oncle d'Henry avait été tué lui aussi et Henry en avait été désolé. Mais il n'y avait pas vu une tragédie ni même un cruel coup du sort. Son oncle avait parié et perdu. Voilà tout.

Cette tournure d'esprit lui permettait de conserver son calme et son égalité d'humeur dans l'adversité : c'était une force, même si sa femme estimait parfois qu'elle confinait à la froideur.

Ainsi, quand Burrard le défia, il pesa soigneusement ses chances.

— Je vous parie, Henry s'était exclamé son ami, que la prochaine fois que vous envoyez un navire, les cales pleines, à l'île de Wight, je peux faire naviguer un bateau également chargé contre vous et arriver le premier à Lymington !

— Un de vos navires au moins est plus rapide que tous ceux dont je dispose, lui répondit Totton.

— Je n'engagerai pas un des miens.

— Lequel, alors ?

Burrard réfléchit quelques instants et sourit.

— Celui de Seagull, annonça-t-il en regardant Totton, l'œil brillant.

— Seagull ? répéta Totton en fronçant les sourcils.

Il pensa à son fils et au marin. Il préférait tenir Jonathan à l'écart.

— Je ne veux pas parier avec Seagull, Geoffroi, dit-il.

— Vous ne parierez pas avec lui. Vous savez bien que, de toute façon, Seagull ne tient jamais de pari.

Curieusement, c'était vrai. Le marin affichait une attitude insouciante dans la plupart de ses relations avec le monde, mais Dieu sait pourquoi, il ne pariait jamais.

— Avec moi, Henri, vous parierez avec moi, reprit Burrard. Allez, Henry ! insista-t-il affectueusement d'une voix de stentor.

Totton réfléchit. Pourquoi Burrard pariait-il sur Seagull ? Connaissait-il les vitesses relatives des bateaux ? Peu probable. Il possédait sans doute seulement l'intuition que ce coquin de Seagull réussirait à prendre l'avantage. Lui, en revanche, avait observé maintes fois le bateau de Seagull et également soigneusement pris note de la rapidité d'un joli petit navire de Southampton dont il avait acquis récemment un quart des parts. Il était de toute évidence légèrement plus rapide que celui de Seagull.

— Le pari se tient contre le bateau de Seagull, déclara-t-il. Encore faut-il que vous le persuadiez d'effectuer la traversée pour vous.

— Il est d'accord.

Totton hocha la tête. Il était en train de soupeser ses chances quand Jonathan apparut à la porte de l'auberge. Ce ne serait pas une mauvaise chose, pensa-t-il, que son fils voie son héros le marin perdre une course.

— Très bien. Cinq livres, dit-il.

— Oh oh, Henry ! s'exclama Burrard, qui fit ainsi se retourner toutes les têtes. Jolie somme !

Cinq livres représentaient en effet un enjeu de taille.

— C'est trop pour vous ? demanda Totton.

— Non, non, je n'ai pas dit cela, fit Burrard, qui semblait néanmoins un peu décontenancé.

— Si vous préférez...

— Pari tenu. Cinq livres ! Mais, par Dieu, vous pouvez me payer à boire pour ce prix-là, Henry !

Tandis que Jonathan se frayait un chemin parmi la foule des clients, il lui paraissait évident, à en juger par l'expression des visages autour de lui, que son père venait de faire quelque chose qui avait impressionné les bourgeois de Lymington.

Peut-être était-ce pour cacher un soupçon de nervosité que Geoffroi Burrard, apercevant le gamin, l'accueillit avec une exubérance inhabituelle :

— Oh, mon garçon ! s'écria-t-il Dans quelles aventures vous êtes-vous encore lancé ?

— Aucune, monsieur.

Jonathan ne savait trop comment répondre, mais il savait que Burrard était un homme à traiter avec respect.

— Ah bon. Je croyais que vous étiez parti tuer des dragons, déclara celui-ci en souriant au jeune garçon.

Voyant son air sceptique, il ajouta .

— Quand j'avais votre âge, il y avait un dragon dans la Forêt.

— En effet, confirma Totton. Rien moins que le dragon de Bisterne.

Jonathan les regarda tous les deux. Il connaissait l'histoire du dragon de Bisterne. Tous les enfants de la Forêt la connaissaient. Mais, du fait qu'elle parlait d'un chevalier et d'une bête si fantastique, il y avait vu une vieille légende comme celle du roi Arthur.

— Je croyais que c'était dans le temps, dit-il.

— Pas du tout, fit Totton en secouant la tête. Rien n'est plus vrai, expliqua-t-il avec sérieux. Il existait bel et bien un dragon — du moins l'appelait-on ainsi — quand j'étais petit. Et le chevalier de Bisterne l'a tué.

A son air, Jonathan voyait bien que son père disait la vérité. De toute manière, il ne le taquinait jamais.

— Je ne savais pas, dit-il.

— Qui plus est, continua Burrard tout aussi sérieusement, mais avec un clin d'œil à la compagnie que Jonathan ne vit pas, qui plus est, on a aperçu l'autre jour un autre dragon du côté de Bisterne. Il descend probablement du premier. Je pense qu'on va lui donner la chasse et vous feriez donc bien de vous hâter si vous voulez le voir.

— Vraiment ? fit Jonathan en le regardant bouche bée. Il est dangereux ?

— Oui. Mais on a quand même réussi à tuer le dernier. Ça doit être un drôle de spectacle quand il vole.

Henry Totton sourit et secoua la tête.

— Il est temps de rentrer à la maison, dit-il gentiment en embrassant son fils.

En arrivant chez lui, un peu plus tard, Henry Totton ne pensait plus au dragon.

Ils se mirent en route peu après l'aube. Willie était prêt à partir la veille dès qu'il en avait entendu parler, mais Jonathan lui fit remarquer qu'il leur fallait la journée entière, car Bisterne se trouvait à quinze bons kilomètres.

« Je vais rester avec Willie jusqu'à ce soir », avait-il lancé au cuisinier en s'esquivant rapidement, avant qu'on ne lui demande où il allait.

Le chemin, bien qu'assez long, était très facile. Le manoir de Bisterne se situait dans la partie sud de la vallée de l'Avon, en aval de Ringwood, près du gué de Tyrrell. Il leur suffisait donc de traverser la moitié occidentale de la Forêt, d'en longer la lisière méridionale, puis de descendre dans la vallée. En partant tôt, même à pied, ils seraient là-bas en milieu de matinée et pourraient y rester jusqu'en fin d'après-midi.

Willie l'attendait en haut de la grand-rue. Pressés de prendre le large avant que quelqu'un ne les arrête, ils suivirent rapidement le chemin qui traversait les champs et les prés d'Old Lymington, puis un ruisseau près d'un petit moulin, et une demi-heure après ils dépassèrent le manoir d'Arnewood, situé entre les villages de Hordle et de Sway.

Le ciel bleu et dégagé annonçait une chaude journée. A l'ouest de Lymington, on entrait dans un bocage, des champs de taille modeste, séparés par des haies et des petits chênes, qui ondulaient d'un vallon à l'autre. Des feuilles vert tendre commençaient à sortir des branches nues ; des fleurs blanches, détachées des haies par la brise légère, jonchaient le chemin. Ils dépassèrent un champ labouré dont les sillons recevaient la visite d'un vol de mouettes bruissant de battements d'ailes.

Pour quiconque connaissait bien les habitants de Lymington, les deux gamins qui passaient devant le manoir d'Arnewood auraient été faciles à identifier, puisqu'ils étaient le portrait craché de leur père, en miniature : on retrouvait le sérieux du commerçant sur le visage de l'un des deux, le menton fuyant et l'air joyeux du marin chez l'autre, et l'effet était des plus comiques. Une heure après, ils avaient cependant laissé le monde de Lymington loin derrière eux. Ils suivirent un étroit sentier à travers bois, puis, après avoir franchi une zone couverte de frênes et de bouleaux rabougris, ils débouchèrent sur la lande de la Forêt.

— Tu crois que le dragon va venir ici ? s'enquit Willie, nerveux.

— Non, répondit Jonathan. Il ne vient jamais par ici.

Il se sentit assez fier de lui, face à son ami hésitant.

Ils avaient huit kilomètres à parcourir le long de la lisière sud de la lande, mais progressaient sans peine sur l'herbe courte et le sol tourbeux. La rosée scintillait sous le soleil matinal. La vaste lande était parsemée de massifs d'ajoncs fleuris. Ici et là, sur les collines basses au loin sur leur droite, on apercevait des îlots de houx, comme les appelaient jadis les Anglais. Plus récemment, ils avaient reçu un autre nom. Du fait que les cerfs et les poneys broutaient les branches aussi haut qu'ils pouvaient — la ligne de broutage —, chaque arbre ressemblait à un champignon et au loin l'ensemble paraissait doté d'un bord renflé. Les gens de la forêt les nommaient donc maintenant chapeaux de houx.

Ils marchèrent pendant une heure et demie sur l'herbe tendre, arrivèrent à la grande éminence de Shirley Common. Parvenus sur la crête, ils s'arrêtèrent.

La vallée de l'Avon s'étendait à leur pieds.

C'était une contrée plus riche. D'abord un petit champ, où des fougères avaient été coupées et entassées et où broutaient maintenant quelques chèvres, puis des bosquets de chênes et de bouleaux. Au-delà, le versant était couvert de champs, puis faisait place à une étendue verdoyante et aux prairies luxuriantes qui longeaient les berges de l'Avon, dont ils apercevaient les eaux argentées entre les arbres. De l'autre côté de la vallée, les collines basses du Dorset se perdaient dans une brume bleutée. Le paysage se révélait tout à fait propice aux chevaliers, aux dames, à l'amour courtois... et aux dragons.

Au nord, cependant, après trois kilomètres de lande brunâtre s'élevait une colline boisée derrière laquelle le sombre village de Burley se nichait dans la forêt.

— Je pense que nous avons des chances de voir le dragon à présent, dit Jonathan, puis jetant un coup d'œil à Willie : Tu as peur ?

— Et toi ?

— Non.

— Où vit le dragon ? demanda Willie.

— Là, fit Jonathan en montrant du doigt la longue chaîne de collines, appelées maintenant Burley Beacon, et son promontoire septentrional de Castle Hill.

— Oh, c'est tout près, dit Willie en regardant dans cette direction.

Il s'agissait probablement d'un sanglier solitaire. Il n'en restait plus beaucoup en Angleterre. Ils avaient été décimés par les chasseurs. Bien sûr, les cochons couraient en liberté dans la Forêt chaque automne pour la glandée. Parfois, l'un d'eux pouvait revenir à l'état sauvage et passer pour un sanglier. Mais le vrai, avec son poil tirant sur le gris, ses puissantes épaules et ses défenses imposantes, était un animal redoutable. Même le Normand ou le Plantagenêt le plus brave et le plus noble, accompagné de sa meute et de ses veneurs, risquait de connaître la peur quand cette énorme masse furieuse surgissait du couvert des arbres et le chargeait. Cela demeurait cependant la chasse la plus excitante. Dans toute l'Europe, la chasse aux sangliers était le plus noble des sports aristocratiques après les joutes. La tête de sanglier constituait la pièce maîtresse de tout festin.

Mais le royaume insulaire d'Angleterre, s'il était doté de nombreuses forêts, ne possédait pas les vastes étendues découvertes de France ou des pays germaniques. Quand un sanglier vivait dans les parages, on repérait sa présence et les nobles le chassaient. Quatre siècles après l'arrivée des conquérants normands, il ne restait guère de sangliers dans le sud du pays. De temps à autre, pourtant, l'un faisait son apparition. Il arrivait qu'il ne soit pas tué. Au fil des années, vivant isolé, il finissait par atteindre une taille énorme. Voilà probablement ce qui s'était passé dans la vallée de l'Avon, peu après l'an 1460.

Le manoir de Bisterne se trouvait dans un cadre magnifique au fond de la large vallée, du côté boisé de l'Avon, un peu au nord du gué de Tyrrell. A l'époque saxone, il avait été baptisé Bede's Thorn, devenu par étapes Bisterne. Conservé par son propriétaire saxon après la conquête, il était passé par héritage à la noble famille des Berkeley, du comté occidental du Gloucestershire. Sir Maurice Berkeley, marié à la nièce du puissant Warwick, le Faiseur de rois, juste avant la guerre des Deux-Roses, avait souvent pris plaisir à séjourner à Bisterne et à chasser dans la vallée de l'Avon avec ses chiens.

Le sanglier possédait, semblait-il, sa tanière quelque part sur Burley Beacon, qui dominait la vallée, d'où il avait fait des incursions dans les fermes. Vers la Saint-Martin, quand la majeure partie du bétail était abattue, il était descendu à Bisterne en suivant les ruisseaux qui dévalaient de Castle Hill, jusqu'à arriver à Bunny Brook, près du manoir. Près de la ferme du manoir, il avait trouvé des seaux de lait mis à rafraîchir dans le ruisseau, bu le lait et tué l'une des vaches restantes de la ferme.

A l'époque, l'apparence de cette bête noire devait réellement inspirer la terreur. Et pas seulement à cause de ses yeux flamboyants, de sa bouche écumante et de ses défenses. Quand on se met en travers de son chemin, le sanglier pousse un cri hideux ; dans l'air froid de l'hiver, son haleine fume ; de plus, il se déplace dans le plus grand silence. Lorsqu'il traversait les champs autour de Bisterne dans la pâle lumière de l'aube, il donnait sans doute l'impression d'être une créature surnaturelle.

Par une froide nuit de novembre, le vaillant Sir Maurice Berkeley alla combattre le monstre. La rencontre se déroula dans la vallée et fut sanglante. Les deux chiens favoris du chevalier périrent dans la mêlée et Sir Maurice, en tuant la bête lui-même, reçut des blessures, qui s'infectèrent. A Noël, il était mort.

Par la suite, des légendes s'inspirèrent d'événements à moitié oubliés, d'autres naquirent spontanément. Moins d'un an après, tout le comté avait entendu parler du combat de Sir Maurice Berkeley contre le dragon de Bisterne. On savait qu'il était arrivé de Burley Beacon par la voie des airs, que le chevalier l'avait occis tout seul et qu'il avait été tué à son tour par le poison du monstre. Et si, ailleurs, les drames chevaleresques de la guerre des Deux-Roses ne tardèrent pas à faire oublier l'événement, dans la Nouvelle Forêt et la vallée de l'Avon, on s'en souvenait encore des années après.

Trois kilomètres séparaient la crête de Shirley Common du manoir de Bisterne et les deux gamins descendirent la colline en prenant leur temps A certains moments, ils apercevaient l'éperon de Burley Beacon, à d'autres, il était caché, mais ils ouvraient l'œil, au cas où le dragon se serait envolé de l'éminence pour fondre sur eux.

— Qu'est-ce qu'on fait s'il arrive ? demanda Willie.

— On se cache, répondit Jonathan.

Dans le bas de la pente, le sentier passait à travers bois. Les rayons obliques du soleil matinal diffusaient une lumière vert pâle dans le sous-bois. Le pied des arbres était couvert de mousse, leur tronc, de lierre. Des pigeons roucoulaient. Le sentier obliquait sur la gauche, sortait du bois, puis le longeait. Une poule grise surgit des hautes herbes et le traversa précipitamment devant eux. Ils avaient à peine parcouru encore une centaine de pas qu'ils entendirent sur leur gauche un battement d'ailes et, dans un éclair bleu sombre métallique, un coq de bruyère à queue de lyre s'envola brusquement au-dessus de leur tête.

Peu après, ils arrivèrent en terrain découvert dans le fond de la vallée et virent tout de suite qu'ils venaient de pénétrer dans un monde où un dragon pouvait apparaître à tout moment.

Le monde de Bisterne était très plat. Ses vastes champs s'étendaient sur plus de trois kilomètres vers l'ouest, jusqu'aux eaux argentées de l'Avon qui, comme souvent au printemps, recouvraient les noues d'un lustre liquide magique. Le manoir — que les Berkeley considéraient plutôt comme un pavillon de chasse — consistait en une salle unique aux murs à colombages jouxtant la cour de l'écurie, qui se dressait au milieu d'une prairie verdoyante où des vaches paissaient et des lapins sautaient dans l'herbe courte à l'intérieur d'une garenne fermée. Au loin, on apercevait les versants de Burley Beacon. Parsemant le bocage, des chênes et des ormes solitaires tendaient leurs bras nus, comme s'ils attendaient que le monstre ailé vienne s'y percher.

Tout était tranquille. De temps en temps, ils entendaient les mugissements du bétail ou le battement d'ailes de cygnes, tout là-bas sur les eaux de la rivière ; parfois, le croassement rauque ou l'agitation soudaine de corbeaux dans les arbres. Mais la plupart du temps, le silence régnait sur Bisterne, comme si la nature entière attendait une visite.

Il n'y avait pas grand monde dans les champs. A une centaine de mètres au sud du manoir, se trouvait une fermette à toit de chaume avec une petite haie de frênes près du ruisseau voisin. En remontant le sentier à bestiaux, ils croisèrent un vacher à qui ils demandèrent poliment où le dragon avait été tué et qui leur indiqua un champ derrière la ferme, près du ru du Lapin.

Ils se promenèrent au hasard pendant plus d'une heure le long des sentiers et de la rivière. A en juger par la position du soleil, il devait être midi quand Willie déclara qu'il avait faim.

Quelques chaumières et une vieille forge se dressaient au bord de la rivière, près du gué de Tyrrell où passait le bétail. Affirmant qu'ils venaient de Ringwood, tout proche, afin de ne pas attirer les soupçons, Jonathan quémanda un peu de pain et de fromage, qu'une femme leur donna sans trop se faire prier. Il en profita pour l'interroger sur le dragon.

« Voilà au moins vingt ans qu'il a été tué.

— Oui, mais le nouveau ?

— Je ne l'ai pas vu moi-même », avait-elle répondu dans un sourire.

— Il n'est peut-être pas là, remarqua Willie tandis que Jonathan et lui mangeaient leur pain et leur fromage au bord de la rivière.

— Elle a seulement dit qu'elle ne l'avait pas vu.

Le milieu de l'après-midi était passé quand ils rebroussèrent chemin le long de la rigole près de la ferme. S'ils se sentaient un peu découragés par le long chemin qui les attendait, ils ne le montraient pas. Il leur fallait se mettre en route pour être de retour avant la nuit.

Ils avaient parcouru la moitié de la rigole quand ils rencontrèrent une demi-douzaine de vaches qu'un garçon ramenait à la ferme. Il était un peu plus âgé qu'eux, peut-être douze ans, et les observait avec curiosité.

— D'où est-ce que vous venez ? demanda-t-il.

— Peu importe.

— Vous cherchez la bagarre ?

— Non.

— De toute façon, il faut que je rentre les vaches. Qu'est-ce que vous faites là ?

— On est venu voir le dragon.

— Le pré du dragon est par là-bas.

— Nous le savons. On nous a dit qu'il y avait un autre dragon, mais il n'y en a pas.

Le garçon de ferme les regarda, puis plissa les yeux d'un air rusé.

— Si, il y en a un. C'est pour ça que je dois rentrer les vaches...

Il s'interrompit et hocha la tête.

— Il vient là tous les soirs, comme le faisait le dernier. De Burley Beacon, qu'il vient.

— Ah bon ? fit Jonathan. Tu racontes des histoires. Si c'était vrai, personne ne resterait ici.

— Si, c'est vrai. Honnêtement. Parfois, il ne fait pas beaucoup de mal. Mais il tue des chiens et des veaux. Il vole au coucher du soleil. Il crache du feu. Il est horrible à voir.

— Il se pose où ?

— Toujours au même endroit. Dans le pré du dragon. Alors, on évite d'aller là-bas, c'est tout.

Il se détourna et donna un petit coup de bâton à la vache la plus proche pendant que les deux gamins poursuivaient leur chemin. Ils restèrent silencieux quelques instants.

— Je crois qu'il ment, répondit Willie.

— Peut-être.

Maintenant qu'ils étaient en route, remonter jusqu'à la crête de Shirley Common ne leur parut pas trop long. Bien que le soleil fût encore haut dans le ciel, la brise d'avril était frisquette et, à l'ouest, la brume légèrement orangée. A nouveau, toute la vallée depuis l'Avon jusqu'à la chaîne de collines de Burley Beacon se déployait sous leurs yeux.

— On aurait une bonne vue de là-haut, dit Jonathan.

— On arriverait trop tard à la maison, répondit Willie.

— Ça dépend de l'heure à laquelle il viendra. Il peut très bien arriver maintenant.

Willie ne répondit pas. Jonathan savait bien que son compagnon n'avait pas eu autant envie que lui de venir là. Willie l'avait suivi par amitié. Non pas qu'il ait eu peur — ou plus peur que lui. Dans la plupart de leurs jeux, surtout quand ils s'amusaient près de la rivière ou avec l'eau, Willie se montrait le plus aventureux et Jonathan le plus prudent. Et il savait bien qu'il n'aurait jamais osé se rendre là tout seul. Mais, à mesure que passait cette longue journée, Jonathan découvrait en lui quelque chose dont il ignorait jusqu'alors l'existence : une détermination tranquille qui le faisait aller de l'avant, passablement différente de la nature insouciante de son ami.

— Si on arrive après le couvre-feu, on va recevoir le fouet, dit Willie.

Même dans les villages, le couvre-feu était généralement observé. Il n'existait de toute façon pas grand-chose à faire dans la campagne obscure, en dehors du braconnage ou de quelque autre entreprise illicite. A Lymington, il arrivait que des hommes comme Totton rentrent de l'auberge à la nuit tombée, mais généralement les rues étaient vides. La cloche du couvre-feu qui tintait à l'église annonçait un long silence.

Jonathan n'avait encore jamais été fouetté. La plupart des garçons l'étaient de temps à autre par leurs parents ou le maître d'école mais, en raison peut-être de sa nature et de l'atmosphère feutrée que la maladie de sa mère avait imposée dans la maison, il avait échappé à ce châtiment ordinaire.

— Ça m'est égal, dit-il. Mais tu peux rentrer, si tu veux.

— Et te laisser seul ?

— Ça ne me gêne pas. Tu n'as qu'à rentrer. Tu as tout le temps.

Willie soupira.

— Non, je reste.

Jonathan sourit à son ami et se rendit compte pour la première fois qu'il était lui aussi capable de se montrer sans pitié.

— Et s'il n'y avait plus de dragon, Jonathan ? reprit Willie.

— Alors on ne le verra pas.

Mais s'il y en avait un ? Ils attendirent une heure. Le soleil descendait maintenant sur la vallée. Une brise légère s'élevait au loin, au-dessus des prairies inondées. La lande qui s'étendait vers le nord avait pris une teinte brun orangé, alors que les collines de Burley Beacon, en plein soleil, brillaient comme de l'or et semblaient sur le point de s'embraser.

— Surveille le Beacon, Willie, dit Jonathan avant de s'élancer dans la pente.

Il n'y avait que deux cents mètres entre la crête et la bordure du champ. Pour Dieu sait quelle raison, on y avait coupé et entassé des fougères près de la haie, mais on les avait laissées là. Il était assez facile de construire un petit abri, avec un épais matelas de fougères sur lequel se coucher. Si les fougères servaient de litière aux bêtes, se dit-il, elles feraient aussi l'affaire pour les humains. Une fois la cabane achevée, il retourna auprès de Willie.

— Nous ne rentrerons pas à la maison ce soir, annonça-t-il. Il est trop tard.

— Je m'en doutais.

— J'ai construit une cabane.

— Parfait.

— Tu as vu quelque chose ?

— Non.

Le soleil déclina, Burley Beacon rougeoyait. Il était facile d'imaginer un dragon renaissant de ses cendres tel un phénix dans le ciel du soir. Puis le soleil se coucha, à l'occident le ciel devint cramoisi et Burley Beacon disparut. Les premières étoiles s'allumèrent dans le firmament.

— J'ai bien l'impression qu'il pourrait venir maintenant, dit Jonathan.

Il se faisait une idée assez nette de l'apparence du dragon : à peu près de la taille d'une vache, les ailes d'une grande envergure, probablement vert et couvert d'écailles. Le battement de ses ailes devait ressembler à celui d'un énorme cygne et le feu qui sortait de sa gueule au sifflement de l'enfer. Il passerait probablement à un kilomètre devant eux dans son vol vers Bisterne.

Le soleil avait disparu. Les étoiles brillaient davantage dans le ciel saphir. Les collines de Burley Beacon semblaient sombres et dangereuses aux deux gamins qui attendaient, les yeux rivés sur elles.

Au crépuscule, comme Jonathan n'était pas rentré, Henry Totton descendit à contrecœur vers le quai et la masure d'Alan Seagull. Avait-il vu son fils ? Le marin, un peu perplexe, répondit que non. Les deux gamins étaient absents depuis l'aube et il n'avait aucune idée de l'endroit où ils pouvaient se trouver.

Totton craignit d'abord qu'ils ne soient partis en mer, mais Seagull ne tarda pas à constater qu'aucun bateau ne manquait. Peut-être étaient-ils tombés dans la rivière.

— Mon fils est un excellent nageur, dit Seagull. Et le vôtre ?

Totton se rendit compte à sa grande honte qu'il l'ignorait.

On apprit ensuite que quelqu'un les avait vus sortir de la ville au petit matin en haut de la grand-rue. Avaient-ils rencontré un danger dans la Forêt ? Cela paraissait peu probable. Aucun loup n'avait été signalé depuis des années et on était trop tôt en saison pour que les serpents aient fait leur apparition.

— Ils sont peut-être tombés dans le bief du moulin, dit tristement Alan Seagull.

Quand on sonna le couvre-feu, le maire et le bailli avaient été consultés et deux équipes munies de torches étaient parties à leur recherche, l'une vers les moulins d'Old Lymington, l'autre à travers les bois au-dessus du bourg. Elles s'apprêtaient à fouiller les environs toute la nuit si nécessaire.

Leur cabane leur apportait une protection très efficace. En compressant les fougères, ils empêchaient la plus grande partie de l'humidité de pénétrer. Ils se tenaient chaud, serrés l'un contre l'autre. Dans l'obscurité, ils étaient tombés sur un roncier et des orties, mais, à part ça et leur grande faim, l'épreuve ne se révélait pas trop rude.

C'était une nuit sans lune. Les étoiles, qui apparaissaient furtivement sous la couverture de nuages, brillaient vivement. Ils avaient attendu le dragon longtemps et, quand leurs paupières commencèrent à se fermer, ils décrétèrent que, s'il vivait bien à Burley, il ne viendrait pas ce soir.

— Tu me réveilleras si tu le vois, dit Jonathan.

— Toi aussi, répondit Willie.

Mais une fois installés, peut-être à cause de la rosée ou de crainte d'être dérangés par des animaux, ils ne s'endormirent pas tout de suite. Le regard perdu dans le firmament, Willie évoqua un sujet dont ils avaient discuté la veille :

— Tu crois vraiment que le bateau de ton père, celui de Southampton, va battre celui du mien ?

— Je n'en sais rien, répondit Jonathan.

La veille, on n'avait parlé que de l'énorme pari dans tout Lymington. Après une courte pause, estimant qu'il se devait d'informer de son mieux son ami et sa famille, il ajouta cependant :

— A mon avis, si mon père parie autant sur cette course, c'est qu'il est sûr de gagner. Il est très prudent. Je crois que ton père ferait mieux de ne pas parier sur sa victoire, Willie.

— Il ne parie jamais.

— Pourquoi ?

— Il dit qu'il prend déjà assez de risques comme ça sans, en plus, se mettre à parier.

— Quels sortes de risques ?

— Peu importe. Je ne peux pas te le dire.

— Ah.

Jonathan réfléchit. Ça semblait intéressant.

— Pourquoi tu ne peux pas me le dire ?

Willie ne répondit pas tout de suite.

— Je vais te confier quelque chose, annonça-t-il finalement.

— Quoi donc ?

— Le bateau de papa est capable d'aller plus vite que ne le pense ton père. Mais tu ne dois pas le lui dire.

— Pour quelle raison ?

Jonathan réitéra sa question mais ne reçut pas de réponse. Il le poussa du pied. Willie se refusait toujours à ouvrir la bouche.

— Je vais te pincer, avertit Jonathan.

— Arrête.

— Bon, d'accord, mais dis-le-moi.

Willie prit une profonde inspiration.

— Tu me promets de ne pas le répéter ? commença-t-il.

Lymington bruissait d'activité quand Jonathan Totton et Willie Seagull revinrent, sains et saufs, dans la matinée, s'étant mis en route dès les premières lueurs de l'aube.

Tout Lymington se réjouit, tout Lymington voulut savoir ce qui leur était arrivé. Et quand on se rendit compte qu'on était resté debout toute la nuit et s'était fait un sang d'encre parce que les deux gamins recherchaient un dragon, tout Lymington fut indigné.

Du moins prétendait-il l'être. Les femmes déclaraient que les deux garnements devaient être fouettés de la belle manière. Les hommes en convenaient, mais se montraient plus indulgents. Le maire avertit les deux pères que s'ils ne faisaient pas le nécessaire, il conduirait lui-même les enfants au poteau où ils seraient fouettés. En privé, on blâmait Burrard d'avoir été la cause de tout cela en leur racontant des histoires stupides de dragons. Burrard se terrait donc chez lui.

Avant de châtier Jonathan, Henry Totton lui expliqua clairement que cela prouvait le danger qu'il existait à se mêler à des gamins comme Willie Seagull, qui l'avait manifestement entraîné hors du droit chemin. Il fut fort étonné quand son fils lui affirma que l'idée de l'expédition revenait à lui seul et qu'il avait entraîné Willie.

Alan Seagull prit son fils par l'oreille et le tira ainsi jusqu'à leur masure. Il saisit une bande de cuir accrochée au mur et frappa Willie deux fois, mais il riait tant que sa femme dut achever la besogne à sa place.

La punition de Jonathan fut cependant plus sévère. Personne ne rit. Henry Totton fit ce qu'il croyait être de son devoir. Il le fit non seulement avec un sentiment d'incompréhension, mais aussi avec la conviction que cela ne pouvait amener cet étrange garçon qu'à le haïr. Malgré la douleur, Jonathan se sentait assez fier de ce qu'il avait fait, alors que, à la fin de la séance, son pauvre père souffrait bien davantage que lui.

« Il est tout ce que je possède, pensa le marchand, et voilà que je le perds. A cause d'un dragon. » Le bonhomme savait si peu de chose de l'enfance qu'il n'avait pas la moindre idée de l'attitude à adopter maintenant.

C'est donc avec stupéfaction que, le lendemain, il entendit son fils lui demander gaiement :

— M'emmènerez-vous avec vous aux salins la prochaine fois que vous irez, père ?

Prêt à tout pour se réconcilier avec lui, il sauta sur l'occasion :

— J'y vais cet après-midi même.

La chaleur inhabituelle des derniers jours avait laissé place à un temps plus normal pour un mois d'avril. Des petits nuages blancs et gris fuyaient à travers le ciel bleu pâle. La brise était humide, de temps à autre des rafales apportaient des petites ondées. Après avoir marché jusqu'à l'église en haut de la grand-rue, Henry Totton et Jonathan tournèrent à gauche et descendirent le long chemin qui conduisait à la mer.

La bande de littoral au-dessous du bourg était un endroit dénudé et balayé par les vents. A partir du quai de Lymington, le petit estuaire se prolongeait vers le sud sur cinq cents mètres environ avant de s'ouvrir complètement sur le Solent. Du côté gauche, sous la chaîne de collines où s'élevait le bourg, et s'étendant vers le sud-ouest sur près de quatre kilomètres jusqu'au petit estuaire et au hameau de Keyhaven, se trouvaient les grands marais de Pennington.

C'était un lieu apparemment désert : d'immenses prairies marécageuses et tourbeuses semées de petits ajoncs, d'arbustes épineux, rabougris et tordus. Au-delà, la longue silhouette de l'île de Wight semblait flotter de l'autre côté du Solent, ses versants bleu-vert laissant place à des collines de craie sur la droite. On aurait pu croire que les mouettes, les courlis et les canards sauvages étaient les seuls habitants de ces marais, mais c'eût été se tromper.

Car, près de la côte, un chapelet de modestes constructions et une bonne vingtaine de bâtisses évoquant de petits moulins à vent, aux ailes à présent immobiles, démentaient cette première impression et rappelaient que ces marais fournissaient la denrée la plus importante expédiée par les marchands de Lymington : le sel.

Des marais salants se trouvaient là depuis l'époque des Saxons. La demande de sel était énorme. Il n'existait pas d'autre moyen pour conserver la viande et le poisson. Lorsque les paysans tuaient leurs cochons et leur bétail en novembre, toute la viande devait être salée pour être consommée au cours de l'hiver. Si le roi voulait de la venaison en provenance de la Forêt pour nourrir sa cour ou ses troupes, il fallait aussi la saler. L'Angleterre produisait du sel en grandes quantités, toujours du sel marin.

Henry Totton était propriétaire d'un marais salant à Pennington. Dès qu'ils s'engagèrent sur le sentier pierreux qui franchissait les biefs, ils aperçurent le bâtiment de la chaudière et les pompes éoliennes au milieu d'un groupe d'installations le long de la côte. Ils y parvinrent rapidement.

Jonathan aimait les salins, à cause peut-être de la proximité de la mer. La première chose nécessaire pour obtenir du sel était un grand bassin d'alimentation, situé juste en retrait de la côte, dans lequel l'eau de mer entrait à marée haute.

Les puits salants venaient ensuite, soigneusement construits. Il s'agissait en fait d'un grand bassin, peu profond et parfaitement plat, divisé en partènements, des petites mares d'une dizaine de mètres carrés, par des levées de terre boueuses d'une vingtaine de centimètres de haut et juste assez larges pour que l'on puisse y marcher. L'eau de l'étang d'alimentation y était déversée au moyen d'écopes en bois, mais on ne les remplissait que sur dix centimètres de profondeur. A partir de là, la production du sel pouvait commencer.

C'était fort simple. Il fallait que l'eau s'évapore. Cela ne s'avérait possible que l'été, et plus il faisait chaud, plus il y avait de soleil, plus on produisait de sel. La saison commençait d'ordinaire dans les derniers jours d'avril. Les bonnes années, elle durait seize semaines. Une fois, elle n'en dura que deux.

Le principe consistait à laisser l'eau s'évaporer dans une seule mare, la table. « L'évaporation prend du temps, Jonathan, et nous avons besoin d'un approvisionnement continu », lui avait dit son père, voilà fort longtemps.

On faisait remonter l'eau le long d'une rangée de partènements, afin qu'elle s'évapore progressivement et que le sel se concentre au fur et à mesure. Pour assurer sa circulation d'un partènement à l'autre, on utilisait des pompes éoliennes.

Leur conception restait très simple. Elles étaient probablement utilisées dans les marais au sud de la Nouvelle Forêt depuis l'époque saxonne et à peine différentes de celles connues au Moyen-Orient deux mille ans plus tôt. Hautes d'environ trois mètres, elles comportaient quatre ailes en croix, comme les moulins à vent. En tournant, les ailes entraînaient une came, qui faisait fonctionner une pompe à eau rudimentaire située dessous. L'eau était pompée d'un partènement à l'autre, jusqu'au dernier stade du processus dans le bâtiment de la chaudière.

Totton venait là pour procéder à une inspection complète afin que toute réparation nécessaire après les intempéries de l'hiver puisse être effectuée en temps utile.

— Le chenal qui mène au bassin d'alimentation a besoin d'être dragué, fit remarquer Jonathan.

— Oui, reconnut Totton.

Plusieurs levées de terre entre les partènements devaient également être réparées.

Jonathan parcourut toutes ces digues étroites afin de marquer les fissures qu'il trouvait avec de la chaux.

— Ne pensez-vous pas qu'il faut aussi nettoyer le fond des partènements ? demanda-t-il.

— Si.

La dernière étape du processus était la production du sel proprement dite. Lorsque l'eau de mer évaporée atteignait la table, elle se résumait à une saumure extrêmement concentrée. Le saunier plaçait une boule lestée de plomb dans la table. Quand elle se mettait à flotter, il savait que la saumure était assez épaisse. En ouvrant une vanne, il permettait à la saumure de s'écouler dans le bâtiment de la chaudière, un simple abri aux murs renforcés. Là se trouvait la cuve d'ébullition, de plus de deux mètres de diamètre, sous laquelle il y avait un four, généralement alimenté au charbon de bois ou au bois. L'eau finissait par s'évaporer entièrement et laissait une grande croûte de sel.

L'ébullition ne cessait presque jamais durant la saison de production de sel. Chaque ébullition, ou tour, durait huit heures. Du dimanche soir au samedi matin, cela faisait huit tours par semaine. A ce rythme-là, la cuve d'Henry Totton avait une production hebdomadaire de près de trois tonnes de sel. Il était croustillant et pas très pur, mais ça suffisait.

— Nous brûlons dix-neuf boisseaux pour chaque tonne de sel produit, fit observer Totton. Si, donc, le coût du combustible par boisseau est de... commença-t-il à calculer pour l'édification de son fils.

Les pensées de Jonathan ne tardèrent pas à vagabonder. Il n'aimait pas le bâtiment de la chaudière autant que le reste. Les nuées de vapeur chargée de sel étaient aveuglantes et un halo nébuleux et chaud entourait le bâtiment. Chaque fois qu'il le pouvait, il s'échappait pour retrouver la fraîcheur de la brise de mer, les courlis et les mouettes le long du rivage, près du bassin d'alimentation.

Son père avait à peine fini de lui expliquer comment calculer le profit que l'on pouvait espérer dégager si le temps restait au beau pendant les seize semaines de la saison quand il remarqua que Jonathan le regardait pensivement.

— Père, puis-je vous demander quelque chose ?

— Bien sûr, Jonathan.

— C'est un... commença-t-il, hésitant, c'est un secret.

Totton le dévisageait. Un secret ? Cela n'avait donc rien à voir avec le sel. Rien à voir avec ce qu'il avait essayé de lui apprendre depuis une demi-heure.

— Quelle sorte de secret, Jonathan ?

— Eh bien... Si, par exemple, quelqu'un vous dit quelque chose d'important et vous fait promettre de ne le répéter à personne parce que c'est un secret, et que vous, vous voulez le dire à quelqu'un d'autre parce que ça pourrait être important, faut-il garder le secret ?

— Avez-vous promis de garder un secret ?

— Oui.

— Et ce secret concerne quelque chose de mal ? Quelque chose de répréhensible ?

Jonathan dut y réfléchir. Y avait-il quelque chose de mal dans le secret que lui avait confié son ami Willie Seagull ?

Il concernait Alan Seagull. Son bateau était plus rapide que ne le pensait son père. Pour la bonne raison que Seagull avait l'habitude d'effectuer des traversées éclair à des fins illicites.

Il transportait alors des cargaisons de laine. Malgré l'essor du commerce des étoffes, la laine restait la base des exportations de l'Angleterre et de sa richesse. Afin de s'assurer que son Trésor en tirerait bénéfice, le roi insistait, comme l'avaient fait ses prédécesseurs, pour que l'ensemble des expéditions transite par le grand entrepôt, appelé l'Etape, de Calais. Un droit était payé sur toute la laine qui passait par l'Etape. Lorsque les moines de Beaulieu envoyaient leur importante production à l'étranger — la plus grande partie via Southampton, un peu à partir de Lymington — ou quand Totton achetait de la laine aux marchands de Sarum, elle transitait par l'Etape, où elle était dûment taxée.

Quand, en revanche, Alan Seagull effectuait ses traversées illicites pour des exportateurs moins honorables, il procédait de nuit, passait sans se faire remarquer d'une côte à l'autre et n'acquittait aucun droit. On le payait bien. D'autres faisaient de même tout le long de la côte. On appelait cela « faire la chouette ».

— Cela pourrait attirer des ennuis, dit Jonathan prudemment. Mais je ne crois pas que ce soit quelque chose de très mal.

— Comme le braconnage, suggéra son père.

— Un peu comme ça.

— Si tu as donné ta parole, tu dois le garder pour toi, dit Totton. Sinon, plus personne n'aura confiance en toi.

— Mais... fit Jonathan, encore indécis. Si c'est pour aider un ami ?

— L'aider comment ?

— En lui évitant de perdre de l'argent.

— En manquant à ta parole et en trahissant la confiance qu'on t'a témoignée ? Certainement pas, Jonathan.

Jonathan fronça les sourcils. Il aurait aimé trouver le moyen d'avertir son père qu'il perdrait son pari.

Durant les deux semaines qui suivirent, Alan Seagull se retint de rire. Tout le monde à Lymington pariait. La plupart du temps de petites sommes, généralement quelques pence, mais plusieurs marchands avaient misé un mark, voire davantage, sur la course. Pourquoi pariaient-ils ? Souvent pour faire comme les autres. Certains estimaient que le petit bateau du marin distancerait son concurrent, plus gros, parce que la traversée était courte ; d'autres se livraient à des calculs compliqués fondés sur le temps qu'il ferait. D'autres encore plaçaient leur confiance dans la sûreté de jugement de Totton et le suivaient.

— Plus ils parlent, moins ils savent, fit remarquer Seagull à son fils. Et aucun ne sait réellement quelque chose.

Certains tentaient de l'acheter. Pratiquement aucun jour ne passait sans que quelqu'un vienne lui proposer un marché. « J'ai misé un mark sur votre bateau. Alan. Il y a un shilling pour vous si vous gagnez. » D'autres lui offraient de l'argent pour se laisser battre. « Je ne sais pas ce que valent les gars de Southampton, mais la seule façon d'être sûr du résultat est que vous me promettiez de perdre », lui avait dit sans ambages un marchand.

— C'est drôle, confia Seagull à Willie. Tous ces gens m'assaillent comme des vagues et il suffit de naviguer au milieu. Au point où en sont les choses, si je gagne, je serai payé, et si je perds, je le serai aussi, fit-il en souriant. Aucune différence. Rappelle-toi ça, fiston, ajouta-t-il sérieusement. Il faut les laisser parier. Ne rien dire et prendre l'argent.

Les offres de Burrard étaient plus impressionnantes. A la fin de la première semaine, il avait dit à Alan : « Un mark pour vous si vous gagnez. » A la fin de la seconde : « Je me suis encore plus engagé. Deux marks pour vous. »

— Il est stupide ? s'étonna Jonathan.

— Non, mon fils. Il n'est pas stupide, il est riche.

Pendant ce temps, Totton restait aussi calme et silencieux que d'habitude, ce qui lui attirait le respect de Seagull :

— Je ne l'aime pas, confessa-t-il à son fils. Mais il sait se taire quand il faut.

— Alors, est-ce que vous allez gagner, papa ? demanda Willie.

Mais à cette question, son père ne répondit qu'en fredonnant une chansonnette de marins.

Willie obtint plus de succès quand il lui demanda s'il pouvait participer à la course avec lui. A sa grande surprise, son père accepta.

C'était un grand privilège. Il annonça la nouvelle à ses amis. Jonathan ouvrit de grands yeux. Tous les jours, il redemandait à Willie : « C'est vrai que tu vas naviguer ? » Puis il ajoutait, sur le ton de la confidence : « Je sais que vous allez gagner. » Il se sentait aux anges.

Mais le père de Willie allait-il l'emporter ? Il s'en était vanté auprès de Jonathan le jour où ils avaient dormi à Bisterne et il n'en démordrait certes pas. Mais il aurait bien aimé savoir comment son père allait s'en tirer.

En vérité, Alan Seagull lui-même l'ignorait. Il n'avait aucunement l'intention de révéler publiquement la vitesse de son bateau. Si cela avait été nécessaire pour gagner, il aurait perdu gaiement. Mais, avec la mer, on ne savait jamais. Il pouvait arriver quelque chose à l'autre bateau. La mer en déciderait, et aussi le hasard et son libre arbitre. Il ne s'inquiétait pas. Jusqu'à ce qu'un soir, trois jours avant la course...

En voyant arriver Willie l'air penaud, il comprit tout de suite qu'il y avait anguille sous roche, ce qui ne l'empêcha pas d'être interloqué par la question qu'il lui posa.

— Papa, est-ce que, pour la course, Jonathan pourra venir avec nous ?

Jonathan ? Jonathan Totton ? Alors que son père pariait sur l'autre bateau ? Stupéfait, le marin le regardait fixement.

— Son père est d'accord.

« Ce qui est certainement faux », pensa Alan.

— Je lui ai dit que vous le lui permettriez sûrement. Il n'est pas lourd, argumenta Willie.

— Qu'il monte à bord de l'autre bateau, alors.

— Il n'a pas envie. Il veut venir avec moi. Et de toute façon...

— De toute façon quoi ?

Willie hésita, puis dit à voix basse :

— De toute façon le bateau de Southampton va perdre, hein, papa ?

— Si tu le dis, mon fils.

Alan se mit à sourire, puis une pensée lui traversa l'esprit.

— Willie ? demanda-t-il en regardant attentivement son fils. Tu crois que je vais gagner ?

— Bien sûr, papa.

— C'est pour ça qu'il veut venir avec nous ? Parce que tu lui as dit que nous allons gagner ?

— Je n'en sais rien, papa, fit Willie, l'air gêné. Peut-être.

— Tu lui as parlé de nos affaires ?

— Non, papa. Enfin, pas vraiment... Je lui ai peut-être dit deux ou trois choses.

Il baissa les yeux.

— Je ne dirai plus rien, papa, je le jure.

Très peu de gens à Lymington étaient au courant de ses affaires. Son équipage, bien entendu. Un ou deux marchands aussi, pour la bonne raison qu'ils lui confiaient la laine à transporter. Mais Totton n'était pas de ceux-là et n'en serait jamais. Et la règle dans le métier était fort simple : ne pas parler à des gens comme Totton. Car, tôt ou tard, cela finirait par se savoir, on arraisonnerait les bateaux, infligerait des amendes, cela perturberait les affaires et, surtout, limiterait la liberté.

Totton savait-il ? Peut-être pas encore ? « Ce qu'il me faut, pensa Seagull, c'est passer un moment seul avec Jonathan. » Il verrait si le gamin avait dit quelque chose à son père. Si c'était le cas, il n'y avait rien à faire. Dans le cas contraire... Si le gamin embarquait sur son bateau, des hommes dans sa situation n'hésiteraient pas à le balancer par-dessus bord. Il haussa les épaules. Aucune chance, de toute façon, que Totton le laisse venir.

— Ne parle plus de nos affaires. Motus, ordonna-t-il à son fils.

Jonathan trouva son père assis sur une chaise sous la galerie. Il s'était endormi.

La galerie qui courait sur toute la longueur des grosses maisons de Lymington formait un élément architectural impressionnant, mais sans élégance. Haute de deux étages, la salle centrale était assez étroite, de sorte que la galerie donnait sur un espace couvert qui semblait resserré. Depuis la mort de son épouse, il ne se rendait plus dans l'agréable petit salon qui donnait sur le jardin à l'arrière de la maison, où sa femme aimait à rester. Il avait pris l'habitude de s'asseoir sur une chaise dans cette salle et y demeurait jusqu'à l'heure du dîner, qu'il prenait ponctuellement avec Jonathan. Parfois il gardait le regard dans le vide, parfois il somnolait.

Après être resté debout quelques instants devant lui, Jonathan lui toucha le poignet et l'appela doucement. Totton ne dormait pas profondément, mais il lui fallut quelques instants pour reprendre ses esprits. Jonathan arborait cet air légèrement indécis qu'ont les enfants quand il veulent solliciter une permission qu'ils s'attendent à se voir refuser.

— Oui, Jonathan.

— Puis-je vous demander quelque chose ?

Totton se redressa sur sa chaise et s'efforça de sourire. Si la requête n'était pas trop déraisonnable, peut-être allait-il le surprendre et y accéder. Il désirait lui faire plaisir.

— Je t'en prie.

— Eh bien, voilà... Vous savez, la course entre votre bateau de Southampton et celui de Seagull ?

— Naturellement.

— Bon. Je ne crois pas que vous soyez d'accord de toute façon, mais si Alan Seagull acceptait, pensez-vous qu'il serait possible que je navigue avec lui ?

— Sur le bateau de Seagull ?

Totton le regardait fixement. Il lui fallut un moment pour saisir complètement ses paroles.

— Pendant la course ?

— Oui. C'est seulement jusqu'à l'île de Wight, ajouta Jonathan. Je veux dire que nous n'allons pas au large.

Totton ne répondit pas tout de suite. Il tourna son regard vers la porte du salon où sa femme se reposait autrefois.

— Tu ignores que c'est contre le bateau de Seagull que je parie ? demanda-t-il enfin. Tu veux naviguer avec mes adversaires ? Avec un homme que je t'ai demandé d'éviter ?

Jonathan resta coi. La seule chose qu'il voulait, c'était naviguer avec Willie, mais il ne savait trop s'il pouvait le dire.

— Que crois-tu que les gens vont penser ?

— Je n'en sais rien.

Jonathan se sentait penaud. Il n'avait pas pensé à cela. Henry Totton continuait de regarder ailleurs. Il était mortifié et furieux.

— Je regrette, Jonathan, dit-il doucement, que tu ne sois pas plus fidèle envers moi ou envers ta famille.

Ce qui, pensa-t-il, revenait maintenant au même.

Jonathan comprit soudain qu'il avait blessé son père.

— Fais comme bon te semble, Jonathan. Navigue avec qui tu veux ! s'exclama Totton avec un haussement d'épaules.

Le jeune garçon affrontait une lutte intérieure, partagé entre son amour pour son père et son désir. Il aurait dû lui dire qu'il n'irait pas, il le savait bien, ou du moins proposer de naviguer sur l'autre bateau. C'était la seule façon d'affirmer à son père qu'il l'aimait, sans pourtant posséder la certitude que, même alors, il le croirait. Mais il avait envie d'aller avec Willie et son insouciant de père, de naviguer sur leur petit bateau à une vitesse insoupçonnée. Et, compte tenu de ses dix ans, le désir l'emporta.

— Oh, merci, père, dit-il.

Il l'embrassa et partit en courant l'annoncer à Willie.

Willie vint le voir le lendemain matin.

— Papa a dit que tu pouvais venir ! lança-t-il joyeusement.

Henry Totton, qui était sorti, n'entendit donc pas la bonne nouvelle.

Il y avait eu une giboulée d'avril, mais maintenant le soleil brillait. Bien trop excités pour rester à l'intérieur, les deux gamins ne tardèrent pas se mettre en route. Leur première intention était d'aller jouer dans les bois près de Boldre, à trois kilomètres de là, mais à mi-chemin, à un endroit où le sentier descendait en pente douce, ils furent attirés par quelque chose sur une crête au-dessus d'eux.

— Allons voir les Anneaux ! dit Jonathan.

Leur curiosité avait été éveillée par une petite enceinte de terre, aménagée sur un tertre qui dominait la rivière voisine. On appelait cela Buckland Rings, les Anneaux de Buckland, bien que ce talus herbeux formât un carré plutôt qu'un cercle. Il datait de l'époque celte, avant l'arrivée des Romains. Ce pouvait être un fortin destiné à défendre la rivière, un enclos à bestiaux ou les deux à la fois, mais, s'il se trouvait peut-être encore à Lymington des descendants de ceux qui l'avaient construit, le souvenir en avait été oublié depuis probablement plus de mille ans.

Cela formait une bonne aire de jeu. Les récentes pluies avaient rendu glissant le talus et Jonathan venait de repousser pour la troisième fois l'assaut de Willie contre la forteresse quand, sur le chemin, apparut un beau cavalier qui, lorsqu'il les aperçut, les salua joyeusement de la main, mit pied à terre et se dirigea vers eux à grandes enjambées.

— Ainsi, aujourd'hui vous vous affrontez sur terre, lança-t-il avec entrain, et vos pères ne vont pas tarder à le faire sur mer !

Richard Albion était un gentilhomme fort plaisant. Ses ancêtres s'appelaient Alban, mais depuis deux siècles, de même que les ruisseaux de la Forêt modifiaient peu à peu leur cours, la prononciation du nom était devenue Albion. Agents forestiers, les Albion avaient conservé leur rang au sein de la petite noblesse de la région et s'étaient mariés en conséquence. La femme de Richard Albion appartenait à la famille

Button, qui détenait des terres près de Lymington. Proche de la soixantaine, les cheveux gris et les yeux bleu vif, il ressemblait beaucoup à son ancêtre Cola le Chasseur, qui vivait quatre siècles plus tôt. Homme naturellement généreux, il s'arrêtait souvent pour donner une petite pièce à un enfant. Il connaissait de vue la plupart des habitants de Lymington, raison pour laquelle il avait deviné tout de suite qui étaient les deux gamins qui jouaient à Buckland Rings. Il bavarda avec eux tout à fait gentiment et ils discutèrent de la régate prochaine.

— Allez-vous la regarder, monsieur ? demanda Jonathan.

— Naturellement. Je ne la manquerais pas pour tout l'or du monde. En fait, je viens de Lymington, où j'avais l'intention de parier sur l'un des concurrents, mais je n'ai trouvé personne pour relever le défi. Ils ont tous tellement misé que plus personne n'ose prendre d'autres risques ! Vous voyez ce qu'a fait votre père, Jonathan Totton !

— Sur qui vouliez-vous parier, monsieur ? demanda Willie.

— Sur le bateau de Southampton, je dois l'avouer, répondit franchement le gentilhomme. Non pas parce que j'ai quelque idée sur l'identité du vainqueur, mais parce que j'aime être du même côté que Henry Totton.

— Et... fit Jonathan, qui ne savait trop s'il était convenable de le demander, bien qu'Albion ne parût pas homme à se froisser, combien vouliez-vous parier, monsieur ?

— Cinq livres, répondit le gentilhomme avec un petit rire. Et personne n'a voulu de mon argent ! L'un de vous est-il intéressé ? ajouta-t-il en souriant.

Jonathan secoua la tête et Willie répondit avec le plus grand sérieux :

— Mon père m'a dit de ne jamais parier. Il affirme que seuls les sots le font.

— Très juste ! s'exclama Albion de fort bonne humeur. Et prenez-en de la graine !

Il remonta en selle et s'éloigna.

— Cinq livres ! fit Jonathan. Ça ferait une sacrée perte !

Bien qu'Alan Seagull n'eût pas encore pardonné à son fils d'avoir stupidement révélé son secret au petit Totton, il n'était pas de méchante humeur quand il aperçut Willie cet après-midi-là. Il venait de compter l'argent qu'on lui avait promis et, même s'il perdait la course, elle lui rapporterait plus que ce qu'il avait gagné au cours des six derniers mois. S'il gagnait, il empocherait encore davantage. Bien qu'il fût un observateur de la nature humaine, le marin reconnaissait que toute cette histoire l'étonnait. Mais il ne s'attendait cependant pas à de nouvelles surprises quand Willie vint lui demander :

— Vous connaissez Richard Albion, papa ?

— Oui, fiston.

— Nous l'avons rencontré à Buckland Rings tout à l'heure. Il voulait parier contre vous mais n'a trouvé aucun preneur. Plus personne n'a d'argent à parier à Lymington.

— Ah, fit Alan avec un haussement d'épaules.

— Devinez combien il voulait miser, papa.

— Je n'en sais rien. Dis-le-moi.

— Cinq livres !

Cinq livres. Encore un pari de cinq livres ! Quelqu'un d'autre était donc prêt à risquer une telle somme. Cela ne représentait peut-être rien pour Albion. Pour lui, cela équivalait à une petite fortune.

La nuit venait de tomber quand Jonathan entendit son père arriver dans la galerie.

Quand sa mère pouvait encore se déplacer, elle venait toujours embrasser son fils et lui dire bonne nuit. Parfois elle restait un peu, lui racontait une histoire et prononçait toujours une courte prière.

Depuis lors, Totton souhaitait bonne nuit à son fils presque tous les soirs. Quand il montait l'escalier, il essayait de trouver quelque chose à dire. Il lui demandait parfois ce qu'il avait appris dans la journée ou lui rapportait un événement intéressant survenu dans la petite ville. Il entrait dans sa chambre et, debout en silence près de la porte, regardait son fils couché dans son lit.

Et si son père ne trouvait rien à dire, Jonathan restait immobile pendant un moment, puis murmurait : « Merci d'être venu me voir, père. Bonne nuit. »

Ce soir-là, Jonathan avait préparé un discours. Il y avait pensé tout l'après-midi. Quand l'ombre silencieuse apparut dans l'embrasure de la porte et regarda dans sa direction sans mot dire, il rompit donc le silence :

— Père...

— Oui, Jonathan.

— Je n'ai pas à courir avec Seagull. Je peux m'embarquer avec vous, si vous le préférez.

Son père ne répondit pas tout de suite.

— Il ne s'agit pas de ce que je préfère, Jonathan, dit-il enfin. Tu as fait ton choix.

— Mais je peux en changer, père.

— Je ne le crois pas, fit Totton avec un soupçon de froideur dans la voix. De plus, tu as d'ores et déjà promis à ton ami de venir avec lui.

Jonathan comprenait. Il réalisait qu'il avait blessé son père, que celui-ci ripostait maintenant par ce rejet voilé. Son père était tout ce qu'il lui restait. Si seulement il ne rendait pas les choses si difficiles...

— Il comprendra, père. Je préfère venir avec vous.

— Tu as donné ta parole, Jonathan. Tu dois la tenir, dit-il, sans cependant y croire vraiment.

Le gamin aborda alors l'autre sujet qui lui tenait à cœur :
— Père, vous vous rappelez quand, l'autre jour aux salins, vous m'avez dit que lorsqu'on a promis de garder un secret, on doit tenir sa promesse ?
— Oui.
— Eh bien... Si je vous disais quelque chose en vous demandant de ne pas le répéter, mais sans tout vous dire, parce que si je le faisais, je trahirais l'autre secret... Vous pensez que ça irait ?
— Tu veux me dire quelque chose ?
— Oui.
— Un secret ?
— Entre nous, père. Parce que vous êtes mon père.
— Je vois. Bon, en ce cas...
— Eh bien... Père, je crois que vous allez perdre la course.
— Pourquoi ?
— Je ne puis vous le dire.
— Mais tu en es certain ?
— Presque.
— Il n'y a rien d'autre que tu souhaites me dire ?
— Non, père.
Totton se tut un moment, puis la porte se referma sans bruit.
— Bonne nuit, père, dit Jonathan.
Il n'y eut pas de réponse.

Le matin de la course, le temps était couvert. Le vent avait tourné pendant la nuit et soufflait maintenant du nord, mais Alan Seagull avait l'impression qu'il risquait encore de changer. Ses yeux rusés restaient fixés sur les eaux de l'estuaire. Ce temps n'était pas forcément à son goût. Une chose était sûre : la traversée jusqu'à l'île serait rapide.
Et ensuite ? Il balaya du regard la foule rassemblée sur le quai à la recherche de quelqu'un.
La journée de la veille avait été étrange. Il avait déjà conclu des accords, mais jamais aussi inattendus que celui-là. Aussi surprenante qu'ait été l'affaire, elle résolvait bien des choses.
L'une d'elles était le sort du petit Jonathan.
Une grande animation régnait sur le quai. Tout Lymington se trouvait là. Les deux bateaux, au mouillage le long de l'appontement, ne se ressemblaient guère. Celui de Southampton n'était pas un grand navire marchand, mais un bugalet, de dimension plus modeste. Il jaugeait quarante tonneaux — en théorie, il pouvait donc transporter quarante de ces énormes barriques de vin de deux cent cinquante gallons alors en usage pour les grosses expéditions depuis le continent. Bateau ventru en chêne, bordé à clins, équipé d'un seul mât et d'une grande voile carrée, le bugalet avait quelque chose de primitif en comparaison des trois-mâts, six fois plus gros, que les commerçants anglais importaient

en général des chantiers navals du continent. Mais il remplissait assez bien sa fonction de caboteur tout en étant capable de traverser la Manche facilement vers la Normandie. Il possédait un équipage de vingt hommes.

Bien que de conception similaire, le bateau de Seagull était deux fois plus petit. En dehors des deux garçons et de Seagull lui-même, son équipage trié sur le volet comptait dix marins.

La cargaison transportée par chaque navire était typique de la traversée vers l'île de Wight : sacs de laine et étoffes, barriques de vin, quelques ballots de soie. Dix poids de cent douze livres en fer lestaient, en outre, le bateau de Southampton. Les deux bateaux avaient été inspectés par le maire et déclarés pleinement chargés.

Les conditions de la course avaient été soigneusement définies par les deux partis et le maire appelait maintenant les capitaines sur le quai pour les leur répéter.

— Vous effectuerez la traversée jusqu'à Yarmouth à pleine cargaison. Vous déchargerez là-bas sur le quai et reviendrez à vide avec le même équipage. Le premier arrivé est le gagnant.

Il les regarda d'un air sévère. Il connaissait Seagull, mais pas le grand capitaine à barbe noire de Southampton.

— Vous larguerez les amarres sur mon ordre et gagnerez le milieu du courant à la rame. Quand j'agiterai le fanion, vous pourrez hisser la voile ou continuer à ramer si vous le souhaitez. Mais si vous entrez en collision avec l'autre bateau à ce moment-là ou à tout autre de la course, vous serez déclaré perdant. Je déciderai qui est le premier arrivé et ma décision en toute chose sera sans appel.

L'aller-retour, chargé et à vide, le déchargement, la possibilité de se servir de la voile et des avirons, le temps capricieux, tout cela ajoutait assez à l'incertitude du résultat, avait estimé le maire, pour rendre la course intéressante. Ne voyant pas comment le bateau le plus gros pouvait perdre, il avait parié en conséquence.

Le capitaine de Southampton acquiesça en jetant un regard mauvais à Seagull, mais il lui tendit quand même la main. Seagull la serra rapidement. Il jeta à peine un coup d'œil à son concurrent et continua de scruter la foule.

Il vit enfin celui qu'il cherchait. En remontant à bord de son bateau, il appela Willie.

— Tu vois Richard Albion, fiston ? dit-il en montrant le gentilhomme. Cours lui demander s'il désire toujours miser cinq livres sur l'autre bateau.

Willie s'exécuta et revint une minute plus tard.

— Il a dit oui.

— Très bien, fit Seagull en hochant la tête. Retourne le voir et dis-lui que je prends son pari, s'il daigne parier avec un roturier.

— Vous pariez, papa ?

— Eh oui, fiston.

— Cinq livres ? Vous avez cinq livres ? s'étonna le gamin.
— Peut-être bien que oui, peut-être bien que non.
— Mais papa, vous ne pariez jamais !
— Tu discutes avec moi, petit ?
— Non, mais...
— Alors, file.

Willie repartit donc en courant auprès de Richard Albion qui accueillit la proposition avec presque autant de surprise que le gamin. Sans hésitation, il se dirigea cependant à grands pas vers le bateau de Seagull.

— Ai-je bien ouï que vous entendez parier ? s'enquit-il.
— C'est exact.
— Fort bien, fit-il avec un large sourire. Je n'aurais jamais cru que je vivrais assez longtemps pour voir Alan Seagull parier. Alors, combien misez-vous ? Personne ne prendra mes cinq livres, alors dites-moi votre chiffre et je serai honoré d'accepter.
— Cinq livres, ça me va.
— En êtes-vous sûr ? demanda le riche gentilhomme, qui ne voulait pas ruiner le marin. Je trouve moi-même que cinq livres c'est beaucoup. Pourquoi ne dirions-nous pas un mark ? Deux, si vous voulez.
— Non. Vous avez proposé cinq livres, je prends cinq livres.

Albion hésita encore un instant, puis estima que mettre en doute davantage les capacités financières du marin eût été l'insulter.

— Pari tenu ! s'écria-t-il en lui tendant la main, avant de rejoindre la foule. Vous ne devinerez jamais ce qui vient de se passer ! annonça-t-il à la cantonade.

Quelques instants après, tout Lymington commentait ces nouvelles inattendues et échafaudait des théories. Pourquoi Seagull avait-il soudain renoncé à sa vieille habitude de ne jamais parier ? Avait-il perdu la tête ? Possédait-il cinq livres ou bien avait-il trouvé quelqu'un pour le financer ? Une chose semblait évidente : s'il pariait, c'est qu'il connaissait quelque chose qu'ils ignoraient.

— Il sait que nous allons gagner ! s'écria Burrard d'un air triomphant.

Et si c'était vrai ? Ceux qui avaient parié contre le marin commençaient à avoir l'air mal à l'aise. Certains, qui se trouvaient près de Totton, se tournèrent vers lui.

— Que se passe-t-il ? demandèrent-ils, inquiets.

Henry Totton avait déjà été l'objet de taquineries quand on avait appris que son fils s'était embarqué sur le bateau de Seagull. « Votre fils navigue avec l'adversaire ? » s'étaient écriés ses amis. Il avait accueilli la question avec une parfaite équanimité.

« Il est toujours ami avec le petit Seagull, avait-il répondu calmement. Il avait envie d'aller avec lui.

— A votre place, je l'en aurais empêché, avait fait remarquer un marchand en bougonnant.

— Pourquoi ? »

Totton avait souri. « Mon fils sera un poids supplémentaire et se mettra sans doute dans leurs jambes. Il va faire perdre au moins un furlong à Seagull ! »

Cette remarque avait suscité quelques rires admiratifs.

Maintenant qu'ils le regardaient d'un air accusateur, il se contenta donc de hausser les épaules.

— Seagull a parié comme nous tous.

— Oui, mais il ne parie jamais.

— Et il a probablement raison. Ne vous est-il pas venu à l'esprit qu'il a pu commettre une erreur ? Il risque de perdre.

Face à cette autre réplique pleine de bon sens, ils ne trouvèrent plus grand-chose à ajouter. L'impression demeurait néanmoins qu'il existait quelque chose de louche dans cette histoire.

Les spectateurs n'étaient pas les seuls à le soupçonner. Sur le bateau, Willie Seagull regardait son père avec curiosité, tandis que celui-ci, son chapeau en cuir enfoncé de travers sur sa tête, était adossé à une barrique de vin.

— Qu'est-ce que vous manigancez ? murmura-t-il.

Pour toute réponse, Seagull fredonna une courte chansonnette :

— Qu'il fasse chaud ou froid, sur terre ou sur mer, les choses ne sont pas toujours ce qu'elles semblent être...

Voilà tout ce que Willie put tirer de son père. Le maire cria :

— Larguez les amarres !

Jonathan Totton était aux anges. Se trouver à bord du bateau du père de son ami en pareille occasion, c'était pour lui le paradis.

Le spectacle l'exaltait. La petite rivière entre ses hautes rives verdoyantes avait une nuance argentée. Le ciel était gris mais lumineux, les nuages s'effilochaient vers le sud. Des mouettes au plumage clair tournoyaient autour des mâts, puis allaient se poser derrière les roseaux et leurs cris résonnaient sur la grève. Les deux bateaux avançaient maintenant au milieu du courant, le bugalet de Southampton le plus près de la rive orientale. A quai, il avait paru plus grand, mais, sur l'eau, Jonathan avait maintenant l'impression que, avec ses passerelles avant et arrière, il écrasait de sa masse le bateau de pêche.

Tout l'équipage se tenait prêt. Il y avait quatre hommes aux avirons, mais uniquement pour maintenir le bateau dans le courant. Les autres étaient en position pour hisser la voile, Seagull à la barre, les deux gamins accroupis pour l'instant devant lui. A cause de sa barbe en broussaille qui se détachait sur le fond lumineux du ciel gris, Jonathan trouva un instant au marin un air étrangement sinistre. Sur le rivage, le maire avait dû agiter son fanion, car Seagull hocha la tête et lança :

— Allons-y !

La voile carrée se déploya avec un claquement, les quatre hommes aux avirons souquèrent ferme et, quelques instants plus tard, ils descendaient dans le courant, poussés par le vent du nord.

Jonathan aperçut sur le quai son père qui les regardait. Il eut envie de se lever et de lui faire signe, mais il s'en abstint, ne sachant pas s'il apprécierait. Sur sa colline escarpée, le bourg s'éloignait rapidement. Un rayon de soleil à travers une brèche dans les nuages illumina les toits de la ville un instant bref mais inquiétant, puis les nuages se refermèrent et la grisaille retomba. Ils filaient rapidement vers l'aval. La petite ville disparut bientôt derrière les arbres de la berge.

Leur bateau avait pris plus rapidement de la vitesse que celui de Southampton et se retrouva en tête pendant un moment. Ils couraient maintenant une longue bordée. Sur la droite, on voyait l'étendue désolée des marais de Pennington, sur la gauche une berge marécageuse, et devant, après les rives boueuses submergées par la marée haute, les eaux un peu agitées du Solent.

Pour les marins, les ports du Solent offraient des avantages remarquables. A première vue, l'embouchure de la Lymington ne semblait guère accueillante. De l'autre côté, depuis l'aval de Beaulieu, à l'est, jusqu'après les marais de Pennington, à l'ouest — soit douze kilomètres en tout, sur plus d'un kilomètre et demi de profondeur par endroits —, s'étendaient de vastes laisses de vase à travers lesquelles plusieurs ruisseaux ouvraient d'étroits chenaux. Riche en éléments nutritifs, cette zone, où poussaient la zostère et des algues, produisait des mollusques, des escargots et des vers par milliards, qui, à leur tour, entretenaient une énorme population d'oiseaux, certains résidents permanents, d'autres migrateurs : échassiers, canards, oies, cormorans, hérons, sternes et mouettes. Un paradis pour les oiseaux, mais pas pour les marins. Ses avantages pour la navigation tenaient cependant à deux aspects géographiques. D'une part, ce bras de mer de trente kilomètres était protégé par l'importante masse de l'île de Wight, qu'il fallait contourner par l'ouest ou l'est pour gagner le large. D'autre part, il y avait les marées.

Le système de marées de la Manche fonctionne un peu comme un jeu de bascule, oscillant autour d'un pivot. A chaque extrémité de la côte méridionale de l'Angleterre, l'amplitude de la marée est très forte. Au point pivot, bien que de grandes masses d'eau affluent et refluent, le niveau de la mer reste relativement constant. Du fait que le Solent se trouve proche du point nodal, l'amplitude des marées est modeste. Mais la barrière formée par l'île de Wight ajoute un autre facteur. Car, lorsque la marée monte dans la Manche, elle emplit le Solent des deux côtés à la fois, créant ainsi un système complexe de marées intérieures. Dans la partie ouest du Solent, où se trouve Lymington, elle s'élève généralement pendant sept heures avec un courant de force modérée. Il y a ensuite une longue pause — en fait, il se produit parfois deux marées hautes à deux heures d'intervalle. Puis vient un rapide reflux, qui creuse un chenal profond dans le détroit à l'extrémité occidentale de l'île de Wight. Tout cela convient parfaitement à l'activité portuaire de Southampton.

Même le modeste port de Lymington en bénéficiait largement. A marée haute, les immenses laisses de vase étaient entièrement submergées. L'embouchure de la petite rivière était facile à repérer et assez profonde pour le tirant d'eau de tous les navires marchands alors en usage.

A leur entrée dans le Solent, le bateau commença à tanguer dans les vagues sombres et courtes soulevées par le vent, mais le mouvement était léger et Jonathan aimait cela. Devant, se dressaient les larges flancs de l'île de Wight, à six kilomètres seulement. Leur destination, le petit port de Yarmouth, se trouvait presque en face. A l'est s'ouvrait l'immense entonnoir du Solent, gigantesque couloir de ciel et d'eau d'une vingtaine de kilomètres de long. A l'ouest, après les marais et Keyhaven, une longue langue de sable et de gravier à l'extrémité recourbée se détachait de la côte en direction des collines crayeuses de l'île. Par le détroit, Jonathan apercevait le large. Les embruns lui cinglaient le visage. Il se sentait euphorique.

Avec le vent arrière, ils n'avaient qu'à se laisser porter. Le retour serait plus pénible. Le bateau avait beau être équipé d'un grand gouvernail centré, sa voile carrée primitive convenait mal au louvoyage. Peut-être leur faudrait-il se servir des avirons, ce qui risquait de favoriser le bateau le plus petit et serait bien venu, car le bugalet s'était rapproché. Avant le milieu de la traversée, il les dépasserait probablement.

Jonathan était assez satisfait, mais, en jetant un coup d'œil à Willie, il s'aperçut que son ami ne l'était pas. Tous deux s'étaient avancés un peu et se tenaient maintenant en contrebas de la petite passerelle sur laquelle barrait Seagull. Alors que lui contemplait avidement le paysage, Willie, assis à quelques pas de lui, fronçait les sourcils et secouait la tête.

— Qu'est-ce qu'il y a ? s'enquit Jonathan en se rapprochant de lui.

Willie ne répondit pas tout de suite, puis, baissant la tête, il murmura :

— J'arrive pas à comprendre ça.

— Quoi ?

— Que mon père n'ait pas hissé la grande voile.

— Quelle grande voile ?

— Celle qui est là-dedans, répondit Willie en montrant de la tête l'espace sous la passerelle arrière. Il a une grande voile. Cachée. Avec, il peut distancer presque n'importe qui.

Il montra du pouce le bateau de Southampton qui, derrière, gagnait visiblement du terrain.

— Avec un vent arrière comme celui-là, ils ne nous rattraperaient jamais, ajouta-t-il.

— Il va peut-être la hisser.

Willie secoua la tête.

— Pas maintenant. Et il a parié. Cinq livres. Je me demande ce qu'il attend.

Jonathan regarda le petit visage au menton fuyant de son ami, réplique parfaite de celui de son père. Il fronçait les sourcils. Ce drôle de gamin, qui courait à travers bois et jouait avec lui, était en même temps un adulte en miniature. Les enfants pauvres avaient des responsabilités et, dans une certaine mesure, leurs parents les traitaient en égaux.

— Il doit savoir ce qu'il fait, hasarda-t-il.

— Pourquoi est-ce qu'il ne me l'a pas dit, alors ?

— Mon père ne me dit jamais rien, fit remarquer Jonathan, avant de réaliser soudain que ce n'était pas vrai.

Il avait toujours voulu lui parler, mais lui, Jonathan s'était systématiquement refusé à l'écouter.

— Il ne me fait pas confiance, dit tristement Willie. Il sait que je t'ai parlé de son secret. Tu ne l'as répété à personne, hein ?

— Non.

C'était presque vrai.

Le bateau de Seagull réussit cependant à conserver pendant quelque temps une légère avance tandis que l'île se rapprochait.

Ils avaient effectué la moitié de la traversée, quand le navire de Southampton prit la tête. Son équipage poussa des cris de joie, mais Seagull et ses hommes n'en firent pas cas. Leur adversaire ne parvint jamais à prendre plus de huit cents mètres d'avance.

Le port de Yarmouth, plus petit que celui de Lymington, était protégé du Solent par un banc de sable qui faisait office de digue. Ils se trouvaient encore à plus d'un kilomètre de l'entrée du port quand Jonathan remarqua quelque chose de bizarre : la voile faseyait.

Seagull cria un ordre et deux de ses hommes se précipitèrent pour relâcher une écoute pendant que deux de leurs camarades bordaient l'autre, modifiant l'orientation de la voile. Seagull se pencha sur la barre.

— Le vent tourne ! s'écria Willie. Nord-est.

— Ça va rendre le retour un peu plus facile, hasarda Jonathan.

— Peut-être.

Le bateau de Southampton effectuait la même manœuvre, mais, comme il était plus près de l'entrée du port, il avait l'avantage. Ils le virent bientôt virer, se diriger vers l'étroit chenal près du banc de sable et affaler les voiles quand il fut à l'abri. Ils firent de même, avec retard. Juste avant leur entrée dans le port, Alan Seagull regarda le ciel, observa les nuages. Son sempiternel demi-sourire avait disparu et Jonathan pensa qu'il était soucieux.

A leur arrivée, le bateau de Southampton était déjà amarré et son équipage occupé à décharger.

Le bourg de Yarmouth avait aussi été fondé par le seigneur de Lymington. Il en avait conçu le plan en forme de grille, à l'est du port. Il s'agissait d'une petite ville active, car la majeure partie du commerce de l'île de Wight passait par elle. Au siècle précédent, on avait construit le quai et installé un matériel de levage, si bien que les bateaux pouvaient être déchargés sur le quai et non plus sur des gabares.

Aussitôt le bateau amarré, l'équipage se mit à l'ouvrage. Pendant que les planches de débarquement étaient poussées depuis le quai et une longrine sortie, les marins se précipitaient pour hisser des moufles depuis la tête de mât, grâce auxquelles les objets les plus lourds, comme les barriques, pourraient être déchargés depuis la fusée de vergue. Tout le monde s'affairait. Même les deux gamins montaient et descendaient à toute allure des planches de débarquement avec des ballots de soie, et tout ce qu'ils étaient capables de porter. Jonathan ne prenait guère le temps de regarder, mais il savait que, du fait de la moindre importance de leur cargaison, ils pouvaient, à ce moment-là, combler un peu leur retard sur le bateau de Southampton. Il était si occupé qu'il remarqua à peine que le ciel s'assombrissait au-dessus du port.

Cela n'échappa pas cependant à Alan Seagull. Pendant un moment, il avait aidé ses hommes à décharger, mais quand la dernière barrique de vin fut déposée à terre, il longea le quai pour rejoindre le capitaine de l'autre bateau qui dirigeait les opérations et resta près de lui quelques instants. Il montra le ciel.

Le grand gaillard de Southampton regarda lui aussi, puis haussa les épaules.

— J'ai vu pire, grogna-t-il.

— Peut-être.

— Nous serons de retour avant que ça se gâte.

— Je ne crois pas.

Comme pour prouver la justesse de ces paroles, une rafale de vent arriva soudain en sifflant par-dessus les toits de Yarmouth et leur aspergea le visage de grosses gouttes de pluie.

— Débarquez-moi cette barrique ! Dépêchez-vous, bon sang ! beugla le gaillard à son équipage. Voilà, ça y est ! fit-il en se tournant vers Seagull. Nous serons repartis les premiers. Si vous n'avez pas assez d'estomac pour la traverser, tant pis pour vous.

Tournant le dos à son confrère, il remonta la planche d'embarquement.

Il se trompait cependant quant à son estimation de l'ordre des départs. Car en fait le bateau de Seagull largua les amarres et gagna l'entrée du port le premier. Sous sa direction, l'équipage amenait le bateau à la rame. Avant le départ, ils avaient déjà pris un ris sur la voile, si bien que, une fois hissée, elle formait un étroit triangle et non plus un carré. Jonathan voyait dans le fait qu'ils aient appareillé avant l'autre bateau une raison de se réjouir, mais il constatait aussi à l'expression tendue des hommes d'équipage et à l'air concentré de Seagull qu'ils étaient tout sauf optimistes.

— Ça va secouer, dit Willie.

Quelques instants plus tard, ils dépassaient la langue de sable et arrivaient en pleine mer.

Les forts coups de vent d'est représentent la seule chose que le marin ait vraiment à redouter dans le Solent. Il ne souffle pas à intervalles réguliers, mais quand il souffle il peut être soudain et terrible. Son mois préféré est avril.

Quand le grand vent d'est balaie la Manche, l'île de Wight n'offre aucune protection. Loin de là. Le vent s'engouffre par l'extrémité est, plus étroite, du Solent, se précipite dans le bras de mer qui se referme en entonnoir et fouette ses eaux avec frénésie. Le havre de paix se transforme en maelström brunâtre. L'île disparaît derrière de grandes nappes grises de brouillard. Sur les marais salants, la bourrasque gronde comme si elle voulait arracher les épineux, les bouquets d'ajoncs, pour les emporter par-dessus Keyhaven dans la Manche écumante. Les marins qui la voient arriver vont se mettre à l'abri aussi vite qu'ils le peuvent.

Alan Seagull estima qu'ils disposaient de juste assez de temps pour effectuer la traversée.

Le vent les assaillit dès qu'ils eurent dépassé le banc de sable. Les vagues courtes s'enflaient déjà en lames ondulantes, mais comme le bateau était maintenant plus haut sur l'eau, il les chevauchait assez facilement. Les dix hommes d'équipage poussaient sur les avirons, cinq de chaque côté, tous rameurs expérimentés. Seagull voulait s'éloigner suffisamment du rivage à la rame en remontant un peu contre le vent, puis hisser une petite voile et essayer, en jouant sur la barre, la voile et les avirons, d'arriver aussi près que possible de l'embouchure de la Lymington. Comme le bourg se situait presque en face de Yarmouth, ils allaient presque à coup sûr dériver trop à l'ouest. Du moins cela les amènerait-il dans la sécurité relative des hauts-fonds, en bordure des laisses de vase, et, grâce à leur faible tirant d'eau, ils pourraient longer la côte à la rame. Si le pire devait arriver, ils échoueraient le bateau sur les marais salants et rentreraient à pied. Une chose était certaine : la course restait ouverte, mais le tout était de rentrer au port.

Le vent, quoique fraîchissant, soufflait toujours en rafales. Avec la barre, le capitaine gardait la proue pointée vers le nord-est, en gros la direction de Beaulieu, pendant que ses hommes tiraient de toutes leurs forces sur les longs avirons. Le temps d'une douzaine de coups de rame, il sentait le vent souffler régulièrement sur son visage et le bateau progresser uniment. Puis ils furent pris dans une rafale qui fit rouler le bateau et pivoter la proue alors qu'une cascade d'embruns arrachés à la crête de la vague l'aveugla presque pendant qu'il se colletait avec la barre pour reprendre le cap. A l'est, il vit un voile brunâtre de pluie au-dessus du Solent. Il tenta d'estimer où ils seraient lorsque la pluie les rattraperait. A mi-chemin peut-être.

Ils progressaient lentement : une encâblure à la fois. Ils avaient parcouru moins d'un kilomètre quand ils virent le bateau de Southampton apparaître derrière eux.

Il avait pris une route différente. Vent debout, sans s'éloigner du rivage, son équipage se mit à souquer ferme vers l'est. Ils avaient manifestement l'intention de remonter la côte aussi loin qu'ils le pourraient avant que le vent ne devienne plus fort, puis d'effectuer toute la traversée à la voile en filant grand largue droit sur l'embouchure de la Lymington. Le capitaine de Southampton pariait sans doute sur le fait que Seagull serait emporté trop loin à l'ouest pour être en mesure de revenir par une mer de plus en plus grosse. Il se pouvait bien qu'il ait raison.

— Hissez la voile ! lança Alan Seagull.

Au début, cela sembla marcher. Avec un minimum de toile, presque par vent de travers, le cap sur la rive orientale de l'estuaire de la Lymington, il était capable de venir en aide aux avirons. De temps à autre, une rafale s'engouffrait dans la voile et faisait rouler le bateau si violemment que les rameurs manquaient un coup, mais ils n'abandonnaient pas. Il y avait de plus en plus d'embruns, mais, en regardant de temps à autre en arrière l'île de Wight, Seagull savait qu'ils progressaient. Il apercevait le bateau de Southampton qui poursuivait régulièrement sa route le long de la côte. Pendant ce temps-là, lui en était à plus de mille mètre et toujours dans l'axe de la Lymington. Il scruta les nuages. Le voile de pluie approchait plus vite qu'il ne l'escomptait.

— Rentrez les avirons !

Surpris, les hommes commencèrent à s'exécuter, Willie le regarda d'un air interrogateur. En réponse, il se contenta de secouer la tête.

— Plus de toile ! lança-t-il.

L'équipage obéit. Le bateau fit une embardée.

— Tous à tribord !

Il fallait le plus de poids possible pour équilibrer la pression exercée sur la voile.

— Ça y est, on y va, marmonna-t-il dans sa barbe.

L'effet de la manœuvre fut spectaculaire. Le bateau vibra, craqua de toutes ses membrures et fendit les flots. Il n'y avait que cela à faire. La tempête arrivait trop vite pour tenter autre chose que de traverser tout droit, le plus loin possible, avant qu'elle ne les atteigne pour de bon. Tandis que la proue se levait et plongeait en cadence, il regarda la côte devant lui. Il allait être déporté vers l'ouest, inévitablement ; la question restait de savoir sur quelle distance. Luttant pour garder le cap, le marin guidait son navire, qui roulait et tanguait, vers le milieu du Solent.

Et puis la tempête s'abattit sur eux. Elle arriva dans un rugissement, en un véritable déluge, et les engloutit dans une obscurité terrible, comme pour nier l'existence de toute chose en dehors d'elle-même pour ceux qu'elle saisissait dans ses griffes. L'île disparut, la côte d'Angleterre disparut, les nuages disparurent, tout disparut à l'exception des embruns, des nappes de pluie et des vagues furieuses. Celles-ci se dressaient, menaçantes, au-dessus du bateau, qui plongeait dans des creux si profonds que c'était miracle de le voir remonter. L'équipage balançait la voile avec frénésie et Seagull molissait la barre. Il ne restait rien d'autre à faire que de courir devant le vent avec une voile réduite en espérant qu'elle les emmènerait rapidement en lisière de ces abysses liquides.

Cramponnés au bastingage, les deux gamins étaient assis sur le pont juste devant le capitaine. Il se demandait s'ils auraient le mal de mer et s'il ne valait pas mieux les envoyer à l'intérieur.

Il ne voyait pas le rivage, mais estimait que, poussés par le vent presque plein ouest maintenant, ils allaient être emportés soit vers Keyhaven, soit vers la langue de sable qui fermait à demi l'entrée du Solent. D'un côté comme de l'autre, ils gagneraient un point du rivage où ils pourraient sans encombres échouer le bateau. Grâce à Dieu, il n'y avait pas de rochers.

Il ignorait combien de temps s'était écoulé ensuite. Cela lui sembla une éternité, mais, tandis que le bateau s'élevait puis plongeait dans la lame, il était trop absorbé par la barre pour penser à grand-chose en dehors du fait qu'ils ne tarderaient pas à approcher de la langue de terre. Il venait d'arriver à la conclusion qu'ils en étaient très près quand, à cause d'une brèche soudaine dans la cohorte galopante des nuages, la pluie aveuglante cessa brièvement de tomber à verse. Dans les hurlements du vent, il leur fut possible de voir devant eux, pardessus les embruns, comme à travers un énorme tunnel gris. Alors que le petit bateau émergeait d'un creux, il eut une vision qui lui coupa le souffle.

C'était un fantôme : un immense trois-mâts, fin et long de cinquante mètres, qui, tel un spectre, apparut à travers le rideau de pluie en train de s'éloigner. Il sut tout de suite de quoi il s'agissait, car il ne pouvait y avoir qu'un vaisseau de cette sorte dans les parages. C'était une grande galère vénitienne, qui faisait son entrée dans le Solent, en route pour Southampton. Ces galères, ou galéasses, comme on les appelait souvent, de magnifiques navires, n'avaient guère changé depuis l'Antiquité. Gréées de trois voiles latines, elles pouvaient naviguer presque par tous les temps grâce à leurs trois rangées d'avirons manœuvrés par cent soixante-dix rameurs, parfois des esclaves, comme à l'époque romaine. Si leur cale n'était pas immense, leur cargaison avait une très grande valeur : cannelle, gingembre, noix de muscade, clous de girofle et autres épices d'Orient, parfums précieux, tel l'encens, remèdes pour les apothicaires, soies et satins, tapis et tapisseries, meubles et verre de Murano. Un trésor flottant.

Pourtant, ce n'était pas seulement la vue de cette galéasse fantomatique qui avait laissé Seagull tout interdit, mais aussi sa position. Car le vaisseau vénitien, droit devant eux, se trouvait dans le détroit qui conduisait hors du Solent. Il laissa échapper un cri. Comment avait-il pu être aussi stupide ? Au plus fort de la tempête, il avait oublié un élément essentiel : la marée.

Le reflux avait commencé. Ils ne se dirigeaient pas, comme il le croyait, vers la langue de sable et le salut. La bourrasque les poussait en plein dans le courant, qui les emporterait bientôt inexorablement hors du Solent dans la fureur bouillonnante de la pleine mer.

— Aux avirons ! s'écria-t-il. A bâbord !

Il se jeta contre la barre. Le bateau roula violemment.

Il eut tout juste le temps de voir les deux gamins, pris au dépourvu, dégringoler vers l'eau à travers le pont.

Quand le soir commença à tomber sur Lymington, beaucoup de gens avaient secrètement abandonné tout espoir.

Rien d'ailleurs ne signalait vraiment l'approche de la nuit : portes et volets avaient déjà été fermés depuis longtemps pour se protéger du vent hurlant et de la pluie battante ; seul changement perceptible, l'obscurité devint plus profonde, jusqu'au moment où l'on ne vit plus rien du tout. Totton, grâce à son sablier, pouvait dire l'heure avec précision et il savait que huit heures s'étaient écoulées depuis la disparition de son fils.

Quand le bateau de Southampton était arrivé, on avait commencé par célébrer sa victoire. A l'auberge de l'Ange, où s'étaient rassemblés la plupart de ceux qui avaient parié, certains avaient entrepris de ramasser leurs gains. Mais on se posait des questions. L'autre bateau avait-il tenté la traversée ? Oui. Il avait quitté Yarmouth le premier. Quelle route avait-il prise ? Il avait mis le cap droit sur l'embouchure de la Lymington. « Ils ont donc été poussés vers l'ouest, en conclut Burrard. Ils va leur falloir revenir à la rame. On ne les verra pas avant un moment. » Mais derrière ce franc-parler, d'aucuns percevaient une inquiétude certaine.

Peu après, Totton descendit jusqu'au quai et Burrard ne tarda pas à l'y rejoindre. A l'auberge, les conversations avaient perdu de leur animation, les plaisanteries étaient devenues plus rares. Du quai, il avait été impossible de voir plus loin que les roseaux agités par le vent. Après avoir rendu visite à la famille Seagull, Totton avait insisté pour aller vers l'embouchure de la rivière par le sentier qui traversait les marais et Burrard l'avait accompagné. Ils avaient scruté en vain la pluie et la mer déchaînée pendant une demi-heure, puis Burrard avait dit doucement à son ami : « Venez, Henry, inutile de rester ici. »

Il l'avait entraîné jusqu'à l'auberge.

« Il faut que je parte à leur recherche, avait soudain déclaré Totton, quelques instants après leur arrivée.

— Henry, je vous en prie. La meilleure chose à faire est d'attendre ici. On n'y voit goutte, dehors. Quand votre fils arrivera trempé jusqu'aux os après avoir parcouru à pied la moitié de la côte, mieux vaut qu'il vous trouve là. J'ai déjà envoyé quatre hommes chercher aux endroits les plus probables. »

Il omit de lui préciser que deux d'entre eux étaient déjà revenus de Keyhaven et n'avaient vu aucune trace du bateau de Seagull. « Allons, dites à cette jolie servante de nous apporter un pâté en croûte et une cruche de vin rouge. Je meurs de faim. » S'assurant ainsi que Totton mangeait quelque chose, Burrard avait tenu compagnie dans la salle vide à son ami qui regardait droit devant lui, comme en catalepsie.

Pourtant, même Burrard eût été fort étonné s'il avait su à quoi il pensait.

La veille de la course Henry Totton était allé voir Alan Seagull.

Le marin, seul, raccommodait ses filets, quand il avait vu approcher le commerçant, qui, à sa surprise, s'arrêta devant lui.

« Je voudrais vous entretenir de certaines affaires, avait commencé Totton, qui, comme Seagull levait vers lui un regard interrogateur, poursuivit : De grosses sommes ont été misées sur la course de demain.

— C'est ce qu'on dit.

— Cependant, vous ne pariez pas.

— Non.

— Vous êtes sage. Plus sage que moi. »

Si Seagull en convenait, il n'en dit rien. L'aveu était inattendu de la part de Totton, mais bien moins que ce qui avait suivi.

« J'ai entendu dire que vous alliez gagner.

— Ah ? Où avez-vous entendu cela ?

— Mon fils me l'a dit hier soir.

— Et qu'est-ce qui lui fait penser ça ?

— Il n'a pas voulu me le dire. »

Si c'était vrai, avait pensé Seagull, le petit Jonathan conservait mieux son secret que son propre fils. Mais était-ce la vérité ou bien le marchand était-il venu le menacer ?

« Tout dépend du temps.

— Peut-être. Mais, voyez-vous, si j'ai parié contre vous au départ, c'est parce que je pensais que vous ne teniez pas à gagner. »

Après un long silence, Seagull avait interrompu son ouvrage et regardé par terre.

« Ah ?

— Oui. »

A voix basse, le marchand avait alors évoqué deux traversées illégales effectuées par Seagull, l'une pour le compte d'un marchand de Lymington, l'autre pour un négociant en laine de Sarum. La première avait eu lieu cinq ans plus tôt, la seconde, plus récemment. L'intéressant était cependant que Willie ne pouvait être au courant d'aucune des deux. Quelle que fût la façon dont Totton avait obtenu cette information, ce n'était pas par l'intermédiaire des deux gamins.

« Ainsi, vous voyez, avait conclu Totton, lorsque j'ai parié contre Burrard sur le bateau de Southampton, c'était parce que j'estimais que, même si vous étiez en mesure de le battre de vitesse, vous ne voudriez pas que tout le monde connaisse les capacités de votre bateau. Du moins cela paraissait-il probable. »

Seagull avait réfléchi. Le raisonnement du marchand était juste, bien sûr. Quant aux faits évoqués, il semblait inutile de nier.

« Depuis quand êtes-vous au courant ?

— Des années, avait répondu Totton avant de marquer une pause. A chacun ses affaires. C'est mon principe. »

Seagull avait levé les yeux vers lui avec un respect nouveau. Savoir tenir sa langue était la plus haute vertu aux yeux des pêcheurs et des gens de la Forêt.

« Vous vouliez me parler de certaines affaires ?

— Oui. Mais pas de cette sorte. A propos de la course. Si mon fils a raison et que vous avez l'intention de gagner, cela change les probabilités. Et je me suis engagé pour cinq livres... J'ai entendu dire qu'Albion voulait miser cinq livres sur votre défaite. Je viens donc vous demander d'accepter son pari. J'avancerai la somme. Et je vous verserai une livre quel que soit le résultat de la course.

— Vous pariez contre vous-même ?

— Je me couvre.

— Si vous me payez quelle que soit l'issue de la course, vous perdez une livre de toute façon.

— J'ai fait d'autres paris. Je m'en tirerai dans un sens comme dans l'autre si vous m'apportez votre aide.

— Mais je risque aussi de perdre.

— Oui. Mais je ne puis en estimer la probabilité. En pareil cas, je m'abstiens de parier. »

Seagull avait eu un petit rire. Le flegme du marchand l'amusait. Et dire qu'il s'était demandé s'il lui fallait ou non noyer le petit Jonathan. Non seulement cela était inutile mais, en embrouillant les calculs de son père, le gamin lui faisait gagner une livre de plus. « Très bien. C'est d'accord. »

Au souvenir de cette transaction, Henry Totton ne pouvait maintenant que se maudire. Il avait réglé ce pari stupide. Mais qu'était-il advenu de son fils ? Pourquoi l'avait-il laissé s'embarquer avec Seagull ? Parce qu'il l'avait blessé et qu'il était en colère. En colère contre un enfant qui n'avait pensé qu'à vivre une aventure avec son ami. Il l'avait laissé aller et s'était montré froid avec lui. Et il l'avait probablement envoyé à la mort

« Ne désespérez pas, Henry avait enchaîné Burrard d'une voix bourrue. On va probablement les voir arriver demain matin. »

Il n'était pas surprenant que les hommes envoyés par Burrard n'aient trouvé aucune trace du bateau de Seagull. Quand ils étaient arrivés à Keyhaven en fin d'après-midi, il se trouvait à moins d'un kilomètre de là, à la pointe de la longue langue de sable, et il y stationnait depuis un moment. Mais Seagull n'avait pas tenté de gagner Keyhaven et ne tenait pas particulièrement à ce qu'on le voie.

Il avait eu de la chance de ne pas perdre les deux gamins. Il s'en était fallu de peu. En les voyant glisser vers le plat-bord, il avait immédiatement abandonné la barre pour les empoigner, chacun par une main, tandis que le bateau embardait. Ils avaient failli passer par-dessus bord tous les trois. « Tiens-le ! » avait-il crié à Willie en lâchant Jonathan pour s'agripper au bastingage de sa main libre, et si Willie ne s'était pas cramponné à son ami, celui-ci aurait sans doute disparu.

Le quart d'heure suivant avait été un véritable cauchemar. Ils avaient affalé la voile et pris les avirons, mais, chaque fois qu'ils semblaient progresser, le courant les emportait avec une terrible obstination vers la silhouette allongée de la galéasse, qui, mystérieusement, restait à la même place, tantôt dérobée à leur regard par la tempête, tantôt visible un bref instant, mais sans jamais se déplacer. Finalement, tirant sur les avirons de toutes leurs forces, les hommes avaient réussi, malgré la marée qui les entraînait implacablement, à aborder au rivage de la langue de sable et de gravillon et à échouer le bateau presque à l'entrée du détroit par lequel le courant se précipitait vers la pleine mer.

Mais Seagull avait alors d'autres choses en tête. Il se protégeait les yeux et scrutait le large.

La tempête ne s'était pas calmée, mais, vu du rivage, le déluge se résumait à des rideaux mouvants de nuages gris qui filaient à toute allure. On ne voyait pas à plus de cent pas, mais, à travers les courtes brèches, le regard de Seagull portait plus loin dans le détroit écumant.

Il se retourna enfin. L'équipage et les deux gamins s'abritaient comme ils pouvaient du côté sous le vent du bateau, qu'ils avaient remonté sur la plage.

— Que faire, Alan ? cria l'un de ses hommes. Nous allons à Keyhaven ?

— Non.

— Pourquoi ?

— A cause de ça.

Il se tourna et montra le large, indiquant la longue et haute silhouette de la galéasse qui apparaissait vaguement dans le détroit.

— Elle n'a pas bougé. Vous savez ce que cela signifie ? Je pense qu'on est les seuls à l'avoir vue, poursuivit-il, tandis que le marin hochait la tête.

— Elle peut très bien se déhaler.

— Elle peut aussi ne pas le faire. Alors, attendons.

Sur ce, il retourna reprendre sa faction.

D'ordinaire, les bancs de gravier à la sortie ouest du Solent ne représentaient pas un véritable danger. Premièrement, ils étaient bien connus. Tous les marins savaient comment les approcher. Deuxièmement, le profond chenal qui les séparait n'obligeait à virer qu'une seule fois quand on parvenait vers la pointe de l'île de Wight. Pourtant, lors des tempêtes de printemps, il arrivait souvent que des navires s'échouent et fassent naufrage.

De toute évidence, la galéasse avait touché le banc. Quand la marée se retirerait, elle resterait échouée là, battue par la bourrasque. Elle risquait même d'être renversée sur le flanc et brisée. Il semblait à Seagull que l'équipage du navire endommagé tentait de le dégager avec les avirons. A un certain moment, il lui apparut clairement qu'il donnait de la bande. Il ne distinguait plus rien. De longues minutes passèrent.

Puis, l'espace d'un instant, il l'entrevit de nouveau à travers le rideau de pluie. La galéasse s'était à moitié déhalée du banc de gravier. Mais il s'était passé autre chose. Elle avait tourné sur elle-même et elle continuait de virer sous ses yeux. Elle se mettait en travers de la marée, exposant tout son flanc à la fureur de la tempête, et commençait à chavirer. Puis une grande muraille de pluie s'interposa en rugissant et il ne vit plus rien.

D'interminables minutes passèrent. Toujours rien. Rien d'autre que le grondement de la tempête. « Pauvres diables », pensa Seagull. Ils étaient peut-être en train de faire des efforts frénétiques pour se sauver. La galère avait-elle chaviré ? Il regardait fixement, comme s'il avait pu percer des yeux le rideau de pluie.

Puis, comme en réponse à une prière, la pluie tomba moins fort et s'arrêta presque. Soudain, devant lui, le milieu du détroit où se trouvaient les bancs de gravier lui apparut. Il distingua même vaguement la silhouette blanche des falaises de l'île, à plus d'un kilomètre de l'autre côté. Il ne quittait pas des yeux les bancs de gravier. La galéasse n'était plus là.

Sans même donner d'explications, il se mit à courir sur la langue de terre vers le côté mer. Le rideau de pluie se retirait. Quand il eut parcouru les quelques centaines de mètres qui le séparaient de la plage donnant sur la Manche, on voyait la pointe de l'île. Il aperçut alors la galère.

A l'extrémité occidentale de l'île de Wight, là où les falaises crayeuses s'étaient effondrées dans la mer, il restait quatre éperons de craie, pareils à des dents, juste au pied de la muraille blanche, signe que l'épine dorsale de l'île ne se terminait pas là mais se prolongeait sous le niveau de la mer. Ces vigoureux affleurements, qui se dressaient à près de vingt mètres au-dessus de l'eau, étaient appelés les Aiguilles.

La galère donnait fortement de la bande. L'un de ses mâts était brisé et traînait sur son flanc. Du côté où le navire s'était couché, les avirons pendaient ou pointaient capricieusement vers le ciel d'orage. Il pivota, puis heurta violemment l'une des Aiguilles. Il recula et, comme intentionnellement, percuta une nouvelle fois le rocher.

Puis la pluie redoubla et cacha le bateau à la vue de Seagull. Au début, il apercevait encore les falaises les plus proches, mais elles ne tardèrent pas à disparaître à leur tour. Il resta là en faction jusqu'à la tombée de la nuit, mais ne revit plus la galéasse.

Pour Jonathan, la nuit ne fut pas des plus agréables. Il y avait heureusement des couvertures rangées sous le pont. Les deux gamins, au moins, restèrent à peu près au sec dans la cale, tandis que les membres de l'équipage s'abritaient avec la voile sur le côté du bateau. Alan Seagull resta sur la plage. Peu lui importait d'être dehors.

Dans les premières heures du matin la tempête commença à se calmer. Seagull réveilla ses hommes aux aurores.

Alors que, dans l'aube grise, ils contournaient à la rame la langue de sable, ils ne virent pas trace de la galère. Le ciel était toujours couvert, la mer clapoteuse. Bientôt, Seagull cria pour attirer leur attention sur quelque chose qui flottait sur l'eau. Il s'agissait d'un long aviron. Un peu plus tard, il dévia le bateau vers un autre objet : un petit tonneau. Ils le hissèrent à bord.

— C'est de la cannelle, annonça le marin.

Ils ne tardèrent pas à trouver autre chose.

— Des clous de girofle, commenta Seagull.

La galère avait manifestement sombré, mais, à en juger par le nombre d'objets qui flottaient, elle avait dû être fortement endommagée avant d'aller par le fond.

— Mon père connaît bien les courants, expliqua Willie. Il sait où trouver la marchandise.

Le marin ne resta cependant pas longtemps en mer.

— Pourquoi rentrons-nous maintenant ? demanda Willie en le regardant drôlement.

— Faut vérifier s'il y a des survivants, répondit-il.

Tout naufragé jeté par la tempête contre les falaises blanches près des Aiguilles avait certainement péri. La plage abritée la plus proche, quand bien même il eût été possible de la trouver dans l'obscurité, se situait à plus de cinq kilomètres et, aussi étrange que cela pût paraître, rares étaient les marins qui savaient nager à l'époque. Si la galère avait coulé en pleine nuit, il y avait toutes les chances que l'équipage se soit noyé. Mais certains avaient pu regagner le rivage sur un bout d'épave.

Ils accostèrent à quatre kilomètres environ de la langue de sable, à l'embouchure d'un ruisseau où ils tirèrent le bateau, à l'abri des regards. Seagull et son équipage se préparèrent à passer la côte au peigne fin. Les plages étaient désertes et la côte bordée surtout de broussailles et de lande. Après avoir ordonné aux gamins de garder le bateau, Seagull disparut avec ses hommes.

Jonathan remarqua que le marin portait un petit épars qu'il tenait comme un gourdin.

— Où vont-ils ? demanda-t-il après leur départ.

— Le long de la côte. Ils vont se déployer.

— Tu crois qu'il y a des survivants ?

De nouveau, Willie le regarda de manière un peu bizarre.

— Non.

Jonathan comprit enfin. La loi de la mer en Angleterre était simple mais implacable. La cargaison des bateaux naufragés appartenait à ceux qui la trouvaient, à moins qu'il n'existe des survivants pour la réclamer.

Les deux garçons attendaient. Le temps s'éclaircissait légèrement.

Pendant ce temps-là, Henry Totton atteignait l'extrémité de la langue de sable à l'entrée du Solent et scrutait l'horizon.

Il était dehors depuis l'aube. Après un rapide coup d'œil vers l'estuaire, il avait traversé les marais de Pennington, dépassé les salins en direction de Keyhaven. De là, on avait une vue dégagée sur l'île de Wight et la côte. Aucun signe de vie. Il parcourut donc la langue de sable dans l'espoir qu'ils y aient été drossés. Il n'y avait pas trace de Seagull et de son équipage.

Il regarda vers le détroit, puis fit le tour de la pointe afin de voir les Aiguilles et scruta la mer et la longue côte occidentale de la Forêt. Le bateau de Seagull, lui, était caché dans l'embouchure du petit cours d'eau et il ne le remarqua pas. En revanche, il aperçut des morceaux d'épave qui flottaient près du rivage et, ignorant l'existence du bateau vénitien, il supposa qu'il s'agissait de celui de Seagull et que son fils s'était noyé. Il longea donc le côté ouest de la langue de sable, à la recherche de son corps. Mais aucun cadavre ne s'y trouvait, car les courants avaient emporté au loin ceux des naufragés.

Il vit alors son ami Burrard se diriger vers lui et ce brave homme bourru, qui le cherchait depuis bien avant l'aube, passa un bras autour de ses épaules et le ramena chez lui.

Jonathan et Willie s'ennuyaient à attendre près du bateau. Ils n'osaient pas s'éloigner de crainte que Seagull ne revienne inopinément. Alors ils marchaient à tour de rôle le long de la plage, en quête de ce qu'ils pouvaient trouver.

Le courant commençait à rejeter des objets à la côte : un autre aviron, des pièces du gréement, une barrique éventrée.

Et des corps.

Jonathan venait d'inspecter les restes d'une malle de marin, en se demandant ce qu'elle avait contenu, quand il vit le cadavre. Il était à une dizaine de mètres du bord et dérivait dans l'eau sur le ventre, poussé peu à peu vers lui par les vagues. Il le regarda, un peu effrayé mais curieux.

Il se serait probablement éloigné s'il n'avait pas remarqué la tunique que portait le noyé, en lourd brocart tissé de fils d'or, et sa chemise bordée de la dentelle la plus fine. C'était un homme riche, un marchand ou peut-être même un aristocrate qui accompagnait le navire dans son voyage vers le nord. Il s'approcha de lui avec précaution.

Jonathan n'avait encore jamais vu de noyé, mais il avait entendu dire à quoi ils ressemblaient : la peau bleuâtre, le visage gonflé. Il pateaugea jusqu'à la taille vers le cadavre et le tira près de lui pour l'immobiliser. Il le toucha : il semblait lourd, gorgé d'eau. Il ne regarda pas la tête, mais le tâta. Il portait une ceinture en fils d'or.

Le bras du mort le heurta soudain et l'entoura comme s'il essayait lui aussi de le prendre par la taille. Terrorisé, Jonathan s'imagina un instant que le cadavre allait l'enlacer, le serrer contre lui et l'entraîner avec lui sous l'eau vers la mort. Pris de panique, il se jeta en arrière, perdit l'équilibre et disparut sous la surface. Il aperçut l'horrible visage qui regardait vers le fond comme un poisson.

Il se releva, s'arma de courage et retourna vers le cadavre. Il le saisit par la ceinture, prit une profonde inspiration et chercha à tâtons au niveau de la taille.

La bourse de cuir était attachée à la ceinture avec des lanières par un nœud simple. Il ne lui fallut pas longtemps pour la détacher, mais, quand il eut fini, les vagues avaient poussé le cadavre presque jusqu'au bord. La bourse était lourde. Il ne prit pas la peine de l'ouvrir, jeta un coup d'œil alentour pour s'assurer qu'on ne l'avait pas vu. Willie se trouvait toujours près du bateau. Les lacets étaient juste assez longs pour qu'il puisse se les attacher autour de la taille sous ses vêtements. Puis il rajusta sa chemise et sa tunique trempées par-dessus la bourse et rebroussa chemin.

— Tu es tout mouillé, dit Willie. Tu as trouvé quelque chose ?

— Un cadavre, répondit-il. J'ai peur de le toucher.

— Oh, fit Willie, qui partit en courant.

Il revint quelques minutes plus tard.

— Il a été rejeté sur la plage. J'ai trouvé ça, dit-il en montrant la ceinture. Ça doit valoir quelque chose.

A son retour, Seagull vit la ceinture mais ne fit aucun commentaire.

— Vous avez trouvé quelqu'un ? demanda Willie.

— Non, fiston. Il n'y a rien. Je pense que les corps vont s'échouer maintenant.

Il réfléchit un moment.

— On ressortira avec le bateau et on verra ce qu'on peut trouver. Ça prendrait une journée entière que ça ne m'étonnerait pas.

S'il y avait quelque chose de valeur sur les plages ou dans les eaux de la Manche à quelques kilomètres à la ronde, Alan Seagull était sûr de le récupérer.

— Les garçons, vous allez rentrer à pied. Explique à ta mère où nous sommes, ordonna-t-il à son fils. Votre père doit s'inquiéter, dit-il à Jonathan. Rentrez chez vous sans perdre de temps. D'accord ?

Les deux gamins se mirent donc en route. En coupant directement au-dessus des marais de Pennington, ils étaient à huit kilomètres du bourg. Ils marchèrent à vive allure.

Il y avait une éclaircie et un pâle soleil filtrait au-dessus de Lymington quand ils descendirent la grand-rue en direction de chez les Totton. Les gens les regardaient. Une femme se précipita au-dehors, saisit le bras de Jonathan et remercia Dieu qu'il soit vivant.

En arrivant chez lui, il se dirigea vers le cabinet de travail de son père en espérant lui faire la surprise. La pièce était vide. Il entra donc dans la grande salle, silencieuse elle aussi.

Il crut un moment qu'il n'y avait personne. Aucun des domestiques n'était là. La lumière entrait par la haute fenêtre et tombait sur cet espace vide. Après quelques pas, il s'aperçut que la chaise sous la galerie était occupée.

Elle lui tournait légèrement le dos et la première chose qu'il vit fut l'oreille de son père, qui ne l'avait pas entendu. Il se trouvait dans sa position habituelle, mais regardait si droit devant lui qu'il semblait en catalepsie. Sans rien dire, Jonathan s'avança sur la pointe des pieds en fixant son visage.

Il n'avait jamais vu personne plongé dans l'affliction. A la mort de sa femme, pensant ainsi protéger son fils, Totton avait caché son chagrin sous un calme apparent. Mais maintenant, se croyant seul, il contemplait dans un silence douloureux les images du passé : le bébé qu'il avait aimé mais laissé, comme il convenait, à la garde de sa mère, le bambin pour lequel il n'avait rien fait d'autre que de former des projets, l'enfant qu'il n'avait pas su réconforter, le garçon qui voulait seulement s'embarquer avec son ami, le fils qu'il avait perdu.

Jonathan n'avait jamais été témoin de la souffrance, mais il l'était maintenant.

— Père, dit-il.

Totton se retourna.

— Tout va bien. Nous sommes tous saufs, reprit-il en faisant un pas de plus. Le vent nous a poussés vers la côte.

Totton le regardait toujours comme s'il avait été un fantôme.

— Il y a eu un naufrage pendant la tempête. Alan Seagull est toujours là-bas.

— Jonathan ?

— Je suis sain et sauf, père.

— Jonathan ?

— Votre bateau est-il rentré ?

Son père était toujours médusé.

— Oui.

— Vous avez donc gagné votre pari.

— Mon pari ? répéta le marchand, les yeux écarquillés. Mon pari ?

Il cligna des yeux.

— Doux Jésus, quelle importance cela a-t-il maintenant que je t'ai retrouvé ?

Jonathan se précipita vers lui.

Et Henry Totton éclata brusquement en sanglots.

Jonathan resta de longues minutes dans les bras de son père, puis se dégagea doucement et prit la bourse attachée à sa taille.

— Je vous ai apporté quelque chose, père.

Il ouvrit la bourse et en sortit le contenu. C'étaient des pièces d'or.

— Des ducats, père.

— C'est cela, Jonathan.

— Savez-vous ce qu'ils valent, père ?

— Oui.

— Moi aussi.

Au grand étonnement de son père, il donna sans aucune erreur la valeur des pièces, ainsi que le marchand le lui avait appris, trois semaines plus tôt.

— C'est tout à fait exact, dit Totton avec ravissement.

— Vous voyez, père, dit le gamin joyeusement, je me souviens un peu de ce que vous m'avez enseigné.

— Les ducats sont à toi, Jonathan, fit-il en souriant.

— Je les ai rapportés pour vous... Ne pouvons-nous pas les partager ?

— Pourquoi pas ?

L'arbre de l'Armada

1587

« Vous m'accompagnerez un bout de chemin ? »

A ces paroles, il avait senti son cœur se serrer. C'était évidemment un ordre et non une question. « Volontiers », avait-il dit, mentant comme un écolier.

Il avait quarante ans et c'était sa mère.

La route qui partait de Sarum vers le sud-est, une large piste herbeuse, serpentait à travers les vastes prairies au milieu desquelles la ville s'élevait, puis grimpait doucement, par étapes, vers le plateau. La cathédrale se trouvait à plus de cinq kilomètres derrière eux quand ils s'engagèrent dans la longue montée vers la chaîne de collines qui bordait le bassin où confluaient les cinq rivières de Sarum. Il faisait beau en ce matin de septembre, bien que la brise fût un peu fraîche.

Lorsque la mère d'Albion prenait la route, il ne s'agissait pas d'une mince affaire. C'est seulement sur la promesse trois fois répétée du futur marié que la meilleure chambre chez le plus riche marchand de Salisbury l'attendait qu'elle avait consenti à se rendre à la noce sans emporter son propre mobilier. Néanmoins, derrière la voiture escortée d'un cavalier, dans laquelle elle voyageait avec cocher et palefrenier, suivait le chariot, qui grinçait sous le poids de deux valets, deux servantes et d'une si prodigieuse quantité de coffres contenant ses robes, ses chaussures et une énorme collection d'articles de toilette — le cocher avait juré que l'un des coffres contenait aussi un prêtre romain — qu'on ne pouvait que remercier Dieu qu'il n'ait pas encore plu en ce début d'automne, sans quoi il se serait probablement embourbé. Mais sa mère possédait des idées bien arrêtées quant à la façon dont il fallait faire les choses et, en chevauchant à côté de l'équipage, Albion se disait un peu tristement qu'elle ne se privait de rien. Les chevaux, au moins, furent donc soulagés quand, arrivés sur la crête, la dame ordonna soudain une halte et réclama sa litière.

Le palefrenier et les valets l'assemblèrent en silence, emboîtèrent les bras et la portèrent à la voiture. Sa mère avait déjà ses socques en bois aux pieds pour se protéger de la boue. Elle avait donc prévu cette halte. Il aurait dû le deviner. Elle montra le sentier qui longeait la crête. De toute évidence, elle souhaitait l'emprunter et entendait bien qu'il l'accompagne. Il mit pied à terre et commença à grimper derrière les quatre hommes qui portaient la litière. La curieuse petite procession, qui se découpait contre le ciel, progressa le long de l'arête crayeuse.

Au point cuminant, elle ordonna qu'on pose sa litière et en descendit. Elle demanda aux valets d'attendre à l'écart, puis se tourna vers son fils et lui fit signe d'approcher.

— Clement, je veux vous parler, annonça-t-elle.

C'était, elle, et non son père, qui avait choisi son prénom.

— Avec plaisir, mère, dit-il.

L'endroit était superbe. La vue depuis la ligne de collines au sud de Sarum passait pour l'une des plus belles du sud de l'Angleterre. En regardant du côté par lequel ils étaient arrivés, l'ample versant de la colline descendait en pente douce dans le bassin verdoyant, où, à six kilomètres de là, la cathédrale de Salisbury se dressait tel un cygne gris dans le fond de la vallée de l'Avon. Son élégante flèche était si haute qu'on aurait pu croire que les collines environnantes avaient été façonnées sur elle comme sur un tour. Au nord, on apercevait le tertre sur lequel trônait le château d'Old Sarum et, au-delà, la mer de collines crayeuses. Vers l'est, les ondulations de l'opulente campagne du Wessex disparaissaient au loin.

Mais c'est en se tournant vers le sud, la direction de leur voyage, qu'on voyait le plus loin. De ce côté, la Nouvelle Forêt tout entière — bois de chênes, crêtes pierreuses, vastes landes de bruyères et d'ajoncs — descendait en gradins jusqu'à Southampton, vers la silhouette bleue nimbée de brume de l'île de Wight, bien visible à trente kilomètres de là.

Clement Albion se tenait devant sa mère et se demandait ce qu'elle voulait.

Ses premiers mots ne furent guère encourageants :

— Nous ne devons pas craindre la mort, Clement.

Elle lui adressa un sourire tout à fait amical.

— Je n'ai jamais eu peur de mourir.

Lady Albion — on l'appelait toujours ainsi, bien que son mari n'ait pas été chevalier — était une femme grande et mince. Ses lèvres rouges, comme Dieu les avait gracieusement faites, ressortaient sur le blanc de son visage poudré. Ses yeux, d'ordinaire sombres et tragiques, devenaient adamantins sous l'effet de la contrariété. Ses dents, qu'elle avait belles, car elle méprisait les sucreries, et longues, étaient de la couleur du vieil ivoire.

Elle semblait avoir continué de s'habiller à la mode de ses belles années car, n'étant ni à la cour ni à Londres, et sans doute fière de ses élégantes toilettes d'alors, elle avait insensiblement pris une ou deux décennies de retard sur son temps, comme font souvent les dames âgées. Au lieu de la large fraise alors en vogue, elle conservait un simple col haut, ouvert ; sa robe longue en lourde étoffe avait de grands bouffants à crevés aux épaules et des manches étroites comme dans l'ancien temps. Elle portait un fond de robe richement brodé. Elle était généralement coiffée d'un lourd voile retenu par un capuchon en lin, mais, aujourd'hui, pour le voyage, elle avait mis une casquette d'homme à plume des plus désinvoltes. Un manchon doublé de fourrure pendait à sa taille, attaché par une chaînette. Un observateur fortuit aurait pu voir en elle l'image même d'un charme suranné. Mais son fils ne s'y trompait pas.

Elle était tout de noir vêtue : casquette noire, robe noire, fond de robe noir. Elle s'habillait ainsi depuis la mort de la reine Marie Tudor, survenue trente ans plus tôt. Il n'existait aucune raison, disait-elle, de mettre fin au deuil. Cependant, la couleur cramoisie — rouge comme le sang des martyrs — de la broderie de son fond de robe et de l'intéricur dc son col haut empesé rendait sa tenue vraiment surprenante. Depuis six mois, elle garnissait de pourpre le noir de ses vêtements de deuil. Elle était un emblème ambulant.

— Pourquoi parlez-vous de la mort, mère ? J'espère que vous êtes en bonne santé.

— Je le suis, grâce à Dieu. Mais je parlais de la vôtre.

— La mienne ? Je vais bien, me semble-t-il.

— Il se peut qu'une grande gloire vous attende en ce monde, Clement. Je prie pour qu'il en soit ainsi. Sinon, nous devons également nous réjouir de porter la couronne des martyrs.

— Je n'ai rien fait, mère, qui me vaudrait d'être considéré comme un martyr, objecta-t-il, mal à l'aise.

— Je sais, dit-elle, souriante. Je l'ai fait pour vous.

A la fin de la guerre des Deux-Roses, un siècle plus tôt, après une dernière effusion de sang royal, la nouvelle dynastie des Tudors avait repris la couronne d'Angleterre. Descendant d'une branche obscure de la famille royale des Plantagenêts, et par les femmes, les Tudors tenaient à affirmer leur droit au trône et, à cette fin, furent les partisans les plus bigots de la sainte Eglise romaine. Mais quand le deuxième Tudor eut besoin de faire annuler son mariage pour se donner un héritier et assurer l'avenir de la dynastie, la politique prit le pas sur la religion.

Et lorsque le roi Henri VIII divorça de sa royale épouse espagnole, se querella avec le pape et s'autoproclama chef de l'Eglise anglicane, il se comporta de manière particulièrement impitoyable. Sir Thomas More, le vieil et bon évêque Fisher, les braves moines de la chartreuse de Londres et plusieurs autres furent martyrisés. La majorité des sujets d'Henri restèrent soit effrayés, soit indifférents. Mais pas tous. Au nord de l'Angleterre, une immense révolte catholique — le Pèlerinage de grâce — fit même trembler le roi. Le peuple anglais, surtout dans les campagnes, n'acceptait nullement la rupture avec les anciennes traditions religieuses.

Pourtant, tant que vécut Henri, les bons catholiques continuèrent d'espérer le rétablissement de la vraie Eglise. Peut-être d'autres souverains étaient-ils influencés par les doctrines de Martin Luther et de la nouvelle génération de chefs protestants qui ébranlaient l'Europe par leurs appels au changement, mais Henri d'Angleterre se croyait sans doute bon catholique. Certes, il avait rejeté l'autorité du pape, fermé tous les monastères et accaparé leurs vastes terres. Mais, en tout cela, il avait prétendu remédier aux abus de la papauté. Son Eglise anglicane resta catholique dans sa doctrine et il continua d'exécuter les protestants gênants jusqu'à la fin de son règne.

Quand son fils, le chétif dauphin Edouard VI, et ses tuteurs protestants arrivèrent au pouvoir, la nouvelle religion protestante fut imposée à l'Angleterre. La messe fut interdite, les églises dépouillées de leurs ornements papistes. Peut-être les protestants — dans les villes, essentiellement des commerçants et des artisans — appréciaient-ils cela, mais, dans les campagnes, les honnêtes catholiques étaient horrifiés.

L'espoir revint aux catholiques loyalistes quand, après six ans de ce protestantisme imposé, le dauphin mourut. Marie, la fille d'Henri, monta sur le trône. Née d'une princesse espagnole d'une patience à toute épreuve — les protestants anglais reconnaissaient eux-mêmes que Henri l'avait traitée honteusement lors du divorce —, Marie n'avait de cesse qu'elle n'ait rendu la vraie foi de sa mère à son royaume insulaire devenu hérétique et, si elle en avait eu le temps, peut-être eût-elle réussi.

L'ennui résidait dans le fait que les Anglais ne l'aimaient pas. C'était une femme triste. Profondément marquée par le traitement que son père avait infligé à sa mère, croyante passionnée, elle n'aspirait qu'à épouser un bon catholique et à la grâce d'avoir des enfants. De tempérament autoritaire, elle n'avait aucun charme, contrairement à son père. Lorsqu'elle décida d'épouser le très catholique roi de la puissante Espagne — qui était sûr de mettre les Anglais sous le joug espagnol — et que le Parlement d'Angleterre protesta, elle lui répondit que cela ne le regardait pas. Et puis, bien sûr, elle brûla plusieurs centaines de protestants anglais.

Selon les critères de l'époque, brûler quelqu'un sur le bûcher n'avait rien de bien terrible. A l'automne du Moyen Age, bien que dans les

Ecritures rien n'ait étayé une telle pratique, la communauté chrétienne se prit d'un goût immodéré pour cette façon d'abréger la vie d'autres êtres humains et cette mode fâcheuse dura plusieurs siècles. En Angleterre, le côté de la ligne de partage confessionnelle où l'on se trouvait ne faisait apparemment guère de différence : les protestants brûlaient les catholiques et les catholiques brûlaient les protestants. L'évêque protestant Latimer présida personnellement à ce que l'on ne peut décrire que comme le meurtre rituel sadique d'un vieux prêtre catholique — brûlé de manière si affreuse que la foule venue assister à l'exécution brisa les barrières pour intervenir. Sous le règne de Marie, Latimer fut brûlé à son tour, avec moins de sadisme, ce qui lui valut la réputation de martyr de sa foi.

Mais d'autres — de simples citadins, innocents de toute connivence politique, mais qui cherchaient Dieu humblement — étaient aussi brûlés, et en trop grand nombre. Les Anglais ne tardèrent pas à appeler leur reine catholique « Bloody Mary », Marie la Sanglante.

Le roi d'Espagne faisait des allées et venues, et il n'y avait toujours pas d'enfant. On continuait de brûler sur le bûcher. Puis Marie déclencha une petite guerre et perdit Calais, la dernière possession anglaise en France. Quand la pauvre femme mourut, après cinq années d'un règne détestable, les Anglais firent bon accueil à la bonne reine Elisabeth.

Clement Albion regardait sa mère, horrifié.

S'abusait-elle ou était-elle réellement sans peur ? Peut-être ne le savait-elle pas elle-même. Une chose semblait certaine : elle collait si bien au rôle qu'elle s'était donné, et depuis si longtemps, qu'elle était devenue aussi rigide que le brocart de sa robe.

Le vieux roi Henri vivait encore quand elle avait épousé Albion. C'était une Pitt — une famille importante du comté de Southampton, comme on appelait souvent le Hampshire — et elle devait recevoir un gros héritage d'un cousin. Le mariage promettait un bel avancement à Albion. Au début, le fait qu'elle fût dévote, comme tous les membres de la famille Pitt, ne parut pas poser de problème.

La crise du règne d'Henri VIII avait causé un grand choc dans le comté de Southampton. L'évêque Gardiner de Winchester, dans le vaste diocèse duquel se trouvait la région, un catholique fidèle, n'avait été persuadé qu'avec difficulté de reconnaître la suprématie d'Henri sur l'Eglise. Il avait failli être brûlé comme Fisher et More. Quand Henri avait fermé les monastères, d'énormes étendues de terre avaient changé de mains dans le comté. Dans la Nouvelle Forêt, en particulier, le grand monastère de Beaulieu, les possessions du prieuré de Christchurch au sud-ouest, l'établissement plus modeste de Breamore, dans la vallée de l'Avon, et la grande abbaye de Romsey, juste au nord de la

Forêt, avaient été confisqués, leurs bâtiments pillés et laissés à l'abandon. Pour une famille comme les Pitt, tout cela était terrible.

Mais les années de protestantisme du dauphin qui suivirent furent presque intolérables. L'évêque Gardiner fut incarcéré à la prison de Fleet, une geôle londonienne ordinaire, puis à la Tour de Londres, avant d'être mis en résidence surveillée. Pour le remplacer, le Conseil du roi protestant plaça un homme qui avait été marié trois fois, qui détenait deux évêchés en même temps et avait gaiement vendu une partie de la dotation de Winchester pour dédommager la famille du duc du Somerset qui l'avait nommé. « Voyez comment ces protestants purifient l'Eglise », avait remarqué un Pitt d'un ton pince-sans-rire. Et certes, le diocèse de Winchester avait été alors bel et bien purifié, pour ne pas dire nettoyé. Les églises du Hampshire et de l'île de Wight étaient richement décorées. Les réformateurs protestants tombèrent dessus à bras raccourcis avec une joie non dissimulée. L'argenterie et les chandeliers, les ornements sacerdotaux et même les cloches furent emportés. Une partie de cet énorme butin disparut purement et simplement. Une autre partie fut vendue, on ne sait trop à qui. L'Eglise d'Angleterre fut ainsi libérée du papisme.

Clement ne conservait aucun souvenir de sa mère à cette époque. Il était né au début du règne du dauphin, mais n'avait pas encore trois ans quand sa mère était partie. Il devinait les tensions créées par ces événements dans le couple, mais c'est apparemment à la suite de l'achat d'une propriété qui avait appartenu à l'abbaye de Beaulieu que sa pieuse mère s'était rendu compte qu'elle ne pouvait plus habiter chez son mari. Elle était retournée dans sa famille, de l'autre côté de Winchester. Son père lui avait toujours dit qu'il avait refusé de la laisser partir avec son enfant, et Clement supposait donc qu'il avait dû en être ainsi.

Après l'accession au trône de la reine Marie et le retour de l'évêque Gardiner dans son diocèse, sa mère avait elle aussi réintégré le domicile conjugal et Clement l'avait alors connue. C'était une femme remarquablement belle. Il en était très fier. Ces années lui semblaient avoir été heureuses. Il se souvenait encore de la tenue somptueuse de ses parents le jour où il fut autorisé à les accompagner à Southampton pour accueillir le roi d'Espagne quand il avait débarqué là pour épouser Marie Tudor. Tous connaissaient la foi ardente de sa mère, et elle et son époux étaient donc bien reçus à la cour.

Un enfant était né, Catherine, la sœur de Clement, une jolie fillette. Il la promenait dans une petite voiture à bras et elle l'aimait. Puis la reine Marie mourut et Elisabeth monta sur le trône. Peu après, sa mère repartit, emmenant avec elle sa petite sœur.

Son père ne disait jamais pourquoi elle était partie, et quand il voyait sa mère, elle ne lui racontait pas grand-chose non plus. Mais il pouvait imaginer.

« La fille de la putain. » Sa mère appelait toujours ainsi la reine. Pour les bons catholiques, l'épouse espagnole du roi Henri avait été sa seule femme jusqu'à ce qu'elle meure. L'épisode du divorce et du remariage, sanctionné par l'Eglise anglicane dissidente d'Henri, équivalait à une fraude. Par conséquent, la reine Anne Boleyn n'avait jamais été mariée et sa fille Elisabeth restait une bâtarde. De même, pour la mère de Clement, l'Eglise de la reine Elisabeth ne présentait aucun intérêt. L'Eglise qu'Elisabeth et son conseiller Cecil tentaient de fonder était un compromis. La reine ne prétendait pas en être le chef, mais seulement la gouvernante. Ses doctrines constituaient une sorte de catholicisme réformiste et sur la question controversée de la messe — celle de savoir si un miracle avait eu lieu ou non et si le pain et le vin de l'Eucharistie étaient devenus le corps et le sang du Christ —, l'Eglise anglicane avait imaginé une formule dont l'ambiguïté tenait du génie.

Mais où était l'ambiguïté aux yeux de Lady Albion ? Elle savait qu'elle avait raison. Ainsi s'expliquait son départ, supposait Clement. Son père se montrait bienveillant et, à sa manière, pieux. La famille des Albion était coutumière des compromis depuis le temps de Cola le Chasseur, cinq cents ans plus tôt, et la mère de Clement méprisait les compromis. Elle méprisait aussi son mari, et elle était donc partie. Peut-être son père avait-il été soulagé de la voir s'en aller, pensait Clement.

L'habile compromis de la reine Elisabeth n'avait pas suffi à maintenir la paix dans le royaume. Les terribles forces religieuses déchaînées par la Réforme divisaient toute l'Europe en deux camps armés qui s'opposèrent pendant plus d'un siècle, avec un coût énorme en vies humaines. De quelque côté que la reine se tournât, elle se retrouvait assaillie par le danger. Elle déplorait les excès de l'Inquisition catholique. Comme ses sujets puritains, elle fut frappée d'horreur quand, à la Saint-Barthélemy, les catholiques traditionnalistes français massacrèrent des milliers de paisibles protestants. Elle n'approuvait pas, cependant, le parti puritain toujours plus important, qui, en Angleterre, voulait, par le truchement d'un Parlement de plus en plus radical, détruire son Eglise de compromis et lui dicter sa volonté. Même si, par un penchant naturel, l'ordre proposé par le catholicisme traditionnel l'attirait, cela ne la servait pas non plus. Comme elle ne pouvait livrer son pays à Rome, non seulement le pape l'avait excommuniée, mais il avait aussi délié tous les catholiques de leur allégeance à la reine hérétique. Elisabeth ne toléra pas cela : l'Eglise romaine fut frappée d'interdit dans son royaume.

Les catholiques anglais ne se révoltèrent pas, mais firent tout ce qu'ils purent pour préserver leur religion. En quelques endroits du sud de l'Angleterre, on comptait plus de fidèles catholiques que dans le diocèse de Winchester. Dès le début du règne, trente prêtres avaient démissionné plutôt que de supporter l'Eglise d'Elisabeth. La petite noblesse et les commerçants restaient ouvertement fidèles à la foi catholique. Une Pitt avait été incarcérée à la prison de Clink par l'évêque pour l'avoir bravé et Cecil en personne, le secrétaire de la reine, avait ordonné à Albion de faire taire sa femme.

« Je ne puis me faire obéir d'elle ; elle ne vit pas sous mon toit », avait répondu Albion. « De toute façon, je serais incapable de contraindre votre mère à tenir sa langue, même si elle habitait avec moi », avait-il confié à Clement en privé. Son père était mort peu après et, depuis, les autorités avaient apparemment décidé d'ignorer Lady Albion.

Mais Clement vivait sans cesse dans la crainte. Il la soupçonnait fortement d'héberger des prêtres catholiques. L'île de Wight et les bras de mer le long de la côte sud, dans la région de Southampton, étaient des endroits tout indiqués pour débarquer des prêtres romains, et la petite noblesse catholique fidèle, les récusants, ne demandait qu'à leur donner asile. Ces prêtres se trouvaient désormais dans l'illégalité la plus complète ; quatre d'entre eux avaient été récemment découverts dans le diocèse de Winchester et brûlés vifs. Clement s'attendait d'un jour à l'autre à apprendre que sa mère avait été arrêtée parce qu'elle hébergeait des prêtres. Elle ne prenait aucune précaution, à preuve le rouge qu'elle portait.

Quand, vingt ans plus tôt, Marie, la reine catholique d'Ecosse, avait été chassée de son royaume par les presbytériens écossais, elle n'avait pas tardé à être au centre de tous les complots catholiques visant à renverser son cousin anglais hérétique. Assignée à résidence en Angleterre, l'exilée s'obstinait à conspirer sans cesse, tant est si bien qu'au début de l'an 1587 Elisabeth avait été pratiquement forcée par son conseil de la faire exécuter.

« C'est une martyre catholique », avait immédiatement déclaré Lady Albion et, moins d'une semaine après, elle était venue rendre visite à son fils, arborant le pourpre des martyrs aux yeux de tous.

« Faut-il vraiment que vous défiiez ainsi le conseil de la reine et l'évêque ? avait-il demandé d'une voix plaintive.

— Oui, avait-elle répondu simplement. Nous le devons. »

Nous. C'était là l'ennui. Chaque fois que sa mère lui parlait de la nécessité d'accomplir des actes dangereux, elle disait toujours « nous », pour bien lui faire comprendre que, dans son esprit, elle l'associait immanquablement à l'entreprise.

Dix ans plus tôt, elle avait finalement hérité de son cousin. Elle était devenue très riche, libre de faire de sa fortune ce que bon lui semblait. Elle n'en parlait jamais. Lui non plus. L'idée qu'il pût être fidèle à la cause sacrée afin d'hériter de son argent était aussi impensable que d'imaginer qu'il en verrait un seul penny s'il ne le faisait pas. Une seule fois, quand il évoqua l'impécuniosité dont avait souffert son père, elle laissa entrevoir sa position à cet égard : « Je ne pouvais l'aider, Clement. On ne pouvait jamais compter sur lui. » Dans ces paroles, il avait cru entendre tomber comme un couperet la sentence de pauvreté dont elle frappait ceux qui la décevaient.

C'était donc « nous ». Le fait qu'elle ne lui ait encore rien donné, qu'il ait à présent une femme et trois enfants et que, s'il déplaisait au conseil de la reine, il pouvait être certain de perdre les diverses fonctions qui, dans la Forêt, lui assuraient un modeste revenu, toutes ces considérations ne comptaient pour rien s'il voulait qu'elle conservât de lui une bonne opinion devant le Très-Haut.

— Qu'attendez-vous de moi, mère ? réussit-il à articuler enfin.

— Je voudrais vous dire quelques mots seul à seul. Je ne pouvais le faire à la noce.

La célébration à Salisbury du mariage de l'une de ses nièces avec un membre d'une famille bien en vue de Sarum avait été une grande affaire. Avoir une conversation sans risquer qu'elle soit surprise y eût été difficile.

— J'ai reçu une lettre, Clement.

Elle s'interrompit et le regarda solennellement. Mal à l'aise, il se demandait ce qui allait suivre.

— Une lettre de votre sœur. D'Espagne.

L'Espagne. Pourquoi sa mère avait-elle tenu à marier sa sœur à un Espagnol ? Une question idiote, en fait. Aux yeux de celle-ci, comparés aux Espagnols, même les Français n'étaient pas vraiment dignes de confiance en matière de religion. Sous le règne de Marie Tudor, lorsque le roi Philippe II d'Espagne se trouvait en Angleterre avec ses courtisans, elle s'était fait sans tarder des amis parmi la noblesse ibérique. Dès que Catherine avait eu quinze ans, sa mère l'avait embarquée sur un navire marchand à Southampton et elles étaient parties pour l'Espagne sans en référer à quiconque. Arrivées là-bas, toute l'affaire avait été arrangée en un tournemain. Sans doute avec la promesse d'une jolie dot, Catherine avait été fiancée au rejeton d'une famille espagnole appauvrie mais irréprochable — il était même un lointain parent du puissant duc de Medina Sidonia.

Il ne l'avait pas revue depuis. Etait-elle heureuse ? Il l'espérait. Il essayait de l'imaginer. Elle avait les cheveux blonds de son père, mais le teint mat de sa mère. Elle était vraisemblablement devenue une vraie dame espagnole. Auquel cas, pensa-t-il tristement, on pouvait être sûr de ce qu'elle pensait de la crise actuelle.

Lorsque le roi d'Espagne épousa Marie Tudor la catholique, il supposa naturellement qu'il ajoutait l'Angleterre aux immenses domaines des Habsbourg. Il fut déçu quand, à la mort de sa femme, le Conseil anglais lui déclara poliment mais fermement qu'on ne voulait pas de lui. Ce n'était pas faute d'avoir persévéré : il avait proposé à plusieurs reprises d'épouser Elisabeth, qui l'avait tenu en haleine pendant des années. Mais le roi d'Espagne n'était pas un homme dont il fallait se jouer. Non seulement cette reine anglaise l'avait éconduit, mais elle s'était liée d'amitié et avait caressé l'idée d'un mariage avec ses rivaux français. Ses boucaniers — en fait, des pirates légalisés — sillonnaient les mers et pillaient ses vaisseaux ; elle apportait son aide aux protestants en rébellion contre l'autorité espagnole aux Pays-Bas. Elle s'était révélée une hérétique et le pape voulait la déposer. En exécutant Marie, la reine catholique d'Ecosse, au début de l'année 1587, elle lui fournit la dernière excuse dont il avait besoin. Avec la bénédiction du pape, il prépara une gigantesque flotte.

L'offensive contre l'Angleterre aurait eu lieu ce même été si le plus téméraire des corsaires anglais, Sir Francis Drake, n'avait envoyé des brûlots sur Cadix et détruit la moitié de la flotte espagnole. A la fin de l'été, tandis que Clement et sa mère se préparaient à la noce de Salisbury, bien que le danger parût passé cette année-là, rares étaient ceux qui pensaient que Philippe II renoncerait.

— Nous n'allons pas tarder à être délivrés, Clement.

Aux yeux de sa mère, il s'agissait d'une délivrance et non d'une invasion.

— Vous avez des nouvelles précises ?

— Don Diego, le mari de Catherine, est promis à devenir un grand capitaine dans l'armée qui doit débarquer.

Elle eut un sourire satisfait.

— Il va venir, Clement, sous la bannière de l'Eglise véritable. Et les fidèles d'Angleterre se soulèveront.

Il ne doutait pas qu'elle en fût persuadée. Grandement encouragé par ses contacts avec des gens comme Lady Albion, l'ambassadeur d'Espagne avait assuré à son maître que vingt-cinq mille Anglais en armes au moins se rallieraient à l'armée espagnole dès qu'elle aurait posé le pied sur le sol d'Angleterre. Il ne pouvait en aller autrement. N'était-ce point la volonté de Dieu ? Et la reine Elisabeth elle-même, quoi qu'elle en dit, ne croyait nullement en la loyauté de ses sujets catholiques. Le fait que certains des ouvrages défensifs du littoral méridional soient peut-être aux mains de sympathisants catholiques avait déjà causé une certaine inquiétude à son fidèle secrétaire Cecil.

Et pourtant, se soulèveraient-ils vraiment ? Albion estimait la situation autrement. Peut-être les Anglais n'aimaient-ils pas la reine Elisabeth, mais voilà trente ans qu'ils vivaient maintenant sous son autorité. Rares étaient ceux qui souhaitaient devenir des sujets espagnols.

— Les catholiques anglais aspirent ardemment au rétablissement de leur religion, mère, dit-il. Mais ils sont peu nombreux à vouloir être des traîtres...

— Des traîtres ? Nous ne pouvons trahir si nous servons le vrai Dieu. Ils ont peur, c'est tout.

— Sans aucun doute.

— Il faut donc leur donner du cœur au ventre. Il faut les guider. Vous avez en partie dirigé le rassemblement dans la Forêt, Clement, n'est-ce pas ?

Dans toutes les régions côtières du sud de l'Angleterre, une milice locale avait été levée dans chaque paroisse au cas où les Espagnols débarqueraient.

— Et le point de rassemblement de la Forêt se trouve sur la côte, près de la batterie, si je ne me trompe ?

— Oui.

Il était très fier du travail qu'il avait accompli à l'occasion du rassemblement du printemps précédent, bien que les hommes fussent encore mal armés.

— Mais vous n'avez pas l'intention, naturellement, de vous opposer aux Espagnols quand ils débarqueront ?

— Moi ?

Il la regarda fixement. Imaginait-elle qu'il se comporterait en traître ? Voilà qu'elle lui souriait !

— Clement, j'ai des nouvelles qui vont vous mettre en joie. J'ai une lettre pour vous.

Elle plongea la main dans sa robe noire et, de quelque repli secret, en tira un petit rouleau de parchemin qu'elle lui tendit d'un air de triomphe.

— C'est une lettre, un brevet, Clement, de votre beau-frère, don Diego. Il vous donne ses instructions. D'autres pourraient suivre au printemps. Ils viendront sans faute l'été prochain. Que la volonté de Dieu soit faite.

Il prit la lettre, stupéfait.

— Comment vous est-elle parvenue ? demanda-t-il d'une voix rauque.

— Par l'intermédiaire de votre sœur, naturellement. Un marchand m'apporte ses lettres. Et d'autres choses.

— Mais, mère, si cela venait à être découvert ? Cecil et le Conseil disposent d'espions...

Et d'excellents. C'était bien connu.

— Une telle lettre... ajouta-t-il sans achever sa phrase.

Si une telle lettre était interceptée, cela signifiait la mort.

Elle l'observa sans mot dire quelques instants, puis reprit, d'une voix étonnament douce :

— Même ceux qui ont la foi la plus ferme ont parfois peur, dit-elle à voix basse. C'est ainsi que Dieu nous éprouve. Et pourtant, c'est la crainte même de Dieu qui nous donne aussi du courage. En effet, Clement, nous ne pouvons Lui échapper. Il est partout. Il sait tout, juge tout. Nous n'avons d'autre choix, si nous croyons, que de Lui obéir. C'est seulement le manque de foi qui nous retient, qui nous empêche de nous précipiter dans Ses bras.

— La foi n'est pas toujours chose aisée, mère, même pour ceux qui l'ont.

— Et c'est pour cela, Clement, poursuivit-elle avec ardeur, qu'Il nous envoie des signes. Notre Seigneur accomplit des miracles ; les saints, leurs reliques mêmes font des merveilles, encore maintenant. Ici même dans la Forêt, Dieu ne nous envoie-t-il pas un miracle chaque année ?

— Vous voulez parler des chênes ?

— Bien sûr. De quoi d'autre pourrais-je parler ?

On avait remarqué depuis des générations qu'il existait des arbres magiques, miraculeux, dans la Nouvelle Forêt. Ils se trouvaient tous au nord de Lyndhurst et tous étaient très vieux. Et contrairement aux autres chênes de la Forêt et de partout ailleurs dans la chrétienté, pour autant que Clement le sût, ils se couvraient mystérieusement de nouvelles feuilles au moment de Noël pendant une semaine alors que tout était dénudé. On les appelait les chênes verts de Noël ou les arbres verts. Nul ne savait pourquoi ni comment cela se produisait. Le phénomène était contre nature. Il ne paraissait donc pas étonnant que pour la pieuse Lady Albion et bien d'autres comme elle, ce rappel de la crucifixion de Notre Seigneur, des trois croix sur le Calvaire et de la résurrection des morts, ait été considéré comme un signe que le message divin est partout et que la sainte Eglise donne de nouvelles pousses en toute saison.

— Oh, Clement, reprit-elle, les yeux soudain embués. Les signes de Dieu sont partout. Il n'y a rien à craindre.

Elle le regardait avec une intense émotion. C'était de sa part la manifestation la plus proche de l'affection maternelle dont il pût se souvenir.

— Lorsque nous serons délivrés de l'hérésie et que le roi Philippe régnera, cela n'entraînera que notre gloire.

Elle lui sourit tendrement.

— Mais si telle était la volonté de Dieu que les choses se passent autrement, je préférerais qu'on vous conduise à l'échafaud, mon cher fils, et même qu'on vous arrache les membres un à un plutôt que de vous voir renier votre Dieu, votre maître céleste.

Il savait qu'elle le pensait, jusqu'au dernier mot.

— Savez-vous ce que sont mes instructions ?

— Conduire votre milice, Clement, réduire au silence la batterie du bord de mer et aider les Espagnols à débarquer.

— Où ?

— Entre Southampton et Lymington. Le littoral de la Forêt ne sera pas facile à défendre.

— Vous attendez de moi que je réponde à cette lettre ?

— C'est inutile, fit-elle, rayonnante. C'est déjà fait. J'ai envoyé une missive à votre sœur et don Diego la transmettra au roi d'Espagne lui-même. Je leur ai dit qu'ils pouvaient compter sur vous. Jusqu'à la mort.

Son regard erra vers le sud, par-dessus la Forêt, en direction de Southampton. Il n'était pas impossible que la lettre se trouve déjà entre les mains des espions de Cecil. Serait-il encore en vie à Noël ?

— Merci, mère, murmura-t-il d'un ton pince-sans-rire.

Mais sa mère ne l'entendit pas. Elle faisait déjà signe aux valets d'apporter sa litière.

Le chêne se trouvait un peu à l'écart du bois.
L'après-midi était tiède.
Dans le bois, les hêtres s'élançaient majestueusement vers le ciel pour partager la canopée avec les chênes à la rude écorce. Seuls le doux bruissement des feuilles et, de temps à autre, le petit bruit sec que faisait un gland en tombant sur le sol moussu rompaient par instants le silence. Derrière l'arbre, sur une légère déclivité semée de jeunes chênes, s'ouvrait une grande clairière verdoyante où les ombres s'allongeaient au crépuscule.
Albion chevauchait en solitaire vers l'arbre.
Le chêne : du genre *Quercus*, sacré depuis l'Antiquité. Il en existe cinq cents espèces sur la planète, mais, depuis la fin de l'époque glaciaire, on en trouve surtout deux dans l'île de Grande-Bretagne : *quercus robur*, le chêne rouvre ou pédonculé, dont les glands poussent sur une petite queue, et *quercus petraea*, le chêne à fleurs sessiles, dont les feuilles comportent moins de lobes. On rencontre les deux espèces sur le sol sablonneux de la Nouvelle Forêt. Le chêne rouvre donne davantage de glands.
Albion éprouva du plaisir à regarder l'arbre. Les arbres l'intéressaient particulièrement.
La Nouvelle Forêt et son administration n'avaient guère changé depuis quatre cents ans. Le cerf royal était toujours protégé ; le mois de clôture, au milieu de l'été, restait en vigueur ; les verdiers tenaient toujours les tribunaux et les agents forestiers leurs bailliages. De temps à autre, également, des gentilshommes regardeurs — chevaliers du comté ou non — inspectaient et vérifiaient les limites de la Forêt, tâche devenue cependant plus complexe que dans l'ancien temps du fait que, au fil des générations, de petites parcelles avaient été concédées au compte-gouttes à des particuliers. Un changement avait cependant eu lieu. Il était subtil, parfois vague, mais de plus en plus sensible.
Personne ne pouvait dire avec précision quand cela avait commencé, mais il existait une gestion informelle des arbres de la Forêt depuis des siècles. La récolte de bois était importante : baguettes, poteaux, branches pour les clôtures en clayonnage, menu bois, combustible pour le feu ou le charbon de bois. Les arbres permettaient de satisfaire un grand nombre de besoins. La majeure partie de la coupe provenait de petits arbres, comme le coudrier et le houx, ou de broussailles. Par exemple, pour obtenir des perches droites à partir d'un coudrier, on le coupait presque au ras du sol ; ensuite, on coupait régulièrement ses multiples rejetons. C'était la taille. Plus rarement, avec les chênes, cette coupe s'effectuait à deux mètres de hauteur, et là encore il en sortait une multitude de scions. On appelait cela l'écimage, et l'arbre qui en résultait, au tronc trapu et aux branches en éventail, était qualifié d'étêté.
Le seul inconvénient de l'écimage était que, lorsqu'on avait coupé le sous-bois, les cerfs et les autres bêtes de la forêt mangeaient toutes les jeunes pousses. On avait donc pris l'habitude de clôturer de petites

parcelles, avec un muret de terre et une palissade, pour maintenir les animaux à l'écart pendant trois ans environ, le temps que les nouvelles pousses deviennent trop robustes pour être mangées. Ces enclos s'appelaient des « taillis ».

Un siècle plus tôt, juste avant l'accession au trône des Tudors, une loi adoptée par le Parlement avait finalement réglementé les taillis. On devait obtenir l'autorisation de créer des enclos, limités à trois ans, le temps de permettre la régénération. Depuis, la période avait été généreusement prolongée à neuf ans. Ces taillis possédaient de la valeur et on pouvait les donner à bail.

Mais, en dehors de cette activité, il y avait la question du bois d'œuvre, de l'abattage d'arbres entiers pour la construction d'édifices importants, de navires, et pour d'autres chantiers royaux. Dans le passé, le besoin de bois d'œuvre en provenance de la Nouvelle Forêt avait été réduit, bien que de grands arbres eussent servi de temps à autre, à bâtir une cathédrale, par exemple. On construisait de plus en plus pendant le règne des Tudors et le Trésor commença à s'intéresser de plus près aux revenus potentiels procurés par le bois d'œuvre. En 1540, le roi Henri VIII avait nommé un contrôleur général, assisté d'un intendant dans chaque comté, pour s'occuper des revenus, y compris ceux produits par le bois d'œuvre provenant des forêts royales. La Nouvelle Forêt ne formait plus seulement une réserve de cerfs ; on prenait peu à peu conscience qu'elle constituait aussi une énorme réserve d'arbres.

Quelques années plus tôt, Albion avait réussi à se faire nommer intendant de la Nouvelle Forêt. Cela lui avait apporté un revenu supplémentaire et permis d'en apprendre davantage sur les arbres. Il regardait donc le vieux chêne d'un air connaisseur, voire admiratif.

C'était un chêne imposant, aux branches déployées naturellement. Il était très célèbre. Situé à quelque cinq kilomètres au nord de Lyndhurst, il comptait parmi les trois arbres qui se couvraient mystérieusement de feuilles à l'époque de Noël. On disait aussi qu'il s'agissait du chêne sur lequel la flèche de Walter Tyrrell avait ricoché avant de tuer le roi Guillaume Rufus. Depuis qu'Albion était petit, en tout cas, les gens de la Forêt l'appelaient donc l'arbre de Rufus.

Etait-ce possible que ce soit cet arbre ? se demanda Albion. Les chênes vivaient-ils si longtemps que cela dans le sol plutôt pauvre de la Forêt ? « Un chêne vit sept fois plus vieux qu'un homme », lui avait dit son père jadis. A son avis, ces géants de six mètres de circonférence, à demi pourris et couverts de lierre, dépassaient rarement quatre siècles et cette estimation paraissait correcte. Le chêne de Rufus ne lui semblait pas avoir cinq cents ans.

Cet arbre puissant n'en possédait pas moins un caractère merveilleux et même magique. L'arbre savait beaucoup de choses. Cela faisait près de trois cents ans que Luc, le frère lai fugitif, l'avait planté en un lieu abrité. Depuis, la lisière du bois s'était déplacée ; les cerfs et d'autres animaux avaient brouté les jeunes pousses dans la clairière herbeuse et l'arbre avait ainsi bénéficié d'un espace dégagé pour se développer. Ses branches avaient eu toute latitude de se déployer vers le haut pour chercher la lumière.

En dépit du nom que les hommes lui avaient donné inconsidérément, le chêne de Rufus était sorti de terre deux siècles trop tard pour jouer un rôle dans la mort dramatique du roi roux, qui avait eu lieu, de toute façon, dans une autre partie de la Forêt. Mais sa vie était déjà longue et complexe.

L'hiver approchait. Les milliers de feuilles ne tarderaient pas à devenir un fardeau sous les gelées hivernales. Il commençait donc à se défaire des siennes. Les vaisseaux qui acheminaient la sève vers les feuilles se fermaient progressivement. L'humidité résiduelle de celles-ci s'évaporant dans le soleil de septembre, elles se desséchaient et jaunissaient. De même qu'en une autre saison le cerf mâle condamne les vaisseaux sanguins de ses bois afin qu'ils se dessèchent et tombent, l'arbre se dépouille de ses feuilles.

Mais, avant les feuilles, l'arbre avait déjà perdu deux autres choses.

Les glands encore verts tombaient déjà par milliers. La production de glands d'un chêne varie d'une année à l'autre, surtout en fonction du temps, mais, contrairement à la plupart des autres espèces, le chêne produit davantage de graines à mesure qu'il vieillit, atteignant le maximum de sa fécondité à la fin de l'âge mûr. Les cochons se nourrissaient déjà de glands et les souris les grignotaient pendant la nuit ; d'autres étaient emportés par les écureuils ou par les geais, qui volaient parfois assez loin avant de les enterrer pour constituer des réserves. Le chêne dispersait ainsi ses graines.

L'arbre perdait encore autre chose, mais de manière bien plus subtile et qui se remarquait à peine. Au printemps, le petit cynips, qui ressemble davantage à une fourmi volante qu'à la guêpe commune, pourtant de la même famille, produit sa galle en forme de paillette sur la face interne des feuilles. Ces galles, pareilles à de petites verrues rouges, se détachaient maintenant et voltigeaient à terre, où elles passaient l'hiver, cachées et isolées par les feuilles. Pendant ce temps, dans l'écorce de l'arbre, la sève contenant le sucre essentiel descendait profondément sous terre dans les racines, pour y rester emmagasinée pendant les gelées.

Cette saison ressemblait à un baisser de rideau général, mais l'impression était trompeuse. La chute des feuilles s'accompagnait certes du départ d'oiseaux chanteurs, fauvettes à tête noire et rouges-queues, qui s'en allaient vers des climats plus cléments. Mais d'autres, vigoureux, restaient là toute l'année, même s'ils chantaient moins ou se taisaient : rouges-gorges et roitelets, pinsons, merles et mésanges bleues. La chouette hulotte ne songeait pas encore à quitter le vieux chêne ; les myriades de chauves-souris ne s'installeraient dans ses fentes pour leur sommeil hivernal que dans plusieurs semaines. D'autres, grives et mauvis, arrivaient juste dans la Forêt après avoir délaissé des habitats au climat beaucoup plus rigoureux. Et le lierre, qui rampait le long des branches basses, choisissait cette saison pour fleurir, attirant ainsi les insectes qui auraient été bien trop affairés auparavant pour polliniser ses fleurs.

Le chêne était en fait sur le point de fournir à la Forêt une prodigieuse quantité de nourriture, et pas seulement ses glands. L'écorce offrait une multitude de fentes et de fissures dans lesquelles cheminaient d'innombrables insectes. A l'automne, les mésanges les investiraient par vols entiers pour s'y goberger. Les sittelles y descendaient tandis que les plantes grimpantes y montaient, si bien que rien ne se perdait. Mais le plus important était les feuilles mortes.

Rien ne meurt, tout se transforme dans la Forêt. Un tronc d'arbre pourri couché au sol fournit le gîte et le couvert à des milliers de petits invertébrés ; les feuilles mortes sont décomposées par une multitude d'organismes, en particulier des cloportes et des vers — en raison de l'acidité de son sol, la Forêt n'héberge cependant que très peu d'escargots. Mais le travail de décomposition le plus important a lieu plus tard et de manière plus cachée. Car vient ensuite le tour des champignons.

Le champignon, lié à la moisissure et à la pourriture, au poison et à la mort, sans l'être pourtant. Plante d'un certain genre, il est rarement vert comme les végétaux qui se suffisent à eux-mêmes, car il ne contient pas de chlorophylle. Curieusement, ses membranes cellulaires ne sont pas faites de cellulose mais de chitine, qui forme aussi la carapace des insectes. Il vit en parasite sur d'autres organismes. Les anciens, ne sachant trop comment classer les champignons, disaient qu'ils appartenaient au chaos.

Omniprésents dans la Forêt, ils prennent surtout la forme de fils de matière fongique, pareils à des lacets de chaussure, appelés hyphes. Sous l'écorce des arbres, les feuilles mortes, la surface du sol, ils se déploient en un réseau enchevêtré nommé mycélium. Et cette masse de mycélium décompose la litière de feuilles pourries, restitue les éléments nutritifs — azote, potassium, phosphore — au sol pour nourrir la vie future de la forêt.

Normalement, on ne voit que le fruit du champignon et celui-ci n'est jamais plus abondant qu'à l'automne dans les bois de chênes. On en trouvait des centaines d'espèces au voisinage du chêne de Rufus : la langue-de-bœuf, semblable à une tranche de viande crue au pied d'un tronc de chêne ; des champignons comestibles et les amanites phalloïdes qui les imitent, les champignons vénéneux à taches rouges et blanches ; les délicieux cèpes, dont le mycélium puise les sucres dans les racines du chêne et leur fournit en échange des minéraux ; le phallus impudique, nauséabond, qui pousse à partir d'une cosse ronde souterraine appelée l'œuf de sorcière, surgit à l'air libre en un seul jour, surmonté d'un chapeau visqueux qui attire les mouches, avant de s'affaisser et de s'étioler un jour ou deux seulement après son apparition.

Ceux-là et bien d'autres partageaient le sol de la forêt sous le chêne avec des touffes d'herbes, de la mousse et du mouron jaune.

Albion mit pied à terre en arrivant près de l'arbre. Il avait pris son temps. Après que sa mère eut obliqué vers l'est en direction de Romsey et de Winchester, il était descendu lentement dans la Forêt, s'arrêtant de temps à autre dans un hameau, espérant que le calme qui régnait dans les bois l'apaiserait. En vain. Non seulement sa mère l'avait terrifié, mais, après ses révélations, il appréhendait encore plus l'affaire qu'il devait régler le lendemain. Il se réjouissait donc à l'idée de se reposer sous le chêne.

Pourquoi ce chêne possédait-il le pouvoir de le régénérer ? Etait-il magique ? Ou cela résultait-il seulement de son immense force ? Du fait qu'il perdurait là, être vivant et pourtant immuable, tel un roc ? De tout à la fois, peut-être. L'arbre l'enveloppait dans un halo invisible de vigueur et d'énergie, une sensation étrange, quasi palpable. Il en était sûr, même s'il n'expliquait pas le phénomène.

Il sentait la présence du chêne de manière intense. Car c'est un fait que le système des racines de l'arbre est le reflet de sa coupole de branches. Les branches se déploient avec la même ampleur que les racines. Si les branches meurent, les racines aussi. En haut comme en bas. A cet égard, le système formé par l'arbre entier ressemble assez au champ magnétique d'un barreau aimanté ou de la Terre elle-même. Et qui sait quel champ dc force non encore mesuré par l'homme entoure peut-être la manifestation physique d'un arbre ?

Ragaillardi, Albion se sentait prêt à affronter les dangers des jours à venir.

Jane Furzey était heureuse parce qu'elle se trouvait en compagnie de Nick Pride, grand, beau, qui l'épouserait dès qu'elle lui dirait oui. Elle lui dirait oui, mais pas avant de l'avoir fait attendre, comme font toutes les filles. « Fais-le languir un an, Jane, lui avait dit sa mère. S'il t'aime vraiment, il ne t'en désirera que davantage. »

Elle ne se donnerait pas à lui avant qu'ils soient mariés. Elle voulait se marier en grande pompe. Et dans l'excitation suscitée par l'attente, ils sortaient souvent ensemble.

Clement Albion avait eu la gentillesse de lui permettre d'accompagner les hommes ce matin. Ils étaient seulement trois, dont Nick, et elle, brinquebalés dans la petite charrette, tandis qu'Albion chevauchait à côté d'eux. Elle était fière qu'il ait choisi Nick pour un service aussi particulier. Assise, les jambes pendantes à l'arrière de la charrette, elle avait retiré ses sandales. Elle sentait le soleil sur ses jambes, et la fraîcheur de l'air marin sur ses pieds nus lui paraissait délicieuse.

Cette expédition représentait une petite aventure et elle regardait autour d'elle avec curiosité. Ils avaient déjà dépassé Lymington ; elle n'était encore jamais allée par là.

Jane avait seize ans, Nick Pride, dix-huit. Il habitait le village de Minstead, à trois kilomètres au nord de Lyndhurst, elle, le hameau de Brook, deux kilomètres au nord. Leurs parents qui, comme beaucoup de parents étaient de bon conseil en la matière, les trouvaient parfaitement assortis, et c'est donc qu'ils l'étaient.

Au fil des siècles, les Pride s'étaient installés aux quatre coins de la Forêt alors que les Furzey étaient restés pour la plupart cantonnés dans le sud. Sauf la famille de Jane. Dieu sait pourquoi — personne ne se souvenait de l'époque —, les descendants d'Adam Furzey s'étaient établis près de Minstead. « Les Furzey de Minstead ne s'entendent pas avec les autres Furzey », disaient les gens de la Forêt. Et bien que dans la région, où les membres des familles de petits paysans se mariaient entre eux, de telles différences aient fini par s'estomper, il n'en restait pas moins que les Furzey de Minstead ne ressemblaient pas à tout le monde. Pendant la guerre des Deux-Roses, l'un d'eux était devenu prêtre et, sous le règne du vieux roi Henri, un autre s'était s'installé à Southampton. « Il est devenu marchand, avait expliqué un jour le père de Nick à son fils. On raconte qu'il a bien réussi. » Les autres Furzey pouvaient marmonner que leurs parents de Minstead s'y croyaient un peu trop, cela ne gênait pas les Pride, qui, eux aussi, avaient une bonne opinion d'eux-mêmes. Le père de Nick Pride et celui de Jane s'entendaient bien depuis toujours et le jour où, dix ans plus tôt, le second était venu s'établir à Brook, le premier avait remarqué : « Je crois que votre Jane et mon Nick feraient un beau couple. » Le père de Jane en était convenu et l'avait rapporté à sa femme, qui en était déjà persuadée.

Jane n'avait rien de très remarquable. Elle avait un grand front, des cheveux châtains séparés au milieu par une raie, des yeux bleu foncé. Elle était petite, avec des hanches généreuses et bien galbées. Les hommes étaient attirés par elle. Elle cousait, faisait la cuisine et le pain, s'occupait de ses frères et sœurs cadets. Son chien Jack aimait donner la chasse aux écureuils, et elle connaissait parfaitement la petite ferme familiale.

Elle savait aussi lire, ce qui restait peu courant dans sa famille et dans la plupart des familles de Minstead ou de Brook. Si son père avait été marchand ou artisan dans une ville comme Londres, il aurait probablement su lire. Mais à la campagne, cela n'était guère nécessaire, à l'époque. Un tenancier à la tête d'une grosse ferme pouvait être un homme riche, mais il signait d'une croix alors qu'un clerc sans le sou écrivait son nom en entier.

Personne ne lui avait appris à lire. Elle avait réussi à se débrouiller toute seule avec une bible dans laquelle elle s'était plongée à l'église et d'autres écrits qu'elle avait trouvés sur les marchés locaux. Elle n'en faisait pas grand cas en raison de son peu d'utilité pratique, mais cela l'avait amusée d'apprendre quelque chose de nouveau. Nick Pride s'en montrait assez content. « Ma fiancée sait lire », s'entendait-il dire.

C'était un talent, suffisant pour suggérer qu'il épousait une femme supérieure. Ces choses-là importaient, aux yeux d'un homme.

Quand ils se marieraient, elle n'aurait ni or, ni joyaux, ni vêtements de soie dans son trousseau ; tout cela n'était pas nécessaire dans la Forêt. Mais elle avait sollicité un humble petit ornement, qu'on lui avait promis pour la noce. Il s'agissait d'une étrange petite croix de bois que sa mère portait à son cou, et que le futur père de Jane lui avait donnée quand ils s'étaient mariés.

« Je ne sais pas d'où elle vient, mais elle a toujours été dans la famille, lui avait-il dit. Depuis des centaines d'années, paraît-il. » Il avait secoué la tête. « Drôle de chose, en fait, mais mon grand-père m'avait dit : "Garde-la précieusement. Tu as acquis le droit de la posséder à ta naissance." »

Le crucifix de cèdre étrangement sculpté avait été porté à même la peau pendant tant de générations qu'il était tout noir. Ce talisman fascinait Jane depuis son enfance. Elle aimait le toucher et le tenir dans sa main. Elle essayait de déchiffrer ce qui était gravé dessus, comme si cela comportait une signification secrète. Elle sentait qu'il devait en être ainsi, même si elle n'avait pas la moindre idée du message qui lui avait été envoyé par un ancêtre moine trois cents ans plus tôt.

Elle le porterait le jour de son mariage.

La charrette descendit le chemin en cahotant vers la grève de sable.

— Regardez ! s'écria-t-elle joyeusement. Voilà la mer !

Albion lança un regard irrité en direction du château fort qui se dressait devant eux. Pourquoi diable son bon ami Gorges avait-il insisté pour qu'il amène ses hommes ici ? C'était du temps perdu. Mais cette bravade cachait une appréhension plus profonde. Après la conversation de la veille avec sa mère, la vue de ce fort provoquait chez lui une sorte de panique.

— Ohé ! cria-t-il. La milice d'Albion !

— Passez, messire ! répondit la sentinelle.

Ils avaient traversé les marais de Pennington, dépassé l'estuaire de Keyhaven et s'étaient engagés sur la piste qui menait à l'extrémité de la langue de sable et de gravier face à l'île de Wight. A droite, la pleine mer. Au-dessus d'eux, des mouettes criaient dans le ciel bleu. Et, à peine visible au bout de la langue de terre, le château de Hurst luisait faiblement au soleil.

Il n'aurait vraisemblablement jamais été construit si le roi Henri VIII avait été un mari comblé. Les côtes d'Angleterre avaient été menacées d'incursions par intermittence pendant plus de mille ans. Mais lorsque le pape, à un certain moment de sa querelle avec Henri, avait pressé l'Espagne et la France, sa rivale, de joindre leurs forces pour attaquer l'île hérétique, le roi décida qu'il ferait bien de se préparer et envoya des commissaires inspecter les ouvrages défensifs de la côte. Or peu d'endroits étaient stratégiquement plus importants que Southampton et le Solent. A leur arrivée là, ils avaient vu les ouvrages en question et conclu simplement qu'ils étaient inutiles.

Le plus intelligent semblait de toute évidence de défendre les deux entrées du Solent afin d'empêcher purement et simplement les navires ennemis de pénétrer dans cet immense havre. Du côté ouest, il fallait donc installer deux batteries, l'une sur l'île de Wight, près des Aiguilles, l'autre sur la côte anglaise. Sur l'île existait déjà une tour délabrée que l'on pouvait remettre en état.

Et sur la côte en face : « Dieu y a pourvu pour nous. »

La longue langue de terre incurvée qui s'avançait dans la mer au sud de Keyhaven offrait en effet un site idéal. Elle se terminait par une large plate-forme et commandait la partie la plus étroite du détroit par où l'on entrait et sortait du Solent. Les commissaires ordonnèrent immédiatement la construction d'un ouvrage de terre avec des emplacements de canon — bref, des fortifications. Mais le roi Henri voulait davantage et une construction ambitieuse commença à s'élever.

Le château de Hurst était un petit fort trapu en pierre, d'une structure inhabituelle en forme de triangle. Un bastion en demi-cercle renforçait chacun des angles. Dans la muraille ouest s'ouvrait une porte, avec une herse et un pont-levis. Au milieu se dressait une tour de deux étages. Des canons hérissaient bastions, murailles et tour. Les Espagnols, qui en connaissaient toutes les caractéristiques, considéraient Hurst comme un obstacle redoutable.

Voilà la place que la mère d'Albion voulait qu'il trahisse. A ses yeux, elle n'était qu'un frein à la vraie religion, ses pierres mêmes une offense faite à Dieu.

Lorsque le roi Henri avait vendu les biens monastiques de l'Eglise à ses amis, Beaulieu était passé entre les mains de la noble famille des Wriothesley. Mais bien d'autres dans la région tenaient absolument à profiter des occasions qu'offrait l'époque, surtout un marchand en vue de Southampton nommé Mill. Homme capable, il avait déjà rempli les fonctions de régisseur du vieux domaine de Beaulieu ; il désirait plaire au roi et acquérir lui aussi des terres monastiques. Comme la Couronne sous-traitait couramment des projets importants, tels que la construction de navires ou de forts, à des entrepreneurs locaux, il n'était donc pas surprenant que l'aménagement des nouveaux ouvrages défensifs du Solent ait été confié à Mill. Il avait réalisé un excellent travail, à la grande satisfaction du roi. Et quand on lui demandait où il avait trouvé toutes ces pierres — il en existait peu dans la région —, il répondait avec affabilité : « A l'abbaye de Beaulieu, bien sûr ! »

« Ce Mill est un mécréant ! » s'était exclamée Lady Albion. Se servir des pierres sacrées de l'abbaye pour défendre la côte contre le pape ! Son fils omit de lui faire remarquer que bien d'autres s'étaient déjà mis en devoir de démanteler l'abbaye et même son église.

Le pont-levis avait été abaissé et la herse levée. Albion n'avait pas plus tôt ordonné à ses trois hommes de descendre de charrette qu'une silhouette familière, un homme d'à peu près le même âge que lui, au visage intelligent, aux beaux yeux, qui perdait déjà un peu ses cheveux sans que cela enlevât rien à sa belle prestance, arriva vers lui à grands pas.

— Clement !

— Thomas.

— Bienvenue.

Thomas Gorges était d'un ancien lignage et cela se voyait. Il comptait des amis à la cour. Mais, surtout, Cecil et le Conseil lui faisaient confiance. Pour cette raison, il avait été choisi pour escorter la reine Marie d'Ecosse jusqu'à la dernière prison où elle allait mourir. Il avait été fait chevalier. Et depuis quelques années, il avait été nommé commandant du château de Hurst où, la menace d'invasion devenant imminente, il passait beaucoup de temps.

— Ce sont vos hommes ? s'enquit-il.

Albion acquiesça.

— Fort bien. Mon maître artilleur va leur montrer les lieux.

Outre Gorges et son adjoint, une garnison importante, sous les ordres du maître artilleur, stationnait à Hurst.

— Je suis d'avis, poursuivit-il à voix basse, que plus on montre aux hommes comment les choses doivent être faites, plus on excite leur ardeur. Venez, Clement, parlons, fit-il plaisamment.

Il était difficile de ne pas se laisser impressionner par les lieux. Deux rangées de canons dépassaient des embrasures ménagées dans les bastions et les murailles tournées vers la mer. Il y en avait aussi dans la tour centrale. Aucun bateau entrant dans le Solent ne pouvait échapper à cette batterie. Quant aux ouvrages défensifs, non seulement les murailles étaient épaisses, mais on leur avait donné une forme légèrement convexe pour dévier les boulets. Même sous un bombardement massif, Hurst serait difficile à abattre.

Gorges sourit.

— J'espère que vous trouvez tout en bon ordre, Clement.

Il était évident que Gorges avait parfaitement organisé la défense. Il avait rajouté des canons, fait reconstruire et renforcer la tour, entraîné admirablement la garnison. Le Conseil le tenait à présent en très haute considération et, bien que le lord lieutenant du pays fût nominalement responsable des milices du comté, si Gorges voulait quelque chose — des armes, du matériel ou des hommes —, il l'obtenait tout de suite.

— Alors, monsieur l'intendant des bois, quand aurai-je mes ormes ? s'enquit-il cordialement.

Chose curieuse, alors que l'on construisait les bateaux en chêne, si on utilisait le bois de chêne dans un endroit comme Hurst, battu par la brise marine, il pourrissait rapidement. Quand Gorges avait besoin de nouveaux affûts pour ses canons, Albion lui recommandait de préférer l'orme, qui durait plus longtemps.

— J'ai marqué les arbres la semaine dernière, répondit-il. On va les couper et le bois vous sera fourni dans dix jours.

— Merci. Parlez-moi maintenant des hommes que vous avez amenés.

— J'ai mis Pride à leur tête. Il est jeune et digne de confiance. Intelligent. Il est content d'avoir des responsabilités et impatient de faire ses preuves. Il est prêt à donner le meilleur de lui-même. Les deux autres sont de bons gars. Ils feront l'affaire.

— Vous êtes fort avisé. Je vais leur parler séance tenante. A propos, dit-il en passant, vous ai-je dit que Helena est ici ?

Helena était la femme de Gorges. Albion lui portait beaucoup d'affection.

— Elle vous attend. Pourquoi n'allez-vous pas la voir pendant que je m'entretiens avec les hommes ?

Albion ne répondit pas tout de suite. La proposition était si plaisante qu'il n'aurait pas dû hésiter un instant. Il n'avait jamais vraiment compris la nécessité d'amener ces hommes ici alors qu'il aurait très bien pu leur expliquer à Minstead en quoi consistait leur service.

— Vous êtes sûr, Thomas, que vous ne voulez pas que je reste ?

Gorges rougit, ce qui surprit Albion.

— Tenez, la voilà. Allez faire quelques pas avec elle, Clement. Elle était impatiente de vous voir.

Avant qu'Albion ait le temps de discuter, son ami tourna les talons.

Nick Pride était passablement content de lui. Ils se trouvaient dans la pièce du maître artilleur, d'où l'on avait une belle vue sur le Solent, quand Thomas Gorges entra. L'aristocrate leur avait parlé très civilement pendant quelques minutes, leur expliquant l'importance de leurs fonctions, et Nick l'avait observé avec intérêt.

Il se sentait impressionné. Albion était un gentilhomme, mais celui-ci semblait encore plus noble. Il venait d'un autre monde. Albion avait besoin de Gorges, alors que celui-ci n'avait pas besoin d'Albion.

— Ainsi, Nicholas Pride, dit Gorges, on me dit que vous êtes le gardien du feu.

— Oui, monsieur.

L'idée d'allumer des feux d'alarme au sommet des collines pour alerter les campagnes de l'approche d'un ennemi remontait à l'Antiquité, mais c'étaient les Tudors qui les avaient institutionnalisés en Angleterre. Un feu allumé à l'extrémité sud-ouest de l'Angleterre pouvait déclencher une réaction en chaîne de feux côtiers qui avertissaient Londres en deux ou trois heures. Pendant que le message se transmettait le long de la côte, un réseau de feux secondaires, qui rayonnait vers l'intérieur des terres, captait le message et signalait aux milices locales de se rassembler pour rejoindre leur lieu de ralliement et défendre la côte.

Il existait deux grands feux d'alarme côtiers dans la zone du Solent, un à chaque extrémité de l'île de Wight. La partie intérieure de la Nouvelle Forêt était servie par trois feux : l'un en haut de Burley Beacon, le deuxième sur une colline proche du centre de la Forêt et le troisième, destiné à avertir les hameaux les plus septentrionaux, au sommet d'une colline au-dessus de Minstead.

— Venez ici, Nicholas Pride, lui ordonna le capitaine, qui l'entraîna à l'écart. Bien, dit-il à mi-voix afin de ne pas être entendu des autres, expliquez-moi en détail en quoi consiste votre fonction.

Albion le lui avait fait répéter plusieurs fois. Le feu de l'île de Wight devait envoyer une séquence bien définie de signaux, qui culminait dans celui l'avertissant d'allumer le sien. Il les énuméra correctement. Il donna des précisions sur la façon dont on servait le feu, expliqua qui se chargeait de faire le guet, quand et comment il fallait le préparer et l'allumer. Gorges l'interrogea calmement et parut satisfait. L'examen fini, l'officier sembla vouloir en apprendre davantage sur lui, sa famille, ses frères et sœurs, leur petite ferme. Il lui parla même de sa propre famille et fit rire Nick. Il lui demanda ce qu'il pensait des Espagnols : pour Nick, c'étaient de maudits étrangers. Gorges lui fit observer que leur roi Philippe passait pour un homme très pieux et Nick répondit qu'il n'en restait pas moins un étranger et que tout bon Anglais se ferait un plaisir de lui couper la tête.

— Francis Drake lui a roussi la barbe avec ses brûlots à Cadix, n'est-ce pas, sir ? Cela lui a donné une bonne leçon.

— Espérons-le, dit Gorges.

L'aristocrate l'avait écouté et observé attentivement, et il le connaissait maintenant comme s'il l'avait fait, mais le jeune Nick Pride ne s'en était pas aperçu.

— Je vois, Nicholas Pride, que je puis vous accorder ma confiance, dit-il enfin. Et si la reine me demande qui fait le guet au feu d'alarme à l'intérieur des terres, je me souviendrai de votre nom et lui dirai que vous êtes son loyal sujet.

— Vous le pouvez, monsieur ! s'écria Pride, plus content de lui que jamais.

Jane était assise sur un banc de sable à contempler le Solent quand l'étrange couple approcha. Il faisait bon ; la brume légère donnait une teinte bleutée à l'île de Wight. Des bécasses et des échassiers rasaient les laisses de vase devant elle, et les hirondelles, sur le départ pour des climats plus chauds, volaient à toute vitesse autour du fort.

L'homme et la femme conduisaient un grand chariot à ridelles hautes, chargé de charbon de bois.

Jane avait déjà remarqué que juste sous le fort, du côté du Solent, se trouvait un petit four à chaux. Il était là depuis un certain temps. Son activité restait certes moins importante que celle des fours des marais salants voisins, mais néanmoins profitable — la chaux était surtout expédiée de l'autre côté de la Manche, à l'île de Guernesey, proche des côtes françaises. Le charbon de bois servait à alimenter le four.

L'homme, aidé de deux autres, commença à décharger les sacs de charbon de bois.

Quoique plus petit que les autres, il semblait très musclé. Il avait une épaisse chevelure noire, une barbe courte soigneusement taillée, des yeux très écartés et vigilants — des yeux de chasseur, pensa-t-elle. Elle était certaine qu'il l'avait vue en déchargeant les sacs. Pourquoi était-il si étrange ? Elle avait vécu toute sa vie avec les gens de la Forêt, mais cet homme paraissait différent des Pride et des Furzey, comme s'il appartenait à une autre race plus ancienne, une race d'habitants de forêts plus profondes que celles qu'ils connaissaient. S'agissait-il d'un effet de son imagination ou les feux de charbon de bois avaient-ils vraiment donné à son visage une teinte plus sombre ? Il avait quelque chose d'un chêne, il évoquait un arbre.

Elle devinait facilement à quelle famille il appartenait. Elle avait déjà vu plusieurs hommes comme lui, aux foires locales ou au tribunal de Lyndhurst. « Voilà Perkin Puckle », lui disait son père, ou bien : « Je crois que c'est Dan Puckle, ou peut-être John. » Et c'était toujours la même rengaine : « Les Puckle habitent du côté de Burley. » Personne n'avait quoi que ce soit à leur reprocher. « Ce sont de bons amis, mais mieux vaut être de leur côté. » Bien qu'on n'en dise rien, Jane avait compris que cette famille avait quelque chose de vaguement mystérieux. « Ils sont aussi vieux que des arbres », avait un jour remarqué sa mère.

Elle n'avait pas vu la femme descendre du chariot ; elle était maintenant assise non loin de là, près d'une touffe d'herbes. Jane lui fit un signe amical de la tête. La femme vint s'asseoir près d'elle. Elles regardèrent un moment les hommes au travail.

— Voilà mon mari, dit-elle en se tournant vers elle.

C'était une petite brune d'allure féline. Elle devait avoir trente-cinq ans, comme son mari. Elle avait des yeux sombres, en amande. Elle semblait pâle.

— C'est un Puckle de Burley ? hasarda Jane.

— Tout juste.

Il lui semblait que la Puckle la jaugeait du regard.

— Vous êtes mariée ? reprit la femme.

— Pas encore.

— Vous l'envisagez ?

— Pourquoi pas ?

— Votre futur mari est là ?

— Là-dedans, répondit Jane en montrant le fort.

La femme semblait regarder dans le vague, vers la mer. Quand elle reprit la parole, elle tourna les yeux vers son mari :

— C'est un brave homme, John Puckle, dit-elle.

— J'en suis sûre.

— Courageux à la tâche.

— Ça se voit.

— Vigoureux. Sait rendre les femmes heureuses.

— Ah, fit Jane, ne sachant trop que dire.

— Et votre homme, il est bon ? Il sait foutre ?

Jane rougit.

— Je pense. Mais nous ne sommes pas encore mariés.

Le silence de son interlocutrice montrait qu'elle ne faisait pas grand cas de cette considération.

— Il a fabriqué lui-même son lit, fit-elle en désignant son époux de la tête. En chêne massif. Et il l'a sculpté. Aux quatre coins. J'ai jamais rien vu de pareil. Une fois qu'on s'est couchée dans le lit en chêne de John Puckle, ajouta-t-elle en souriant, on n'a pas envie d'en essayer un autre. Ni un autre homme.

Jane la dévisageait. Elle avait entendu les femmes de Minstead parler des hommes et faire parfois des plaisanteries salaces, mais les propos de cette femme comportaient quelque chose de direct qui la rebutait et la fascinait à la fois.

— Mon mari vous plaît ?

— Je... ? Je ne le connais pas.

— Vous voulez foutre avec lui ?

Que cela signifiait-il ? Lui tendait-elle un piège ? Elle n'en avait pas la moindre idée, mais ces questions la rendaient nerveuse. Elle se leva.

— C'est votre mari, pas le mien, répondit-elle en commençant à s'éloigner.

Quand elle fut à bonne distance, elle regarda en arrière à la dérobée. La femme était toujours assise tranquillement, apparemment pas le moins du monde perturbée, à regarder pensivement vers l'île de Wight.

Helena avait proposé à Clement Albion de marcher le long de la grève. La Manche s'étendait derrière eux. L'armérie et la silène n'étaient plus en fleurs, mais leurs jeunes pousses formaient comme une brume verte tout le long de la plage. Le chuintement des vagues qui se brisaient doucement, puis le bruit du ressac sur les galets, les cris des mouettes prenant leur essor dans l'écume faisaient contrepoint à leur conversation.

Clement aimait beaucoup Helena Gorges, même si elle le faisait parfois sourire. Elle était d'origine suédoise, très blonde et fort belle. « Vous êtes aussi gentille que vous êtes jolie », lui disait-il et cela correspondait à la vérité. Il aurait pu ajouter : « Et passablement vaniteuse. »

Une loi universelle établit qu'une femme, une fois qu'elle a acquis un titre, n'est jamais disposée à y renoncer. Du moins Albion le pensait-il. Quand Helena, la beauté suédoise, avait été présentée à la cour de la reine Elisabeth, rien moins que le marquis de Northampton n'avait pas tardé à lui sauter dessus pour l'épouser. Elle était aussi devenue une grande favorite de la reine. Son noble époux, mort un an après leur mariage, l'avait laissée veuve, toujours aussi éblouissante et marquise.

Il existait un très petit nombre de pairies dans l'Angleterre d'Elisabeth. La guerre des Deux-Roses avait éliminé beaucoup de grands titres et les Tudors n'avaient pas voulu accroître le nombre de grands seigneurs féodaux. Ils avaient cependant mis en usage en Angleterre le titre de marquis. On n'en trouvait qu'une poignée. Ils arrivaient juste après les ducs pleins de morgue. Dans l'ordre de préséance, la jeune marquise de Northampton franchissait donc les portes avant même les comtesses, sans parler des ladies et des dames de compagnie.

Quand elle était tombée amoureuse de l'aristocratique Thomas Gorges, qui n'était alors même pas chevalier, elle l'avait épousé en insistant pour se faire toujours appeler marquise de Northampton.

« Et elle continue, disait Albion à sa femme en riant. Grâce à Dieu, Thomas se contente de trouver cela drôle. »

Elle et Thomas vivaient certainement heureux ensemble. C'était une bonne épouse. Avec son allure hors du commun, ses cheveux d'or pâle, ses yeux éblouissants, quand elle venait au fort en suivant la langue de terre de sa démarche élégante, toute la garnison restait sous le charme. A la cour, elle ne manquait jamais une occasion de faire avancer la carrière de son mari. Elle avait à présent un nouveau projet en tête, Albion le savait, et après les questions d'usage sur leurs familles réciproques, il s'enquit gentiment :

— Et votre maison ?

— Ah, Clement.

Elle avait une façon charmante de prendre ses interlocuteurs par le bras pour leur faire des confidences.

— Ne répétez pas à Thomas que je vous l'ai dit, mais nous sommes en difficulté...

— Vous ne pouvez pas construire une maison plus petite ?

— *Très* petite, Clement, répondit-elle avec un sourire de conspirateur.

— Une chaumière ?

Il dit cela en plaisantant, mais elle secoua la tête, l'air sérieuse.

— Une petite chaumière, Clement. Peut-être même pas.

Leur situation était-elle mauvaise à ce point ? Thomas avait dû faire des dépenses excessives. Il ne doutait pas cependant que son ami poursuivrait sa brillante carrière.

— Sa fortune n'a cessé de croître, hasarda-t-il.

— Espérons que cela continue ainsi, Clement. Pas de nouvelles robes pour moi cette année, je le crains.

— Peut-être la reine...

— Je suis allée à la cour, répondit-elle en haussant les épaules. La reine n'a plus un penny. Cette affaire espagnole a vidé le Trésor.

Albion hocha la tête pensivement.

— A propos de cette affaire espagnole... J'ai amené ici quelques-uns de mes hommes, comme vous le savez.

Il l'observa de biais. Elle savait manifestement quelque chose.

— Thomas a insisté pour les voir seuls — sans moi. Pourquoi a-t-il fait cela, Helena ?

Ils s'arrêtèrent tous les deux.

Helena fixait les galets à ses pieds.

— Thomas suit les ordres, Clement, répondit-elle à voix basse sans le regarder. C'est tout.

— On pense que je...

— Le pays compte beaucoup de catholiques, Clement. Tout le monde le sait. Tenez, même les Carew.

Thomas Carew avait été le précédent commandant du château de Hurst. Sa famille, tous de bons catholiques, habitait toujours le village de Hordle, en lisière de la Forêt, à quelques kilomètres de là seulement.

— On peut être catholique sans être un traître, Helena.

— Bien sûr. Et vous restez à la tête d'une partie de la milice, n'est-ce pas, Clement ? Prenez-le en considération.

— Mais votre mari est néanmoins tenu de s'assurer que mes hommes et moi sommes fidèles.

— Le Conseil surveille tout le monde, Clement. Il n'a pas le choix.

— Le Conseil ? Cecil ? Il ne me fait pas confiance ?

— Votre mère, Clement. Rappelez-vous que même Cecil a entendu parler d'elle.

— Ma mère.

Une vague de panique l'envahit soudain. Il songea à leur entrevue de la veille et se sentit rougir.

— Qu'est-ce que ma sotte de mère a encore dit ? fit-il d'un ton qui se voulait détaché.

— Qui sait, Clement ? Je ne suis pas au courant de ces choses, mais j'ai dit à la reine...

— La reine ? La reine a entendu parler de ma mère ? Juste ciel !

— Je lui ai affirmé — pardonnez-moi, Clement — que c'était une insensée. Que ses opinions ne sont pas les vôtres.

— Qu'à Dieu ne plaise !

— Cher Clement, vous ne devez donc point vous alarmer. Songez plutôt à ma maison. Trouvez-moi le moyen de construire autre chose qu'une étable à Longford.

Il rit, soulagé, et ils firent demi-tour pour rentrer au fort. La mer était montée un peu. Devant eux, de l'autre côté du détroit, les quatre Aiguilles de craie de l'île de Wight étincelaient, fantomatiques, irréelles.

Des mouettes d'une blancheur spectrale prirent leur essor en criant et s'éloignèrent vers le large.

— Clement, poursuivit-elle en s'arrêtant et se tournant vers lui. Vous savez que nous vous aimons. Vous n'êtes pas un traître, n'est-ce pas ?

— Je... ?

Elle le scrutait.

— Clement ? Dites-le-moi ?

— Grand Dieu, non !

— Jurez-le.

— Je le jure. Sur mon honneur. Sur tout ce que je possède de plus sacré.

Leurs regards se croisèrent. Celui d'Helena était inquiet.

— Vous ne me croyez pas ?

— Bien sûr que si. Venez, dit-elle en le prenant par le bras, rentrons.

Il savait qu'elle mentait. Elle avait des doutes. Et si elle et Thomas Gorges ne se fiaient pas à lui, ni la reine ni le Conseil ne le feraient. Les mois à venir lui semblèrent plus sombres que jamais.

Et ne se trouvait-il pas quelque ironie dans le fait que, quelles que fussent les exigences de sa mère, il n'avait dit que la vérité à Helena ?

L'hiver apporta un froid glacial. Mais l'arbre y était habitué. Car, quand il était arrivé au milieu de sa vie, un siècle plus tôt, l'Angleterre entrait dans ce qu'on a appelé la « petite période glaciaire », qui dura pendant toute la dynastie des Tudors et celle des Stuarts. La température annuelle moyenne chuta de plusieurs degrés. En été, la différence ne se remarquait guère. Mais les hivers étaient souvent rigoureux. Les cours d'eau gelaient.

Dès début décembre, le chêne s'apprêtait à affronter l'hiver. Ses branches étaient nues et grises, les petits bourgeons, sur leur tige, protégés du gel par des écailles brunes cireuses. Dans les profondeurs du sol, le sucre de la sève l'empêchait de geler.

A la Sainte-Lucie, le jour traditionnel du solstice d'hiver, de la neige fondue tomba à l'aube, puis il gela à midi, si bien que lorsqu'un pâle soleil brilla pendant quelques heures avant le crépuscule gris, des glaçons pendaient à ses branches et à son feuillage et il ressemblait à un vieil homme des bois chenu qui se serait arrêté là et y aurait pris racine. Alors même que le faible soleil apportait un peu d'éclat dans cette grisaille, le vent soufflait sur les glaçons et les gelait davantage.

Sur la fourche de l'arbre, un grand hibou, venu des forêts glaciales de Scandinavie, perchait en silence. A la nuit tombée, ses plumets étonnamment asymétriques guideraient infailliblement son vol feutré vers tout petit animal qui se serait aventuré dans l'obscurité. Au pied du tronc, les restes d'une grive témoignaient du dernier repas du hibou. L'oiseau silencieux tourna lentement la tête à plus de cent soixante degrés.

Au-dessus du perchoir de l'oiseau de nuit, dans une fente devenue noire, une petite colonie de chauves-souris en hibernation pendait, la tête en bas. Partout sur l'arbre, de petites larves, notamment celles de la phalène d'hiver, s'enveloppaient dans leur cocon. Sur le tronc, des araignées se tapissaient dans des fissures derrière des fenêtres de glace. A son pied, les fougères brunes, courbées et brisées, étaient aplaties, gelées, dans les feuilles mortes.

Sous terre, la couche de litière protégeait du froid mordant les vers, les limaces et toutes sortes d'insectes. Dans les buissons, alors que, pareil à une vesse-de-loup, le rouge-gorge dans ses plumes hivernales duveteuses survivrait probablement, la grive musicienne et le merle se trouvaient en piteux état. Après deux semaines de gel ou de neige, beaucoup d'entre eux atteindraient un stade de faiblesse irréversible.

Si, pendant leurs courtes années de vie, ces petits animaux maintenaient sans cesse un équilibre périlleux entre la vie et la mort, l'arbre était incomparablement plus résistant. Il n'avait pas encore trois cents ans. Cependant, la nature imposait aussi des limites au puissant chêne : sur les innombrables glands qu'il avait perdus à l'automne, il ne sortirait pas un seul chêne nouveau, ni cette année ni dans les cinq, dix voire vingt suivantes.

Elle se sentait très faible. Quelque chose n'allait pas, elle en avait déjà eu la certitude en allant livrer le charbon de bois à Hurst avec Puckle. Elle avait recouru à tous les remèdes qu'elle connaissait. Chaque mois, tandis que la lune croissait et décroissait, elle priait en secret, et, par trois fois, elle avait attiré l'astre nocturne. Mais maintenant, à l'entrée de l'hiver, elle savait : rien n'arrêtait la roue de la vie ; il n'y aurait pas de guérison et il lui faudrait passer de vie à trépas.

La nature est cruelle et pourtant clémente. L'ulcère qui consumait la femme de Puckle provoquait d'autres changements dans son organisme. Elle était devenue pâle, la composition de son sang s'était modifiée ; elle sombrait dans une somnolence continue et, ainsi, avant que l'ulcère n'atteigne son stade final et ne lui inflige une douleur insupportable, elle glisserait doucement vers un baisser de rideau anticipé.

Puckle et elle avaient trois enfants. Elle aimait son homme. Elle savait très bien que, après sa disparition, la vie devrait continuer. Voilà pourquoi elle priait secrètement et faisait ce qu'elle croyait être le mieux.

Et on était maintenant à la minuit de l'année, lorsqu'on voit seulement sept courtes heures de soleil et que le monde semble se retirer dans les profondeurs obscures de la terre.

Deux semaines plus tard, juste après Noël, Clement Albion chevauchait dans les parages.

Il avait cessé de geler à pierre fendre juste avant la fête sacrée. Le sol craquait toujours sous les pieds, mais des oiseaux se disputaient un ver de terre parmi les feuilles mortes. Tache rousse indistincte, un écureuil disparut à toute vitesse dans un buisson d'aubépine.

Il venait voir le chêne.

Dans le bois tout proche, les grandes branches grises et argentées étaient nues, en dehors de quelques inscrustations, ici et là, de lierre sombre ou de lichen, blanc comme la mort. Les quelques chênes épars dans la clairière étaient eux aussi entièrement dénudés.

Mais celui qui se dressait à part des autres offrait le spectacle le plus étrange du monde. Il s'était débarrassé de ses glaçons. Ses bourgeons s'étaient ouverts et, couvert de feuilles, l'arbre était tout vert. Albion le regardait en silence. Rien ne bougeait alentour.

Pourquoi cet arbre de la Nouvelle Forêt se comportait-il ainsi ? Durant sa croissance, quelque accident était peut-être survenu — il avait pu, par exemple, être frappé par la foudre —, accident qui avait détraqué l'horloge interne, dont le fonctionnement échappe à l'homme, grâce à laquelle l'arbre règle sa floraison. Plus probablement, peut-être possédait-il une particularité génétique. En raison de la présence d'un tel caractère, à l'origine d'une faillite du processus par lequel l'arbre se protège des effets du gel à l'automne, certains chênes gardent leurs feuilles jusqu'au printemps. La sortie des feuilles à Noël pouvait résulter d'une anomalie génétique de ce genre et l'existence de trois chênes semblables dans le même coin paraissait le confirmer.

Albion soupira. S'agissait-il d'un miracle, comme l'affirmait sa mère ? L'arbre voulait-il lui parler pour lui rappeler son devoir et sa religion ? Cet arbre merveilleux était-il un emblème vivant, pareil à l'un de ces signes obsédants sur la route du Graal, évoqués dans les romans chevaleresques ?

Il espérait que non. Depuis l'automne, rien ne laissait croire qu'il était encore soupçonné par le Conseil. Il avait rencontré à deux reprises Gorges, et chaque fois son ami s'était montré chaleureux et naturel. Il n'aspirait qu'à mener une vie tranquille. Y avait-il un si grand mal à cela ? La plupart des gens ne faisaient-ils pas de même ? Un arbre qui fleurit au milieu de l'hiver : la promesse de la vie dans la mort. Trois arbres en fleurs, trois croix : la crucifixion sur le Calvaire. Quelle que fût la façon dont on voyait les choses, si ces arbres verdoyants étaient un signe de Dieu, ils suggéraient la mort et le sacrifice.

Si seulement cette invasion espagnole pouvait ne pas avoir lieu... Sa mère lui laisserait peut-être sa fortune, persuadée qu'il aurait rallié le camp des envahisseurs. Gorges, le Conseil, la reine elle-même n'auraient rien à lui reprocher. Il priait avec ardeur pour ne pas être mis à l'épreuve.

Il n'avait pas de nouvelles de sa mère depuis quelque temps. Il aurait dû aller la voir à Noël, mais avait trouvé une excuse pour s'en abstenir.

Il se demandait combien de temps il pourrait ainsi l'éviter, quand il la vit. Elle se trouvait dans les branches hautes du chêne vert, en noir comme d'habitude, mais toute la doublure de sa cape était rouge vif. Le vêtement battait comme des ailes et, tel un énorme oiseau furieux, elle volait de branche en branche. Elle le regarda. Doux Jésus, elle semblait sur le point de prendre son essor dans sa direction.

Il secoua la tête. Une hallucination. Mais ses mains tremblaient. Il fit tourner son cheval et partit pour Lyndhurst.

Le jeune Nick Pride attendit son heure pendant tout l'hiver. Les premiers jours d'avril s'accompagnèrent de pluies diluviennes, mais ensuite une douce chaleur se répandit dans la Forêt. La nature se mit à reverdir et les bourgeons à éclore. Il savait que le moment était venu, que Jane attendait qu'il se déclare.

Il lui avait fait sa cour pendant tout le mois d'avril. Il leur arrivait de ne pas se voir pendant un jour ou deux, mais s'ils ne trouvaient pas d'autre occasion, ils étaient sûrs de se rencontrer le dimanche à l'église de Minstead. Ils n'avaient jamais de chamailleries d'amoureux et semblaient ne pas en ressentir le besoin. Jane Furzey était raisonnable, Nick Pride, beau, un point c'est tout.

L'heure approchant, il jugea préférable qu'elle ne soit pas trop assurée de sa constance, ne serait-ce qu'un jour ou deux, qu'elle ne considère pas son assuidité comme acquise. Il prépara très soigneusement son affaire.

Vers la fin avril, Albion rassembla une milice à Minstead. Nick Pride fut, bien sûr, appelé, de même que le frère de Jane et deux autres hommes de Brook. Ils devaient organiser un petit exercice et Nick savait que Jane viendrait y assister en famille. Il choisit donc le soir, l'avant-veille du rassemblement, pour mettre à exécution la première partie de son plan.

Minstead se trouvait sur le versant d'une haute colline qui traversait d'est en ouest le milieu de la Forêt. La plupart des chaumières s'égrenaient le long de la moitié inférieure du chemin qui grimpait jusqu'à la crête, où il contournait de curieux vestiges.

Le château Malwood, comme on l'appelait, bien qu'il n'y ait jamais eu là de château, n'était qu'un de ces petits ouvrages de terre circulaires, pareils à ceux de Burley et de Lymington, témoin de l'occupation de la Forêt par des populations de l'âge de fer, avant l'arrivée des Romains. Il avait été aménagé au point culminant de la crête et le site avait manifestement été choisi en raison de sa position dominante. Depuis qu'Albion avait ordonné des coupes claires, on avait en partie retrouvé la vue dégagée dont on y jouissait jadis. De son mur de terre, on voyait l'île de Wight : voilà pourquoi il constituait l'endroit idéal pour le feu d'alarme dont Nick était le gardien.

Ce soir-là, avec une certaine fierté, il conduisit donc Jane, accompagnée de son petit chien Jack, sur le rempart herbeux de Malwood et lui montra le panorama.

— C'est là que va brûler le grand feu d'alarme, dit-il en montrant l'île de Wight. Et ici, à l'endroit même où tu te tiens, Jane, nous installerons notre feu la semaine prochaine.

Elle était impressionnée.

— Et si les Espagnols arrivent ? demanda-t-elle avec un soupçon d'inquiétude.

— J'allumerai mon feu d'alarme et nous nous rassemblerons tous, puis nous irons les combattre. Voilà ce qui va se passer. Tu crains qu'il ne m'arrive quelque chose, hein ? s'enquit-il, avec une secrète délectation.

— Moi ? Non, mentit-elle en haussant les épaules. Je songeais à mon frère.

— Ah, fit-il, souriant intérieurement. Tu ne devrais pas avoir peur. Lorsque les Espagnols verront toute la milice rassemblée, je doute qu'ils osent débarquer.

Après quoi, ils parlèrent de choses et d'autres. Le soleil descendait lentement vers l'horizon. Devant eux, la Forêt baignait dans une brume dorée tandis qu'au loin l'île de Wight virait au bleu-gris. Tout était parfaitement tranquille. Il passa son bras autour d'elle et ils contemplèrent en silence le paysage.

— J'aime regarder la Forêt, dit-elle après un moment.

— Moi aussi.

Il laissa un peu de temps passer.

— Si les Espagnols ne nous ont pas tués, je suppose que de grandes réjouissances se dérouleront à la fin de l'été, dit-elle.

C'était à lui de lui donner la réplique, mais il ne dit mot.

— Il est temps que je rentre, fit-elle enfin après un long silence.

Il perçut la déception dans sa voix et attendit encore un peu, puis hocha la tête.

— Je vais avec toi, dit-il à voix basse. Nous aurons matière à penser cet été, tu ne crois pas ?

Riant secrètement de son habileté, il la raccompagna à Brook.

« Qu'elle attende un peu ! Qu'elle doute, ne serait-ce qu'un jour », pensa-t-il.

C'était une belle journée.

Minstead était un endroit curieux. Juridiquement, c'était une *liberty*, qui, bien que complètement entourée par la Forêt royale, possédait son propre seigneur et sa propre cour seigneuriale. En pratique, cela ne faisait pas de grande différence pour les habitants. Le seigneur donnait à bail certains champs et percevait de modestes droits féodaux. Ni lui ni ses paysans ne pouvaient enfreindre la loi forestière du territoire qui s'étendait autour des quelques centaines d'arpents du domaine. Cependant, ils jouissaient tous des droits communaux de vaine pâture et de ramassage du bois dans la Forêt attachés au domaine, et cela se révélait très précieux. Depuis les temps immémoriaux, le domaine appartenait à la même famille que Bisterne, dans la vallée de l'Avon, maintenant passé, par mariage, de la lignée masculine des Berkeley, le pourfendeur de dragon, à la famille des Compton, tout aussi puissante. Mais le seigneur du domaine n'avait aucune demeure à Minstead. Son intendant venait percevoir les loyers, rendre la justice et régler les affaires nécessaires. La *liberty* féodale de Minstead se résumait à un petit village tranquille au milieu de la Forêt.

Il détenait cependant une bâtisse de quelque importance. Dans le bas du chemin s'étendait la petite place du village, couverte de gazon. D'un côté, dans un vallon peu profond, se dressait le presbytère entouré de ses quatre arpents de glèbe. De l'autre, à deux cents mètres seulement de la place, perchée sur un tertre, trônait l'église de la paroisse — la seule église dans cette partie de la Forêt. L'édifice en pierre n'était pas de grandes dimensions et son toit de chaume le faisait ressembler à une grosse maison campagnarde. La nef ne mesurait pas dix mètres de large et l'on pouvait toucher sa galerie toute simple en tendant le bras. Mais c'était une église paroissiale. Même la chapelle de Lyndhurst, utilisée par les rois et les reines, se trouvait sous son égide. Dans cette église se rassemblait la milice de Minstead et de Brook.

Nick Pride jeta un regard circulaire. Il était enchanté. Dans le ciel d'un bleu limpide de l'après-midi, des petits nuages blancs défilaient au-dessus de l'église. Des hommes triés sur le volet de la paroisse et des hameaux environnants, les *tithings*, formaient la milice. Il étaient une douzaine, y compris les trois de Brook et un de Lyndhurst, une force de combat impressionnante aux yeux de Nick.

Sur les douze, huit étaient armés d'un arc et, sur l'ordre impératif d'Albion, d'une douzaine de flèches. Six avaient entre les mains une longue hallebarde, aiguisée et scintillante. « Dieu vienne en aide à ceux qui se mettraient à portée de ces armes terrifiantes », pensa Nick. Trois hommes portaient un casque de métal à bord court. Et lui avait reçu de son père une cuirasse, une épée et des cubitières. L'un des hommes avait fait valoir que Nick, s'occupant du feu d'alarme, n'avait pas besoin de ces armes et aurait dû les donner à quelqu'un d'autre. « Une fois que le feu sera allumé, je combattrai moi aussi », avait-il objecté. Et Albion avait décrété qu'il pouvait les garder. Personne ne disposait d'une arquebuse : rares étaient les villageois anglais qui possédaient des armes à feu.

Les ordres du jour étaient simples : ils s'entraîneraient pendant une heure ou deux près de l'église, puis descendraient sur la place du village pour montrer leurs talents de combattants. Ensuite, ils rompraient les rangs et on servirait une collation. Enfin, il mettrait son plan à exécution.

Clement Albion les observait, lui aussi. Il avait fait de son mieux et s'était révélé un bon commandant. Ses hommes étaient aussi bien armés que possible. Il leur avait appris à ne pas lâcher pied et à frapper avec leur longue hallebarde. Ils ne seraient jamais des archers expérimentés, mais quatre d'entre eux au moins, en braconniers accomplis, tireraient probablement mieux que la plupart.

Combien de temps ces braves garçons tiendraient-ils contre des Espagnols parfaitement entraînés et armés ? Il l'ignorait. Pas longtemps sans doute, avant d'être abattus et taillés en pièces. Grâce à Dieu, ils n'en avaient pas conscience. Il en allait de même dans chaque milice paroissiale du comté, il le savait fort bien.

Au printemps 1588, la pagaille la plus complète règnait dans les forces défensives de la côte méridionale de l'Angleterre, d'une importance stratégique essentielle.

Les milices formées d'hommes non aguerris recrutés dans les villages, armés de vieilles hallebardes et d'arcs de chasse, n'étaient d'aucune utilité. Les archers ne disposaient souvent que de trois ou quatre flèches. Beaucoup ne portaient aucune arme. Lorsque les chevaliers et les écuyers du comté s'étaient rendus à Winchester pour une revue générale, on avait constaté qu'un sur quatre seulement savait servir. Pis que tout, le commandement se trouvait entre les mains non pas d'un, mais de deux grands seigneurs, qui se querellaient constamment, et pas même les commissaires envoyés par le Conseil n'avaient pu ramener l'ordre. Ni Winchester, ni le port de Southampton, de la plus haute importance stratégique, ni celui de Portsmouth, un peu plus loin sur la côte, où le vieux roi Henri avait commencé à construire un arsenal maritime, n'étaient convenablement pourvus en troupes. Trois mille hommes, au mieux, restaient en garnison à l'île de Wight, mais, pour des raisons pratiques, le littoral demeurait sans défense. C'est dans cet état d'impréparation que l'Angleterre attendait d'être envahie par l'armée la mieux entraînée de la chrétienté. Selon les termes même d'un rapport fourni au Conseil de la reine Elisabeth : « Toutes choses sont ici imparfaites. »

Bien qu'il le scellât à ses hommes, Clement Albion savait parfaitement tout cela. Il avait visité Southampon et le chantier naval de Portsmouth, assisté au rassemblement de Winchester. Non seulement il n'existait pas d'armée réelle à opposer aux Espagnols, mais le Conseil craignait même qu'une partie de la paysannerie, qui aspirait au rétablissement de l'ancienne religion, ne vienne en aide aux envahisseurs. Clement en doutait mais, à voir cette petite troupe d'hommes condamnés à la défaite, il se demanda si, après tout, sa mère n'avait pas raison. Ne valait-il pas mieux, si les Espagnols débarquaient, rejoindre leur camp ? En tant que membre fidèle de la vraie Eglise, en relation avec les grands d'Espagne grâce à sa sœur, il serait bien accueilli. Mais quel moment choisir ? Celui où les navires approcheraient ? Attendre que les troupes aient débarqué ? Pouvait-il, devait-il vraiment tenter quelque chose au château de Hurst ?

— Bravo, Nicholas Pride ! lança-t-il tandis que le jeune homme tentait de parer et de riposter. Nous allons montrer à ces Espagnols de quoi les Anglais sont capables !

En fin d'après-midi, le moment arriva de faire une démonstration devant le village. Ils se mirent en rang deux par deux et, parce que Nick portait une armure, Albion le plaça au premier rang. Ils lancèrent ensuite trois acclamations afin que tout le monde sache qu'ils arrivaient et envoyèrent un gamin pour s'en assurer. Nick aurait bien voulu battre le tambour, mais il n'en avait pas. Ils se mirent alors en marche, presque au pas, sur le petit chemin à l'ombre des arbres et descendirent vers la placette où tout le monde attendait, y compris Jane, un châle rouge sur les épaules. Ils s'avancèrent jusqu'au milieu de la pelouse, qui ne mesurait qu'une trentaine de mètres de longueur, prirent leur position, puis firent leur démonstration.

Ce fut à n'en pas douter un beau spectacle. Alignés, ils levaient et abaissaient leur longue hallebarde et frappaient avec ensemble, de sorte que l'on imaginait avec peine qu'une troupe espagnole pût ne pas être arrêtée par une phalange aussi redoutable. Ensuite, les archers tirèrent leurs flèches et atteignirent la cible à chaque fois. Puis vint le clou du spectacle : Nick Pride et Albion lui-même se lancèrent dans un simulacre de combat. Ils avançaient et reculaient sur la pelouse en témoignant d'une telle adresse que l'on n'avait sans doute jamais vu une chose pareille à Minstead. Finalement, Albion, qui jouait le rôle de l'Espagnol, laissa Nick l'emporter et se rendit de bonne volonté. Des rires et des acclamations fusèrent et Nick leva haut son épée. Le soleil du soir scintillait sur son armure comme il l'avait espéré. Son heure était venue. Il se dirigea vers Jane à grands pas, se plaça devant elle et planta son épée dans le sol — elle eut l'air un peu surprise — puis il mit un genou à terre et déclara :

— Jane Furzey, voulez-vous m'épouser ?

Tout le monde avait entendu. Elle rougit et quelqu'un dans la foule lança : « C'est une proposition honnête, Jane ! » D'autres voix lui firent écho, mais tous continuaient d'écouter.

Il craignit qu'elle ne dise non simplement parce qu'il la prenait au dépourvu et il la regarda donc droit dans les yeux pour lui montrer qu'il l'aimait vraiment, ce qui produisit son effet, car elle dit :

— Je crois que oui.

Tout le monde les acclama.

— Fixe le jour ! s'écria-t-il.

A son tour de le remettre à sa place. Elle fit la moue, se tourna pour regarder Albion et rit.

— Quand tu auras combattu un vrai Espagnol, Nick Pride, et pas avant ! s'écria-t-elle.

Le lendemain matin, Jane Furzey traversa Burley.

Elle se rendait rarement par là, mais sa mère avait entendu parler d'une dentellière et demandé à Jane de voir si elle pouvait effectuer un travail pour l'une de ses jeunes sœurs. Jane partit donc avec son chien Jack.

La matinée était ensoleillée. Après avoir dépassé l'arbre de Rufus, elle marcha vers l'ouest pendant un moment, arriva bientôt sur une lande, avant de tourner pour descendre à travers bois en direction de Burley.

Jack était dans son élément. Quand il repérait un merle en train d'attraper un ver, il le prenait en chasse. Lorsqu'il voyait une flaque boueuse ou un tas de feuilles, il se roulait dedans. Trois écureuils lui échappèrent. Quand ils descendirent vers Burley, son pelage brun et blanc était noir de boue, à la grande honte de Jane. Elle ne voulait pas se présenter chez la dentellière avec son petit chien dans cet état.

— J'aimerais bien que tu prennes un bain, lui dit-elle.

Il existait plusieurs chemins pour se rendre de Minstead à Burley, mais le plus agréable, et aussi le plus sec, longeait la grande pelouse, plein est. Un ruisseau au lit pierreux et aux eaux limpides coulait au milieu d'une superbe étendue d'herbe courte, qui s'étendait de chaque côté sur plusieurs centaines de mètres pendant près de trois kilomètres.

C'était l'une des plus grandes pelouses de la Forêt. Du bétail et des poneys y passaient et, en partie sèche, en partie marécageuse, elle se prolongeait jusqu'au village, où on l'appelait Burley Lawn, le pré de Burley. Mais à quelques centaines de mètres plus à l'est, un petit moulin avait été construit deux ou trois générations plus tôt, et à partir de là, elle devenait Mill Lawn, le pré du moulin.

Après avoir tenu, à son corps défendant, Jack dans le ruisseau jusqu'à ce qu'il soit propre, Jane le laissa trottiner sur Mill Lawn. Une ou deux fois, par bravade, il fit mine de pourchasser un poney, mais il était toujours propre quand ils dépassèrent le moulin et atteignirent Burley Lawn. A cause du sol détrempé, elle lui commanda de rester près d'elle au sec sur le chemin, et, sûre que tout était en ordre, elle poursuivit sa route gaiement. Des bouquets d'arbustes et d'ajoncs parsemaient la pelouse. Les bois de petits chênes et de coudriers, qui bordaient le chemin de chaque côté, semblaient se rapprocher. Il dépassèrent un petit frêne noueux.

Jack vit alors le chat.

Jane le vit aussi, mais un instant trop tard.

— Jack ! cria-t-elle en vain.

Il était parti comme l'éclair, sans que rien pût l'arrêter. Un jappement, un sifflement, une masse confuse de corps, les deux animaux filaient au loin sur sa droite. Le chat sauta une flaque de boue, Jack la traversa avec force éclaboussures et elle grommela en voyant son chien ruisselant et crasseux disparaître à travers des buissons. Elle s'étonnait que le chat ne grimpe pas à un arbre ; il espérait de toute évidence gagner un autre asile, car elle entendait toujours Jack aboyer à sa poursuite. Puis tout redevint silencieux.

Elle attendit un moment, puis appela. Peine perdue. Elle appela encore, plusieurs fois. Toujours rien. Le chat avait-il finalement trouvé un refuge ? En ce cas, elle aurait probablement entendu son chien aboyer au loin. Elle attendit encore un peu, puis, en soupirant, suivit la direction prise par les deux animaux.

Après une cinquantaine de mètres au milieu des arbres, elle découvrit la petite maison. C'était une maison à toit de chaume, blanchie à la chaux, typique de la Forêt, bien qu'un peu améliorée puisque, d'un côté, une fenêtre sous le toit indiquait qu'il y avait au moins une pièce à l'étage. Dans la clairière où elle se trouvait, on avait aussi aménagé une cour et quelques appentis. Ne remarquant aucune trace du chat ni de Jack, elle se demandait s'ils n'avaient pas filé ailleurs quand elle entendit de nouveaux aboiements. Ils provenaient sans doute possible de l'intérieur de la chaumière.

Elle alla à la porte, la trouva entrouverte et frappa. Pas de réponse. Elle appela. Quelqu'un se trouvait certainement dans les parages. Toujours rien. Elle appela Jack et l'entendit aboyer encore à l'intérieur, mais il ne vint pas. Peut-être était-il bloqué dans la maison ; elle hésitait cependant à entrer. Elle ne voulait pas le faire sans y avoir été invitée. En même temps, il lui aurait déplu que son chien fasse des dégâts chez des inconnus.

Elle poussa la porte et entra.

La chaumière ressemblait à toutes les autres. La porte donnait dans la pièce principale, basse de plafond, avec sa cheminée où était suspendue une marmite, une table toute propre, des bancs et un petit lit d'enfant. A droite, derrière une porte qu'elle n'osa ouvrir, il existait une autre pièce. Devant, un étroit escalier, presque une simple échelle de meunier, conduisait au grenier.

Elle appela son chien à mi-voix. Un aboiement lui répondit de l'étage.

— Jack ! lança-t-elle. Descends !

Quelqu'un le retenait-il là-haut ? Elle regarda derrière elle pour voir si on ne l'observait pas de l'extérieur. Il semblait que non. Elle monta l'escalier.

Il y avait deux pièces à l'étage : à gauche, un grenier ouvert sur le palier, à droite, une porte en chêne, que le vent avait vraisemblablement fait claquer, cachait l'autre. Elle l'ouvrit lentement.

La pièce était petite, éclairée par une fenêtre basse, à hauteur du genou, sur la gauche, juste sous l'avant-toit. A sa grande surprise, le chat, lové sur un vieux coffre, contre le mur, la regardait comme si sa venue était attendue.

Mais le plus curieux était le lit en chêne à baldaquin, qui occupait presque tout le pan de mur. Le ciel de lit très simple tendu sur les quatre colonnes touchait le toit de chaume incliné. Ce lit, pas immense, avait été construit, probablement ici même, dans la pièce, pour recevoir deux personnes de corpulence moyenne. Le chêne sombre, presque noir, luisait.

Le bois était sculpté. Elle n'avait jamais rien vu de pareil. Des animaux, des têtes de cerf, des visages humains, des feuilles et des glands de chêne, des champignons, des écureuils et même des serpents — tous regardaient ou grimpaient aux quatre colonnes. Se rappelant soudain où elle avait entendu décrire l'étrange lit, elle murmura :

— C'est sûrement la maison de Puckle.

Le comportement de Jack l'étonna encore plus que le lit.

La simple courtepointe en lin portait les marques noires des pattes du chien, qui, assis dessus, remuait la queue sans montrer la moindre intention de venir à elle ni, apparemment, de pourchasser le chat. Il semblait attendre qu'elle s'asseye près de lui.

— Oh, Jack ! Regarde ce que tu as fait ! Descends de là tout de suite ! s'écria-t-elle avant d'essayer de le tirer du lit.

Mais il résistait, arc-bouté sur ses quatre pattes, en continuant de remuer la queue.

— Vilain chien ! le réprimanda-t-elle. Viens !

Elle venait de le soulever quand une voix bourrue la fit sursauter. Elle faillit crier et se retourna.

— Il semble se plaire ici, fit Puckle, debout dans l'étroite embrasure de la porte.

C'était lui, sans erreur possible. Il avait toujours sa barbe noire bien taillée, les yeux aussi brillants. Il ne bougeait pas et se contentait de la regarder.

— Je suis désolée. Il a couru après votre chat.

— Oui, fit-il en hochant lentement la tête. Il en a l'air.

La croyait-il ? Quelque chose dans son attitude montrait le contraire.

— Il a tout sali, dit-elle en montrant la courtepointe. Je suis désolée.

— Aucune importance.

Elle le fixait. Il venait manifestement de travailler dans la forêt. La sueur perlait encore sur les poils noirs frisés qui dépassaient de sa chemise. Lorsqu'elle l'avait vu, à la fin de l'été, son visage semblait hâlé, alors que maintenant, tel un serpent qui a mué ou un arbre au printemps, il était tout à fait clair.

— Il faut que je nettoie ça, dit-elle.

Il ne répondit pas et se tourna vers le chien. Jack lui rendit son regard et frétilla de la queue. Jane commença à se détendre un peu. Personne ne bougeait.

— C'est vous qui l'avez sculpté ? demanda t-elle en montrant le lit.

— Oui. Ça vous plaît ? répondit-il en la dévisageant de nouveau.

Elle examina encore les étranges visages sombres, les circonvolutions des formes. Elle se demanda si cela lui plaisait. Elle n'en était pas sûre, mais l'habileté du sculpteur était étonnante.

— C'est merveilleux, lâcha-t-elle. Votre femme m'a parlé du lit.

— Ah, oui ?

— Au château de Hurst. En septembre dernier. Vous étiez en train de livrer du charbon de bois.

— C'est juste.

— Elle est ici ? demanda Jane sans trop savoir si elle avait envie de voir l'étrange femme.

— Elle est morte cet hiver.

— Oh. Je suis désolée.

Elle ne savait trop quoi dire. Elle regardait fixement Jack et la courtepointe. Il l'avait mise en piteux état.

— Je vais emporter la courtepointe et la laver.

— Ça va partir d'un coup de brosse.

— Laissez-moi l'emporter. Je vous la rapporterai.

— Comme vous voulez.

Elle prit donc la courtepointe, tapota les oreillers, lissa les draps et s'en alla avec Jack.

Le chêne se parait lentement de ses jeunes feuilles. Après avoir verdi miraculeusement au cœur de l'hiver, il s'était mis en sommeil comme les autres ; ses feuilles de Noël avaient gelé et étaient tombées, le laissant gris et dénudé le restant de l'hiver. En mars, la sève avait commencé à monter. Tous les chênes de la forêt ne verdissaient pas en même temps, mais sur une période d'un mois, si bien qu'au début du printemps la canopée était très variée : bourgeons bruns, feuilles très pâles et feuillage vert tendre bruissant dans la brise.

Les couleurs venaient au chêne de bien des façons. Le lierre produisait ses fruits au printemps, nourriture appréciée des merles, mais, en hiver, les cerfs en avaient mangé toutes les feuilles, laissant au lichen la place de pousser. Les chênes en portaient davantage que les autres arbres. Certains de ces lichens étaient déjà jaunes mais, comme d'autres se composaient en partie d'algues contenant de la chlorophylle, il leur poussait des barbes gris-vert. Les gros lichens pelucheux, appelés « poumons de chêne », qui apparaissaient sur le tronc, étaient encore plus spectaculaires. Les bourgeons commençaient à peine à s'ouvrir que le pivert écarlate, or et vert vif arrivait à travers bois de son vol ondulé, en quête d'une cavité dans une branche haute à moitié morte. Il y installait son nid. Les pinsons à tête grise et gorge rose trillaient dans les branches. En avril, lorsque les jeunes feuilles sortaient de toute part et que les oiseaux migrateurs revenaient du sud, le cri du coucou résonnait ; partout les fougères jaillissaient en tiges raides et leurs feuilles se déroulaient.

Les ajoncs se garnissaient de fleurs d'un jaune lumineux, les buissons d'aubépine d'une épaisse floraison blanche. Il y avait cependant une absence remarquée dans les bois de chênes. Si dans la Forêt clairsemée l'oseille sauvage, le mouron jaune, la primevère, la violette ajoutaient leurs jolies couleurs à celles du sol, on ne voyait pas de tapis de jacinthes car les cerfs et le bétail les broutaient.

Au printemps, quand il fleurit, chaque chêne produit à la fois des graines mâles et des graines femelles. Le pollen mâle, qui doit être emporté par le vent, se présente sous forme de guirlandes de petites fleurs, pareilles à des chatons dorés suspendus à ses branches. A mesure qu'on avance dans le printemps, l'arbre devient si barbu qu'il semble couvert d'une toison d'or.

Les fleurs femelles — qui, une fois pollinisées, donneront les glands — sont alors moins visibles. Un examen attentif montre que comme des petits bourgeons en train de s'ouvrir, elles comportent trois minuscules styles rouges qui recueilleront le pollen au passage.

Fin avril, le chêne paré de ses feuilles et de sa barbe de filaments dorés, semblable à quelque personnage chenu sorti d'un mythe antique, du temps où les dieux jouaient avec les hommes dans les chênaies, le chêne, donc, s'apprêtait à répandre ses graines. Le pollen pouvait s'envoler au loin à travers l'épaisse canopée, se mélangeant en chemin avec celui de centaines d'autres arbres. Sur une même branche, un gland pouvait être pollinisé par l'un alors que son voisin l'était par un autre.

On dressa un mât enrubanné à Minstead le premier jour de mai. Le curé, qui, sagement, autorisait ces pratiques païennes, avait organisé un modeste banquet sur la place gazonnée du village. Les gens de Brook étaient venus, eux aussi.

Les enfants dansèrent autour du mât, on but et, le soir, Nick Pride raccompagna Jane Furzey chez elle.

Ils montèrent la côte au-dessus de Minstead, puis, se laissant porter par leurs pas, prirent le sentier qui menait au chêne de Rufus.

Il avait plu récemment, et pendant plusieurs jours. Bien qu'une semaine se fût presque écoulée depuis l'étrange rencontre de Jane avec Puckle, il n'y avait pas encore eu un jour de beau temps et elle n'avait pu lui rapporter sa courtepointe. Mais aujourd'hui le soleil avait brillé, à peine voilé par quelques rares nuages, et la soirée était encore délicieusement chaude. Elle marchait à côté de Nick, contente.

Ils s'arrêtèrent près de l'arbre et s'embrassèrent.

Nick n'avait jamais donné un baiser aussi long. Le temps parut suspendre son vol sous la voûte de l'arbre. Au fond de la clairière, le ciel turquoise virait à l'orange. Dans les bois derrière, un léger bruissement révéla le passage d'un cerf. Il serra Jane en la caressant pour tenter de l'attirer à lui encore davantage. Au comble de l'excitation, il voulait la posséder entièrement. Il le devait. Il était temps.

— Maintenant, murmura-t-il.

Ils étaient fiancés, ils allaient se marier. Il n'existait plus d'interdit. Toute la nature lui disait que c'était le moment.

— Maintenant.

Elle s'écarta.

— Non. Pas maintenant.

Il s'avança et la reprit dans ses bras.

— Jane. Maintenant.

— Non, répéta-t-elle en le repoussant doucement mais avec fermeté et en secouant la tête. Je ne peux pas maintenant.

Il en tremblait, emporté par la passion.

— Jane, implora-t-il encore.

Elle s'était détournée et s'éloignait à grands pas à travers la clairière. Il se tenait là, le souffle court. Il ressentit l'envie un instant de la prendre de force, ici même. Mais il savait que c'était peine perdue. Etait-elle vraiment décidée à ne pas se donner à lui avant qu'ils soient mariés ou avait-elle voulu dire qu'elle avait ses règles ? L'enlaçant gentiment par la taille, il la raccompagna chez elle.

Elle parla peu sur le chemin du retour. Elle ne pouvait faire autrement pour cacher ses sentiments. Car comment lui aurait-elle avoué ce qu'elle avait vraiment en tête ? Comment admettre que son refus tenait à une cause tout à fait différente ? Elle ne le comprenait pas elle-même. Tout ce qu'elle savait, en cette chaude soirée de mai, c'était que quelque chose s'interposait entre eux, qu'en dépit de ses intentions, des sentiments qu'elle éprouvait pour lui, qu'en dépit de tout, et elle l'avait senti quand il la serrait contre lui, une barrière invisible les avait soudain séparés et qu'elle ne pouvait se donner à lui. Etait-ce la peur de perdre sa virginité ? De la panique à la pensée qu'elle perdrait bientôt sa liberté ? Elle l'ignorait. C'était troublant. Voilà l'homme qu'elle devait épouser et brusquement elle ne voulait plus de lui.

Les petites troupes que Clement Albion avait formées et rassemblées étaient aussi prêtes que possible. Les feux d'alarme avaient été préparés. Malgré la redoutable réputation du réseau d'espionnage du Conseil, personne ne savait exactement quand et par où la grande flotte espagnole arriverait, mais ceux qui, comme Gorges, se prétendaient bien informés, lui assuraient qu'elle allait débarquer, et sans tarder. Avait-il donc quoi que ce soit à se reprocher ? Si le Conseil le convoquait demain et lui demandait s'il avait servi royalement sa reine, pourrait-il regarder Cecil en face et lui déclarer sans crainte qu'il l'avait fait ?

— J'ai la conscience claire.

Personne n'écoutait. Il essaya de nouveau :

— Sa Majesté n'a aucune raison de se plaindre de moi. Je ne l'ai trompée en aucune manière. Aucune.

Enfin, presque aucune.

L'office d'intendant de la Forêt était source de profit. Ce dernier veillait sur les arbres de Sa Majesté et, en échange, recevait un salaire et de précieuses gratifications. Ainsi, l'écorce des arbres tombés ou abattus lui revenait et il en envoyait des charretées entières aux tanneurs de Fordingbridge qui payaient bien cette matière première. Il s'occupait aussi des baux.

Devant lui, le taillis qui longeait le chemin de Lyndhurst était un enclos d'une trentaine d'arpents entourés par un talus de terre et une solide palissade bien entretenue. Il incombait à l'intendant de le louer avec le bail habituel de trente et un ans, et il l'avait fait. Très exactement, il se l'était loué. En vertu des termes du bail, il disposait du droit de vendre le sous-bois, qui consistait essentiellement en épineux et coudriers, mais, en même temps, il était tenu de protéger le bois d'œuvre le plus précieux, de garder sur pied au moins douze arbres de plein vent, comme on appelait les jeunes arbres producteurs de bois d'œuvre, par arpent. Le taillis d'Albion devait donc comporter au moins trois cent soixante arbres de plein vent et, au début du bail, ils s'y trouvaient. Mais, pour Dieu sait quelle raison, cent cinquante étaient morts et il n'en restait plus que deux cent dix. Les profits tirés de la vente de ce bois avaient arrondi son revenu.

Voilà le genre de chose que l'intendant de la Forêt de Sa Majesté devait signaler afin que le titulaire du bail soit mis à l'amende. Mais comme il était également le locataire, cette négligence avait miraculeusement échappé à son attention.

Il avait arrangé la vente d'un taillis beaucoup plus important au profit de la couronne et en avait envoyé le produit au Trésor. Une grande quantité de sous-bois avait été vendue et dûment comptabilisée par écrit. Cet écrit ne montrait cependant pas que la majeure partie de ce sous-bois consistait en bois de grande valeur. La différence entre le prix réel et le prix enregistré était tombée dans le gousset d'Albion.

Les regardeurs de Sa Majesté pourraient toujours découvrir le pot aux roses lors de leur prochaine tournée d'inspection dans la Forêt, mais, comme il était l'un d'eux, Albion jugeait peu probable que la question fût soulevée.

Cependant, la couronne nommait aussi une commission pour enquêter sur les regardeurs eux-mêmes ainsi que sur les intendants et les gentilshommes titulaires de baux de la Forêt. L'affaire était si sérieuse que, la dernière fois que cela avait eu lieu, lesdits regardeurs, intendants et gentilshommes, avaient fait en sorte que la commission soit uniquement composée... d'eux-mêmes.

Pendant quelques temps, durant les mois qui avaient suivi sa conversation avec Helena Gorges au château de Hurst, Albion avait été mal à l'aise. On ne l'inquiétait certes pas pour le moment, mais si le Conseil décidait de prendre des mesures à son encontre, si ses voisins comprenaient qu'il était suspect, si les envoyés de Cecil venaient dans la Forêt pour tenter de découvrir des malversations à lui imputer, Dieu seul savait ce qui remonterait à la surface. Même si l'on ne parvenait pas à l'accuser de trahison, la perspective de la disgrâce et de la ruine devenait de plus en plus menaçante.

Mais l'hiver et le printemps étaient passés et mai débutait. On entendait le coucou dans les bois. Albion avait la conscience tranquille, comme celui qui juge improbable qu'on le démasque. Le soleil descendait sur l'horizon, mais, tandis qu'Albion chevauchait vers le sud, la grande voûte céleste au-dessus de la Forêt restait azur, striée en haute altitude par des nuages effilochés aux reflets rose et argent. Après avoir dépassé Brockhurst et parcouru encore un kilomètre, il obliqua vers l'est pour franchir la petite rivière au centre de la Forêt près du gué peu fréquenté au-dessous duquel il habitait.

Il fut donc assez surpris de voir deux chariots passer le gué juste devant lui, l'un tendu de rideaux somptueux, l'autre grinçant sous un prodigieux chargement de malles et de meubles de toutes sortes. De l'autre côté du gué, soit on montait vers la lande de Beaulieu, soit on tournait vers le sud pour emprunter le chemin menant à Boldre. La demeure des Albion, une maison en bois à pignon, se trouvait dans une clairière à un kilomètre de là, le long de ce chemin.

Les chariots obliquèrent vers le sud. Il les suivit. Le second chariot prenait tant de place qu'il ne pouvait le dépasser et, peu après, il constata avec étonnement que le premier s'engageait en cahotant sur le chemin qui menait chez lui. Il atteignit la porte avant qu'il ait eu le temps d'y arriver, des domestiques sortirent de la maison et un palefrenier écarta les rideaux du chariot pour permettre à sa passagère d'en sortir.

La femme qui en descendit était vêtue de noir, à l'exception de la doublure et des parements de sa robe. Son visage abondamment poudré lui donnait une allure spectrale.

— Juste ciel ! mère, pourquoi êtes-vous venue ? s'écria-t-il malgré lui.

Elle lui adressa un grand sourire, mais son regard était aussi aiguisé que celui d'un oiseau convoitant un ver de terre.

— J'ai des nouvelles, Clement, annonça-t-elle.

Quelques instants plus tard, tandis qu'il subissait son inévitable étreinte, son oreille tout près de sa bouche rouge cerise, il l'entendit murmurer comme à un complice conspirateur :

— Une lettre de votre sœur. Les Espagnols arrivent. Je suis venue pour que nous puissions les accueillir ensemble, mon très cher fils.

Le mois de mai et la plus grande partie de juin passèrent, et la flotte espagnole — l'Armada, comme on l'appelait — ne débarquait toujours pas. Le temps était inhabituel. Un jour il faisait beau, le soleil brillait sur la Forêt, et aussi bien le lendemain des nuages sombres et bas revenaient du sud-ouest, poussés par des rafales de pluie ou de grèle. Rares étaient ceux qui se souvenaient d'un été pareil. Fin juin, on apprit qu'une tempête avait dispersé entre différents ports la flotte espagnole en pleins préparatifs. On disait que Drake irait les harceler. Bien qu'il pressât le Conseil de le laisser prendre la mer, le reine hésitait. L'ennui avec le corsaire favori de l'Angleterre était que, dès qu'il avait attaqué l'ennemi avec succès, il courait après des prises au lieu de faire son devoir. Car, elle le savait bien, le grand explorateur et patriote aimait l'argent par-dessus tout.

En arrivant à la hauteur du vaste herbage de Mill Lawn, Jane Furzey se sentait un peu coupable. Avait-elle vraiment laissé deux mois s'écouler avant de retourner à Burley ? Il avait fait si mauvais et elle avait été si occupée qu'elle n'avait pas trouvé le temps de rendre sa courtepointe à Puckle. « Avec un peu de chance, il ne sera pas là », pensa-t-elle. Elle laisserait alors le couvre-lit et partirait en vitesse.

Aujourd'hui, il faisait beau. Dans le grand pré, les ajoncs étaient verts et l'herbe, courte, semée de pâquerettes, de petit trèfle blanc, de boutons d'or et d'épervières. Au ras du sol, des brins de brunelle ajoutaient une touche de violet et, sur les berges du ruisseau qui courait le long de la pelouse, des myosotis poussaient au milieu des hautes herbes.

Jane arriva à la chaumière juste avant midi. Puckle ne se trouvait pas chez lui, mais ses trois enfants étaient là. L'aînée, une fillette d'une dizaine d'années, une brunette fine comme un roseau, l'air grave, avait manifestement la charge des deux autres. La cadette, brune elle aussi, jouait sur le carré d'herbe devant la porte de la petite maison.

Le plus jeune, un bambin de trois ans, potelé et joyeux, qui portait un sarrau joliment brodé et pas grand-chose d'autre, attira vraiment son attention. Il venait de toute évidence de jouer avec un cheval de bois que son père avait dû lui fabriquer, mais, dès qu'il vit Jane, il trottina vers elle avec un grand sourire, ses yeux brillants pleins de confiance, animé apparemment de la certitude qu'elle s'amuserait avec lui. Il la prit par la main et lui dit :

— Je m'appelle Tom. Tu veux jouer avec moi ?

— Oui, répondit-elle.

Auparavant, elle expliqua la raison de sa venue à sa sœur aînée.

Au début, l'enfant fut naturellement un peu sur ses gardes, puis, après avoir examiné la courtepointe, elle hocha la tête.

— Mon père m'avait dit que quelqu'un la rapporterait, mais c'était il y a longtemps, fit-elle remarquer.

Elle semblait ne pas attendre le retour de son père avant un moment et Jane bavarda avec elle. Ses manières et ses propos montrèrent bientôt qu'elle assumait le rôle de mère de famille.

Quant au petit Tom, il était délicieux. Il exhiba une balle et lui demanda de donner un coup de pied dedans pour la lui envoyer, ce qu'elle fit à plusieurs reprises pour la plus grande joie du bambin. « Quel joli petit garçon, se dit-elle. J'aimerais bien qu'il soit le mien. » Cependant, elle pensa finalement qu'elle ferait mieux de s'en aller pour ne pas risquer de rencontrer Puckle.

— Je vais remettre ça sur le lit de ton père, dit-elle à la fillette en prenant la courtepointe.

L'enfant lui assura que c'était inutile, mais elle insista et monta seule dans la chambrette où trônait le lit en chêne de Puckle.

Sombre, presque noir et luisant, il était certes étrange, aussi bizarre que dans son souvenir. Pareils à des gargouilles, les figures sculptées dans le bois la dévisageaient comme si elles accueillaient une amie de retour. Presque sans y penser, elle promena la main sur l'écureuil, le serpent. Ils étaient si parfaitement exécutés qu'ils paraissaient vivants, sur le point de s'animer sous ses doigts. Elle ressentit même une légère crainte et, comme pour se rassurer, serra sa main sur la colonne afin de se prouver qu'il ne s'agissait que de bois. L'espace d'un instant, elle fut presque prise de vertige.

Elle disposa soigneusement la courtepointe, s'assura que tout était en ordre, puis se recula pour juger de l'effet produit. Puckle couchait là avec sa femme. Les paroles de l'étrange femme lui revinrent. « Il sait rendre les femmes heureuses... Une fois qu'on s'est couchée dans le lit en chêne de John Puckle, on n'a pas envie d'en essayer un autre. » Jane parcourut la chambre des yeux. Une chemise en lin traînait sur le coffre où le chat était couché lors de sa première visite. Elle jeta un coup d'œil derrière elle et alla prendre la chemise. « Il n'a pas dû la porter longtemps », pensa-t-elle. Elle sentait un peu la sueur, mais surtout la fumée. Une odeur agréable. Légèrement salée. Elle la remit soigneusement à sa place.

Elle regarda le lit encore une fois. Curieusement, il semblait lui renvoyer son regard, comme si Puckle et lui ne faisaient qu'un. Et, en un sens, c'était vrai, tant il avait mis de lui-même dans cet ouvrage. « Puckle devenu chêne », pensa-t-elle en souriant. S'il existait autant de force et de richesse dans l'âme et le corps de cet homme que dans ce bois sculpté, il n'était pas étonnant que sa femme ait chanté ses louanges. Mais pourquoi à elle ? Peut-être disait-elle la même chose à tout le monde. Peut-être pas.

Elle fit demi-tour et, après un dernier regard au lit à baldaquin, redescendit et sortit de la chaumière. Au même instant, le petit garçon poussa un cri de plaisir. Clignant des yeux dans la clarté soudaine du soleil, elle regarda l'homme qui le prenait dans ses bras.

Puckle était noir, aussi noir que les visages en chêne de son lit. Il se tourna, l'aperçut, l'observa. Il avait travaillé à l'un de ses foyers à charbon de bois et était couvert de poussière. Mais il évoquait à tel point l'un des visages diaboliques du lit qu'elle ne put s'empêcher de frissonner.

— Apporte-moi de l'eau, dit-il à sa fille aînée, qui réapparut quelques instants plus tard avec un seau en bois.

Il se baissa, s'aspergea rapidement le visage et la tête, puis se lava les bras. Il se redressa, le visage propre, l'eau dégoulinant de ses cheveux, et se mit à rire.

— Vous me reconnaissez maintenant ? demanda-t-il à Jane, qui acquiesça et rit à son tour. Vous avez fait la connaissance de Tom ?
— Nous avons joué à la balle, répondit-elle, souriante.
— Vous restez un peu avec nous ? s'enquit-il.
— Non. Il faut que je m'en aille.
Elle s'apprêtait à partir malgré son envie de rester.
— Je dois rentrer, répéta-t-elle.
Il vint à elle et la prit par le coude. Elle sentit les muscles de son puissant avant-bras.
— Les enfants vous aiment bien, dit-il à mi-voix.
— Oh. Comment le savez-vous ?
— Je le sais. Je suis content que vous soyez venue, ajouta-t-il gentiment avec un sourire.
Elle hocha la tête, ne sachant que dire. C'était comme si, dès qu'il l'avait touchée, ils avaient eu quelque chose en commun. Elle sentit un flot de force émaner de lui tandis que ses genoux flageolaient.
— Je dois y aller, bredouilla-t-elle.
Il gardait sa main sur son coude. Elle n'avait pas envie de retirer son bras.
— Venez vous asseoir un moment, dit-il en lui montrant un banc près de la porte.
Elle s'assit au soleil avec lui, bavarda et joua avec les enfants, puis s'en alla, une heure après.
— Il faut que vous reveniez, pour les enfants.
Ce qu'elle promit de faire.

En juillet, Albion partait souvent chevaucher dans la Forêt uniquement pour se retrouver seul. Les deux derniers mois n'avaient pas été faciles. Sa femme résumait bien la situation. « Je ne vois pas que l'invasion espagnole change grand-chose pour nous, Clement, lui avait-elle dit fin mai. Cette maison est déjà occupée. »
Sa mère et ses forces d'occupation paraissaient omniprésentes. On ne comptait jamais moins de trois de ses valets entassés dans la cuisine. En à peine deux semaines, son palefrenier avait séduit la jeune servante de sa femme. Aux repas, aux prières en famille, le matin, à midi et le soir, la présence importune de sa mère emplissait la maison.
Pourquoi restait-elle là ? Albion n'avait aucun doute. Elle voulait s'assurer qu'il remplirait ses obligations à l'arrivée de l'Armada.
Pendant trois semaines sa femme avait enduré sans broncher. Elle comprenait fort bien que sa belle-mère leur laisserait une grosse fortune et c'était une bonne bru, mais elle était mère avant tout et souhaitait vivre tranquille avec sa famille. Il n'avait pas osé lui parler de l'offre de services insensée faite en son nom par sa mère au roi d'Espagne et il avait prié cette dernière de n'en rien dire non plus, de crainte de l'effrayer. Sa femme accomplissait donc humblement ses devoirs de

maîtresse de maison. « Cet envahissement n'a que trop duré, lui avait-elle dit finalement, excédée. Je ne suis plus chez moi. Peu m'importe que votre mère ait une immense fortune à vous laisser. Je peux vivre sans. Il faut qu'ils partent tous ! »

Avec une grande appréhension il était allé exposer le problème à sa mère, dont la réaction l'étonna. « Bien sûr, Clement. C'est tout à fait juste. Votre demeure n'est pas grande. Mon pauvre valet de chambre a dû dormir dans la grange. Remettez-vous-en à moi. »

Le lendemain matin même, à sa surprise, tout le cortège — les chariots pleins à craquer, tous les valets à leur bord — s'apprêtait à partir. Lui et sa famille regardaient éberlués tandis que l'ordre tombait de démarrer. Une seule chose le tracassait.

« Ne devriez-vous pas monter dans votre chariot maintenant, mère ? Il est sur le point de s'ébranler.

— Moi ? avait dit sa mère, l'air surprise. Moi, Clement ? Mais je ne pars pas. »

Elle agitait la main tandis que les deux lourds véhicules passaient devant elle avec fracas. « Ne vous inquiétez pas, Clement. Je me ferai discrète comme une souris. »

A partir de ce jour, avec quelques malles de vêtements et un livre d'heures seulement, elle resta dans sa chambre, « comme une bonne nonne », disait-elle. Enfin, elle demeurait dans sa chambre quand elle n'était pas assise dans le petit salon, n'enseignait pas les prières aux enfants, ne chargeait pas les domestiques de quelque commission ou ne faisait pas savoir à sa belle-fille que le rôti aurait pu être un peu moins cuit. « Vous voyez que je vis chez vous en ermite, déclarait-elle chaque soir au dîner. Vous devez à peine me remarquer. »

Si sa présence continuelle constituait une gêne pour sa femme, elle devenait chaque jour plus alarmante pour Albion lui-même. Ses conversations privées avec lui ne laissaient aucune place au doute : les Espagnols triompheraient. « J'ai écrit à votre sœur il y a déjà longtemps au sujet de la force de vos milices, annonça-t-elle. Les troupes espagnoles vont les écraser sans mal. Quant à vos bateaux, ils sont tous vermoulus. » La première affirmation se révélait exacte, la seconde erronée. Mais elle était inébranlable dans ses convictions.

Un problème persistait : comment chasser les soupçons que ne manquerait pas d'éveiller la présence de sa mère sous son toit ? La meilleure défense était l'attaque. « Ma mère a maintenant complètement perdu l'esprit et cela aura une fin », dit-il à un ou deux gentilshommes qui, il le savait, le répéteraient. Quand le Conseil interna un certain nombre de récusants au cas où ils deviendraient dangereux, il fit remarquer à Gorges avec une ironie désabusée : « Je me suis chargé d'interner ma mère moi-même. Me voilà devenu son geôlier. » Lorsque Gorges lui rappela qu'il avait été personnellement responsable de Marie, la reine d'Ecosse, Albion répliqua : « Ma mère est bien plus dangereuse. » Et quand Helena lui demanda s'il l'enfermait à clef, il répondit d'un air morose : « J'aimerais avoir un donjon. »

Les avait-il convaincus ? Il l'espérait. Mais deux incidents ne tardèrent pas à l'éclairer sur ce point. Le premier survint juste après que Drake s'était vu refuser la permission d'attaquer encore les Espagnols dans leurs ports. Les ordres que la reine avait voulu donner amusaient ses chefs militaires. Albion était allé au château de Hurst peu après. « Le savez-vous, Clement, avait dit Helena en riant, la reine veut que la flotte fasse la navette comme une sentinelle ? Bien que Sa Majesté envoie ses boucaniers à travers les océans, elle ne sait apparemment pas que leurs navires ne peuvent changer de direction selon leur bon plaisir, en faisant fi du vent. Maintenant, la flotte va... » Elle s'était interrompue brusquement, avant de reprendre, d'un air penaud : « La flotte va agir autrement. Je ne sais pas comment. » En se retournant, Albion avait vu Gorges, debout derrière lui, retirer précipitamment le doigt posé devant sa bouche.

Le second avait eu lieu un peu plus tôt, en juillet. Le fait était que, en dépit de la réputation d'efficacité dont il jouissait en Angleterre, le réseau d'espions de Sa Majesté avait été incapable d'apprendre quoi que ce soit sur le plan d'action de l'Armada, alors qu'on l'attendait d'un jour à l'autre. Deux menaces devaient en réalité être prises en considération. L'une était représentée par la puissante flotte elle-même, l'autre par les forces espagnoles déjà cantonnées aux Pays-Bas, où elles avaient réprimé les révoltes protestantes contre l'autorité espagnole catholique. Elles comptaient des dizaines de milliers d'hommes blanchis sous le harnais, commandés par un excellent général, le duc de Parme. On supposait qu'elles attaqueraient la côte orientale de l'Angleterre, probablement près de l'estuaire de la Tamise, au moment même où arriverait l'Armada. Dans ce cas, les défenses anglaises seraient écartelées entre deux fronts. Mais l'hypothèse était-elle fondée ? L'une des deux offensives ne se résumerait-elle pas à une manœuvre de diversion ? Les Espagnols avaient-ils l'intention d'envoyer leur Armada détruire la flotte anglaise en mer, prendre le premier port auquel elle aborderait, probablement Plymouth, et s'en servir comme base, ou celle-ci remonterait-elle la Manche pour enlever Southampton, l'île de Wight ou Portsmouth ? Personne ne le savait.

— J'ai reçu une autre lettre d'Espagne, annonça sa mère très calmement un soir, alors qu'il rentrait de Southampton.

— Aujourd'hui ? Comment ?

Qui pouvait bien l'avoir acheminée dans ce coin tranquille de la Forêt ?

Elle éluda la question d'un geste, comme si elle était hors de propos.

— Vous devez maintenant vous tenir prêt, Clement. L'heure approche.

— Quand ? Quand vont-ils arriver ?

— Je vous l'ai dit. Très bientôt. Il ne fait aucun doute que les feux d'alarme vont être allumés. Vous le saurez. Il vous faudra alors accomplir votre devoir.

— Quelles autres nouvelles avez-vous reçues ? Quelles sont leurs intentions ? Vont-ils faire route vers l'île de Wight ? Vers Portsmouth ?

— Je ne puis le dire, Clement.

— Laissez-moi voir la lettre, mère.

— Non, Clement. Je vous ai dit tout ce que vous deviez savoir.

Il la regarda fixement. N'avait-elle pas confiance en lui ? Evidemment non. « Elle soupçonne que si j'en apprends davantage sur les mouvements de l'armée espagnole, j'en avertirai Gorges ou le lord lieutenant, pensa-t-il. Et elle n'a pas tort. Je le ferais probablement. » Il se demanda où se trouvait la lettre. Devait-il fouiller sa chambre ? Existait-il un moyen, pendant qu'elle dormait, de chercher dans ses vêtements ? C'était sans espoir.

Une autre pensée lui vint alors. Peut-être était-ce une ruse, une habile invention. Il se pouvait qu'il n'y ait aucune lettre, qu'elle ait imaginé cela pour le mettre à l'épreuve, pour voir ce qu'il ferait. Etait-elle à ce point sournoise ?

— Je regrette, mère, que vous me cachiez des choses, dit-il sèchement.

Cela resta sans effet.

Les suites de la conversation qu'il eut le lendemain avec Thomas Gorges lui parurent réellement redoutables. Il l'avait rencontré par hasard à Lymington et après avoir bavardé un moment, Gorges lui dit :

— Nous sommes toujours en train de chercher à percer les intentions des Espagnols, Clement. Nous soupçonnons les récusants de recevoir des lettres contenant de précieuses informations.

— C'est possible, répondit Albion en essayant de conserver son calme.

— Des gens comme votre mère.

— Ma mère ? répéta Albion en pâlissant.

— A-t-elle reçu des lettres, des messages, des visiteurs ? Vous devez certainement le savoir.

— Je...

Il réfléchissait vite. Gorges savait-il qu'elle avait reçu une lettre ? En ce cas, ne ferait-il pas mieux de le lui dire ? De laisser les autorités fouiller les affaires de sa mère, puisque lui-même n'osait le faire, et découvrir son secret. Mais que trouveraient-elles ? Dieu seul savait ce qu'une telle lettre pouvait contenir de compromettant pour lui. Il n'osait prendre le risque.

— Je ne suis pas au courant, dit-il finalement d'une voix hésitante. Mais je lui poserai la question.

Puis, dans un éclair d'inspiration, il ajouta :

— Vous la soupçonnez, Thomas ? Qui sait où sa folie peut la conduire ?

— Non, Clement. Je posais seulement une question d'ordre général.

Albion étudia son visage. Il mentait peut-être. Gorges était bien trop discret pour se trahir. Une pensée affreuse lui vint alors. Et si Gorges et ses supérieurs non seulement connaissaient l'existence de la lettre, mais l'avaient lue ? Gorges en savait alors plus long que lui. Dieu sait quelle sorte de piège cela pouvait être.

— Si ma mère recevait une lettre du roi d'Espagne lui-même, Thomas, dit-il, aussi folle soit-elle, elle ne m'en parlerait pas parce qu'elle sait fort bien que je suis loyal envers ma reine. Voilà la vérité.

— Je sais que l'on peut vous faire confiance, Clement, déclara Gorges avant de s'en aller.

« Quand quelqu'un affirme savoir que l'on peut avoir confiance en vous, songea Albion tristement, cela signifie généralement qu'il pense le contraire. »

Jusque-là, Nick Pride avait montré d'un sens du devoir à toute épreuve.

« Qui est de garde à Malwood ? » lançait Albion quand il faisait son inspection — presque quotidiennement, à la mi-juillet. Il avait constaté que le jeune homme aimait être hélé de cette manière. « Nicholas Pride, monsieur, répondait celui-ci. Tout est en bon ordre, pour votre satisfaction. » C'était certainement exact, mais, pour la forme, Albion inspectait tout, à commencer par le feu d'alarme.

On croit souvent que les feux d'alarme destinés à avertir l'Angleterre de l'arrivée de l'Armada équivalait à des feux de joie. Il n'en était rien. Celui de Malwood était typique du genre.

Il avait été placé au point le plus haut du muret de terre d'où, grâce aux coupes claires ordonnées par Albion, on voyait à des kilomètres à la ronde. Il s'agissait d'un poteau de plus de six mètres de haut, planté profondément et maintenu par quatre étais, attachés comme des haubans à son sommet. Sur celui-ci était fixé un grand fût métallique rempli d'un mélange de poix, de goudron et de lin, qui pouvait brûler pendant des heures.

On accédait au fût grâce à une échelle — une simple perche avec des barreaux transversaux — et on mettait le feu au mélange avec une torche. Afin de pouvoir enflammer la torche immédiatement, Nick et ses compagnons entretenaient jour et nuit la combustion de charbon de bois dans un brasero juste en dessous.

Nick faisait toujours le guet avec un autre homme pendant que le troisième se reposait dans une cabane en bois à l'intérieur du muret de terre. Ces derniers temps, Nick restait en permanence à Malwood, les deux autres s'y relayant. On venait de temps à autre du village leur tenir compagnie, mais, pour Dieu sait quelle raison, le Conseil interdisait qu'on amène des chiens près des feux d'alarme.

Les feux d'alarme n'auraient été d'aucune utilité en cas de brouillard ou de très mauvais temps. Compte tenu de la fréquence récente des tempêtes, ce cas de figure restait possible. C'est pourquoi on avait organisé une chaîne de relais dans tout le pays. Des chevaux légers pourraient ainsi transmettre les nouvelles de l'un à l'autre.

Le système des feux d'alarme de l'île de Wight était plus complexe. Il en existait trois à chaque extrémité de l'île. Si l'un brûla, cela signifiait soit qu'un signal avait été envoyé plus loin sur la côte, soit que les guetteurs de l'île avaient vu eux-mêmes la flotte ennemie à l'horizon. Cela servirait à alerter le comté voisin, dont le guetteur allumerait à son tour son feu d'alarme. Si l'ennemi approchait de la côte, un deuxième devait être allumé afin d'avertir les guetteurs des ouvrages défensifs côtiers de donner l'alerte avec les leurs et de convoquer les milices. Si trois feux rayonnaient, cela sous-entendait que les défenses côtières avaient besoin des renforts de l'intérieur des terres, où les feux étaient lancés à leur tour, les milices devant se rassembler rapidement aux points de ralliement et marcher vers la côte. Malwood comptait parmi les feux de l'intérieur. « Nous manquons d'hommes. Vous devez allumer votre feu si vous voyez une alerte à deux feux sur l'île, avait ordonné Albion à Nick, et nous marcherons alors vers Hurst. »

Jane passait presque chaque jour une heure ou deux avec lui. Elle lui apportait une tourte qu'elle avait faite, des galettes ou une cruche d'une boisson fraîche à base de fruits et de fleurs. Ils s'asseyaient tous les deux sur le muret de Malwood et contemplaient la brume bleutée de la mer au-delà de la forêt verdoyante. Le soir, elle restait parfois auprès de lui bien après la tombée de la nuit et ils faisaient le guet ensemble.

Nick Pride attendait donc l'Armada en compagnie de la jeune fille qu'il devait épouser ; quand il la voyait arriver, son cœur battait plus fort. Quand il baissait les yeux vers elle et la prenait par la taille pendant qu'ils regardaient la Forêt au crépuscule, il remerciait les étoiles pâles du soir de connaître le bonheur d'être avec elle.

Obsession. Elle ne connaissait pas le terme, mais avait appris à comprendre ce qu'il recouvrait : tourment, mélancolie, distraction, toute cette litanie d'états d'âme. Jane n'avait que seize ans et, en trois semaines, elle les avait tous connus.

Elle était déjà retournée le voir plusieurs fois. Passant par là, elle avait vu les enfants et joué avec le petit garçon jusqu'à son retour. La deuxième fois, elle était venue en sachant qu'elle le trouverait. Ils avaient bavardé ; elle s'était assise, le regardait jouer avec Tom ou sculpter un morceau de bois en silence.

Elle avait senti sa main sur son bras et son épaule et désirait maintenant la sentir autour de sa taille. C'était plus fort qu'elle. Et puis il y avait autre chose. En dépit de la force qu'il dégageait, quand elle observait sa fille lui préparer son repas ou le voyait contraint de laver les vêtements sales de ses enfants, il lui semblait soudain vulnérable. « Il a besoin de moi », pensait-elle.

Elle était allée à deux reprises dans les bois, là où elle savait qu'il travaillait et l'avait regardé de loin, à son insu. Un jour, à l'improviste, en le voyant passer dans sa charrette sur le chemin de Lyndhurst, elle avait senti son cœur battre la chamade, mais elle n'avait pas bougé et s'était contentée de le regarder.

Obsession. Il lui fallait la cacher. Sa famille ignorait ses virées à Burley. Nick Pride ne se doutait naturellement de rien. Que signifiait tout cela ? Pourquoi souffrait-elle ? Comment se faisait-il qu'elle aspirait nuit et jour à se trouver là-bas, auprès de l'homme des bois ?

Chaque fois qu'elle se rendait à Burley, elle passait à côté de l'arbre de Rufus, et chaque fois, au retour, elle faisait halte pour tenter de comprendre ses pensées et se préparer avant de retourner dans sa famille.

Quand on se reposait à l'ombre du grand chêne en fin d'après-midi, on prenait pleinement conscience des bruits de la forêt. Les oiseaux remplissaient les bois — pouillots véloces et mésanges, rouges-queues et sittelles — mais leur période d'accouplement et de nidification était à présent terminée ; leurs petits, pratiquement adultes s'apprêtaient à voler. Leur chant était donc assourdi et occasionnel ; seul le roucoulement des pigeons restait régulier. Le sifflement incessant des grillons, de myriades d'insectes, le bourdonnement des abeilles en train de butiner le chèvrefeuille qui parfumait l'air de la forêt constituait la douce musique estivale qu'écoutait Jane.

Mais l'espace ombragé où elle se reposait n'était pas immobile. En été l'importante population cachée dans l'énorme organisme de l'arbre faisait en effet son apparition et l'espace bruissait de vie.

Il était impossible d'estimer le nombre des espèces qui se cotoyaient là — une dizaine de milliers peut-être, probablement davantage. Les tiques et les mites, si petites qu'on les voyait à peine, grimpaient sur les fougères afin de se laisser emporter au passage par les animaux à sang chaud, comme les humains, dont elles suçaient le sang. Les taons, plus irritants, qui passaient l'hiver à l'état d'asticot près des racines de l'arbre, lançaient maintenant leurs offensives, maladroites mais incessantes. Les araignées et les punaises rampaient par centaines sur l'écorce chaude ; les chenilles velues — bleues, jaunes, vertes, oranges — montaient à la queue-leu-leu sur le tronc pour se nourrir des feuilles ; les charançons, les coccinelles et les phalènes prospéraient. Les papillons étaient rares dans la Forêt, mais on voyait le beau vulcain et, haut dans la canopée, le superbe grand mars, qui se nourrissait des traînées riches en sucre laissées par les minuscules pucerons lors de leurs déplacements sur les feuilles.

Jane restait une heure en contemplation sous l'arbre. Elle pensait parfois à l'Armada et au jeune Nick, là-haut près de son feu d'alarme ;

parfois elle songeait à Puckle. Au moment de repartir, elle semblait apaisée. Mais elle ne l'était pas. Une intense activité régnait au-dessus d'elle dans l'immense arbre, dont les myriades de feuilles tournées vers le soleil convertissaient chaque jour le lourd dioxyde de carbone de l'air en carbone, qu'elles transmettaient à son écorce tout en dégageant de l'oxygène. La planète respirait ainsi par l'intermédiaire du grand chêne.

La planète grossissait, aussi. Le carbone passait dans l'écorce de l'arbre, qui à son tour ajoutait un cercle annuel à l'épaisse âme de bois, puis, quand le chêne et ses congénères tombaient ainsi que leurs successeurs, siècle après siècle, une fine couche de carbone venait s'ajouter à la terre. Au fil des éons, celle-ci augmentait de volume.

Sa mère avait disparu.

Dans la troisième semaine de juillet, en rentrant chez lui en fin d'après-midi, Albion apprit qu'elle était partie à cheval quelques heures plus tôt et qu'on ne l'avait pas revue depuis. Pendant un moment, il ne put s'empêcher de prier le ciel qu'elle soit tombée ou se soit rompu le cou en heurtant une branche basse.

— Elle n'a pas dit où elle allait ? demanda-t-il à sa femme.

— Non.

— Vous ne pouviez pas la retenir ?

Pour toute réponse, elle lui adressa un regard qui signifiait que la question était idiote.

— Non. Bien sûr que non, soupira-t-il.

Qu'elle fût morte ou vive, il aurait dû partir à sa recherche. La nuit ne tomberait pas avant plusieurs heures. Mais il redoutait ce qu'il risquait de découvrir. Un rendez-vous avec l'armée espagnole était même dans l'ordre des choses possibles.

— Que Dieu nous garde, murmura-t-il.

Tandis qu'elle approchait de l'arbre de Rufus, Lady Albion se sentait très satisfaite d'elle-même. Elle aurait déjà dû faire ce qu'elle entreprenait aujourd'hui, pensa-t-elle.

Elle avait décrit un grand arc de cercle. En partant de chez son fils, elle avait pris le chemin de Brockenhurst, inspecté la petite église du village et discuté avec plusieurs de ses habitants. Rares étaient ceux qui l'avaient déjà vue, mais ils avaient depuis longtemps entendu parler de l'étrange dame qui habitait chez Albion. Aussi, lorsqu'ils virent arriver à cheval le curieux personnage vêtu de noir et de rouge, devinèrent-ils de qui il s'agissait. Les rumeurs à son sujet étaient partagées. Si la petite noblesse connaissait tout de la famille Pitt et des tracas d'Albion, la paysannerie locale était beaucoup moins au fait de tout cela. Lady Albion avait quitté la Forêt trente ans plus tôt. Ils étaient peu nombreux à se la rappeler et leurs souvenirs restaient vagues. Ils la savaient dévote et récusante. Ils évoquaient aussi sa richesse. Peut-être se montrait-elle généreuse si on savait gagner sa faveur. D'aucuns racontaient qu'elle était folle. Cela pouvait se révéler intéressant. Ils ôtèrent poliment leur chapeau ou la saluèrent en se touchant le front et se rassemblèrent autour d'elle dans l'espoir de recevoir quelque gratification.

De fait, elle se montra plutôt aimable avec eux. Elle n'était pas une Pitt pour rien. Elle avait des manières empreintes d'aisance et de fierté qui les impressionnèrent et elle leur parla avec courtoisie.

Elle leur dit qu'elle avait inspecté leur église et déplorait de voir qu'elle avait été quelque peu dégradée par négligence — et non par malveillance, espérait-elle. Plusieurs membres du groupe, qui faisaient une mine de carême, lui apprirent tout de suite qu'elle possédait des sympathisants. Elle leur souhaita aimablement le bonjour et poursuivit son chemin en direction de Lyndhurst, laissant l'impression qu'elle n'était pas une folle, mais une dame.

A Lyndhurst et Brook, elle rencontra des paysans et entretint avec eux des conversations similaires.

En approchant du grand chêne, elle vit une jeune fille assise seule sous ses branches.

— Bonjour, mon enfant ! lança-t-elle gentiment. Vous êtes sous un arbre qui, m'a-t-on dit, est miraculeux !

Jane parla à l'étrange dame de sa frondaison hivernale et de la légende de Rufus.

— Peut-être est-ce là un signe de Dieu, fit remarquer Lady Albion en évoquant les deux autres arbres. Notre Seigneur n'était-il pas en croix entre deux voleurs ?

— Et il y a aussi trois personnes dans la Trinité, ma dame, hasarda la jeune fille.

— C'est tout à fait juste, mon enfant, approuva la mère d'Albion. Et n'est-ce pas le signe que nous devons rester fidèles à la véritable Eglise ?

— Sans doute, ma dame. Je n'y avais pas pensé, répondit Jane.

— Eh bien, pensez-y maintenant, ordonna Lady Albion avec fermeté, avant d'ajouter d'un ton plus amène : Etes-vous fidèle à notre sainte Eglise, mon enfant ?

Jane Furzey ignorait tout de la mère d'Albion. Brook se trouvait à quinze kilomètres de chez celui-ci ; la dame avait quitté la Forêt près de quinze ans avant la naissance de Jane. Elle n'avait pas la moindre idée de qui pouvait être cette femme pleine d'une superbe autorité, mais, tandis qu'elle la regardait, une idée lui traversa l'esprit.

Jane n'avait jamais vu la reine. Chaque été, Elisabeth effectuait un périple dans une région de son royaume. Elle avait visité plusieurs fois d'autres parties du comté, mais jamais la Forêt. Etait-il possible que Sa Majesté soit venue par ici voir les ouvrages défensifs de la côte ? La reine chevaucherait-elle ainsi sans une suite ? Cela semblait bizarre, mais peut-être ses gentilshommes se trouvaient-ils tout près et allaient-ils apparaître d'un instant à l'autre. Les luxueux vêtements de la dame, son allure hautaine et ses paroles aimables correspondaient à la description qu'on lui avait faite de la reine. « Si ce n'est pas elle, pensa-t-elle, c'est quelqu'un de très important. »

— Oh, oui, ma dame, dit-elle en ébauchant une révérence.

Elle ne savait trop ce qu'avait voulu dire le royal personnage, mais elle n'allait certes pas le contredire. La mère d'Albion sourit. Il lui apparaissait clairement que, dans les trois villages où elle était passée, beaucoup de paysans, peut-être la plupart, restaient fidèles aux anciennes coutumes religieuses. Son évaluation était tout à fait juste et cette fille intelligente venait le lui confirmer.

— On dit, mon enfant, que les Espagnols seront bientôt ici. Que va-t-il advenir quand ils arriveront ?

— Ils devront affronter la milice. Mon frère... ajouta Jane avec ardeur, hésitant avant de prononcer le mot suivant. Mon frère et mon fiancé en font partie tous les deux.

— Ils sont fermes dans la vraie foi ?

— Oh oui.

— Et courageux, je suppose, poursuivit la dame avec chaleur. Qui est leur capitaine ?

— Un noble gentilhomme, répondit Jane. Son nom est Albion.

— Albion ? Et le suivront-ils docilement ?

— Certainement, ma dame.

— Permettez-moi de vous poser une question, mon enfant. S'il se trouvait que les Espagnols débarqués sur nos côtes soient en fait nos amis et non pas nos ennemis, que ferait votre frère ?

La question laissa Jane perplexe. Qu'était-elle censée répondre ?

— Que ferait votre frère si ce bon capitaine Albion lui donnait un ordre ?

Le visage de Jane s'éclaira.

— Il obéirait fidèlement, je vous l'assure, ma dame, quel que soit l'ordre de messire Albion.

— Fort bien, mon enfant. Je vois que vous êtes vraiment fidèle.

Et sur un signe de main qui aurait pu bel et bien appartenir à une reine, elle s'éloigna sur sa monture vers Brockenhurst.

Quand elle rencontra son fils à l'entrée du village, elle le salua gaiement avec des mots qui le firent frémir :

— Je viens de parler à des bonnes gens de la Forêt, Clement. Tout est bien. Nous sommes aimés et on nous fait confiance, mon fils, annonça t-elle, rayonnante. Il vous suffit de donner le mot, ils sont prêts à se soulever.

Deux autres jours passèrent et le temps restait au beau. On racontait que les Espagnols avaient mis à la voile, sans que personne connaisse cependant leur position. La flotte anglaise stationnait à Plymouth. Les feux d'alarme étaient prêts, et aucun message n'arrivait encore. A Malwood, le jeune Nick Pride en pleurait d'excitation. Jane lui rendait visite chaque soir, et aujourd'hui, elle lui avait promis de rester et de lui tenir compagnie pendant son tour de guet.

« Je risque de m'endormir, Nick, avait-elle averti.

— Toi, oui, mais pas moi. »

Quand le soir arriva, elle annonça donc à ses parents qu'elle resterait à Malwood avec Nick et prit son chemin habituel par l'arbre de Rufus. Quand elle arriva au vieux chêne, les ombres s'allongeaient démesurément, et lorsqu'elle passa à côté sans intention de s'y arrêter, elle réalisa qu'elle n'était pas seule. Une petite charrette se trouvait dans le bois voisin. Dessus était assis Puckle.

Elle sursauta. Il la regardait tranquillement. Il semblait attendre qu'elle s'approche, ce qu'elle fit, le cœur battant.

— Qu'est-ce qui vous amène ici ? demanda-t-elle en souriant.

Il la regarda droit dans les yeux.

— Vous.

Elle se souvint de lui avoir dit qu'elle passait généralement par là pour se rendre à Malwood et il l'attendait donc. Elle fit de son mieux pour conserver son calme.

— Et que puis-je pour vous ?

— Vous pouvez monter dans la charrette pour commencer, répondit-il en continuant à la regarder calmement.

Elle se sentit soudain oppressée, parcourue d'un petit tremblement.

— Oh ! Et où allons-nous ?

— A la maison.

Chez elle ? Il voulait dire chez lui, à la chaumière de Burley où se dressait le lit sculpté. La proposition était si osée qu'elle en devenait presque choquante. Elle ne parvenait pas à lever les yeux. Elle ne s'attendait pas à cela. Ses manières montraient cependant que, pour lui, il ne pouvait en aller autrement. Il était venu pour elle. C'était choquant, mais simple. Elle aurait dû tourner les talons. Pourtant, contre toute raison, elle éprouvait une sensation inattendue de profond soulagement.

— Je dois tenir compagnie à Nick pendant qu'il fait le guet, dit-elle finalement.

— Laissez-le, répondit-il d'une voix aussi tranquille que le crépuscule.

— Il faut que je le voie.

— J'attendrai.

Elle fit demi-tour et partit vers Malwood. Les derniers feux du soleil teintaient les feuilles d'or rouge. Elle jeta un coup d'œil en direction du chêne de Rufus, qui se dressait au centre d'une flaque de lumière orangée. Puckle n'avait pas bougé. Elle poursuivit son chemin.

Qu'allait-elle faire ? Elle ne le savait pas. Elle devait voir Nick Pride.

Il ne lui fallut pas longtemps pour atteindre la vieille enceinte fortifiée. Quand elle y entra, le feu du couchant formait un croissant incandescent autour de l'ombre vert sombre projetée par le talus.

Nick se tenait près de la cabane et se dirigea vers elle, l'air tout excité.

— Il est temps d'aller là-haut. Tu es en retard.

Comme il semblait jeune. Et gentil aussi, mais comme il paraissait jeune !

Elle se laissa conduire sur le muret de terre près du feu d'alarme. Il parlait avec ardeur de la journée écoulée, racontait qu'un de ses hommes avait failli manquer son tour de guet. Il avait l'air très fier de lui. Elle se réjouissait pour lui.

Après un moment, elle dit :

— Il faut que je retourne à Brook pendant un moment, Nick. Mais j'essaierai de revenir plus tard.

— Ah. Quelque chose ne va pas ?

— J'ai quelque chose à faire. Ce ne sera pas long.

— Mais tu reviendras avant la tombée de la nuit...

— Bien sûr que oui. Si je peux. Je connais le chemin.

— Il y a un peu de lune ce soir, admit-il. Je pense que tu verras où tu vas.

— J'essaierai de revenir.

Pourquoi ce mensonge lui procurait-il tant de plaisir, l'excitait-il tant ? Elle ne s'était encore jamais comportée ainsi. Le plaisir de la tromperie était tout nouveau pour elle. Elle l'embrassa avec une extraordinaire sensation de légèreté et repartit vers l'arbre de Rufus.

Elle tremblait pourtant en montant dans la charrette. Sans un mot, Puckle, prit les rênes, effleura le poney avec son fouet et ils se mirent en route. Que faisait-elle là ? Avait-elle l'intention d'aller en secret avec Puckle, puis de retourner voir Nick ? Romprait-elle avec sa famille, son ancienne vie et son fiancé pour devenir la femme de Puckle ? Elle n'en savait rien.

Quand la charrette déboucha sur la lande, les derniers rayons du soleil donnaient au visage de Puckle une étrange teinte ocre, un air presque démoniaque. Puis la grande orbe rouge disparut derrière l'horizon et l'obscurité tomba sur la lande. Elle se pencha un peu vers lui et, pour la première fois, il passa son bras autour d'elle.

La chaumière se dressait, silencieuse, dans le clair de lune. Les enfants n'étaient pas là. Il alluma une chandelle à l'étage, la plaça sur le coffre, si bien que sa douce lumière donnait au lit de chêne une lueur intime et accueillante. La courtepointe était retirée.

Quand il ôta sa chemise, elle posa ses mains sur l'épaisse toison sombre de sa poitrine. A la lueur de la chandelle, le visage de Puckle, prolongé par sa petite barbe pointue, semblait soudain triangulaire, comme celui de quelque animal de la forêt. Elle sentit ses bras puissants autour d'elle et il la coucha sur le lit. Il s'allongea à côté d'elle et la caressa si longtemps qu'elle crut devenir l'une des créatures qui se blottissaient, surgissaient et se tortillaient sur les colonnes du lit. Et si, à un certain moment, elle poussa un cri de douleur, elle se rappela à peine quand et comment elle devint, comme par magie, une avec la Forêt.

Avant l'aube, les flammes jaillirent des feux d'alarme de la côte pour annoncer que l'Armada était en vue.

Don Diego bâilla. Puis il se mordit le poing. Il ne devait pas s'endormir. Il devait achever sa tâche. Il en allait de son honneur.

Il se sentait cependant fatigué, très fatigué. Six jours s'étaient écoulés depuis qu'on avait vu l'Armada entrer dans la Manche et allumé les feux d'alarme. Six jours d'action. Six jours épuisants. Et pourtant, il avait eu de la chance. Ses liens de parenté, bien que lointains, avec le duc de Medina Sidonia, maintenant à la tête de toute l'Armada, lui assuraient une place à bord du vaisseau amiral. Et dans cette position privilégiée, il avait été témoin de tout.

Les premiers jours s'étaient révélés prometteurs. Quand ils dépassèrent la pointe sud-ouest du royaume insulaire, un insolent bateau de pêche anglais vint les observer et fit le tour de la flotte avant de disparaître. L'un des bâtiments espagnols le prit vainement en chasse, mais le duc se contenta de sourire : « Laissons-le filer et aller raconter aux Anglais combien nous sommes puissants, messieurs. Plus ils seront terrifiés, mieux cela vaudra. »

Le lendemain, tandis qu'ils faisaient route en direction de Plymouth, ils apprirent que la flotte anglaise s'y trouvait bloquée par le vent. Un conseil de guerre fut réuni sur le vaisseau amiral et don Diego ne tarda à savoir ce qui s'y disait.

« Attaquons-les maintenant. Prenons le port et faisons-en notre base », exhortaient les plus hardis. L'avis semblait judicieux. Pourtant, son noble parent pensait autrement. « Les instructions que m'a données le roi Philippe sont claires, leur dit-il. Sauf à y être contraints, nous ne devons pas prendre de risques inutiles. » La puissante Armada avait donc poursuivi sa route lentement.

Mais cette nuit-là, les vaisseaux anglais étaient sortis à la rame du port de Plymouth et avaient pris l'avantage du vent. Et depuis, ils talonnaient la flotte espagnole comme une meute de chiens.

Les attaques anglaises avaient été quasi continuelles. Les galions espagnols, forts de leurs hauts châteaux arrière et avant et de leur énorme effectif de soldats, étaient assurés de l'emporter si les Anglais s'approchaient assez pour envoyer les grappins. Les Anglais tournaient donc autour d'eux, effectuaient des attaques éclair et lâchaient bordée sur bordée auxquelles répondaient les Espagnols.

« Les Anglais semblent ouvrir le feu bien plus souvent, avait fait remarquer don Diego au capitaine.

— C'est vrai. Nos équipages ont l'habitude de ne faire feu qu'une fois ou deux avant d'aborder et de lancer les grappins, alors que les bâtiments anglais sont conçus comme des plates-formes de tir. Ils ne cessent donc pas de tirer. En outre, ils possèdent davantage de grosses pièces », avait ajouté le capitaine, l'air morose.

Mais don Diego avait surtout remarqué les vitesses relatives des navires anglais et espagnols. Non point, comme il l'avait supposé, que les vaisseaux anglais fussent plus petits — certains des plus importants se révélaient plus gros que les galions espagnols. Mais leurs mâts se répartissaient différemment, ils avaient fait l'économie des encombrants châteaux et ils étaient construits non pour l'abordage mais pour la vitesse. On envisageait la bataille navale médiévale comme une attaque d'infanterie ; la marine de guerre anglaise était conçue presque entièrement pour le tir d'artillerie. Lorsque les bâtiments espagnols tentaient d'aborder les navires anglais, comme ils le firent plusieurs fois, ces derniers leur échappaient facilement.

Mais les Espagnols ne représentaient pas des proies faciles. L'Armada était entrée dans la Manche en une formation unique : un énorme croissant de dix kilomètres d'envergure, les bâtiments les plus lourdement armés formant un bouclier protecteur sur le devant, les navires de transport, plus vulnérables, blottis au centre. Les Anglais, qui les harcelaient sur l'arrière, avaient remporté quelques succès. Le dimanche précédent, trois jours plus tôt, ils avaient infligé de terribles dégâts à des bateaux restés à la traîne et, le lendemain, capturé plusieurs d'entre eux. Le commandant d'un galion, Pedro de Valdez, qui avait endommagé son gréement en entrant en collision avec un autre vaisseau, s'était ignominieusement rendu à Drake sans même livrer bataille. Après quoi, le duc avait ordonné que les ailes de la grande formation se replient en arrière et, depuis, la puissante flotte continuait à remonter la Manche comme une immense muraille mouvante.

Dans cette nouvelle formation, l'Armada était quasi imprenable. Si les Espagnols ne parvenaient pas à attraper les Anglais, ceux-ci ne pouvaient entamer la forteresse flottante espagnole. Les capitaines espagnols avaient été mis en garde. « Faites attention. Les artilleurs anglais visent la ligne de flottaison. »

Le mardi, au large du promontoire de Portland, les Anglais avaient fait feu de tout bois. Malgré certaines pertes en hommes, les Espagnols avaient subi peu de dommages. Cela tenait en partie au fait que les Anglais n'osaient s'approcher de trop près. Même les boulets des plus grosses pièces avaient perdu l'essentiel de leur vitesse quand ils atteignaient les gros galions et beaucoup rebondissaient. L'autre raison, qui ne serait jamais rapportée dans le royaume anglais, était simple. Comme don Diego l'avait fait remarquer à l'un de ses compagnons : « Je constate avec plaisir que ces Anglais ne sont pas des tireurs d'élite. »

L'Armada semblait presque invincible, mais pas tout à fait. Et un succès mineur remporté par les artilleurs anglais donna à don Diego l'occasion de se couvrir de gloire. Quand la mère d'Albion lui avait dit que son beau-frère était un important capitaine de l'armée espagnole, elle exagérait, comme toujours. Catherine avait en fait écrit à sa mère que don Diego espérait obtenir un commandement. Seule l'imagination de Lady Albion, qui évoluait dans des hauteurs célestes, avait transformé cette espérance en une brillante réalité.

En vérité, don Diego n'avait jamais fait carrière dans l'armée. C'était un brave homme aux manières raffinées. Il aimait sa femme, ses enfants et ses fermes. Et si, comme tout authentique aristocrate, il aspirait à ajouter de l'éclat à son nom, son bonheur familial l'en avait toujours retenu. Mais maintenant, à l'approche de la cinquantaine, un âge où un homme sait que, s'il veut laisser une trace de son existence, il ne doit pas tarder, don Diego avait vu dans cette expédition en Angleterre la chance de sa vie. Ses liens de parenté avec le duc de Medina Sidonia, quoique lointains, lui avaient valu une place sur le vaisseau amiral. Et ce presque quinquagénaire, dont le mariage redorait le blason, ce père adoré de ses enfants risquait sa vie pour leur léguer un peu de cette gloire militaire qui manquait jusque-là à sa vie de famille.

Quelle était précisément sa position dans cette grande entreprise ? Exactement la même que celle de tous les autres gentilshommes partis avec l'Armada. Il y en avait des dizaines : riches seigneurs, hidalgos impécunieux, principicules royaux de l'Europe entière, ducs italiens avides de renommée et de butin, plus, sans doute, un fils naturel du pieux roi d'Espagne lui-même. Certains savaient se battre, d'autres venaient en spectateurs, d'autres encore, comme don Diego, ignoraient, au fond, pourquoi ils participaient. Mais une chance s'était enfin présentée à lui.

Il tenait à la nature de la formation défensive adoptée par l'Armada que celle-ci ne pût naviguer qu'à la vitesse du plus lent de ses vaisseaux. Si l'un de ses bâtiments était endommagé, tous ralentissaient l'allure et ils progressaient déjà assez lentement. Les navires gravement touchés devaient donc être implacablement laissés en arrière.

L'un des plus endommagés était un transport de troupes ordinaire, un navire lent et lourd, armé seulement de quelques canons, mais avec un fort contingent de troupes à son bord et une cale pleine de munitions et de ravitaillement. Le pilonnage de la veille avait détérioré l'un de ses mâts, troué sa coque et tué son capitaine. Il avait suivi tant bien que mal toute la journée mais, le soir venu, il apparaissait avec évidence qu'il ne maintiendrait pas l'allure. En début de soirée, le duc, qui se demandait s'il ne pourrait trouver quelque occupation à son inoffensif parent, le convoqua et le pria de s'en charger.

Don Diego s'activait à présent depuis des heures. Il avait travaillé dur et intelligemment. Il avait commencé par répartir les troupes sur d'autres navires. Il s'était occupé ensuite des munitions, d'une importance essentielle. Contrairement aux navires anglais, les espagnols ne disposaient d'aucun moyen pour se ravitailler. Ils devaient transporter à leur bord tout ce dont ils avaient besoin. Ils ripostaient aux tirs des Anglais depuis quatre jours et certains bâtiments se trouvaient à court de poudre. En utilisant toutes les chaloupes qu'ils pouvaient, don Diego et le restant de l'équipage avaient transbordé la poudre baril après baril sur d'autres bateaux. Puis ils avaient fait de même avec les boulets. L'opération s'était révélée lente et difficile. Une demi-douzaine de boulets étaient tombés à l'eau. L'un avait failli transpercer le fond de la chaloupe qu'ils chargeaient. La nuit était venue et ils n'avaient pas encore fini. L'équipage ronchonnait, mais il ne lui avait accordé aucun repos. Vers onze du soir, le travail était terminé.

Comme il s'était levé avant l'aube et n'avait pas fait de sieste, don Diego se sentait très fatigué. Bien qu'ils aient allégé le bateau pendant des heures, ils avançaient de plus en plus lentement et ne cessaient de s'enfoncer dans l'eau. Le duc envoya un message : il remerciait don Diego pour le bon travail qu'il avait accompli, mais il fallait maintenant abandonner le bateau. L'équipage s'y apprêtait manifestement.

Pourtant, don Diego hésitait.

Il avait fait une découverte en descendant inspecter la cale. La poudre à canon, qui se trouvait dans la partie supérieure, et les boulets, entreposés dessous, avaient été enlevés, mais il restait encore toutes sortes de choses. Dans le fond, on entendait l'eau clapoter tandis que le bateau s'enfonçait de plus en plus. Il avait tenu sa lanterne au-dessus de l'eau pour estimer sa profondeur. C'est alors qu'il avait vu quelque chose luire faiblement, et il s'était rendu compte de ce dont il s'agissait.

Des milliers de lingots d'argent remplissaient le fond de la cale. Ils miroitaient mystérieusement dans l'eau sous la faible lumière.

Ce trésor ne représentait certes pas grand-chose pour l'Armada, qui transportait une quantité prodigieuse d'or et d'argent. Dans les circonstances présentes, la poudre et les boulets étaient bien plus précieux. Mais si on laissait le transport de troupes à la dérive, les Anglais feraient main basse sur les lingots et cette idée contrariait fort don Diego. « C'est ma mission, pensa-t-il, et je tiens à ce qu'elle soit accomplie à la perfection. »

La solution était toute trouvée. Il renvoya la moitié de l'équipage et ordonna aux autres, juste assez nombreux pour ce qu'il se proposait de faire, de rester. Il garda aussi les chaloupes, une de chaque côté.

— Nous allons nous laisser distancer en prenant garde de ne pas entrer en collision avec d'autres, annonça-t-il. Puis nous saborderons le bateau.

Les hommes le regardèrent d'un air contrarié. Ils devaient obéir à ce gentilhomme, qui ne connaissait rien à la mer et leur avait été imposé, et cela leur déplaisait.

— Que ferons-nous ensuite ? demanda l'un d'eux avec une pointe d'insolence dans la voix.

— Nous monterons dans les chaloupes, répondit don Diego. Si nous souquons ferme, nous rattraperons les autres sans aucun doute.

Il faisait nuit noire. Très lentement, mètre après mètre, le transport de troupes se laissa distancer par le reste de la flotte. Sur bâbord et tribord, de grandes silhouettes sombres surgissaient, restaient à leur hauteur un moment, laissant voir ici et là quelques lanternes, puis s'éloignaient dans l'obscurité.

Ayant estimé qu'une demi-heure serait nécessaire pour se retrouver en arrière, il descendit dans la grande cabine de poupe du capitaine et s'assit dans le fauteuil. Il était épuisé, mais souriait, car il se sentait satisfait de ce qu'il avait accompli. Enfin, presque. Il faillit un instant glisser dans le sommeil. Il devrait bientôt remonter sur le pont, pensa-t-il.

Sa tête s'affaissa sur sa poitrine.

Albion gémit intérieurement. C'était le milieu de la nuit et, que Dieu leur vienne en aide, sa mère ne dormait pas encore.

Le petit salon lambrissé de chêne était brillamment éclairé : elle avait réclamé des chandelles une heure plus tôt. Et, pour la quatrième fois peut-être — il ne comptait plus —, elle était entrée dans un état d'intense exaltation.

— Le moment est venu, Clement. Sellez votre cheval. La partie commence. Convoquez vos hommes.

— Nous sommes au cœur de la nuit, mère...

— Allez à Malwood ! Allumez le feu d'alarme. Rassemblez la milice.

— Tout ce que je demande, mère, c'est que nous attendions l'aube. Nous saurons alors.

— Vous saurez ? Vous saurez quoi ?

Elle monta dans les aigus comme aimerait le faire n'importe quel prédicateur.

— Ne les avons-nous pas vus arriver, Clement ?

— Peut-être.

— Oh ! s'exclama-t-elle en levant brusquement les mains en un geste d'exaspération. Vous êtes des faibles. Des faibles ! Des faibles ! Tous. Si seulement j'étais un homme !

« Si vous étiez un homme, pensait Albion, voilà longtemps qu'on vous aurait enfermée ! »

En fin d'après-midi, l'Armada avait été aperçue. Sa mère et lui, accompagnés de quelques gentilshommes et dames, s'étaient rendus au sommet de la colline près de Lymington, d'où on avait une vue dégagée sur les marais de Pennington et la Manche. Dès que les navires étaient apparus au loin, sa mère avait été prise d'une grande agitation et il avait saisi son cheval par la bride pour l'entraîner à l'écart et lui chuchoter d'un ton insistant : « Vous devez vous montrer discrète, mère. Si vous acclamez l'arrivée des Espagnols maintenant, vous allez tout gâcher... — Discrète. Oui. Ha-ha ! » s'était-elle écriée. Puis, dans un murmure qui avait dû porter jusqu'au château de Hurst : « Vous avez raison. Nous devons agir avec sagesse. Nous allons nous montrer habiles. *Vive la reine !* » avait-elle braillé brusquement. Tous les gentilshommes et les dames s'étaient retournés, surpris. « Les hérétiques ! » avait-elle sifflé.

Pendant trois heures angoissantes, ils avaient continué de regarder l'Armada voguer vers l'est. Le vent était tombé et elle semblait progresser de plus en plus lentement. La flotte anglaise, rangée en petites escadres bien ordonnées, se voyait loin derrière. Plusieurs petits navires rapides n'avaient pas tardé à s'en détacher et à se diriger rapidement vers l'entrée du Solent. En moins d'une heure, deux avaient franchi le détroit et jeté l'ancre sous le vent du château de Hurst, tandis que deux autres poursuivaient leur chemin vers Southampton. Les hommes de la garnison de Hurst étaient bientôt sortis sur des gabares chargées de poudre et de boulets. Dès que les deux navires eurent emporté toutes les munitions dont le fort pouvait se passer, ils repartirent vers la flotte, d'où on voyait s'échapper des bouffées de fumée et de feu, accompagnées après quelques secondes d'un faible grondement.

Jusque-là, l'Armada ne semblait pas vouloir se diriger vers la côte anglaise. Les navires continuaient à se profiler le long de la ligne d'horizon comme une multitude de minuscules ardillons. Sur l'île de Wight, la garnison n'avait pas encore allumé de deuxième feu d'alarme. Mais, tandis que la nuit tombait et que les flottes espagnole et anglaise n'apparaissaient plus au loin que par intermittence, la mère d'Albion restait plus que jamais convaincue de ce qu'elle avait avancé : « Ils vont virer et profiter de l'obscurité pour s'approcher de nous, Clement, lui avait-elle assuré en confidence. Ils seront dans le Solent demain matin. » Et elle n'avait cessé de le répéter depuis.

Albion avait jeté un coup d'œil à sa femme, qui, en vêtements de nuit, s'apprêtait à se coucher. Ses cheveux blonds, semés seulement de quelques fils d'argent, tombaient sur ses épaules. Elle s'était enveloppée dans un châle et attendait, assise dans un coin, en silence. Si elle ne prenait pas part à la conversation, Albion savait cependant fort bien ce qu'elle faisait. Elle observait. Tant qu'il pourrait tenir sa mère en bride, tout irait bien. Dans le cas contraire, elle l'avait averti qu'elle avait déjà donné des ordres aux domestiques, que même lui n'osait annuler.

« Nous perdrons notre héritage, l'avait-il mise en garde.

— Et conserverons la vie. Si elle nous engage à trahir, nous l'enfermerons. »

Il ne l'en blâmait pas. Elle avait probablement raison, mais il n'acceptait pas l'idée de passer à côté de cette fortune. C'est pourquoi il essayait encore — pour le bien de ses enfants — de temporiser avec sa mère, de gagner du temps.

— J'ai envoyé un valet à Malwood, mère, lui fit-il remarquer pour la troisième fois. Si les feux d'alarme signalent tout mouvement d'approche, j'en serai averti immédiatement.

— Les feux d'alarme, répéta-t-elle avec dégoût.

— Ils fonctionnent très bien, dit-il avec assurance. Où croyez-vous que je devrais être ? Déjà sur la côte avec mes hommes ? Prêt à réduire au silence la batterie du château de Hurst ?

Il regretta ses paroles avant même d'avoir fini sa phrase. Le visage de sa mère s'éclaira.

— Oui, Clement. Oui. Faites-le, je vous en prie. Tenez-vous prêt, au moins, à frapper promptement. Pourquoi hésitez-vous ? Partez sur-le-champ.

Albion regardait les chandelles pensivement. S'il cédait à ses instances, cela la calmerait-il ? Etait-ce la chose à faire ? Peut-être. Mais, en même temps, il gardait une autre idée en tête. Il était certain que l'Armada ne se dirigeait pas vers l'entrée ouest du Solent. Elle se trouvait bien trop au large. Mais si elle doublait l'île de Wight pour obliquer immédiatement vers Portsmouth ? Ou vers un autre port de la côte sud ? Il ne fallait pas oublier non plus le duc de Parme. Que faisait sa grande armée des Pays-Bas ? Elle pouvait fort bien débarquer sur les berges de la Tamise en ce moment même. Sa mère était peut-être dangereuse, voire folle, mais se trompait-elle ? Il n'avait jamais partagé ces réflexions, même avec sa femme. L'heure approchait. Si les Espagnols débarquaient, ils avaient des chances de l'emporter. Et s'ils l'emportaient, se rangerait-il de leur côté ? Comment savoir qui gagnerait ? Peu d'Anglais, probablement, retournaient de telles pensées cette nuit-là.

Et, alors qu'il existait de bonnes chances que la cause de sa mère triomphe, il serait tout bonnement stupide qu'il se fasse une ennemie de sa championne.

— Très bien, mère. Peut-être avez-vous raison.

Il se tourna vers sa femme.

— Vous et mère resterez ici et ne direz à personne que je suis parti. J'ai des hommes dignes de confiance. Je vais les rassembler et descendre jusqu'à la côte. Si les Espagnols font mine de débarquer...

Il n'avait en fait aucune idée de sa réaction alors, mais sa mère rayonnait.

— Dieu merci, Clement. Enfin. Dieu vous récompensera.

Peu après, Albion montait en selle et prenait à travers bois vers le sud et Lymington. S'il devait passer la nuit dehors, se dit-il, pourquoi ne pas aller en effet jusqu'à la côte ? Qui sait, peut-être se passerait-il quelque chose ?

Sa femme et sa mère restaient assises en silence dans le petit salon. Des chandelles avaient été mouchées. La pièce baignait dans une douce lumière dorée.

Lady Albion se leva, embrassa sa bru sur le front et bâilla.

— Promettez-moi de me réveiller s'il y a du nouveau, dit-elle.

— Naturellement.

— Très bien. Alors, bonsoir.

Sa belle-mère pouvait dormir jusqu'à la fin des temps, ça ne la dérangerait pas.

Et, une demi-heure plus tard, alors qu'elle dormait elle-même à poings fermés, Lady Albion sortit de la maison à pas de loup.

Il faisait nuit noire quand don Diego se réveilla. Il jeta un coup d'œil circulaire en se demandant où il se trouvait. Puis il sentit les accoudoirs du fauteuil, distingua vaguement la grande cabine autour de lui et se souvint alors de tout. Il se leva d'un bond. Combien de temps avait-il dormi ? Il sortit en titubant, monta sur le pont et appela ses hommes.

Silence. Il se précipita vers le bastingage. La chaloupe n'était plus là. Il courut de l'autre côté. L'autre chaloupe avait aussi disparu. Il restait seul. Il scruta l'obscurité devant lui. Quelques étoiles apparaissaient à travers le ciel nuageux, mais il voyait la mer tout autour. Pas un bateau. Comment était-ce possible ? Si tant de temps s'était écoulé, le navire aurait déjà dû sombrer. Que s'était-il passé ?

S'il avait mieux connu les marins, il l'aurait aisément deviné. Comme ils tenaient à perdre le moins de temps possible, ils n'avaient pas vraiment essayé de saborder le navire et étaient montés à bord des chaloupes dès qu'ils l'avaient pu. Après avoir gagné des bateaux différents, les hommes de chaque chaloupe prétendraient avoir été persuadés que don Diego se trouvait dans l'autre. Quant au transport de troupes, il avait poursuivi sa route lentement, mais, l'un des marins ayant tourné le gouvernail avec prévenance, il avait viré vers bâbord. Lorsque les navires anglais l'avaient aperçu au loin dans l'obscurité, ils l'avaient pris pour un des leurs. Pendant plusieurs heures, le bateau avait continué d'avancer lourdement de plus en plus vers le nord-est.

Don Diego distingua alors une masse phosphorescente à trois kilomètres devant lui. Il l'avait prise d'abord pour un nuage. Mais non. Elle faisait partie d'une masse sombre plus importante. Des falaises blanches. Il les voyait maintenant distinctement. Il regarda à bâbord. Oui, il existait bien là une côte basse qui se prolongeait sur plusieurs kilomètres. Il comprit où il se trouvait. La ligne sombre devait être la côte sud de l'Angleterre, les falaises blanches, certainement celles de l'île de Wight.

Il dérivait à travers l'entrée ouest du Solent. Il resta longtemps le regard fixé droit devant lui. Puis il hocha lentement la tête. La providence divine lui offrait une chance comme il n'aurait jamais osé en espérer. Dieu faisait vraiment des miracles. Il s'émerveillait encore de sa bonne fortune quand le bateau heurta un banc de sable, fit une embardée et s'immobilisa.

Nick Pride entendit le cheval dès qu'il entra dans l'enceinte, mais ne quitta pas des yeux le feu d'alarme au loin. Il ne brillait toujours là-bas qu'un seul point lumineux dans la nuit.

Nick se tenait seul sur le muret. Sa relève dormait dans la cabane. Il était seul depuis le crépuscule, depuis le moment où, après avoir regardé l'Armada à l'horizon pendant près d'une heure, Jane était partie. Il s'agissait d'une nuit décisive. Si les Espagnols s'approchaient de la côte, les trois feux d'alarme de l'île de Wight s'allumeraient. Depuis la tombée de la nuit, il ne les avait pas quittés des yeux un seul instant.

Cela n'empêchait pas son esprit de battre la campagne de temps à autre. Que se passait-il avec Jane ? Trois nuits de suite, quand elle était venue le voir pour lui tenir compagnie, elle n'était restée qu'un petit moment. Chaque fois, elle s'était comportée de manière curieuse. Un soir, elle avait semblé préoccupée et fuyante ; un autre, elle s'était mise soudain à le critiquer et, Dieu sait pourquoi, paraissait irritée. La troisième fois, elle était de bonne humeur, presque maternelle, l'embrassant sur le front comme on le ferait avec un enfant. Ce soir, quand elle avait annoncé qu'elle devait s'en aller, il lui avait demandé ce qui n'allait pas. Elle avait pointé le doigt vers l'Armada à l'horizon et répondu : « N'y a t-il pas là de quoi s'inquiéter, Nick ? Qu'allons-nous devenir ? » Puis elle était partie brusquement.

Il supposait que cela expliquait son agitation. Pourtant, chaque fois qu'il y repensait, il lui semblait qu'il existait autre chose.

Il entendit le cheval s'ébrouer juste derrière lui. Il n'attendait pas Albion, mais son capitaine était du genre à lui rendre visite à une heure pareille. Le salut habituel ne vint pas.

— Eh, mon brave !

Une voix de femme. Qu'est-ce que cela signifiait ?

Oubliant la sommation habituelle, comme un paysan, il s'enquit :

— Qui c'est-y ?

Il y eut un bref silence, puis la même personne lança d'un ton autoritaire :

— Allumez votre feu d'alarme et convoquez la milice !

C'en était trop.

— Ce feu ne doit être allumé que lorsque les trois de l'île le sont. Enfin, deux. Ce sont les ordres du capitaine Albion.

Cela semblait sans appel.

— Mais je viens de la part d'Albion, mon brave. Il vous ordonne d'allumer le feu d'alarme.

— Et vous, qui êtes-vous ?

— Je suis Lady Albion. Il m'a envoyée...

— Que vous dites ! Je n'allumerai ce feu que lorsque je verrai les deux autres, rétorqua Nick avec fermeté. Un point c'est tout.

— Dois-je vous y obliger ?

— Vous pouvez essayer, fit-il en tirant son épée.

— Les Espagnols arrivent, espèce de sot !

Nick Pride hésita un instant. Puis il eut une idée :

— Alors, dites-moi le mot de passe.

Silence.

— Il me l'a dit, mon brave, mais hélas, je l'ai oublié.
— Il vous l'a dit ?
— Oui. Sur ma vie.
— N'était-ce pas... « Le chêne de Rufus » ?
— Oui, je crois que c'est ça.
— Eh bien, je vais vous dire quelque chose...
— Oui ?
— Il n'existe pas de mot de passe. Maintenant, déguerpissez !
— Vous me paierez cela !
— Déguerpissez, j'ai dit !

L'étrange cavalière battit en retraite et disparut dans l'obscurité. Il se demandait qui c'était. Au moins cela lui donnait-il matière à penser pendant qu'il tournait de nouveau son attention vers le lointain point lumineux.

Quant à Lady Albion, elle poussa son cheval vers le sud. Si nécessaire, elle s'emparerait elle-même des canons du château de Hurst.

La courte nuit estivale était déjà bien avancée quand Albion arriva sur le plateau de Lymington. Les nuages cachaient toujours les étoiles. En regardant la mer au-delà de la tache claire des falaises crayeuses de l'île de Wight et des Aiguilles, il ne voyait que la nuit noire. Où que fût l'Armada, clle ne semblait pas approcher du rivage. Selon toute probabilité, elle avait disparu derrière l'île. Peut-être chevaucherait-il quelques kilomètres vers l'ouest à la première heure pour essayer d'apercevoir les flottes. En attendant, il descendit de cheval et s'assit par terre.

Il était là depuis quelque temps quand il crut distinguer une forme sombre sur l'eau. Il pensa un instant qu'il s'agissait d'un effet de son imagination. Mais non, elle était bien là. Un bateau approchait. Etait-il possible que l'Armada ait franchi le détroit sans être vue ? Peut-être les Espagnols avaient-ils profité de la nuit pour envoyer une escadre prendre le Solent. Il fit demi-tour et sauta en selle. Il devait rejoindre le château de Hurst à toute allure pour donner l'alarme.

Puis il s'arrêta. Devait-il vraiment le faire ? Fallait-il qu'il aide Gorges ou qu'il laisse les Espagnols le prendre par surprise ? Personne ne pouvait l'incriminer. Personne ne savait qu'il se trouvait là. Il se rendit compte soudain que l'heure de la décision avait sonné. A quel camp appartenait-il ?

Il n'en avait aucune idée. Il avait passé tant de temps à dire une chose à sa mère et le contraire aux autres qu'il ne savait plus vraiment où il en était. Il regardait la mer sans pouvoir bouger.

Le navire continuait d'approcher, très lentement. Il fouilla l'obscurité des yeux pour tenter d'en apercevoir d'autres. Il attendit. Toujours rien. Puis la forme sombre parut s'arrêter. Elle avait dû heurter un banc de sable. Il restait parfaitement possible qu'une demi-douzaine de bâtiments espagnols s'échouent ainsi. Mais aucun autre ne se montra. Quel qu'il fût, ce bateau était seul.

Les premières lueurs du jour apparurent à l'orient. Dans la grisaille du petit matin, rien ne brisait la ligne d'horizon. L'Armada n'était plus en vue. Il voyait distinctement le transport de troupes, maintenant. Il chercha à apercevoir un signe de vie, en vain. Le vent se réduisait à une brise légère sur l'eau calme. Peut-être y avait-il des survivants. En ce cas, ils devaient se trouver sur les plages au-delà de Keyhaven.

Il se demanda s'il devait aller voir. Cela pouvait se révéler dangereux s'ils étaient nombreux. Certes, il était à cheval et armé d'une épée.

La curiosité l'emporta.

Don Diego restait sur le qui-vive. Il était encore mouillé, mais estimait avoir eu de la chance. Le bateau ne s'était échoué qu'à un kilomètre de la côte. Il n'avait eu aucun mal à trouver dans la cale ce qu'il fallait pour fabriquer un radeau de fortune et une pagaie. La marée l'avait aidé à atteindre la plage bien avant l'aube. Il avait caché le radeau, gravi la petite falaise sablonneuse et commencé à marcher sur la lande. Il avait pris ses précautions. Comme la plupart des gentilshommes embarqués sur l'Armada, il portait une longue chaîne d'or autour du cou. Ses maillons valaient n'importe quelle monnaie d'échange. Pour l'heure, il l'avait cachée sous sa chemise et son pourpoint. Il s'était fait aussi présentable que possible. Il avait nettoyé ses chaussures et ses bas, épousseté ses hauts-de-chausse et son pourpoint. Il n'ignorait pas que la mode anglaise suivait l'espagnole. Il ne savait trop s'il parlait bien l'anglais. Il s'était donné beaucoup de mal pour y parvenir et sa femme lui assurait qu'il y avait réussi. Peut-être pourrait-il passer pour un gentilhomme anglais détroussé et non pour un Espagnol naufragé. Il le saurait bien assez tôt.

Grâce aux cartes du vaisseau amiral, il connaissait la topographie de la région voisine de l'entrée du Solent. Il situait le château de Hurst, mais malheureusement pas Brockenhurst.

Ce qu'il lui restait à faire maintenant était on ne peut plus simple : éviter de se faire détrousser ou tuer par une milice trop zélée et trouver aussi vite que possible l'homme grâce auquel tous ses ennuis prendraient fin.

Il vit de loin le cavalier arriver dans sa direction, sauta derrière un bouquet d'ajoncs et attendit, se préparant soigneusement.

En approchant des d'ajoncs, Albion mit son cheval au pas, puis s'arrêta. Il avait vu le personnage, apparemment seul, marcher puis courir se dissimuler derrière le buisson. Une main sur le pommeau de son épée, il attendit la suite.

Il n'eut pas à attendre longtemps.

L'Espagnol — c'en était manifestement un —, l'Espagnol débraillé sortit de sa cachette et, à sa grande surprise, s'adressa à lui dans un anglais passable en dépit de son accent.

— Monsieur, je sollicite votre aide.

— Vraiment ?

— J'ai été attaqué et volé, monsieur, alors que je me rendais chez un mien parent qui, je crois, habite non loin d'ici.

— Je vois, dit Albion qui garda la main sur son épée tout en décidant de jouer le jeu pour voir où cela mènerait. D'où venez-vous, monsieur ?

— De Plymouth.

— Un long trajet. Puis-je connaître votre nom ?

— Je m'appelle David Albion, répondit l'Espagnol en souriant.

— Albion ?

— Oui, monsieur.

Don Diego lut la stupéfaction sur le visage de l'Anglais et, enhardi, poursuivit :

— Mon parent est le grand capitaine Clement Albion en personne.

Dire que cette affirmation impressionna l'Anglais eût été en dessous de la vérité. Il paraissait halluciné.

— Est-ce un si grand homme ? demanda-t-il d'une voix faible.

— Je le crois, monsieur. N'est-il point le capitaine de toutes les milices et des défenses côtières d'ici à Portsmouth ?

Albion resta coi. Etait-ce la réputation dont il jouissait auprès des envahisseurs ? Toute l'Armada espagnole avait-elle entendu parler de lui ? N'importe quel Espagnol capturé clamerait-il son nom ? A moins que l'Angleterre ne tombe aux mains des Espagnols dans les jours à venir, comment expliquerait-il cela au Conseil ? Il tenta d'en savoir davantage :

— Vous n'êtes pas David Albion, monsieur. Premièrement parce que je vois bien que vous êtes espagnol, dit-il en tirant tranquillement son épée. Et deuxièmement parce que Albion n'a pas de parent de ce nom, ajouta-t-il en le regardant d'un air sévère. Je le sais, monsieur, car je suis Clement Albion.

Le visage de l'Espagnol s'éclaira d'un large sourire, qu'il réprima l'instant d'après.

— Comment puis-je être assuré que vous êtes Albion ? demanda-t-il.

— Je n'en sais rien, répondit calmement Clement.

— Il y a un moyen, dit l'autre à mi-voix. Je suis don Diego, votre beau-frère. Mais quelle chance, quel signe de la providence divine, devrais-je dire, que, parmi tous les habitants de l'Angleterre que j'aurais pu rencontrer, mon cher frère, je tombe sur vous ! fit don Diego aux anges et profondément touché. C'est merveilleux, vous savez.

Sur la suggestion d'Albion, ils s'assirent dans une agréable petite cuvette proche de la falaise. Il ne leur fallut que quelques instants pour avoir confirmation de leurs identités. Albion demanda avec tendresse des nouvelles de sa sœur Catherine et don Diego s'enquit avec autant d'impatience de la santé de sa belle-mère, « cette merveille, cette sainte », disait-il. Lorsque Albion le félicita poliment de ses hautes fonctions militaires, don Diego eut l'air perplexe.

— Mes hautes fonctions ? Je n'ai aucun commandement. Je ne suis qu'un gentilhomme embarqué sur l'Armada. C'est vous, mon cher frère, fit-il en inclinant la tête, qui avez atteint une haute et honorable position. Votre mère nous en a parlé dans ses épîtres il y a fort longtemps.

Albion hochait lentement la tête. Il commençait à comprendre. Il voyait la main de sa mère dans tout cela. Mais ce n'était apparemment pas le moment de retirer ses illusions à cet Espagnol bien intentionné. Beaucoup de choses lui restaient à apprendre. Le roi d'Espagne lui-même attendait-il qu'il livrât le château de Hurst aux envahisseurs ?

— Ah, mon plan !

Le visage de don Diego s'illumina.

— Celui de votre mère, devrais-je dire. Quelle femme !

Sa mine s'allongea.

— J'ai essayé, mon cher frère. Dieu sait que j'ai fait mon possible. J'ai adressé une longue note à mon parent le duc de Medina Sidonia. Mais... Rien.

— Je vois.

Cela s'annonçait mieux que prévu. Albion se hasarda à demander en quoi consistait exactement le plan d'invasion espagnol.

— Nous estimons tous, les capitaines estiment tous que nous devrions prendre un port pour en faire notre base. Plymouth. Southampton. Portsmouth. L'un de ceux-là. Nos navires pourraient s'y ravitailler.

— Cela semble judicieux.

— Mais Sa Majesté le roi Philippe a insisté pour que l'Armada aille directement à la rencontre de Parme. Aux Pays-Bas.

— Vous voulez dire que l'Armada va se charger de faire traverser les troupes de Parme ?

— Non. Il semble que les eaux ne soient pas assez profondes pour nos galions le long des côtes néerlandaises. L'Armada va relâcher à Calais. Ce n'est qu'à une journée de navigation.

— Et ensuite ?

— Parme effectuera alors la traversée vers l'Angleterre. C'est un grand général, vous savez. D'aucuns disent, poursuivit-il en baissant la voix, comme s'il craignait d'être entendu, d'aucuns disent que Parme montera lui-même sur le trône d'Angleterre à la place du roi Philippe. Mais ce n'est pas déloyal, bien sûr, précisa don Diego sans paraître certain de ce qu'il avançait.

— Comment Parme va-t-il alors effectuer la traversée ? Dispose-t-il d'une flotte ?

— Uniquement de péniches. Il lui faut donc du beau temps.

— Mais les navires anglais vont anéantir des bateaux de ce genre ! objecta Albion.

— Non, non, mon frère. Vous oubliez que notre Armada ne sera qu'à un jour de voile. Et nos galions regorgent de troupes. Les Anglais n'oseront jamais s'approcher assez près pour les attaquer.

— Pourquoi alors le font-ils maintenant ?

Comme pour souligner ses propos, un grondement assourdi se fit entendre au-delà de l'île de Wight. Les attaques anglaises contre l'Armada reprenaient. Don Diego paraissait inquiet.

— De fait, mon parent, le duc de Medina Sidonia, semblait insinuer que... le plan de bataille du roi n'était pas parfait. On nous a dit que vos navires étaient tous en piteux état et qu'ils prendraient la fuite...

— C'est encore ma mère qui vous aura dit cela ?

— Oh, sans doute. Cependant, mon cher frère, nous ne devons pas oublier une chose capitale, poursuivit-il, radieux.

— Quoi donc ?

— Que Dieu est avec nous. Sa volonté est que nous réussissions. Nous en avons la certitude. Tout va donc bien se passer, ajouta don Diego, souriant. Et bien sûr, dès l'instant où les Anglais saurons que nous avons débarqué, même si les troupes de Parme sont les seules à traverser...

— Eh bien ?

— Ils vont se soulever, répondit-il, rayonnant. Ils comprendront que nous sommes venus les tirer des griffes de cette sorcière, cette meurtrière d'Elisabeth !

Albion songea aux hommes simples des milices, qui venaient d'apprendre que la cargaison des galions espagnols consistait essentiellement dans les instruments de torture de l'Inquisition.

— Il se pourrait qu'ils ne se soulèvent pas tous, fit-il prudemment remarquer.

— Oh, une poignée de protestants, je sais, objecta don Diego.

Albion ne répondit pas. Une chose devenait claire à ses yeux. Même si son beau-frère n'avait pas une vision entièrement exacte de la stratégie espagnole, l'invasion tant redoutée risquait peu de réussir. Il réfléchissait à cela et aux conséquences que cela entraînerait pour lui quand il s'aperçut que son beau-frère continuait de parler, en proie à une grande excitation :

— ... Une telle chance ! Ensemble, vous et moi. Quand Parme aura débarqué, nous pourrons conduire rapidement les milices de la région à Londres pour nous joindre à lui...

— Vous voulez que nous prenions la tête d'une grande insurrection ?

— Cela ajoutera encore à votre gloire, mon frère. Quant à moi... poursuivit don Diego en haussant les épaules. Le seul fait de chevaucher à côté de vous serait pour moi un grand honneur.

Albion hocha doucement la tête. Voilà une folie digne de sa mère.

— Il n'est pas si facile que cela de lever de bonnes troupes en Angleterre, dit-il avec doigté. Même si la foi était plus grande...

— Ah, fit don Diego en le regardant gaiement. C'est là le merveilleux de l'affaire. C'est là que la providence divine est si manifeste. Nos troupes espagnoles ne valent pas mieux, précisa-t-il d'un ton rassurant. On leur a seulement promis un énorme butin en Angleterre. Mais voilà l'important, mon frère. Dieu a placé entre nos mains tout ce qui est nécessaire à l'accomplissement de Sa volonté. Nous sommes en mesure de payer les troupes.

Voyant l'air étonné d'Albion, il montra la mer.

— Quand je me suis retrouvé seul, sur le point de faire naufrage, j'y ai vu un châtiment. Mais ce n'en était pas un. La cale de ce bateau, là-bas, regorge de lingots d'argent ! expliqua-t-il en riant joyeusement de la merveille de la chose.

— Vous n'aviez aucun compagnon ?

— Non. Vous et moi, mon frère, sommes seuls en possession de cet argent. Il a été placé entre nos mains.

Albion se remit à réfléchir. Il fit signe à l'Espagnol de rester où il se trouvait, se leva et se dirigea vers le bord de la falaise. Le bateau était bel et bien échoué. Il ne bougerait plus. Même la marée haute ne parviendrait pas à le remettre à flot. Pendant qu'il regardait le transport de troupes, le soleil apparut à l'horizon au-dessus de la Forêt.

Il se retourna pour observer don Diego. Quel étrange destin que de rencontrer l'Espagnol en de telles circonstances, après tant d'années, et de découvrir, en plus, qu'il l'aimait bien. Car ce n'était pas le moins important : cet Espagnol entre deux âges, plein de bonnes intentions, était un homme charmant. Albion soupira.

Il tourna et retourna le problème dans sa tête. Il pensa à sa sœur, à lui-même, à don Diego, si attaché à la cause catholique, et à sa mère. Il pensa au Conseil, à Gorges, aux soupçons qui pesaient sur lui. Il pensa longuement aux lingots d'argent. Voilà qui rendait la situation très intéressante. Il commença à échafauder un plan. Plus il réfléchissait, plus il lui semblait que cela pouvait marcher.

Alors il la vit. Elle chevauchait seule sur les hauteurs près de Lymington. Sa cape claquait derrière elle, noire et cramoisie. Son chapeau était mis n'importe comment. Apparition barbare, elle faisait penser à une sorcière qui, d'un instant à l'autre, aurait pu s'envoler dans les airs sur sa monture. Au même instant, une pensée lui traversa l'esprit : et si elle le voyait, si elle trouvait don Diego ?

Il se jeta à terre, fit signe à l'Espagnol de se taire et jeta un coup d'œil par-dessus les hautes herbes. Lady Albion était toujours là-haut. Elle ne l'avait pas vu. Elle s'était arrêtée et regardait en direction de la mer. Il continua de l'observer pendant quelques instants, puis se glissa dans la petite dépression pour rejoindre l'Espagnol.

— Tout va bien ? demanda don Diego, perplexe.

— Oui. Tout va bien.

Albion regarda son beau-frère avec affection. Quelle pitié qu'il n'en ait été autrement !

— Je voudrais vous montrer quelque chose, mon frère, dit-il à voix basse en tirant son épée. Là, sur la lame. Regardez.

Don Diego se pencha en avant pour voir. Albion la lui passa brusquement à travers le corps. Ou presque. Car la pointe de l'épée heurta la chaîne d'or sous la chemise de l'Espagnol. Et tandis que don Diego poussait un cri et le regardait, les yeux écarquillés, Albion dut frapper encore, plusieurs fois. C'était de la besogne mal faite.

Il attendit que le corps ait fini de tressauter, puis retira la chaîne d'or, qui pesait près de quatre livres, et recouvrit don Diego aussi bien qu'il pût de terre sablonneuse avant de retourner à sa monture. Par bonheur sa mère avait disparu. Elle essayait probablement de provoquer un soulèvement à Lymington.

Il jeta un coup d'œil en arrière vers l'endroit où gisait don Diego. Il se sentait coupable, bien sûr. Il s'avérait parfois difficile de dire si une chose était bonne ou mauvaise. C'était une question de survie.

Il lui fallait maintenant se hâter. Il avait à faire.

— De l'argent ? Vous êtes sûr ?

Thomas et Helena Gorges se trouvaient seuls avec lui dans la grande salle du château de Hurst, où ils l'avaient fait attendre un moment pendant qu'il regardait le Solent.

— Je l'ai interrogé sous la menace de l'épée. Je crois qu'il disait la vérité.

— Et cet Espagnol... Il était seul ? s'enquit Gorges.

— C'est ce qu'il a dit. Il avait l'intention de saborder le navire et a été laissé à bord par erreur. Je n'en ai pas vu d'autres et je pense donc qu'il était seul. Personne, en dehors de nous, ne connaît l'existence de ces lingots d'argent. Je suis venu à vous sur-le-champ.

— Mais vous avez tué l'Espagnol, fit Gorges.

— Il a tiré son épée. Je n'avais pas le choix.

— Ne devrions-nous pas récupérer le corps ? demanda Helena.

Long silence. Il y eut un échange de regards entre Gorges et Albion.

— Peut-être pas, dit ce dernier avec obligeance.

— L'épave appartient à la reine, déclara Gorges avec fermeté. Cela ne fait aucun doute. Je l'affirme en son nom.

— La reine vous aime beaucoup, Helena. Peut-être vous ferait-elle la faveur de vous donner l'épave, suggéra Albion. Elle a bien laissé l'entier bénéfice des prises à Drake et Hawkins, et, bien qu'il n'ait pas été en mer, Thomas tient Hurst pour elle.

— Je ne crois pas qu'elle partage une telle quantité d'argent, Clement, objecta Helena, sceptique.

Gorges la fixait en silence.

— Quel argent ? dit Albion très doucement.

— Ah, je vois.

Elle avait enfin compris.

— Je vais immédiatement lui signaler l'existence de l'épave. Vous pourriez également lui écrire une lettre. Demandez-lui si nous pouvons récupérer la prime de sauvetage. Indiquez-lui qu'il s'agit seulement d'un transport de troupes. Toutes les munitions seront acheminées au fort, mais s'il y a quoi que ce soit d'autre de valeur, demandez-lui si nous pouvons le conserver. Enfin ce genre de choses. Elle sait, confessa Gorges d'un ton pince-sans-rire, que je suis un tantinet gêné en ce moment.

— Mais que dira-t-elle quand elle apprendra que nous avons trouvé tout cet argent ? demanda Helena.

— Que nous avons de la chance, dit Gorges avec conviction.

— Nous ne savons *pas* qu'il y a de l'argent, ajouta Albion. Mes informations peuvent fort bien être inexactes. Vous devez garder la conscience tranquille. *Il se peut* qu'il y ait quelque chose.

— Et l'Espagnol ?

— Quel Espagnol ?

— Je vais écrire cette lettre séance tenante, Clement, dit Helena en jetant un coup d'œil à son mari. Nous vous sommes très reconnaissants.

Après son départ, les deux hommes gardèrent le silence un moment. Puis Gorges dit :

— Saviez-vous que juste avant votre arrivée votre mère a été arrêtée à Lymington ?

— Non.

— Nous avons reçu un message du maire. Elle a apparemment essayé de convaincre les habitants du village de se soulever. Pour défendre la cause espagnole.

Albion pâlit.

— J'aimerais pouvoir dire que je suis surpris. Elle a été prise de folie la nuit dernière. Mais j'ignorais qu'elle était sortie.

— C'est ce que j'ai pensé. Elle disait que vous prendriez la tête de l'insurrection, Clement.

— Vraiment ?

Albion secoua la tête.

— Elle m'a dit hier soir que, puisque je ne semblais pas vouloir le faire, elle allait s'en charger. Je suis content qu'elle ait de nouveau confiance en moi, pousuivit-il avec un sourire ironique.

— Elle affirme que vous avez toujours eu l'intention de vous joindre aux Espagnols.

— Ah bon ? Le seul Espagnol que j'ai rencontré jusqu'ici, je l'ai tué.

— En effet, dit Gorges en hochant lentement la tête.

— Vous savez, poursuivit Albion à mi-voix, même si ma mère n'avait pas entièrement perdu l'esprit — et voilà des années qu'elle tient ce discours — il m'eût été complètement impossible de réaliser aucune des choses dont elle parle. J'ai entendu tout cela des centaines de fois.

Elle rêve de soulèvements chaque jour. Elle me place à leur tête, quoi que je lui dise. Qu'y puis-je ?

Gorges resta silencieux.

— C'est vrai, enchaîna-t-il après quelques instants. De toute façon, vous n'auriez jamais pu faire ça.

— Je n'aurais jamais voulu le faire, Thomas. Je suis loyal. J'espère que vous en êtes persuadé, ajouta Albion en regardant Gorges dans les yeux.

Gorges soutint son regard.

— Oui. Je le suis.

Là-bas à l'horizon, derrière l'île de Wight, sur une mer presque calme, les bâtiments anglais pilonnèrent l'Armada de l'aube à dix heures du matin. Dans l'après-midi, les deux flottes reprirent leur progression le long de la Manche et poursuivirent leur route pendant deux jours, jusqu'à ce que le duc de Medina Sidonia jette l'ancre à Calais. Il envoya alors des messages pressants au duc de Parme pour lui enjoindre d'effectuer immédiatement la traversée vers l'Angleterre.

Parme refusa. Il expliqua que traverser avec ses péniches était tout à fait impossible si les navires ennemis se trouvaient en vue. A moins que l'Armada ne vienne le chercher — ce qui ne se pouvait, du fait du manque de profondeur des eaux côtières néerlandaises —, il ne bougerait pas. Il s'avéra qu'il répétait cela au roi d'Espagne depuis des semaines — ce que le souverain, préférant s'en remettre à la providence, n'avait pas jugé bon de rapporter au duc de Medina Sidonia.

L'Armada mouillait donc au large de Calais, envoyant des messages qui trahissaient une consternation de plus en plus grande, et Parme restait aux Pays-Bas, à une journée de mer, répondant sur un ton de plus en plus irrité. Les Anglais patientaient près de l'embouchure de la Tamise, s'attendant à tout moment à une invasion, car il ne leur était jamais venu à l'esprit que le roi d'Espagne ait pu envoyer son Armada sans aucun plan de bataille cohérent.

Deux jours passèrent ainsi. Puis, au cœur de la nuit, les Anglais lancèrent huit brûlots, recouverts de goudron, flamboyants comme mille feux d'alarme. Pris de panique, les capitaines espagnols coupèrent leurs amarres et se dispersèrent. Le lendemain, la flotte anglaise fondit sur eux. Les Espagnols étaient poussés vers le rivage : certains firent naufrage, d'autres furent pris, mais la majorité resta intacte.

Le surlendemain, le vent de Dieu se leva. On l'appela le vent des protestants. Aucun, d'un côté comme de l'autre, quelle que fût sa bravoure ou sa piété, ne put nier que l'Armada fut en fait anéantie par le mauvais temps. Le vent souffla jour après jour, semaine après semaine, blanchissant la mer d'écume. Les navires se perdaient de vue ; les galions étaient dispersés sur toutes les eaux septentrionales, certains drossés sur des rochers dans le nord de l'Ecosse ou même en Irlande.

Moins de la moitié revinrent à leur port d'attache. Et, que ce fût pour récompenser les protestants de leur foi ou punir les catholiques de leurs travers, la reine Elisabeth d'Angleterre et le roi Philippe d'Espagne convenaient que de tels vents n'avaient pu être envoyés que par Dieu.

Pour Lady Albion, les semaines de tempête constituèrent une période difficile. Pour commencer, elle fut détenue, sur l'ordre formel de Gorges, dans la petite geôle de Lymington. Et, bien que le maire du village ait demandé à plusieurs reprises qu'elle soit emmenée ailleurs — ou décapitée ou relâchée ou n'importe quoi, pourvu qu'elle fût soustraite à *sa* responsabilité —, il fallut attendre octobre pour que le Conseil admette que, en dépit de sa trahison, elle ne représentait aucun danger réel pour l'Etat. Après sa remise en liberté, tandis qu'Albion ne cessait de professer sa loyauté à son égard, elle ne se comporta plus jamais tout à fait de la même façon avec lui. L'année suivante, elle s'embarqua pour se rendre auprès de sa fille Catherine, dont le mari avait disparu — personne ne savait exactement comment — dans le grand désastre de l'Armada. Elle était à cent lieues d'imaginer que, la première nuit où elle avait été incarcérée, le pauvre don Diego avait été enterré par son fils au plus profond de la Forêt, là où personne ne le trouverait jamais.

Comme on pouvait s'y attendre, elle resta avec sa fille en Espagne. Si, après n'avoir pas répondu à ses instances de venir la rejoindre là-bas, Clement Albion avait renoncé à tout espoir d'hériter de sa fortune, il le prenait avec philosophie. « S'il le fallait, j'abandonnerais volontiers un de mes taillis pour m'assurer qu'elle ne revienne jamais », confessa-t-il un jour.

La fortune d'Albion resta modeste, mais celle de ses amis Thomas et Helena Gorges connut une augmentation spectaculaire. Car la reine Elisabeth avait accueilli favorablement leur requête et leur avait accordé l'épave. Quand ils eurent discrètement vidé son contenu, Sir Thomas Gorges et son épouse, la marquise, se rendirent compte qu'ils se trouvaient à la tête d'une des plus grosses fortunes du sud de l'Angleterre. « Et maintenant, vous pouvez construire votre maison à Longford, Thomas ! » avait déclaré joyeusement Helena.

Deux ans après seulement, Albion fut invité dans la vaste propriété, au sud de Sarum.

— La maison n'est pas encore tout à fait finie, Clement, le prévint son hôte, mais j'aimerais que vous la voyiez.

« Ils ont choisi un site superbe », pensa Albion quand il arriva le parc luxuriant en bordure de l'Avon. Mais l'architecture de la demeure était surprenante.

Car là, dans cette paisible vallée intérieure du Wiltshire, bâtie à grande échelle, avec d'élégantes fenêtres au lieu d'embrasures, se dressait une forteresse massive.

— Par tous les saints, Thomas, s'écria-t-il, mais c'est Hurst !

Et c'était vrai. La grande maison de campagne, que Gorges appelait le château de Longford, était la réplique presque exacte du fort triangulaire de la côte. En souvenir du transport de troupes espagnol et de sa cargaison, il avait même fait sculpter au-dessus de l'entrée un Neptune joyeux, son trident sur l'épaule, couché dans un bateau, entre deux caryatides, l'une représentant son visage, l'autre celui de sa femme.

— Helena soutient que les châteaux de Suède sont tous triangulaires et que la sculpture dépeint ses ancêtres vikings, dit-il avec un clin d'œil.

Château suédois ou fort maritime, la vaste demeure triangulaire resterait longtemps l'une des maisons de campagne les plus excentriques d'Angleterre.

Et si, par la suite, il arriva à Albion de se montrer un peu jaloux de la fortune de ses amis, il lui fallait admettre que, grâce à Thomas et Helena, sa loyauté ne fut plus jamais remise en question. Il put même, avec bonne conscience, s'approprier une énorme quantité de bois de Sa Majesté au cours du reste de sa carrière.

Jane épousa Puckle.

Comme tout le monde, Nick Pride n'en revint pas.

« Si je n'avais pas été obligé de rester à Malwood, cela ne serait jamais arrivé.

— Si elle a pu faire une chose pareille, mieux vaut que tu ne l'aies pas épousée, lui fit remarquer sa mère.

— Je ne sais. J'ai l'impression qu'elle était comme ensorcelée, répondit Nick. »

Les parents de Jane n'étaient pas très contents non plus. Mais sa mère lui avait finalement donné la petite croix de bois qu'elle lui avait promise.

La grande tempête qui avait eu raison de l'Armada ne changea pas seulement la vie des hommes. Ici et là, elle modifia légèrement celle de la Forêt aussi.

Une nuit, alors que les galions espagnols impuissants étaient ballottés dans les mers septentrionales, le vent souffla avec une violence particulière dans la clairière où se dressait l'arbre de Rufus. Les branches du grand chêne se courbaient et s'entrechoquaient. Tout autour, les arbres se balançaient, se tordaient, les feuilles de chêne et les glands bruissaient dans les rafales du vent, qui hurlait et soufflait en bourrasque dans le noir.

Mais les racines de l'arbre miraculeux étaient aussi grandes que ses branches et, alors qu'à l'air libre les éléments se déchaînaient dans cette nuit de folie, tout restait silencieux et immobile dans leur monde souterrain, insensible à l'agitation frénétique des branches.

Tout près, à l'intérieur des bois, un autre chêne, vieux de deux cents ans seulement, avait poussé haut et droit, serré entre ses congénères et des hêtres. La voûte de ses branches était donc bien plus petite, et ses racines à la mesure de celle-ci.

La chûte d'un chêne a quelque chose de terrifiant, mais aussi de bénéfique. Car le réseau de ses branches brisées constitue une sorte de cage protectrice sur le sol.

Deux cages de ce genre se formèrent cette nuit-là. A l'automne suivant, deux glands du chêne miraculeux se retrouvèrent dans la litière de feuilles mortes à l'intérieur de ces refuges providentiels et prirent racine.

Alice

1635

Qu'est-ce qu'une vie ? Certainement pas un continuum. Peut-être un ensemble de souvenirs, peu nombreux.

Elle se rappelait tout juste le vieux Clement Albion. Elle n'avait que quatre ans quand son grand-père était mort, mais se souvenait quand même un peu de lui. Non pas de son visage précisément, mais d'une présence tranquille et bienveillante dans une maison de style Tudor à hauts pignons et charpente de bois. Ce devait être dans la vieille maison des Albion, pas dans l'actuelle.

Le premier souvenir qu'elle gardait de celle-ci datait d'un jour d'été. Elle avait huit ans.

Il faisait très chaud en cette fin de matinée. Depuis la vieille église de Boldre, son père et elle avaient suivi le chemin sur la rive est de la rivière avant de prendre la piste à travers bois. De jeunes hêtres poussaient au milieu des chênes et des frênes. Le soleil dardait des rayons obliques à travers le treillage vert pâle de la canopée, les jeunes arbres déployaient leurs feuilles comme des traînées de vapeur à travers le sous-bois, les oiseaux chantaient. Elle se sentait si contente qu'elle s'était mise à gambader ; son père la tenait par la main.

Ils virent la maison au détour du chemin. Les murs de brique étaient presque montés. L'un des deux pignons avait déjà été refait, la charpente en vieux chêne était découverte. Quelques ouvriers travaillaient à l'étage supérieur ; seul le bruit qu'ils faisaient en tapotant les briques pour les mettre en place rompait le silence.

Son père avait dit : « C'est pour toi que je construis cette maison, Alice. Elle t'appartiendra en propre et personne ne pourra te la prendre. » Il l'avait regardée en souriant et avait serré sa main.

Elle avait levé les yeux vers lui, pensant qu'il devait l'aimer beaucoup pour lui construire une maison. Elle avait alors connu un moment de bonheur parfait, comme il n'en existe peut-être qu'un ou deux au cours d'une vie.

Il ne s'agissait pas d'une grosse maison. Elle était à peine plus grande que la vieille maison Tudor de son grand-père et de son arrière-grand-père. Bâtie en brique rouge dans le style simple de l'époque de Jacques Ier, c'était un authentique petit manoir, mais, cachée dans une modeste clairière au milieu des bois, elle paraissait presque une ferme isolée ou un pavillon de chasse. Aux yeux d'Alice, elle avait quelque chose de magique. C'était sa maison à elle, parce que son père l'aimait.

Il avait bien sûr espéré avoir un fils. Elle le comprenait maintenant, dix ans après ce fameux jour d'été.

Des deux fils de Clement Albion, William et Francis, son père, William, l'aîné, avait le mieux réussi. Et brillamment. Quand il était jeune homme, dans les dernières années du règne d'Elisabeth, il avait étudié le droit à Londres et travaillé dur. C'était une période procédurière où un avocat intelligent pouvait bien s'en sortir. Puis lorsque, quinze ans après la défaite de la grande Armada, à la mort de la vieille reine, son cousin Jacques d'Ecosse lui avait succédé, les occasions d'amasser de l'argent avaient été encore plus nombreuses.

Car, lorsque, à l'âge mûr, Jacques Stuart monta sur le trône, il avait une idée en tête : prendre du bon temps. Il n'en avait pas eu, jusque-là. Fils de Marie, l'infortunée reine des Ecossais, qu'il avait à peine connue, il fut élevé par les austères presbytériens écossais qui avaient expulsé sa mère. Ils lui donnèrent une éducation de souverain conforme à leurs manière de penser et lui serrèrent la bride. Quand, finalement, il accéda aussi au trône d'Angleterre, il désirait donc impatiemment rattraper le temps perdu.

La conception de l'amusement du roi écossais se révéla curieuse. Son goût pour l'érudition pédantesque — il était réellement cultivé et pouvait se montrer spirituel — l'amena à élaborer une théorie complète selon laquelle les rois tenaient de Dieu le droit de faire tout ce que bon leur semblait. Qu'il ait vraiment cru à cette absurdité ou se soit seulement amusé, personne ne le sut jamais avec certitude. Ce père de plusieurs enfants avait un autre goût, qui devenait avec l'âge de plus en plus voyant : une passion fâcheuse, sentimentale et même larmoyante, pour les beaux jeunes gens. Dans ses dernières années, les cérémonies à la cour dégénéraient en séances d'embrassades où il prodiguait force caresses à ses mignons. Un troisième penchant l'animait, qu'il n'avait pu satisfaire dans son royaume septentrional : l'amour de l'extravagance. Non point les grandes manifestations et festivités — toujours payées par quelqu'un d'autre — auxquelles la reine Elisabeth prenait tant de plaisir. La cour du roi Jacques faisait simplement ribote. Les festins n'étaient souvent que prétexte à gaspiller ostensiblement le plus possible de nourriture. Mais même cela n'était rien en comparaison de la liberté dont jouissaient les amis du roi de puiser dans la caisse publique. De vieille noblesse comme les Howard ou ennoblis de fraîche date comme la famille du joli Villiers, tous s'y mettaient : ventes d'offices et de contrats, corruption, détournements de fonds purs et simples.

Lorsque les canailles volent et que les sots dépensent sans compter, un homme avisé a toutes les chances de faire fortune. Ce que réussit William Albion. Quand le petit et timide Charles, fils de Jacques, accéda au trône en 1625, Albion revint riche dans la Forêt. Il s'était également bien marié, avec une modeste héritière, de douze ans plus jeune que lui. Il se trouvait à la tête d'une belle propriété, appelée Moyles Court, dans la vallée de l'Avon, qui incluait les terres de son lointain ancêtre Cola le Chasseur. Il possédait aussi Albion House, la maison des Albion qu'il tenait de son père, des terres dans les marais de Pennington et la plus grande partie du village d'Oakley.

Il avait fait reconstruire Albion House pour sa fille. Le reste, il l'espérait, irait à son fils. Mais, bien que sa femme lui eût donné plusieurs autres enfants, tous étaient morts dans la prime enfance. Le temps avait passé. Sa femme s'était éteinte l'année précédente et, à soixante ans, William Albion ne désirait pas fonder une autre famille.

Alice avait maintenant dix-huit ans. Elle hériterait de tout. William n'avait pas pris tout de suite la décision. Il lui fallait tenir compte de son frère cadet. Juridiquement, il pouvait disposer de ses terres à sa guise. Il en était sûr, le vieux Clement aurait souhaité donner quelque chose à Francis, et, s'il n'avait pas promis Albion House à Alice, il la lui aurait laissée. Mais il existait d'autres facteurs à prendre en considération.

Qu'avait fait Francis pour mériter cette faveur ? Pendant des années, malgré l'aide et les encouragements de son père, il avait traîné sans jamais travailler vraiment. Il était devenu commerçant à Londres, sans grand succès. William ressentait de l'affection pour lui, mais il ne parvenait pas tout à fait à surmonter l'agacement que suscite un raté chez son frère qui a réussi. Il haussait légèrement les épaules sans s'en rendre compte chaque fois qu'on mentionnait le nom de Francis. Avec la logique propre à ceux qui ont de l'argent, il estimait perdre son temps en en donnant à quelqu'un qui n'en avait pas. Ou, en termes moins brutaux, son désir de maintenir le nom de sa famille dans la Forêt devait-il l'amener à déposséder sa fille qu'il aimait ? Non Francis devait se débrouiller seul. Alice était sa seule héritière.

Elle avait été passablement surprise quand, quelques mois plus tôt, alors qu'ils discutaient de manière générale des hommes qu'elle pourrait épouser, son père avait évoqué un nom avec une préférence marquée : celui de John Lisle.

Ils l'avaient rencontré à l'occasion d'une réunion des familles de la petite noblesse locale dans la jolie demeure des Button, près de Lymington. Légèrement plus âgé qu'elle, il était devenu veuf récemment. Il avait des enfants. Il était apparu tout de suite à Alice comme un homme raisonnable, intelligent, quoique un peu trop sérieux peut-être. Son père avait plus parlé avec lui qu'elle.

— Mais, père, lui rappela-t-elle, sa famille...

— Une vieille famille.

Les Lisle étaient en effet une famille de vieille souche, qui avait longtemps possédé des terres sur l'île de Wight.

— Oui, mais son père...

Toute la région savait de quoi il retournait à propos du père de John Lisle. Ayant hérité d'une belle fortune, il l'avait dilapidée en perdant sa réputation. Sa femme l'avait quitté, il s'était mis à boire ; il avait même fini par être inculpé pour dettes.

— Est-ce qu'il n'y a pas là du mauvais sang ?

« Du mauvais sang », cette expression tant aimée des classes terriennes. On parlait de mauvais sang comme on disait : « Bon sang ne ment jamais. » Un ou deux brigands dans la famille donnaient une certaine patine à un arbre généalogique. Mais il fallait faire attention. Le mauvais sang restait synonyme de danger, d'incertitude, de précarité, de récoltes attaquées par la rouille, d'arbres malades. La petite noblesse, qui vivait encore en partie de l'agriculture, gardait les pieds sur terre. Elever les gens n'était après tout guère différent d'élever le bétail. Le mauvais sang ressortait toujours. On devait l'éviter.

A sa grande surprise, son père se contenta cependant de sourire.

— Ah, dit-il, laissez-moi vous conseiller en la matière.

Et, lui lançant ce regard qui signifiait : « Je vous parle avec ma longue expérience d'avocat », il poursuivit :

— Quand un homme a un père ruiné, il peut faire deux choses : ou bien il accepte sa condition modeste, ou bien il se bat pour refaire sa fortune.

— N'est-ce point ce que les fils cadets sont censés faire ?

— Si.

Une ombre traversa son visage quand il songea que Francis avait négligé cela.

— Mais, quand un père a déshonoré sa famille, le cas s'avère encore plus délicat. Son fils doit non seulement affronter la pauvreté, mais aussi la honte, les railleries. Dès qu'il fait un pas dans la rue, l'ombre du passé ne le lâche pas d'une semelle. Certains se cachent. Ils aspirent à vivre dans l'obscurité. Mais les âmes les mieux trempées affrontent cette réalité, gardent la tête haute ; leur ambition n'est pas une flambée d'espoir, mais une épée d'acier. Ces hommes recherchent la renommée à un double titre : pour eux-mêmes et pour effacer la honte de leur père, dont le souvenir ne les quitte pas.

Il marqua une pause.

— Je crois que John Lisle est l'un d'eux. Voilà un homme honnête, bon. Je jurerais de sa gentillesse. Mais il a cela en lui. Quand un père a une fille comme héritière, ajouta-t-il en la regardant affectueusement, s'il est sage, il lui cherche un mari qui saura tirer parti de sa fortune, un homme ambitieux...

— Et pourquoi pas un autre héritier, père ? L'ambitieux risque assurément de ne s'intéresser qu'à son argent.

— Vous devez faire confiance à mon jugement. L'ennui est que la plupart des héritiers se montrent soit mous, soit paresseux, soit les deux à la fois.

— Pourquoi riez-vous ? demanda-t-elle.

— Je pensais seulement à quelque chose, Alice. Avec votre force de caractère, je ne vous imposerais pas à quelque héritier sans méfiance. Vous anéantiriez entièrement le pauvre garçon.

— Moi ? fit-elle, sincèrement étonnée. Je ne pense pas posséder une telle force de caractère, père, objecta-t-elle, amenant son père à lui sourire encore plus affectueusement.

— Je sais, mon enfant. Je sais, dit-il en lui tapotant le bras. Pensez cependant à John Lisle. C'est tout ce que je vous demande. Vous le trouverez digne de respect.

Lorsque, deux jours plus tard, Stephen Pride s'arrêta à la chaumière de Gabriel Furzey sur le chemin de la place du village, il pensait lui faire une faveur.

— Vous ne venez pas ? s'enquit-il.

— Non, répondit Gabriel.

Ce qui, estima Pride, était bien dans ses manières.

Si, au cours des trois cents ans écoulés depuis leur querelle à propos d'un poney, les Pride et les Furzey étaient restés à Oakley, c'était pour la bonne raison qu'il existait peu d'endroits plus agréables. S'il y avait eu entre eux d'autres querelles au fil des générations, elles étaient oubliées. De manière générale, les Pride trouvaient toujours les Furzey un peu lents d'esprit et, à l'inverse, les Furzey estimaient toujours les Pride un peu trop satisfaits d'eux-mêmes. Après des siècles d'intermariage, il s'avérait cependant difficile de se prononcer sur la validité de ces jugements. Il y avait pourtant une chose sur laquelle tous s'accordaient : Gabriel Furzey était têtu.

— A votre guise, dit Pride en poursuivant son chemin.

Il se rendait sur la place du village parce que la jeune Alice Albion s'y trouvait.

Une chose n'avait guère changé dans la Nouvelle Forêt depuis l'époque du Conquérant : les droits communaux de ses habitants. Compte tenu de la petite dimension des fermes et de la pauvreté de la majeure partie de la terre, cette continuité était toute naturelle : l'exercice des droits communaux restait le seul moyen de faire tourner l'économie locale. On en comptait quatre principaux : le droit de vaine pâture, le droit de tourbe, le droit de glandée et le droit d'affouage, c'est-à-dire de couper le sous-bois pour se chauffer. Il existait aussi le droit coutumier de marner et de couper les fougères.

Le système en vertu duquel on allouait ces droits anciens, comme tous les droits communaux, se révélait bien souvent complexe et il arrivait qu'ils soient attachés à une ferme particulière, mais il était de coutume de considérer qu'ils appartenaient à chaque propriétaire terrien, qui les revendiquait pour lui-même et ses tenanciers. Le domaine où habitaient Stephen Pride et Gabriel Furzey appartenait aux Albion. Et puisqu'un jour il reviendrait entièrement à Alice, son père l'avait envoyée ce matin-là, accompagnée de son intendant, pour réunir des informations importantes.

En arrivant, Pride vit qu'elle était assise à l'ombre au bord de la place gazonnée. Elle disposait d'une table et d'un banc. L'intendant se tenait à côté d'elle. Une grande feuille de parchemin était étalée sur la table. Assise bien droite, elle portait une robe verte de cavalière et un chapeau à large bord piqué d'une plume. De sa mère, elle tenait ses cheveux blond florentin, ses yeux plus gris que bleus. Il sourit, la trouvant charmante. Il la connaissait depuis qu'elle était enfant et n'avait que sept ans de plus qu'elle. Quand elle en avait douze, elle était trop fière pour faire la course avec lui sur son poney. Elle possédait de l'esprit. Les gens de la Forêt aimaient ça.

— Stephen Pride, dit-elle avec un regard guilleret sans que l'intendant ait eu à lui rappeler son nom. Que vais-je écrire pour vous ?

C'était la première fois, pour autant qu'on le sût, que l'on rédigeait une liste complète des droits communaux. Ils existaient depuis toujours et restaient gravés dans les mémoires. Tout litige porté devant le Swainmote, comme on appelait souvent l'ancienne cour des verdiers, pouvait toujours être réglé en en appelant au jury local, conseillé par les représentants des villages. Pour quelle raison tenait-on alors à coucher par écrit cette masse d'informations ?

Tout en énumérant les droits communaux dont jouissait sa petite ferme, Stephen Pride connaissait fort bien cette raison. « Elle est destinée à notre seigneur souverain, le roi maudit », avait-il déclaré la veille à sa femme. Et en regardant maintenant la jeune Alice Albion dans les yeux, il savait, bien qu'aucun des deux ne l'ait formulé, qu'elle pensait de même.

Si tant est que l'on puisse se fier à l'Histoire, il apparaît clairement que les membres de la maison royale des Stuarts n'ont été de bons monarques qu'après avoir subi de grandes épreuves.

Ce fut le cas du roi Jacques. Ses années malheureuses en Ecosse, où, par tradition, le couteau ne se trouve jamais éloigné de la gorge des souverains, lui avaient appris la prudence. Quoi qu'il pensât réellement du droit divin des rois, en pratique, il n'avait jamais poussé à bout son Parlement anglais et faisait preuve d'une grande souplesse. Il rêvait de jouer le rôle de médiateur entre les deux camps religieux, mariant ses enfants à des membres de maisons royales aussi bien protestantes que catholiques et recherchant la tolérance pour les deux religions en Angleterre. Ce rêve fut loin de se réaliser, l'Europe n'étant pas encore prête à se montrer tolérante. Mais, en dépit de toutes ses erreurs, il essaya. Son fils Charles n'avait cependant pas subi un tel apprentissage et témoignait de l'inflexibilité des Stuarts, poussée à son paroxysme.

Cela constitue parfois une très grave erreur de donner une grande idée, même bonne, à un petit esprit. Et celle du droit divin des rois était très mauvaise. Si l'on fait abstraction de la duplicité avec laquelle Charles Ier tenta d'atteindre ses objectifs, il y a quelque chose de naïf et de presque puéril dans ses sermons. Alors qu'il n'était pas dépourvu de talent — son goût artistique était remarquable —, sa croyance en ses droits le rendait aveugle aux réalités politiques même les plus élémentaires. Aucun roi d'Angleterre, même le puissant Henri quand il avait évincé le pape de son Eglise, n'avait jamais prétendu à une telle autorité divine. Aucun souverain, pas même le Conquérant, n'avait cru pouvoir faire fi de la coutume et du droit anciens. Charles aspirait à l'absolutisme, comme commençait à le faire le roi de France, mais cela ne correspondait pas aux mœurs anglaises.

Le roi Charles et le Parlement n'avaient donc pas tardé à être à couteaux tirés. Les puritains le soupçonnaient de vouloir rétablir le catholicisme — sa femme, française, n'était-elle pas, après tout, une catholique ? Son habitude de pratiquer l'emprunt forcé déplaisait aux commerçants. Il ulcéra les membres du Parlement en leur disant qu'il les considérait comme ses valets. En 1629, Charles résolut de dissoudre le Parlement et de gouverner sans lui.

Le seul problème était de savoir comment il se procurerait de l'argent. Charles ne se trouvait pas aux abois. Tant qu'il ne faisait pas la guerre, qui coûte toujours très cher, il s'en sortait à peu près. Il disposait des droits de douane et des revenus des terres de la Couronne. Mais il lui fallait toujours plus. Il vendit des titres nobiliaires. Celui, nouveau, de baronnet rapportait bien. Et comme lui et ses conseillers recherchaient d'autres avoirs à exploiter, l'un d'eux évoqua les forêts royales.

A quoi pouvaient-elles servir ? Aucun ne le savait exactement. Il y avait les cerfs, bien sûr. La cour royale se préoccupait des cerfs uniquement à l'occasion des couronnements ou de quelque grand banquet, où ils fournissaient de belles quantités de venaison. Il y avait le bois. Les possibilités qu'il offrait méritaient d'être examinées de plus près. Et il devait exister des revenus provenant des amendes dressées par les cours forestières royales.

C'est alors qu'un fonctionnaire avisé suggéra : « Pourquoi ne pas avoir un Eyre de la Forêt ? »

La proposition était ingénieuse car, une fois qu'elle lui fut expliquée, rien ne pouvait davantage séduire le roi Charles. L'Eyre de la Forêt remontait à l'époque des Plantagenêts. De temps en temps — il arrivait que des années passent entre ces visites —, des magistrats royaux partaient inspecter la région, remédier aux fautes de gestion, régler les affaires pendantes et, on pouvait en être sûr, infliger quelques jolies amendes. Aussi loin que remontaient les souvenirs, on n'avait pas vu d'Eyre depuis des générations. Le vieux roi Henri en avait tenu, un siècle plus tôt. Depuis, tout le monde les avait oubliés. Voilà tout à fait ce qui plaisait au roi Charles : une ancienne prérogative royale oubliée par ses vilains sujets. En 1635, au grand dam de chacun, il y avait donc eu un Eyre dans la Nouvelle Forêt.

Les résultats avaient été très encourageants. La cour ordinaire de la Forêt avait été galvanisée. Trois énormes vols de bois — un millier d'arbres à la fois — avaient été découverts et avaient fait l'objet d'amendes faramineuses de mille, deux mille et trois mille livres. Il s'agissait d'un énorme coup de filet. Ce n'étaient pourtant pas ces lourdes amendes qui avaient mis la Forêt en fureur, mais l'offensive contre les gens ordinaires.

L'été 1635, pas moins de deux cent soixante-huit poursuites judiciaires avaient été intentées devant le tribunal de la Forêt. La moyenne se situait d'ordinaire autour d'une douzaine par an. On n'avait jamais rien vu de pareil. Chaque pouce de terre discrètement accaparé au cours de la dernière génération, chaque chaumière construite de façon illicite, tout fut soumis à amende. Pas un seul village, pas une seule ferme n'y échappa. Les amendes étaient lourdes. Ceux qui occupaient des chaumières bâties sans autorisation devaient payer trois livres. Avec une telle somme, on pouvait acheter une douzaine de moutons ou deux vaches, alors que la plupart des petites fermiers ne tiraient leur lait que d'une seule. Un franc-tenancier écopa de cent livres pour braconnage. Quelques mètres de terre occupés pour y installer des ruches, un chien gênant, des moutons paissant illégalement : tout cela suscitait de sévères amendes. Comme toujours lorsqu'il affirmait son autorité, le roi Charles n'y était pas allé de main morte.

Etait-il dans son droit ? Sans aucun doute. Mais, avec son manque habituel de tact, le Stuart réussit à se mettre à dos d'un seul coup toute une population naturellement bien disposée à son égard.

Lorsque les querelles politiques du XVIIe siècle prendraient fin, Charles Stuart n'apparaîtrait pas au regard de l'Histoire comme un scélérat ou un martyr, mais comme un sot.

Et voilà maintenant que tous les droits communaux devaient être inscrits sur une liste. Aux yeux de Pride, c'était là une ingérence dans ses affaires.

— On raconte à Londres que le roi veut dresser un inventaire de toute la région. Et sais-tu pourquoi ? Il veut donner la Nouvelle Forêt et celle de Sherwood en garantie d'un emprunt ! Imagine donc, poursuivit-il en hochant la tête, toute la Forêt pourrait être vendue pour rembourser ses créanciers. Voilà ce que, selon moi, il y a derrière tout cela.

Lorsque Pride eut fini sa brève énumération, elle le remercia aimablement et lui demanda :

— Où est Gabriel Furzey ? Ne devrait-il pas être ici ?

— Sans doute, répondit Pride.

— Bien.

Alice n'avait que dix-huit ans, mais elle n'était pas disposée pour autant à supporter les sottises de Furzey.

— S'il veut que ses droits soient enregistrés, il ferait mieux de venir, Sinon, ils ne le seront pas, dites-le-lui de ma part, je vous prie.

Pride s'en alla donc porter le message.

Quand on connaissait Gabriel Furzey et Stephen Pride, il était aisé de deviner l'attitude de chacun face à l'enquête. Pride, maigre, l'œil aiguisé, incarnait jusqu'au bout des ongles l'habitant indépendant de la Forêt. Mais il savait entretenir des relations avec les autorités. Ses ancêtres avaient peut-être grommelé contre un ordre imposé de l'extérieur, mais par intelligence et par intérêt bien compris, ils avaient, depuis longtemps, noué de manière calculée des liens avec les pouvoirs constitués. Lorsque les représentants des villages assistaient aux réunions des tribunaux de la Forêt, on pouvait être sûr qu'il se trouvait un ou deux Pride parmi eux. De temps à autre, l'un prenait même une position subalterne dans la hiérarchie locale — garde forestier adjoint par exemple, ou collecteur de redevances. Il arriva même qu'un Pride soit élevé au rang de franc-tenancier et devienne ainsi propriétaire de sa terre ; et bien souvent, lorsque les gentilshommes locaux choisissaient des francs-tenanciers pour siéger à côté d'eux dans un jury, ils s'empressaient de choisir un Pride. La raison en était très simple : les Pride se montraient intelligents et, en cas de litige, il est toujours plus facile de traiter avec un homme intelligent qu'avec un individu obtus. L'avis des Pride était écouté.

Si quelqu'un de bien intentionné laissait entendre qu'il avait peut-être un peu braconné, l'informateur avait plus de chances d'être accueilli par un sourire tranquille, par un « c'est bien possible » que par des remerciements — il existait d'ailleurs de bonnes chances que le gentilhomme ainsi informé ait agi de la même façon.

Mais Gabriel Furzey, courtaud, adipeux — Alice trouvait qu'il ressemblait à un navet —, n'avait jamais trouvé d'accommodements avec qui que ce soit et, pour autant que Pride le sût, n'avait nullement l'intention d'y parvenir.

Lorsque Stephen lui dit qu'Alice l'attendait, il se contenta donc de secouer la tête.

— A quoi ça sert d'écrire tout ça ? Je connais bien mes droits. On les a toujours eus, pas vrai ?

— C'est exact. Mais...

— Eh bien alors ? C'est une perte de temps.

— Tout de même, Gabriel, je pense que vous feriez mieux d'y aller...

— Non, je n'irai pas. Je n'ai pas besoin que cette fille me dise quels sont mes droits, ajouta-t-il en ronchonnant. Je les connais.

— Ce n'est pas une mauvaise fille, Gabriel. De toute façon, c'est comme ça.

— Elle me dit de venir, hein ?

— Enfin, c'est une manière de parler.

— Puisque c'est comme ça, je n'irai pas.

— Mais, Gabriel...

— Et vous pouvez aussi passer votre chemin ! s'écria brusquement Furzey. Allez...

Ce dernier mot fut une sorte de braiement.

Stephen Pride s'en alla donc, et, peu après, Alice fit de même. Et personne ne coucha par écrit les droits de Gabriel.

Cela semblait sans importance.

1648

Décembre. Une brise froide dans une aube grise.

Depuis les collines de Lymington, un cavalier solitaire sur un cheval gris — un homme d'une quarantaine d'années, de belle allure, les cheveux bruns grisonnants, des yeux gris — regardait au loin le petit fort de Hurst au-delà des marais salants.

Ciel gris, écume grise le long du rivage gris, mer grise, silencieuse à cause de la distance. Car de ce fort maritime n'allait pas tarder à sortir, sous bonne garde, un roi captif.

John Lisle fit la moue et attendit. Il avait songé à descendre jusque-là pour se joindre à la file de cavaliers, puis décida le contraire. Il n'était pas facile, après tout, de rencontrer un roi auquel on projette de couper la tête bientôt. La conversation reste malaisée.

Mais ce n'était pas tant le sort du roi Charles qui le préoccupait — il ne se souciait pas de lui — que la querelle qu'il venait d'avoir avec sa femme, la première crise sérieuse en douze ans de mariage heureux. Malheureusement, il n'y voyait pas d'issue.

« N'allez pas à Londres, John, je vous en prie, avait-elle supplié encore et encore toute la nuit. Il n'en sortira rien de bon, je le sens. Vous courez à la mort. » Comment pouvait-elle affirmer une chose pareille ? Cela n'avait, de toute façon, aucun sens. Il n'était pas dans sa nature de se montrer si timorée.

« Restez ici, John. Ou bien partez à l'étranger. Trouvez n'importe quelle excuse, mais n'y allez pas. Cromwell se servirait de vous.

— Personne ne se sert de moi, Alice », avait-il répondu irrité.

Mais cela n'avait pas arrêté sa femme. Et finalement, un peu avant l'aube, elle lui avait fait d'amers reproches. « Vous devez choisir, John, entre votre famille et votre ambition. » L'injustice absurde de ces paroles l'avait heurté à tel point qu'il en était resté coi. Il s'était levé, avait pris son cheval et quitté Albion House avant les premières lueurs du jour.

Il gardait les yeux fixés au loin sur le fort. Qu'il le voulût ou non, la pensée ne cessait de le travailler : et si elle avait raison ?

Bien que, deux ans après leur mariage, la mort du père d'Alice l'ait laissée à la tête de biens importants, il n'était jamais venu à l'idée de John Lisle de se retirer dans la Forêt et de renoncer à sa carrière. Alice ne le lui avait d'ailleurs jamais proposé. En dépit de l'amour qu'elle lui portait, elle aurait probablement méprisé un mari vivant à ses crochets. Par ailleurs, il devait subvenir aux besoins des deux fils qu'il avait eus de son premier mariage, ainsi qu'à ceux des enfants qu'Alice et lui n'avaient pas tardé à avoir. Il avait été un bon avocat et un travailleur acharné. Il s'était élevé dans sa profession. Et lorsque, après onze années de règne personnel, le roi Charles avait finalement été contraint de convoquer un Parlement en 1640, John Lisle avait été choisi en raison de sa fortune et de son envergure pour représenter la ville de Winchester.

Cela ne le rendait-il pas trop ambitieux ? Il était facile pour Alice de l'affirmer. Elle n'avait jamais connu que la sécurité. Elle n'avait jamais souffert de la disgrâce, de l'échec ou de la ruine. Alors que, quand John était étudiant, sans pension de son père ivrogne et trop fier pour solliciter ses amis, il lui arrivait de ne pas avoir de quoi manger. Pour Alice, une carrière équivalait à une affaire plaisante, quelque chose qui allait de soi, que l'on pouvait toujours choisir d'abandonner. Pour lui, cela se résumait à une question de vie ou de mort. William Albion ne s'était pas trompé. L'âme de John Lisle était trempée comme l'acier. Et son ambition lui dictait d'aller à Londres.

Une petite troupe de cavaliers sortait maintenant du château de Hurst. Ils s'engagèrent le long de l'étroite grève, laissant la mer d'un gris métallique derrière eux. Le roi Charles, le plus petit, était facile à repérer.

Les cavaliers prenaient une route bizarre. Au lieu de passer tout droit par Lyndhurst, au centre de la Forêt, ils en suivaient la lisière en chevauchant vers Ringwood, à l'ouest, puis la contournaient par Romsey, au nord, avant de poursuivre leur chemin, par étapes, jusqu'au château de Windsor. Craignaient-ils que quelqu'un tente de délivrer Charles dans la Forêt ? Cela semblait improbable.

Depuis que le roi Charles avait plongé le pays dans la guerre civile, la Nouvelle Forêt était restée tranquille. Les ports voisins de Southampton et de Portsmouth, comme la plupart des ports anglais et la ville de Londres, étaient du côté du Parlement. Lymington s'était rangé du même côté. La petite noblesse royaliste avait tenté d'assurer au roi la fidélité de l'île de Wight et de Winchester, sans y réussir longtemps. La Forêt elle-même, où ne se trouvait aucun fort, n'avait pas été touchée par l'agitation. Seule différence, les fonctionnaires forestiers n'avaient pas été payés puisque le gouvernement royal se trouvait en panne. Du gentilhomme intendant au plus humble des gardes, ils s'étaient donc servis, en bois, en cerfs, en tout ce que fournissait la région. Et ils s'y entendaient.

« Le roi ne peut guère y trouver à redire, vous ne croyez pas ? » avait dit un jour Stephen Pride à Alice sur un ton cordial. Lisle se demandait si le nouveau gouvernement, quelle que soit la forme qu'il prendrait finalement, s'intéresserait à la Forêt.

Il tourna de nouveau son regard au loin vers les cavaliers le long de la grève. Comment était-il possible, pensa-t-il pour la centième fois, que le petit personnage qu'il apercevait là-bas ait été source de tant d'ennuis ?

Vu la conception du roi de ses droits, peut-être la guerre avait-elle été inévitable dès le jour où il était monté sur le trône. Il ne pouvait pas accepter l'idée d'un compromis politique. Il s'était entouré de conseillers détestés par le Parlement, avait levé de nouveaux impôts, favorisé les puissances catholiques haïes par ses sujets et enfin tenté d'imposer ses évêques — si proches du catholicisme en matière de rituel qu'ils ressemblaient aux papistes — aux austères Ecossais calvinistes. Ce dernier acte de folie avait amené les Ecossais à la rébellion armée et donné au Parlement l'occasion d'imposer sa volonté. Strafford, son ministre abhorré, avait été exécuté, l'archevêque de Canterbury emprisonné dans la Tour de Londres. Mais cela n'avait servi à rien. Le fossé qui séparait les deux camps était désormais trop profond. L'Angleterre avait glissé dans la guerre civile. Grâce à Oliver Cromwell et à ses « Têtes rondes », le roi avait finalement perdu la partie.

Cependant, même vaincu, le roi Charles ne se comportait pas honnêtement avec ses adversaires. Des documents découverts après la défaite du roi à l'ultime bataille de Naseby, qui prouvaient sans doute possible que Charles s'apprêtait à faire venir une armée d'Irlande ou de la France catholique pour soumettre son peuple, avait été, pour Lisle, la goutte qui faisait déborder le vase. « Comment pouvons-nous être certains qu'il n'aurait pas laissé les papistes revenir en Angleterre ? » demandait-il. Et quand il avait été envoyé avec d'autres délégués pour négocier avec Charles à l'île de Wight, où se trouvait le roi avant son transfert au château de Hurst, il avait compris exactement à quel genre d'homme il avait affaire. « Il dira n'importe quoi, il essaiera de gagner du temps, car il pense qu'il gouverne en vertu d'un droit divin et ne nous doit donc rien du tout. Il a le même caractère que sa grand-mère Marie, reine des Ecossais : il continuera de comploter jusqu'au jour où on lui coupera la tête. »

Mais là se situait précisément la pierre d'achoppement et ce qui inquiétait Alice et beaucoup d'autres. C'était la cause de la division entre les membres du Parlement, qui, nombreux, souhaitaient un compromis, et ceux de l'armée, plus intransigeants, conduits par Cromwell, selon lesquels le roi devait mourir. Comment pouvait-on exécuter un roi, l'oint du Seigneur ? On n'avait jamais fait une chose pareille. Qu'est-ce que cela signifiait ? Où cela mènerait-il ?

Curieusement, parce qu'il était juriste, John Lisle voyait bien qu'une solution légale au problème posé par les prérogatives du roi se révélait impossible.

La Constitution anglaise restait assez vague. La coutume et le droit commun anciens, les précédents ainsi que la richesse et la puissance relatives des personnes concernées avaient gouverné la politique de chaque génération. Lorsque le Parlement déclarait qu'il avait été consulté depuis le règne d'Edouard Ier, près de quatre siècles plus tôt, il disait vrai. Quand le roi affirmait qu'il pouvait le réunir et le renvoyer à sa guise, il disait vrai également. Lorsque le Parlement, en quête d'une autorité écrite, en appelait à la Magna Charta, il n'avait pas tout à fait raison, parce que ce document avait résulté d'un accord entre le roi Jean et des barons rebelles en 1215, accord déclaré illégal par le pape. Néanmoins, la Magna Charta impliquait que les rois devaient gouverner dans le respect de la coutume et du droit, ce que nul n'avait jamais contesté. Même le mauvais roi Jean n'avait jamais invoqué la notion de droit divin et l'eût trouvée bizarre. Quand le Parlement redécouvrit les formes médiévales de mise en accusation en vue d'une destitution, que tout le monde avait oubliées depuis des siècles, pour attaquer les ministres de Charles, il avait la loi de son côté. Lorsqu'il affirma, peu avant le début de la guerre civile, qu'il disposait d'un droit de veto sur les décisions des ministres du roi et le contrôle de l'armée, il ne s'appuyait sur aucune base juridique.

Mais à la fin de la journée, il semblait à Lisle que rien de tout cela n'importait. « Ne voyez-vous pas, avait-il expliqué à Alice, qu'il a choisi une position dont on ne peut légalement le faire bouger. Il dit qu'il est désigné par Dieu. Quoi que fasse le Parlement, s'il ne l'apprécie pas, ce sera par conséquent illégal. Cromwell veut le faire juger. Fort bien, il déclarera le tribunal illégal. Beaucoup hésiteront et seront embarrassés. » Grâce à son esprit juridique aiguisé, il voyait clairement tout cela. « Nous tournons en rond et cela peut continuer ainsi jusqu'à la fin des temps. »

Mais rompre avec le droit et la coutume s'avérait également dangereux. Vaincre un roi insupportable était une chose, mais l'exécuter en était une autre et puis qu'adviendrait-il ? Beaucoup de membres du Parlement, des gentilshommes, avaient du bien. Ils aspiraient à l'ordre ; ils étaient partisans du protestantisme, de préférence sans les évêques du roi Charles, mais ils voulaient de l'ordre, social et religieux. Beaucoup de militaires et aussi de modestes citadins commençaient à envisager autre chose. Ces indépendants désiraient pour chaque paroisse la liberté complète de choisir sa propre forme de religion, si elle était protestante, naturellement. Plus alarmant encore, le parti égalitaire dans l'armée souhaitait une démocratie générale, le vote pour tous les hommes et peut-être même l'abolition de la propriété privée. Rien d'étonnant, donc, à ce que les gentilshommes du Parlement aient hésité et espéré aboutir à un accord avec le roi.

Jusqu'à deux semaines plus tôt. Car l'armée avait alors frappé. Le colonel Thomas Pride avait fait irruption dans le Parlement et arrêté tous ses membres non disposés à coopérer avec l'armée. Un pur et simple coup d'Etat, qui avait eu lieu pendant que Cromwell était diplomatiquement absent. On appela cela la « purge de Pride ».

« Croyez-vous que le colonel Pride ait un lien de parenté avec nos Pride de la Forêt ? avait demandé Alice avec un sourire.

— Peut-être.

— J'imagine tout à fait Stephen Pride arrêtant les membres du Parlement. Il ferait cela fort bien. »

Mais c'était la dernière fois où elle avait été capable de voir le côté amusant de l'affaire. A mesure qu'on avançait dans le mois de décembre et qu'approchait le jour où Charles serait transféré du château de Hurst, elle devenait de plus en plus sombre. « A vous voir, on pourrait penser que c'est l'un de nous deux qui va être jugé », avait fait remarquer Lisle d'un ton irrité. Mais cela n'avait rien changé.

Pour ne rien arranger, il avait entendu dire que plusieurs éminents juristes partisans du Parlement se retiraient discrètement de l'affaire. « Cromwell a besoin de juristes, c'est pour cela qu'il vous veut auprès de lui », avait commenté Alice. Il savait qu'elle avait raison.

Et s'il n'allait pas à Londres ? S'il prétextait quelque maladie et restait dans la Forêt ? Cromwell viendrait-il l'arrêter ? Non. Il ne se passerait rien. On le laisserait tranquille. Mais s'il espérait alors obtenir quelque nomination ou faveur du nouveau régime, il pouvait tirer un trait dessus. Elle avait raison. Son ambition le poussait à assister au procès du roi. Et sa conscience aussi, bon sang, pensa-t-il furieux. Il y allait parce qu'il savait qu'il le fallait et possédait assez de courage pour le faire.

Conscience et ambition.

Le roi avait maintenant atteint l'extrémité de la grève et poursuivait son chemin. Dans quelques instants, la petite troupe aurait disparu. Lentement, à contrecœur, John Lisle fit tourner sa monture et rentra chez lui. Alice et lui avaient habité en différents endroits au cours des dix dernières années. Ils avaient résidé à Londres et à Winchester, sur l'île de Wight, où il s'était occupé de réparer les maisons de sa famille, à Moyles Court, dans la vallée de l'Avon, ou à Albion House, la préférée d'Alice. Ils s'y trouvaient, à l'approche de Noël.

Que lui dirait-il à son retour ?

Il avait pensé qu'elle dormirait peut-être, mais elle l'attendait, déjà en chemise de nuit et, grâce à Dieu, enveloppée dans un châle, dans le froid près de la porte ouverte. L'avait-elle attendu depuis son départ ? Elle avait les yeux rouges.

— Je vais rester jusqu'après Noël. Après quoi, je repenserai à tout cela, annonça-t-il en se disant que c'était la vérité et qu'il n'avait pas encore pris de décision.

— Le roi est parti ?

— Oui. Il est en route.

Elle hocha la tête tristement.

— John, dit-elle soudain, quoi que Dieu vous ordonne, nous sommes avec vous, moi et vos enfants. Vous devez faire ce qu'il faut. Je suis votre épouse.

Quelle femme ! Il l'embrassa et entra dans la maison, la joie au cœur.

1655

Thomas Penruddock n'oublierait jamais la première fois où il avait vu Alice Lisle. C'était après son dixième anniversaire, deux ans plus tôt.

Ils étaient partis dès l'aube de Compton Chamberlayne, dont le village et le manoir se trouvaient dans la vallée de la Nadder, à quelque dix kilomètres à l'ouest de Sarum. Le trajet jusqu'à la vieille ville était facile et agréable. Après un repos et une brève visite à la cathédrale, ils avaient continué vers le sud en suivant le cours de l'Avon, avaient dépassé Longford Castle, le vaste domaine de la famille Gorges, puis, après avoir traversé la rivière à quelques kilomètres en aval, ils étaient montés sur le plateau boisé, dans la partie la plus septentrionale de l'immense Nouvelle Forêt.

Le village de Hale se trouvait là. Depuis le manoir, construit sur la crête de la colline, on avait une jolie vue vers l'ouest sur la vallée de l'Avon. Deux générations plus tôt, les Penruddock avaient acheté le manoir pour un de leurs plus jeunes fils. Les Penruddock de Hale et leurs cousins avaient toujours été en bons termes. Les parents de Thomas l'amenaient là pour quelques jours.

Thomas ne connaissait pas encore Hale. Les cousins les accueillirent chaleureusement, les jeunes l'emmenèrent jouer. Sa première soirée ne fut ternie qu'un instant quand une vieille tante, le regardant avec attention, avait soudain déclaré : « Doux Jésus, John, cet enfant est le portrait craché de sa grand-mère, Anne Martell. »

C'était du côté de sa mère, des Martell du Dorset, que Thomas tenait cette beauté un peu ténébreuse. Les blonds Penruddock n'étaient pas mal non plus. Son père, que Thomas idolâtrait, passait pour un particulièrement bel homme et cela l'attristait de ne pas lui ressembler tout à fait. Un sourire éclaira donc son visage sombre lorsque la vieille tante poursuivit : « J'espère que vous êtes fier de lui, John », et que son père répondit : « Oui, très. »

Le colonel John Penruddock. L'homme idéal pour Thomas. Avec sa barbe fournie et ses yeux rieurs, n'avait-il pas été l'un des commandants les plus éblouissants du camp royaliste ? Il avait perdu un frère à la guerre, un de ses cousins avait été exilé. Sa vaillante fidélité au roi lui avait coûté cher, tant en argent qu'en offices, quand Cromwell et sa misérable clique avaient triomphé, mais Thomas eût préféré que les Penruddock perdent jusqu'à leur dernier arpent de terre plutôt que d'avoir un père différent, moins admirable que le sien.

Le lendemain matin, pour son plus grand plaisir, il fut autorisé à accompagner les hommes pendant une promenade à cheval. « Je pense que nous allons commencer par traverser Hale Purlieu, annonça leur hôte. Savez-vous ce qu'est un "purlieu", Thomas ? Il n'y a aucune raison que vous le sachiez. Un purlieu est une zone aux confins d'une forêt royale qui était soumis au droit forestier mais ne l'est plus. Plusieurs endroits en lisière de la Forêt se sont trouvés alternativement à l'intérieur et en dehors de sa juridiction au gré des changements de limite au fil des siècles. »

Les Penruddock avaient traversé Hale Purlieu et s'étaient engagés sur une vaste et haute lande de la Nouvelle Forêt quand ils virent deux cavaliers arriver à leur droite sur une piste qui coupait la leur un peu plus loin. Thomas entendit son père murmurer un juron et ses cousins s'arrêtèrent brusquement. Les Penruddock observèrent en silence les deux cavaliers, un homme et une femme, passer à deux cents mètres devant eux sans un signe ou un mot, et poursuivre leur chemin.

Il avait eu le temps de bien les regarder. L'homme, sobrement vêtu, portait un chapeau noir à large bord et haut fond comme les appréciaient les puritains de Cromwell. La femme, habillée tout aussi strictement, en marron foncé avec un petit col en dentelle, était tête nue, ses cheveux roux au vent. Peut-être avaient-ils la mise discrète des puritains, mais la qualité de leurs vêtements et leurs splendides chevaux suggéraient bien leur fortune. Personne ne bougea avant qu'ils ne soient presque hors de vue.

« Qui était-ce, père ?

— Lisle et sa femme.

— Ils ont Moyles Court, avait fait remarquer son cousin, mais ils n'y viennent pas beaucoup. Nous ne leur parlons jamais. Damnés régicides. »

Les régicides. Toutes les Têtes rondes ne s'en étaient pas mêlées. Fairfax, à la tête du gouvernement avec Cromwell, avait refusé de prendre part au procès du roi. Plusieurs des chefs de file n'avaient pas voulu signer l'arrêt de mort. Mais John Lisle n'avait montré aucun scrupule. Il avait assisté au procès, contribué à la rédaction des documents, plaidé en faveur de l'exécution et n'avait montré aucun remords lorsque le roi avait été décapité. Un régicide.

« Et il en a joliment profité », avait ajouté son cousin avec colère. Lorsque les biens des royalistes avaient été confisqués par le Parlement, Cromwell avait offert à Lisle la possibilité d'acheter de la terre à bas prix.

« Sa femme ne vaut pas mieux, avait repris Penruddock de Hale. Elle a trempé là-dedans autant que lui. Des régicides, tous les deux.

— Ces gens sont les ennemis mortels de votre famille, Thomas. Souvenez-vous-en, dit son père à voix basse.

— Ils détiennent le pouvoir, John. Voilà l'ennui. Et il n'y a pas grand-chose à y faire.

— Oh, je n'en suis pas si sûr, cousin, avait pensivement répondu le colonel John Penruddock. On ne sait jamais. »

Thomas avait vu les deux hommes se regarder sans un mot de plus. Il s'était demandé ce que cela signifiait.

Il le savait, maintenant. On était lundi matin. Ils avaient passé la nuit dehors, une nuit humide de mars, à rassembler des petites troupes de cavaliers autour de Sarum, mais Thomas ne se sentait pas fatigué tant il était excité. Il chevauchait au côté de son père. Il faisait encore nuit, une heure avant l'aube, lorsque la compagnie, près de deux cents hommes, entra près de la vieille enceinte de la cathédrale sous l'ombre écrasante de sa flèche. En tête montaient son père, un autre gentilhomme de la région, un certain Grove, et le général Wagstaff, un étranger qui apportait des messages et des instructions de la cour royale en exil. Après avoir tourné le coin où l'enceinte de la cathédrale jouxtait la ville, ils remontèrent une petite rue qui les amena à la vaste place du marché de Salisbury. Tandis que des gens, réveillés par ce fracas nocturne, passaient la tête, intrigués, entre leurs volets entrebâillés, les hommes d'armes allaient rapidement effectuer leur travail.

— Deux hommes à chaque porte ! ordonna son père d'un ton brusque.

Quelques instants plus tard, ils montaient la garde à l'entrée de chacune des tavernes de la place du marché. Son père envoya ensuite des patrouilles dans les rues et aux portes de l'enceinte de la cathédrale.

Quelques minutes après, un jeune officier s'approcha sur sa monture et annonça :

— Nous tenons la ville.

— Fort bien. Ça vous dit de faire du porte à porte ? demanda son père à son ami Grove. Allons voir si ces bons citoyens de Salisbury sont prêts à servir le roi.

Une fois Grove parti, Penruddock se retourna vers le jeune officier.

— Voyez combien de chevaux vous pouvez trouver. Réquisitionnez-les, quelqu'en soit le propriétaire. Au nom du roi.

Il lança un coup d'œil à son alter ego. Le général Wagstaff, un homme passablement impétueux, avait servi vaillamment pendant la guerre civile. Penruddock lui demanda avec une pointe d'irritation :

— Où est Hertford ?

Le marquis de Hertford, grand seigneur, s'était engagé à se joindre à eux avec un régiment entier de cavalerie.

— Il viendra, n'ayez crainte.

— Mieux vaudrait. Bon, allons-nous voir la geôle ? Attendez ici, Thomas, ordonna-t-il à son fils.

Prenant avec eux une vingtaine d'hommes, les deux commandants s'éloignèrent sur leur monture dans l'obscurité en direction de la prison de la ville.

The Sealed Knot. Le jeune Thomas regarda autour de lui les silhouettes ombreuses des cavaliers sur la place du marché. Ici et là, il apercevait le faible rougeoiement d'une pipe en terre. On entendait un léger tintement tandis qu'un cheval mâchouillait son mors ou qu'une épée tapait contre le plastron d'une armure. Le Sealed Knot — pendant deux ans, les gentilshommes loyaux de ce groupe fermé s'étaient préparés à porter le coup qui restituerait l'Angleterre à son vrai souverain. En ce moment même, de l'autre côté de la mer, l'héritier légitime, le fils aîné du roi assassiné, attendait impatiemment d'effectuer la traversée. Des villes et des forteresses avaient été occupées à des points stratégiques dans tout le pays. Et son père était en train de les conduire vers l'est. Il se sentait immensément fier de lui.

Les deux chefs ne tardèrent pas à revenir.

Son père riait doucement.

— Je n'arrive pas à dire, Wagstaff, si ces hommes étaient plus contents d'être remis en liberté que désolés d'avoir été enrôlés.

Il se retourna quand revint le jeune officier parti réquisitionner les chevaux.

— Nous venons d'engager cent vingt gibiers de potence bons pour le service. Avons-nous des montures pour eux ?

— Oui, monsieur. Les écuries de toutes les auberges sont pleines, tant il y a de gens en ville pour les jurys.

Les juges de Londres venaient d'arriver à Salisbury pour y tenir séance, comme ils le faisaient périodiquement. La cité regorgeait de monde.

— Ah, oui, poursuivit le colonel Penruddock, cela me rappelle que nous devons traiter avec les juges et le shérif.

Il fit un signe de tête à l'officier.

— Veuillez les trouver et les amener ici séance tenante.

L'officier suivit l'ordre de son père au pied de la lettre. Trois hommes, deux juges et le shérif, encore en chemise de nuit et grelottants dans le froid du petit matin, furent tirés de leur lit. Les premières lueurs apparaissaient dans le ciel. Et l'on distinguait clairement l'expression de consternation et de colère sur leurs visages pâles.

Jusque-là, Wagstaff s'était contenté de discuter tranquillement avec Penruddock. Après tout, il n'était venu ici que comme représentant du roi, alors que Penruddock portait tout le poids de l'autorité locale. Dieu sait pourquoi, la vue de ces trois importants personnages en chemise de nuit provoqua chez lui une soudaine irritation. De petite taille, irascible, il portait une barbichette et une longue moustache.

— Que signifie ceci ? demanda l'un des juges avec toute la dignité dont il était capable

— Cela signifie, monsieur, répondit Wagstaff, furieux, que vous êtes arrêtés au nom du roi.

— Je ne le crois pas, répliqua le juge, avec un sang-froid admirable pour un homme se trouvant en chemise de nuit dans un lieu public.

— Cela signifie aussi que vous êtes sur le point d'être pendu, poursuivit Wagstaff, qui se hérissait au point que tout son corps semblait n'être plus qu'un cri.

— Ce n'est pas tout à fait le but de l'opération, intervint Penruddock avec douceur.

Mais pour l'instant, Wagstaff n'écoutait pas. Il s'en prit au shérif :

— Vous, monsieur ! aboya-t-il.

— Moi, monsieur ?

— Oui, monsieur. Vous, monsieur. Allez au diable ! Vous êtes le shérif ?

— Oui.

— Vous allez donc prêter votre serment de fidélité au roi, monsieur. A l'instant même, monsieur !

Le shérif en question avait combattu comme colonel dans l'armée de Cromwell et, quelle que fût sa situation, il ne se laisserait pas intimider.

— Je n'en ferai rien, rétorqua-t-il catégoriquement.

— Palsambleu ! s'écria Wagstaff. Pendez-les sur-le-champ, Penruddock. Palsambleu, répéta-t-il pour faire bonne mesure.

— C'est un blasphème, monsieur, fit observer l'un des juges.

Les opposants puritains se plaignaient souvent du langage blasphématoire des royalistes.

— Au diable vos larmoiements hypocrites, espèce de punaises de sacristie, je vais vous pendre moi-même ! Apportez des cordes ! s'écria Wagstaff en cherchant dans le jour naissant un point où les accrocher.

Il fallut plusieurs minutes à Penruddock pour le persuader qu'ils avaient mieux à faire. Finalement, on brûla devant les juges leur mandat officiel et le shérif, toujours en chemise de nuit, fut placé sur un cheval et emmené comme otage.

— On pourra toujours le pendre plus tard, marmonna Wagstaff, grincheux.

Le jour se levait et les troupes, augmentées des renforts, s'étaient rassemblées sur la place du marché. Ils étaient près de quatre cents en tout. Aux yeux de Thomas, cela paraissait une immense armée. Mais il vit son père faire la moue et demander à Grove à voix basse :

— Combien de bourgeois avez-vous ralliés ?

— Pas beaucoup, murmura Grove.

— Nous avons donc surtout des pendards, conclut Penruddock sobrement. Où est Hertford ?

— Il va arriver. Il est en chemin, grogna Wagstaff. Vous pouvez compter dessus.

— Bon.

Le colonel John Penruddock fit signe à son fils d'approcher.

— Thomas, allez voir votre mère et rapportez-lui par le menu ce qui s'est passé. Vous resterez à la maison jusqu'à ce que je vous fasse rappeler. C'est compris ?

— Mais, père, vous aviez dit que je pourrais chevaucher à côté de vous !...

— Vous allez m'obéir, Thomas. Donnez-moi votre parole de gentilhomme de faire exactement ce que je vous ordonne. Restez auprès de votre mère, de vos frères et sœurs pour les protéger jusqu'à ce que je vous envoie chercher.

Thomas sentit les larmes lui monter aux yeux. Son père ne lui avait encore jamais demandé de lui donner sa parole de gentilhomme, mais la vague de déception qui l'envahissait submergeait ce petit plaisir. Il ravala ses larmes. Il éprouvait un terrible sentiment de perte. Il était venu pour chevaucher avec son père, comme un compagnon d'armes. La chance se représenterait-elle jamais ? Son père posa la main sur son bras et le serra.

— Nous avons chevauché ensemble toute la nuit. J'ai été heureux de vous avoir à mon côté, mon courageux fils. La plus belle nuit de ma vie. Je m'en souviendrai toujours, fit-il en souriant. Maintenant, promettez-moi de faire ce que je vous ai demandé.

— Je vous le promets, père.

— Il est temps de partir, dit Wagstaff.

— Oui.

Le lundi passa tranquillement à Compton Chamberlayne. Thomas fit la sieste. Juste avant le crépuscule, un cavalier qui venait de Sarum apprit à Mme Penruddock que son mari et ses hommes se trouvaient à Shaftesbury, à moins de vingt kilomètres de là seulement, mais, de crainte que Thomas ne soit tenté de le rejoindre, elle ne lui en dit rien. Le mardi, un petit groupe de cavaliers ralliés à Cromwell arriva de Sarum. Quelques heures après, ils poursuivirent leur chemin vers l'ouest et pourchassèrent Penruddock.

Le mercredi passa. Plus aucune nouvelle. Quelques part sur les collines qui s'étendaient vers l'ouest, Penruddock rassemblait des troupes et se battait peut-être. Bien que Thomas arrêtât tous les cavaliers qui arrivaient de l'ouest et que, trois fois par jour, sa mère envoyât quelqu'un chercher des nouvelles à Sarum, il n'y en avait aucune. Personne ne savait où ils étaient. Les insurgés de Penruddock avaient disparu.

Quelle était la cause de tout cela ? Pourquoi les membres du Sealed Knot avaient-ils décidé de frapper maintenant et pourquoi le pondéré colonel Penruddock s'était-il lancé dans cette périlleuse entreprise ?

En dépit des défauts du roi, le choc provoqué par l'exécution de Charles Ier avait été général. Des tracts, faisant de lui un martyr, avaient été diffusés en si grand nombre qu'il en existait presque autant en circulation que de bibles. Les Ecossais, qui ne voulaient pas davantage être gouvernés par Cromwell et son armée anglaise qu'ils n'avaient voulu devenir sujets de Charles Ier et de ses évêques, avaient couronné son fils sous le nom de Charles II à condition que, en Ecosse du moins, que cela lui plût ou non, il respectât l'austère foi calviniste — et cela ne plaisait nullement au jeune libertin jovial. Charles II avait promptement tenté d'envahir l'Angleterre. Mis en déroute par Cromwell, il s'était caché dans un chêne, puis enfui pour sauver sa peau. Cela s'était passé quatre ans plus tôt, mais, depuis son exil, le jeune roi n'avait cessé de se préparer à reconquérir son royaume.

Quant à Cromwell, quelle sorte de gouvernement avait-il proposé ? On appelait cela une république. Mais si l'on ôtait le masque d'un Parlement composé de châtelains et de commerçants triés sur le volet, il était évident que le pouvoir demeurait entièrement entre les mains de l'armée. Et il ne s'agissait même pas de celle qui avait gagné la guerre civile, car les démocrates égalitaristes avaient été écrasés et leurs chefs fusillés. Ayant pris le titre de lord-protecteur, Cromwell signait Oliver P., tout comme un roi. Trois mois plus tôt, lorsque même le Parlement choisi par lui refusa d'augmenter les effectifs de son armée, il le congédia. « Il est plus tyrannique que le vieux roi ne l'a jamais été », protestaient ses membres. Compte tenu, d'une part, du nombre encore important des royalistes, d'autre part, de la fureur des parlementaires et même des militaires démocrates, il ne semblait pas déraisonnable d'espérer le renversement de Cromwell. Comme toujours dans les affaires humaines, cependant, l'issue n'aurait aucun lien avec les mérites de la cause et dépendrait entièrement de la conjoncture.

Des nouvelles arrivèrent le jeudi.

« Ils ont été défaits. » Cela s'était produit au cours d'une escarmouche nocturne dans un village du sud-ouest de l'Angleterre. « Wagstaff s'est enfui, mais Penruddock et Grove ont été faits prisonniers. Ils vont passer en jugement pour trahison. »

On apprit peu à peu ce qui s'était passé. En réalité la grande insurrection n'avait pas échoué, elle n'avait jamais vraiment commencé. En dépit de la fureur des membres du Parlement d'avoir été congédiés, en dépit du fait qu'une partie de l'armée de Cromwell se trouvait toujours en Ecosse occupée à pacifier les Highlands, les chefs du Sealed Knot avaient conclu avec justesse que leur organisation n'était pas prête pour un soulèvement de grande envergure. Une avalanche de messages entre le Knot et le roi en exil avait non seulement amené certains agents, comme Wagstaff, à croire que l'insurrection restait à l'ordre du jour, mais elle avait aussi alerté Cromwell, qui avait promptement amené des troupes supplémentaires à Londres et en d'autres points stratégiques. Lors de leurs rendez-vous successifs, soit les conspirateurs avaient fait faux bond, soit ils étaient rapidement rentrés dans leurs foyers. La veille des événements de Salisbury, tout avait été annulé. Mais personne n'avait prévenu Penruddock. Il s'agissait d'un mauvais minutage.

Thomas n'avait jamais vu sa mère ainsi. Bien qu'elle eût transmis l'air ténébreux des Martell à son fils, elle-même possédait un visage ouvert encadré par une abondante chevelure noisette. Ame simple et bonne maîtresse de maison, elle avait toujours laissé les affaires et les questions de politique à son mari et le suivait sur ce chapitre. Elle l'avait vu dépenser plus de mille livres pour la cause du roi et être condamné en outre à une amende de mille trois cents livres. Ils avaient dû se serrer la ceinture pour la payer. Mais, comme Thomas le savait, un procès pour trahison entraînerait des peines encore plus lourdes pour la famille. Ils risquaient de perdre Compton Chamberlayne et tout ce qu'ils possédaient. Tandis que sa mère s'affairait à ses tâches domestiques, surveillant les enfants, la cuisine, le cellier, les domestiques et aussi les employés du domaine, il se demandait si elle savait et essayait de faire comme si de rien n'était ou bien si elle refusait tout simplement d'y penser.

Mais surtout, il l'observait en quête d'indices sur le sort de son père. Sa première lettre leur avait été apportée le jeudi soir. Il la priait de rester où elle était et d'attendre de nouvelles instructions. Une autre lettre arriva quelques jours plus tard.

Thomas voyait bien que sa mère réagissait de son mieux. Son père lui demandait d'user de toute son influence pour défendre sa cause et d'approcher toutes sortes de gens. Ce genre de démarche ne lui était pas facile. Elle sollicitait l'aide d'amis. Malheureusement, la plupart d'entre eux appartenaient à la petite noblesse et étaient liés aux royalistes. Après une semaine infructueuse, passée à voir des amis qui ne pouvaient l'aider et à écrire à d'autres qui ne le souhaitaient probablement pas, sa mère annonça un jour à sa famille :

— Nous partons demain pour la Forêt.

— Qui allons-nous voir ? demanda Thomas.

— Alice Lisle.

— Au moins pourra-t-elle nous recevoir, déclara sa mère tandis que le vieil équipage poursuivait sa route à travers la Forêt.

Elle avait appris qu'Alice Lisle résidait à Albion House, si bien qu'ils avaient passé une nuit à Hale avant de se mettre en route au point du jour.

— Elle a peut-être épousé Lisle, mais elle n'en reste pas moins une Albion. Nous nous côtoyions, expliqua-t-elle à Thomas.

En fin de matinée, ils atteignirent Lyndhurst et à midi ils dépassèrent Brockenhurst et franchirent le petit gué au-delà duquel le chemin menait vers la maison au milieu des bois.

En regardant ses deux jeunes frères et ses trois sœurs, Thomas songeait à la conversation qu'il avait eue avec sa mère la veille au soir.

« Je crois que Mme Lisle nous hait, mère, avait-il fait remarquer.

— Peut-être, mais elle aussi a des enfants », avait-elle répondu simplement. Puis, avec un air tracassé qu'il lui avait rarement vu : « Ah, ces hommes ! Je ne sais plus. Je ne sais vraiment plus. »

Ils franchirent donc les portes d'Albion House et les domestiques, surpris, les annoncèrent à leur maîtresse.

Alice Lisle était en noir, avec un simple tablier blanc, un grand col et des manchettes en lin. Ses cheveux aux reflets roux étaient remontés sous une coiffe en lin. Elle avait l'air d'une puritaine jusqu'au bout des ongles. Mme Penruddock s'était habillée aussi simplement que possible, mais son col de dentelle trahissait son appartenance royaliste. A quoi bon faire semblant ? avait-elle pensé.

Alice Lisle regarda Mme Penruddock et ses enfants. Elle-même était restée debout et ne les avait pas invités à s'asseoir. Elle avait, bien sûr, immédiatement compris l'objet de leur visite. La Penruddock venait la supplier d'intercéder en faveur de son mari et elle amenait ses enfants pour l'attendrir. Elle ne pouvait l'en blâmer. Elle aurait probablement agi de la même manière. Elle la vit chercher des yeux ses enfants à elle, mais elle les avait prestement entraînés dans une autre partie de la maison. Elle ne voulait pas qu'ils se rencontrent, car cela aurait pu sous-entendre une intimité qui restait impossible. Debout avec raideur, elle ne voulait montrer aucune faiblesse.

— Mon mari est à Londres et ne sera pas de retour avant un mois, je pense, dit-elle.

— C'est vous que je suis venue voir.

Mme Penruddock n'avait pas préparé son discours.

— Je me souviens très bien de votre père. Mon grand-père et le vieux Clement Albion étaient amis, vous savez, lâcha-t-elle.

— Cela se peut.

— Savez-vous ce que l'on est en train de faire à mon mari ? On l'accuse de trahison ! s'exclama-t-elle en montant dans les aigus comme s'il s'agissait de quelque chose d'outrageant.

« Juste ciel, faillit s'écrier Alice, si vous prenez la tête de quatre cents hommes, faites prisonnier un shérif et déclarez la guerre au gouvernement, à quoi d'autre pouvez-vous vous attendre ! » Mais elle comprenait. Elle regarda les enfants, vit l'aîné l'observer attentivement, eut envie de lui sourire, mais s'interdit de le faire. Elle conserva son air sévère.

— Que voulez-vous de moi ? demanda-t-elle.

— Il serait injuste, répondit son interlocutrice en montrant les six enfants, de les laisser sans père, quoi que celui-ci ait fait. C'est lui qui, à Salisbury, a empêché Wagstaff de porter préjudice à ces hommes. Il n'a jamais fait de mal à personne. Et si le lord-protecteur lui laisse la vie sauve, je sais qu'il lui donnera sa parole de ne jamais reprendre les armes ni de traiter en aucune manière avec le roi.

— Vous voulez dire que vous souhaitez que j'écrive tout cela à mon mari ? Vous croyez qu'il sera à même de persuader le lord-protecteur ?

Une lueur d'espoir éclaira le visage de Mme Penruddock.

— Vous le feriez ?

Alice la regardait fixement. Elle voyait l'espérance naître en elle et savait qu'il lui fallait l'étouffer. Elle ne pouvait ajouter à la détresse de cette famille en éveillant un optimisme trompeur qui serait immanquablement sapé. Elle tourna à nouveau les yeux vers Thomas. Le jeune garçon paraissait plus raisonnable que sa mère.

— Mme Penruddock, dit-elle, les sourcils froncés, en s'adressant en même temps au gamin. Je suis obligée de vous annoncer qu'il n'existe aucun espoir. Si les juges l'estiment coupable, il est sûr qu'il mourra. C'est tout ce que j'ai à vous dire.

Le visage de Mme Penruddock se décomposa, mais elle ne renonça pas tout à fait :

— Vous n'écrirez même pas ?

Alice hésita. Que pouvait-elle répondre ?

— Je le ferai, dit-elle à contrecœur. Mais c'est peine perdue.

— Bon. Du moins a-t-elle dit qu'elle écrirait, commenta Mme Penruddock à ses enfants sur le chemin du retour.

Et, effectivement, Alice écrivit — une lettre longue et passionnée. Elle rapporta l'entrevue et mit en avant tous les éléments en faveur du colonel Penruddock, y compris certains auxquels sa femme n'avait pas pensé. Quelles qu'aient été ses intentions au début de cette malheureuse affaire, elle ne doutait aucunement que si Penruddock donnait sa parole à Cromwell, il la tiendrait.

La réponse de John Lisle arriva quelques jours plus tard. Il partageait l'avis d'Alice et avait parlé à Cromwell, mais, comme on pouvait s'y attendre, sans grand succès : « Les meneurs seront jugés par un jury et non par les magistrats qu'ils ont maltraités à Salisbury, de crainte qu'ils ne cherchent à se venger. Si Penruddock est jugé coupable — et il l'est certainement —, le lord-protecteur lui garantit une mort clémente. Mais il ne peut faire plus. En accordant sa grâce à Penruddock, quelles autres rébellions n'encouragerait-il pas ? »

Thomas ne se souvenait plus dans le détail des jours qui suivirent. Il y avait eu des lettres, des appels désespérés ; pendant un temps, il apparut que le sauf-conduit et le pardon accordés à certains de leurs partisans pourraient l'être à Penruddock et à Grove, mais ils leur furent refusés. Les autorités semblaient hésiter quant au lieu du procès, mais décidèrent en avril que les rebelles seraient conduits à Exeter, dans le sud-ouest de l'Angleterre, où ils étaient détenus, pour y être jugés. Chaque jour, il demandait à sa mère : « Quand irons-nous voir père ? » et elle répondait toujours : « Dès qu'il nous enverra chercher. »

De toute évidence, son père estimait nécessaire que sa femme se rende à Londres pour intercéder en sa faveur, et ils restaient donc à la maison. Puis, la troisième semaine d'avril, un message arriva. Le procès était sur le point de commencer. Le colonel Penruddock demandait à sa femme de venir. « Puis-je vous accompagner ? » avait demandé Thomas. Mais, une fois de plus, il dut rester à la maison et attendre.

Sa mère était partie une semaine. Avant son retour, il connaissait déjà le verdict. Coupable. L'ordre d'exécution avait été envoyé à Cromwell. Penruddock et Grove avaient interjeté appel auprès des juges. Sa mère était en proie à une véritable frénésie. Dès son retour, elle expédia immédiatement une lettre à Alice Lisle. « Je suis sûre qu'elle peut faire quelque chose », avait-elle déclaré. Thomas se demandait d'où venait cette certitude, alors qu'ils n'avaient plus jamais entendu parler d'elle.

Ils n'avaient cependant pas prévu un autre coup. Le lendemain de son retour, tandis qu'elle tentait de réconforter ses enfants, un officier à la tête de six soldats frappa à la porte pour l'informer qu'elle devait partir.

— Partir ? Que voulez-vous dire ? Pourquoi ?
— La maison est placée sous séquestre.
— Sur l'ordre de qui ?
— Du shérif.
— Et je suis expulsée ? Avec mes enfants ?
— Oui.

Ils passèrent la nuit dans une auberge de Salisbury, la suivante chez leurs cousins de Hale. Le surlendemain, ils apprirent cependant qu'ils pouvaient rentrer chez eux. Il y avait eu erreur. Aucune décision relative à leurs biens n'avait encore été prise.

Les Penruddock ne surent jamais qu'Alice Lisle, ayant eu vent de l'affaire le jour même, avait deviné que le shérif, un homme avide, essayait vraisemblablement de faire main basse sur la propriété et avait envoyé un message urgent à son mari pour qu'il fasse annuler l'ordre.

Le lendemain, Mme Penruddock et ses enfants se mirent en route pour Exeter. Le voyage dura trois jours. Pendant ce temps-là, l'ordre d'exécution, rédigé et signé de la main de Cromwell, était arrivé. Au lieu d'être pendu, éviscéré et écartelé, les effroyables supplices réservés aux traîtres, Penruddock aurait la tête tranchée. N'ayant jamais assisté à l'exécution d'un traître, la famille ne comprit pas pleinement combien cette faveur était grande.

Ils furent autorisés au cours de la dernière semaine à le voir deux fois. La première causa un choc à Thomas. Bien que, grâce à sa femme, on ait fourni au colonel Penruddock une chemise propre, il paraissait émacié et abattu dans sa petite cellule. Ses geôliers ne l'avaient pas laissé se laver aussi souvent qu'il le souhaitait et il sentait passablement mauvais. Après le choc initial, tout cela eut cependant pour effet d'émouvoir Thomas davantage. Les petits enfants regardaient fixement leur père sans mot dire, en proie au plus grand trouble. Il leur parla avec son calme et sa gentillesse habituels, leur donna sa bénédiction, les embrassa et les enjoignit d'être courageux. « Peut-être Cromwell reviendra-t-il sur sa décision, mais je ne le crois pas », murmura-t-il à sa femme.

La seconde visite fut plus bouleversante encore. Le temps passant, bien qu'elle essayât de rester calme, Mme Penruddock avait l'air de plus en plus égarée. A mesure que le jour fatidique approchait, elle semblait croire que l'appel qu'elle avait lancé à Alice Lisle porterait certainement ses fruits. « Je ne comprends pas pourquoi cela prend tant de temps, déclarait-elle à brûle-pourpoint d'une voix plaintive. La grâce va certainement être accordée. Il le faut. » Et puis elle revenait sans cesse sur le fait que les hommes du shérif l'avaient expulsée de chez elle pendant deux jours. « Penser qu'ils peuvent faire une chose pareille ! » s'exclamait-elle.

Ils savaient que cette visite serait la dernière, l'exécution devant se dérouler le lendemain. Ils se rendirent à la prison dans l'après-midi.

Pour on ne sait quelle raison, ils attendirent dans une pièce en compagnie du chef geôlier qui passait son temps à manger une tourte et à se curer les dents. Sa barbe hirsute et sale n'avait pas été taillée parce que personne ne l'y obligeait. Ils s'efforçaient de ne pas le regarder.

Mais lui les regardait. Ils l'intéressaient. Il n'aimait pas les royalistes, surtout les gentilshommes. Si le père de ces enfants allait être décapité, c'était tant mieux. Il observait leur tenue — dentelles et satin pour les filles et, voyez-vous ça, le plus jeune des garçons portait des petites rosettes sur ses souliers — et il se demandait de quoi ils auraient l'air après que lui et ses hommes se seraient occupés d'eux. Il voyait déjà leurs vêtements en lambeaux, les garçons avec un œil au beurre noir, ou les deux, et la mère...

Celle-ci marmonnait quelque chose. Elle espérait une grâce. C'était une plaisanterie. Personne ne gracierait Penruddock, même lui savait ça. Pourtant, il tendait l'oreille. Elle espérait que le juge Lisle interviendrait auprès de Cromwell. Il avait entendu parler de Lisle, mais ne l'avait jamais vu. C'était un proche de Cromwell, disait-on. Cette femme avait écrit à son épouse. Un espoir vain, manifestement, mais les femmes des condamnés agissaient souvent de la sorte.

— Lisle, vous dites ? Le juge Lisle ? lança-t-il soudain en souriant pour tromper sa vigilance.

— Oui, mon brave, répondit-elle en se tournant vers lui avec empressement. Y a-t-il eu des nouvelles de lui ?

Il ne répondit pas tout de suite, tenant à savourer son effet. Puis :

— L'ordre d'exécution de votre mari a été préparé par Lisle. De sa propre main. Il se tenait à côté de Cromwell quand il l'a signé.

L'effet dépassa toute attente. Son visage se décomposa. Elle sembla s'effondrer et s'étioler devant ses yeux. Il n'avait jamais rien vu de pareil. Le fait qu'il ait totalement ignoré si le juge Lisle se trouvait à moins de cent kilomètres de Cromwell et de l'ordre d'exécution ou non ajoutait encore à la beauté de l'histoire.

— C'est bien connu, ajouta-t-il pour faire bonne mesure.

— Mais j'ai écrit de nouveau à sa femme, gémit la pauvre Mme Penruddock.

— On dit que c'est elle qui a le plus insisté pour qu'il soit condamné.

En laissant ainsi entendre qu'il prenait en pitié son mari, il rendait son affirmation encore plus plausible. Elle faillit s'évanouir. Son fils aîné semblait prêt à commettre un meurtre. Il essayait néanmoins de trouver autre chose à inventer pour se moquer de ces malheureux, quand l'un de ses gardiens l'avertit que le prisonnier était prêt.

— Il est temps d'aller voir le colonel, annonça-t-il.

Le colonel Penruddock s'était préparé de son mieux pour cette dernière rencontre avec ses enfants. Ils le trouvèrent lavé, les cheveux brossés et de bonne humeur. Il leur parla gaiement et calmement à chacun et leur demanda d'être courageux pour l'amour de lui.

— Souvenez-vous-en, dit-il, quelles que soient les difficultés auxquelles vous serez confrontés, elles ne seront que peu de chose à côté des souffrances endurées par Notre Seigneur. Et, si les hommes vous insultent, cela n'est rien, car Il vous regarde et vous aime d'un amour bien plus grand que celui qu'ils pourront connaître.

Il prodigua à sa femme toutes les paroles de réconfort dont il fut capable et lui fit promettre de quitter Exeter avec les enfants avant l'aube.

— A la première heure, je vous prie. Vous devez être sortis de la ville et déjà en route avant le lever du soleil. Ne vous arrêtez pas avant d'arriver à Chard.

Cela se situait à près de quarante kilomètres, une bonne journée de voyage.

Mme Penruddock acquiesça et murmura quelques mots, mais elle semblait hébétée. Quant à Thomas, il ne put faire autrement que de garder la tête penchée quand son père l'embrassa. Avant qu'il se rende compte de ce qui se passait, la porte de la cellule s'ouvrit et on les fit sortir.

Vers dix heures du soir seulement, Mme Penruddock parut revenir brusquement à la vie. Les plus petits dormaient dans la grande chambre qu'ils partageaient à l'auberge, mais Thomas était éveillé quand elle se dressa soudain sur son séant, une expression d'horreur sur son visage pâle, et s'écria :

— Je ne lui ai pas dit adieu !

Elle chercha une plume et un papier sur la table.

— Je sais que c'est là, murmura-t-elle plaintivement. Il faut absolument que je lui écrive une lettre.

Thomas la regarda écrire. Il était difficile de savoir que penser de sa mère. Quand elle en avait la volonté, quand elle se concentrait, elle parvenait à s'exprimer avec dignité, puis, l'instant d'après, quelque pensée insignifiante ou ordinaire lui venait à l'esprit et elle changeait complètement d'attitude. Il en fut ainsi de sa lettre. Elle commençait très bien : « Notre triste séparation a été si loin de vous faire oublier de moi que, depuis, je ne pense guère à moi et entièrement à vous. Ces chères étreintes que je sens encore et sentirai toujours... ont charmé mon âme jusqu'à un tel respect de votre mémoire... » Quelques lignes plus loin, le souvenir des hommes du shérif lui revenait soudain : « Il est trop tard pour vous dire ce que j'ai fait pour vous, comment on m'a expulsée parce que je venais demander votre grâce... » Puis elle en arrivait brusquement à la conclusion, aimante et passionnée : « Adieu, donc, dix mille fois, mon très aimé ! Vos enfants sollicitent votre bénédiction et vous présentent leurs respects. »

A onze heures elle eut fini. Un garçon d'écurie accepta de porter la lettre à la geôle et revint peu après minuit avec une réponse pleine d'amour écrite de la main du colonel.

Thomas ne s'endormit pas avant les premières lueurs du jour.

Cela ne serait jamais arrivé si Mme Penruddock avait été prête en temps voulu. Elle avait essayé de l'être. Mais, à huit heures du matin, l'équipage attendait déjà depuis près d'une heure à la porte de l'auberge dans la grisaille du matin.

Elle voulait partir. Elle désirait non seulement obéir à son mari, mais aussi s'abstraire de la scène, fermer son esprit à la perte qui lui était insupportable. Elle n'arrivait pas à mettre la main sur ses affaires, puis sa plus jeune fille choisit ce moment pour tomber malade. A neuf heures, Mme Penruddock se trouvait dans un tel état d'agitation et d'énervement qu'elle perdit sa bourse et se querella avec l'aubergiste. Enfin, comme dix heures sonnaient à un clocher voisin, elle rassembla donc ses enfants, s'affaira à les faire monter en voiture et appela son aîné.

Thomas avait disparu.

Il n'avait pu s'en empêcher. Il avait remonté la rue en suivant la foule qui se rendait sur le lieu de l'exécution. Comment pouvait-il laisser passer l'occasion de voir une dernière fois son père qu'il aimait tant, qu'il vénérait ?

En arrivant sur la place, il ne put s'approcher à cause de la cohue. Même s'il lui avait été possible d'atteindre le premier rang, au pied de l'échafaud, il n'aurait pas osé, car il savait que, sur l'ordre de son père, il n'aurait pas dû se trouver là.

Il attendit un quart d'heure l'arrivée de l'escorte, d'abord des cavaliers, suivis de la charrette gardée par des fantassins armés de mousquets et de lances. Son père était debout sur la charrette, en chemise blanche, ses longs cheveux bruns tirés en arrière.

Le shérif monta le premier sur l'échafaud, puis deux autres hommes et le bourreau, le visage cagoulé de noir, portant la hache dont le fer étincelait. Son père suivit, sous escorte.

Ils ne perdirent pas de temps. Le shérif lut à haute voix l'ordre d'exécution pour crime de trahison. Son père s'avança vers le billot avec le bourreau. Il dit un mot au shérif, qui acquiesça, et le bourreau se recula tandis qu'il sortait une feuille de papier sur laquelle il jeta un coup d'œil. Puis, regardant calmement la foule, le colonel Penruddock parla d'une voix haute et claire :

— Messieurs, il a toujours été de coutume que les condamnés, au moment de mourir, apportent quelque éclaircissement quant au fait qu'ils soient coupables de ce dont on les accuse. Le crime pour lequel je dois mourir est la fidélité, appelée en ce temps haute trahison...

Le discours fut limpide, mais long. La foule restait assez silencieuse, mais Thomas ne put entendre et suivre tout. Il comprenait cependant le sens de l'ensemble. Son père avait des remarques à formuler sur la façon dont il avait été traité et tenait à innocenter d'autres personnes, notamment celles proches du Sealed Knot, de toute complicité. Il fit tout cela en termes simples et convaincants. Ensuite seulement, il exprima l'espoir que l'Angleterre se voie rendre un jour son roi légitime. Enfin, il recommanda son âme à Dieu.

L'un des hommes du shérif s'avança et rassembla ses cheveux sous un bonnet. Il jeta un coup d'œil au bourreau, qui hocha la tête.

Ils allèrent au billot. Son père s'agenouilla, embrassa la pièce de bois et se tourna vers le bourreau. Il lui dit quelques mots. L'homme lui présenta la lame de la hache et il la baisa. La foule gardait un silence religieux. Le colonel Penruddock dit encore quelque chose, que Thomas ne put saisir, puis se tourna de nouveau vers le billot. Silence. Il s'apprêtait à poser sa tête dessus.

C'était l'instant ultime. Thomas avait envie de crier. Pourquoi avait-il tant attendu, jusqu'à ce que tous se taisent ? Quitte à désobéir aux consignes de son père, il aurait voulu crier pour lui faire savoir qu'il était là, jusqu'au dernier moment. Un cri d'amour. Etait-il trop tard ? Ne pouvait-il pas le faire encore ? Envahi par une bouffée d'amour, il ressentait affreusement l'angoisse de la séparation. Il prit une profonde inspiration.

Son père baissa la tête sur le billot. Thomas ouvrit la bouche. Rien. La hache s'abattit.

— Père !

Il vit un jaillissement rouge, puis la tête de son père tomba à terre avec un petit bruit sourd.

1664

Les années qui suivirent l'insurrection de Penruddock n'apportèrent pas la paix à Alice Lisle. A première vue, elle semblait comblée. L'ascension de son mari se poursuivait. Ils avaient fait l'acquisition d'une jolie maison dans l'agréable quartier de Chelsea, en bordure de la Tamise. Eux et leurs enfants comptaient parmi les proches de Cromwell et de sa famille. Ils assistaient ensemble aux offices avec le même groupe de puritains. La famille Cromwell acheta même une propriété près de Winchester, non loin de l'une des élégantes demeures acquises par John Lisle dans cette partie du comté. Les Lisle étaient riches. Lorsque Cromwell avait constitué une nouvelle Chambre des pairs, il avait choisi John Lisle pour en faire partie, si bien que l'avocat était maintenant appelé Lord Lisle et Alice Lady Lisle.

Le lord-protecteur était tout-puissant. Son armée avait écrasé l'Ecosse et l'Irlande. L'Angleterre dominait de plus en plus le commerce maritime. La république d'Angleterre n'avait jamais été aussi puissante. Pourtant, Alice se sentait mal à l'aise ; certains jours, elle ressentait la même appréhension que quand son mari était parti pour Londres lors de l'exécution du roi.

Car, malheureusement, le système républicain fonctionnait mal. Elle s'en rendait compte, parfois mieux que son mari. Chaque fois que le Parlement et l'armée ou certaines de leurs factions ne parvenaient pas à un accord et que son mari rentrait à la maison avec une nouvelle mouture de la Constitution en déclarant : « Cette fois-ci, nous allons régler la question », elle se contentait d'acquiescer en silence et de garder son calme. Et, comme elle l'avait prévu, une nouvelle crise survenait quelques mois plus tard et on choisissait une nouvelle forme de gouvernement. Les mois qui suivirent l'insurrection de Penruddock avaient été les pires. Afin de décourager toute nouvelle velléité d'opposition, Cromwell avait divisé le pays en douze régions, placé un état-major à la tête de chacune et instauré la loi martiale. Il n'avait réussi qu'à faire détester l'armée et, après un certain temps, avait dû renoncer. Mais les questions restaient, au fond, les mêmes : dictature ou république, gouvernement civil ou militaire, gouvernement des propriétaires terriens ou du peuple ? Aucune n'était tranchée et personne ne se montrait satisfait. Tandis que Cromwell recourait à un expédient après l'autre, Alice en venait à se demander ce qu'il adviendrait si Oliver Cromwell disparaissait. Personne, pas même son intelligent mari, ne le savait.

Quelque chose d'autre la tracassait.

« Si tout ce que nous avons fait, John, n'a pas servi à établir un gouvernement juste et pieux, mieux valait s'en abstenir. »

— C'est à cela que nous nous employons, Alice, répondait-il avec irritation. Nous instaurons un gouvernement pieux. »

Mais le faisaient-ils vraiment ? Le Parlement avait voté des lois iniques. Il était allé jusqu'à rendre l'adultère passible de la peine de mort — sauf que, du fait de ce châtiment monstrueux, les jurys se refusaient avec raison à rendre des verdicts de culpabilité. Les jurons, la danse et toutes les formes de distraction qui offusquaient les puritains étaient interdits. On avait même fait en sorte de fermer la moitié des auberges où les gens venaient boire. Mais à quoi rimait tout cela quand, à la tête du pays, Oliver Cromwell, incité par ses partisans, paraissait manifestement tenté de prendre le titre de roi et de désigner son fils, un jeune homme sympathique mais faible, comme son successeur dans les fonctions de lord-protecteur ? Quand elle était allée à Whitehall, elle avait été choquée de constater que les membres des autres familles dirigeantes du nouveau régime se vêtaient de soie, de satin et de brocart, exactement comme l'ancienne aristocratie royaliste qu'ils avaient remplacée. Bien qu'elle fût trop avisée pour le dire, il lui semblait que les choses n'avaient guère changé.

Ainsi, à mesure que les années passaient, en continuant apparemment de soutenir son mari, qu'elle aimait, dans sa carrière publique, Alice se repliait peu à peu sur elle-même. Elle se souciait de moins en moins du parti auquel les gens appartenaient. Lorsque la pauvre Mme Penruddock, quelques mois après l'exécution de son mari, avait finalement été dépouillée de tous ses biens familiaux et avait sollicité la clémence de Cromwell, Alice avait énergiquement plaidé en sa faveur et été satisfaite quand une partie de ses biens lui avait été restituée afin qu'elle puisse élever ses enfants.

« Je ne sais pas pourquoi vous vous préoccupez de ces gens, qui se soucient sans doute aussi peu de vous que d'une guigne », avait fait remarquer Lisle.

« Parce que le colonel Penruddock, victime de ses illusions ou non, valait probablement dix de nos amis », avait-elle eu envie de lui rétorquer. Mais elle s'était contentée de l'embrasser.

Ce qui lui plaisait cependant dans le régime républicain, c'était sa tolérance en matière de religion. Tolérance qui, bien sûr, ne s'étendait pas à l'Eglise romaine. En tant que bonne protestante, elle n'aurait pu approuver cela. Le papisme sous-entendait l'asservissement des honnêtes gens aux prêtres rusés et à la cruelle Inquisition ; il signifiait la superstition, l'arriération, l'idolâtrie et, qu'on le veuille ou non, la domination par des puissances étrangères. Mais, dans les limites de la gamme étendue de congrégations protestantes, l'austère Cromwell se montrait étonnament libéral. Il avait refusé aux presbytériens la permission d'imposer à tous leur forme de culte ; les Eglises indépendantes, qui choisissaient la leur ainsi que leurs propres ministres du culte, étaient autorisées. De bons prédicateurs indépendants, qui tiraient directement leur inspiration de leur expérience religieuse, recevaient des encouragements. Alice aimait les prédicateurs. C'étaient pour la plupart des hommes honnêtes. Quand elle pensait à la manière dont ils auraient été traités par le roi Charles et ses évêques — réduits au silence, traqués jusque chez eux, peut-être même condamnés à avoir une oreille coupée ou mis sur le billot —, au moins croyait-elle que la république avait apporté quelque réelle amélioration.

Puis Cromwell mourut, brusquement.

Personne n'y était préparé. On pensait qu'il vivrait encore des années. Son fils Richard avait essayé de prendre sa place, mais il n'était pas fait pour cette tâche. Tout se passerait bien, affirmait Lisle à Alice. Des hommes avisés, comme lui, serviraient de guides. Mais elle avait secoué la tête. Ça ne marcherait pas, elle en était convaincue.

L'avenir lui donna raison. Même Alice fut stupéfiée par la rapidité avec laquelle tout partit à vau-l'eau. Les conditions espérées par les gentilshommes du temps de l'insurrection de Penruddock, à peine quelques années plus tôt, se trouvaient réunies. Après un bref gouvernement des généraux, le peuple en était venu à haïr l'armée, divisée. Les membres du Parlement voulaient de nouveau avoir leur mot à dire. La petite noblesse royaliste croyait tenir sa chance. Si les termes étaient justes, commençait-on à dire, peut-être s'en trouverait-on mieux en ramenant un roi sur le trône. Finalement, le général Monk, qui aspirait à l'ordre, et la ville de Londres, qui en avait assez de l'armée, convinrent de rétablir le régime antérieur.

Le jeune Charles II était prêt et attendait. Il avait traversé la période nécessaire d'adversité. S'il avait jamais cru aux doctrines absurdes de son père, voilà longtemps que les circonstances les avaient chassées de son esprit. Grand, basané, affable, profondément cynique, ardemment désireux de sortir de son exil, bien décidé à ne pas être à nouveau renversé, prêt à accepter des compromis, sans un penny vaillant, ce Stuart-là était enfin convenablement préparé à régner. On négocia les termes de son retour. L'Angleterre s'apprêtait à se réjouir, comme si elle n'avait jamais décapité son père.

Par un beau jour du début du mois de mai, John Lisle revint de Londres. Alice était assise à la fenêtre avec l'une de ses filles et elles coururent à sa rencontre. Il paraissait enjoué, mais Alice crut percevoir une certaine gêne dans son comportement.

A table, il brossa un tableau plaisant de la situation. Les membres du Parlement, l'armée, les Londoniens, tous étaient réconciliés entre eux et avec le roi. Les rapports les plus amicaux seraient instaurés. Alice attendit que les enfants soient montés se coucher pour demander :

— Vous dites qu'il n'y aura pas de vengeance ? Aucune ?

John Lisle se versa un autre verre de vin avant de répondre.

— Presque.

Il y venait doucement.

— Il y a, bien sûr, la question des régicides. Il se trouve que ce n'est pas le roi, mais les royalistes qui insistent pour mettre le sujet sur le tapis, admit-il en s'efforçant de parler avec aisance, comme s'il discutait de quelque affaire intéressante plaidée devant les tribunaux. Ces messieurs tiennent à ce que le sang soit versé pour réparer les pertes qu'ils ont subies.

— Et ?

— Eh bien... commença-t-il, l'air embarrassé. Les régicides seront jugés. Vraisemblablement exécutés. Le roi en décidera, mais, à mon sens, c'est probable.

Pendant un moment, elle posa sur lui un regard sans expression, puis dit à voix basse :

— Vous êtes un régicide, John.

— Ça peut se contester. Rappelez-vous, Alice, qu'en fait, je n'ai pas signé l'ordre d'exécution du roi. On peut affirmer, je crois, que je ne suis pas un régicide.

— Qui peut le dire ? Vous êtes toujours passé pour tel. Vous étiez au côté de Cromwell, vous avez plaidé en faveur de la mort du roi. Vous avez aidé à rédiger l'acte d'accusation, les articles...

— C'est vrai. Néanmoins...

Essayait-il de lui donner espoir, de lui annoncer les nouvelles en douceur ou bien se pouvait-il que, confronté à cette crise, son habile mari fût soudain incapable de voir la vérité en face ?

— Ils vont vous pendre, John.

Il ne répondit pas.

— Qu'allez-vous faire ?

— Je crois que je devrais partir à l'étranger. Ce ne serait pas pour longtemps. Quelques mois tout au plus, je pense.

Il eut un sourire rassurant.

— J'ai des amis. Ils parleront au roi. Dès que cette affaire de régicides sera classée, je reviendrai. Cela semble le plus sage. Qu'en pensez-vous ?

Que pouvait-elle dire ? Non, restez ici avec votre femme et vos enfants jusqu'à ce qu'on vienne vous pendre ? Evidemment non. Elle hocha la tête lentement.

— J'en suis désolée, John, dit-elle pitoyablement avant de se forcer à sourire. Mais nous préférons vous savoir vivant. Quand partez-vous ?

— Demain matin, à l'aube. Ce ne sera pas long, ajouta-t-il d'un air convaincu.

Elle ne le revit jamais.

Il ne s'était pas trompé quant à l'attitude du roi. Le jeune Charles II, quels qu'aient été ses défauts, n'avait pas soif de vengeance. Après que vingt-six régicides eurent été pendus en octobre, il demanda discrètement à son Conseil d'arrêter là les poursuites. Si d'autres se manifestaient, il faudrait les pendre, mais s'ils restaient cachés, il entendait les laisser tranquilles. Cette vengeance ne suffisant cependant pas aux partisans royalistes du souverain, ils eurent ce qui leur apparut comme une bonne idée. En janvier de l'année suivante, les cadavres de Cromwell et de son gendre Ireton furent exhumés, amenés sur le gibet de Tyburn, à Londres, et pendus aux yeux de tous. Il avait été sage de choisir le mois de janvier plutôt qu'une saison plus chaude.

Lisle s'était trompé en croyant qu'on ne le considérerait peut-être pas comme un régicide. Tandis qu'il attendait des nouvelles en Suisse, il devint bientôt évident qu'il comptait beaucoup d'ennemis. « Mon très cher époux, vous ne pouvez revenir », lui écrivit tristement Alice.

Il était question chaque année qu'elle le rejoigne à Lausanne, où il vivait maintenant. Mais cela s'avérait difficile. D'abord, elle se trouvait à court d'argent. La plupart des biens de John Lisle avaient été confisqués ou saisis. Une de ses propriétés avait été donnée à l'une de ses relations de l'île de Wight, restée fidèle à la cause royaliste. Une autre était revenue à Jacques, duc d'York, le frère cadet du nouveau roi. La maison de Londres lui avait aussi été retirée. Alice devait entretenir seule sa famille sur son héritage dans la Nouvelle Forêt tout en essayant d'envoyer de l'argent à son pauvre mari. « Nous devons vivre discrètement », avait-elle dit à ses enfants. Dans l'obligation de s'occuper à la fois de sa propriété et de ses enfants, elle voyait mal comment elle aurait pu partir pour la Suisse.

Sa famille était assez importante. Il y avait les deux fils de John. C'étaient des jeunes gens, mais elle les avait toujours élevés comme les siens et maintenant que la fortune de leur père était envolée, son nom tombé en disgrâce, comment feraient-ils un bon mariage ? Quant à ses propres enfants, à sa grande douleur, son fils était mort à l'âge de seize ans, mais il restait trois filles, Margaret, Bridget et Tryphena, qui auraient besoin de trouver un mari.

Et puis il y avait Betty, la petite Betty aux yeux vifs, si petite et pleine de vie. Elle avait été conçue la dernière nuit avant le départ de son mari, quand elle l'avait étreint en priant pour qu'il revienne et en redoutant qu'il ne le fasse pas. La petite Betty, l'enfant que John Lisle n'avait jamais vue, celle qui la faisait penser à lui.

Deux années passèrent. Puis une autre. Et encore une autre. La fillette courait maintenant partout. Elle posait des questions sur son père. Alice lui parlait de lui, lui disait quel excellent homme il était.

« Un jour, j'irai voir le roi et je lui dirai que je veux que mon papa revienne », affirmait Betty. Et qui sait, pensait Alice, comme le roi est un homme affable, peut-être cela marchera-t-il. Mais pas encore. C'était trop tôt. Elle écrivait donc à son mari et lui décrivait en détail leur existence et comment Betty grandissait. Il lui répondait par de longues lettres aimantes et tous deux espéraient qu'il reviendrait un jour.

Que faire, en attendant ? Au moins était-elle contente d'être dans la Forêt. C'était le pays de son enfance et de sa famille. A travers Betty, elle revivait ses premières années, heureuses, et y trouvait un réconfort. Elle avait toujours de quoi s'occuper. Pourtant, comment pouvait-elle remplir le vide laissé dans sa vie par l'absence de son mari ?

A sa grande surprise, elle y parvint par la religion. Elle n'avait pas été particulièrement pieuse avant son mariage. A Londres, John et elle avaient certes été d'ardents partisans de leur congrégation, mais elle se demandait dans quelle mesure cela avait tenu au désir de son mari de rester proche de Cromwell et de sa famille. Son intérêt pour la religion tenait à une raison tout à fait différente et inattendue.

La femme de Stephen Pride. Il était rare qu'un Pride épouse quelqu'un en dehors de la Forêt, mais, un samedi matin, la famille Pride était allée au petit marché de Lymington, Stephen avait rencontré sa future épouse et le mariage avait été promptement conclu. La famille de la jeune femme était arrivée de Portsmouth quelques années plus tôt. Elle était douce, gentille, à peu près du même âge qu'Alice, avec des cheveux châtains et des yeux gris très semblables aux siens. « Il dit qu'il m'a épousée parce que je lui faisais penser à vous », confessa un jour Joan Pride. Alice ne put s'empêcher d'en éprouver un certain plaisir.

Joan Pride était très pieuse, et sa famille aussi. Comme tant d'autres habitants des bourgades proches des côtes anglaises, ces braves gens avaient lu la Bible du temps de la reine Elisabeth et ils n'y avaient rien trouvé concernant les évêques, les prêtres et les cérémonies. Ils préféraient donc se rassembler chez des particuliers, choisir leur chef religieux et leurs prédicateurs, et mener paisiblement une vie simple et pieuse, dans la mesure où on le leur permettait. Lorsque Charles Ier avait jugé intolérable une telle liberté, beaucoup avaient émigré en Amérique et d'autres avaient combattu le roi dans l'armée de Cromwell. Pendant la guerre civile et le gouvernement du lord-protecteur, ils avaient pratiqué leur culte comme bon leur semblait.

Chaque dimanche, tandis que son mari la regardait avec un sourire tolérant, Joan Pride quittait Oakley, emmenant parfois un ou deux de ses enfants, et parcourait les trois kilomètres jusqu'à Lymington pour rejoindre les siens dans la maison où ils se réunissaient. De temps à autre, quand elle n'était pas à Londres avec son mari, Alice participait aux prières de la congrégation. Rien ne s'opposait à ce qu'elle le fasse. En matière de religion, l'époque était démocratique.

Bien qu'un peu surpris de trouver une dame aussi importante parmi eux, ils l'accueillaient simplement et, pour sa part, elle les aimait bien. « J'ai entendu là des prédicateurs itinérants faire des sermons tout aussi bons que ceux que j'ai écoutés à Londres », avait-elle dit à son mari.

En de telles occasions, il lui arrivait souvent de chevaucher jusqu'à Oakley en compagnie de Joan Pride et de ses enfants en bavardant plaisamment avec elle avant de rentrer à Albion House. Leur relation se révélait des plus agréables. Selon la coutume, elle appelait « commère Pride » la femme de son tenancier et Joan l'appelait « dame Alice ». Lorsque John Lisle était entré à la Chambre des lords, elle aurait dû normalement l'appeler Lady Lisle ou *My Lady*, mais Alice remarquait avec amusement qu'elle continuait de l'appeler dame Alice — ce qui montrait ce que son amie puritaine pensait des grands. Ainsi, tout en respectant les conventions habituelles entre seigneurs et tenanciers, au fil des ans, Alice Lisle et Joan Pride étaient devenues amies.

Dans la semaine qui avait suivi la fuite de John Lisle, Joan Pride était venue à Albion House. Elle passait par là, disait-elle. Elle apportait des gâteaux qu'elle avait faits elle-même. C'eût été le comble des mauvaises manières que de ne pas accepter un tel cadeau, même si Alice n'en avait pas particulièrement envie. Elle la remercia donc aimablement tandis que Joan Pride dévorait des yeux tout ce qu'elle voyait dans cette grande maison où elle n'était encore jamais entrée.

— Nous vous verrons peut-être à la prochaine réunion, dame Alice, dit-elle gentiment en s'en allant.

— Oui. Oui, bien sûr...

Elle était cependant allée à l'église paroissiale de Boldre le dimanche d'après, puis les suivants. Avec son mari régicide en fuite, elle ne voulait rien faire qui risquât de susciter des commentaires défavorables sous le nouveau régime royaliste.

Un mois plus tard, elle chevauchait le long d'un petit taillis dont elle était propriétaire quand elle vit Stephen Pride occupé à réparer la clôture. Interrogé sur ce qu'il faisait, il lui montra une partie de ladite clôture, abattue. « Je ne tiens pas à ce qu'il entre des cerfs », avait-il précisé. Elle lui demanda si son intendant lui avait demandé de le faire. « Je viens de remarquer ça en passant », avait-il répondu et il refusa d'accepter le paiement qu'elle lui proposait. Au cours des semaines suivantes, elle remarqua un certain nombre d'incidents similaires. Une vache malade fut amenée à son intendant. Quand un arbre tomba en travers de l'allée qui conduisait à Albion House, Pride et trois villageois d'Oakley le débitèrent et transportèrent le bois en charrette jusqu'à la maison sans qu'on le leur demande. Elle comprit que ses amis de la Forêt veillaient discrètement sur elle.

Elle continua de se rendre à l'église de Boldre. Elle supposait que Joan Pride comprenait. Mais après un certain temps, quand il apparut clairement qu'aucun de ses actes n'aiderait son mari ni ne sauverait sa fortune, elle retourna à Lymington le dimanche et fut reçue avec simplicité comme si elle n'avait jamais cessé de participer aux réunions de la petite congrégation. Ensuite, elle y alla souvent.

Et elle aurait continué de le faire indéfiniment sans le Parlement anglais.

Le roi Charles Il était tolérant et, contrairement à son père, sa tolérance semblait s'étendre à la religion. Il disait à ses conseillers qu'il souhaitait laisser ses sujets pratiquer leur culte à leur guise. Mais son conseiller et son Parlement ne l'entendaient pas de cette oreille-là. Les gentilshommes du Parlement voulaient l'ordre. Ils ne désiraient nullement encourager les sectes puritaines qui avaient causé tant d'ennuis auparavant. De plus, si les gens étaient libres de pratiquer leur culte comme il leur plaisait, cela permettrait peut-être à l'Eglise catholique romaine de prospérer à nouveau, ce qui restait impensable. Le Parlement vota donc une série de lois et le nouveau roi ne parvint pas à l'en empêcher. Seul le missel anglican, qui obligeait à respecter un formalisme dans les services religieux, pouvait être utilisé dans les temples. Les sectes protestantes, celles des dissidents comme on les appelait, furent bannies de toutes les églises. On disait qu'une nouvelle loi leur interdirait de se réunir à moins de six kilomètres d'une ville. La congrégation de Joan Pride à Lymington s'avérait pratiquement illégale.

« C'est monstrueux, avait déclaré Alice. Quel mal peuvent bien faire ces gens ? » Mais la loi était la loi. Elle alla à l'église de Boldre, utilisa le missel anglican et garda le silence. En fait, pendant trois mois elle ne revit même pas son amie. Puis, un jour, elle la rencontra par hasard sur le chemin qui conduisait à l'église et Joan Pride lui apprit qu'un prédicateur, un certain Whitaker, voulait bien venir à Lymington.

— Mais nous n'osons pas l'accueillir en ville, dame Alice. Et nous n'avons donc aucun endroit où il puisse prêcher, expliqua-t-elle.

Alice avait entendu parler de ce prédicateur, un jeune érudit qui jouissait d'une bonne réputation.

— J'aimerais bien l'écouter, confessa-t-elle. Après quelques instants de réflexion seulement et un peu surprise par ses propres paroles, elle s'entendit dire.

— Il pourrait venir à Albion House, y résider et prêcher dans la grande salle. Si cela convient à vous tous.

Ainsi fut fait. M. Robert Whitaker se révéla remarquable. Avant la Restauration, il avait été membre du Magdalen College, à Oxford. Il était en outre fort bel homme. Margaret, la fille d'Alice, semblait particulièrement s'intéresser à lui et il se laissa facilement convaincre de revenir. Alice ne savait trop qu'en penser. Un jeune prédicateur, aussi éloquent fût-il, n'était pas du tout le parti qu'elle espérait pour l'une de ses filles.

Elle n'eut cependant guère le temps de s'en inquiéter ; une nouvelle lettre de son mari chassa toute autre pensée. L'un de ses amis devait se rendre en Suisse et se faisait un plaisir de l'emmener, elle et sa famille, et de la ramener en Angleterre un mois plus tard. Elle prendrait avec elle la petite Betty, la fille qu'il ne connaissait pas. Ils devaient partir dans trois semaines. Comme l'écrivait John Lisle : « N'ayant pas le temps d'échanger des messages, ou bien je me réjouirai de vous voir, mon cher amour, ainsi que ma fille à Lausanne, ou bien j'apprendrai avec chagrin, tout en le comprenant, que vous n'avez pu faire le voyage. »

Que faire ? Elle décida de partir.

— Vous allez voir votre père, annonça-t-elle à la fillette.

Elle commença à se préparer et à faire les bagages. Le coup fut donc particulièrement rude quand, cinq jours avant le départ, un messager vint lui annoncer que John Lisle avait été assassiné à Lausanne. On ne savait trop qui se trouvait derrière ce meurtre. Certainement pas le roi lui-même. A aucun moment Charles II ne s'était laissé aller à des violences de cette sorte. Mais des royalistes restaient sans aucun doute capables d'un tel acte. On disait que la veuve du roi en portait peut-être la responsabilité. Alice le croyait.

Quoi qu'il en soit, elle n'avait plus de mari et Betty plus de père. Par chance, le jeune Whitaker vint en visite peu après.

1670

Zéphyr soufflait une douce brise à travers les clairières verdoyantes en cette journée d'août où le roi Charles II d'Angleterre partit chasser dans la Nouvelle Forêt.

Il y était déjà venu. Cinq ans plus tôt, quand la terrible peste avait ravagé Londres, le roi et sa cour s'étaient déplacés à Sarum pour échapper à l'épidémie et il avait effectué une petite tournée des villages alentour. « Quand j'ai fui Cromwell, après m'être caché dans le chêne, j'ai traversé Sarum. » Il avait alors chevauché dans la Forêt. « J'y ai dormi à la dure pendant deux nuits, racontait-il plaisamment à ses courtisans, et pas même les charbonniers ne savaient que j'étais là. »

Pour son bon plaisir, il avait décidé de retourner dans la Forêt avec ses courtisans.

Stephen Pride regarda son ami Purkiss et Purkiss regarda Puckle. Furzey aurait dû être avec eux, mais il avait annoncé qu'il ne viendrait pas, quel que fût le roi. Les trois hommes et Jim, le fils de Pride, attendaient donc sur leur poney à la porte de la maison royale de Lyndhurst, où on leur avait demandé de se présenter pour la sortie du roi et de sa cour.

Stephen regarda alors le roi Charles II d'Angleterre et le roi Charles II regarda Stephen Pride. Le royal visiteur était certes un personnage mémorable. Grand, basané, avec une chevelure châtaine ondulée, aussi abondante qu'une perruque, Charles II tenait manifestement de ses ancêtres des deux côtés. Ses beaux yeux marron et la ligne allongée de la bouche rappelaient ceux de la famille celtique des Stuarts, mais à ces traits s'ajoutaient le nez fort et la puissance teintée de sensualité et de cynisme des ancêtres bourbons de sa mère. Il regardait Pride avec la même impudence enjouée qu'il aurait montrée s'il s'était adressé à une jeune et jolie servante ou à son royal cousin français, Louis XIV.

Stephen Pride lui aussi regardait, mais pas tant le roi que les dames. Il y en avait plusieurs. Elles portaient des vêtements de chasse comme les hommes et des casquettes désinvoltes. La reine n'était pas là. Une jeune brune, pleine de vivacité, fit rire le roi en lui murmurant quelque chose à l'oreille. Probablement la comédienne Nell Gwynn, devina Pride, que toute l'Angleterre savait être la nouvelle maîtresse du souverain. Il remarqua aussi une élégante jeune Française et plusieurs autres. Etaient-elles toutes des maîtresses royales ? Il l'ignorait. Mais en regardant le prince franco-celte, le petit fermier indépendant de la Nouvelle Forêt se demandait, avec un soupçon de jalousie, comment diable le fripon arrivait à s'en tirer.

Neuf personnes constituaient la petite troupe royale, dont quatre femmes. Pride ne savait pas qui étaient les autres hommes, mais il supposa que l'un — un garçon d'une beauté étonnante — était Monmouth, le fils bâtard du monarque. L'escorte comprenait Sir Robert Howard — un aristocrate dont le titre officiel de « maître garde-chasse » signifiait qu'il était nominalement responsable des cerfs du bailliage dans lequel ils devaient chasser —, ainsi que plusieurs agents forestiers, des gentilshommes locaux. La chasse partirait du pavillon de Bolderwood et, comme Jim Pride en était le garde-adjoint, il avait recruté son père et Puckle en guise de cavaliers supplémentaires. Il y avait d'ordinaire quelques bonnes-mains à glaner en pareilles occasions. Ils avaient demandé à Furzey de se joindre à eux, mais, puisqu'il avait refusé, ils avaient pris Purkiss, un ami de Pride, de Brockenhurst. Il ne passait pas pour un imbécile, et ils estimaient donc que, de toute façon, il ferait mieux l'affaire que Furzey.

Tout le monde se tenait prêt. Stephen Pride avait soixante ans, mais il devait admettre qu'il se sentait excité comme un gamin. Il avait été un mari fidèle et heureux pendant plus de trente ans, et pourtant, à son grand amusement, il se surprenait à lancer des regards furtifs aux jolies amies du roi. La vie bouillonnait encore dans le vieux chêne et il se réjouissait d'être assez gaillard pour participer avec son fils à cette journée qui s'annonçait fatigante.

— Je crois que nous allons faire bonne chasse, dit-il à l'un des gentilshommes agents forestiers.

— Ne comptez pas trop là-dessus, Stephen, murmura l'autre. Je connais le roi.

Au grand étonnement de Pride, ils n'avaient pas parcouru cinq cents mètres que le maître garde-chasse leva brusquement la main et que la voix du roi retentit :

— Nellie veut voir l'arbre de Rufus !

— L'arbre de Rufus ! s'écrièrent les courtisans.

Ils obliquèrent donc tous en direction de l'arbre de Rufus.

— Il va en être ainsi toute la journée, déclara le gentilhomme à Pride en souriant.

Et, en effet, ils avaient chevauché à peine un autre demi-kilomètre quand il se produisit soudain un autre changement de plan. Avant de voir l'arbre de Rufus, le roi voulait inspecter ses nouvelles plantations. Cela obligeait à faire un détour de quatre à cinq kilomètres et la petite troupe suivit docilement.

Pride regarda ses compagnons. Ils paraissaient mécontents.

— Je n'ai pas l'impression qu'on va en tirer grand-chose, dit Puckle à Pride sur un ton de léger reproche.

Quand la chasse avait été bonne, les gratifications, en argent ou en venaison, étaient substantielles. Les gentilshommes forestiers faisaient en sorte d'ordinaire que les cavaliers comme Puckle ne soient pas oubliés. Mais s'ils passaient la journée à se promener ainsi au hasard, les espérances n'étaient plus aussi prometteuses.

— Ce n'est pas de la faute de Jim, répondit Pride, prenant la défense de son fils.

— Il est encore tôt, fit remarquer celui-ci avec espoir.

Pride jeta un coup d'œil à Purkiss. Il se sentait gêné vis-à-vis de lui, car il lui avait demandé de venir de Brockenhurst. Purkiss était un homme de haute taille, au visage allongé, à l'air intelligent, discret dans son comportement. Les Purkiss, une vieille famille de la Forêt, possédaient du bon sens. « Ils ne parlent guère, disait Pride, mais ils n'en pensent pas moins. Personne ne roule jamais un Purkiss dans la farine. » Il se sentait coupable de faire perdre son temps à Purkiss.

Les plantations du roi, il faut bien le dire, se révélaient une réussite. Tant de bois avait été perdu au cours des sept décennies passées d'administration laxiste et de désordre que tout le monde reconnaissait qu'il fallait faire quelque chose. Comme cela arrivait souvent avec Charles II, s'il donnait libre cours à sa sensualité, derrière, son intelligence aiguë était à l'œuvre. De même que, après le grand incendie qui avait ravagé Londres, il avait étudié en détail et appuyé avec fermeté l'immense programme de reconstruction de l'architecte Sir Christopher Wren, le royal mécène avait formé avec clairvoyance un projet de reboisement dans sa Forêt. Sur son ordre, trois zones importantes — trois cents arpents en tout — avaient été clôturées comme taillis et plantées de glands et de faines. Des milliers de beaux arbres pousseraient en vue d'une exploitation ultérieure. « Les générations futures, au moins, me remercieront », avait-il fait remarquer avec raison.

Le petit groupe de cavaliers arriva au grand enclos. Les jeunes plants s'alignaient en longues rangées, semblables à une armée. Tout le monde regarda consciencieusement et exprima son admiration. Sans se départir de son comportement aimable, le roi examina les plantations d'un regard aiguisé et, prenant avec lui deux de ses compagnons, fit le tour de l'enceinte pour inspecter la clôture.

— A l'arbre de Rufus ! lança-t-il ensuite

Ils rebroussèrent donc chemin. Les quatre hommes de la Forêt qui formaient l'arrière-garde de la joyeuse troupe ne parlaient guère. Jim avait l'air sombre, Puckle ennuyé. Seul Purkiss semblait plutôt content et lorsque Stephen Pride lui exprima son regret de l'avoir entraîné dans cette sotte équipée, il secoua la tête.

— Ce n'est pas tous les jours que j'ai la chance de chevaucher à côté du roi, Stephen, dit-il. On peut apprendre beaucoup et tirer profit d'une telle occasion.

— Je ne vois pas trop lequel, répondit Pride, mais je suis heureux que vous le pensiez.

L'arbre de Rufus, déjà vieux du temps de l'Armada, approchait manifestement de sa fin. Il était décrépit et portait une majorité de branches mortes. La chute de l'une d'elles avait ouvert une grosse fissure d'un côté. Le tronc était couvert de lierre. Seule une petite couronne de feuilles poussait sur sa branche la plus haute. En témoignage de respect, on l'avait entouré d'une clôture formée de pieux.

Issus des deux glands emportés par la tempête à l'origine de la débâcle de l'Armada, deux grands chênes se dressaient à présent non loin de là. L'un, plus court et plus large, avait été écimé ; l'autre, intact, avait poussé en hauteur.

Tous examinèrent avec respect le vénérable colosse.

— C'est ici que Tyrrell a tué mon ancêtre Guillaume Rufus, Nellie, annonça le roi.

Il jeta un coup d'œil à Sir Robert Howard.

— Cela fait près de six cents ans. Est-il possible vraiment que cet arbre soit aussi vieux ?

— Sans aucun doute, sire, répondit le maître garde-chasse, qui n'avait pas la moindre idée sur la question.

— Comment cela s'est-il passé exactement ? demanda le jeune Monmouth.

— Oui, racontez-nous cela, maître garde-chasse, dit le roi Charles II en adressant un regard sévère à Howard.

Un peu rouge, l'aristocrate venait de se lancer dans une version approximative et déformée de l'histoire qu'il avait de toute évidence oubliée quand, à la surprise de tous, il se produisit un mouvement à l'arrière de l'assistance. Un personnage de haute stature s'avança et fit une profonde révérence. C'était Purkiss.

— Me permettez-vous, Votre Majesté, de vous narrer l'histoire véritable de cet arbre ?

— Certes, mon amı, répondit Charles II avec affabilité pendant que Nellie faisait une grimace à Howard.

Purkiss commença donc son récit. Il parla d'abord de la frondaison magique du chêne à la période de Noël et, comme le roi paraissait sceptique, les gentilshommes forestiers lui assurèrent que c'était parfaitement exact. Après quoi, le roi se pencha sur sa selle et prêta attention à chaque parole de Purkiss.

Pride écoutait, admiratif. Avec le respect et le calme d'un bedeau conduisant les fidèles autour d'une cathédrale, Purkiss conta l'histoire de la mort de Rufus avec un luxe de détails avérés ou inventés dans les chroniques. Il décrivit les visions de mauvais augure qu'avait eues le roi la nuit précédente, rapporta ce qu'il avait dit à Tyrrell le lendemain matin et la mise en garde du moine. Tout. Puis il montra l'arbre avec solennité.

— Lorsque Tyrrell lâcha la flèche fatale, sire, elle effleura l'arbre et frappa le roi. On prétend qu'elle avait laissé une marque, que l'on pouvait voir là-haut, précisa-t-il en montrant la partie supérieure du tronc. C'était encore un jeune arbre et la marque est donc montée au fil des ans, sire.

Il raconta que Tyrrell s'était enfui à travers la Forêt et avait franchi l'Avon au gué qui porte son nom pendant qu'on transportait le corps du roi à Winchester sur une charrette. Il conclut son récit par une grande révérence.

— Excellent, mon bon ami ! s'écria le monarque. N'est-ce pas bien dit ? demanda-t-il à ses courtisans, qui en convinrent. Cela vaut bien une guinée d'or, fit-il en sortant une pièce qu'il donna à l'homme de Brockenhurst. Comment se fait-il que vous connaissiez si bien tout cela, mon ami ?

— Parce que, Votre Majesté, le garde forestier qui a emporté le corps du roi sur sa charrette était mon ancêtre, répondit Purkiss, aussi solennel qu'un juge. Il s'appelait Purkiss.

Nellie rit aux éclats.

Charles II se mordit la lèvre.

— Quel diable d'homme ! dit-il.

Pride regardait son ami avec stupéfaction. « Quel coquin ! » pensa-t-il. L'habileté avec laquelle la chose avait été amenée, la façon dont Purkiss s'était soigneusement arrêté et avait laissé le roi lui soutirer cette dernière information ! Et il restait là, sans l'ombre d'un sourire satisfait.

Quant au roi, qui, quels qu'aient été ses vices et ses vertus, était certainement l'un des menteurs les plus accomplis qui se soient jamais assis sur un trône, il regardait Purkiss avec une admiration de connaisseur.

— Voilà une autre guinée, Purkiss, dit-il. Je ne serais pas surpris que le nom de votre ancêtre apparaisse un jour dans les livres d'histoire...

Ce qui arriva effectivement.

Alice Lisle savait prendre des décisions. Mais ce matin-là, en regardant froidement sa famille et M Hancock, l'avocat, elle hésitait.

— J'aimerais qu'on me dise comment je puis solliciter une faveur d'un homme dont le père a été décapité par mon mari, fit-elle avec son sérieux habituel.

Car ils voulaient qu'elle traverse la Forêt pour aller voir le roi.

Beaucoup pensaient qu'Alice Lisle était une femme dure. Peu lui importait. « Si je ne me montre pas forte, qui le sera ? » avait-elle conclu depuis longtemps. Si on l'attaquait, qui la défendrait ? Elle avait cherché autour d'elle et n'avait trouvé personne.

Les choses auraient été différentes si elle avait eu encore un mari. Parfois, elle aurait aimé en avoir un, pour la soutenir, la réconforter et l'aimer. Surtout au cours de cette période, juste après la mort de John Lisle, à l'approche de la cinquantaine. Mais il ne s'était trouvé personne et elle avait dû faire face seule.

Dieu seul savait qu'elle avait eu beaucoup à faire. Elle s'en était assez bien tirée. Le mariage de son beau-fils avait été son triomphe. Avec l'aide d'amis de la famille, elle lui avait trouvé une jolie fille, héritière d'une grosse propriété près de Southampton. Feu son mari eût été fier d'elle et lui en eût été reconnaissant. Quant à ses filles, elles avaient jusque-là épousé des hommes de religion, mais sans richesse, et Alice reconnaissait franchement que c'était sans doute de sa faute.

Les réunions de fidèles qu'elle avait organisées à Albion House n'avaient pas tardé à prendre de l'ampleur. On s'était rapidement passé le mot dans la communauté puritaine. Depuis les nouvelles restrictions qui leur avaient été imposées, des ministres du culte pourvus de bons bénéfices avaient dû suivre la ligne de l'Eglise anglicane : ceux qui refusaient perdaient leurs moyens de subsistance. Les hommes respectables, trop heureux de recevoir l'hospitalité dans une maison de campagne, où ils pouvaient prêcher, ne manquaient pas. Elle les invita bientôt à Moyles Court et on venait les entendre prêcher de Ringwood, de Fordingbridge et d'autres villages plus en amont de l'Avon, presque jusqu'à Sarum. Parmi ces prédicateurs, se trouvaient inévitablement quelques beaux célibataires.

Comme elle l'avait prévu, Margaret avait épousé Whitaker. Tryphena s'était mariée avec un digne gentilhomme puritain, un certain Lloyd. Mais, selon Alice, Bridget était tombée sur le plus remarquable de tous, un pasteur érudit nommé Leonard Hoar, qui avait étudié à la nouvelle université de Harvard, avant de revenir en Angleterre en prédicateur accompli. Il avait été question qu'il reparte avec Bridget dans le puritain Massachusetts, peut-être à Harvard, avec une belle situation en perspective. Alice pensait parfois qu'il était d'un naturel trop nerveux, mais la supériorité de son intelligence ne faisait aucun doute. Elle regrettait de les voir si peu souvent.

Pour l'heure, Alice considérait donc que ses filles étaient casées, à l'exception, évidemment, de la petite Betty. Et comme celle-ci n'avait que neuf ans, du temps s'écoulerait avant qu'elle s'inquiète de son avenir.

Cependant, l'argent restait un problème. Aucun de ses gendres n'était riche et, avec le nouveau régime, ils ne risquaient pas d'obtenir un bénéfice. « Et parce que je suis une femme, disait-elle à sa famille, les hommes croient toujours pouvoir me duper. »

Un commerçant de Christchurch niait devoir de l'argent à John Lisle. Lorsqu'il l'avait accusée de se montrer de mauvaise composition, elle lui avait rétorqué froidement : « Et si je ne l'étais pas, me donneriez-vous pour autant ce que vous me devez ? Est-ce que vous nourririez et vêtiriez mes enfants ? Je ne le crois pas. D'abord, vous essayez de me voler et maintenant vous m'injuriez parce que je me plains. » Elle avait appris à se comporter durement. « Cela ne me fait pas aimer, mais peut-être respecter », avait-elle déclaré à Hancock.

Elle regarda les trois personnes qui se tenaient devant elle. Whitaker, beau, honnête, un homme bien, mais pas du tout fait pour les affaires. Tryphena, dont le mari, loin d'être sot, se trouvait à Londres. Elle-même était une femme honnête et une bonne fille, mais, même maintenant, alors qu'elle avait passé le cap de la trentaine, elle prenait tout au pied de la lettre, comme une enfant, et l'idée de manifester un peu de subtilité, voire simplement de doigté, ne lui avait jamais effleuré l'esprit. John Hancock, l'avocat, possédait, lui, un bon jugement. Avec ses cheveux gris soigneusement ondulés et ses manières qui en imposaient, il aurait certainement pu exercer à Londres, mais il préférait vivre près de Sarum. Comme tous les bons avocats, il savait que le droit est affaire de négociation et que les moyens indirects valaient bien les directs. C'était lui qu'elle écoutait.

— Vous pensez vraiment que je devrais aller voir le roi ?

— Oui. Pour la simple raison que vous n'avez rien à perdre.

Alice soupira. Le problème était lié à Jacques, duc d'York et frère du roi, en personne. Dans le cas présent, Alice devait se défendre de l'accusation de lui devoir de l'argent. Car, ayant reçu une partie des biens confisqués à John Lisle, le duc était persuadé qu'Alice cachait une partie de l'argent de son mari, qui lui revenait. Il lui avait même intenté un procès, qui traînait depuis des années.

— Je pense que le duc d'York, qui est un homme honnête, mais têtu, croit vraiment que vous avez détourné cet argent et que, s'il était convaincu que vous avez des difficultés, il renoncerait à la procédure, expliqua Hancock. Il imagine que vous le flouez parce que vous êtes la femme de John Lisle. Le roi est d'un caractère beaucoup plus facile que son frère. Si vous réussissez à le convaincre, il persuadera Jacques. Vous devriez au moins essayer. Vous vous devez de le faire pour la petite Betty.

— Ah. Vous frappez au point sensible, John Hancock.

— Je sais. Je suis impitoyable.

Il sourit. Betty était en train de jouer dehors. Le procès du duc faisait planer une menace sur sa fortune future.

— Je sais pourquoi vous hésitez, poursuivit Whitaker sur un ton aimable. C'est à cause de la réputation qu'a le roi avec les femmes. Vous craignez qu'il n'attente à votre vertu.

— Oui, Robert, répondit Alice d'un air pince-sans-rire. Bien sûr.

— Je ne crois guère que le roi tenterait quoi que ce soit avec mère, intervint Tryphena, qui avait écouté attentivement. Il ne s'intéresse qu'aux femmes jeunes et belles.

Il fut donc décidé qu'Alice irait voir Charles II et qu'elle emmènerait Betty avec elle. « Peut-être la vue de l'enfant adoucira-t-elle le cœur du roi. »

Pendant que Tryphena préparait la fillette pour le voyage, Alice soigna son apparence. « John Lisle n'a pas épousé une femme si laide que ça », se dit-elle en se regardant dans la glace.

Elles quittèrent Albion House à midi et s'engagèrent sur le chemin qui menait au petit gué. Elles manquèrent de quelques minutes leur visiteur, qui venait par l'autre côté.

Monté sur un poney, Gabriel Furzey franchit lentement les portes du parc d'Albion House. Il se réjouissait que Stephen soit parti avec son fils Jim, car, ainsi, aucun Pride n'assisterait à son départ. Car, en vérité, Gabriel Furzey avait des ennuis.

La présence du roi dans la Nouvelle Forêt cette année-là ne tenait pas uniquement à un caprice royal. Ces temps-ci, la Forêt lui occupait beaucoup l'esprit. Le joyeux monarque était toujours à l'affût de revenus supplémentaires et, comme son père avant lui, il avait fini par se rendre compte que les forêts royales représentaient un capital important. Charles, le deuxième du nom, faisait les choses de manière beaucoup plus plaisante, mais tout aussi à fond. Il ne s'était pas contenté de nommer un Eyre de la Forêt ; sa commission d'enquête mettait son nez partout. Ses membres vérifiaient toutes les limites dans la Forêt. Les empiètements et les concessions de terres étaient soigneusement enregistrés ; les ventes de bois et de charbon de bois, l'administration des fonctionnaires forestiers, tout faisait l'objet d'inspections minutieuses. Le roi leur avait signifié que sa Forêt devrait être convenablement gérée à l'avenir. On avait même recensé les cerfs : la Nouvelle Forêt comptait encore sept mille cinq cents daims et près de quatre cents cerfs communs. Le roi voulait de toute évidence connaître exactement la valeur de la région. Ses juges avaient reçu l'ordre de consigner avec précision qui détenait des droits dans la Forêt et ce que chacun acquittait pour en bénéficier.

« Un registre complet des droits, jusqu'au dernier cochon autorisé à manger des glands dans la forêt », avait expliqué Hancock à Alice. Les juges de l'Eyre avaient déjà tenu deux sessions concernant ces titres. Une dernière, au cours de laquelle le cas d'Alice serait examiné, se déroulerait incessamment. « En établissant ce que possède chacun, avait fait remarquer Hancock, cela coupera court à toute revendication future. Ou bien une revendication est enregistrée, ou bien elle n'a aucune validité. Il me semble que le roi prépare habilement l'avenir. Une fois nos revendications consignées, nous ne pourrons nous plaindre, quoi qu'il fasse dans le futur. Tant qu'il ne contreviendra pas à ce qui a été enregistré, il pourra chercher tous les moyens possibles de tirer profit de la Forêt. »

Quels que fussent les motifs du roi, une chose était claire : ces revendications seraient définitives et contraignantes. Des droits non enregistrés ne seraient plus reconnus. Tous les propriétaires terriens et les paysans de la Forêt l'avaient fort bien compris et tous s'étaient présentés devant les juges, à Lyndhurst. La base de la plupart des droits revendiqués était le registre moins officiel dressé trente-cinq ans plus tôt. Ceux qui s'y trouvaient consignés étaient reconnus. Si d'autres étaient revendiqués, ils seraient ajoutés aux premiers, mais il fallait les prouver.

Et là résidait le problème de Gabriel Furzey. En plus, c'était de sa faute : un moment d'entêtement et de mauvaise humeur, il y avait bien longtemps de cela. Stephen Pride l'avait alors enjoint d'aller présenter ses revendications à la jeune Alice, Stephen Pride qui savait qu'il n'avait pas suivi son conseil. Tous les droits des Pride d'Oakley étaient donc maintenant reconnus et pas les siens.

Jusque-là, cela n'avait pas changé grand-chose. Durant toutes ces années de conflit politique, où personne ne s'était beaucoup soucié de la Forêt, les habitants d'Oakley avaient continué de vivre comme ils l'avaient toujours fait. Ils avaient laissé paître leurs quelques vaches, ramassé du bois et de la tourbe, et personne n'avait jamais remis leurs droits en question. Jusqu'à récemment, il avait complètement oublié cette histoire de revendications formulées en 1635. Puis était venu cet Eyre de la Nouvelle Forêt.

Son fils George avait mis la question sur le tapis. Furzey avait deux fils : William, qui s'était marié avec une fille de Ringwood et était parti vivre là-bas, et George, qui était resté à Oakley. A la mort de Furzey, George reprendrait la petite ferme et il s'intéressait donc à l'affaire. Furzey avait entendu parler de l'enregistrement des droits qui aurait lieu et il se demandait s'il devait faire quelque chose. Comme il détestait ce genre de formalités et se souvenait de la première fois avec gêne, il avait essayé de chasser le problème de son esprit.

Puis, un soir, George était rentré à la maison, l'air inquiet.

— Stephen Pride dit que nous n'avons jamais été sur ce registre des droits. C'est vrai ?

— Stephen Pride dit ça ?

— Oui, papa. C'est grave.

— Qu'est-ce qu'il en sait, Stephen Pride ?

— Vous voulez dire qu'il se trompe ?

— Bien sûr. Voilà des années que j'ai arrangé tout ça.

— Vous en êtes sûr, papa ?

— Evidemment que j'en suis sûr ! Ne te fais pas de souci pour ça.

— Ah bon, très bien.

George avait donc cessé de se tracasser et Gabriel Furzey avait commencé à le faire. Il n'y avait cependant pas lieu de s'inquiéter, n'est-ce pas ? Ces droits étaient les siens. Ils l'avaient toujours été, bien avant que l'on ait couché tout cela par écrit. Tout au long du printemps et de l'été, Furzey avait eu l'intention d'agir ; semaine après semaine, il avait remis cela à plus tard. Il s'était plus ou moins attendu à ce qu'Alice ou son intendant effectue une vérification dans le village, mais comme Oakley était resté exactement ce qu'il avait été trente-cinq ans plus tôt, ils avaient probablement estimé qu'il n'y avait aucune modification à apporter. Alice Lisle devait penser à beaucoup de choses ; elle avait probablement oublié que Furzey avait négligé de se présenter devant elle tant d'années plus tôt. La cour s'était réunie, mais il avait entendu dire qu'Alice ne présenterait pas ses revendications cette fois-là. La cour s'était de nouveau réunie et maintenant le temps pressait. Il fallait qu'il agisse. Il s'était donc rendu chez elle, mais n'y avait trouvé que son avocat.

John Hancock devait présenter les revendications d'Alice et de bien d'autres propriétaires terriens devant la cour. Debout devant lui, son chapeau à la main, Furzey lui expliqua la situation.

— Les droits de glandée et de vaine pâture ne posent pas de problème, le rassura Hancock. Le droit de tourbe non plus, je pense. Ils sont manifestement attachés à votre ferme. Ce ne sera cependant pas aussi facile pour le droit d'affouage.

Comme Furzey paraissait perplexe et marmonnait qu'il avait toujours joui de ce droit, l'avocat expliqua :

— Vous le croyez peut-être, mais il va falloir que j'examine les registres.

Les droits ancestraux des habitants de la Forêt, bien qu'issus de pratiques communautaires qui remontaient à la nuit des temps, n'étaient en aucun cas aussi simples qu'on aurait pu le supposer. Dans la Forêt, les droits communaux s'attachaient non pas à une famille, mais à une ferme. Certaines fermes jouissaient de divers droits, d'autres non. Le droit d'affouage possédait une valeur particulière et avait été accordé à l'époque normande uniquement aux plus importants tenanciers, ceux qui occupaient leur ferme en vertu d'une tenure dite censitaire. Au fil des siècles, des villageois sans tenure censitaire l'avaient souvent revendiqué, supposant qu'ils y avaient droit, et certains s'en étaient tirés à bon compte tant que personne ne l'avait remis en question. De temps à autre, on effectuait de nouvelles tentatives pour restreindre cette pratique qui consistait à se servir dans le sous-bois, et la règle qui s'appliquait maintenant à Furzey stipulait qu'il ne pouvait revendiquer le droit d'affouage que si la ferme — l'ancien terme juridique était « manse » — qu'il occupait avait été construite antérieurement à une certaine date au cours du règne d'Elisabeth. Une loi mystérieuse que Furzey ignorait totalement.

Les registres du domaine étaient tenus à Albion House. Hancock savait où ils se trouvaient et, comme il n'avait rien de particulier à faire avant le retour d'Alice, il voulut voir ce qu'il en était. L'avocat aimait bien les recherches de ce genre.

— Quand votre famille a-t-elle commencé à occuper la ferme ? demanda-t-il.

— Du temps de mon grand-père. Avant, il avait une autre ferme. Egalement à Oakley, ajouta-t-il au cas où cela aurait de l'importance.

— Très bien. Prenez un siège, dit l'avocat avec un sourire tout professionnel. Ça ne vous dérange pas d'attendre ? Je vais voir ce que je trouve.

La chasse avait duré moins d'un quart d'heure. Stephen Pride peinait à le croire.

La chose avait été magnifiquement menée. On avait placé le roi à l'endroit idéal dans une clairière, les dames regroupées derrière lui. Il portait l'arc traditionnel. Pride, les autres hommes de la Forêt et deux courtisans rabattirent des cerfs et, plein d'entrain, le roi lâcha sa flèche, qui en manqua un de peu. « Beau coup, sire ! » s'était écrié l'un des courtisans tandis que le roi, sans montrer la moindre déception, se tournait vers ces dames en quête d'approbation.

Stephen Pride aurait juré avoir entendu Nellie crier : « J'espère que vous n'allez pas faire de mal à l'une de ces pauvres bêtes, Charles ! » Peu après, alors qu'ils s'apprêtaient à commencer une autre battue, il y eut un cri : « A Bolderwood ! » Et au grand étonnement des hommes de la Forêt, toute la petite troupe se prépara à repartir vers le pavillon de chasse, où une collation les attendait. « Les rois s'ennuient-ils si vite ? » se demanda Stephen Pride.

Mais Charles II ne s'ennuyait pas le moins du monde. Il faisait ce qu'il lui plaisait, c'est-à-dire apprendre comment les choses se passaient, avec un regard plus perspicace que les gens ne le supposaient, et badiner avec de jolies femmes. Alors qu'il courtisait les dames il vit, sans grand plaisir, deux personnages, tous deux vêtus de brun, qui se dirigeaient vers lui sur leurs montures.

— Qui diable cela peut-il bien être ? murmura-t-il au maître garde-chasse.

— Alice Lisle et sa fille. Dois-je les éconduire, sire ? s'enquit Howard en se tournant pour les accueillir.

— Non, répondit le roi en soupirant, bien que j'eusse préféré que vous les fassiez disparaître d'un coup de baguette magique.

Elle avait fait de son mieux pour s'arranger. Une raie séparait ses cheveux roux, qui commençaient à perdre de leur éclat, et elle les avait fait onduler pour leur donner plus de volume. Sa robe toute simple, depuis longtemps démodée, était dans une étoffe de qualité. Pour lui, elle avait fait une petite concession et portait une cravate de dentelle. Elle ressemblait néanmoins à ce qu'elle était : une puritaine de bonne naissance, une veuve un peu triste et endurcie, bref pas du tout son genre. Mais il éprouva une certaine compassion pour elle. La fillette, en revanche, semblait beaucoup plus prometteuse : plus blonde que sa mère, les yeux plus bleus que gris, légèrement pétillants.

Lorsque Howard revint donc lui annoncer que la veuve Lisle venait lui demander une faveur, Charles lui adressa un regard froid puis dit :

— Joignez-vous à nous, vous et votre fille, madame.

Bolderwood était un endroit charmant. A près de sept kilomètres à l'ouest de Lyndhurst, en bordure de la lande, l'ensemble comprenait un enclos pour chevaux formé d'arbres, notamment un vieil if, et les dépendances habituelles. La maison principale, tout à fait modeste, consistait en un simple pavillon, où habitait un gentilhomme forestier. Non loin de là, près de deux grands chênes, se trouvait le petit mais agréable logement de fonction de Jim Pride. Comme il faisait beau, le buffet avait été servi à l'ombre des arbres.

Des pâtés de gibier en croute, des plats de douceurs, un vin de bordeaux léger : tout cela fut offert à Alice et à sa fille qui s'étaient assises sur les tabourets pliants qu'on leur avait apportés. Le roi et certaines dames se reposaient paresseusement sur des couvertures roulées drapées de lourds damas. C'était une scène typique de la Restauration — on appela souvent ainsi le règne de Charles II. Raffinement, divertissement, insouciance et badinage. Alice comprit tout de suite que le roi avait l'intention de la malmener un peu en l'invitant à prendre part à ces réjouissances légères et devina qu'il aiguillerait peut-être délibérément la conversation sur des terrains susceptibles de la choquer. Pour l'instant, cependant, personne ne leur prêtait attention et elle put donc écouter et observer en toute liberté.

Ils représentaient évidemment tout ce contre quoi John Lisle et elle avaient lutté. Leurs vêtements à la mode royaliste, leur attitude immorale le proclamaient assez. Elle aurait très bien pu se trouver à la cour du roi catholique de France. Les austères règles morales que souhaitaient instaurer les cromwelliens restaient tout à fait étrangères à ces hédonistes. Cependant, si elle ne les approuvait pas, elle appréciait pleinement leur esprit.

Puis la conversation porta sur la sorcellerie. L'une des dames avait entendu dire qu'il existait des sorcières dans la Forêt et elle demanda à Howard si c'était vrai. Il l'ignorait.

Le roi secoua la tête.

— De nos jours, toute femme désagréable est accusée de sorcellerie, fit-il remarquer. Et je suis persuadé qu'un grand nombre de créatures inoffensives sont brûlées. Pour l'essentiel, la magie est une absurdité.

Il se tourna vers l'un des gentilshommes forestiers.

— Savez-vous qu'au printemps dernier, mon cousin Louis de France m'a envoyé l'astrologue de sa cour ? Il prétendait être infaillible. « Pompeux petit homme », me suis-je dit. Aussi l'ai-je emmené aux courses.

Alice avait entendu parler de la récente passion du roi pour les courses de chevaux. A celles de Newmarket, il se mêlait à la foule comme un homme du commun.

— Je suis resté là avec lui tout l'après-midi. Eh bien, figurez-vous qu'il s'est montré incapable de prédire un seul vainqueur ! Je l'ai donc renvoyé en France dès le lendemain matin !

Malgré elle, Alice éclata de rire. Le roi la regarda de côté et parut sur le point de dire quelque chose, mais, apparemment, il changea d'avis et l'ignora de nouveau. La conversation roula ensuite sur ses plantations de chênes. Les courtisans exprimèrent leur admiration.

Nellie Gwynn tourna alors ses grands yeux effrontés vers le monarque.

— Quand me donnerez-vous quelques chênes, Charles ?

Il était de notoriété publique que le roi avait offert une entière coupe de bois à une jeune dame de la cour quelques années plus tôt, vraisemblablement en remerciement de ses faveurs.

— Vous avez sans cesse le chêne royal à votre service, mademoiselle, répondit-il. Contentez-vous-en.

Des rires fusèrent.

— L'ennui avec le chêne royal, Charles, répliqua Nellie en lançant un regard acerbe à l'élégante jeune Française assise tranquillement sur une petite chaise, c'est qu'il semble plonger ses racines dans toutes les directions...

Alice en conclut que le roi avait aussi des vues sur la dame française, mais il n'en paraissait pas le moins du monde confus.

Jetant un regard sombre à la jeune femme en question, il répondit avec une légère irritation :

— L'arbre n'a pas été planté. Pas encore.

— De toute façon, je ne lui trouve rien d'extraordinaire, dit Nellie.

Au cœur de cet échange inconvenant, le roi se tourna soudain vers Alice.

— Votre fille est fort jolie, madame, dit-il.

Alice se raidit. Elle sentit que Charles II avait délibérément choisi ce moment et cette remarque pour la fâcher : l'idée, qui flottait insolemment dans l'air, que sa pieuse petite fille puisse être considérée comme une future conquête royale, s'avérait plus choquante que tout ce qu'il aurait pu dire d'autre. Il n'avait naturellement fait aucune allusion dans ce sens. Si une telle horreur apparaissait dans son esprit, cela confirmait son hostilité à son égard. Il avait simplement dit que l'enfant était jolie. Son jeu semblait clair : si elle le remerciait, elle se rendait ridicule ; si elle paraissait insultée, elle lui offrait une excuse pour lui donner congé. « Mais n'oublions jamais, se rappela-t-elle, que mon mari a tué son père. »

— C'est une bonne petite, Votre Majesté, répondit-elle avec toute l'aisance dont elle était capable, et je l'aime pour sa gentillesse.

— Vous me faites des reproches, madame, dit doucement le roi.

Il baissa les yeux quelques instants, puis se tourna de nouveau vers elle. Ce mouvement permit à Alice de remarquer que, vu sous un certain angle, son nez paraissait étonnamment grand et que cela, avec ses yeux marron doux, lui donnait un air très solennel.

— Je vais vous parler sans détours, madame, reprit-il d'un ton sérieux. Je ne peux vous aimer. On raconte, poursuivit-il avec un léger accent de colère, que vous avez crié de joie quand mon père est mort.

— Je regrette que vous ayez entendu cela, sire, car je vous promets que ce n'est pas vrai.

— Et pourquoi donc ? C'était certes ce que vous souhaitiez.

— Pour la simple raison, sire, que j'avais prévu que la mort de votre père entraînerait l'anéantissement de mon mari. Ce qu'elle a fait.

Face à ce manquement manifeste à exprimer du chagrin pour la mort du père du roi, Howard commença à se lever comme s'il voulait la mettre dehors, mais Charles II leva doucement la main.

— Non, Howard, fit-il d'un ton triste, elle dit seulement ce qu'elle pense et nous devons lui en être reconnaissants. Je sais, madame, que vous avez souffert vous aussi. On raconte, continua-t-il, que vous hébergez des prédicateurs dissidents.

— Je n'ai pas enfreint votre loi, Votre Majesté.

Comme celle-ci exigeait que les réunions des dissidents religieux se tiennent à dix kilomètres au moins d'un bourg et qu'Albion House ne se trouvait qu'à sept kilomètres de Lymington, cela n'était pas tout à fait vrai. Mais à sa grande surprise, le roi lui répondit :

— Je voudrais que vous sachiez que vous n'avez aucune raison de craindre des ennuis de ma part sur ce chapitre. C'est le Parlement qui édicte ces lois, pas moi. En fait, madame, j'espère d'ici un an ou deux vous accorder, à vous et à vos bons amis, la liberté de pratiquer votre culte comme vous l'entendez, aussi longtemps que tous les chrétiens pourront faire de même. Vous vous réunirez à Lymington, Ringwood, Fordingbridge, et j'en serai heureux, ajouta-t-il en souriant.

— Les catholiques aussi auront le loisir de pratiquer leur culte ?

— Oui. Mais si tout le monde peut choisir sa foi, quel mal y a-t-il à cela ?

— En vérité, sire, je n'en sais rien, répondit-elle en hésitant.

— Songez-y, dame Alice, dit-il en lui lançant un regard qui, en d'autres temps et lieu, l'eût charmée. Vous pouvez avoir confiance en moi.

Dans son désir d'instaurer la liberté de religion, qui impliquait que les catholiques aient de nouveau leurs églises, Charles II était profondément sincère. Pour l'instant. Ni Alice, ni le Parlement, ni même le Conseil restreint du roi ne se doutaient le moins du monde que, cet été-là, il avait signé un traité secret avec son cousin Louis XIV, dans lequel il promettait d'adopter la foi catholique romaine et de la faire respecter en Angleterre. En contrepartie, Charles recevrait de Louis un confortable revenu annuel. Que le roi ait été sérieux et qu'il ait eu véritablement l'intention de trahir ses sujets protestants ou qu'il ait dupé son cousin français pour lui soutirer de l'argent, Dieu seul le sait. Comme, à l'instar de beaucoup de Stuarts, le monarque était un menteur impénitent, il ne le savait probablement pas lui-même.

Ainsi, alors que l'idée même de faire confiance au roi eût provoqué l'hilarité de n'importe quel courtisan, Alice ne voyait aucune raison de supposer qu'il n'apportait pas un espoir réel à ses amis dissidents.

— Et maintenant, dame Alice, n'oubliez pas que vous êtes venue ici pour me demander une faveur.

Alice fut brève et directe. Elle expliqua qu'elle était en procès avec le duc d'York :

— Le duc croit, j'en suis certaine, que je cache de l'argent et il m'est impossible de le persuader du contraire. Je suis venue à vous, sire, avec cette enfant, dit-elle en montrant Betty, dont je suis tenue de protéger les intérêts, pour solliciter votre aide. L'affaire est aussi simple que cela.

— Vous me demandez de croire que mon frère fait erreur ?

— Il me hait certainement, sire.

— Comme moi. Et vous voulez que je vous croie honnête ?

Alice ne put qu'incliner la tête. Le roi acquiesça.

— Je vous crois, madame. Il reste cependant à voir si je suis en mesure de vous aider.

Il venait de se retourner vers les dames, quand Alice aperçut un cavalier solitaire sur la lande. Il arrivait au trot dans leur direction. Elle supposa que c'était un garde forestier, mais elle constata qu'il s'agissait d'un tout jeune homme, âgé d'environ vingt-cinq ans, qu'elle n'avait encore jamais vu. C'était un grand brun, à fière allure, fort beau en vérité. Betty le regardait, bouche bée. Le roi se tourna vers Howard d'un air interrogateur et celui-ci lui murmura quelque chose. Le souverain parut un instant un peu mal à l'aise, mais il se reprit immédiatement.

Elle se demanda qui pouvait bien être ce jeune homme.

Thomas Penruddock ne venait pas souvent dans la Forêt. Lorsque ses cousins de Hale, auxquels il avait rendu visite la veille, lui avaient appris que le roi devait se trouver à Bolderwood, il avait hésité à s'y rendre. Après que ses cousins l'eurent supplié de se rendre auprès du roi, il se mit finalement en route, avec quelque appréhension.

Les Penruddock avaient réussi à conserver leur maison et une partie de leur propriété de Compton Chamberlayne, mais les années qui avaient suivi la mort de son père avaient été difficiles. Le jeune Thomas avait été pauvrement vêtu, il n'avait pas eu de précepteur et la plupart des chevaux avaient été vendus. Il avait œuvré au côté de sa mère pour entretenir la famille. Quand elle devait aller voir des hommes de loi à Sarum, ce qui l'affligeait particulièrement, il l'accompagnait. Il travaillait souvent aux champs et était devenu un menuisier honorable. Sa mère s'écriait parfois en pleurnichant : « Vous ne devriez pas travailler comme un garçon de ferme. Vous êtes un gentilhomme ! Si votre père vivait encore... » Pour lui faire plaisir, les soirs où il ne se sentait pas trop fatigué, il s'asseyait à la table pour tenter d'étudier dans ses livres. Et il se répétait une promesse : « Un jour, la situation s'améliorera et je serai alors un gentilhomme, comme mon père. Je lui ressemblerai en tous points. » Cette pensée, qui le rapprochait de son père, était son talisman, son espérance de vie éternelle, son rêve d'amour, son honneur secret.

L'espoir n'avait jamais disparu : le roi reviendrait un jour. Quelle joie ce serait ! Les fidèles seraient récompensés, et qui avait été plus fidèle, qui avait plus souffert pour la cause du roi que la famille des Penruddock ? Au moment de la Restauration, Thomas Penruddock, âgé alors de dix-sept ans, ne maîtrisait plus son excitation. Même sa mère disait : « Je suis certaine que le roi va faire quelque chose pour nous. »

Ils entendirent parler de festivités à Londres, du nouveau Parlement fidèle et de la brillante nouvelle cour. Ils attendaient un message, une invitation à venir prendre part au triomphe du roi. Et rien ne vint. Le roi ne se souvenait pas de la veuve et de son fils.

Ils firent intervenir des amis. Ils écrivirent même une lettre, à laquelle il ne fut répondu que par le silence. « Le roi n'a pas d'argent à distribuer, mais il peut faire d'autres choses », expliquèrent des proches. On rédigea une demande où l'on sollicitait du nouveau roi qu'il accorde aux Penruddock un monopole de la fabrication du verre. « En d'autres termes, expliqua un ami plein d'expérience, quiconque voudra en fabriquer devra vous payer une redevance pour obtenir l'autorisation de le faire. » Il s'agissait d'une façon courante de récompenser un sujet, puisqu'elle n'obligeait pas à sortir d'argent des coffres de la Couronne.

« Je suis sûre que je ne saurai pas gérer tout cela ! » s'était plaint Mme Penruddock, mais elle n'avait pas eu à s'inquiéter longtemps : le monopole ne fut pas accordé. « Je n'arrive pas à comprendre pourquoi il ne fait rien ! » s'était-elle écriée.

Pour le jeune Thomas, en dépit de toutes les épreuves qu'il avait traversées, c'était la première et très importante leçon que lui donnait le monde : il ne pouvait compter que sur lui-même et sur personne d'autre, pas même un roi, pour s'occuper de lui. Ceux qui détenaient le pouvoir, même les rois oints du Seigneur, se servaient d'autrui puis l'oubliaient. Cela tenait à leur état. Il n'en irait pas autrement. Thomas s'était remis au travail avec une énergie redoublée.

Et au cours de ces dix dernières années, il avait bien réussi. Petit à petit, le domaine redevenait ce qu'il avait été. On récupérait des arpents perdus. A vingt-sept ans, Thomas Penruddock était un homme endurci et prospère.

Aujourd'hui, il poursuivait un but précis. Capitaine dans la cavalerie locale, il savait que son colonel, un vieux gentilhomme fort plaisant, entendait se retirer sous peu. Il avait fait savoir qu'il désirait obtenir le grade, mais des hommes plus âgés pouvaient raisonnablement espérer passer avant lui. Il restait cependant très déterminé. Ce n'était pas une question de profit : si ce grade devait lui apporter quelque chose, ce serait sans doute un surcroît de dépenses. C'était une question d'honneur : le jour où il obtiendrait le poste, il existerait de nouveau un colonel Penruddock de Compton Chamberlayne.

« Le lord-lieutenant du comté est chargé de la nomination, avait-il dit à ses cousins. Mais il va de soi que si le roi déclare qu'il veut que je l'obtienne, je l'aurai. » Quand il songeait aux souffrances endurées par sa famille et au fait que cela ne coûterait rien au roi, il lui semblait qu'il s'agissait du moins que celui-ci pût faire. Tandis qu'il se préparait à rencontrer le monarque pour la première fois, il entretenait cependant des doutes quant à l'accueil qui lui serait réservé.

Ce ne pouvait être que lui : ce grand gaillard basané entouré de femmes. Thomas ôta respectueusement son chapeau en s'approchant et reçut en retour un signe de tête. Il vit Howard, qu'il connaissait, et devina donc que le roi connaissait déjà son identité. Il scruta son visage en quête d'un signe de reconnaissance, peut-être un sourire de bienvenue au membre d'une famille loyale. Mais il y lut autre chose : il n'y avait pas à s'y tromper, le roi paraissait embarrassé.

Il l'était, en effet. Au nombre des humiliations dont il avait souffert à la Restauration, son Parlement l'avait quasiment empêché de récompenser ses amis. Des hommes riches et puissants qui avaient rendu son retour possible se trouvaient à la tête de domaines confisqués aux royalistes et il pouvait par conséquent difficilement demander leur restitution. Mais du moins avait-il espéré que le Parlement lui alloue assez de fonds pour venir en aide à ses amis. Il n'en fit rien.

Mais même ainsi... En vérité, Charles II grimaçait chaque fois que l'on mentionnait le nom de Penruddock. Le soulèvement de Penruddock avait été un fiasco, en partie par sa faute. Si au début, il avait été incapable de faire quoi que ce soit pour la veuve, il s'était ensuite senti si embarrassé qu'il avait agi comme si les Penruddock n'existaient pas. Il s'était comporté de manière mesquine et il le savait. Et voilà que, telle sa conscience, ce beau ténébreux venait maintenant gâcher son après-midi au soleil. Il se trouvait au supplice.

Mais le jeune Penruddock ne le vit pas. Car en jetant un coup d'œil sur le groupe et en se demandant ce qui causait un tel embarras chez le roi, son regard tomba sur un personnage silencieux, assis sur le côté, et il resta bouche bée.

Il la reconnut tout de suite. Malgré les années et ses cheveux roux grisonnants, comment aurait-il pu oublier ce visage, gravé dans sa mémoire ? Le visage de celle qui, avec son mari, avait délibérément entrepris de faire exécuter son père. Les souffrances de ces jours lointains lui revinrent brusquement comme une rafale de vent brûlant. L'espace d'un instant, il redevint le gamin de l'époque. Il la regardait fixement, sans comprendre, puis il crut saisir la raison de sa présence. Elle était l'amie du roi. On le négligeait, lui, un Penruddock, au profit de cette riche régicide, cette meurtrière, assise à la droite du roi.

Il se mit à trembler malgré son effort pour se maîtriser. Ce faisant, son visage sombre prit une expression de froid mépris.

Voyant cela, Howard, en parfait courtisan, lança :

— Sa Majesté fait une partie de chasse, monsieur Penruddock. Etes-vous venu solliciter une audience ?

— Moi, monsieur ? fit Thomas en se reprenant. Pourquoi, monsieur, un Penruddock souhaiterait-il parler au roi ? Je vois qu'il a des amis d'un autre genre, dit-il en indiquant Alice Lisle.

C'en était trop.

— Prenez garde, Penruddock ! s'écria le roi en personne. Veillez à ne point vous montrer insolent !

— Je désirais solliciter une faveur, c'est vrai. Mais c'était stupide, je le vois bien. Car après que mon père eut sacrifié sa vie pour son roi, poursuivit-il en s'adressant maintenant à toute l'assistance, nous n'avons reçu ni bénéfice ni remerciement.

Se tournant vers Alice Lisle, il déversa sur elle la rancœur et la haine accumulées au fil des ans :

— Nul doute que nous aurions mieux fait de trahir, de voler les terres d'autrui et de devenir des meurtriers...

Puis, dans un accès de douleur, il fit tourner son cheval et partit au petit galop.

— Par Dieu, sire, s'écria Howard, je vais le ramener ici et le faire fouetter !

Mais Charles II leva la main.

— Non, laissez-le partir. N'avez-vous pas vu qu'il souffrait ?

Il regarda silencieusement pendant un moment la silhouette s'éloigner. Pas même Nellie ne tenta d'interrompre le cours de ses pensées.

— C'est moi qui suis fautif, Howard. Il a raison. J'ai honte.

Puis, se tournant vers Alice, il s'exclama avec amertume :

— Ne me demandez pas de faveur, madame, qui êtes toujours mon ennemie, quand vous voyez comment je traite mes amis !

Le hochement de tête qui suivit signifia avec évidence à Alice qu'il était temps pour elle et sa fille de se retirer.

Elle arriva affligée à Albion House. Furzey, assis dans un coin de la salle, et John Hancock, absorbé dans l'examen d'une grande feuille de papier, se trouvaient au petit salon. Impatiente de se débarrasser du premier afin de pouvoir discuter de sa rencontre avec le roi, elle demanda à Hancock d'en finir avec Furzey immédiatement. L'avocat ferma la porte et lui expliqua en quelques mots dans quelle mauvaise passe se trouvait le paysan d'Oakley, puis lui montra le papier.

— J'ai tout trouvé dans les registres des baux, dit-il. Vous voyez ? Le premier bail concédé sur la ferme qu'occupe Furzey est enregistré ici, pendant le règne de Jacques Ier, quelques années seulement avant votre naissance. Elle venait manifestement d'être construite et le grand-père de Furzey s'y est installé.

— Il ne jouit donc pas du droit d'affouage ?

— Légalement, non. Je peux toujours faire une demande, mais à moins que nous ne voulions cacher cela à la cour...

— Non, non et *non* ! s'écria-t-elle à bout de patience. S'il y a une chose dont je n'ai pas besoin, c'est d'être complice d'un mensonge, de cacher des faits à la cour ! S'il ne possède pas le droit d'affouage, il ne le possède pas, un point c'est tout. John, faites-le partir, je vous prie.

Furzey écouta attentivement les explications de l'homme de loi, mais il n'y comprit goutte. Cette histoire de date de construction de sa ferme ne signifiait rien pour lui : il n'en avait jamais entendu parler, il n'y croyait pas, imaginait une astuce, refusait de comprendre. Puis l'avocat dit :

— C'est dommage que vous n'ayez pas revendiqué votre droit, du temps du roi précédent. Beaucoup de revendications étaient infondées, mais elles ont toutes été acceptées.

Furzey nc savait qu'une chose : quoi que dise cet avocat, il avait bien entendu ce « Non ! » derrière la porte. Cette femme, cette Lady Albion, lui opposait un refus.

Aussi, dans un accès de rage et d'amertume, cracha-t-il à sa famille, ce soir-là :

— C'est elle ! Elle qui nous a retiré nos droits. Elle nous hait !

Deux mois plus tard, à la grande surprise d'Alice, le duc d'York renonça aux poursuites engagées contre elle.

1685

Cela surprenait souvent que Betty Lisle ne soit pas mariée à vingt-quatre ans. Avec ses cheveux blonds et ses yeux gris-bleu, elle était agréable à regarder. Si elle avait été riche, nul doute que les gens l'auraient trouvée belle. Elle n'était pas pauvre : Albion House et une grande partie des terres des Albion devaient lui revenir.

« C'est de ma faute, reconnaissait Alice. Je l'ai trop gardée dans mes jupons. » C'était sans doute vrai. Les sœurs aînées de Betty étaient mariées et absentes. Margaret et Whitaker faisaient de fréquentes visites, mais Bridget et Leonard Hoar habitaient dans le Massachusetts, où Hoar avait été président de Harvard pendant quelque temps. Tryphena et Robert Lloyd vivaient à Londres. Alice et Betty restaient donc souvent seules à la campagne.

Elles résidaient la plupart du temps à Albion House. Toutes deux aimaient l'endroit. Pour Alice, la maison construite pour elle par son père était restée un refuge au milieu des épreuves, un refuge où elle se sentait en sécurité et en paix. Une fois disparue la menace que représentait le procès intenté par le duc d'York, elle avait eu la certitude que Betty la recevrait intacte et la joie de voir sa fille cadette vivre à son tour les années heureuses de sa jeunesse emplissait ce qui aurait pu être pour elle des années de solitude. Aux yeux de Betty, la maison à pignons nichée dans les bois restait le meilleur endroit de la terre, la demeure familiale retirée du monde. En hiver, lorsque le gel accrochait aux arbres des glaçons scintillants et qu'elles empruntaient le chemin enneigé pour se rendre à la vieille église de Boldre, les lieux lui semblaient intimes et magiques. En été, quand elle chevauchait jusqu'à la lande pour voir les oiseaux planer au-dessus des fougères ou quand elle se rendait à Oakley voir le vieux Stephen Pride, la Forêt était magnifique, sauvage et pourtant pleine d'amis.

Mais la maison était aussi un lieu empreint de gravité à cause des hommes de religion qui y venaient. La promesse faite par Charles II à Alice, à Bolderwood, d'accorder à ses sujets la liberté de religion avait été tenue en 1672. Cela n'avait pas duré. Moins d'un an après, le Parlement l'avait supprimée. Les dissidents étaient repoussés avec fermeté aux marges de la société et les offices publics interdits. Cette brève période de liberté avait eu pour seul effet de faire sortir tous les dissidents de la clandestinité et ainsi, de les démasquer. Alice continuait discrètement de donner asile aux prédicateurs puritains. De manière générale, on la laissait tranquille, mais cela apportait dans la maison un sérieux et une détermination qui ne pouvaient manquer d'influencer sa fille.

Pendant quelques années, Betty avait été envoyée dans une école de jeunes filles à Sarum, mais, si elle y avait été assez heureuse et s'y était fait quelques amies, elle ne s'était jamais vraiment satisfaite de la conversation de ses camarades. Habituée à cotoyer des personnes plus âgées, elle les trouvait assez puériles.

Sa mère l'avait envoyée ensuite, une ou deux fois par an, chez des amis ou des relations, en supposant que cela lui permettrait de rencontrer des jeunes gens. Ce qui était en effet advenu, mais le plus souvent, elle les avait trouvés insipides, jusqu'au jour où Alice lui avait parlé avec fermeté : « Ne cherchez pas l'homme idéal, Betty. Aucun n'est parfait. — Je ne le chercherai pas, mais ne m'obligez pas à épouser un homme que je serais incapable de respecter. » Alice avait alors soupiré.

A vingt-quatre ans, Betty se sentait assez heureuse. « J'aime la maison. J'aime chaque pouce de la Forêt. Je pourrais vivre et mourir ici seule et passablement contente de mon sort. »

Au mois de juin de la même année, elles se rendirent à Londres. « Quand vous considérez, fit remarquer à Alice sa fille aînée, Tryphena, qu'elle a dit cela alors que tout le monde ne pense qu'aux graves événements qui ébranlent le royaume, on peut imaginer qu'elle parlait sérieusement. »

Là était justement le problème, pour Alice.

Juillet. Des silhouettes dans la nuit. Par milliers, la nuit précédente. Mais la plupart s'étaient maintenant volatilisées dans les villes, les fermes, les hameaux. Les gens avaient caché leurs armes et recommencé à vaquer à leurs occupations comme si de rien n'était, comme si, les jours précédents, ils n'avaient pas marché d'une ville à l'autre dans le sud-ouest et tenté de prendre le royaume. Tous, cependant, ne s'en tireraient pas à bon compte. Certains seraient cités, d'autres dénoncés et envoyés rejoindre les centaines de ceux qui avaient déjà été capturés.

Des silhouettes à cheval tentaient de rester à couvert en se déplaçant à travers bois ou sur les crêtes dénudées et désertes, avec pour seuls témoins les moutons, un berger solitaire ou peut-être les fantômes qui peuplaient encore les enceintes de terre herbeuses réparties un peu partout dans le pays.

La rébellion de Monmouth avait été brisée.

Personne ne s'attendait à la mort du roi. Il n'avait que quarante-quatre ans. Lui-même espérait vivre encore de longues années et Sir Christopher Wren lui avait construit un nouveau palais élégant sur les hauteurs au-dessus de Sarum, où il était impatient de résider. Mais, au mois de février, Charles II avait soudain été frappé d'apoplexie. Moins d'une semaine après, il mourait et cela posait un énorme problème.

Bien qu'il ait eu de nombreux fils de ses multiples maîtresses, bâtards parfois obligeamment faits ducs, il ne laissait aucun héritier légitime. La couronne devait donc passer à son frère Jacques, duc d'York. Au début, ce choix ne parut pas trop mauvais : il était marié à une protestante, avait deux filles, elles aussi protestantes, dont l'une avait épousé le très protestant stathouder de Hollande, Guillaume d'Orange. Mais lorsque, à la mort de sa femme, il épousa une princesse catholique, les Anglais se montrèrent moins satisfaits. Et quand, peu après, il reconnut être lui-même catholique, ce fut la consternation. N'était-ce pas précisément ce que les Anglais protestants avaient redouté pendant un siècle ? L'Angleterre était à présent plus protestante qu'à l'époque de l'Armada ou même de la guerre civile. Pour apaiser tout le monde, Charles II avait assuré que, si son frère devait lui succéder, il soutiendrait l'Eglise anglicane, quelles que fussent ses vues personnelles.

La plupart des membres du Parlement ne le croyaient pas. Ils exigèrent que Jacques le catholique soit exclu de la succession au trône. Charles II et ses amis refusèrent. Ainsi apparut la grande ligne de partage de la politique anglaise entre ceux qui entendaient écarter du trône tout catholique, les whigs, et les royalistes, les tories. Le problème traîna en longueur pendant des années. Il y avait des discussions et des manifestations à n'en plus finir. Les violences étaient évitées, mais en fait, la même querelle avait déjà conduit à la guerre civile : qui aurait le dernier mot, le roi ou le Parlement ? Cependant, Charles II, tout en louvoyant et en négociant, continua de mener joyeuse vie pendant plus d'une décennie, d'aller aux courses, de courir les jolies femmes, de soutirer de l'argent au roi de France. Et parce que les Anglais aimaient bien leur polisson de roi et pensaient probablement qu'il ferait de plus vieux os que son frère catholique, ils s'accommodèrent de la situation. Fort heureusement, Jacques n'eut aucun fils de son épouse catholique. Le temps semblait jouer en faveur du camp protestant. Jusqu'à la mort soudaine du souverain.

Jacques devint roi. Un catholique sur le trône, le premier depuis Marie la Sanglante, cent vingt-cinq ans plus tôt. Le pays retenait son souffle.

En juin de la même année, débuta la rébellion du duc de Monmouth. En un certain sens, elle était presque inéluctable. Charles II avait toujours adoré l'aîné de ses fils naturels, le beau Monmouth. Monmouth le protestant. Quand les whigs du Parlement voulurent exclure Jacques le catholique, ils dirent au roi qu'ils lui préféraient Monmouth. Charles II, qui restait au fond un Stuart catholique, objecta que le jeune homme n'était pas un héritier légitime, mais le pragmatique Parlement anglais lui répondit qu'il en faisait son affaire. Charles II refusa de permettre une telle chose, mais, en ce qui concernait Monmouth, le mal était fait. Ce jeune homme gâté se mettait sans cesse dans les ennuis, protégé par son père qui lui vouait une véritable adoration. Les Anglais semblaient le vouloir comme souverain. Avant la mort de son père, déjà, il fut impliqué dans un complot avorté, qui aurait pu entraîner la mort de Charles II et de Jacques. Jacques se retrouvant soudain à la tête d'une nation anglaise majoritairement hostile, Monmouth, vaniteux et immature, pouvait penser que les Anglais se soulèveraient derrière lui s'il leur en donnait l'occasion.

Il lança le mouvement dans le sud-ouest de l'Angleterre. Plusieurs milliers de gens se regroupèrent autour de sa bannière — des petits paysans, des protestants des villes portuaires et commerçantes. En revanche, la noblesse locale, les hommes influents, restèrent en retrait, prudemment. Sagement aussi. Car la veille, à la bataille de Sedgemoor, les troupes royales écrasèrent l'insurrection. Tous les rebelles se dispersèrent pour fuir ou se cacher.

Des silhouettes dans le petit matin brumeux. Monmouth fuyait. Il n'avait plus que deux compagnons avec lui. Il cherchait un port où s'embarquer, un endroit où on ne le trahirait pas.

— Nous ferions bien d'aller à Lymington, décida-t-il.

En ce matin de juillet, d'autres fugitifs se dirigeaient aussi par là.

— Mais ne représente-t-il pas tout ce que vous m'avez appris à aimer ? demanda Betty en proie à la confusion. Vous auriez mauvaise grâce à soulever une objection concernant sa famille, ajouta-t-elle, puisque c'est un Albion.

Alice soupira. Aucune nouvelle n'était encore arrivée du sud-ouest de l'Angleterre. Monmouth avait-il réussi ? Toute cette aventure l'effrayait. Et voilà que sa fille insistait pour l'importuner avec son soupirant. Elle aurait aimé faire disparaître le jeune homme par enchantement pendant un mois ou deux.

Peter Albion faisait honneur à sa famille. Si son grand-père, Francis, avait mérité le mépris du sien, le fils de Francis avait suivi un tout autre chemin. Il était devenu médecin et avait épousé la fille d'un riche marchand de tissus. Le jeune Peter avait appris le droit et, avec l'aide des nombreux amis de ses parents, à vingt-huit ans, il semblait promis à un bel avenir. C'était un beau garçon blond aux yeux bleus, travailleur, intelligent, réfléchi et ambitieux. Tryphena, qui avait fait sa connaissance et l'avait invité à lui rendre visite, avait bien résumé le personnage : « Il ressemble à un Albion, mais il fait penser à notre père. »

Peut-être était-ce pour cela qu'il plaisait tant à Betty. Il correspondait exactement à la description de ce père qu'elle n'avait pas connu. Pour cette raison, Alice voulait la dissuader de l'épouser. « Je me fais vieille, disait-elle à Tryphena. J'ai été témoin de trop de troubles. En Angleterre et dans la famille. » Elle ne doutait pas que les causes défendues par son mari aient été justes ; elle restait tout à fait persuadée d'avoir bien agi en aidant les dissidents. Mais tout cela — les luttes, les souffrances — en avait-il valu la peine ? Probablement pas. La paix valait bien davantage, lui semblait-il, que toutes les petites libertés conquises durant sa vie. Et elle aspirait à cette paix, à cause de son âge et, surtout, à cause de sa fille.

Il n'était pas facile de l'obtenir. Deux ou trois ans plus tôt, à l'époque de ce stupide complot contre le roi et son frère, le mari de Tryphena avait été arrêté et interrogé pendant des jours. Pourquoi ? Non parce qu'il entretenait le moindre rapport avec le complot, mais en raison des liens et des amis de sa famille. Une fois que l'on est devenu l'objet de soupçons, on le reste toute sa vie. C'est inévitable.

Mais, pour la jeune Betty, les choses étaient peut-être différentes. Ayant perdu son père, elle était passée à côté des joies de la prime enfance qu'Alice avait connues : une vie de paix et de sécurité, ce genre d'existence qu'elle avait espéré revivre dans sa maison nichée au cœur de l'amicale Forêt.

Le lendemain du jour où l'on apprit que Monmouth était arrivé dans le sud-ouest de l'Angleterre, Peter Albion était venu chez Tryphena présenter ses respects à sa cousine Alice et à sa fille. Il s'était montré d'une plaisante compagnie, très poli, mais n'avait pas mâché ses mots : « Les Anglais ne toléreront pas un roi catholique. Et je crois qu'ils ont raison, avait-il déclaré en s'inclinant devant Alice, attendant manifestement son assentiment. Espérons que Monmouth réussisse. J'ai des amis dans son camp, cousine Alice. J'attends de bonnes nouvelles d'un moment à l'autre. Alors, je puis vous l'assurer, nous verrons le roi Jacques faire ses paquets. »

C'était la réplique de John Lisle, son mari.

« Ne dites pas de telles choses, s'était-elle écriée. C'est dangereux !

— Je ne le ferais pas, je vous l'assure, cousine Alice, si ce n'est en pareille compagnie. »

En pareille compagnie : l'expression l'avait terrifiée. Betty passait-elle déjà pour une conspiratrice ? Peter Albion lui prêterait-il ce rôle ? « Veuillez nous laisser, monsieur, et ne plus parler de cela. »

Il revint néanmoins voir Betty quelques jours plus tard. Bien que cela lui eût déplu, elle ne pouvait guère refuser l'entrée de la maison à un parent. Bien sûr, il s'abstint d'évoquer encore ces sujets délicats, mais, en ce qui la concernait, le mal était fait. Elle pria sa fille de ne plus avoir aucune relation avec lui. En vain. Ce n'était pas facile. Betty avait vingt-quatre ans. Et elle l'aurait volontiers ramenée le jour même dans la Forêt si elle n'avait pas reçu le matin même une lettre de John Hancock. « Ne revenez pas à Albion House, je vous en conjure. Une rébellion a éclaté à Lymington. Ils ont déjà envoyé quelqu'un chercher votre appui. Pour l'amour de Dieu, restez à Londres et ne dites rien. » Elle s'était hâtée de déchirer la lettre et l'avait jetée au feu.

Ne rien dire. Est-ce que le jeune Peter Albion ne dirait rien ? Et Betty ? Elle lança un regard désespéré à sa fille.

— Ma chère enfant, commença-t-elle doucement, si vous n'y prenez pas garde, nous n'allons pas tarder à être traquées. Comme des cerfs dans la Forêt.

Stephen Pride passa à côté de l'étang d'Oakley. Il avait à présent soixante-quinze ans, mais ne se sentait pas vieux. Il continuait de parcourir le pays à grandes enjambées — peut-être un peu plus lentement, avec un peu plus de raideur — comme il l'avait fait toute sa vie. Le bon sens lui disait qu'il ne lui restait plus beaucoup d'années devant lui, mais quel que fût le coup prévu par Dieu pour l'abattre, il ne le voyait pas venir. « J'ai connu des hommes qui ont vécu quatre-vingts ans, affirmait-il. Je dois pouvoir en faire autant. »

Une des petites joies de sa longue existence avait toujours été d'observer l'étang près de la place gazonnée du village. Année après année, ses fluctuations restaient les mêmes. A la fin de l'automne, après les pluies, le niveau de l'eau se trouvait au plus haut. Pendant l'hiver, il gelait souvent. Deux ans plus tôt, au cours de l'hiver le plus froid dont Pride pût se souvenir, l'étang était resté pris dans les glaces de novembre à avril. Puis, quand venaient les giboulées de printemps et la douceur du mois de mai, toute sa surface se couvrait de fleurs blanches, comme si l'eau elle-même s'épanouissait.

La manière dont l'étang se remplissait l'étonnait. Aucun ruisseau, pas le moindre ru ne l'alimentait. Mais lorsque les pluies tombaient sur la lande voisine, comme par miracle, les eaux convergeaient près du hameau en un petit serpent aquatique.

En été, l'étang commençait à s'évaporer. Le serpent d'eau disparaissait. Les bêtes qui broutaient l'herbe grasse avançaient un peu plus. Durant le mois de clôture, au milieu de l'été, la surface diminuait de moitié. En août, l'étang était souvent complètement asséché. Pour l'heure, deux vaches et un poney paissaient dans la dépression verdoyante près des trois ou quatre grandes mares qui restaient au milieu.

Stephen Pride se sentait soulagé. Il était allé à Albion House le matin et en revenait maintenant. Comme il l'espérait, dame Alice se trouvait encore à Londres et son retour n'était pas annoncé. Voilà une bonne chose. Il la connaissait et l'aimait depuis toujours et il préférait ne pas la voir là à présent, en raison des événements de Lymington. Grâce à sa femme et à sa famille, Pride en savait généralement plus que la plupart des habitants d'Oakley sur ce qui se passait à Lymington, mais personne ne pouvait ignorer les sentiments qui en avaient animé la population ces dernières années. La petite ville portuaire avait été en effervescence, comme la plupart des bourgs d'Angleterre.

Peut-être certaines personnes dans le comté aspiraient-elles encore à rétablir l'ancienne foi catholique, mais leurs rangs s'étaient clairsemés au cours du siècle écoulé depuis l'Armada. Quant aux citadins, ils n'en voulaient pas. Les commerçants et les petits négociants de Lymington n'aimaient pas Charles Ier et s'étaient défiés de Charles II. Quelques années plus tôt, lorsque l'inquiétude provoquée par la menace d'une succession catholique se trouvait à son comble au Parlement, pour déposer Charles et mettre Jacques sur le trône à sa place, un gredin nommé Titus Oates imagina un complot catholique. Les jésuites feraient soi-disant main basse sur le pays et les honnêtes protestants seraient assassinés. Tout cela était une pure invention, et Oates espérait ainsi conquérir la célébrité. Mais les Anglais redoutaient alors tant le catholicisme qu'ils accordèrent foi à ses propos. Il ne passait guère de semaine sans que Oates ne concocte une nouvelle fable. Dans tout le pays, on voyait déjà des jésuites, cachés derrière les fenêtres, lancer des regards furtifs ou rôder à tous les coins de rues. Et le port en pleine croissance de Lymington ne faisait pas exception. La moitié de la ville les recherchait. Le maire et le conseil municipal s'apprêtaient à armer les habitants.

Lorsque Monmouth avait levé son étendard pour défendre la cause protestante, Lymington n'avait donc pas hésité. Au bout d'une journée, le maire disposait de plusieurs dizaines d'hommes en armes. Les commerçants et les gentilshommes locaux le suivaient pour la plupart. Pride lui-même avait vu une demi-douzaine de notables traverser Oakley, en route vers Albion House pour solliciter l'appui d'Alice. Un cavalier rapide avait déjà apporté à Monmouth un message : « Lymington est de votre côté. » L'après-midi, il y avait eu une marche à travers la ville avec cornemuses et tambours, suivie par une tournée générale de bière et de punch chez un marchand. Un vrai carnaval.

Et Stephen Pride, le villageois, comme John Hancock, l'avocat, observait les événements avec curiosité. « Laissons les citadins s'échauffer la tête, avait-il dit à son fils Jim. Nous, les gens de la Forêt, montrons-nous plus avisés. Quoi qu'il advienne avec Monmouth, j'aurai toujours mes vaches et tu seras toujours garde forestier adjoint. Je remercie seulement Dieu que dame Alice ne soit pas ici. Ils l'auraient entraînée là-dedans, qu'elle le veuille ou non. » Il se sentait donc d'humeur plutôt joyeuse quand il aperçut, à une centaine de mètres de l'autre côté de l'étang, un groupe de badauds.

On ne voyait pas souvent les fils Furzey ensemble. C'étaient maintenant des quinquagénaires et, depuis la mort de Gabriel quelques années plus tôt, George avait repris la ferme. Mais, pour Stephen Pride, ils restaient les fils Furzey. Ils ressemblaient comme deux gouttes d'eau au vieux Gabriel. George était un peu plus grand et fort, mais l'un et l'autre prenaient du ventre. Et ils se montraient aussi têtus que leur père.

William n'avait guère fait florès à Ringwood. Il travaillait pour un fermier comme gardien de bestiaux. « Inutile d'aller si loin pour pas grand-chose », pensait Pride. Quoi qu'il en soit, il n'approuvait jamais complètement ceux qui partaient vivre hors de la Forêt. Il venait manifestement pour discuter de quelque chose avec son frère George, et ils se tenaient côte à côte, tels deux coqs montés sur leurs ergots. La cause de leur fureur, il le saisissait maintenant, était son propre fils.

— Vous n'en avez pas le droit, protestait George Furzey, et de toute façon, je ne le ferai pas. C'est comme ça.

Il jeta un coup d'œil à son frère, trop furieux pour dire un mot. Ces ennuis étaient prévisibles, comme l'avait dit Jim Pride à son père une semaine plus tôt. « George Furzey ne sait pas tenir sa langue. »

Les Furzey n'avaient jamais accepté le fait de ne pas se voir accorder le droit d'affouage — ils refusaient même de saluer Alice quand ils la croisaient et la traitaient de voleuse. Mais quelque chose leur avait été intolérable : le transfert de Jim Pride, un an plus tôt, de Bolderwood au bailliage sud. Pour Stephen Pride, cette mutation était bienvenue. Bolderwood se situait à près de quinze kilomètres d'Oakley, alors que maintenant il voyait son fils et son petit-fils presque quotidiennement.

Pour George Furzey, la présence de Jim Pride signifiait tout autre chose, car le garde forestier adjoint surveillait le respect des droits communaux, y compris celui d'affouage. « Je n'ai pas de comptes à rendre à Jim Pride », avait-il dit à sa famille. Il mettait son point d'honneur à ramasser du bois dans la Forêt pour confirmer ses propos.

Pourtant, même ainsi, l'affaire aurait pu ne pas en arriver à ces extrémités. Jim Pride n'avait pas été garde forestier pendant quinze ans sans acquérir quelque sagesse. Si Furzey avait discrètement ramassé du bois quand il en avait besoin, Jim aurait fermé les yeux. Mais Furzey se montrait évidemment incapable de la moindre discrétion.

Deux jours plus tôt, à l'auberge de Brockenhurst, il avait annoncé à la cantonade : « Je ne fais aucun cas de Jim Pride. Si j'ai envie de ramasser du bois, je le fais. » Après avoir jeté un regard circulaire, triomphant, il avait ajouté avec un clin d'œil : « Je vais aussi couper du merrain. » Le droit d'affouage ne s'appliquait qu'au bois de chauffage. Il était interdit de couper du merrain, le bois destiné à la vente pour la fabrication des tonneaux et des clôtures.

Ce défi était aussi stupide qu'inutile et il ne laissait pas le choix à Jim Pride. « Maintenant, je vais devoir lui mettre le grappin dessus », avait-il dit à son père.

Il s'était donc rendu le matin chez Furzey et lui avait déclaré aussi poliment que possible : « Je suis désolé, George, mais vous avez ramassé du bois auquel vous n'aviez pas droit. Vous connaissez le règlement. Il faut payer. » George et William Furzey regardaient à présent le vieux Stephen — ce qui semblait les rendre encore plus furieux — et après que William eut pris le temps de cracher délibérément par terre, George résuma sa position en s'écriant :

— Je vais vous dire qui va payer, Jim Pride ! Vous allez le faire. Vous et cette veille harpie d'Alice ! Vous et cette sorcière. C'est vous qui allez payer !

Sur ce, les Furzey tournèrent les talons et rentrèrent chez eux d'un pas décidé.

Monté sur son cheval, le colonel Thomas Penruddock observait froidement la foule qui, quels que fussent ses sentiments, semblait se réjouir. Son cousin de Hale se trouvait à côté de lui.

Derrière les deux Penruddock se dressait l'église de Ringwood surmontée de son large clocher carré. Devant eux, des gardes se tenaient à la porte du presbytère, à l'intérieur duquel Lord Lumley interrogeait le duc de Monmouth. L'excitation flottait dans l'air. Ringwood ne s'était encore jamais trouvé au centre de l'histoire anglaise.

Les deux derniers jours avaient été très mouvementés. Dès qu'on avait appris que Monmouth était en fuite, une énorme récompense de cinq mille livres avait été offerte pour sa capture. Le simple fait de l'avoir vu valait une gratification. La moitié des comtés du sud-ouest le recherchaient. Lord Lumley et ses soldats étaient entrés bruyamment dans Ringwood et avaient passé la Nouvelle Forêt au peigne fin. Ils avaient effectué une descente dans plusieurs maisons de Lymington, dont le maire s'était déjà enfui à l'étranger par mer.

Mais maintenant Monmouth était capturé et, sauf à trouver le moyen de persuader son oncle le nouveau roi Jacques, de lui pardonner, il serait sans aucun doute condamné à mort.

Cela n'émouvait pas le colonel Thomas Penruddock. Si Monmouth avait réussi, cela ne l'aurait pas beaucoup dérangé non plus. Il n'était nullement attaché à la cause de Jacques II, comme son père l'avait été à celle de son frère Charles II. Pourquoi l'aurait-il été ? Il n'était pas catholique. Les Stuarts n'avaient jamais rien fait pour remercier sa famille de sa fidélité. Le grade de colonel auquel il aspirait avait été donné à un autre et il n'avait obtenu le sien que quatre ans plus tôt Non, les Stuarts n'éveillaient plus en lui aucun sentiment.

Mais il croyait en l'ordre et Monmouth, en se rebellant, menaçait de semer le désordre. Il avait échoué, il devait mourir.

Le fait que la même chose soit arrivée à son pauvre père ne suscitait aucunement sa compassion. Bien au contraire. « Monmouth aurait dû tirer des leçons des erreurs commises par d'autres, se dit-il. La rébellion a été mal organisée et trop tôt. Soit. Ils ont tué mon père. Au tour de Monmouth. »

La capture de Monmouth avait été une affaire lamentable. Penruddock et ses escadrons de cavalerie se trouvaient sur les collines au-dessous de Sarum et avaient eu la malchance de manquer le fugitif, qui était parvenu à leur filer entre les doigts. Il avait finalement été découvert à quelque dix kilomètres à l'ouest de Ringwood, caché dans un fossé, déguisé en berger et à moitié mort de faim. L'honneur de l'avoir repéré revenait à un milicien, un certain Henry Parkin. Dès qu'il avait appris sa capture, Penruddock était allé à Ringwood, plus par curiosité que pour toute autre raison, et il n'avait pas été surpris d'y trouver déjà son cousin, un magistrat local.

La porte du presbytère s'ouvrit. On fit sortir le prisonnier sous les regards de la foule, dans l'expectative.

Il portait d'autres vêtements, mais paraissait toujours dépenaillé. Il semblait éreinté. Penruddock reconnaissait difficilement chez cet homme au visage hagard, à la barbe d'une semaine, le beau jeune homme gâté qu'il avait entraperçu dans la Forêt, quinze ans plus tôt.

Ils ne perdirent pas de temps et le conduisirent sans ménagement en haut de la rue bordée de chaumières de style Tudor jusqu'à une maison plus grande, proche de la place du marché, où on pourrait le tenir sous bonne garde.

— Que vont-ils faire de lui maintenant ? demanda Penruddock à son cousin.

— Le garder ici un jour ou deux, répondit le magistrat, puis, je pense, l'emmener à la Tour de Londres.

— Mes hommes traquent toujours des fugitifs. J'ai entendu dire qu'à l'ouest d'ici on en avait capturé des centaines. Vous pensez qu'il a des chances de s'en tirer ? fit-il en regardant disparaître la silhouette de Monmouth dans la grande maison.

— J'en doute. Je suis sûr qu'il va solliciter la grâce du roi, mais avec l'atmosphère qui règne dans le pays, dit le magistrat en lançant à son cousin un regard de côté, je pense que celui-ci ne pourra pas se permettre de l'épargner.

Le colonel Thomas Penruddock hocha la tête. Même Monmouth mort, il semblait peu probable, selon lui, que le roi catholique Jacques II reste sur le trône bien longtemps.

Faisant écho à ses pensées, son cousin le magistrat regarda par terre et murmura :

— Pas assez d'ampleur, prématuré.

La foule se dispersait.

— Je crois que je vais partir, dit le colonel Penruddock.

C'est alors qu'il remarqua un homme qui, curieusement, évoqua dans son esprit l'image d'un navet — l'air renfrogné de surcroît — et paraissait les observer.

— Qui est cet horrible individu ? Vous le connaissez, mon cousin ?

Le magistrat regarda Furzey et haussa les épaules.

— Non, dit-il. Il ressemble à un navet.

Bien que William Furzey sût parfaitement qui était le magistrat et lorgnât avec une certaine jalousie les beaux chevaux que lui et le colonel montaient, il les regardait sans les voir. S'il ne se sentait pas au mieux ce matin, ce n'était pas sa faute. Il venait de rentrer d'Oakley quand il avait entendu parler de la défaite de Monmouth et de la récompense promise pour sa capture. Il n'avait pas perdu un seul instant. Il avait pris un gourdin et une longueur de corde, mis une miche de pain et une pomme dans une serviette, fait avertir le fermier pour qui il travaillait qu'il était malade et s'était préparé à partir.

Bien sûr, il savait que cela revenait à chercher une aiguille dans une botte de foin. D'un autre côté, il eût été stupide de ne pas essayer. Et en y réfléchissant, il estima qu'il avait sa chance.

Monmouth devait chercher un port où s'embarquer. Lymington restait le meilleur choix. Les troupes du roi surveillaient certes l'endroit, mais Lymington comptait encore beaucoup de sympathisants et on pouvait cacher une armée de fugitifs dans la Forêt. Il lui suffisait de prendre langue avec des gens sur le quai. Les Seagull, William Furzey le savait, auraient hébergé le diable pourvu qu'il les paie.

Quelle route emprunterait le fugitif pour se rendre à Lymington ? Il éviterait certainement Fordingbridge et Ringwood, mais il devrait traverser l'Avon. Et donc passer au gué de Tyrrell, c'était évident.

Furzey s'était glissé dans un groupe de soldats rassemblés sur la place du marché de Ringwood et avait demandé en passant si certains d'entre eux avaient longé la rivière vers le sud. Ils lui répondirent que non. Il avait déjà remarqué qu'aucun de ces soldats n'était du pays. « Voilà bien la manière des autorités, avait-il pensé, d'effectuer des recherches avec des soldats qui ne connaissent pas la région. » Mais cela servait son dessein. Sans un mot de plus, il s'était mis en route pour le gué de Tyrrell.

Il attendait là depuis un jour et une nuit quand il avait appris que ses efforts étaient vains et qu'on avait déjà trouvé Monmouth à l'ouest de Ringwood, alors qu'il se dirigeait vers le sud. Il avait bel et bien eu l'intention de passer par le gué de Tyrrell. La pensée qu'il avait été de si peu frustré de la récompense ne contribuait pas à améliorer son humeur.

Le colonel Penruddock et ses hommes continuèrent de fouiller la région de Sarum pendant quelques jours encore. Ils ne trouvèrent rien. Pendant ce temps-là, le nombre des fugitifs capturés plus à l'ouest avait dépassé le millier. Puis les recherches cessèrent peu à peu. On conservait certes une garde dans chaque ville, mais tout semblait calme.

Des silhouettes dans la campagne. Des fugitifs couraient toujours, des hommes acquis à la cause protestante, qui avaient trouvé asile dans des maisons amies, des hommes qui devaient tenter encore de gagner prudemment la Forêt.

Deux semaines après l'arrestation de Monmouth, Alice Lisle n'en pouvait plus. Peter Albion venait en visite presque chaque jour.

Monmouth avait écrit au roi et même obtenu une entrevue avec lui. Peine perdue. Une semaine après sa capture, on l'exécutait à la Tour de Londres. Pendant ce temps-là, on s'apprêtait à juger la multitude de ses partisans arrêtés dans le sud-ouest du pays. Un énorme procès devait se dérouler en août, conduit par le président du Tribunal du banc du roi, Jeffreys, soigneusement choisi par Jacques II.

Rien de tout cela ne semblait cependant modifier l'opinion de Peter Albion. « Le roi ne va réussir qu'à se faire haïr encore davantage. Je ne vois venir que des ennuis, » déclarait-il souvent. « Et je ne vois venir que des ennuis pour vous, pensait Alice, si vous ne tenez pas votre langue. »

Elle redoutait qu'il lui demande la main de sa fille, ce qui enchanterait certainement Betty. Que faire ? Lui refuser son consentement ? Isoler Betty ? Elle craignait même que Betty ne s'enfuie avec lui et s'en ouvrit à Tryphena qui, avec son tact habituel, hocha la tête avec sagesse. « Bien que Betty vous aime, mère, si elle doit choisir entre vous et un jeune homme, elle le choisira certainement. »

Le mieux restait sans doute de les séparer. Maintenant que Monmouth était exécuté et que l'on cessait de rechercher ses partisans, Alice pensait pouvoir retourner sans risque dans la Forêt. L'endroit lui semblait chaque jour plus sûr que Londres, où la menace représentée par Peter Albion était si présente. Mais elle craignait aussi qu'en annonçant son départ elle ne précipite les choses et n'amène Albion à se déclarer.

Une semaine après l'exécution de Monmouth, il annonça qu'il devait se rendre dans le Kent pour affaires pendant quelques jours. Alice lui affirma qu'elle attendait son retour avec impatience et lui souhaita affectueusement bon voyage. Dès le lendemain matin, elle dit à Betty qu'elles partaient pour la campagne avant midi. Dans la soirée, elles se trouvaient déjà dans une auberge à trente kilomètres de la capitale.

— Nous devrions être à Winchester demain soir ! lança gaiement Alice.

Quelle ne fut pas la surprise de Jim Pride, deux jours plus tard, de voir Alice et Betty Lisle traverser Lyndhurst en voiture ! Au même instant, Alice l'aperçut et lui fit signe d'approcher.

Betty, il le remarqua, semblait un peu manquer d'entrain, mais Alice le salua chaleureusement, s'enquit de la santé de son père et de sa mère et voulut connaître les dernières nouvelles.

Le calme avait régné dans la Forêt depuis une semaine jusqu'à aujourd'hui. Une rumeur avait amené les autorités à penser que des fugitifs étaient peut-être sur le point de s'embarquer à Lymington. On avait fouillé toutes les maisons, en vain.

— A mon avis, la paix va maintenant revenir, dit Jim.

Alice réfléchit.

— Je pense malgré tout que nous n'irons pas tout de suite à Albion House. C'est trop près de Lymington. Dites au cocher que nous nous rendons à Moyles Court. Nous avons encore le temps d'y arriver avant la nuit.

De l'autre côté de l'Avon, Moyles Court était apparemment plus sûr.

William Furzey venait de finir sa journée et remontait la berge de l'Avon pour pêcher un peu à l'abri des regards indiscrets, quand il vit le cavalier. Le cheval n'avait rien d'impressionnant. L'homme, plutôt frêle, les cheveux gris, les yeux bleus larmoyants, semblait fatigué. Il s'était apparemment perdu.

— Pouvez-vous m'indiquer le chemin de Moyles Court ? demanda-t-il.

William le regarda. Il ressemblait à un citadin, peut-être un petit commerçant ou un artisan. Il n'avait pas l'air d'être d'ici. William Furzey n'était pas stupide. Il savait saisir une occasion quand elle se présentait. Les poissons attendraient.

— C'est pas facile à trouver, répondit-il alors que la maison se trouvait en fait à moins d'un kilomètre et que le chemin était droit. Je pourrais vous y conduire, mais ça me fait faire un détour.

— Est-ce que six pence suffiraient à vous récompenser de votre gentillesse ?

Le salaire quotidien d'un journalier s'élevait à huit pence. L'offre de ce modeste citadin était donc généreuse. Il devait avoir grande envie d'arriver à destination. Furzey acquiesça.

Il prit un chemin détourné. Moyles Court se situait dans une clairière au pied de la chaîne de collines qui s'étendait de la vallée de l'Avon à la lande. Cette partie de la vallée était très boisée et il ne fut donc pas difficile à Furzey de rallonger le trajet de trois kilomètres en prenant parfois des sentiers qui les ramenaient en arrière. Comme l'inconnu ne faisait aucune remarque, Furzey en conclut qu'il ne possédait guère le sens de l'orientation. Cela lui donnait également la possibilité d'en apprendre davantage sur son compte. Venait-il de loin ? L'homme restait évasif. Quel était son métier ?

— Je suis boulanger, admit son compagnon.

Un boulanger, venu de si loin et prêt à payer six pence pour trouver Moyles Court ? Sans aucun doute un dissident, à la recherche de cette damnée Lisle. Furzey attendit le bon moment pour parler :

— Vous cherchez une dame dévote, hasarda-t-il d'une voix pleine de componction en effectuant un nouveau détour.

— C'est ce que vous croyez ?

— Oui. C'est dame Alice que vous cherchez.

— Ah.

Le boulanger semblait content. Une lueur d'espoir s'alluma dans ses yeux bleus. Furzey ne savait trop où mènerait cette conversation, mais une chose était certaine : plus il en apprendrait de cet homme, plus il aurait de chance d'utiliser ces informations avec profit. Une idée commençait à germer dans son esprit.

— Elle a aidé beaucoup de bonnes gens, poursuivit Furzey.

Il pensa aux Pride, qu'il haïssait, et mentionna le nom de plusieurs de leurs relations à Lymington.

— Mais je ne sais pas qui vous êtes, ajouta-t-il.

Le pauvre diable sourit.

— Il se peut que vous me connaissiez, mon ami ! s'écria-t-il. Je m'appelle Dunne et je viens de Warminster. J'ai un message à remettre à dame Alice.

Warminster se trouvait à trente kilomètres à l'ouest de Sarum. Cela faisait loin pour qu'un boulanger, même dissident, porte un message.

Ses premiers soupçons se confirmaient. Ce gaillard pouvait bel et bien lui être utile.

— Vous ne m'avez pas dit votre nom ? demanda le boulanger avec ardeur.

Furzey hésita. Il ne souhaitait nullement donner son nom à cet ami probablement dangereux de la maudite Lisle.

— Thomas, monsieur. Simplement Thomas, répondit-il avant d'ajouter avec circonspection : Les temps sont difficiles pour les hommes pieux.

— Je le sais, Thomas, fit le boulanger en lui adressant un regard de compréhension.

Furzey parcourut une centaine de mètres avant de faire remarquer :

— Par les temps qui courent, si quelqu'un a besoin d'un asile, c'est un bon endroit.

— Vous le pensez ? demanda le boulanger en le regardant avec reconnaissance.

— Oui. Dieu soit loué, ajouta Furzey dévotement.

Il ne savait plus comment rallonger le chemin, mais il avait appris ce qu'il voulait.

— Moyles Court est juste là, fit-il en indiquant la direction. C'est à moins de cinq cents mètres. Vos affaires et celles de dame Alice ne me regardent pas, monsieur. Je vais donc vous laisser ici, mais puis-je vous demander si vous comptez rester ici ou vous en retourner ?

— Je m'en retournerai aussitôt.

— Si vous voulez un guide pour vous ramener sur votre chemin, je vous attendrai si vous le souhaitez.

Le boulanger le remercia avec gratitude et poursuivit sa route.

William Furzey s'assit sur une souche. Sans aucun doute, le boulanger aidait des fugitifs. Pourquoi, sinon, effectuerait-il ce trajet ? Il voulait les mener auprès de dame Alice. Peut-être avait-il raté Monmouth — et plusieurs personnes qui avaient aidé à le trouver avaient été généreusement récompensées —, mais si les amis du boulanger étaient des gens de quelque importance, il y aurait sûrement quelque chose pour lui. Mais comment et où les trouver ? Il ne pouvait tout de même pas raccompagner ce boulanger jusque chez lui. En revanche, si ces hommes devaient être conduits à Moyles Court... Hé hé, cela ne présageait rien de bon pour dame Alice !

Une heure passa avant que Dunne ne revienne. Un seul coup d'œil suffit à Furzey pour voir qu'il était content.

— Vous avez vu dame Alice ?

— Oui, mon ami. Et je lui ai dit combien vous aviez été aimable. Elle était curieuse de savoir qui vous étiez, mais je lui ai répondu que vous étiez un homme discret qui ne se mêlait pas des affaires des autres et ne voulait rien savoir des nôtres.

— Vous avez bien fait, monsieur.

Ils se turent pendant un moment, puis Dunne demanda :

— Si je reviens avec mes amis, est-ce que vous nous conduiriez à Moyles Court par un chemin discret ?

— Avec le plus grand plaisir.

Ils se séparèrent près de Fordingbridge.

— Retrouvons-nous ici dans trois jours à la tombée de la nuit, dit le boulanger, confiant. Puis-je compter sur vous, Thomas ?

— Oui, répondit William, vous le pouvez.

Alice Lisle regarda la table fixement, puis de nouveau la lettre. Betty et elle n'étaient arrivées à Moyles Court qu'une heure avant Dunne, et elle avait été assez préoccupée quand il la lui avait remise. Peut-être n'avait-elle pas accordé assez d'attention à cette affaire.

La missive, très brève, venait d'un pasteur presbytérien extrêmement respectable nommé Hicks. Alice le connaissait un peu. Elle croyait se rappeler lui avoir offert l'hospitalité à Albion House quelques années plus tôt. Hicks lui demandait si elle lui permettrait de passer une nuit chez elle en compagnie d'un ami avec lequel il se rendait dans l'est.

La requête était simple et, normalement, elle aurait donné son accord sans guère y penser. Quand elle avait demandé à Dunne ce que cela signifiait, il avait répondu seulement qu'il n'était que messager, mais que Hicks semblait tout à fait respectable. Elle avait donc accepté de l'héberger le mardi suivant, c'est-à-dire trois jours plus tard, et Dunne était reparti. Elle s'interrogeait à propos de ce Thomas qui lui avait montré le chemin de chez elle, mais beaucoup de gens dans la région possédaient probablement des amis dans la communauté de Lymington. L'homme était manifestement un sympathisant.

Pourtant, à mesure que la soirée avançait, elle repensa à tout cela. N'avait-elle pas agi de manière un peu inconsidérée ? Dunne avait fait une longue route. Et si ces hommes étaient des fugitifs ? Dunne n'avait donné là-dessus aucune précision, mais peut-être voulait-il seulement accomplir sa mission et se débarrasser d'eux. Quant à ce Thomas, pouvait-on vraiment lui faire confiance ? Plus elle y songeait, plus toute cette affaire lui déplaisait et plus elle se sentait fâchée contre elle-même. Un moment de faiblesse, un manque de vigilance, une lassitude. N'importe quel habitant, homme ou bête, de la Forêt aurait été plus avisé.

Une crainte soudaine la saisit. Elle devait annuler leur venue. Elle pourrait envoyer un messager rattraper Dunne. En supposant, évidemment, qu'il était retourné à Warminster. Cela valait la peine d'essayer. Elle soupira. La nuit porte conseil.

Et pourtant, tôt ou tard, chaque habitant de la Forêt commettait une négligence, et le prix à payer pouvait être élevé.

William Furzey ne perdit pas un instant. Après avoir quitté Dunne, il continua son chemin vers le nord. Il fallait parcourir six kilomètres pour arriver à Hale, mais il ne voulait rien laisser au hasard. Si le boulanger se faisait prendre et était interrogé, Furzey ne pouvait courir le risque d'être accusé de complicité. Son premier objectif était donc d'aller voir le Penruddock de Hale.

Il arriva au crépuscule. Sur le point de se coucher après une journée fatigante, le magistrat ne se réjouit pas particulièrement de cette visite. Cependant, dès que Furzey commença son récit, son intérêt fut piqué

— Ce sont des fugitifs, sans aucun doute, dit-il vivement. Vous avez bien fait de venir ici.

— J'espère en être récompensé, monsieur, avoua franchement William Furzey dans l'idée de négocier dès le départ le prix de son initiative.

— Certainement, acquiesça l'autre. Cela dépend naturellement de leur identité. Mais je veillerai à ce que vous ne soyez pas oublié si nous mettons la main dessus. Vous avez ma parole. On estimera sans aucun doute que votre témoignage sera utile dans un procès.

— Oui, monsieur. Je ferai ce que l'on désire.

— Hum.

Le magistrat ne s'occupait pas personnellement de ce genre d'affaire, mais autant savoir à quoi s'en tenir.

— Vous dites, résuma-t-il, que vous devez les conduire à Moyles Court mardi soir et que dame Alice leur donnera l'hospitalité ?

— C'est ce qu'il m'a raconté, monsieur.

Le magistrat réfléchit quelques instants. Alice Lisle. La roue avait tourné.

— N'en parlez à personne. Allez à votre rendez-vous comme prévu. Avez-vous un cheval ?

— Je peux m'en procurer un.

— Alors, revenez me voir dès qu'ils seront à Moyles Court. C'est possible ?

Furzey acquiesça.

— Très bien. Vous pouvez dormir là dans la grange cette nuit, si vous voulez, proposa aimablement Penruddock.

Avant de se mettre au lit, le magistrat écrivit un message afin de le faire porter dès l'aube à son cousin, le colonel Thomas Penruddock, de Compton Chamberlayne.

George Furzey regarda son frère et secoua la tête.

— Quel rusé renard tu fais, murmura-t-il. Raconte-moi ça encore une fois.

William reprit donc son récit au commencement. Le magistrat lui avait demandé de n'en parler à personne, mais William estimait que son frère échappait à cette interdiction. Dès qu'il avait pu, le dimanche, il avait quitté la ferme et traversé la Forêt jusqu'à Oakley pour le mettre au courant. La joie qu'éprouvait George était tout ce que William lui souhaitait.

Il n'avait pas beaucoup d'imagination. Ce qui risquait d'arriver exactement à Alice Lisle ne l'affectait pas. Tout ce qu'il savait, c'était que cette femme qui avait trompé et humilié sa famille aurait ce qu'elle méritait.

— Je pense qu'elle va être arrêtée, dit William.

Le fait que dame Alice soit traînée devant le magistrat et humiliée devant toute la Forêt semblait pour William un effet de la parfaite justice divine : un juste tribut à la mémoire de son père. Puis, tandis qu'il savourait la douceur de cette idée, une autre lui vint à l'esprit comme un rayon de soleil.

— Tu sais quoi ? dit-il. Nous pourrions aussi envoyer Jim Pride là-bas. Si on le trouve à Moyles Court, il lui faudra s'en expliquer, tu ne crois pas ?

— Comment faire ? s'enquit son frère.

— Ne t'inquiète pas pour ça.

George se sentait au comble de la joie. Infliger une humiliation en même temps aux Lisle et aux Pride.

— Rien n'est plus simple. Ne t'en fais pas.

La maison de Moyles Court, deux fois plus grande qu'Albion House, se dressait dans une clairière face à deux petits enclos à chevaux sur les pentes de la Forêt. La cour était vaste et les principaux champs du domaine s'étendaient tout près, au fond de la vallée de l'Avon.

Betty se trouvait dans la cour quand la lettre de Peter Albion arriva, le lundi matin.

La missive était brève. Son affaire dans le Kent avait été réglée plus vite que prévu et il était rentré à Londres un jour seulement après leur départ. Il avait été tout retourné de les voir parties, car il voulait l'entretenir de quelque chose d'important. Il suivait de près le messager et espérait atteindre Albion House le mardi après-midi.

A mesure qu'elle lisait, Betty sentait son cœur accélérer. Elle n'avait aucun doute quant à la nature de cette « chose importante ». Une seule question demeurait : devait-elle ou non parler à sa mère avant d'aller à Albion House ? De toute façon, les domestiques l'enverraient sûrement à Moyles Court. Il serait là mardi soir. Et quels que fussent les sentiments de sa mère à son égard, elle pourrait difficilement l'éconduire. Elle recevait d'autres visiteurs le même soir. Quoi qu'il en soit, l'idée de le voir la réjouissait.

George Furzey attendit mardi pour rendre visite à Jim Pride, qui sortait justement de chez lui.

Jim ne paraissait pas enchanté de le rencontrer, mais il se montra néanmoins courtois quand George lui transmit son message :

— Dame Alice voudrait que vous veniez la voir à Moyles Court.

— A Moyles Court ? répéta Jim en fronçant les sourcils. Je ne peux pas y aller avant ce soir. J'ai à faire.

— Elle n'espérait pas que vous veniez plus tôt. De toute façon, elle sera absente jusqu'en fin d'après-midi. Elle est désolée de vous demander cela mais c'est urgent.

— Que me veut-elle ? demanda Jim, perplexe

— Je ne sais pas.

— Comme se fait-il que ce soit vous qui m'apportiez ce message ? demanda le garde-chasse, irrité.

— Pourquoi moi ? Parce que je passais par Albion House. Le palefrenier m'a dit qu'il devait aller porter un message, mais il était tard, et je lui ai proposé de le déposer à sa place. Voilà pourquoi. J'ai voulu rendre service. Il y a du mal à ça ?

— Non, non, reconnut Pride.

— N'oubliez pas. Je ne veux pas qu'on me fasse de reproche si vous n'y allez pas.

— J'irai.

— Très bien. Alors, je m'en vais.

Le début de la soirée était chaud quand William Furzey sortit de Ringwood, où il avait emprunté un cheval à un forgeron de sa connaissance. Il restait deux heures avant la tombée de la nuit et il prit son temps.

La vallée de l'Avon entre Ringwood et Fordingbridge est particulièrement plaisante. Souvent, le soir, lorsque les pêcheurs arrivaient, une brume magique flottait sur les prairies détrempées comme si le silence prenait forme. Les premiers lambeaux de brume commençaient à apparaître tandis que Furzey poursuivait son chemin vers le nord à travers les ombres mouchetées projetées sur le sentier.

Viendraient-ils ? Il se demanda à combien les autorités estimaient le prix de leur capture. Cinq livres ? Peut-être dix ? Et si on les arrêtait en route ? Cela restait possible, mais lui semblait peu probable. Les autorités préféreraient sans doute leur mettre le grappin dessus à Moyles Court en même temps que sur dame Alice, qu'elles ne devaient pas porter dans leur cœur. Il était donc d'humeur guillerette.

Stephen Pride sentait son âge ce jour-là, mais cela ne l'empêchait pas de conserver sa gaieté. Un des ses amis affirmait que si l'on n'avait pas quelques douleurs à soixante-quinze ans, cela signifiait que l'on était mort. La marche redonnait en général souplesse à sa jambe. A cause de cette douleur, bien qu'il se refusât à l'admettre, il était parti rendre visite à son fils cet après-midi-là.

Quand il arriva, Jim était sorti, mais sa femme et ses enfants se trouvaient là et Stephen passa une heure agréable à jouer avec ses petits-enfants. Le plus jeune, un garçon de quatre ans, insista pour que son grand-père essaie de l'attraper, ce qui le fatigua un peu plus qu'il ne voulait le montrer. Il fut reconnaissant quand sa belle-fille eut pitié de lui et appela les enfants à l'intérieur pour le laisser faire un petit somme à l'ombre d'un arbre.

Il venait de se réveiller quand Jim arriva et lui parla du message de dame Alice. Stephen ne savait pas plus que son fils de quoi il s'agissait, mais il s'accorda à reconnaître que si dame Alice voulait le voir, il devait y aller. Comme ils insistaient, il resta avec Jim et sa femme jusqu'en fin d'après-midi.

Les ombres démesurément allongées apportaient une agréable fraîcheur sous le ciel bleu d'août quand Stephen Pride se remit en marche le long de la lande de Beaulieu en direction d'Oakley. Il venait de dépasser le sentier qui menait à l'église de Boldre quand, à quelque distance devant lui, il aperçut une cavalière, seule, parfaitement immobile qui regardait la lande et ne l'avait apparemment pas vu. Lorsqu'il fut tout proche elle se retourna, et il reconnut Betty Lisle.

Elle le salua affectueusement.

— J'attends mon cousin Peter Albion, expliqua-t-elle.

Elle était à Albion House depuis le début de l'après-midi. Plutôt que de risquer une confrontation avec sa mère, elle lui avait finalement annoncé qu'elle partait se promener à cheval du côté d'Albion House. Elle pourrait ainsi rencontrer Peter tranquillement et rentrer avec lui à Moyles Court dans la soirée.

Sa mère n'avait soulevé aucune objection et elle était arrivée à Albion House assez tôt, mais il n'y avait pas trace de Peter. Elle avait attendu à la maison tout l'après-midi, puis, n'y tenant plus, elle avait demandé aux domestiques de retenir son cousin s'il arrivait par la route de Lyndhurst et était allée en bordure de la lande pour le guetter au cas où il aurait décidé de couper par là. Elle se réjouit de voir Stephen ; au moins pourrait-elle bavarder avec lui et penser à autre chose.

Stephen était curieux d'entendre parler de ce cousin. Il connaissait assez les Albion pour situer tout de suite Peter. Il dit à Betty qu'il se souvenait même d'avoir vu le grand-père du jeune homme, Francis, quand il était petit.

— Je comptais retourner avec lui à Moyles Court ce soir. S'il tarde trop, je ne sais pas ce que je vais faire. Probablement rentrer sans lui.

Pride lui parla ensuite du message que dame Alice avait envoyé à Jim.

Elle en fut étonnée.

— Ma mère savait que je venais par ici et je ne comprends pas qu'elle ne m'ait pas confié le message, fit-elle remarquer. Et puis, je n'ai vu partir aucun palefrenier. Je pense que ça concerne les visiteurs qui doivent arriver ce soir, ajouta-t-elle.

Elle parla brièvement de l'inconnu qui était venu à Moyles Court trois jours plus tôt.

Peu après, Pride poursuivit son chemin.

William Furzey attendait calmement. Les ombres projetées par le soleil couchant s'étaient fondues en un rougeoiement orangé puis en une pénombre brune. La brume s'étendait en traînées fantomatiques sur les prairies. Quand les premières étoiles apparurent au-dessus de la Forêt dans le ciel turquoise, la vallée de l'Avon sombrait lentement dans le crépuscule estival.

Il vit alors les trois cavaliers se diriger vers lui en silence à travers la brume.

George Furzey ne se tenait plus de joie. Ses mains entre ses genoux, il se balançait d'avant en arrière en murmurant : « Ça, par exemple ! »

A l'orient, les premières étoiles venaient d'apparaître. Les cavaliers avaient-ils déjà rejoint William ? Peut-être. Jim Pride s'était-il mis en route pour Moyles Court ? Furzey se sentait si excité qu'il n'avait pu rester à l'intérieur. Dans la tiédeur du soir, assis sur un hêtre tombé en bordure de la lande, il contemplait le ciel avec ravissement.

— Ça par exemple ! répéta-t-il.

C'est ainsi que Stephen Pride le trouva en arrivant à Oakley, assez fatigué par cette longue journée.

— Eh bien, vous m'avez l'air de fort bonne humeur pour une fois, George Furzey ! lança-t-il.

Georges Furzey ne pouvait en effet dissimuler sa joie. Toute sa vie, il lui avait semblé que les Pride le regardaient de haut. Mais c'était fini. Ils ne le pourraient plus après ce soir.

— Ça se peut. Je suis de bonne humeur quand ça me chante, répondit-il.

— C'est votre droit le plus strict, dit Pride.

N'y avait-il pas un peu de mépris dans sa voix ?

— Il arrive que d'aucuns rient intérieurement, Stephen Pride, répliqua-t-il avec une note de triomphe malveillant dans la voix. C'est ce que vont faire certains avant longtemps.

— Ah ? Et que voulez-vous dire par là ? demanda Pride en le regardant attentivement.

— Occupez-vous de vos affaires. Je ne veux rien dire de particulier. Si je le fais, ça ne vous regarde pas. Et si ça vous regardait, vous le découvririez vous-même, répondit Furzey, qui s'échauffait.

Satisfait de ses exceptionnels talents diplomatiques, Furzey lui lança un regard qui voulait dire : « Tu vas voir ce qui t'attend ! »

Stephen Pride haussa les épaules et passa son chemin. Après cette agression inattendue, il se sentit soudain très fatigué.

Il se renversa en arrière et ferma les yeux. « Je vais faire un petit somme », pensa-t-il. Mais, au lieu de dormir, il vit défiler dans sa tête les événements des dernières heures : il se revit jouant avec ses petits-enfants, parlant avec Jim, rencontrant Betty ; il trouva étrange qu'elle ne fût pas au courant du message transmis par Furzey, il songea aux visiteurs attendus à Moyles Court et à l'air de triomphe inhabituel de Furzey.

— Doux Jésus ! s'écria-t-il soudain en se levant tandis que sa femme se précipitait, inquiète, près de lui. Le démon !

Il ne savait pas exactement ce qui se tramait, mais le subodorait. Le message porté par Furzey devait être faux. C'est pourquoi il semblait si content de lui. Il s'était débrouillé pour que Jim aille à Moyles Court, où on attendait des visiteurs. Sans aucun doute des dissidents. Des dissidents ? Plus probablement des fugitifs. Voilà ! Son instinct d'homme de la Forêt l'avertit d'un seul coup qu'il s'agissait d'un piège.

— Il faut que je récupère les poneys ! s'écria-t-il en passant à côté de sa femme. Ne t'inquiète pas, ajouta-t-il en s'arrêtant pour lui donner un baiser. Je n'ai pas perdu l'esprit. Viens avec moi.

Près de la grange, en sellant à la hâte les bêtes, il lui expliqua ce qu'il savait.

— Mieux vaut que tu prennes le plus petit. Rejoins Jim aussi vite que tu peux. S'il n'est pas encore parti, dis-lui de ne pas bouger de chez lui sans autre explication. Je ne veux pas qu'il me suive. Dis-lui seulement que George Furzey s'est trompé.

— Que vas-tu faire ?

— Je vais couper par la Forêt. Pour arrêter Jim si tu le manques. Ensuite, j'irai à Moyles Court.

— Oh, Stephen...

— Il faut que j'y aille. Si c'est un piège, ça signifie que dame Alice...

Il n'y avait pas à discuter. Quelques minutes plus tard, mari et femme longeaient la lande au petit galop vers le nord. L'obscurité devenait de plus en plus épaisse, mais quelques étoiles leur suffiraient pour se repérer, car ils connaissaient la Forêt comme leur poche. Au croisement du chemin qui menait à Albion House, Stephen Pride s'arrêta un instant pour embrasser celle qui était sa compagne depuis cinquante ans puis ils se séparèrent.

— Dieu te protège, murmura-t-elle en jetant un coup d'œil en arrière vers le sentier obscur sur lequel il venait de disparaître.

Dans la salle principale de la demeure du magistrat de Hale, le colonel Thomas Penruddock dévisageait William Furzey à la lueur des chandelles. Il avait eu l'air assez content de lui en arrivant, mais il semblait un peu nerveux maintenant, impressionné par les uniformes soutachés à écharpe d'étoffe, les grandes bottes de cavalier à haut retourné, les larges ceintures de cuir et les épées cliquetantes du colonel et de ses douze hommes.

— Vous êtes sûr que ces hommes se trouvent à Moyles Court ? demanda le colonel Penruddock d'un ton sévère.

— Ils y étaient quand je les ai quittés, répondit Furzey avec assurance.

— Nous partirons d'ici à minuit, annonça Penruddock à ses hommes. Nous cernerons la maison et y entrerons avant l'aube. C'est le meilleur moment pour les prendre au dépourvu.

Il se tourna vers Furzey.

— Vous resterez ici jusqu'au matin.

Ayant donné ses ordres, le colonel Thomas Penruddock souhaita bonne nuit à son cousin et monta dans une chambre pour prendre un peu de repos.

Mais il ne dormit pas.

Alice Lisle. C'était la troisième fois que leurs chemins se croisaient. La première fois, quand elle avait approuvé l'exécution de son père, la deuxième, quand il l'avait trouvée en compagnie du roi, et maintenant, surprise avec des traîtres. Il s'agirait sûrement de la dernière. Le cercle se refermait.

Elle serait châtiée. Et pas seulement pour la mort de son père. Elle représentait tout ce qu'il haïssait : cet air revêche des puritains, ce pharisaïsme dénué d'humour ; les puritains croyaient servir le royaume de Dieu en détruisant tout ce qui était aimable, chevaleresque, galant. Alice Lisle, la cromwellienne, la régicide, la voleuse des biens d'autrui, la meurtrière. Voilà comment il la voyait.

Pourtant, tandis qu'il reposait là, entouré par ses soldats, investi de l'autorité royale, Thomas Penruddock avait surtout conscience de son pouvoir. Dans son esprit, la femme âgée de Moyles Court ne lui apparaissait pas moins haïssable, mais menue et frêle. Semblable à un vieux renard vicieux qui aurait terrorisé une région pendant des années, elle déclinait et toute la nature réclamait sa mort. Il ne l'abattrait pas, mais hâterait sa fin, comme on souffle une chandelle qui coule.

Peter Albion avait mis plus de temps que prévu et Betty s'apprêtait à renoncer quand il arriva enfin, à la tombée de la nuit. Il avait l'air fatigué. A ce moment-là, Stephen Pride apparut.

— Je pensais que vous étiez encore là, dit-il. J'ai un message pour vous.

Il avait beaucoup réfléchi en cours de route. S'il disait la vérité à Betty, s'il lui annonçait que sa mère courait un danger, il craignait qu'elle ne se précipite à Moyles Court en dépit de toutes les mises en garde. Il avait donc préparé un mensonge, pas très bon, mais qui, espérait-il, ferait l'affaire.

— Je viens de renvoyer le palefrenier à votre mère. Je l'ai rencontré au pont de Boldre. Je lui ai dit où vous étiez. Elle vous demande de rester là. Elle ne veut pas que vous traversiez la Forêt de nuit.

Le soulagement qu'il lut sur le visage de Peter Albion montrait qu'il n'avait pas besoin d'en rajouter.

— Merci, Stephen, dit-elle en souriant. Je ne crois pas que mon cousin désire continuer à chevaucher ce soir.

Le jeune homme souriait lui aussi et Pride hocha la tête. « Un beau garçon, pensa-t-il. Tout à fait bien pour Betty, qui partage apparemment mon avis. »

— Bon, je m'en vais, dit-il en reprenant le chemin.

Il n'y avait pas de temps à perdre. Jim était peut-être là, quelque part devant lui. Et à Moyles Court, dame Alice avait vraisemblablement déjà reçu ses visiteurs. Le piège s'était-il refermé ? Il paraissait plus probable qu'il le soit tard dans la nuit.

Son cœur battait vite. Il se sentit un peu pris de vertige quand il arriva en bordure de la lande près de Setley. Voilà des années qu'il n'avait pas couru ainsi tout le jour et une partie de la nuit. Il était trop énervé pour s'abandonner à la fatigue.

Les étoiles brillaient. Il décida de couper droit vers le nord, de longer Brockenhurst et de prendre le chemin qui menait au-dessus de Burley. Jim passerait probablement par là. Il poussa son poney. Grâce à Dieu, c'était un petit animal vigoureux, capable de le porter tout le jour... et toute la nuit.

Il dépassa Brockenhurst. Devant lui s'étendait le bois de Rhinefield. Un quartier de lune montait dans le ciel et éclairait le sable et le gravier le long de la piste, pareil à une traînée argentée de poussière d'étoiles.

Son cœur battait à tout rompre. Il aspira profondément l'air tiède d'août. Les sabots de son poney battaient sans fin le sentier.

Il y avait quelque chose de bizarre, là-bas devant lui. Quelque chose de pâle sur la lande, probablement du bétail. Non, la lune. La lune était comme posée sur la lande. Puis une grande fulgurance blanche lui traversa la tête comme un éclair dans un bruit de tonnerre terrifiant.

Et, à deux pas de Rhinefield, terrassé par une attaque, il tomba sur le sol tiède de la Forêt.

Alice Lisle se tenait à la fenêtre et guettait.

Au-dessus des arbres, sur la petite colline d'en face, des nuages cachaient le ciel étoilé. Moyles Court était tranquille dans le silence qui précède l'aube.

Personne n'était venu depuis l'arrivée de ses visiteurs dans la soirée. Elle savait où se trouvait Betty. Elle avait reçu le dimanche un message de Tryphena l'avertissant du retour à Londres de M. Albion, qui était passé de bonne heure à la maison avant de se mettre en route pour la

Forêt. Le désir exprimé par Betty de se promener à cheval du côté d'Albion House n'avait pas trompé sa mère un seul instant.

Elle n'avait pas essayé de l'empêcher de partir. Si le jeune Peter Albion se montrait aussi assidu et si sa fille, à vingt-quatre ans, lui faisait des cachotteries pour aller le retrouver, il n'y avait plus rien à faire. Albion House reviendrait probablement à des Albion. C'était le destin. Quelles que fussent ses réserves, le jeune Peter représentait en fait un meilleur parti que ceux trouvés par ses autres filles : mieux placé pour réussir, de meilleure naissance. Peut-être cela tenait-il au fait qu'elle se retrouvait dans le cadre familier de la Forêt, mais il lui apparaissait maintenant que, si tel était le choix de Betty, il était vain de s'y opposer.

Il y eut soudain des cris dans la nuit. Des hommes se déplaçaient à l'extérieur. On cogna à la porte. Elle entendit une voix.

— Ouvrez ! Au nom du roi !

Nouveaux coups. Alice se précipita dans la chambre voisine, occupée par Dunne et Hicks.

— Réveillez-vous ! s'écria-t-elle. Vite. Il faut vous cacher !

Leur compagnon, Nelthorpe, occupait la chambre suivante. Elle le trouva déjà réveillé, en train d'enfiler ses bottes.

Tous les quatre dévalèrent l'escalier en chêne dans l'obscurité, en faisant tant de bruit avec leurs bottes qu'on devait les entendre jusqu'à Ringwood.

— Par derrière, dit-elle d'une voix sifflante en les conduisant vers la cuisine.

Mais en arrivant là, ils aperçurent des ombres par la fenêtre.

— Cachez-vous le mieux possible, leur dit-elle avant de se précipiter vers l'escalier.

Elle le monta quatre à quatre, le cœur battant, et trouva deux domestiques déjà sur le palier, pâles et effrayés.

— Refaites les lits, murmura-t-elle en montrant les chambres où avaient dormi les trois hommes. Ne laissez aucune trace. Dépêchez-vous.

Les coups frappés aux portes, à l'avant et à l'arrière de la maison, devenaient de plus en plus pressants. Dans une minute, peut-être tenteraient-ils de les enfoncer. Elle redescendit l'escalier à toute allure, saisit une chandelle qu'elle avait laissée sur la table la veille, l'alluma avec les braises de la cheminée et alla à la porte. Après avoir pris une profonde inspiration, elle commença à tourner la lourde clef et à tirer le verrou. La dernière chose à laquelle elle pensa avant d'ouvrir fut de ne pas se montrer effrayée.

Thomas Penruddock regarda la femme qui se tenait devant lui.

Elle était en chemise de nuit, un châle sur les épaules. Ses cheveux, presque gris, tombaient épars. Même à la lueur de la bougie, elle avait l'air pâle.

— Que signifie, monsieur ? demanda-t-elle en le dévisageant.

— Au nom du roi, madame, nous devons fouiller votre maison.

— Fouiller ma maison, monsieur ? En pleine nuit ?

— Oui, madame. Et vous allez nous laisser entrer.

Elle se rendit compte de la présence de deux grands soldats derrière le colonel. Ils semblaient sur le point de forcer le passage. Elle s'évertua à paraître calme.

Elle comprit aussitôt son erreur. Si les soldats pénétraient dans la maison, existait-il la moindre chance qu'ils ne trouvent pas les trois hommes ? S'ils avaient dormi innocemment, cela n'aurait sans doute pas fait aussi mauvais effet, mais le fait qu'ils tentent de se cacher laissait soupçonner leur culpabilité. Que faire ? La panique l'envahit, sa main qui tenait la chandelle se mit à trembler. Elle s'efforça de se dominer. Peut-être pouvait-elle bluffer. Cela restait son seul espoir.

— En vertu de quel mandat osez-vous envahir ma demeure, monsieur ? demanda-t-elle avec hauteur.

— J'agis au nom du roi, madame.

— Montrez-moi votre mandat, monsieur, ou allez-vous-en ! s'écria-t-elle, furieuse, bien qu'elle ignorât si un mandat était ou non nécessaire.

Il parut hésiter.

— Je vois que vous n'en possédez pas. Vous n'êtes donc que des intrus ! s'écria-t-elle de nouveau en refermant la porte.

Mais la botte de Penruddock l'en empêcha. Quelques instants plus tard, les deux soldats entrèrent en la bousculant. Puis, deux autres, sortis de l'obscurité, les suivirent à tâtons.

— Des lanternes, apportez des lanternes ! lançaient des voix.

Il ne leur fallut pas longtemps pour les débusquer. Derrière la cuisine se trouvait la malterie, une grande pièce pareille à une grange. Hicks, le pasteur, qui était grand et corpulent, et Dunne, le boulanger, avaient essayé de se dissimuler sous un tas de détritus, d'où ils furent tirés. Nelthrope, le compagnon de Hicks, un grand maigre, avait tenté de se cacher dans la cheminée.

Penruddock s'adressa à eux brièvement :

— Richard Nelthrope, vous êtes recherché comme rebelle. John Hicks, on sait que vous étiez avec Monmouth et vous, James Dunne, êtes coupable de complicité. Je vous arrête. Alice Lisle, vous avez abrité des traîtres, ajouta-t-il avec humeur.

— J'ai hébergé un respectable pasteur, rétorqua-t-elle avec mépris.

— Des traîtres en fuite, madame, qui ont participé à la rébellion de Monmouth.

— Je ne suis pas au courant de cela, monsieur.

— Le juge et le jury apprécieront. Vous êtes en état d'arrestation.

— Moi ? Quel sorte de soldat êtes-vous, monsieur, qui venez arrêter une femme en chemise de nuit ? dit-elle avec mépris.

Elle le défiait et lui faisait honte devant ses hommes. « Comme c'est étrange », pensa-t-il. Il s'était attendu à trouver une vieille sorcière et il avait devant lui une femme énergique et pleine de morgue qui le regardait de haut en dépit des circonstances. Comme cela s'était déjà produit, le temps semblait aboli et il fixait cette terrible vengeresse qui, s'il vivait encore, frapperait de nouveau son pauvre père. Tout juste s'il ne tremblait pas sous son regard froid. Et, pris par surprise, il ressentit soudain, tel un coup à l'estomac, la vieille douleur provoquée par la perte de son père. A son grand étonnement, il dut se détourner.

Ce n'est pas tant sous l'effet de la colère que de la souffrance qu'il ressortit dans la nuit en lançant à ses hommes :

— Arrêtez-les tous !

Quelques minutes passèrent avant qu'ils soient conduits dehors. Il ne s'occupa de rien. Il vit qu'Alice était toujours en chemise de nuit et aussi que l'un des soldats s'était approprié un chandelier en argent et du linge, mais peu lui importait.

— Où nous emmenez-vous ? s'écria Dunne.

— A la geôle de Salisbury, répondit-il.

Puis ils se mirent en route. Alice, de manière incongrue, monta en croupe derrière l'un des soldats. « Je n'aurais pas dû le permettre », pensa Thomas Penruddock, mais il s'en moquait éperdument.

Le 24 août de l'an de grâce 1685, un grand cortège de cavaliers approchait de la ville de Winchester. Cinq juges, une nuée d'avocats, Jack Ketch, le bourreau officiel, notoirement incompétent, des magistrats, des greffiers, des domestiques et une escorte de piqueurs — toute la panoplie de la justice nécessaire, sous le règne de Sa Majesté Jacques II, pour pendre, décapiter, brûler, fouetter ou exiler dans les colonies les quelque douze cents hommes qui avaient eu la malchance de se faire prendre après avoir participé à la rébellion de Monmouth. A la tête de cette grande délégation d'hommes de loi se trouvait, comme promis, rien moins que le très honorable George Jeffreys, président du Tribunal du banc du roi.

Les assises, qui devaient se tenir dans le sud-ouest de l'Angleterre et aboutir à l'exécution de trois cent trente personnes et à l'embarquement de huit cent cinquante autres pour les plantations américaines, furent appelées les « assises sanglantes » et le juge qui les présidait, « Jeffreys le Sanglant ». Mais avant qu'elles ne commencent, un prélude devait avoir lieu dans la grande salle du château de Winchester : le procès de dame Alice.

En regardant autour d'elle dans la grande salle aux murs de pierre et aux allures de cathédrale des rois normands et Plantagenêts, Betty fut malgré elle impressionnée par l'antique majesté de l'endroit. La douce lumière de l'après-midi filtrait par des fenêtres en arc brisé. Devant les cinq juges à robe écarlate et perruque poudrée, qui siégeaient sur l'estrade, se trouvaient les avocats et les greffiers comme autant de corbeaux, puis venait l'assistance. Dans un grand fauteuil en chêne, sa mère, vêtue de gris, était assise seule sur une autre estrade.

En un lieu si solennel, devant des hommes aussi vénérables et érudits, justice serait certainement faite et sa mère — Peter lui ayant exposé la loi — sans aucun doute relaxée. Elle jeta un coup d'œil à Tryphena, assise à côté d'elle, et lui adressa un sourire d'encouragement. De l'autre côté, Peter lui pressa la main.

L'affaire était simple. Sa mère avait hébergé trois hommes pendant une nuit. L'un, le pauvre Dunne, était un personnage relativement insignifiant ; Hicks, le prédicateur, était accusé, mais pas encore condamné ; le troisième, Nelthorpe, avait été mis hors la loi.

« La situation s'avère périlleuse, avait expliqué Peter, parce qu'il s'agit d'un cas de trahison. Quand on aide un criminel en fuite, on devient complice par assistance, mais on n'est pas considéré comme coupable du crime lui-même. En cas de haute trahison, le problème est tout autre. Si on aide un traître avéré, on est soi-même coupable de trahison. Voilà le danger pour votre mère. Cependant, le procureur devra montrer qu'elle *savait* que ces hommes ont participé à la rébellion de Monmouth. Elle ne connaissait pas Nelthorpe et ignorait tout de lui. Il a en outre été amené par un homme qui passe pour un pasteur de bonne réputation, Hicks en l'occurrence. Elle a donc accordé l'hospitalité à un dissident respectable et un de ses amis pour la nuit, comme elle l'a souvent fait auparavant. Savait-elle qu'ils étaient des traîtres ? Non. Sauf si quelqu'un est à même de prouver le contraire, la plupart des jurés lui accorderont le bénéfice du doute. Je dis qu'elle n'a commis aucun crime, avait-il conclu en souriant.

— Dès qu'elle sera acquittée, Peter, je crois que nous pourrons célébrer notre mariage », avait affirmé Betty.

Il lui avait demandé de l'épouser le soir même de son arrivée dans la Forêt et, si Alice n'avait pas été arrêtée, ils auraient sollicité son consentement dès le lendemain matin. Depuis, toute la famille étant bouleversée, elle l'avait prié de n'en rien faire. Mais dès que cette terrible histoire serait close et que les choses reviendraient à la normale, elle parlerait à sa mère et se marierait le plus tôt possible. « A Noël », avait-elle précisé.

Pendant les heures à venir, elle devait cependant chasser Peter de ses pensées. Il lui fallait d'abord assister à l'acquittement de sa mère.

Le procès ne commença qu'en fin d'après-midi.

Au début, tout se passa plutôt bien. Des témoins affirmèrent qu'ils avaient vu le pasteur Hicks avec les troupes de Monmouth. Dunne fut appelé à la barre pour raconter comment il était arrivé à Moyles Court le samedi, puis le mardi. Mais il se produisit ensuite quelque chose d'étrange. Au lieu de poser des questions à Dunne, le procureur déclara soudain qu'il voulait que le juge Jeffreys l'interroge lui-même. Betty regarda Peter, qui se contenta de hausser les épaules de surprise.

Pour commencer, le juge parut assez aimable. Sa grosse tête, assez semblable à un crâne, penchée en avant, il appela Dunne « Mon ami » et lui rappela qu'il devait dire la vérité. Avec une lueur d'espoir dans ses yeux bleus larmoyants, le boulanger entama son récit et réussit à sortir une phrase.

Mais le juge Jeffreys l'interrompit brusquement :

— Faites attention, mon ami. Recommencez. Quand dites-vous que vous vous êtes mis en route ?

Une ou deux autres phrases, nouvelle interruption.

— C'est ce que vous dites ? J'en sais davantage que vous ne le croyez. Comment avez-vous trouvé Moyles Court ?

— Avec l'aide d'un certain Thomas.

— Où est-il ? Qu'il se lève !

Au grand étonnement de Betty, William Furzey se leva. C'était donc lui, le mystérieux Thomas. Qu'est-ce que cela signifiait ?

Le juge Jeffreys, lancé, ne s'arrêtait plus. Il posait question sur question. Au bout de quelques minutes, il parut évident que Dunne s'embrouillait. En s'efforçant de ne pas incriminer Furzey — il n'avait pas encore compris qu'il l'avait dénoncé —, il déclara sottement que Furzey ne les avait pas conduits à Moyles Court et il ne tarda pas à s'enliser dans un bourbier de contradictions.

— O jour malheureux ! s'exclama Jeffreys sur un ton cruellement sarcastique. Allez, rafraîchissez-vous un peu la mémoire !

Tandis qu'une ombre de désespoir envahissait le regard du pauvre boulanger, Betty nota que le juge jouait au chat et à la souris. De plus en plus désorienté, Dunne se contredisait sur des détails.

Jeffreys en profita :

— Misérable ! lança-t-il d'une voix tonitruante qui fit frissonner toute l'assistance. Croyez-vous que le Dieu du ciel n'est pas un Dieu de vérité ? C'est seulement par miséricorde qu'il ne vous envoie pas immédiatement en enfer !

Et pendant deux minutes, foudroyant du regard le malheureux boulanger, le juge le plus puissant du royaume, qui tenait la vie et la mort entre ses mains, beugla et tempêta contre lui. Dunne se mit à trembler si fort que, de toute évidence, on ne pourrait plus rien en tirer.

Betty était devenue blanche. Elle jeta un coup d'œil à Peter, qui, bouche bée, se pencha et lui murmura à l'oreille :

— Il n'a toujours aucune preuve qui lui permette de prononcer une condamnation.

Furzey fut appelé rapidement pour raconter ce qu'il avait vu. Quelque chose parut intéresser Jeffreys.

— Dunne vous a dit que dame Alice lui a demandé si vous étiez au courant de la raison de sa venue, c'est ce que vous affirmez ?

— C'est cela.

Le pauvre Dunne fut de nouveau interrogé, si tant est que le terme convienne. Car le boulanger était maintenant en proie à une telle peur et une telle confusion que son discours devenait incohérent. Le juge lui demanda quelle était cette raison. Dunne paraissait incertain. Le juge tapait du poing, criait, jurait sans relâche. Dunne bégayait, puis il finit par se taire. Pendant de longues minutes, il sembla en transe.

La pénombre envahissait à présent la grande salle. Un huissier alluma une chandelle.

Dunne parut enfin se ressaisir un peu.

— La raison de ma venue, Votre Honneur ?

— Béni soit Dieu ! Scélérat ! Oui, la raison de votre venue ?

— C'est que M. Hicks est un dissident.

— C'est tout ?

— Oui, Votre Honneur. Rien de plus.

Betty sentit Peter lui toucher le bras.

— L'ami Dunne a battu le juge, murmura-t-il.

Mais, apparemment, le juge ne l'entendait pas ainsi.

— Menteur ! Vous croyez pouvoir vous moquer de moi avec une telle imposture ? Apportez la chandelle, ordonna-t-il à un huissier. Tenez-la devant sa face d'impudent.

— Votre Honneur, s'écria Dunne en se remettant à trembler, indiquez-moi ce que vous voulez que je dise car je ne sais plus où j'en suis !

Betty regardait, horrifiée. Ce n'était pas un procès, mais de l'inquisition. Que feraient-ils ensuite ? Tortureraient-ils le boulanger en public ? Elle jeta un coup d'œil en direction de sa mère.

Et la regarda encore, stupéfaite.

Car, au milieu de tout cela, elle s'était endormie.

Pas vraiment. Mais Alice avait vécu trop longtemps, elle en avait trop vu. Elle se souvenait de la guerre civile, du procès du roi Charles et de bien d'autres procès, du destin de son mari. Elle savait déjà comment cette affaire se terminerait.

Elle ne montrerait pas sa peur. Elle tremblait presque et avait envie de crier, tant tout cela était stupide et cruel. Mais cela restait inutile. Elle le savait bien et ne leur accorderait pas la satisfaction de voir qu'elle avait peur. Elle ferma les yeux.

Le colonel Penruddock comparut ensuite. Il fut bref et s'en tint aux faits. Il raconta qu'il avait trouvé les trois hommes cachés, que, selon Furzey, Dunne avait laissé entendre que les deux autres étaient probablement des rebelles. On traîna donc de nouveau le boulanger à la barre et on lui demanda ce qu'il avait voulu dire. Mais il bafouillait tant que ses paroles n'avaient aucun sens. Ils ne tenaient rien de tangible.

On appela l'un des soldats qui avaient participé aux arrestations. Il déclara qu'il s'agissait manifestement de rebelles, mais son témoignage s'avérait si inutile que même le juge ne tarda pas à lui faire signe d'aller s'asseoir.

Alice eut l'impression qu'elle avait une petite chance. Après avoir fait semblant de se réveiller, elle regarda le soldat et s'écria :

— Tiens, Votre Honneur, voilà l'homme qui a volé mon linge !

Mais cela ne servit à rien. Jeffreys passa rapidement à autre chose et en vint finalement à Alice : il lui demanda dédaigneusement ce qu'elle avait à dire pour sa défense.

C'était simple. Elle se trouvait à Londres pendant toute la rébellion de Monmouth. Elle n'était pas en délicatesse avec le roi. Il traita cette affirmation par le mépris. Elle ignorait complètement que ses visiteurs avaient participé à la rébellion. Elle produisit même un témoin qui jura que Nelthorpe, le hors-la-loi, n'avait jamais prononcé son nom.

Mais le juge Jeffreys savait s'y prendre.

— Nous en avons entendu assez ! s'écria-t-il. Renvoyez le témoin.

Il se retourna brutalement vers Alice.

— Avez-vous d'autres témoins à appeler ?

— Non.

— Très bien, dit Jeffreys avant de se tourner vers le jury. Messieurs les jurés... commença-t-il.

— Votre Honneur, il y a un point de droit... l'interrompit Alice.

— Silence ! s'écria-t-il. Trop tard.

De toute évidence, il ne disposait d'aucune preuve valable contre elle. Cela ne ralentit pas pour autant son flot de paroles. Il rappela au jury que les Lisle étaient des régicides, les dissidents, tout naturellement des criminels, que la rébellion de Monmouth avait été une chose horrible et que la moralité de Monmouth laissait à désirer. Que tout cela fût dépourvu de sens et de pertinence ne semblait pas le gêner.

Quand il eut fini sa tirade, l'un des jurés posa une question :

— Etait-ce un crime, Votre Honneur, de recevoir le prédicateur Hicks alors qu'il n'était pas jugé coupable, mais seulement accusé de trahison ? demanda-t-il.

— C'est un point essentiel, chuchota Peter à Betty.

Cela resta, en fait, le seul point de droit évoqué pendant tout le procès. Car, dans le droit anglais, on ne pouvait être accusé de complicité lorsque la personne que l'on aidait était seulement accusée, mais non déclarée coupable de trahison. Ce qui était juste car, sinon, un complice pouvait être condamné pour être venu en aide à un homme jugé par la suite innocent. Comme Hicks attendait toujours son procès, il n'était pas encore un traître. L'accusation à l'encontre d'Alice, sans grand fondement, s'écroulait complètement.

Le juge vit le piège.

— Cela revient au même, déclara-t-il d'un ton légèrement narquois.

Le silence s'abattit sur le tribunal.

— Mensonge, murmura Peter. La loi affirme le contraire.

— Dites quelque chose, chuchota Betty.

Mais les quatre juges à côté de Jeffreys, les avocats et les greffiers se taisaient tous. Les jurés revinrent après avoir délibéré une demi-heure et la proclamèrent non coupable. Le juge Jeffreys refusa leur verdict et les renvoya. Ils revinrent et déclarèrent encore qu'elle n'était pas coupable. Il les renvoya de nouveau. Ils revinrent une troisième fois et dirent la même chose.

Le juge Jeffreys jura.

— Scélérats, s'écria-t-il, vous osez vous moquer de la cour ? Vous ne comprenez donc pas que je peux vous accuser vous aussi de trahison ?

Après avoir délibéré une quatrième fois, ils revinrent et la reconnurent coupable.

Le juge Jeffreys la condamna alors au bûcher.

La pièce, pas grande, était propre et bien éclairée. Les barreaux de la fenêtre ne se remarquaient pas trop. C'était encore le matin.

Alice ne serait pas brûlée vive. L'évêque et le clergé de Winchester avaient immédiatement adressé une supplique au roi. Ils ne voulaient pas de cela dans leur ville. De plus, à mesure que la nouvelle du scandaleux procès se répandait, ils redoutaient une émeute. Alice Lisle aurait donc la tête tranchée dans l'après-midi.

Seules Betty et Tryphena demeuraient auprès d'elle. Les autres étaient partis, enfants et petits-enfants, elle avait fait ses adieux à tous. Le calme régnait dans la pièce.

Peter se trouvait à Londres. Betty n'avait pas parlé de lui à sa mère et, curieusement, elle n'avait guère pensé à lui. S'ils s'étaient connus depuis plus longtemps, peut-être aurait-elle voulu qu'il la soutienne. Mais elle avait été si prise par sa famille et par cette terrible affaire qu'il avait semblé s'éloigner dans son esprit, comme si la porte s'était refermée sur un visiteur.

— Peter Albion.

Sa mère venait de prononcer son nom et Betty la regarda avec surprise.

— Je n'ai pas voulu parler de lui en présence des autres.

Elle dévisagea Betty pensivement.

— Voulez-vous toujours l'épouser ?

Elle ne lui avait jamais dit qu'elle le souhaitait, mais l'heure n'était plus à de tels faux-fuyants.

— Je n'en sais rien, répondit-elle sincèrement.

Tryphena leva brusquement la tête et sembla sur le point de parler, mais sa mère la devança :

— J'ai meilleure opinion de lui maintenant, dit-elle avec fermeté. Ce procès lui a fait beaucoup de bien.

— Mais c'était une parodie de justice, un scandale ! intervint Tryphena.

— C'est pour cette raison qu'il lui a été profitable, dit Alice d'un ton égal. Je le croyais plutôt arrogant. Il a vu que même la justice peut se plier à la nécessité. Il a gagné en humilité.

— Il y a...

Betty hésita, regarda sa mère et sa sœur, puis haussa les épaules.

— Il y a autre chose...

— Dites-moi.

Betty évoqua le moment, au cours du procès, où le juge Jeffreys avait fait pression sur le jury de manière si outrée et où Peter avait affirmé qu'il mentait.

— Ce n'était pas conforme à la loi. Je lui ai suggéré d'intervenir.

— Vous vouliez qu'il se lève et contredise le juge ?

— C'est que...

C'était difficile à dire, mais elle y avait pensé après coup et sa conduite ne lui avait paru... satisfaisante.

— Les autres juges n'ont rien dit. Les avocats n'ont rien dit. Et vous non plus, lui rappela sa mère avec une ironie désabusée.

— Je sais. Je le regrette.

— Ne dites pas de sottises, mon enfant. Ce que vous suggérez, c'est que l'homme que vous désirez épouser s'est révélé imparfait. Il a décidé de ne pas agir en héros.

Elle secoua la tête et soupira.

— Ne tombez pas dans le piège qui consiste à chercher un mari parfait. Les femmes de votre âge le font souvent. Vous n'en trouverez jamais. Considérez en outre, mon enfant, que si votre mari était parfait, il faudrait que vous le soyiez aussi.

— Mais...

— Il a eu un moment de lâcheté.

— Oui, je le crois.

— J'appellerai cela de la discrétion.

— Mais...

Betty ne savait trop comment s'expliquer à propos du silence de Peter à cet instant crucial du procès. Il ne s'agissait pas tant de son attitude que de l'intuition qu'elle avait eue soudain, à ce moment précis et pour la première fois, de sa nature profonde. Il y avait là de la prudence, un calcul, un empressement, au-delà de son discours, à accepter les pires compromis.

— Il existe quelque chose dans sa nature...

— Dieu merci. Peut-être survivra-t-il, soupira Alice.

— Mais mon père refusait tout compromis. Il faisait ce qui était juste !

— Contre ma volonté. Pour servir ses ambitions. Et votre père se trouvait dans le camp des vainqueurs. Cela rend courageux. Jusqu'au moment, naturellement, où il a perdu et a été obligé de fuir.

— Mais alors, qu'en est-il du bien et du mal, mère ? N'ont-ils aucune importance ?

— Oh si, ma fille. Bien sûr que si. Sans aucun doute. Mais il y a autre chose de tout aussi important. Et à mesure que je vieillis, je me demande si ça ne l'est pas davantage.

— Qu'est-ce ?

— Le don que Dieu a fait à Salomon, Betty. La sagesse.

— Ah, je vois...

— N'épousez pas Peter tant que vous n'aurez pas acquis l'un et l'autre un peu de sagesse.

Sa mère lui sourit avec une grande douceur.

— Vous serez surprise de constater combien il est profitable d'être sage.

— Vous devez l'être beaucoup, mère.

Alice rit doucement.

— Cela ne m'avance guère, moi qui vais perdre la tête cet après-midi.

Elle se turent ensuite pendant un moment, plongées dans leurs pensées.

Tryphena rompit finalement le silence :

— On raconte, dit-elle songeuse, que lorsque la tête a été coupée, la vie ne la quitte pas tout de suite, mais qu'elle reste consciente pendant quelques instants et qu'elle peut cligner des yeux ou même essayer de parler...

Ces paroles furent accueillies par un nouveau silence.

— Merci, ma chère, dit enfin Alice à voix basse. Vous m'êtes une fois de plus d'un grand réconfort.

Après une courte pause, Alice se leva.

— Je suis prête à prendre congé de la vie, mes chères enfants, car je n'ai rien à ajouter. Laissez-moi vous embrasser. Ensuite, vous feriez mieux de vous en aller. Je suis un peu lasse.

L'échafaud se dressait sur la vieille place du marché de Winchester. La moitié de la population de la ville s'y était rassemblée et ils étaient venus nombreux de la Forêt. Les Pride se trouvaient là. Les deux frères Furzey aussi, mais les Pride les ignoraient complètement.

Quand on l'amena, elle paraissait plus pâle et plus petite que ne l'avait imaginé la foule. Ses cheveux gris, semés encore de quelques mèches rousses, avaient été remontés et attachés sur le dessus de sa tête, dénudant son cou maigre, presque décharné. Il n'y aurait pas de discours en cette occasion, car elle n'avait pas souhaité en faire.

Le fait est qu'Alice se trouvait dans une sorte d'hébétude. Quelques minutes plus tôt, encadrée par deux grands soldats, elle avait été envahie par la terreur. Mais ensuite, comme un animal qui après une longue poursuite sait qu'il n'y a plus rien à faire et que la partie est perdue, elle s'était laissée aller à la résignation. Elle se sentait molle et engourdie.

Tandis qu'on la conduisait, c'est tout juste si elle vit les visages. Elle ne vit pas Betty, ni les Pride ni les Furzey. Elle ne vit pas, un peu à l'écart, Thomas Penruddock, le visage grave et triste, assis sur sa monture.

Elle vit le billot pendant qu'on l'aidait à s'agenouiller à côté, mais remarqua à peine la hache. Elle vit les planches grossièrement clouées sous le billot tandis qu'on appuyait son cou dessus. Et elle réalisa qu'elle allait recevoir un grand coup, le coup de hache qui lui trancherait le cou.

La hache s'abattit et elle perçut un bruit sourd.

C'était un jour d'été. Ils marchaient le long du chemin et prirent le sentier qui s'enfonçait dans le bois. Les rayons obliques du soleil passaient à travers le feuillage, les jeunes arbres déployaient leurs feuilles comme des traînées de vapeur à travers le sous-bois, les oiseaux chantaient. Son père lui tenait la main et elle était si contente qu'elle se mit à gambader.

Albion Park

1794

Il n'y avait pas de doute possible, de grandes choses se préparaient à Lymington et, en fait, dans toute la Forêt.

— Et quand vous pensez, dit Mme Grockleton à son mari, quand vous pensez à M. Morant, de Brockenhurst Park, qui a je ne sais combien de milliers de livres de rente annuelle, à M. Drummond, de Cadland, à Mlle...

La mémoire lui manqua.

— Mlle Albion ?

— Tiens, oui, justement, Mlle Albion, qui attend un gros héritage...

Il entrait probablement dans le plan divin que, ayant été dotée d'un désir insatiable de s'élever dans le monde, Mme Grockleton ait aussi été créée distraite. La semaine précédente, alors qu'elle présentait ses enfants à un pasteur en visite, elle lui dit qu'elle en avait cinq, et son mari dut lui rappeler gentiment qu'ils étaient six. « Suis-je bête ! Voilà le petit Johnnie. Je l'avais complètement oublié. »

Son ambition, comme d'ailleurs sa distraction, restait exempte de malice. C'était pour elle une petite échelle à gravir jusqu'à un humble paradis. Elle présentait cependant quelques particularités. Soit parce qu'elle y voyait une forme d'esprit, soit que, selon elle, cela montrât que sa famille possédait des origines lointaines, elle se plaisait à employer des expressions et des exclamations qui fleuraient le bon vieux temps. Elle en adoptait de temps à autre qu'elle venait d'entendre et les utilisait pendant quelques années avant d'en emprunter de nouvelles. Pour le moment, si elle souhaitait souligner ses propos, elle disait : « Ce me semble... » Si elle cassait une tasse ou racontait l'histoire amusante d'un ecclésiastique qui s'était enivré, elle concluait par un « O jour funeste ! » Ces expressions étaient si surannées qu'on pouvait supposer qu'elle avait été présente à la cour de Charles II, le gai monarque lui-même.

Elle était aussi passée maître dans l'art de lancer des regards significatifs. Elle fixait ses interlocuteurs et prenait un air si entendu que, même s'ils n'avaient pas la moindre idée de ce que cela signifiait, ils se sentaient privilégiés. Quand ce regard s'accompagnait d'un « Ce me semble... », ils croyaient presque partager un secret d'Etat.

Et quand on songeait que cette fille d'une mercière de Bristol était mariée à un agent des douanes, on pouvait considérer ces raffinements comme un triomphe de l'esprit humain sur les embûches de la vie.

Mme Grockleton était de taille moyenne, pourvue d'une belle chevelure poudrée. Son mari, grand et mince, possédait des mains qui évoquaient curieusement des serres. Mme Grockleton désirait transformer Lymington en un rendez-vous de la bonne société, le rival de Bath, auquel elle présiderait, et elle projetait d'y parvenir dès que possible.

Il était pénible pour Samuel Grockleton de savoir que son épouse courait inéluctablement à sa perte sociale, d'autant plus qu'il se trouvait, malgré lui, à l'origine du désastre annoncé.

— Vous ne devez pas oublier notre position dans la société, madame Grockleton, fit-il remarquer. Etant donné ma fonction, nous ne pouvons placer nos espérances trop haut.

— Votre position est très respectable, monsieur Grockleton. Tout à fait digne d'un gentleman.

— Respectable, oui.

— Eh bien, monsieur Grockleton, j'affirme que vous êtes tenu en grande estime et affection. Tout le monde me le dit.

— Il ne faut pas toujours croire ce que racontent les voisins.

— Oh, honte à vous, monsieur Grockleton ! dit-elle gaiement.

L'instant d'après, elle se lançait de nouveau dans des explications sur ses projets. On pouvait dire ce qu'on voulait de Mme Grockleton, mais elle ne restait jamais désœuvrée. Elle n'était pas à Lymington depuis un mois qu'elle découvrit qu'il y manquait une académie pour jeunes filles. Comme la grosse maison en brique voisine de la sienne, elle-même située un peu après l'église en haut de la grand-rue, était à louer, elle persuada son mari de signer le bail et y installa son établissement.

Elle se montra adroite et réussit à avoir la fille du maire et sa meilleure amie, dont le père, un attorney, appartenait à une famille de propriétaires terriens du comté voisin. Elle se rendit ensuite chez les Totton. Ils habitaient une belle maison, un peu à l'écart de la ville. Alors que M. Totton se livrait au commerce, sa sœur avait épousé le vieux M. Albion d'Albion House, de sorte que les jeunes Totton et Mlle Albion étaient cousins. Edward Totton étudiait à Oxford. Après avoir obtenu l'inscription de Louisa Totton, Mme Grockleton pouvait raisonnablement penser que son académie était introduite dans la sphère de la petite noblesse locale. Une famille plus récemment arrivée faisait aussi partie du gratin de la bourgeoisie commerçante de la ville : M. St Barbe se donnait pour marchand d'épices, de sel et de charbon, mais c'était un homme très courtois, philanthrope de surcroît, un pilier de la communauté. Une de ses filles comptait parmi les élèves de l'académie. En l'espace de quelques mois, en acceptant certaines jeunes filles comme externes et d'autres, qui habitaient plus loin, comme pensionnaires, Mme Grockleton avait réussi à rassembler près d'une vingtaine de personnes.

Elle se montrait particulièrement fière de son académie à double titre. D'abord, on y enseignait le français, ce dont elle se chargeait elle-même. Petite, elle avait appris cette langue à la mode auprès d'une couturière française de Bristol, et son aisance à la parler renforçait ses prétentions d'arbitre de la bonne société de Lymington. Et si la maîtrise du français constituait indubitablement un atout pour les filles des commerçants de Lymington qui voulaient briller dans les grandes maisons de Londres, la possibilité de le pratiquer aussi avec les charmants jeunes officiers français exilés en ville depuis peu représentait sûrement une incitation supplémentaire.

La seconde raison de sa fierté était le cours d'art plastique. Le révérend William Gilpin, le pasteur aimé et respecté de Boldre depuis deux décennies, possédait un réel talent, et il vendait de temps en temps ses dessins et ses peintures pour servir des causes charitables. Mme Grockleton lui en avait acheté deux et, peu après, quand M. Gilpin vint décerner des prix à l'académie, il constata que les jeunes filles étaient incitées à s'inspirer de ses propres œuvres, voire à les imiter. Après cela, il ne pouvait guère refuser l'invitation à donner une conférence et un cours à l'académie une fois par mois. En fait, c'était loin de lui déplaire.

L'académie de Mme Grockleton se développait donc. L'élargissement de sa clientèle s'effectuait en un mouvement de spirale : après les meilleures familles de la ville, elle avait obtenu l'adhésion de celles que leur prétention à la distinction poussait à s'installer dans les environs, et elle espérait enfin attirer dans son établissement les jeunes demoiselles de la petite noblesse qui vivait dans des manoirs éloignés de l'agglomération. Ainsi, Mlle Fanny Albion était déjà venue suivre les cours de français avec sa cousine Louisa Totton — un triomphe pour Mme Grockleton — et, sans aucun doute, il y en aurait d'autres. Elle visait la famille des Burrard, qui, jusque-là, lui avait échappé.

Si les Totton tenaient encore le haut du pavé, les Burrard, plus hardis et à présent beaucoup plus riches, occupaient une position éminente à Lymington. Ils possédaient depuis longtemps une propriété à Walhampton, de l'autre côté de la rivière. En entrant par mariage dans des familles de la petite noblesse, comme les Button, depuis des générations, ils avaient établi des liens étroits avec cette classe sociale. Mais la ville de Lymington restait au centre de leurs activités et ils dirigeaient la politique de l'endroit. Mme Grockleton n'avait pas encore réussi à franchir les portes du parc des Burrard. Mais elle y arriverait un jour. En fait, si tous ses espoirs se réalisaient, elle y parviendrait inévitablement.

Car l'école ne représentait qu'un début. Ses projets pour Lymington étaient de bien plus grande envergure. « Je le vois déjà, monsieur Grockleton », déclarait-elle. Et c'était vrai. Sur la crête qui dominait les marais de Pennington et la mer, s'aligneraient des rangées de jolies maisons et de villas de style géorgien. Grâce à ses importantes réserves d'argile, la Nouvelle Forêt s'enorgueillissait de posséder plusieurs briqueteries, mais dans son esprit, elle voyait de la pierre, comme à Bath. Elle pensait que le stuc peint en blanc ferait peut-être l'affaire. Tout en conservant leur structure, on avait refait dans le style géorgien les façades carrées de la plupart des maisons médiévales de la grand-rue. Les pignons qui restaient pourraient être rapidement recouverts. Les modestes bains publics près de la plage seraient reconvertis en quelque chose de plus proche des thermes romains de la célèbre station thermale. Il va de soi que les salles municipales, adjacentes à l'auberge ; resteraient totalement inappropriées au nouveau lieu de séjour. Elle supposait qu'il faudrait bâtir quelque chose de neuf, de classique et de splendide en haut de la colline, très près de chez elle. Cela dit, peut-être habiterait-elle alors une maison plus noble.

Puis il y avait le théâtre. Il n'était pas mal. D'autres, semblables, avaient été fondés à Sarum et dans des villes de l'ouest. Il comportait un orchestre avec des bancs de bois pour les plus pauvres, des loges pour la bonne société et, au-dessus, une galerie de fauteuils meilleur marché. Pendant la saison, de juillet à octobre, on y donnait du Shakespeare ou une des comédies de M. Sheridan et un répertoire varié de mélodrames et de tragédies. Le théâtre de Lymington proposait généralement une ou deux pièces en rapport avec la mer. Lorsque la ville serait lancée, nul doute que le théâtre serait redécoré. Seul regret de Mme Grockleton : il se situait à proximité de la chapelle baptiste, qui, s'il ne tenait qu'à elle, aurait déjà été déplacée, hors de vue du public à la mode.

Non, la seule chose qui lui déplaisait vraiment dans la ville, c'étaient les abords de la plage, ces salins avec leurs petits fourneaux et leurs pompes éoliennes, et les docks où des bateaux en provenance de Newcastle déchargeaient leur charbon — du charbon ! — pour alimenter lesdits fourneaux. Il fallait faire quelque chose. Peut-être les puits salants rapportaient-ils encore de l'argent aux Totton, mais les gens à la mode viendraient prendre les eaux là et les marais salants devraient bien disparaître.

Cette vision était-elle pure fantaisie de sa part ? Pas entièrement. Après tout, la Nouvelle Forêt restait un lieu de villégiature royal. Pendant plus de vingt ans, le frère du roi, le duc de Gloucester, avait été intendant de la Forêt et, comme sa femme n'était pas persona grata à la cour, il résidait souvent à Lyndhurst. Le prince de Galles y venait souvent, lui aussi. Mais les espoirs de Mme Grockleton reposaient sur des considérations plus générales.

Dans le grand calme politique dont jouissait l'Angleterre géorgienne depuis plusieurs générations maintenant, la société avait changé. Un empire commercial en pleine expansion apportait au royaume insulaire une immense richesse nouvelle. Si l'enclosure et les nouvelles méthodes de production avaient retiré leurs moyens de subsistance traditionnels à quelques petits paysans, les propriétaires terriens prospéraient. A Londres et dans les quelques grandes villes réparties à travers l'Angleterre rurale, des spéculateurs construisaient de jolies places entourées de maisons géorgiennes. Les gens se déplaçaient. Une route à péage traversait même les landes de la Forêt — la première fois qu'on revenait à ce système depuis l'époque romaine. A l'instar des Romains de la fin de l'Empire, les classes anglaises à la mode partaient en villégiature pour se distraire et prendre soin de leur santé. Dans le sud-ouest de l'Angleterre, l'ancienne station thermale romaine de Bath avait été remise au goût du jour et reconstruite avec élégance autour des sources minérales. Plus récemment, la cour de George III, dans l'espoir d'aider à soigner le roi, en proie à des crises de démence, s'intéressait aux bienfaits non seulement des cures thermales mais aussi de la mer. Ces dernières années, le roi était venu à plusieurs reprises dans la Nouvelle Forêt, en route pour la petite station balnéaire de Weymouth, à une soixantaine de kilomètres plus à l'ouest sur la côte. Il était descendu chez les Drummond et les Burrard et avait visité l'île de Wight.

« Pourquoi aller jusqu'à Weymouth alors que Lymington est bien plus près et certainement aussi sain ? » demandait Mme Grockleton. Des gens venaient se baigner à Lymington, certains très respectables. Si le roi et la cour y effectuaient régulièrement des séjours, la société à la mode suivrait sans aucun doute.

— Et alors, notre position, avec l'académie et mes autres projets, sera assurée, expliqua-t-elle à son mari, qui restait coi. Car nous serons déjà en place. On viendra à nous. Je ne vous ai pas parlé de ma nouvelle idée, monsieur Grockleton, ajouta-t-elle avec un grand sourire.

— Quelle est-elle ? s'enquit-il consciencieusement.

— Eh bien, nous allons donner un bal.

— Un bal ? Où on danse ?

— Naturellement. Dans les salles municipales. Avec nos jeunes filles de l'académie, leur famille et leurs amis, vous comprenez ? Tout le monde va venir ! expliqua-t-elle sans mentionner les Burrard, mais en les comptant déjà au nombre des invités.

— Il se peut aussi que personne ne vienne, fit sagement remarquer M. Grockleton.

— Oh, honte à vous, monsieur Grockleton ! rétorqua-t-elle avec rudesse.

Les craintes de M. Grockleton étaient cependant fondées, pour une raison qu'elle ignorait et qu'il ne pouvait, hélas, lui exposer.

On aurait pu penser que, dans l'Angleterre géorgienne, l'époque des miracles était révolue. Et pourtant, à onze heures du matin en ce jour de printemps, au moment même où Mme Grockleton réprimandait son mari pour son manque de foi en l'avenir de Lymington, à quelques kilomètres de là, sur le domaine de Beaulieu, une sorte de miracle se produisait. Il se déroulait en cet endroit animé de la rivière Beaulieu appelé la Cale de l'écu.

Là, dans la vive lumière du matin, un homme devint invisible.

La Cale — le nom désignait un plan incliné où on pouvait tirer les bateaux à sec — était un bel endroit. La rivière y faisait une boucle vers l'ouest et, sur près de deux cents mètres, ses berges descendaient en pente douce jusqu'à l'eau. Situé à trois kilomètres en aval de la vieille abbaye et à la même distance du Solent, c'était un coin paisible, bien abrité des brises de mer dominantes. Jadis, du temps des moines, un prieur furieux aux mains en forme de serres avait failli en découdre avec des pêcheurs un peu plus haut, dans le méandre de la rivière bordée de marais couverts de roseaux. Ses cris avaient été parmi les seuls qui aient jamais rompu le silence habituel du lieu. L'abbaye avait été fermée, les moines étaient partis : l'Armada, la guerre civile, Cromwell, le gai monarque, tout cela était venu et passé, mais personne n'avait troublé la paix de l'endroit. Jusqu'à une vingtaine d'années plus tôt.

A cause du sucre.

De toutes les occasions de s'enrichir au XVIIIe siècle, aucune ne permettait d'amasser des fortunes plus importantes que le sucre. Le lobby des marchands de sucre au Parlement était très puissant. L'homme le plus riche d'Angleterre, acquéreur d'un domaine noble à l'ouest de Sarum, descendait d'une famille qui avait bâti sa fortune sur le sucre. Les Morant, qui avaient acheté Brockenhurst et d'autres propriétés dans la Nouvelle Forêt, étaient aussi une dynastie de marchands de sucre.

Les terres de l'ancienne abbaye de Beaulieu étaient passées par mariage des Wriothesley à la famille des Montagu. Comme beaucoup de grands aristocrates anglais de l'époque, le duc de Montagu était un entrepreneur. Il ne passait pas beaucoup de temps à l'abbaye en ruine, mais savait cependant que les deux marées hautes quotidiennes, qui remontaient la rivière Beaulieu, la rendaient navigable et qu'il possédait toujours les anciens droits de l'abbaye sur le cours d'eau. « Si la Couronne m'accorde une charte pour créer une colonie dans les Indes orientales, se disait-il, je pourrai non seulement lancer une plantation, mais aussi débarquer le sucre dans mon propre port à Beaulieu. » Boueuses presque partout, les berges de la rivière étaient constituées de gravillon dans la courbe abritée et on pouvait bâtir dessus. Un projet de ville portuaire, petite mais élégante, n'avait pas tardé à se former. « Nous l'appellerons Montagu Town », avait déclaré le duc.

Hélas, les choses en restèrent là. Une flottille privée, avec colons, bétail et maisons préfabriquées, fut envoyée aux Indes orientales. Elle coûta au duc dix mille livres. La colonie fut installée. Mais les Français les évincèrent. On ne put rien faire de plus. A l'emplacement de Montagu Town, les berges avaient été défrichées et aplanies, la rue principale tracée jusqu'à la rivière. Ce fut tout. Le silence retomba sur les lieux pendant une vingtaine d'années.

Mais le site pouvait recevoir un usage commercial et, juste avant le milieu du siècle, grâce aux encouragements du duc, on lui en trouva un.

L'empire britannique était en plein essor et des conflits avec les puissances rivales, la France et l'Espagne, inévitables. L'armée britannique restait négligeable, mais sa marine dominait les mers. Par conséquent, chaque fois qu'un conflit menaçait, il fallait construire de nouveaux navires et cette tâche incombait désormais à des sous-traitants privés. Le site défriché sur la berge de la rivière Beaulieu constituait un endroit idéal. Pour les bâtiments de guerre, on disposait du bois provenant de la Nouvelle Forêt royale voisine, pour les navires marchands, des chênes des domaines privés des environs. Une ferronnerie, installée dans l'ancienne pêcherie du monastère, à Sowley Pond, fournissait le fer nécessaire. La Cale de l'écu était devenue un chantier naval.

Il ne prit pas d'importance, mais il y régnait souvent une grande activité. La demande de navires marchands était incessante. Les commandes arrivaient par vagues chaque fois qu'éclatait un conflit : une querelle dynastique en Europe qui affectait les colonies, la guerre d'Indépendance américaine et maintenant, après la Révolution française, qui faisait planer une menace sur toutes les monarchies établies d'Europe, celle qui avait éclaté entre l'Angleterre et la France.

Des cottages en brique rouge bordaient la large rue herbeuse qui descendait à la rivière. Derrière se trouvaient des lopins de terre et, ici et là, d'autres petites maisons et des granges. Au bord de l'eau, perpendiculairement à la rivière, étaient aménagées les cinq cales de lancement où l'on construisait les navires. D'énormes tas de bois de dimensions et de formes diverses se dressaient le long de la rue centrale et alentour. Les hommes qui travaillaient là logeaient pour la plupart à un kilomètre ou deux, soit dans le village de Beaulieu lui-même, soit sur la bordure ouest du domaine Montagu, dans un nouvel ensemble de cottages disséminés appelé la Barrière de Beaulieu. La maison du chef de chantier, la forge, un magasin, deux petites auberges, un cordonnier et les cottages des principaux charpentiers se trouvaient à la Cale de l'écu même.

Le travail venait de commencer en ce beau matin de printemps. Une colonne de fumée montait gaiement de la forge. Le propriétaire du chantier, M. Henry Adams, qui, à quatre-vingts ans, supervisait toujours l'affaire, venait de sortir de chez son maître constructeur, entouré de ses deux fils. Des charpentiers travaillaient au bord de l'eau, des hommes portaient du bois, une charrette stationnait devant l'auberge du Bateau.

Pourtant, quand Puckle arriva à son travail, de la Barrière de Beaulieu, avec une heure de retard, et descendit la rue, personne ne le remarqua. Les hommes qui travaillaient dans la fosse des scieurs de long ne le virent pas. Les femmes qui se trouvaient à la pompe du village ne le virent pas non plus. Le cordonnier, les aubergistes, les porteurs de bois, les charpentiers et même le vieil Adams au regard perçant et ses deux fils, aucune de ces bonnes gens ne le vit passer. Il était complètement invisible.

Le miracle s'avérait d'autant plus grand que, lorsqu'il monta sur le navire en construction au bord de l'eau, toute personne présente sur le chantier aurait juré, si on le lui avait demandé, qu'Abraham Puckle avait été là toute la matinée.

— C'est le meilleur, Fanny, dit le révérend William Gilpin d'un air approbateur.

L'héritière de la fortune des Albion, en remettant le dessin dans son carnet de croquis, souriait de plaisir, car elle le pensait aussi.

Assis près de la fenêtre, ils bavardaient dans la bibliothèque du presbytère, une grande maison géorgienne en face de laquelle se dressait un grand hêtre.

Le vieux pasteur de Boldre était un bel homme, puissamment charpenté quoique un peu corpulent. L'héritière d'Albion House et lui avaient beaucoup d'affection l'un pour l'autre. Les raisons d'apprécier le distingué ecclésiastique semblaient trop évidentes pour qu'il faille les expliquer. Celles qui le poussaient à aimer Fanny, qu'il avait baptisée, étaient nombreuses : sa gentillesse attentionnée, sa vitalité, son intelligence et son réel talent pour le dessin. Il se plaisait en sa compagnie. Ses cheveux blonds s'animaient de nuances rousses, ses yeux étaient d'un bleu éclatant, son teint superbe. Avec trente ans de moins et s'il n'avait pas été déjà un mari heureux, il aurait volontiers épousé Fanny Albion.

Le dessin qu'elle venait d'exécuter, une vue de la Nouvelle Forêt, avec la lande de Beaulieu au-delà d'Oakley et, plus loin, l'île de Wight et la mer nimbée de brume, était tout à fait admirable. Au premier plan, elle avait judicieusement accentué l'ondulation du terrain, ajouté un chêne solitaire et supprimé un petit four en brique. Elle avait bien rendu le caractère à la fois sauvage et maîtrisé de la lande et des bois, celui, plaisant et mystérieux, de la mer. C'était très pittoresque — la plus grande louange dans la bouche du révérend.

S'il existait une chose à laquelle il croyait — sur Terre, s'entend —, c'était bien l'importance du pittoresque. Il avait publié sur le sujet des *Observations* qui l'avaient rendu célèbre et lui avaient attiré beaucoup d'admiration. Il avait voyagé à travers toute l'Europe à la recherche du pittoresque — les Alpes suisses, les vallées italiennes, les rivières de France — et il l'avait trouvé. L'Angleterre recelait des paysages très pittoresques, assurait-il à ses lecteurs. La région des lacs au nord-ouest restait la plus remarquable, mais il y en avait bien d'autres. Et ses lecteurs étaient prêts à les découvrir.

La période géorgienne correspondait à une époque d'ordre. Les grandes demeures campagnardes classiques de l'aristocratie, arbitre du goût, témoignaient du triomphe de l'homme rationnel sur la nature. Avec leurs pelouses et leurs bois soigneusement disposés, leurs vastes parcs, conçus par Capability Brown, démontraient que l'homme — dans la mesure où il disposait d'une belle fortune — pouvait domestiquer la nature et lui donner une élégance raffinée. Mais à mesure qu'on avançait dans l'Age de la Raison, on trouva ces préceptes un peu trop contraignants, trop sévères, et on rechercha davantage de variété. Le génial Repton, le successeur de Brown, commença donc à ajouter des jardins de fleurs et d'agréables promenades aux parcs dépouillés de ce dernier. On voyait de plus en plus dans la campagne, non pas un chaos plein de dangers, mais la main aimable de Dieu. Bref, comme l'avait préconisé Gilpin, on allait se promener hors des parcs en quête de pittoresque.

Il se montrait tout à fait clair sur la façon de reconnaître le pittoresque. C'était purement une question de choix. La vallée de l'Avon, plate et cultivée, ne l'attirait pas. Pour des raisons similaires, les coteaux ordonnés de l'île de Wight, bien que formant une masse bleutée admirable vue de loin, manquaient d'attrait quand on prenait le ferry pour les voir de plus près. Il trouvait ennuyeuse la lande nue, aussi sauvage fût-elle, mais s'il y avait de la variété, un contraste de bois et de lande, un peu de relief — en un mot, la preuve que le Tout-Puissant avait fait preuve d'un jugement sûr —, le révérend William Gilpin souriait à son élève et disait : « Voilà qui est pittoresque, Fanny. »

Mais malgré le plaisir que lui avait procuré le dessin qu'elle venait de lui montrer, ce n'était rien en comparaison de l'excitation qui l'envahit quand, ayant rangé ledit dessin, elle regarda par la fenêtre d'un air méditatif et lança :

— Et si nous construisions une ruine à Albion House ?

Plus même que la campagne, M. Gilpin aimait en effet par-dessus tout les ruines.

On en voyait beaucoup en Angleterre. Celles de châteaux, bien sûr, mais mieux, grâce à la rupture avec Rome, dont l'Eglise anglicane de M. Gilpin était l'héritière, celles de nombreux monastères et prieurés. Près de la Nouvelle Forêt, on trouvait Christchurch et Romsey, du côté de Southampton, au bord de l'eau, une petite maison cistercienne appelée Netley, dont les ruines passaient pour pittoresques, et puis, bien sûr, l'abbaye de Beaulieu elle-même, dont les vestiges restaient importants, bien que les pierres en aient été pillées depuis deux siècles.

Les ruines faisaient partie du paysage naturel : elles donnaient l'impression de sortir de terre. C'étaient des lieux de réflexion, paisibles, mystérieux et pourtant sûrs. Celui qui possédait une ruine était propriétaire d'une antiquité. Si le temps avait accompli son œuvre en délabrant la construction de ses ancêtres, la nature y avait ajouté sa patte et il héritait du produit final. Les ancêtres étaient apaisés ; le temps, la mort, la dégradation, tous ces anciens ennemis devenaient partie intégrante du bien. La demeure s'élevait souvent près des ruines. Ainsi, pour les Anglais bien nés de la fin de l'époque des Lumières, même le chaos et la nuit des temps pouvaient, comme un cadran solaire, contribuer à embellir un jardin.

Et si, d'aventure, on n'avait pas de ruine à proximité, eh bien, à cette époque où l'on pouvait tout obtenir avec de l'argent, on en faisait construire une ! Certaines personnes préféraient les ruines antiques, comme si leur demeure avait été bâtie sur le site d'un palais romain. D'autres affectionnaient le gothique, comme on appelait le style médiéval, ce qui se reflétait dans les romans d'horreur du même nom, alors à la mode. Il ne subsistait qu'un seul problème.

— Edifier une ruine représente une grosse dépense, Fanny, l'avertit le pasteur.

De grandes quantités de pierres, des maçons capables de les tailler, un connaisseur de l'architecture ancienne et un architecte paysagiste étaient nécessaires. Il fallait aussi tenir compte du traitement spécial destiné à vieillir la pierre et du temps nécessaire pour que la mousse, le lierre et le lichen la recouvrent aux endroits appropriés.

— Si vous n'avez pas trente mille livres à dépenser, ne vous lancez pas là-dedans, Fanny, insista M. Gilpin.

Construire une jolie maison neuve revenait moins cher.

— Mais j'ai souvent pensé que vous pourriez faire autre chose dans la maison elle-même quand elle sera vôtre, ajouta-t-il gaiement.

On pouvait en effet raisonnablement penser que, le vieux M. Albion approchant maintenant les quatre-vingt-dix ans, le temps où Fanny deviendrait la maîtresse du lieu n'était plus très éloigné.

— Quoi donc ?

— Pourquoi ne la transformeriez-vous pas en une maison gothique ? Vous pourriez en faire le château Albion. Sa situation est parfaite.

Il s'agissait certes d'une très bonne idée. L'année précédente, à l'occasion d'un voyage à Bristol, Fanny avait vu la chose admirablement faite. On pouvait modifier une maison de style géorgien en lui ajoutant quelques ornements ici et là, de faux créneaux autour du toit, des redents aux fenêtres et des moulures en plâtre pour imiter des voûtes en éventail dans certaines pièces. Le résultat s'avérait extrêmement plaisant : un mélange pittoresque de roman et de gothique, qui attirait spécialement les personnes désireuses que leur demeure suggère à la fois des origines médiévales et un goût classique ou évoque l'atmosphère des maisons aristocratiques, bâties sur les ruines des abbayes qu'elles avaient acquises sous les Tudors. Ces imitations de forteresses, en dépit de leurs dimensions modestes, étaient souvent appelées châteaux, ce qui faisait grand effet. Albion House, nichée dans une clairière au milieu des chênes, au cœur même de l'antique Forêt, serait un charmant petit château.

— C'est envisageable, reconnut Fanny.

Elle réfléchit quelques instants.

— Je n'ai pas envie de me lancer seule dans cette aventure. J'aimerais être guidée, dit-elle avec un sourire malicieux, ou du moins bénéficier de la coopération et du bon vouloir d'un mari. N'ai-je pas raison ?

William Gilpin inclina sa tête grisonnante en maudissant intérieurement le destin qui l'avait fait si vieux et hasarda :

— Avez-vous quelqu'un en tête, Fanny ?

Elle n'aurait certes pas dû manquer de prétendants. Cependant, en raison du grand âge et de l'infirmité de son père, Fanny n'avait délibérément rien fait pour se montrer en société. Elle n'en éprouvait aucune honte et possédait au contraire beaucoup d'entrain. Elle savait parfaitement, à dix-neuf ans, que, si elle n'était pas une richissime héritière, la fortune qu'elle recevrait lui ouvrirait toutes les portes. A l'époque, les jeunes gens et les jeunes filles qui avaient des prétentions à la noblesse portaient leur fortune en sautoir. Chaque hôtesse connaissait la valeur de chacun de ses invités. A aucune période, dans toute l'histoire de l'Angleterre, on n'a été plus intéressé. Et, heureusement pour Fanny, elle se trouvait en bonne place.

Qui devait-elle épouser ? Il n'y avait pas un seul candidat que des relations de voisinage ou des intérêts familiaux eussent obligée à prendre en considération. La plus grande famille de la Forêt restait celle du vieux duc de Montagu, mais le domaine de Beaulieu était maintenant divisé entre les familles de ses deux filles, qui vivaient toutes les deux loin d'ici ; en fait, seul l'intendant habitait la vieille abbaye en ruine. Selon l'estimation de Fanny, venaient ensuite les vieilles familles de propriétaires terriens, comme les Albion. On en comptait encore plusieurs dans la Forêt : les Compton possédaient toujours Minstead ; au nord de chez eux, les Eyre avaient la réputation d'être dans la région depuis l'époque normande ; dans la partie est, les Mill, qui avaient bien tiré leur épingle du jeu sous les Tudors, quand l'abbaye de Beaulieu avait été fermée, détenaient un vaste domaine. Arrivaient ensuite les vieilles familles de Lymington — ce qui revenait à dire les Burrard — et enfin les « nouveaux venus » dans la région, installés là au cours des deux générations précédentes. Ils étaient nombreux et avaient construit de splendides demeures néo-classiques tout le long de la côte entre Southampton et Christchurch. Presque tous étaient très titrés ; d'autres appartenaient à des familles de la petite noblesse, qui avaient fait fortune en ville ou dans le commerce, comme les Morand, dans le sucre, ou les Drummond, issus d'une famille noble d'Ecosse, qui, devenus les banquiers du roi, avaient financé sa guerre d'Amérique.

Les grandes familles de commerçants avaient toujours montré une prédilection pour le bord de mer, sans doute parce que le commerce fut essentiellement maritime pendant la plus grande partie de l'Histoire. Ainsi, au cours du XVIIIe siècle, la Nouvelle Forêt ajouta un nouveau pan à son identité : une agréable côte sauvage, où les riches construisirent des demeures afin de profiter de la mer. Cette vision des choses avait toujours échappé aux anciens habitants de la Forêt, malgré leurs activités épisodiques le long de la côte, et Fanny, qui venait de l'intérieur de la Forêt, restait, en dépit de son éducation très convenable, plus proche des Pride que des nouveaux propriétaires terriens. Il n'en demeurait pas moins qu'elle n'eût pas eu à rougir de se marier avec l'un d'eux. Et pourtant, si elle aspirait secrètement à autre chose, elle ne savait pas à quoi exactement et n'aimait pas en parler.

— Personne pour l'instant, dit-elle à l'ecclésiastique.

— Je crois savoir que vous allez bientôt rendre visite à votre cousin Totton à Oxford ?

— La semaine prochaine.

Edward Totton s'apprêtait à revenir de l'université et elle et sa sœur Louisa passeraient quelques jours avec lui. Elle était impatiente d'entreprendre cette expédition.

— Eh bien, je suis sûr que quelque pauvre professeur amateur de gothique saura vous impressionner par ses mérites, lui dit gaiement son ami. Et maintenant, il faut que j'aille à ma petite école. Nous devons y accomplir un devoir particulier aujourd'hui. Puisqu'elle est sur votre chemin, faisons donc le trajet ensemble.

Samuel Grockleton remontait prudemment la grand-rue de Lymington. Les dimensions et le plan de la ville n'avaient guère changé depuis le Moyen Age, bien que presque toutes les maisons bâties sur le coteau disposent à présent de façades de style géorgien, certaines aménagées en boutiques avec des bow-windows.

Il dépassa l'entrée de l'auberge de l'Ange. M. Isaac Seagull, le propriétaire, debout à la porte, le gratifia d'un salut et d'un sourire. Il jeta un coup d'œil de l'autre côté de la rue. La patronne de la Tête de cheval, juste en face, elle aussi sur le pas de la porte, souriait aussi.

— Bonjour, monsieur Grockleton.

Il n'aimait pas cela. Il n'aimait pas cela du tout.

Il remarqua que l'enseigne en bois de la Tête de cheval se balançait un peu en craquant doucement dans la brise de mer. S'agissait-il d'un hasard ou tout le monde s'était-il arrêté le long de la rue ? Seuls ses pas résonnaient sur les pavés ; le reste de la ville marquait une pause pour le regarder passer : une centaine de masques pareils à des personnages de carnaval ou des mimes d'Halloween. Et derrière ces masques, si polis et souriants, qu'y avait-il ?

Il le savait. Les longues basques de son manteau noir, sa cravate empesée, sa culotte courte blanche lui donnaient soudain l'impression de s'être transformés en pierre et le serraient comme un carcan. Son haut chapeau à large bord lui parut lourd comme du plomb quand il le souleva pour saluer une dame devant la petite librairie. Il savait ce que cachaient ces expressions amicales. Ils étaient tous dans le coup.

Un arrivage avait eu lieu la nuit précédente, et il représentait les douanes. Les douanes et les contributions indirectes. On avait toujours prélevé des taxes sur les marchandises embarquées et débarquées. Et les commerçants avaient toujours essayé d'éviter de les payer. Les contrebandiers de Lymington exportaient illégalement de la laine depuis des siècles. Mais ces exportations n'étaient pas les plus préoccupantes. Le gros problème résidait dans les importations.

Et il tenait surtout à l'envergure du trafic. A mesure que s'étendait l'empire britannique, le flot des importations enflait de plus en plus : soies et dentelles, perles et calicots, vins, fruits, tabac, café et chocolat, sucre et épices. Sur mille cinq cents articles pesaient à présent des droits de douane. Et les deux plus importants, sans lesquels il semblait que les Anglais eussent perdu leur vigueur et leur île sombré dans les flots, étaient le thé et le cognac. Boire du café et du chocolat était à la mode, mais tout le monde, des plus grands aux plus humbles, buvait du thé.

Quant au cognac, il équivalait à l'élixir de vie. Il possédait de multiples vertus. Il protégeait de la peste, soignait la fièvre, la colique, l'hydropisie. Il stimulait le cœur, nettoyait les plaies, conservait la jeunesse et réchauffait. Si le chirurgien devait amputer quelqu'un d'une jambe, il lui donnait une pinte de cognac avant de l'assommer d'un coup sur la tête. Et puis, naturellement, on le buvait pour le plaisir. Pour chaque goutte de cognac achetée, on devait acquitter un droit de douane. Mais personne ne voulait payer.

« Il est déraisonnable que les gens maudissent les douanes, faisait observer plaintivement Grockleton à sa femme, quand on sait que les droits qu'elles collectent servent à financer la construction des navires de guerre qui protègent le commerce des marchandises qu'ils désirent.

— Je suis certaine qu'il n'y a là-dedans rien de rationnel », admettait-elle.

Mais, aussi déraisonnable que ce fût — et Grockleton avait parfaitement raison sur ce point —, tout le monde essayait de s'y dérober et la contrebande était généralisée. Il appartenait aux agents des douanes de lutter contre tout cela et ils n'étaient pas populaires.

Le principal fonctionnaire des douanes de la région, le receveur, se trouvait à Southampton. Ensuite venait Grockleton, à Lyndhurst. Un autre agent moins important, chargé de la côte, était en poste à Christchurch. En théorie, les fonctionnaires des douanes disposaient de forces impressionnantes : des bateaux, en général des cotres rapides, pour intercepter ceux des contrebandiers ; des cavaliers, un tous les six kilomètres, pour patrouiller le long de la côte ; des inspecteurs, pour vérifier la cargaison des bateaux qui arrivaient ; des jaugeurs, pour inspecter les barriques et les tonneaux ; des peseurs ; des fouilleurs — les titres changeaient à mesure que les douanes trouvaient de nouveaux moyens de réprimer le trafic. Les principaux fonctionnaires, comme Grockleton, venaient presque toujours de l'extérieur, pour éviter toute collusion avec les populations locales ; bien souvent, c'étaient des retraités d'autres services publics. Les salaires restaient modestes, mais l'agent recevait une part substantielle de chaque saisie : une forte incitation à la vigilance, pouvait-on penser. Pourtant, Grockleton le savait de source sûre, l'agent principal de Christchurch avait donné pour consigne à ses cavaliers de ne pas effectuer de patrouilles et de ne pas faire de rapport sur ce qu'ils pourraient voir.

Tous les agents des douanes n'étaient cependant pas aussi poltrons. Sur l'île de Wight, le gabelou William Arnold s'était gagné le respect de toute la région pour la façon dont il remplissait ses fonctions. Comme il disposait de crédits limités, il avait payé de sa poche un cotre rapide pour patrouiller dans les eaux côtières, ce qui s'était révélé très efficace. Si les autres ports avaient disposé de tels cotres, les douaniers auraient donné du fil à retordre aux contrebandiers tout le long de la côte. Il existait cependant d'autres façons de leur mettre la main dessus et, quels qu'aient pu être les défauts de Grockleton, il avait du courage et le sens du devoir. Voilà la raison pour laquelle, si son projet aboutissait, il ne tarderait pas à devenir l'homme le plus haï du comté.

Il descendit la rue jusqu'au quai. Les gens allaient et venaient, mais ils continuaient de le suivre des yeux. Il imaginait les regards dans son dos, mais ne se retournait pas. Un peu en retrait, dans le bas de la rue, se trouvait le bâtiment des douanes.

Il s'en approchait quand il aperçut le Français et le salua. Celui-ci s'inclina et lui sourit poliment à son tour. Mais pas pour la même raison. Lui et ses compatriotes se trouvaient à Lymington en tant qu'hôtes de Sa Majesté. Il était donc de son devoir de se montrer poli, même avec un douanier.

Le comte — qui commandait un régiment — était un homme extrêmement agréable et très apprécié de Mme Grockleton, qu'il traitait comme une duchesse. Plusieurs de ses pairs ayant été guillotinés pendant la Révolution française, il bénéficiait d'une certaine aura de romantisme tragique, aux yeux de Mme Grockleton du moins. Avec ses compagnons nobles et ses troupes cantonnées à Lymington, ainsi que d'autres militaires français émigrés en Angleterre, il se disait impatient de retourner en France à la première occasion pour se battre contre le régime révolutionnaire.

« Bientôt, monsieur, lui répondait Mme Grockleton en soupirant. Nous connaîtrons bientôt des jours meilleurs, j'en suis persuadée. » Face à ce charmant aristocrate, elle oubliait complètement qu'au cours du siècle précédent l'Angleterre avait été la plupart du temps engagée dans des hostilités, ou à deux doigts de l'être, avec la France royaliste.

Le gabelou tira une lettre de sa poche et la tendit au Français avec ces mots :

— Une lettre de votre épouse, monsieur.

Puis il dirigea vers le bâtiment des douanes.

Un peu plus tard, dans l'intimité de son logement, le comte ouvrit la lettre et la lut avec une expression d'horreur croissante :

— Mon Dieu, murmura-t-il, que vais-je faire maintenant ?

De la maison du révérend William Gilpin, le chemin partait droit entre les haies de petits champs, puis coupait un autre chemin perpendiculairement. Gilpin, qui portait un grand chapeau d'ecclésiastique et une canne, et Fanny, vêtue d'un long manteau et d'une pèlerine, longeaient ce dernier sous un beau soleil. Les deux amis effectuaient une agréable promenade, avec pour but la petite construction à gauche juste avant le bout du chemin.

L'école de Gilpin était un établissement quelque peu différent de l'académie de Mme Grockleton, mais tout aussi utile. La paroisse de Boldre n'ayant jamais eu d'école auparavant, Gilpin en avait fondé une peu après son arrivée. Elle était si pleine de charme qu'on aurait presque pu la qualifier de pittoresque.

La bâtisse, en forme de T, mesurait à peine une douzaine de mètres de long. Une pièce unique, haute de plafond et longue de huit mètres, occupait la partie centrale. La partie transversale se divisait en deux étages bas, l'un occupé par un logement pour un maître, l'autre par une salle de classe pour les filles. L'extrémité de la partie centrale face au chemin comportait une charmante façade néo-classique à fronton triangulaire. Le plaisant petit édifice s'élevait sur une minuscule parcelle de terrain. Le chemin qui en descendait menait à la rivière et au pont de Boldre. Vers l'est, il conduisait vers le vieux presbytère médiéval de Pilley, devenu depuis longtemps un hameau.

« Qui vous a vendu le terrain pour construire l'école ? lui avait demandé un jour Fanny, qui connaissait les propriétaires de chaque pouce de terre des environs, mais n'arrivait pas à situer celui-là.

— J'ai empiété sur la Forêt du roi, répondit le pasteur. On m'a obligé à payer une petite amende par la suite. »

Le propos du pasteur était simple : choisir une vingtaine de garçons et une vingtaine de filles des hameaux de la paroisse de Boldre et leur apprendre à lire, écrire et calculer, comme on appelait la pratique des mathématiques de base. L'apprentissage de la lecture se faisait, bien sûr, dans la Bible, sur laquelle on les interrogeait deux fois par semaine. Chaque dimanche, ils mettaient le beau manteau vert que leur fournissait l'école et se rendaient en rang à l'église de Boldre. Le pasteur tenait là un moyen d'incitation efficace. Il connaissait ses paroissiens. Si, de temps à autre, un enfant devait aider ses parents dans les champs, il tolérait sans sourciller une journée d'absence. Les bons vêtements de laine et de coton fournis par l'établissement en même temps que le manteau vert motivaient fortement les familles de paysans à laisser leurs enfants aller à l'école. Et si des parents exprimaient des doutes quant à l'utilité de tant de connaissances pour leur fille, il leur répondait : « Comme l'écriture et l'arithmétique sont moins nécessaires aux filles, nous consacrons davantage de temps aux activités pratiques : le tricot, le filage, les travaux d'aiguille. » L'école paroissiale ne se risquait pas à dépasser ce niveau d'éducation. Aller au-delà eût risqué de rendre les enfants du village insatisfaits de leur sort, tout le monde s'accordait là-dessus.

— Les enfants ont-ils des difficultés à apprendre à lire et à écrire ? demanda Fanny au moment où ils arrivaient à la porte de l'école.

— Parce qu'ils appartiennent à des familles de simples paysans, Fanny ? En les créant, Dieu n'a pas accablé les humains de tels désavantages. Je puis vous assurer qu'un petit Pride apprend aussi vite que vous et moi. Les limites de son apprentissage seront déterminées par ce qu'il juge, à juste titre, dirais-je, utile pour lui. Holà, monsieur ! s'exclama-t-il soudain au moment où un petit garçon d'une dizaine d'années, à l'abondante chevelure noire bouclée, sortit en trombe de la salle de classe et essaya de passer. Quant à ce jeune homme, fit-il avec un sourire en attrapant l'enfant au passage d'une main experte et en le soulevant de terre, quant à cet enfant, Fanny, il aurait pu être peut-être très versé dans les humanités s'il était né dans un autre milieu... N'est-ce pas, petit chenapan ? ajouta-t-il d'un ton affectueux en tenant fermement le gamin.

Nathaniel Furzey était une des plus belle découvertes de Gilpin. Il venait de la paroisse de Minstead. L'enfant manifestait une intelligence si précoce que Gilpin avait tenu à ce qu'il vienne à l'école de Boldre. Comme il supposait qu'il existait des liens entre les Furzey d'Oakley et ceux de Minstead, il leur avait demandé de l'héberger pendant la période scolaire, mais ils avaient refusé. En revanche, les Pride d'Oakley, qui, un siècle après l'affaire d'Alice Lisle, adressaient encore à peine la parole à leurs voisins Furzey, ne firent aucune difficulté pour recevoir l'enfant de Minstead. Leur fils, Andrew, allait lui aussi à l'école. Chaque matin, Gilpin regardait par la fenêtre et voyait avec plaisir Andrew Pride et Nathaniel Furzey remonter ensemble le chemin de l'école.

— A en juger par la vitesse à laquelle vous décampez, le docteur est déjà là, dit gaiement le pasteur à son prisonnier, puis se tournant vers Fanny : Il n'a pas confiance dans les médecins. Je vous l'ai dit, c'est un garçon intelligent.

Le médecin que fuyait Nathaniel Furzey était le docteur Smithson en personne, le médecin à la mode de Lymington, d'où Gilpin l'avait fait venir à ses frais. Il avait fait mettre les enfants en rang devant lui dans la salle de classe principale pour les vacciner.

Huit ans plus tôt, il y avait eu dans la Forêt une épidémie de variole, sans gravité mais alarmante. Le docteur Jenner serait en mesure de mettre à l'essai son vaccin antivariolique deux ans plus tard. Depuis peu, on vaccinait déjà avec succès en injectant d'infimes quantités du virus. Voilà pourquoi Gilpin avait appelé le médecin.

Mais alors que ses camarades attendaient docilement leur tour, le petit Nathaniel ne l'entendait pas de cette oreille. Debout près du pasteur, qui le tenait pas la main, il secouait la tête lentement, mais avec une détermination évidente.

— Il va se débattre, murmura Gilpin. Je ne sais trop que faire.

Fanny résolut finalement le problème.

— Si je me fais vacciner, Nathaniel, demanda-t-elle soudain, tu le feras aussi ?

Nathaniel Furzey réfléchit. Ses yeux sombres se posèrent d'abord sur elle, puis sur le médecin, puis revinrent à elle.

— Je passerai la première, proposa-t-elle.

Il hocha lentement la tête.

Après avoir ôté sa pèlerine, elle tendit son bras nu sous le regard de tous les enfants, et, quelques instants plus tard, les yeux fixés solennellement sur elle, Nathaniel subit à son tour l'épreuve.

— Félicitations, Fanny, dit le pasteur à voix basse.

De fait, elle se sentait assez fière d'elle.

Après que tous les enfants eurent été dûment vaccinés et le médecin remercié, Gilpin annonça qu'il la raccompagnait jusqu'à l'église de Boldre.

Il existait deux chemins pour s'y rendre depuis l'école : l'un descendait jusqu'à la rivière et remontait vers l'église, l'autre menait sur la crête de la petite vallée en traversant le hameau de Pilley et obliquait vers le tertre où se dressait l'église. Ils empruntèrent ce dernier et comme le trajet faisait près d'un kilomètre, ils eurent le temps de parler de diverses choses en cours de route.

L'église était en vue quand le pasteur dit :

— J'ai remarqué, au moment du vaccin, que vous portiez une chaîne d'argent autour du cou, Fanny. Je vous ai déjà vue le faire et, à chaque fois, j'ai constaté que vous cachiez le pendentif sous votre robe. Je me suis demandé ce que c'était.

En guise de réponse, elle le sortit en souriant.

— Rien qui mérite d'être exhibé, dit-elle, c'est pourquoi je le cache. Mais j'aime bien le porter de temps en temps.

Gilpin regarda le pendentif avec curiosité.

C'était un curieux petit objet, un crucifix en bois noirci par le temps. En y regardant de plus près, il vit qu'il était sculpté mais ne put déterminer ni le motif ni son ancienneté. Quoi qu'il en soit, il s'agissait d'une simple croix de bois.

— Vous avez accompli une action chrétienne ce matin et je me réjouis aussi que vous portiez ce modeste crucifix, car vous devez savoir qu'à mes yeux, il possède bien plus de valeur que n'importe quel bijou en or ou en argent, dit-il d'un ton approbateur.

Elle ne put s'empêcher de rougir de plaisir en entendant cette louange.

— Dites-moi d'où il vient, Fanny.

Elle n'avait alors que sept ans, mais elle s'en souvenait fort bien. Sa mère l'avait conduite dans une maison. Elle supposait que c'était à Lymington. Elle n'en était pas sûre, mais sa mère semblait contrariée par quelque chose.

La dame était assise au coin du feu, enveloppée dans des châles. Elle avait paru très vieille à Fanny, probablement plus de quatre-vingts ans, mais elle avait un air rassurant : un beau visage, une expression amicale et des yeux bleus très vifs.

« Amenez-la moi ici, Mary, avait-elle dit à sa mère avec une pointe d'impatience dans la voix. Sais-tu qui je suis, mon petit ?

— Non. »

La vieille dame avait regardé sa mère et secoué la tête.

« Je suis ta grand-mère, mon enfant.

— Ma grand-mère ! »

Elle s'était sentie tout excitée. Elle n'avait encore jamais rencontré ses grands-parents. Son père était si âgé lors de son mariage que sa propre mère était morte avant la naissance de Fanny. Elle avait toujours pensé qu'il en allait de même du côté de sa mère.

« Vous ne m'aviez jamais dit que j'avais une grand-mère, avait-elle dit sur un ton de reproche en se tournant vers celle-ci.

— Eh oui, tu en as une ! » s'était exclamée la vieille dame.

Elles avaient ensuite gentiment bavardé. Fanny avait oublié la plus grande partie de ce qu'elles avaient raconté. Sa grand-mère parlait du passé, de ses parents et d'autres membres de la famille depuis longtemps disparus. Leurs noms ne disaient rien à Fanny, mais elle avait conservé une impression, vague mais inoubliable, de brises marines et d'aventures, comme si elle avait ouvert une fenêtre cachée et entrevu, senti, goûté un monde inconnu — et qu'elle ne connaîtrait plus, car on ne l'emmena plus jamais voir la vieille dame. Les bois d'Albion House se refermèrent ensuite sur elle pendant plusieurs années. La maison de Lymington et sa grand-mère depuis longtemps disparue s'estompèrent peu à peu dans son souvenir, comme un jour d'enfance passé au bord de la mer.

Une seule trace tangible de cette rencontre lui restait. Juste avant que sa mère et elle s'en aillent, sa grand-mère avait pris la petite croix de bois suspendue à son cou et la lui avait donnée.

« C'est pour toi, mon enfant, avait-elle dit. Pour que tu te rappelles ta grand-mère. Ma mère me l'a donnée et elle est dans la famille depuis je ne sais combien de temps. On dit que ça date d'avant l'Armada. Tu me promets de la garder ? avait-elle demandé en lui prenant la main.

— Oui, grand-mère, je vous le promets.

— Bien. Maintenant, donne un baiser à ta vieille grand-mère que tu n'avais encore jamais vue.

— Je reviendrai maintenant que je vous connais et vous devez aussi venir nous voir, avait dit Fanny joyeusement.

— Garde précieusement cette croix », avait répondu la vieille dame.

Elle avait été surprise de voir combien sa mère était en colère quand elles étaient ressorties dans la rue.

« Drôle d'idée de donner une vieille cochonnerie comme ça à un enfant ! s'était-elle exclamée en regardant la petite croix avec dégoût. Vous la jetterez dès que nous arriverons à la maison...

— Non ! s'était écriée Fanny avec une fougue inattendue. Elle est à moi. Ma grand-mère me l'a donnée et je lui ai promis de la garder. Je l'ai promis. »

Elle avait caché la croix pour que personne ne puisse la lui prendre. Sa mère était morte un an après. Elle supposait que sa grand-mère l'était aussi. On ne parlait plus d'elle à Albion House. Mais elle avait toujours conservé la croix.

— Et qui était votre grand-mère ? s'enquit Gilpin.

— Ma mère était une Totton, comme vous le savez, répondit Fanny. Ce devait donc être la vieille Mme Totton, la seconde femme de M. Totton. La première, dont descendent mes cousins Totton, était une cousine des Burrard. J'imagine donc qu'elle appartenait à l'une de ces vieilles familles de Lymington liées à la mer.

— Sans doute, fit Gilpin en hochant la tête. Peut-être une Button. S'ils se sont mariés là, tout cela est probablement inscrit dans le registre de la paroisse de Lymington, vous savez.

— C'est vrai. Je n'y avais pas pensé. M'aiderez-vous à y jeter un coup d'œil un de ces jours ?

A la brune, deux hommes arrivaient de directions opposées. Personne n'aurait pu deviner qu'ils se rencontreraient à un endroit convenu d'avance.

Charles Louis Marie, comte d'Hector, général, aristocrate, aussi vaillant que les légendaires Trois Mousquetaires, veillait à remonter la grand-rue d'un pas aussi nonchalant que s'il faisait sa petite promenade du soir. Son compagnon, en qui il avait toute confiance, suivait une ruelle écartée.

Le Français avait belle allure. Alors que la plupart des hommes y avaient renoncé, lui et les autres émigrés portaient la courte perruque poudrée de la cour française. Une redingote de soie et une culotte courte complétaient sa mise, comme pour dire : « Non seulement nous déplorons la Révolution qui a eu lieu dans notre pays, mais nous en nions même l'existence. »

Quoi que l'on pût penser de l'ancienne monarchie française, la Révolution de 1789 avait tourné au bain de sang. Aux tentatives initiales d'instaurer une démocratie républicaine avait succédé la guillotine, à laquelle on avait conduit l'aristocratie et la famille royale, et plus récemment, sous la Terreur, des milliers de personnes accusées d'être des ennemies de la Révolution. Les aristocrates et leurs partisans, comme ceux qui formaient la communauté française de Lymington, avaient fui le pays quand ils le pouvaient. Toute l'Europe regardait, horrifiée. Les puissances continentales s'étaient préparées à la guerre. Personne ne savait où mènerait ce grand chambardement outre-Manche. Même dans le paisible Lymington, qui prêtait rarement attention à ce qui ne le concernait pas directement, le conflit français était rendu bien réel par la présence des émigrés.

On comptait une douzaine de gentilshommes comme le comte à Lymington, plusieurs accompagnés de leur famille, la plupart logés chez les commerçants locaux les plus importants. Il y avait aussi trois corps de troupes : quatre cents soldats dans la petite caserne de la ville, quatre cents artilleurs à la malterie de la rue Neuve et encore six cents hommes de la marine royale française, cantonnés dans des bâtiments agricoles près de Buckland. Comme on pouvait s'y attendre, tous ces hommes représentaient un véritable fléau pour la communauté, fléau que l'on supportait à cause des vaillants officiers qui les commandaient. La veille, le comte avait fait fouetter de la belle manière huit de ses hommes au coin de la rue de l'Eglise pour que les habitants de Lymington comprennent bien que l'indiscipline ne serait pas tolérée et tous les officiers s'efforçaient de se rendre agréables, tant auprès des dames de la ville que de leurs maris. Pour l'heure, du moins, ils étaient encore les bienvenus. Mais le comte ne se faisait aucune illusion. Un écart suffirait à rendre la vie à Lymington tout à fait déplaisante.

Voilà pourquoi la lettre remise par Grockleton le matin même était si effrayante. Non pas celle de Mme Grockleton, qui le priait, ainsi que deux autres officiers, à dîner la semaine suivante, mais l'autre message, que son mari avait glissé discrètement dans le pli. Si ce message signifiait bien ce que le Français soupçonnait, il concernait une affaire qui exigeait qu'on la traite avec la plus grande prudence. Par précaution, le comte se faisait donc accompagner à son rendez-vous secret de ce soir par un témoin.

« Je n'en dis rien encore aux autres officiers, mon ami, lui avait-il expliqué. Je vous en parle uniquement parce que je m'en remets non seulement à votre avis, mais aussi à votre discrétion absolue. »

Il faisait presque nuit quand il quitta la grand-rue à la hauteur de l'église.

De toutes les nombreuses inventions des maçons anglais au cours du siècle précédent, aucune n'était plus charmante qu'un genre particulier de mur d'enceinte souvent utilisé pour clôturer les jardins. Au lieu d'être rectiligne comme les murs de brique ordinaires, il formait des ondulations, s'incurvant d'avant en arrière comme une série de causeuses. Le plus souvent, on trouvait cette sorte de mur dans les comtés de l'Est-Anglie, mais, Dieu sait comment — peut-être un maçon est-anglien était-il venu s'installer ici —, il en existait plusieurs à Lymington. La plupart étaient hauts : on arrivait à peine à voir par-dessus certains. Les courbes, assez importantes, permettaient, en général, à deux hommes de s'y tenir, si bien que, lorsqu'on regardait le long du mur, on ne les remarquait pas. C'était justement pour cette raison que Samuel Grockleton avait demandé au comte français de venir au crépuscule sur le chemin qui longeait l'arrière de son jardin, entouré d'un mur sinusoïdal.

Grockleton attendit en silence jusqu'au moment où il entendit les petits coups frappés de l'autre côté avec une pièce. Il avait gratté un peu de mortier entre deux briques sur la face extérieure du mur. Quand il enlevait une brique de son côté, cela formait une petite ouverture bien nette à travers laquelle on pouvait parler.

— C'est vous, comte ? dit-il.

— Oui, mon ami. Je suis venu, comme vous me l'avez demandé.

— On vous a suivi ?

— Non.

— Cette précaution était nécessaire. Saviez-vous que ma maison est surveillée ?

— Cela ne me surprend pas. C'est naturel, compte tenu de votre position.

— Même quand vous viendrez dîner, je ne pourrai prendre le risque d'être vu en train de discuter avec vous en privé. Cela ferait jaser.

— Je n'en doute pas.

— Je suis chargé de vous dire, monsieur, que le gouvernement de Sa Majesté a besoin de votre aide.

Ce n'était pas tout à fait vrai. Personne ne l'avait chargé de dire quoi que ce soit, mais, comme Grockleton ne connaissait que trop bien l'inefficacité et la probable corruption des canaux officiels, il avait décidé d'agir de son propre chef. Il allait de soi que, s'il réussissait, ils l'approuveraient, et cela revenait donc au même.

— Mon cher ami, je suis au service de votre gouvernement.

— Alors, permettez-moi de vous dire, monsieur, de quoi exactement j'ai besoin, commença-t-il.

Le problème ne se limitait pas, comme les deux hommes le savaient, à la contrebande de cognac et d'autres marchandises. Outre cet énorme trafic illicite, il y avait aussi celui de l'or et des informations. Le patriotisme de la période suivante n'était pas encore très développé, particulièrement le long de la côte sud. Les officiers de la marine britannique se battaient pour recevoir leur part des prises, leurs hommes aussi, qui avaient été enlevés par les racoleurs et envoyés en mer. Même un commandant aussi aimé que Nelson n'osait pas laisser ses hommes débarquer dans les ports britanniques, car il ne les aurait plus revus. De même, les contrebandiers du sud de l'Angleterre faisaient le commerce de l'or, achetaient du cognac et vendaient des informations aux ennemis de leur pays.

Mais, surtout, la contrebande était devenue une pratique généralisée parmi les habitants de la côte de la Nouvelle Forêt. Ils étaient si bien organisés, en bandes si importantes, que tous les douaniers n'auraient pas réussi à arrêter l'une de leurs longues caravanes nocturnes. Pour y parvenir, la troupe devait intervenir.

On avait déjà essayé. Des détachements de dragons et d'autres régiments avaient été cantonnés à Lymington de temps à autre. On avait projeté de construire une nouvelle caserne à Christchurch. Les cavaliers n'étaient, bien sûr, jamais recrutés sur place. Mais, même ainsi, ils ne se montraient pas toujours empressés de s'attaquer aux contrebandiers. Au cours des dix dernières années, il y avait eu deux batailles rangées. A chaque fois, des soldats avaient été tués. Comme, de toute façon, les soldats se trouvaient du côté des contrebandiers, ce n'était pas une affectation très appréciée.

— Mes chances d'intercepter des marchandises de contrebande avec les troupes anglaises restent minces, expliqua Grockleton au Français.

Mais il en irait autrement avec les troupes françaises. L'idée lui était venue une semaine plus tôt et peut-être s'agissait-il d'une idée de génie. Les soldats français n'étaient pas solidaires des contrebandiers, n'entretenaient aucun lien avec les locaux. Ils s'ennuyaient et cherchaient à s'occuper. A eux tous, ils étaient plus de mille. Et ils ne restaient ici que par tolérance du gouvernement britannique. Si, avec leur aide, il réussissait une belle saisie, cela lui vaudrait non seulement les remerciements du gouvernement mais aussi, grâce à sa part du butin confisqué, une modeste fortune. Il risquait de devenir impopulaire, mais il pourrait alors prendre sa retraite.

Si le Français refusait de le soutenir, il pouvait le faire savoir à Londres immédiatement. Cela remonterait aux oreilles du roi, qui en serait fort mécontent. Inutile de dire que le Français comprenait parfaitement tout cela.

— Cela devra se dérouler dans le plus grand secret, rétorqua-t-il après que Grockleton lui eut exposé son plan.

— Certes.

— Je n'ose même pas annoncer à mes hommes quel jour ce sera. Il me faudra trouver un prétexte pour les assembler en armes, pour faire l'exercice, par exemple, et puis...

— C'est tout à fait mon sentiment. Vous acceptez donc de coopérer ?

— Sans réserve, cela va de soi. Je suis aux ordres de Sa Majesté britannique.

— Je vous remercie, monsieur, dit Grockleton en remettant la brique à sa place.

Pendant quelques instants, le comte et son compagnon remontèrent le chemin en silence.

— Eh bien, mon ami, vous avez entendu ? demanda enfin le comte.

L'autre acquiesça.

— Cela nous met dans une position difficile, reprit le comte. Croyez-vous que j'ai bien fait ?

— Je le pense. Vous n'aviez pas le choix.

— Je suis content que vous soyez de cet avis. Pas un mot de tout cela à qui que ce soit, j'ai à peine besoin de vous le rappeler.

— Vous pouvez me faire confiance.

— Bien sûr. Rentrons par des chemins séparés, comme nous sommes venus.

La nuit était tombée sur Albion House et, comme elle l'avait fait si souvent au cours de sa jeune vie, Fanny était assise dans le petit salon en compagnie de deux vieillards. Dans la cheminée, de temps à autre, les bûches à moitié réduites en cendres laissaient échapper parcimonieusement une étincelle ou une flamme et les chandelles projetaient une douce lueur ambrée sur les lambris de chêne sombre. Peut-être Fanny avait-elle l'ambitieux projet de transformer un jour la maison en une folie gothique, mais, pour l'heure, le petit salon demeurait tel qu'à l'époque de la bonne reine Elisabeth.

L'atmosphère était très paisible. Elle leur faisait parfois la lecture, mais ce soir ils préféraient rester assis tranquillement dans leur fauteuil à écouter le silence de la maison, que seuls rompaient le tic-tac de l'horloge de parquet dans l'entrée et, parfois, le léger bruissement des cendres tombant dans le feu.

— Je n'arrive pas à comprendre pourquoi elle fait ce long voyage d'Oxford, dit finalement son père.

Ces paroles furent accueillies par un silence pendant lequel l'horloge eut le temps d'émettre une quarantaine de tic-tac.

— Elle a bien raison, répondit la tante Adelaïde.

Fanny se garda d'intervenir. Pas encore, en tout cas. Le silence ne dura cette fois-ci qu'une vingtaine de tic-tac.

— Combien de temps serez-vous absente, Fanny ? demanda le vieux monsieur avec un soupçon de reproche et de tristesse stoïque.

— Six jours seulement, père, y compris le voyage.

— Fort bien, dit Adelaïde avec fermeté. Vous nous manquerez, mais vous faites bien d'aller rendre visite à votre cousin.

— Elle va voir Oxford. Cela me paraît loin.

On en revenait au point de départ. Une cendre grisâtre tomba dans l'âtre.

Francis Albion avait quatre-vingt-huit ans. On disait qu'il n'était resté en vie si longtemps que pour voir sa fille atteindre l'âge adulte et c'était sans doute vrai. On ajoutait qu'il attendait maintenant de la voir mariée et bien mariée. Mais comme l'évocation de ce sujet le remplissait immanquablement de consternation, ce ne pouvait pas être le cas. Et d'aucuns se demandaient même si, s'étant habitué à vivre jusqu'à un âge si prodigieux, M. Albion ne faisait pas cela pour lui-même.

Le fait est que Francis Albion ne s'attendait nullement à avoir un jour un enfant. Dernier né de Peter et Betty Albion, il pensait que son frère aîné se chargerait d'assurer la continuité du nom et avait passé la plus grande partie de sa vie par monts et par vaux. Homme de loi à Londres, agent en France, commerçant pendant un temps en Amérique, il gagnait assez d'argent pour vivre en gentleman, mais pas suffisamment pour convoler en justes noces. A quarante ans, à la mort de son frère, il hérita de la fortune des Albion et devint un célibataire endurci. Sa sœur Adelaïde continua à gérer seule Albion House pendant une vingtaine d'années encore avant qu'il n'y revienne finalement pour, comme il disait, assumer ses obligations familiales dans la Forêt.

Elles n'étaient pas très lourdes et il se débrouillait pour qu'elles lui soient profitables. Elles ne tardèrent pas à inclure la position de gentleman-gardien de l'une des « promenades », comme on appelait alors les subdivisions de la Forêt. La façon dont il se déchargeait de cette responsabilité était typique. Même selon les critères permissifs du XVIIIe siècle, l'administration de la Forêt était devenue notoirement laxiste. Quand, dans l'une de ses tentatives pour comprendre ce qui se passait dans la vieille circonscription, la Couronne avait nommé une commission quelques années plus tôt, les membres de celle-ci, après avoir signalé que l'intendant de la Forêt ne tenait aucune comptabilité depuis dix-huit ans, firent remarquer avec une certaine aigreur que, en inspectant les taillis de la promenade de M. Albion, ils avaient constaté qu'ils formaient une immense garenne où pas un seul arbre ne poussait.

Après avoir assuré aux commissaires qu'il y remédierait, pour tout commentaire, Francis Albion dit à sa sœur : « L'année dernière, j'avais là mille lapins et j'en aurai autant l'année prochaine. »

Qu'est-ce qui poussa alors M. Albion à épouser, à soixante-six ans, Mlle Totton, de Lymington, de trente ans plus jeune que lui ? Certains évoquaient l'amour. Selon d'autres, après que sa sœur eut contracté une forte grippe, il lui était venu à l'esprit qu'elle ne serait peut-être pas toujours là pour s'occuper de lui. Quelle qu'en fût la raison, M. Albion avait fait sa proposition et Mlle Totton, après l'avoir acceptée, était venue vivre à Albion House.

Il semblait vraiment curieux qu'elle ne soit toujours pas mariée. Elle était agréable à regarder, respectable et loin d'être pauvre. Peut-être avait-elle eu une déception amoureuse dans sa jeunesse. Quoi qu'il en soit, à trente-cinq ans, elle avait manifestement décidé qu'entrer dans la famille Albion par mariage, même pour jouer le rôle de nounou, restait préférable à sa situation présente. En tant que chef de la famille Totton, son demi-frère se satisfaisait de ce lien avec les Albion et Adelaïde paraissait sincèrement contente de voir son frère marié. Elle restait dans son aile de la maison et les deux femmes s'entendaient bien.

Le mariage fut plutôt réussi. Mlle Totton n'en attendait pas grand-chose, mais il donna apparemment à Francis Albion une vigueur nouvelle. Cela fut néanmoins un choc pour lui quand, alors qu'il entrait dans sa soixante-huitième année, sa femme lui annonça qu'elle était enceinte.

« Ce sont des choses qui arrivent, Francis », lui avait-elle dit avec un sourire. Ils baptisèrent l'enfant Francis, en l'honneur de son père, et, comme c'était alors à la mode, on l'appela toujours Fanny.

Il n'y eut pas d'autre enfant. Fanny était donc l'héritière. Le vieux M. Albion se réjouissait d'avoir une fille, ce qui lui valait une certaine admiration à son âge. La mère de Fanny était heureuse : non seulement elle avait un enfant à qui prodiguer de l'affection, mais un statut de mère, bien plus enviable que celui de gouvernante, même mariée, d'un homme sur le retour. Quant à Adelaïde, elle aussi avait un enfant à chérir. M. Totton, de Lymington, jubilait parce que ses enfants, du même âge, avaient une cousine germaine héritière de l'un des grands domaines de la région. Enfin Fanny elle-même se sentait heureuse, étant riche et aimée. Son seul devoir, en des circonstances aussi propices, se résumait à vivre en accord avec les désirs de tous.

Elle avait dix ans à la mort de sa mère. Les membres de la famille avaient été bouleversés, non seulement par le chagrin, mais aussi parce que l'avenir de l'enfant les préoccupait.

« Qu'allons-nous faire, maintenant ? avait pleurniché Francis Albion.

— Vivre longtemps », avait rétorqué sa sœur d'un ton sévère.

Ce qu'ils avaient fait, tous les deux. Fanny n'avait pas été orpheline : bien que Francis et Adelaïde aient joué le rôle de grands-parents plutôt que de parents, Fanny n'en avait pas moins vécu dans un foyer heureux. Si son père, à mesure qu'il prenait de l'âge, se montrait timoré et se plaignait, l'entrain qui animait Fanny et la compagnie fréquente de ses cousins Totton compensaient largement. Et si la tante Adelaïde se répétait, Fanny appréciait néanmoins son intelligence, plus aiguisée que jamais.

Et puis il y avait Mme Pride.

Mme Pride. Toutes les gouvernantes, mariées ou non, avaient-elles droit au titre de madame ? Fanny n'en connaissait aucune qui n'ait pas été appelée ainsi. C'était un terme de respect, une façon de reconnaître que, dans leur domaine, elles étaient des maîtresses de maison. Et la réponse à la question de savoir qui menait Albion House ne faisait absolument aucun doute : c'était Mme Pride.

Cette fort belle femme, grande, aux cheveux gris ramenés en arrière avec élégance, avait une démarche majestueuse ; il n'échappait à aucun homme qu'elle devait posséder un corps superbe. Elle ne s'était jamais mariée probablement parce qu'elle préférait tenir un manoir plutôt que mener une vie beaucoup plus rude de femme de fermier ou de petit propriétaire terrien, voire de commerçant de Lymington.

Elle montrait toujours beaucoup de déférence. Quand il fallait remplacer les draps, elle demandait à Adelaïde la permission de s'en occuper. Lorsque venait le moment du grand nettoyage de printemps, elle s'enquérait de la date qui convenait le mieux. Et même si une cheminée semblait sur le point de tomber, elle demandait poliment à Francis ce qu'il voulait qu'elle fasse. Elle connaissait tous les coins et recoins, chaque chevron, chaque pierre de la maison, chaque dépense. Elle était en fait la maîtresse d'Albion House ; les Albion ne faisaient qu'y vivre.

Elle devint une seconde mère, silencieuse, pour Fanny, qui, pendant des années, n'en eut pas conscience. Quand Mme Pride se promenait et que Fanny l'accompagnait, elle s'asseyait un moment pour qu'elle puisse jouer dans le gué de la rivière. Quand elle trouvait du matériel de dessin à Lymington, elle prenait la liberté de l'acheter au cas où Adelaïde souhaiterait le donner à Fanny. Quand, après l'office, elle parlait au pasteur des prouesses de Fanny en dessin et lui disait avec douceur qu'il serait bon que d'autres professeurs particuliers l'instruisent dans d'autres disciplines, M. Gilpin n'avait pas besoin qu'on le lui répète et y pourvoyait. Elle était si efficace et tranquille que, à près de quinze ans, Fanny voyait toujours en elle la figure amicale et aimante qui veillait à ce qu'elle soit vêtue et nourrie et qui semblait toujours contente d'avoir un peu de compagnie quand elle s'asseyait dans son petit salon en début d'après-midi pour prendre le thé avec quelques délicieux petits gâteaux à l'eau-de-vie.

Fanny jeta un coup d'œil vers son père. Il avait fermé les yeux après ces dernières remarques. Son caractère timoré étonnait quand on songeait à la vie qu'il avait menée. Il lui arrivait, même maintenant, de lui parler de ses voyages, de lui décrire la cour fastueuse de Louis XV, le port animé de Boston ou les plantations de Caroline. Il se rappelait encore tous les événements importants.

« Je me souviens de l'excitation qui régnait à Londres en 1745, disait-il, quand les Ecossais tentèrent de marcher vers le sud, emmenés par le prince Charlie, le jeune prétendant au trône. » Il semblait avoir une anecdote à raconter à propos de chaque victoire des Anglais en haute mer ou aux Indes et, quand elle était petite, il le faisait de manière si vivante que, sans s'en rendre compte, elle en avait appris beaucoup de sa bouche sur l'histoire de son époque.

Cela l'attristait de le voir décliner, mais elle était contente de rester auprès de lui pendant ses dernières années.

— Peut-être rencontrerez-vous un beau galant à Oxford ? lança Adelaïde, rompant le silence.

— Peut-être, fit Fanny en riant. M. Gilpin m'a dit aujourd'hui que je devrais tomber amoureuse d'un professeur pauvre.

— Je ne crois pas que ce soit là ce que doive faire une demoiselle Albion, n'est-ce pas, Fanny ?

— Non, Tante Adelaïde, je ne le crois pas non plus.

Elle aimait le vieux visage aristocratique de sa tante. Elle espérait lui ressembler un jour. Elle estimait qu'Adelaïde n'avait pas mené une vie bien gaie, mais elle ne se plaignait jamais. Si Mme Pride s'occupait de l'intendance, sa tante demeurait le génie tutélaire, en fait, l'ange gardien de la famille.

Fanny appréciait particulièrement les soirs comme ceux-ci, lorsque son père somnolait ou était parti se coucher et qu'Adelaïde et elle s'attardaient : la vieille maison silencieuse ; les ombres, tels des fantômes familiers, toujours projetées à la même place par les chandelles sur les lambris. C'était le moment où sa tante commençait à parler.

Fanny sourit. Elle racontait sempiternellement les mêmes histoires, mais elle prenait toujours plaisir à les entendre. Vraisemblablement parce que, en dépit de l'intérêt présenté par celles de son père, elles se rapportaient uniquement à ce qu'il avait vécu, alors qu'Adelaïde évoquait un passé plus lointain : sa mère, Betty, sa grand-mère, Alice, l'histoire de l'héritage des Albion depuis des siècles. L'héritage de Fanny. Cependant, quand sa tante en parlait, tout cela semblait s'être passé la veille.

« Ma mère est née juste après la Restauration de Charles II », disait-elle par exemple. Soit plus de cent trente ans auparavant et pourtant Betty Lisle restait bien vivante dans sa mémoire. Elle avait partagé la maison avec elle pendant quarante ans. « Son fauteuil favori était celui dans lequel vous vous trouvez », déclarait-elle. Ou, un après-midi, dans le jardin : « Je me souviens du jour où ma mère a planté ce rosier. Il y avait un beau soleil, comme aujourd'hui... » La demeure elle-même paraissait s'animer, se transformer en un être vivant. « Quand grand-mère était une petite fille, son père a recouvert la maison de brique. Mais il a laissé les poutres et ces vieux lambris, ajoutait-elle en montrant le mur d'un signe de tête, exactement comme ils se présentaient du temps de la reine Elisabeth. Par une nuit comme celle-ci, la vieille Lady Albion sortit de cette pièce pour tenter de soulever le comté et l'amener à rejoindre l'Armada. » Suivait une description très personnelle et vivante du terrible personnage vêtu de rouge et de noir.

Comment aurait-on pu ne pas apprécier l'histoire d'une telle famille ? Mais, et là résidait la grande différence entre les histoires racontées par sa tante et celles de son père, Adelaïde mettait énormément de sentiment dans l'évocation de ses personnages. Elle parlait à Fanny des épreuves traversées par un tel, lui rappelait que tel autre avait perdu un enfant, si bien que les personnages fantomatiques qui peuplaient la maison devenaient comme des amis dont elle partageait les joies et les peines et qu'elle aurait aimé aider et réconforter.

« J'essaie de garder les choses comme elles l'étaient du temps de ma chère mère et de mon cher père », se plaisait à dire Adelaïde. « Et même si je décide d'ajouter quelques détails gothiques, pensait Fanny, moi aussi je serai la gardienne fidèle du sanctuaire familial. »

Une histoire tirait immanquablement des larmes de sa tante Adelaïde : celle de sa grand-mère Alice. Il y avait quelque ironie dans le fait que la rébellion de Monmouth et l'exécution d'Alice Lisle aient eu lieu à cette période de l'Histoire. Car, dans les trois ans qui suivirent la tentative de Monmouth de s'emparer du trône pour la cause protestante, Jacques II avait à tel point provoqué l'ire des parlementaires anglais en favorisant le catholicisme romain qu'ils étaient prêts à le déposer, ce qu'ils firent quand, à ce moment crucial, son épouse catholique donna naissance à un fils et héritier que nul n'attendait. La glorieuse révolution de 1688 mit un terme au conflit civil et religieux qui durait depuis que les Stuarts étaient montés sur le trône. Quasiment pas une goutte de sang ne fut versée. Les Anglais ne voulaient pas être gouvernés par des catholiques et ils parvinrent à leurs fins. Jacques II et son fils furent évincés, au profit de la protestante Marie — la fille du roi — et de son mari hollandais Guillaume. Si Monmouth avait été encore en vie, le Parlement l'aurait choisi à leur place, mais, comme beaucoup de Stuarts, il s'était montré vaniteux et impétueux. Guillaume et Marie tenaient donc le trône d'Angleterre. Anne, l'autre fille protestante du roi, leur succéda. Et, après elle vint un petit-fils de l'une des filles de Charles Ier, le roi protestant George, chef de la maison allemande des Hanovre, dont le petit-fils George III régnait à ce jour.

Les rois gouvernaient alors par le truchement du Parlement. Ni eux ni leurs héritiers ne pouvaient épouser une catholique. Les catholiques et les dissidents étaient autorisés à pratiquer leur religion, mais pas à aller à l'université ni à détenir une charge publique. L'Angleterre du XVIIIe siècle ne ressemblait peut-être pas exactement à celle souhaitée par Alice Lisle, mais la cause pour laquelle son mari et elle avaient été assassinés était victorieuse.

Ironie du sort, soit, mais la tragédie personnelle demeurait. Un siècle plus tard, la Forêt n'avait pas oublié Alice. Et son souvenir restait bien vivant à Albion House.

Tante Adelaïde était née vingt ans après ces terribles événements, mais elle les connaissait par le récit que lui en avaient fait ses parents, sa vieille tante Tryphena ou Jim Pride, qui y avaient assisté. A travers leurs yeux et leurs descriptions, elle avait été témoin de l'arrestation, du honteux procès et de l'exécution. Elle frissonnait chaque fois qu'elle passait devant Moyles Court ou le Great Hall de Winchester. Moyles Court n'appartenait plus à la famille, mais Albion House avait été la vraie maison d'Alice, l'endroit qu'elle avait aimé, et sa présence s'y faisait encore sentir.

Pourtant, avec le temps, peut-être cette présence se serait-elle estompée et Alice aurait-elle rejoint les autres ombres projetées le soir par les chandelles s'il n'y avait pas eu Betty. Pendant l'année qui suivit l'exécution de sa mère, Betty se retira à Albion House et y resta, en état de choc. Quand Peter lui écrivait, elle lui répondait évasivement, et lorsqu'il lui rendit visite, elle l'éconduisit. Elle était incapable de le voir. Elle ignorait pourquoi, mais tout lui semblait impossible. Il persévéra pourtant pendant trois longues années et elle sortit enfin suffisamment de sa dépression pour l'épouser.

Leur mariage avait-il été heureux ? En prenant de l'âge, Adelaïde se le demandait parfois. Ils avaient eu plusieurs enfants, morts en bas âge, son frère aîné, qui se maria et mourut sans héritier, puis elle et enfin Francis. Peter était souvent à Londres et Betty restait seule à Albion House. Peter mourut à Londres — d'avoir trop travaillé, disait-on —, un peu avant soixante ans, alors qu'il projetait de passer davantage de temps à la campagne.

Francis poursuivit sa scolarité auprès d'un curé de l'Oxfordshire, puis étudia le droit, Betty se replia alors lentement dans la maison. Elle sortait, bien sûr, pour rendre visite à des voisins ou se rendre à Lymington. Mais la maison était devenue toute sa vie. Adelaïde lui tenait compagnie et cette existence se prolongea au fil des ans ; les ombres de la maison épaissirent peu à peu et les enveloppèrent. La première de ces ombres était celle d'Alice.

« Penser que j'étais là avec Peter cette nuit terrible ! » s'écriait parfois Betty comme si elle s'en faisait le reproche. Lui faire remarquer qu'elle n'y pouvait pas grand-chose et eût risqué d'être arrêtée n'arrangeait rien. « Nous n'aurions jamais dû aller à Moyles Court ! » C'était peut-être vrai, et puis ? « Elle n'a quitté Londres qu'à cause de Peter. » Vrai également — Tryphena l'avait confirmé —, mais, là encore, il ne servait à rien de le ressasser.

Adelaïde avait été une jeune fille raisonnable et assez gaie, dotée d'un esprit fort. Toutefois, à entendre ces litanies année après année, elle avait développé un sentiment tragique de la vie et la douleur de sa mère flottait autour d'elle comme un nuage sombre.

Un autre nuage l'accompagnait, noir, un nuage d'orage, qui roulait à travers le ciel. Il avait pour nom Penruddock. Il n'existait plus de Penruddock dans la Forêt. Ceux de Hale étaient partis au début du siècle. Ceux de Compton Chamberlayne s'y trouvaient toujours, mais à cinquante kilomètres, au-delà de l'horizon, dans un autre comté. Adelaïde ne connaissait donc aucun Penruddock, mais elle savait quoi penser d'eux.

« Tous royalistes, naturellement, disait-elle. Mais traîtres. Quand je songe que ma mère a essayé de les aider quand ils avaient des ennuis ! Et voilà comment ils l'ont remerciée. »

Contrairement aux Pride, les Albion n'avaient jamais pleinement compris la trahison des Furzey. Et même dans ce cas, cela n'aurait mérité qu'un froid mépris. Alors que la cruauté d'une autre famille de la petite noblesse, c'était tout autre chose.

« Rôder autour de la maison toute la nuit avec ses soldats crasseux. Essayer d'enfoncer la porte. Laisser ses hommes voler la linge de maman. Puis la flanquer en chemise de nuit sur le dos du cheval d'un soldat. C'est honteux ! » s'écriait Betty, les yeux soudain brillants de rage et de mépris.

Adelaïde se faisait une image nette du colonel Penruddock, avec son visage sombre, son caractère cruel et vengeur. Pour elle, un tel crime entre deux familles ne pouvait ni ne devait jamais être oublié. « Ces gens sont méchants et foncièrement mauvais, disait-elle donc à son tour à Fanny. Garde-toi d'avoir jamais affaire à eux. »

Elle l'avait répété ce soir-là et Fanny venait de lui assurer en souriant qu'elle suivrait son conseil quand elles se retournèrent, alarmées, en entendant un bruit terrible, une quinte de toux, une toux rauque et sifflante, suivie d'un petit cri. Cela venait du vieux Francis Albion. Il semblait chercher son souffle. Fanny pâlit.

— Peut-être devrions-nous appeler le médecin ? murmura-t-elle. Père paraît être...

— Non, c'est inutile, fit Adelaïde sans quitter son fauteuil.

Francis avait ouvert les yeux, qu'il gardait tournés vers le haut de manière très inquiétante. Il était devenu tout pâle et recommença à tousser.

— Tante Adelaïde, s'écria Fanny, il est...

— Non ! lança sa tante avec rudesse. Cessez de faire semblant de mourir, Francis ! cria-t-elle, puis se tournant avec humeur vers Fanny : Ne voyez-vous pas, mon enfant, qu'il essaie de vous empêcher de partir pour Oxford ?

— Tante Adelaïde ! Comment pouvez-vous dire une chose pareille ! Son père suffoquait.

— Bien sûr que je ne m'en irai pas s'il ne va pas bien !

— Quelle blague ! fit Adelaïde.

Francis Albion continuait de haleter affreusement.

Isaac Seagull, propriétaire de l'auberge de l'Ange, promenait son regard sur les marais de Pennington en laissant la brise humide jouer sur son visage.

C'était un homme de haute taille, maigre et noueux, aussi grand que Grockleton quand il se redressait. Mais Isaac Seagull se tenait généralement voûté, sa tête ronde penchée en avant. Ses cheveux, encore tout noirs, tombaient en natte dans son dos. Son visage, aussi dépourvu de menton que celui de ses ancêtres et d'ordinaire empreint de gaieté, restait pour l'instant sérieux. Isaac Seagull avait quelque chose en tête.

L'organisation, fort complexe, de la contrebande dans la région de la Nouvelle Forêt était une affaire compliquée. Il y avait tout d'abord les bateaux qui apportaient la marchandise. Ils venaient de différents ports d'outre-Manche, avec, parmi les plus actifs, Dunkerque, qui drainait le commerce hollandais, Roscoff en Bretagne et ceux des îles de Jersey et Guernesey, près de la côte normande. Les navires les plus souvent utilisés, des lougres ventrus, variaient par la taille mais avaient tous un faible tirant d'eau et d'énormes capacités. Ils traversaient généralement la Manche en convois armés. Quand ils devaient éviter les quelques bâtiments des douanes envoyés à leur poursuite, les lougres pouvaient soit mettre vent debout et s'éloigner à la rame, soit se précipiter dans les laisses de vase, où les bateaux des douaniers ne risquaient pas de les suivre. Il arrivait aussi que les contrebandiers naviguent sur des clippers ultra-rapides, capables de distancer n'importe quel navire.

Le responsable du bateau ou du convoi était le capitaine. Une fois la cargaison débarquée, elle était acheminée et distribuée par une énorme caravane. L'organisateur de cette opération s'appelait le « receveur ». Isaac Seagull tenait ce rôle dans la Nouvelle Forêt.

Mais dans les coulisses, derrière le capitaine et le receveur, agissait un autre personnage, le financier de l'opération, en mesure d'acheter les marchandises, de payer un clipper : l'entrepreneur, celui qui prenait les risques.

Qui était-il ? Personne ne le savait. Ou ceux qui le savaient n'en disaient rien. Le clerc de paroisse de l'église de Lymington tenait tous les livres et devait donc connaître son identité. Un percepteur local recevait les contributions de tous les fermiers ou commerçants désireux d'investir dans l'entreprise et il détenait donc probablement, lui aussi, l'information. Les opérations étaient parfois d'une telle envergure qu'il ne pouvait s'agir que d'un homme particulièrement bien pourvu, l'un des aristocrates locaux, un membre de la petite noblesse.

Grockleton pensait à M. Luttrell. Propriétaire d'une jolie demeure appelée Eaglehurst, située au-delà de la propriété de M. Drummond à Cadland, à la jonction du Solent et du bras de mer de Southampton, M. Luttrell avait construit une tour d'où on obtenait une vue dégagée sur l'île de Wight et le Solent. Il ne faisait aucun doute que des cargaisons de cognac arrivaient à la tour de Luttrell, mais il s'agissait éventuellement de transactions sans grande importance pour son propre compte. Luttrell était-il réellement l'homme de l'ombre, le commanditaire de l'énorme trafic côtier de la Nouvelle Forêt ? Peut-être plusieurs gentilshommes s'associaient-ils dans cette affaire.

Assurément, la gigantesque opération regroupait non seulement des membres de la petite noblesse, mais aussi des habitants du littoral méridional de l'Angleterre. Aristocrates ou paysans, pasteurs, magistrats ou braconniers, ils recevaient tous sciemment de la marchandise de contrebande. Personne ne voyait jamais rien. Le voisin du magistrat de Lymington recevait une livraison de deux barils de cognac et pourtant ce dernier ne s'en rendait absolument pas compte. Des bouteilles de cognac remplisaient la chaire, mais le pasteur trouvait toute la place nécessaire pour y prêcher debout. Une caravane de trois cents chevaux de bât serpentait sans risque en bordure du parc du juge, car celui-ci ne se réveillait jamais. Même M. Drummond, le banquier particulier de Sa Majesté, qui, de chez lui, avait vue sur la tour de Luttrell, ne remarquait jamais rien. Rien du tout.

Pourquoi, pendant près d'un siècle, l'entière population des comtés du sud de l'Angleterre ferma-t-elle gaiement les yeux sur ces violations de la loi ? Parce qu'elle n'aimait pas payer d'impôts ? Personne n'aime ça. Parce qu'elle ne comptait que des délinquants ?

Même les législateurs les plus avisés oublient parfois que, pour l'essentiel, le gouvernement des hommes reste une affaire comme les autres. L'ensemble de la population, jusqu'au plus humble paysan, buvait alors du thé. La taxe prélevée sur le thé était si lourde que les gens du commun ne possédaient pas les moyens d'en acheter. Ils devaient donc s'en priver ou en trouver de contrebande. Pour cette raison autant que pour toute autre probablement, la contrebande passait simplement pour quelque chose d'illégal techniquement et rien de plus. Personne ne pensait vraiment qu'il y avait du mal à ça. La loi, en l'espèce, ne comptait guère. On n'employait même pas le mot. On appelait cela du « libre-échange », et les contrebandiers, des libres marchands.

Le libre-échange reposait sur des bases classiques. Les profits variaient suivant les marchandises. Pour le cognac de qualité supérieure, le trafic le plus prisé, ils étaient plutôt rondelets.

A Londres, un baril se vendait au détail environ trente-deux shillings, taxes comprises. Il revenait à la moitié en France. Par conséquent, en le vendant trente pour cent moins cher que le prix de détail, le libre marchand dégageait une marge du même ordre et avait la certitude d'écouler son stock instantanément. Après avoir payé le transport de la marchandise et acquitté les autres frais, son bénéfice avoisinait les dix pour cent. En effectuant plusieurs courses par an, il obtenait donc un joli rendement sur investissement.

Grâce à Isaac Seagull, le réseau de distribution était excellent. Aucune des cargaisons qu'il avait acheminées n'avait jamais été saisie. Pourquoi alors, tandis qu'il laissait son regard errer sur les marais, une légère contraction de sa bouche trahissait-elle son inquiétude ?

Le commanditaire projetait de grandes opérations pour l'année à venir — de très grandes opérations. Il fallait absolument que tout se passe bien. Son travail, en tant que receveur, consistait à s'assurer que rien n'irait de travers. Qu'est-ce qui risquait de mal tourner ? Si les rapports étaient exacts, des détachements de dragons arriveraient dans le courant de l'année à la nouvelle caserne de Christchurch. Qu'est-ce que cela signifiait ? Il était encore trop tôt pour connaître leurs effectifs, mais il paraissait prudent d'acheminer les plus grosses cargaisons avant leur arrivée.

Il fallait ensuite prendre en considération les événements qui se déroulaient en France. Jusque-là, la Révolution, l'exécution du roi, le règne de la Terreur, tout cela se passait à Paris. La guerre avait même été déclarée. Mais cela n'avait pas empêché les gros marchands de vin français de conclure d'ambitieux marchés avec le commanditaire. Ce problème concernait ce dernier, bien sûr. Son esprit agile ne s'en exerçait pas moins sur la question.

A supposer que les expéditions soient effectuées avant l'arrivée des nouveaux détachements de dragons, à quoi d'autre devait-il aussi songer ?

Grockleton. Certains fonctionnaires des douanes se laissaient acheter, mais ils le faisaient savoir suffisamment tôt, ce qui n'était pas le cas pour Grockleton. Isaac nourrissait des sentiments mélangés. Se laisser acheter lui semblait l'attitude la plus rationnelle, mais il respectait tout à fait un homme disposé à lutter. S'il en avait la possibilité. Mais Grockleton pouvait-il vraiment croire cela ?

Une fois seulement, les douaniers de Lymington avaient remporté un succès, cinq ans plus tôt, juste avant l'arrivée de Grockleton. Un groupe dissident de libres marchands commençait à opérer à partir d'une grotte, Ambrose Hole, située dans la vallée d'une rivière au nord de Lymington. Il les connaissait, naturellement, et avait cessé de faire appel à eux pour l'acheminement des marchandises, car ils n'auraient pas obéi aux ordres. Ils détroussaient les gens sur les routes à péage et avaient tué plusieurs personnes. Tout le monde en avait assez d'eux. Les libres marchands étaient armés, mais ils recouraient rarement à la violence tant qu'un convoi n'était pas attaqué. Tuer ne leur ressemblait pas. Le magistrat, le maire et même lui étaient convenus que cela devait cesser. Seagull indiqua aux douaniers où ils se trouvaient. La troupe, appelée, se rendit sur place. Les soldats trouvèrent de grandes quantités de marchandises volées dans la grotte. Et trente cadavres, au fond d'un puits. Isaac en fut bouleversé. Les fonctionnaires des douanes et les soldats s'en glorifièrent comme d'un succès. Seagull laissa dire. Ça ne faisait de mal à personne.

Mais Grockleton était toujours là. Il paraissait très déterminé. On pouvait le surveiller en permanence, mais il restait impossible de ne pas le prendre en compte. Seagull ne négligeait jamais un danger : voilà pourquoi il s'acquittait bien de sa tâche.

Alors qu'il retournait le problème posé par Grockleton et l'attitude à adopter, une autre idée lui vint. Et si Grockleton avait un espion ? Un bon. Parmi les libres marchands. Cela relevait du possible, même en semblant improbable. Il ne fallait pas négliger cette éventualité. S'il se faisait prendre, un tel informateur serait abattu par les libres marchands. Néanmoins...

La bouche d'Isaac Seagull se contracta. Il réfléchissait.

Nathaniel Furzey se plaisait chez les Pride d'Oakley, qui se montraient agréables et pleins de vie. Une solide amitié le liait à Andrew Pride. Outre qu'il élevait un petit troupeau de vaches, le père d'Andrew se livrait à un modeste commerce de bois, qu'il achetait à un bon prix au garde forestier et revendait ensuite. Il le rangeait en grosses piles en bordure de la pelouse d'Oakley.

Durant les premières semaines, Nathaniel s'était tenu à carreau. Mais son enjouement naturel n'avait pas tardé à ressortir et, depuis lors, il n'avait cessé de se livrer à des espiègleries.

Le fait est que le jeune Nathaniel Furzey s'ennuyait vite. Le travail que M. Gilpin donnait en classe lui semblait si facile qu'il avait généralement fini quand les autres élèves n'en étaient encore qu'à la moitié. M. Gilpin venait parfois lire avec lui. Il avait même été tenté de lui enseigner un peu de latin, mais il s'était rendu compte que Nathaniel apprenait si vite qu'il avait rapidement mis un terme à l'exercice avant que cela n'aille trop loin.

« Que croyez-vous que je doive faire ? avait demandé Gilpin à un de ses collègues ecclésiastiques. Il ne s'agit pas simplement d'une intelligence naturelle. Le jeune Furzey en a autant que n'importe quel élève des écoles de Salisbury et de Winchester. Il s'agit d'un oiseau rare, d'un esprit exceptionnel, un garçon qui pourrait passer sa vie à Oxford ou Cambridge... Je crois savoir que Sir Harry Burrard ou les Albion lui paieraient des études si je le leur demandais — avec l'accord de ses parents, naturellement. Mais...

— Mais ce serait l'arracher à sa famille, à ses amis, à la Forêt. Et si ça ne marchait pas...

— Echoué comme un bateau sur un banc de sable.

— Je suis bien d'accord.

— C'est plus facile en ville. S'il habitait à Winchester ou à Londres... avait songé Gilpin tout haut. Je crois bien qu'il en est toujours ainsi. Les arbres poussent dans les profondeurs de la forêt. Des chênes superbes qui donnent des milliers de glands. Un sur un million deviendra une belle pièce d'ébénisterie. C'est un gaspillage de la nature.

— C'est vrai, Gilpin. Mais c'est aussi le patrimoine de l'Angleterre et il est toujours important. »

Le pasteur avait donc gardé le jeune Nathaniel à la petite école du village. Plus tard, il mènerait certainement une vie tranquille dans la Forêt. En attendant, c'était un gamin espiègle.

L'un des grands plaisirs de cet esprit actif consistait à imaginer des farces. Andrew aimait cela, lui aussi, mais l'ingéniosité de son camarade le stupéfiait parfois. C'est aux Furzey qu'il avait joué son dernier bon tour.

Bien qu'il ait porté le même nom que les Furzey d'Oakley, Nathaniel ne tarda pas à partager l'opinion des Pride sur leurs voisins : ils avaient trahi Alice Lisle ; Caleb Furzey possédait un esprit un peu lent. Cependant, ce qui intriguait le plus Nathaniel, c'étaient les peurs et les superstitions de Caleb.

« J'ai toujours du sel sur moi pour le jeter par-dessus mon épaule », lui avait-il assuré. Il redoutait d'entrer à Burley « à cause des sorcières ». Il n'allait jamais à l'église de Minstead, car il la croyait hantée. Un jour, par mégarde, il contourna l'église de Brockenhurst à contresens — ce que peu d'habitants de la Forêt auraient fait — et il vécut dans la crainte pendant des semaines. Chaque « mauvais signe » le plongeait dans l'inquiétude. S'il voyait une pie solitaire, il lui parlait immédiatement ; il se détournait soigneusement des échelles et quand apparaissait un chat noir, il s'enfuyait à toutes jambes. « Chat noir, chat de sorcière », déclarait-il.

Nathaniel avait donc cherché un chat noir. Il en avait trouvé un mort, qui, au surplus, portait quelques poils blancs sous le menton. Il recourut aux services d'un homme qui savait empailler les animaux et, après une application de teinture noire sur la tache blanche, le chat faisait très bien l'affaire. Andrew Pride et lui se mirent alors à l'ouvrage.

Le chat apparaissait en tout lieu. Quand il longeait un bosquet, Caleb se trouvait soudain face à lui : frappé d'horreur, il l'évitait et ne remarquait jamais la ficelle avec laquelle il était tiré brusquement à couvert. Avec un peu de chance, Caleb prenait un autre chemin, où les deux gamins lui tendaient une autre embuscade. Le lendemain, il le voyait à sa fenêtre. Nathaniel, en artiste, laissait passer plusieurs jours. Caleb se croyait alors définitivement débarrassé du chat, qui réapparaissait à l'endroit le plus incongru pour le terrifier de nouveau. Tout le village se lança bientôt à la recherche du mystérieux félin. Le père d'Andrew découvrit le pot aux roses, calotta les deux garnements et donna au chat empaillé une sépulture décente et discrète. On n'en parla plus et les deux gamins ne se doutèrent pas que, quand le marchand de bois en discutait avec sa femme, elle et lui riaient aux larmes.

D'autres choses intéressaient cependant Nathaniel à Oakley. Il lui était arrivé de voir les chevaux de bât des libres marchands du côté de Minstead et il n'avait pu s'empêcher de remarquer une activité plus grande encore le long de la côte près d'Oakley. Il s'était rendu compte à plusieurs reprises que le père d'Andrew disparaissait toute la nuit. Il revenait à l'aube, la mine réjouie, en conduisant son poney par la bride, et, sans un mot, laissait tomber un petit sac de thé sur la table de la cuisine.

Un matin, trois douaniers à cheval arrivèrent à Oakley et inspectèrent les tas de bois de Pride. Celui-ci les regarda les défaire sans grand intérêt. Le travail, pénible, leur prit toute la matinée. Grockleton arriva à midi et constata qu'ils n'avaient rien trouvé.

« J'espère que vos hommes vont remettre mon bois en place, monsieur Grockleton, avait dit Pride.

— Je ne le crois pas, monsieur Pride », avait répondit l'autre, tout aussi froidement.

Après leur départ, Pride et les siens remontèrent les tas de bois. Aucun ne dit mot. Cela faisait partie du jeu.

Un jour, Nathaniel rencontra Grockleton. C'était deux semaines après qu'il eut été vacciné contre la variole. Andrew Pride et lui venaient de sortir de l'école et, au lieu de tourner comme d'habitude pour rentrer à Oakley en passant devant chez M. Gilpin, ils prirent de l'autre côté, vers l'église de Boldre.

Ils se rendaient ce jour-là à Albion House, où la tante de Pride était gouvernante. On avait demandé à Andrew de rendre visite à cette dame imposante après l'école et Nathaniel se faisait un plaisir de l'accompagner. La jeune demoiselle qui l'avait persuadé de se laisser vacciner habitait là — dans une grande maison, un manoir, lui avait dit Andrew. Il n'était jamais entré dans une telle demeure.

Ils suivaient le chemin de l'église quand ils entendirent un cheval derrière eux et, se retournant, virent arriver le grand inspecteur des douanes. En arrivant à leur hauteur, il les regarda du haut de sa monture et leur demanda poliment où ils allaient.

Si l'on faisait abstraction de ses mains pareilles à des serres, Grockleton pouvait se rendre plutôt agréable quand il recherchait des contrebandiers. Apprenant qu'ils se rendaient à Albion House, il tira une lettre cachetée de son manteau et leur demanda en souriant :

— Ça vous ferait plaisir de gagner deux pence, les gars ?

— Ça ferait plaisir à chacun de nous, monsieur, répondit Nathaniel, rapide comme l'éclair.

Grockleton hésita une seconde, puis se mit à rire.

— Très bien, c'est d'accord. Voici une lettre de ma femme pour la vieille Mme Albion. Voulez-vous la lui remettre ?

— Oh oui, monsieur ! s'écrièrent-ils avec empressement.

— Vous m'épargnerez ainsi le déplacement.

Tout en cherchant les pièces, il ajouta :

— Veillez à la remettre immédiatement. Vous savez comment faire, n'est-ce pas ?

— Pour deux pence, je porterais une lettre n'importe où dans la Forêt, dit Nathaniel avec fermeté.

— Parfait. Voilà pour vous.

Il leur remit les pièces et les regarda s'éloigner. Mais Dieu sait pourquoi, comme si une pensée lui était venue, Grockleton ne repartit pas tout de suite et resta là une bonne minute à les observer. Quand Nathaniel jeta un coup d'œil en arrière, il vit Grockleton plongé dans ses pensées, les yeux fixés sur lui en particulier. « Pourquoi diable fait-il ça ? » se demanda-t-il.

Oxford ! Oxford, enfin. La ville se trouvait là, devant, ses dômes et les flèches de ses églises émergeant d'une légère brume matinale suspendue au-dessus des vastes pâturages vert tendre et de la rivière qui serpentait nonchalamment entre les collèges. Oxford-sur-Isis, car c'est ainsi qu'on appelle la Tamise dans cette partie de son long cours. Comment auraient-elles pu ne pas se sentir tout excitées ?

— Et pensez, Fanny, ma très chère amie, pensez que nous avons failli ne pas partir du tout ! s'écria sa cousine Louisa.

« Comme Louisa est jolie aujourd'hui ! » songeait Fanny avec plaisir. Elle admirait depuis toujours ses cheveux sombres et ses yeux d'un marron mordoré, et ce matin, Louisa paraissait particulièrement heureuse. « Quelle chance que ma cousine la plus proche soit aussi ma meilleure amie », se dit-elle.

Son voyage avait failli être annulé pour des raisons de santé. Non pas celle du vieux Francis Albion, qui, réprimandé par sa sœur, avait retrouvé son état normal, mais, contre toute attente, celle de la mère de Louisa, Mme Totton, qui devait les accompagner. En tombant, elle s'était fait une entorse si douloureuse qu'elle ne s'était pas crue en mesure de voyager. Elles n'auraient donc probablement pas pu partir sans M. Gilpin. « Ma femme estime que voilà trop longtemps que je n'ai pas quitté Boldre, avait-il assuré aux Totton reconnaissants avec autant de fermeté que si cela avait été vrai. Elle a insisté pour que je vous accompagne. N'oubliez pas que j'ai été à Oxford ; retourner là-bas représente pour moi un plaisir. »

Avec le pasteur, les deux jeunes filles étaient en de bonnes mains. « C'est un grand honneur pour nous de voyager avec un homme aussi remarquable », rappela Fanny à Louisa. Le moral au beau fixe, ils se mirent donc en route pour Winchester dans la meilleure voiture des Albion avant de prendre la route en direction d'Oxford, à soixante kilomètres au nord. Au milieu de la matinée, ils s'installèrent dans l'une des meilleures auberges de la ville, le Sanglier-Bleu, à Cornhill. Les deux jeunes filles partageaient la même chambre. Peu après, à midi, Edward Totton les manda.

Après avoir embrassé sa sœur et sa cousine, salué et dit combien il était honoré que M. Gilpin les ait accompagnées, voyant qu'elles se montraient impatientes d'explorer la ville, il proposa de la leur faire visiter séance tenante.

C'était une ville délicieuse, avec ses grandes rues pavées et ses étranges ruelles médiévales, ses vieilles églises gothiques jouxtant de splendides façades néo-classiques. L'université s'y était paisiblement développée depuis plus de cinq siècles. On croisait toutes sortes de gens dans les rues animées : commerçants et paysans de la campagne environnante mêlés à des clercs et de pauvres lettrés, de riches jeunes gens aux cheveux poudrés, de graves professeurs en toge et des visiteurs comme eux. Tantôt ils passaient devant un imposant portail et la loge d'un concierge, comme à l'entrée d'un palais, et jetaient un coup d'œil dans l'immense cour pavée derrière, tantôt, dans une ruelle, ils entrevoyaient quelque courette sombre qui semblait oubliée depuis que les moines du Moyen Age l'avaient utilisée, quatre siècles plus tôt.

Edward était très gai, les filles d'excellente humeur, mais Fanny ne manqua pas de remarquer, avec admiration, le rôle que jouait M. Gilpin. Sa société se révélait des plus agréables, mais il parlait peu. De temps à autre, par exemple, devant la bibliothèque bodléienne ou le théâtre sheldonien, d'une perfection toute classique, de Sir Christopher Wren, il s'avançait et leur faisait remarquer de sa voix profonde quelques-uns des éléments architecturaux les plus significatifs du bâtiment. Se taire eût été manquer à son devoir. Quand ils visitèrent le Queen's College, où il avait étudié, il joua naturellement le cicérone. Mais, en dehors de ces occasions, il préférait fermer la marche et laisser Edward diriger la visite sans un froncement de sourcil quand celui-ci se trompait. Il paraissait prendre autant de plaisir qu'eux et poussait des « Ah ! » de satisfaction en constatant, dans les moindres recoins, que les choses n'avaient pas changé depuis cinquante ans. Ils visitèrent plusieurs collèges, l'imposant Balliol, le majestueux Christchurch, l'agréable Oriel, et, vers trois heures, ils arrivèrent à Merton College, celui d'Edward.

— On dit que c'est le plus ancien, fit remarquer celui-ci.

— C'est contesté, objecta Gilpin en riant.

— Du moins, le premier à avoir été construit, riposta Edward avec un sourire. En 1264. Nous sommes très fiers de nous. Le principal est appelé le gardien.

Merton était bel et bien un endroit délicieux. Ses cours carrées, intimes, évoquaient l'ancienneté de l'édifice. La chapelle, en revanche, flanquée à l'est de plusieurs monuments, en imposait. Ils s'arrêtèrent devant l'un d'eux, assez beau, dédié au gardien Robert Wintle, décédé quelques décennies plus tôt.

— Un fin lettré. Je me souviens très bien de lui... commença M. Gilpin.

Une exclamation joyeuse d'Edward l'interrompit :

— Ah, le voilà ! Je lui avais dit que nous serions à Merton !

A leur grande surprise, M. Gilpin et les deux jeunes filles virent arriver un homme élégamment vêtu, de quelques années plus âgé qu'Edward et un peu plus grand que lui, au visage pâle et aristocratique, à l'abondante chevelure sombre légèrement ébouriffée par la brise. En apercevant Edward, il le salua et sourit, puis s'inclina rapidement à l'intention de M. Gilpin et des demoiselles.

— Je ne vous avais pas prévenus, dit Edward, parce que je ne savais pas s'il viendrait. Ça lui arrive souvent de ne pas le faire. Voilà M. Martell.

Les présentations furent rapidement faites. M. Martell s'inclina derechef avec une politesse empreinte de gravité devant M. Gilpin et chacune des jeunes filles, bien qu'il fût difficile de dire s'il était réellement intéressé.

— Martell achevait sa dernière année à mon arrivée à Oxford, expliqua Edward. Il était très gentil avec moi, me parlait souvent. Il ne parle pas à tout le monde, vous savez, ajouta-t-il en riant.

Fanny regarda M. Martell pour voir s'il nierait. Il n'en fit rien.

— Vous êtes de la famille des Martell du Dorset ? s'enquit Gilpin.

— Oui, monsieur. J'avoue que le nom de Gilpin ne me dit rien.

— Ma famille possède le château de Scaleby, près de Carlisle, répondit le pasteur d'un ton ferme.

Fanny ne l'avait jamais entendu en parler auparavant et elle regarda son vieil ami avec un intérêt nouveau.

— Vraiment, monsieur ? Peut-être connaissez-vous Lord Laversdale ?

— Depuis toujours. Ses terres jouxtent les nôtres.

Ayant dûment établi ce point, Gilpin lança un coup d'œil en direction de Fanny et poursuivit plus calmement :

— Vous connaissez la propriété des Albion dans la Nouvelle Forêt, je suppose ?

— J'en ai entendu parler, mais je n'ai jamais eu le plaisir de la voir, répondit M. Martell en s'inclinant de nouveau légèrement vers Fanny.

Un peu plus de chaleur animait à présent ses manières, mais peut-être était-ce un effet de lumière dans la chapelle.

— Allons dehors, suggéra Edward Totton.

Le petit groupe formait une scène tout à fait bucolique, les deux jeunes filles en robe longue et simple, M. Gilpin coiffé de son chapeau de pasteur et les deux hommes en queue-de-pie, hauts-de-chausses et bas de soie à rayures. En quittant le collège, Edward avait expliqué avec animation comment son ami en était venu à s'installer dans les environs, quel sportif accompli et aussi quel lettré il avait été à Oxford. Mais, alors qu'ils traversaient Merton Field, sa conversation parut se tarir momentanément, et comme ni Fanny ni Louisa ne voulait mener le dialogue avec l'inconnu et que M. Martell non plus ne montrait aucun empressement à dire quoi que ce soit, M. Gilpin prit le relais en marchant à côté de lui, tandis que les trois autres suivaient.

— Avez-vous déjà embrassé une carrière, monsieur Martell ? demanda-t-il.

— Pas encore, monsieur.

— Vous y songez ?

— Je l'ai fait. Lorsque j'étais à Oxford, j'envisageais d'entrer dans les ordres, mais les responsabilités que m'impose ma position m'ont détourné de cette voie.

— On peut être à la tête d'une grande propriété et en même temps pasteur, fit remarquer Gilpin. Mon grand-père l'était.

— Certes, monsieur. Mais peu après la fin de mes études à Oxford, un parent de mon père est mort en me laissant un vaste domaine dans le Kent. Il s'ajoute aux terres du Dorset, dont j'hériterai au décès de mon père. Plus d'une centaine de kilomètres séparent les deux propriétés et, sauf à me défaire de l'une des deux, ce qui serait trahir la confiance placée en moi, je crois qu'il me serait impossible de remplir simultanément mes devoirs de pasteur. Je pourrais, bien sûr, engager un vicaire à demeure, mais je ne vois pas alors la nécessité d'entrer dans les ordres...

— Je vois.

— Peut-être vais-je choisir la politique, poursuivit Martell.

— Il est à la recherche d'une circonscription, intervint Edward. Je lui ai conseillé d'en parler à Harry Burrard. C'est lui qui décide du choix des membres du Parlement pour la circonscription de Lymington. Ce serait une bonne chose, je crois, que Martell nous représente, monsieur Gilpin. Qu'en pensez-vous ?

Mais on ne sut jamais si le pasteur avait l'intention de répondre, car Fanny s'écria brusquement :

— Oh, regardez, monsieur Gilpin ! Une ruine !

Elle montrait un petit pont qui enjambait une rivière à quelque distance sur leur droite. Il n'était pas réellement en ruine, mais néanmoins très délabré, avec des arches visiblement en train de s'effondrer, et ne semblait pas sûr du tout.

— Folly Bridge, commenta M. Gilpin, apparemment content de changer de sujet. Alors, Edward, pouvez-vous me dire de quand il date ? Non ? Monsieur Martell ? Non plus. Eh bien, on pense qu'il remonte au XIe siècle, à peu près à l'époque de Rufus. Si c'est exact, il est beaucoup plus vieux que l'université.

Cette information ayant été reçue avec respect, Fanny estima qu'elle pouvait s'adresser à l'inconnu sans manquer aux convenances :

— Vous intéressez-vous aux ruines, monsieur Martell ?

Il se retourna pour la regarder.

— Ayant lu avec grand profit les *Observations* de M. Gilpin, commença-t-il en s'inclinant vers celui-ci, je suis conscient du caractère pittoresque des ruines ; elles sont sans aucun doute admirables et ont beaucoup à nous apprendre. Mais je confesse, mademoiselle Albion, que je préfère la vigueur d'un édifice vivant à la décadence de ses restes.

— Certaines gens construisent pourtant des ruines, suggéra-t-elle.

— Un de mes amis l'a fait. Mais cela ne m'empêche pas de trouver ccla ridicule.

— Ah...

Songeant à son projet, Fanny ne put s'empêcher de rougir.

— Pourquoi cela ?

— Je ne dépenserais jamais des sommes pareilles pour un objet aussi inutile. Je trouve cela absurde.

— Votre argument a une faiblesse, monsieur, objecta M. Gilpin, venant à la rescousse. Vous pourriez en dire autant d'une œuvre d'art. On ne devrait donc jamais peindre de ruines non plus ?

— Je reconnais la justesse de vos paroles, monsieur, répondit M. Martell, et pourtant cela ne me satisfait pas. C'est, je crois, une question de degré. Aussi énorme que soit son travail, un peintre ne dépense que son temps, de la peinture et de la toile, alors que pour le prix d'une ruine, même petite, on pourrait bâtir une vingtaine de cottages à la fois utiles et agréables à regarder.

Il marqua une pause. Peut-être n'appréciait-il pas d'être obligé de parler si longtemps.

— J'ajouterais ceci, monsieur : un manoir est un manoir, en l'occurence une maison, et un tableau un tableau, alors qu'une ruine construite de toutes pièces prétend être ce qu'elle n'est pas. Elle reste fausse. Les sentiments, les rêveries qu'elle est censée susciter sont faux eux aussi, donc.

— La mode du gothique en architecture ne vous intéresse donc pas ? poursuivit Fanny.

— Ajouter des ornements gothiques à une jolie maison pour qu'elle ressemble à autre chose ? Certainement pas, mademoiselle Albion. J'ai cette mode en abomination.

— Ah, fit M. Gilpin.

Ils n'en allèrent pas moins inspecter Folly Bridge, puis marchèrent un moment le long de la berge de la rivière. Edward avait recommencé son bavardage, très plaisant au demeurant. Après quoi, M. Gilpin et les deux jeunes filles désirèrent entrer à l'auberge du Sanglier-Bleu pour dîner et se reposer. Edward et M. Martell les accompagnèrent jusque-là et ils convinrent qu'Edward les retrouverait le lendemain matin pour poursuivre le tour d'Oxford. M. Martell avait apparemment d'autres engagements. Pour le dernier jour de leur séjour, Edward proposa cependant une virée jusqu'au village de Woodstock et une visite de l'énorme manoir de Blenheim Palace, situé dans un parc magnifique à proximité.

— Le duc est absent en ce moment, dit-il, mais on peut visiter la demeure en faisant la demande, ce dont je me suis déjà occupé.

— Essentiel ! s'exclama M. Gilpin. Le duc possède des toiles de Rubens à ne manquer sous aucun prétexte !

— Martell, peut-être nous accompagnerez-vous ? s'enquit Edward.

Comme son ami hésitait, il demanda :

— Vous avez visité Blenheim ?

— J'y ai séjourné une ou deux fois, répondit doucement Martell.

— Bon sang, s'écria Edward, pas le moins du monde confus, j'aurais dû me douter que vous connaissiez le duc, Martell ! Alors, venez donc, nous tiendrons compagnie à ces demoiselles... à moins que vous n'alliez à Blenheim que lorsque le maître de céans est là pour vous recevoir...

Au grand étonnement de Fanny, à cette saille, Martell se contenta de secouer la tête avec un demi-sourire. Il semblait indifférent à cette taquinerie d'adolescent.

— Je me ferai un plaisir de vous accompagner, dit-il avec une petite révérence, bien que Fanny fût incapable de deviner s'il avait vraiment envie de venir.

Sur ces paroles, Martell prit congé et les deux jeunes filles dînèrent donc avec Edward et M. Gilpin. Fanny jugea ce départ opportun, puisqu'il leur épargnait la nécessité de converser avec un homme qui ne souhaitait guère se trouver en leur compagnie. Elle demanda cependant à M. Gilpin son opinion sur l'ami d'Edward.

— Il est intelligent, quoique peut-être un peu trop rigide. Mais j'ai besoin de le mieux connaître pour former un jugement, répondit prudemment M. Gilpin, ce qui, bien qu'intéressant, n'était pas tout à fait ce qu'attendait Fanny.

— Il dispose d'une richesse insolente, je peux vous le dire, ajouta Edward.

Plus tard, dans leur chambre, Fanny demanda à Louisa ce qu'elle pensait. Elle aimait discuter avec sa cousine. Louisa et elle se sentaient très proches, peut-être à cause de leurs différences. Toutes deux avaient du coup d'œil et aimaient peindre, mais, alors que Fanny prenait le temps de rechercher un effet de la lumière ou du temps sur le paysage, Louisa se contentait de quelques taches de couleur rapides et estimait que le travail était fini. Ou bien, lorsque M. Gilpin leur donnait un cours, elle ajoutait avec désinvolture un élément à la scène et, quand l'artiste consommé passait près d'elle, elle le lui montrait et demandait : « Vous aimez mon lapin, monsieur Gilpin ? Il a les oreilles tombantes. » Mais elle faisait cela de manière enjouée, en accord si parfait avec sa nature qu'il se bornait à sourire et disait : « Oui, Louisa », sans s'en offusquer.

Louisa possédait un talent particulier pour l'imitation — elle était inénarrable quand elle faisait M. Grockleton —, mais elle l'exerçait sans méchanceté. Elle lisait beaucoup et parlait assez bien le français pour amuser les officiers en exil à Lymington. Avec ses yeux superbes et sa beauté de brune, Louisa savait depuis longtemps que son rôle de jolie fille du plus riche commerçant de Lymington servait fort bien ses ambitions. Elle aurait pu être plus intelligente ou plus travailleuse, mais elle avait manifestement conclu que ce n'était pas son intérêt.

— Ce que je pense de M. Martell, Fanny ? Que c'est un beau parti et qu'il le sait.

C'était manifestement vrai.

— Mais son caractère, ses opinions ?

— Je ne sais pas trop, Fanny. C'est vous qui lui avez parlé.

Fanny n'y avait pas pensé alors, mais elle réalisa que, contrairement à son habitude, Louisa n'avait presque rien dit au cours de leur promenade avec M. Martell.

— J'ai néanmoins observé une chose, poursuivit sa jolie cousine.

— Dites-moi ce que c'est.

— Qu'il vous plaît bien.

— Moi ? Oh, non, Louisa. Je ne le crois pas. Qu'est-ce qui vous fait penser cela ?

Louisa ne voulut pas s'étendre sur le sujet. Elle alla s'asseoir sur une chaise près de la fenêtre et entreprit de faire un petit dessin sur la page de garde d'un livre. Ainsi occupée, elle refusa toute conversation pendant un moment, le temps que Fanny se préparait à se mettre au lit, puis elle l'appela et, lui tendant le livre en silence, lui montra son dessin dans le jour déclinant.

C'était un cerf en rut : un grand cerf commun sur la lande de la forêt au crépuscule, ses magnifiques ramures rejetées en arrière, sur le point de lancer son brâme. L'animal était bien observé et bien rendu, à une différence près : il avait la tête de M. Martell.

— Heureusement que nous ne le voyons pas demain, dit Fanny. J'aurais eu du mal à m'empêcher de rire.

Le lendemain, elles ne pensèrent même pas à M. Martell. La journée passa délicieusement. Mais, le surlendemain matin, il les attendait à la porte de l'auberge, vêtu d'une culotte de cheval, d'un manteau marron, et coiffé d'un grand chapeau assorti. Tout en escortant la voiture, monté sur un magnifique bai, il expliqua que, comme il faisait beau et que son cheval se trouvait à l'écurie depuis deux jours, il avait jugé bon de lui donner un peu d'exercice. Cela se tenait parfaitement, mais Fanny ne put s'empêcher de penser qu'il s'épargnait ainsi l'obligation de leur faire la conversation pendant le voyage.

M. Martell chevaucha avec aisance à côté de l'équipage et le voyage fut très plaisant. M. Gilpin avait une piètre opinion de la campagne de l'Oxfordshire.

— C'est trop plat, leur dit-il. La monotonie des champs cultivés.

Mais si le paysage manquait beaucoup de pittoresque, son histoire était plus captivante. A Woodstock, leur rappela le pasteur, un roi anglais du Moyen Age avait logé sa maîtresse, la belle Rosamund. La reine, jalouse, voulut l'empoisonner. Le roi fit donc aménager autour de la maison un labyrinthe dont il était le seul à connaître la clé.

— Une jolie histoire, même si elle est fausse, fit-il remarquer.

Il les régala d'autres contes jusqu'à leur arrivée aux portes du parc du superbe palais de Blenheim.

John Churchill avait été un homme affable et il ne jouissait que de la fortune d'un modeste châtelain à la cour du joyeux monarque, avec lequel il partageait une maîtresse. Mais c'était un redoutable soldat. Ayant remporté une série de brillantes victoires pour la reine Anne, il fut fait duc de Malborough — le Malbrouk de la chanson populaire française — et récompensé, comme tous les généraux victorieux, par une magnifique propriété. Tandis que la voiture remontait l'allée par cette matinée ensoleillée, Fanny regardait au-dehors, impatiente de découvrir le manoir, qui apparut bientôt au loin.

Ce fut un choc. Elle prit une brève inspiration et sentit un frisson la parcourir. Elle connaissait bien les manoirs de la Nouvelle Forêt et avait visité la superbe demeure de Wilton à Sarum, mais elle n'avait jamais vu rien de pareil.

L'immense palais néo-classique de Blenheim, dont le nom commémore la victoire la plus célèbre du duc sur Louis XIV, ne se dressait pas au milieu du paysage : il se déployait à travers lui, telle une charge de cavalerie en pierre. Sa magnificence baroque éclipsait complètement même les plus grands châteaux et manoirs d'Angleterre. Ce n'était pas une gentilhommière anglaise, mais un palais européen, comparable au Louvre, à Versailles ou à l'un des grands palais autrichiens qui barrent l'horizon à Vienne — derrière les façades classiques desquels on peut sentir l'essence d'une puissance presque orientale, pareille à celle des tsars ou des khans.

Car, même dans l'Angleterre de l'époque — où, dans les portraits, les aristocrates apparaissaient sous les traits de dieux antiques —, le fondateur de la famille Churchill ne devait pas être logé comme un simple mortel. Un demi-kilomètre séparait les cuisines de la salle à manger.

Ils visitèrent d'abord les bâtiments. Les salles et les galeries dallées de marbre du duc de Malborough irradiaient une grandeur inimaginable pour Fanny. Elle se trouvait dans un univers aristocratique bien au-delà de tout ce qu'elle avait pu imaginer et se sentait un peu intimidée. M. Martell, quant à lui, semblait très à l'aise.

— Il existe un lien entre Blenheim et la Nouvelle Forêt, leur rappela M. Gilpin. Le dernier duc de Montagu, dont la famille possède Beaulieu, a épousé la fille de Malborough. Certains seigneurs de Beaulieu sont donc des Churchill.

Ils admirèrent les Rubens.

— Voici le premier tableau de famille d'Angleterre, annonça M. Gilpin devant l'un d'eux.

A propos d'une représentation de la Sainte Famille, il déclara tout net :

— Il est plat. On a peine à y retrouver le feu habituel du maître. Sauf, et vous serez sûrement d'accord avec moi, Fanny, sauf dans le visage de la vieille femme.

Mais, en dépit de toutes les merveilles du palais, Fanny ne fut pas fâchée quand M. Gilpin les emmena finalement faire le tour du parc.

Il était immense, l'un des plus vastes que Capability Brown ait jamais conçus. On n'y trouvait pas de modestes aménagements comme les affectionnait Repton — petites allées et parterres de fleurs —, mais de grandes étendues dégagées, à travers lesquelles les armées de Malborough auraient pu marcher. Quand Dieu a créé la nature, semblait proclamer le parc, il a seulement voulu brosser une rapide esquisse et il incombait à un duc anglais d'y mettre de l'ordre et de lui donner un sens. Ainsi, le parc de Blenheim, avec ses vastes aménagements — cours d'eau et lacs, ceinture de bois et perspectives sans fin —, se déployait vers un horizon conquis.

— On a tiré parti de tous les éléments du paysage, ce qui ajoute la variété à la grandeur, déclara M. Gilpin au début de la promenade.

Ils bavardaient maintenant tous ensemble avec aisance. Tandis qu'elle marchait à côté de M. Gilpin derrière les trois autres, Fanny remarqua que même Louisa parlait un peu avec M. Martell, sans doute du paysage et du beau temps, et si M. Martell ne disait pas grand-chose, il répondait au moins. Quoi qu'on pût penser de lui, il avait indéniablement belle allure dans un tel cadre.

A un certain moment, lorsqu'une perspective particulièrement harmonieuse, habilement arrangée par le génie de Brown, s'ouvrit devant eux, M. Gilpin s'écria :

— Là ! Jamais l'art n'a produit un *jaillissement*, dirais-je, plus grandiose ! Pittoresque. Une scène que vous devriez croquer. Vous feriez ça admirablement.

M. Martell se retourna.

— Vous dessinez, mademoiselle Albion ?

— Un peu, répondit Fanny.

— Vous aussi, monsieur Martell ? s'enquit Louisa.

— Fort mal, je le crains. Mais j'ai la plus grande admiration pour ceux qui dessinent bien, fit-il en regardant Fanny droit dans les yeux avec un sourire.

— Ma cousine Louisa dessine tout aussi bien que moi, monsieur, dit Fanny en rougissant un peu.

— Je n'en doute pas, répondit poliment M. Martell en se retournant pour reprendre sa conversation.

Après avoir parcouru quelque distance, ils regardèrent en arrière vers le palais et, pour entretenir la conversation, Fanny se renseigna sur l'origine de la famille.

— Des royalistes de la guerre civile, dit M. Gilpin. Une famille du sud-ouest. Quoique, à mon sens, pas une des plus anciennes ou des plus nobles...

— Contrairement à vous, Martell ! intervint Edward en riant. C'est un Normand. Les Martell sont arrivés avec Guillaume le Conquérant, n'est-ce pas ?

— C'est ce qu'on m'a toujours raconté, répondit l'intéressé avec un léger sourire.

— Vous voyez, reprit Edward gaiement, pas une seule goutte de sang humble ne pollue ses veines, pas le moindre contact avec le commerce n'a jamais entaché son blason. Confessez-le, Martell, c'est très aimable à vous de daigner nous parler.

Martell accueillit ces paroles en secouant la tête d'un air amusé. Fanny fut un peu surprise d'entendre Edward aborder ainsi ce sujet, puisque, étant un Totton et donc un commerçant, cela pouvait le placer dans une position désavantageuse. Mais en voyant la réaction plaisante de Martell, elle comprit qu'il existait du calcul dans la franchise juvénile de son cousin. Du fait que sa mère appartenait à une famille de la petite noblesse, qu'il avait des liens avec les Burrard et aussi avec elle, une Albion, le jeune Edward Totton était déjà introduit dans le cercle de la gentry. Par sa référence indirecte à l'activité marchande de sa famille, il invitait donc de manière subtile l'aristocrate à lui assurer que cela ne comportait aucune importance.

— Je m'étonne parfois de parler à qui que ce soit, fit remarquer enfin Martell, à la hauteur des circonstances.

Sur quoi Edward sourit et Louisa se mit à rire ; quant à Fanny, à dire vrai, elle ne pouvait s'empêcher d'être secrètement contente d'appartenir à la famille Albion.

Ils retournèrent ensuite à la voiture, les deux jeunes filles marchant à côté de M. Gilpin, Edward et son ami devisant. Tout le monde semblait de bonne humeur, sauf M. Gilpin, devenu plutôt silencieux.

Avant d'arriver à la voiture, vint le moment de dire adieu à M. Martell, qui se rendait dans une autre maison du voisinage.

— Mais nous ne nous séparons pas bien longtemps, annonça Edward, car Martell a promis de venir séjourner chez nous à Lymington. Très bientôt, a-t-il dit. Tout est convenu.

C'était une surprise, mais qui ne déplaisait pas entièrement à Fanny, elle devait l'avouer. Après tout, s'il logeait chez les Totton, elle ne serait pas obligée de le voir plus qu'elle ne le souhaitait.

Ils se saluèrent et regardèrent M. Martell s'éloigner sur sa monture, puis rentrèrent à Oxford pour leur dernier dîner avant leur départ avec M. Gilpin, qu'ils remercièrent tous pendant le repas.

Fanny constata, pendant qu'elle faisait ses bagages avec l'aide d'une servante de l'auberge, qu'elle se sentait d'humeur particulièrement joyeuse.

Elle resta donc toute décontenancée quand Louisa lui déclara à brûle-pourpoint :

— Etes-vous sûre, Fanny, de ne pas avoir un penchant pour M. Martell ?

— Moi ? Je ne le crois pas, Louisa. Vraiment.

— Ah, fit Louisa avec un petit air bizarre. Eh bien, moi, si.

Puckle se mit en route peu après l'aube. Personne n'y prêta particulièrement attention. On ne demandait pas à Puckle où il allait. C'était un homme secret.

Seule une poignée d'hommes qui travaillaient à la Cale de l'écu y habitaient et, bien qu'il existe un village à l'entrée de l'abbaye de Beaulieu, peu d'ouvriers et de menuisiers vivaient là, du fait que ni les propriétaires de Beaulieu ni les habitants du village ne le voulaient.

La raison en était simple. Si un ouvrier habitant dans la paroisse de Beaulieu tombait malade ou devenait vieux, il risquait de se trouver à sa charge, la paroisse étant obligée, par la loi, de l'entretenir, ainsi que sa veuve et ses enfants. Dans toute l'Angleterre, les paroisses faisaient donc leur possible pour se débarrasser des pauvres et les envoyer à leurs voisines. Elles se donnaient parfois beaucoup de mal pour découvrir, par exemple, le lieu de naissance d'un indigent afin de se décharger de leur responsabilité.

Pour les ouvriers de la Cale, la solution avait consisté à créer un nouveau hameau. A la limite occidentale des terres de Beaulieu, en bordure de la lande, un chapelet de petites maisons était sorti de terre. En principe, ils n'avaient pas le droit de s'installer là, car chaque parcelle empiétait sur la forêt royale, mais bien qu'on ait parlé de les déplacer, rien n'avait été fait. Comme le village s'étirait le long de la limite de la propriété, on l'avait baptisé la Barrière de Beaulieu, bien qu'il ait été parfois appelé Boldre-Est. Il ne se trouvait qu'à un ou deux kilomètres du chantier naval, de sorte que les ouvriers ne marchaient pas plus longtemps que s'ils avaient habité au village de Beaulieu.

Mais ils restaient en dehors de la paroisse.

Puckle vivait à la Barrière de Beaulieu depuis de longues années, mais il continuait de se rendre de temps en temps dans la partie ouest de la Forêt, où habitaient la plupart de ses relations. Quand il s'était mis en route à travers la lande, ce dimanche matin, ses voisins supposèrent par conséquent qu'il se rendait là-bas. En réalité, au milieu de la lande, il coupa vers le nord à travers bois, dépassa Lyndhurst puis Minstead. Vers le milieu de la matinée, il arriva en lisière de la forêt au lieu de rendez-vous. Il l'avait choisi parce qu'il était éloigné de chez lui et que, de là, il pouvait facilement se retirer dans la solitude plus grande encore des bois. En approchant, il constata avec satisfaction que l'endroit était désert.

La vieille carcasse creuse de l'arbre de Rufus avait fini par pourrir, réduite à une souche, qui avait complètement disparu un demi-siècle plus tôt. On avait dressé une pierre à la place en souvenir de l'événement historique qui était censé avoir eu lieu là. Car, si certains se souvenaient encore de la floraison hivernale miraculeuse du chêne, c'était la réputation du lieu, usurpée, que commémorait cette pierre. Mais ce n'était pas seulement cela : même Purkiss et sa charrette faisaient désormais partie de l'Histoire.

En arrivant à la pierre, Puckle s'arrêta et jeta un regard alentour. Non loin se dressaient les deux rejetons du vieil arbre. L'un avait été écimé, l'autre non. Puckle les jaugea immédiatement d'un œil expert. Le chêne étêté n'aurait pas donné du bon bois pour construire un bateau, car l'écimage affaiblissait les jointures. Il remarqua que l'autre avait été marqué pour être abattu. De derrière cet arbre émergea un personnage, qu'il salua d'un signe de tête. Grockleton était à l'heure.

Puckle le rejoignit sous le chêne et jeta de nouveau un regard circulaire.

— Nous sommes seuls, dit Grockleton. J'ai fait le guet.

— Parfait.

Grockleton attendit un moment pour voir si l'homme de la Forêt ouvrirait la conversation, mais, comme il ne semblait pas vouloir le faire, il commença :

— Vous croyez pouvoir m'aider ?

— Peut-être.

— Comment ?
— Je pourrais vous dire certaines choses.
— Pourquoi le feriez-vous ?
— J'ai mes raisons.

La scène dont Grockleton avait été témoin demeurait bien présente à son esprit. Il ignorait ce que ce bonhomme avait fait pour contrarier le patron de l'auberge de l'Ange, mais de toute évidence il ne s'agissait pas seulement d'une querelle ou d'une histoire de soûlard. En fait, Puckle lui avait paru très calme et sobre. Mais, quoi que ce fût, cela avait amené Isaac Seagull à le traîner à l'entrée de l'auberge et à le flanquer dehors à coups de pied. Grockleton n'oublierait jamais le regard que Puckle avait lancé à Seagull en se relevant. Ce n'était pas le ressentiment d'un ivrogne, mais une haine éternelle. Bien qu'il fût douanier, personne n'avait jamais adressé à Grockleton un tel regard, et il espérait que personne ne le ferait jamais.

Peu après, il avait pris son cheval et suivi l'homme de la Forêt en route pour chez lui. En le dépassant sur le chemin désert, il lui avait murmuré qu'il le paierait bien s'il avait un jour quelque chose à lui dire. Un simple pressentiment. Mais un douanier devait recourir à des méthodes de ce genre. Il ne s'était pas vraiment attendu à ce que cela porte ses fruits, mais, deux jours plus tard, Puckle avait pris contact avec lui. Voilà pourquoi ils se trouvaient là, à discuter.

— Quelles sortes de choses auriez-vous à me raconter ? A propos d'Isaac Seagull ?

Il ne possédait pas la certitude que le patron de l'Ange participait au trafic. On pouvait supposer que tout propriétaire d'auberge recevait de la marchandise de contrebande, mais il soupçonnait depuis longtemps Seagull d'en faire bien davantage.

— C'est un démon, dit Puckle aigrement.
— J'ai eu l'impression que vous ne vous appréciez pas énormément.
— Oui... Y a des raisons à ça, ajouta Puckle après une pause avant de regarder par terre. Vous avez entendu parler de la descente qu'ils ont faite à Ambrose Hole il y a quelques années ?
— Naturellement.

Bien que l'offensive contre les bandits de grand chemin ait eu lieu juste avant son arrivée à Lymington, Grockleton ne pouvait pas ne pas être au courant. Puckle cracha de dégoût.

— Deux de ceux qui ont été pris étaient des parents à moi. Et vous savez qui les a dénoncés ? Ce salaud d'Isaac Seagull. Et il sait que je sais.

Cela justifiait en effet la haine de Puckle pour l'aubergiste. Grockleton ouvrit grand ses oreilles.

— Ça ne l'a pas empêché de me traiter comme un chien parce qu'il croit que j'ai peur de lui, continua l'homme de la Forêt sur un ton de profonde amertume.
— Vous avez peur de lui ?

Puckle ne répondit pas, comme s'il répugnait à l'admettre. Son visage noueux lui faisait penser à un chêne rabougri, tout comme celui de Seagull évoquait pour lui un lougre fringant, toutes voiles dehors.

— Oui, dit enfin Puckle, j'ai peur de lui. Comme tout le monde, ajouta-t-il en regardant Grockleton droit dans les yeux.

Celui-ci comprenait. La violence éclatait rarement entre contrebandiers et douaniers, mais cela pouvait advenir. Une ou deux fois, quand il leur avait mené la vie dure, il arrivait qu'un de ses hommes soit abattu chez lui d'une balle dans la tête en allant ouvrir la porte. Sa main de rapace se crispa, sans autre signe d'émotion. C'était un homme courageux.

— Alors, qu'est-ce que vous voulez ? demanda Puckle.

— Intercepter une grosse cargaison. A terre. Quoi d'autre ?

— Vous n'avez pas les hommes nécessaires.

— Ça, c'est mon affaire.

Puckle paraissait pensif.

— Vous devrez me payer cher.

— Une part de ce que nous saisirons.

Tous deux savaient que cela pouvait représenter une petite fortune.

— Vous arrêteriez Isaac Seagull ?

— S'il est là, oui.

— Tuez-le, dit Puckle à voix basse.

— Pour cela, il faut qu'ils nous tirent dessus.

— Ils le feront. J'ai besoin d'une avance. Une grosse avance. Et d'un cheval rapide.

Voyant l'air indécis de Grockleton, il poursuivit :

— Que croyez-vous qu'ils me feront s'ils découvrent la vérité ?

— Ce n'est pas sûr...

— Mais possible. Il me faudra quitter la Forêt. M'en aller. Très loin.

Grockleton essaya d'imaginer Puckle vivant hors de la Forêt. Ce n'était pas facile. Il arrivait, bien sûr, que des gens partent. Pas souvent, mais cela arrivait. Et ils partaient avec beaucoup d'argent... Il tenta de se représenter Puckle les poches pleines et n'y parvint pas non plus. Il soupira intérieurement. Les gens changent quand ils deviennent riches, même des hommes comme celui-ci. Qui pouvait dire ce qu'il deviendrait en se retrouvant ailleurs avec beaucoup d'argent ? Puckle était mystérieux.

— Cinquante livres, dit-il. Le reste plus tard. Nous pouvons mettre votre part à disposition à Winchester, à Londres... où vous voudrez.

La réaction de Puckle ne lui échappa pas, bien qu'il essayât de la cacher. La somme l'avait impressionné. Parfait.

— Ça n'est pas pour tout de suite, fit le bonhomme. Vous le savez.

Grockleton hocha la tête. Les grosses expéditions s'effectuaient généralement en hiver, quand les nuits étaient longues.

— Autre chose, poursuivit Puckle, l'air pensif. Il faut que j'ai la possibilité de communiquer avec vous. On ne doit pas me voir en votre compagnie.
— Je sais. J'y ai déjà pensé. J'ai peut-être une solution.
— Ah. Laquelle ?
— Un gamin.

M. Martell ne vint pas à Lymington avant quelques semaines, mais il avait bien choisi son moment.

Par un beau matin d'été, il franchit l'octroi de la ville. Il se sentait optimiste. Il avait préféré chevaucher en avant, laissant à son serviteur le soin de le suivre dans le cabriolet avec ses malles. En franchissant le péage à l'entrée du bourg, il réalisa qu'il ne connaissait pas l'endroit.

Le séjour ne manquerait certainement pas d'agrément et d'intérêt. Il aimait bien Edward Totton. Peut-être ne possédaient-ils pas grand-chose en commun, mais il appréciait l'esprit enjoué de son cadet et le fait que, contrairement à beaucoup de gens, Totton n'ait pas peur de lui. Sa réputation d'homme sévère était en fait loin de lui déplaire : elle le protégeait de ceux qui auraient eu des velléités à profiter de lui. Cela l'amusait qu'un jeune homme comme Totton ne se laisse pas impressionner par lui. En l'occurrence, lui avait l'intention de se servir d'Edward Totton.

Wyndham Martell se trouvait dans une position enviable : il n'avait à plaire à personne. A la tête d'une grande propriété, héritier d'une autre, diplomé d'Oxford, doté d'un bon caractère : dans la société où il vivait, personne, sauf à se montrer impertinent, ne pouvait lui trouver de défaut. Il pratiquait une courtoisie empreinte de réserve, parce qu'il se serait méprisé autrement. Le seul danger aurait été qu'il soit joueur ou débauché, mais il était trop fier pour cela. Son orgueil le poussait à se présenter sous un jour favorable et il avait conclu, avec juste raison, que ne pas posséder d'orgueil eût été de l'affectation pour un homme dans sa position. Il avait bien l'intention, pour lui-même et pour le nom de sa famille, de laisser sa marque et pouvait se permettre de le faire à sa manière. Il désirait en fait entrer dans la vie publique en homme indépendant qui ne se laisse pas acheter, spécimen rare dans la politique de l'époque. Si cela devait être imputé à une fierté peu commune, eh bien soit.

Hormis ses sentiments amicaux pour Edward Totton, la vraie raison de sa visite était que Lymington, fort opportunément situé entre ses deux domaines, élisait deux membres au Parlement. « Il se pourrait bien que je sois l'un d'eux aux prochaines élections », avait-il déclaré à son père.

Le modeste bourg de Lymington disposait de deux représentants au Parlement parce que la bonne reine Elisabeth les lui avait accordés quelques années avant la grande Armada, en un temps où elle voulait se gagner un soutien politique supplémentaire. Le fait qu'une si petite ville possède deux représentants au Parlement ne semblait pas vraiment excessif, quand on considérait qu'Old Sarum, le bourg infâme sur la colline déserte du château au-dessus de Salisbury, en avait aussi deux, pour une population quasi inexistante.

Le système d'élections élaboré dans le bourg de Lymington était en fait caractéristique de nombreuses villes d'Angleterre durant les Lumières et, on devait en convenir, il offrait l'avantage d'être sûr, pratique et économique. Les électeurs le considéraient même comme un modèle universellement applicable.

Dans certains bourgs, les élections n'étaient, hélas, pas aussi bien gérées. Des pamphlets calomnieux sur les candidats suscitaient l'amertume. Les élections entraînaient des dépenses, car on achetait les électeurs, des troubles, car on soûlait ceux des autres candidats pour les empêcher d'aller voter, des troubles plus grands encore, si lesdits électeurs parvenaient à s'échapper. Même une dose limitée de démocratie s'avérait dangereuse, tous les partis en convenaient, et rien ne le montrait plus clairement que les querelles d'ivrognes qui marquaient ce moment. Mais, à Lymington, les choses étaient mieux organisées.

Les deux membres du Parlement étaient choisis par les grands électeurs, au nombre d'une quarantaine et eux-mêmes élus, en théorie du moins, par les modestes commerçants et autres francs-tenanciers obligeants du bourg. Des hommes compétents, des notables, des hommes dignes de confiance, des amis du maire ou d'autres responsables de la gestion de la ville constituaient le vivier des grands électeurs. Les grands électeurs de Lymington habitaient bien souvent là, mais la nécessité de trouver des hommes de valeur obligeait parfois à aller les chercher loin. Vingt ans plus tôt, quand Burrard, en tant que maire, avait décidé d'en nommer trente-neuf autres, il n'en avait choisi que trois en ville ; sa quête d'hommes loyaux l'avait conduit dans toute l'Angleterre. Il avait même pris la peine d'aller chercher un gentilhomme qui habitait la Jamaïque !

Les grands électeurs ne se querellaient pratiquement jamais quant au choix des représentants. Jusqu'à une vingtaine d'années plus tôt, les Burrard avaient partagé la direction de la ville avec le duc de Bolton, qui possédait de grands intérêts dans le comté, et il y avait eu une fois un léger désaccord à propos du siège à donner ou non à M. Morant, ami du duc. Mais lorsque le duc avait entièrement cédé le bourg aux Burrard, l'éventualité même d'un désaccord avait heureusement disparu.

Comment gérait-on la situation au moment des élections ? Comment les grands électeurs, qui habitaient parfois à trois cents kilomètres de là, sans parler du bon gentleman de la Jamaïque, faisaient-ils pour se rendre à Lymington pour voter ? On avait résolu ce problème par un simple expédient. Les élections ne se disputaient pas. Il n'existait pas de candidats rivaux. Comme deux gentlemen seulement se présentaient pour les deux sièges disponibles, il était manifestement inutile de procéder à un scrutin. Le parrain et le second parrain se présentaient seulement devant le maire le jour dit, voilà tout. Cette procédure était si simple que les candidats n'avaient même pas à apparaître en personne, ce qui leur épargnait éventuellement un voyage fatigant.

Au XVIIIe siècle, les représentants de Lymington au Parlement étaient donc désignés ainsi. On ne peut dire si une procédure différente eût abouti à une meilleure sélection, mais une chose au moins était certaine : les grands électeurs et les Burrard se satisfaisaient pleinement de ce système-là.

Le père de Martell aurait préféré qu'il soit candidat au siège d'un comté, ceux-ci étant généralement des fiefs tories, alors que Lymington, comme la plupart des villes commerçantes, penchait nettement pour le parti whig. Le parti tory était traditionnellement pour le roi, le whig pour le Parlement d'après 1688, qui, bien que loyal, souhaitait contenir le pouvoir royal. Les châtelains ralliaient souvent les tories, les commerçants, les whigs. Mais ces différences ne s'appliquaient pas toujours. Beaucoup de grands propriétaires terriens étaient des whigs ; l'appartenance à un parti dépendait souvent d'alliances familiales. Le roi lui-même préférait parfois un leader whig à un tory. Les intérêts et les convictions de Sir Harry Burrard, un baronnet, et des gentlemen électeurs avaient peu de chances de différer beaucoup de ceux de l'aristocratique Martell.

En fait, les contemporains de M. Martell auraient trouvé son comportement étrange à deux égards seulement. S'il voulait l'un des sièges de Lymington au Parlement, pourquoi diable prenait-il la peine de venir jusque-là alors qu'il pouvait très bien écrire à Burrard ou le rencontrer à Londres ? Plus curieux encore, pourquoi venait-il à Lymington, en sachant pertinemment, après s'être dûment renseigné, que le baronnet en était absent ?

Seul quelqu'un ne connaissant pas Wyndham Martell aurait pu poser de telles questions. Celui-ci était très consciencieux. A Oxford, contrairement à beaucoup de ses camarades, il travaillait dur. Il avait déjà inspecté très soigneusement le domaine reçu en héritage et entrepris une série d'améliorations. S'il avait été pasteur, il aurait certainement veillé au bien-être de tous ses paroissiens malgré sa haute position sociale. Et comme il désirait postuler à l'un des sièges parlementaires de Lymington, tel un bon général, il entendait d'abord effectuer une reconnaissance complète des lieux.

Il n'ignorait certes pas que Sir Harry Burrard pouvait ne pas apprécier une telle intrusion. On citait le cas d'un cacique local qui, craignant de voir ses grands électeurs, sous le charme d'un candidat, s'éloigner de lui, avait accepté de lui donner le siège à la seule condition, écrite, qu'une fois élu ledit candidat ne mette jamais les pieds dans la circonscription électorale qu'il représentait. Même au XVIIIe siècle, on avait trouvé cela un peu excentrique. Mais, sans aller aussi loin, Burrard n'approuverait pas nécessairement qu'il vienne fureter dans son bourg, et Martell avait donc décidé de rester discret en descendant chez Edward Totton. Une chose était sûre, cependant, à la fin de la semaine il en saurait long sur la ville et déciderait si, et de quelle façon, il souhaitait poursuivre cette affaire.

En attendant, en dehors d'Edward, il y avait deux charmantes jeunes filles avec lesquelles passer le temps. Louisa Totton était jolie et pleine d'entrain. Quant à Mlle Albion, bien qu'elle ne fût pas aussi jolie, il la trouvait agréable.

— Vous devez reconnaître que je ne vous présente que le gratin, fit remarquer à voix basse Edward Totton à sa sœur tandis qu'ils attendaient que leur hôte sorte de la maison.

Wyndham Martell était le troisième beau parti qu'il invitait chez eux en l'espace d'un an. L'un, un jeune homme, trop jeune, en vérité, mais héritier d'un vaste domaine, étudiait encore à Oxford avec lui. L'autre, jeune également, qu'il avait attiré avec la promesse d'assister aux courses de chevaux locales, s'était montré très intéressé par Louisa, si intéressé même que, alors qu'il avait un peu bu, elle avait dû le repousser et qu'on lui avait demandé de s'en aller. Ces rencontres complétaient la connaissance de la nature humaine et du monde extérieur que Louisa commençait à acquérir et son attitude à l'égard de ces visiteurs pouvait se décrire ainsi, bien qu'elle n'eût pas usé de ces mots : « Laissons-les venir. »

Avec Martell, cependant, il s'agissait d'une autre histoire, d'une « affaire sérieuse », comme disait son frère, qui craignait qu'elle ne soit intimidée par l'austère châtelain.

— Je l'ai observé, répondit-elle. Il est fier, et il a de quoi l'être, après tout, mais il aime qu'on l'amuse.

— Vous avez donc l'intention de le faire ?

— Non, dit-elle songeuse. Mais je vais lui laisser supposer que je le pourrais.

Elle jeta un coup d'œil à la porte de la maison.

— Le voilà !

Martell se sentait d'excellente humeur. Il ne savait trop à quoi ressemblerait le foyer des Totton, n'ayant encore jamais séjourné dans une famille de commerçants provinciaux. Jusque-là, il avait été agréablement surpris. La maison, de style géorgien, était élégante, avec une longue allée et la vue sur la mer. De la dimension d'un bon presbytère, elle aurait pu appartenir au frère cadet d'un châtelain, à un amiral ou à quelqu'un de ce genre. Il s'avéra que Mme Totton était une belle femme, du même monde que lui, liée à plusieurs familles de sa connaissance. Quant à M. Totton, le marchand, il n'avait échangé que quelques mots avec lui, mais il paraissait à la fois sensé et plein d'aisance, un vrai gentleman. Martell pensait que si le jeune Edward Totton estimait que sa position dans la société était quelque peu modeste, il l'en dissuaderait pour qu'il ne fasse pas insulte à ses parents.

— Nous commençons par le tour de la ville ? demanda Edward quand Wyndham Martell les eut rejoints.

Et comme la journée était belle, ils décidèrent de marcher.

Ils entrèrent sans se presser dans l'agglomération et descendirent nonchalamment la grand-rue. Martell admira les boutiques — celle de Swateridge, l'horloger, de Shepard, l'armurier, de Wheeler, le marchand de porcelaine —, et les nombreux signes de la prospérité et de l'aisance du lieu ne lui échappèrent pas. Il insista pour rester un moment chez le libraire. Il remarqua la plaque de cuivre sur la maison, dans le goût du jour, du médecin et nota que M. St Barbe, le marchand, avait ouvert une banque dans la grand-rue. Il apprit que la malle-poste arrivait de Londres par la route à péage quatre fois par semaine à l'auberge de l'Ange, qui était également le terminus de la diligence de Southampton, la distance, vingt-cinq kilomètres, étant couverte dans le temps record de deux heures et demie. Martell fut très impressionné.

Ils descendirent jusqu'au quai, où plusieurs petits navires étaient amarrés, puis firent un détour par les marais salants avant de rentrer à la maison, mis en appétit pour le dîner.

M. Totton et sa femme avaient une excellente table. Une soupe légère de pois et de pain fut servie en entrée, suivie d'un plat de poisson. Vint ensuite le plat principal : une symphonie d'aloyau de bœuf, de dinde en sauce aux pruneaux, de ragoût de venaison et de céleri frit. Les hommes burent du bordeaux ; Louisa, qui d'ordinaire buvait du vin de groseille, prit du champagne comme sa mère.

La conversation était légère et agréable. Mme Totton parla de l'antique cerf de la forêt, de la récente visite du roi, des endroits que devait absolument visiter leur hôte, et elle raconta des histoires sur chacun d'eux. Louisa, dont les grands yeux, semblait-il à Martell, laissaient deviner des réserves d'humour derrière un maintien modeste, se livra à une bonne critique des pièces à voir au théâtre et de la façon dont elles étaient jouées.

Edward lui parla du champ de courses aménagé au-dessus de Lyndhurst.

— Et nous ne faisons pas seulement courir des chevaux, Martell, fit-il remarquer.

Un gentleman devenu original possédait apparemment un bœuf de course, qu'il montait lui-même, et il mettait au défi tout un chacun de concourir de manière semblable.

Quand on servit le second plat — pudding aux pommes de terre, toast aux anchois, sabayon, civet de pigeon et tartelettes —, Martell conclut avec raison que la ville côtière située sous l'antique forêt était probablement l'une des plus agréables que l'on pût représenter au Parlement.

On retira la nappe. Des gelées, des fruits secs, des pyramides de friandises et des plats de fromages, ainsi que du porto pour les hommes, du cherry pour les dames, furent servis. Martell demanda alors des nouvelles de Fanny Albion.

— Pauvre et chère Fanny ! s'écria Louisa. C'est une vraie sainte.

Il y avait, semblait-il, peu de chances qu'elle fasse une apparition.

— Mais, soyez-en sûr, nous ferons tout ce qu'il faut pour la faire sortir de sa retraite, dit Edward.

Son amie d'enfance étant tombée malade à Winchester, l'intrépide tante Adelaïde avait insisté, malgré son grand âge, pour prendre sa voiture et se rendre à son chevet, laissant Fanny et Mme Pride se charger de M. Albion. Avant de partir, elle avait donné à son frère pour instruction stricte de ne pas être malade avant son retour, instruction qu'il avait d'ores et déjà enfreinte. Et si la nature de sa maladie actuelle restait vague, c'était uniquement, affirmait-il, parce que le mal était trop avancé pour qu'on l'identifie. Fanny restait clouée chez elle.

— Peut-être pourrions-nous rendre visite à votre cousine, suggéra Martell.

— Je vais le lui proposer, dit Edward, mais je suis persuadée qu'elle ne voudra pas.

Peu après, les dames se retirèrent et, autour d'un verre de porto, Martell put interroger M. Totton sur les affaires de la ville. Et, comme il l'escomptait, Totton était parfaitement bien informé.

— Le sel, comme chacun sait, représente l'une de nos principales activités depuis des siècles. Comme dans d'autres villes, vous constaterez que la plupart des gros marchands possèdent plusieurs affaires, et le sel est généralement l'une d'elles. St Barbe, par exemple, est à la fois dans l'épicerie, le sel et le charbon. Soit dit en passant, les fourneaux des marais salants sont alimentés en charbon. Le sel, ne l'oublions pas, sert non seulement à conserver la viande et le poisson, mais aussi à traiter le scorbut — d'une importance essentielle dans la marine. On l'utilise également dans le séchage du cuir, la fonte du verre et des métaux, le vernissage des poteries...

— Il existe, je crois, des moyens plus économiques d'extraire le sel...

— C'est vrai. A long terme, les marais salants de Lymington sont menacés. Mais ce n'est pas encore pour demain.

— Vous exportez du bois ?

— Un peu. Moins qu'avant. Les chantiers navals de la Navy et d'autres absorbent la majeure partie de notre production. Le port est actif. Le charbon arrive de Newcastle. Des navires marchands vont à Londres, Hambourg, Waterford, Cork, en Irlande, et même à la Jamaïque.

— Et les industries locales ?

— En dehors de celles que je viens de citer, la plupart des paroisses possèdent de l'argile et il y a donc un certain nombre de briqueteries, dont la plus grosse se trouve à Brockenhurst. Voilà pourquoi on trouve de nos jours d'élégantes granges en briques dans la région. On fabrique également des cordages à l'abbaye de Beaulieu. Pour la marine, naturellement. Certains habitants de la Forêt se sont installés à Southampton. En dehors du port, de très importants carrossiers officient là-bas...

— Mais nous plaçons tout à fait ailleurs notre plus grand espoir pour l'avenir, intervint Edward. Nous allons devenir un lieu à la mode, un second Bath...

— Ah oui ! fit Totton en riant. Si Mme Grockleton parvient à ses fins. Vous n'avez pas encore fait la connaissance de Mme Grockleton, monsieur Martell ?

Martell confessa que non.

— Nous allons prendre le thé chez elle, annonça Edward avec un petit rire. Demain.

La matinée du deuxième jour fut occupée par une visite au château de Hurst. Il faisait beau, mais une brise fraîche arrivait des marais de Pennington, qui faisait cliqueter les pompes éoliennes des salins. Les bains publics de Mme Beeston, situés près d'une des pompes proches de la plage, restaient déserts. Des moutons parcouraient le bras de mer entre la forteresse et l'île de Wight tandis qu'au-delà la mer agitée était toute verte. Une forte odeur de sel flottait dans l'air. Louisa, le visage légèrement empourpré et humide d'embruns, les cheveux au vent, se sentait particulièrement bien, et M. Martell, lui aussi, se rendait compte que son cœur battait plus fort tandis que tous deux riaient en longeant d'un pas rapide la côte marécageuse.

Ils marchaient sur le chemin du retour quand ils rencontrèrent le comte. Il cheminait seul, l'air triste. Martell avait déjà remarqué la présence des militaires français en ville et Edward la lui avait expliquée. Il présenta le comte à Martell, qui s'adressa à lui en excellent français. Le Français, découvrant un homme du même monde que lui, voulut se lier d'amitié avec lui.

— Vous êtes des nôtres ! s'écria-t-il, prenant la main de Martell dans les siennes. Quelle heureuse rencontre dans cet endroit sauvage !

On ne savait trop si ce qualificatif s'appliquait aux marais ou à Lymington. Il interrogea Martell sur ses terres, son ascendance normande, insista sur le fait qu'ils étaient donc apparentés par la lignée des Martell-Saint Cyr — ce que Martell lui assura affablement ignorer tout à fait —, lui demanda s'il aimait la chasse et reçut une réponse affirmative.

— Chez nous, nous chassons le sanglier, dit-il avec nostalgie. J'aimerais, mon ami, vous inviter à vous joindre à nous, mais, hélas, si je rentre maintenant au pays, ils me couperont la tête, ajouta-t-il en haussant les épaules. Peut-être avez-vous aussi de bonnes pêches ?

Martell lui affirma qu'il en avait d'excellentes.

— J'aime pêcher, dit le comte.

Ces mots n'ayant été salués que par un signe de tête poli et un bref silence, Edward intervint pour informer le Français qu'ils allaient prendre le thé chez Mme Grockleton et devaient rentrer au bourg.

— Une femme remarquable, commenta le comte. Il faut donc vous dire *au revoir*, mon cher ami. J'adore pêcher, ajouta-t-il avec espoir.

Mais ses amis anglais poursuivirent leur chemin et il continua tristement le sien vers les pompes éoliennes.

— Comme vous le voyez, monsieur Martell, d'immenses possibilités s'offrent à Lymington, déclara Mme Grockleton alors qu'ils prenaient le thé dans son salon de réception.

M. Martell lui assura qu'il trouvait la ville admirable.

— Oh, monsieur Martell, vous êtes trop obligeant ! Tant de choses restent à faire.

— Je ne doute point, madame, que vous transformerez le paysage avec autant de brio que Capability Brown lorsqu'il aménage un parc.

— Moi, monsieur ? fit-elle, en rougissant presque de cette flatterie. Je ne sais rien faire, bien que j'espère pouvoir encourager le changement. Seuls la situation de la ville, ses habitants et ses protecteurs royaux permettront son accomplissement. Et il se fera, j'en suis certaine.

— La mer est tonifiante, madame, dit Martell sans s'engager.

— La mer ? Bien sûr que la mer est tonifiante ! s'exclama Mme Grockleton. Mais avez-vous vu ces affreuses pompes éoliennes, ces fourneaux, ces marais salants ? Il va falloir que tout cela disparaisse ! Est-ce qu'une personne à la mode souhaiterait se baigner devant une pompe éolienne ?

Il semblait impossible de répondre à cette question, mais compte tenu que les plus gros commerçants de la ville, y compris ses hôtes, se livraient au commerce du sel, Martell se sentit obligé de ne pas être du même avis :

— Peut-être pourrait-on malgré tout trouver un lieu de baignade adéquat, hasarda-t-il.

Il ne sut pas si Mme Grockleton admettrait cette éventualité, car, au même instant, le maître de maison apparut.

La description qu'Edward lui avait faite de Samuel Grockleton se révéla exacte, bien que sa façon de l'appeler « la Pince » fût peut-être un peu cruelle. Il venait de s'asseoir et d'accepter le thé que lui proposait sa femme, quand la domestique trébucha et renversa la tasse brûlante sur sa jambe.

— O jour funeste ! s'écria Mme Grockleton, vous avez ébouillanté mon pauvre époux. Oh, monsieur Grockleton !

Grimaçant de douleur, celui-ci se leva et, avec une admirable présence d'esprit, prit un vase de fleurs et en renversa l'eau fraîche sur sa jambe.

— Que faites-vous, mon cher mari ? demanda-t-elle, avec un peu d'humeur maintenant.

— Je refroidis la brûlure, répondit-il d'un air mécontent en se rasseyant. Je veux bien un morceau de gâteau aux noix, madame Grockleton.

Martell, qui n'avait pu s'empêcher d'éprouver une certaine admiration pour son simple bon sens, décida d'engager tout de suite la conversation avec leur hôte et lui demanda de but en blanc s'il estimait la contrebande importante dans la Forêt.

— Autant que dans le Dorset, monsieur, répondit le douanier.

Comme Martell savait parfaitement que, de Sarum au sud-ouest de l'Angleterre, en passant par le Dorset, il n'existait probablement pas une seule bouteille de cognac dont les droits aient été acquittés, il se borna à hocher la tête.

— Pourra-t-on jamais faire cesser ce trafic ? s'enquit-il.

— Sur terre, je dirais que non, répondit Grockleton. Pour la simple raison que cela exigerait un trop grand nombre de douaniers. Mais on parviendra un jour à le limiter drastiquement grâce aux patrouilles en mer. Comme dans toutes les affaires de notre nation, monsieur, la mer est essentielle. Nos forces terrestres ne servent d'ordinaire pas à grand-chose.

— Des navires pour intercepter les marchandises en mer ? Ils devront être rapides et bien armés.

— Et aussi manœuvrés par un bon équipage, monsieur.

— Vous feriez appel à des capitaines de la marine de guerre ?

— Non, monsieur. A des contrebandiers en retraite.

— Des brigands dans les services royaux ?

— Bien sûr ! Cela a toujours marché, jusqu'à présent. Du temps de la bonne reine Elisabeth, Sir Francis Drake et ses pareils étaient tous des pirates, monsieur.

— Fi donc, monsieur Grockleton, vous devriez avoir honte ! s'exclama sa femme. Que dites-vous là ?

— Rien de plus que la vérité, répondit-il sèchement. Maintenant, voulez-vous m'excuser, il faut que j'aille me changer, dit-il se levant et en sortant de la pièce après s'être incliné.

— Eh bien... dit Mme Grockleton, visiblement déçue par son mari. Qu'allez-vous penser de nous, monsieur Martell ?

En guise de réponse, Martell fit calmement observer qu'il croyait savoir que son académie jouissait d'un succès croissant.

— Je le crois en effet, monsieur Martell. Louisa, parlez un peu de notre académie à M. Martell.

Tournant ses grands yeux vers lui, Louisa décrivit les cours d'art plastique et les autres enseignements dispensés par l'école d'une façon qui ne renseignait guère sur eux et ne les prenait pas trop au sérieux.

— En particulier, ajouta Mme Grockleton, j'enseigne moi-même le français aux jeunes filles. Je leur fais lire les meilleurs auteurs, je vous l'assure. L'année dernière, nous avons lu...

Le nom ne lui revint pas.

— Racine ? proposa Louisa.

— Racine, c'est cela ! confirma l'épouse du douanier en tournant un visage rayonnant vers son ancienne élève. Vous parlez sans doute français parfaitement, monsieur Martell ?

A cet instant précis, Martell jugea qu'il en avait vraiment assez de Mme Grockleton.

— Vous *parlez français*, monsieur Martell ? répéta celle-ci.

— Moi, madame ? Pas un mot.

— Vous m'étonnez beaucoup. Dans la bonne société... Edward n'a-t-il pas dit que vous avez bavardé avec le comte ?

— En effet, madame. Mais pas en français. En latin.

— En latin ?

— Oui. Vous enseignez le latin à ces jeunes personnes, je suppose.

— Je dois dire que non, monsieur Martell.

— Je suis navré de l'apprendre. Dans la meilleure société... Beaucoup ont pris en aversion la langue française, madame Grockleton, en raison des horreurs de la Révolution. Selon moi, le latin, et le latin seulement, ne va pas tarder à envahir toutes les cours d'Europe. Comme c'était le cas antérieurement, ajouta-t-il d'un ton docte.

— Eh bien, fit Mme Grockleton, pour une fois l'air démontée. Je n'aurais pas cru... commença-t-elle.

Puis, peu à peu, son large visage s'éclaira. Elle leva un doigt.

— Ce me semble, monsieur Martell, poursuivit-elle avec un sourire entendu, ce me semble que vous me taquinez...

— Moi, madame ?

— Ce me semble...

Il flottait comme une nuance d'avertissement dans ses yeux, suffisante pour que même un aristocrate se rende compte qu'elle n'avait pas monté son école sans une duplicité impitoyable.

— Ce me semble que vous vous moquez de moi...

S'il ne voulait pas se faire une ennemie à Lymington, il était plus que temps d'en rabattre.

— J'avoue, madame, dit-il en souriant, que je parle un peu le français, mais pas assez, je le crains, pour vous impressionner ; voilà pourquoi, il ne me plaît guère de le reconnaître. Quant à ma plaisanterie à propos du latin, ajouta-t-il avec sérieux, après les horreurs perpétrées à Paris, je me demande vraiment si le français continuera à être la langue préférée de la bonne société.

Cela parut passer. Mme Grockleton s'émut du sort de l'aristocratie française comme si elle en avait fait partie. Tout le monde s'accorda à penser que plus tôt le vaillant comte et ses loyaux soldats pourraient rentrer en France pour y rétablir l'ordre, mieux ce serait.

Dès lors, Mme Grockleton se retrouva dans son élément. On s'accorda aussi sur la nécessité de créer un nouveau théâtre, de nouvelles salles municipales et, probablement, d'accueillir de nouveaux citoyens, si bien qu'au moment où ils s'apprêtaient à prendre congé elle n'hésita pas à annoncer :

— J'ai l'intention de donner avant longtemps un bal. J'espère bien, monsieur Martell, que vous ne nous décevrez pas en nous refusant votre compagnie.

Compte tenu de ce qui venait de se passer, Martell jugea difficile de ne pas répondre que, s'il se trouvait dans les parages, il se ferait un plaisir d'y assister — figure de style qui, normalement, ne l'eût engagé à rien, mais il avait le sentiment étrange et désagréable qu'elle se débrouillerait pour qu'il soit là.

— Alors, chuchota Edward dès qu'ils furent sortis dans la rue, que pensez-vous d'elle ?

— J'ai bien apprécié « la Pince », murmura Martell.

On n'avait plus parlé de Fanny Albion, pas même au dîner.

Le lendemain matin, ils prirent la voiture pour rendre visite à M. Gilpin, qui les reçut très cordialement dans le presbytère de Boldre. Ils le trouvèrent dans sa bibliothèque, s'amusant à poser des problèmes de mathématiques à un élève aux cheveux bouclés de l'école de sa paroisse qui, leur dit-il, s'appelait Nathaniel Furzey.

Le pasteur prit plaisir à montrer à Martell sa bibliothèque, riche de quelques beaux livres, ainsi que des croquis récents qu'il avait faits de scènes de la Forêt.

— De temps à autre, j'organise une petite vente aux enchères, expliqua-t-il à Martell, et des gens comme Sir Harry Burrard les paient des prix fous parce qu'ils savent que le produit des ventes sert à doter l'école et d'autres œuvres de bienfaisance dont je m'occupe. La vie de pasteur est très gratifiante, ajouta-t-il en lançant à son interlocuteur un regard en coin.

Sans aucun doute, le presbytère de M. Gilpin, une bâtisse spacieuse de trois étages, était une résidence très élégante pour un gentleman. Depuis les jardins de derrière, on avait une vue admirable sur l'île de Wight. La brise de la veille continuait de souffler, mais les bancs de nuages qui commençaient à franchir le Solent donnaient à l'atmosphère une certaine lourdeur et le contraste entre les éclaircies et les zones sombres s'avérait tout à fait pittoresque. Pendant qu'ils admiraient le paysage, Martell demanda des nouvelles de Fanny.

— Elle est à Albion House, confirma Gilpin. Ce qui me rappelle que j'ai quelque chose à lui dire, ajouta-t-il pensivement. Mais cela peut attendre. Vous avez l'intention d'aller la voir ? demanda-t-il en regardant Edward.

Après un instant d'hésitation, Edward répondit qu'il ne savait trop si elle souhaitait recevoir des visites en ce moment.

Gilpin soupira.

— Elle doit se sentir bien seule, fit-il remarquer, puis, appelant le garçon aux cheveux bouclés : Nathaniel, tu connais le chemin d'Albion House. Cours là-bas et demande de ma part si Mlle Albion est disposée à recevoir ses cousins et M. Martell.

On apporta une collation et, répondant aux nombreuses questions qu'on lui posait sur la région, il les distraya pendant plus d'une demi-heure, jusqu'au retour du petit Nathaniel.

— Elle a répondu que oui, annonça-t-il.

Ce n'était pas tout à fait ce à quoi il s'attendait. Il n'aurait su dire exactement pourquoi : peut-être la proximité des arbres quand ils quittèrent le chemin pour franchir la porte du parc, ou bien les nuages gris qui défilaient au-dessus de leurs têtes en projetant une ombre derrière eux. Quoi qu'il en soit, tandis que la voiture approchait de l'entrée de l'étroite allée, il n'y avait pas de soleil et il se sentait étrangement déprimé et mal à l'aise. Puis ils tournèrent le coin et Albion House leur apparut.

« C'est cette lumière, cette lueur grise qui filtre à travers les nuages qui rend la maison si austère, se dit-il. Comme elle semble vieille avec ses pignons nus, comme le cercle vert des arbres tout proches paraît l'enserrer étroitement... » Son revêtement de brique, sombre, évoquait une tache de sang. Le toit irrégulier trahissait la vétusté de la charpente datant des Tudors. A voir les fenêtres pareilles à des yeux vides, on aurait pu supposer que des esprits habitaient la maison.

Ils arrivèrent à l'entrée. Une femme de haute taille se tenait à la porte.

— Mme Pride, la gouvernante, dit Edward à voix basse.

Martell crut discerner de l'anxiété et de la réserve dans ses yeux.

Ces derniers jours avaient été difficiles pour Fanny. Son père avait été souffrant. A plusieurs reprises, il s'était montré irrité ; une fois même, ce qui était inhabituel, il avait été de méchante humeur. La veille et le jour même, elle avait passé le plus clair de son temps dans sa chambre ; bien qu'il ait pris un peu de thé et de bouillon et un verre de bordeaux, il semblait peu probable qu'il quitte le grand fauteuil à oreillettes où il restait assis, enveloppé dans un châle.

Cela lui avait donc un fait un choc quand Mme Pride était venue annoncer que le jeune Totton et M. Martell s'apprêtaient à leur rendre visite. « Mais nous ne sommes pas en état de les recevoir ! Quant à père... Oh, madame Pride, vous auriez dû me le demander d'abord. Vous n'auriez pas dû leur dire de venir. » Mme Pride lui avait présenté des excuses et affirmé avoir cru que cela lui ferait plaisir. Il était trop tard pour revenir en arrière. « Nous ferons de notre mieux », avait-elle conclu.

A sa grande surprise cependant, quand Fanny annonça cette visite impromptue à son père et lui promit de renvoyer les intrus dès que possible, il parut se remettre comme par miracle. Tout en se lamentant, il insista pour qu'elle lui apporte un miroir et une cravate propre, des ciseaux, une brosse à cheveux, de la pommade. En moins de temps qu'il n'en faut pour le dire, il avait envoyé toute la maisonnée courir en tous sens, si bien que Fanny put s'éclipser et se préparer un peu.

Quand ils entrèrent sur un fond de lumière grise, elle se tenait dans l'escalier qui dominait le vestibule. Edward passa la porte le premier, suivi par Louisa et M. Martell. Ils s'arrêtèrent un instant avant de remarquer sa présence. Edward jeta un regard circulaire et, juste avant que la lourde porte ne se referme derrière eux, Louisa se tourna à demi vers M. Martell pour lui murmurer quelque chose et Fanny la vit lui toucher légèrement le bras.

« Comme elle a l'air pâle dans la pénombre de l'escalier », pensa Martell, tandis qu'elle venait à leur rencontre. Avec sa robe longue, elle ressemblait à quelque personnage fantomatique sorti tout droit d'une tragédie antique. Il remarqua tout de suite des signes de fatigue sur son visage.

Elle les précéda en silence dans le salon lambrissé, les pria de l'excuser de ne pas être mieux préparée à les recevoir et s'enquit poliment de la santé et de la famille de M. Martell. Ses manières semblaient un peu contraintes et Martell se demanda si elle n'aurait pas préféré qu'il ne vînt pas. La conversation fut néanmoins courtoise. Louisa rapporta de manière vivante le thé chez Mme Grockleton, ce qui fit sourire Fanny. Elle se mit à rire avec les autres quand Louisa imita à la perfection M. Grockleton versant l'eau du vase sur sa jambe avant de remettre les fleurs en place.

— Vous pourriez monter sur scène, mademoiselle Totton, déclara Martell d'un air amusé. La compagnie de votre cousine, mademoiselle Albion, est des plus plaisantes, fit-il remarquer.

— Je suis charmée que vous l'ayez découvert, dit Fanny, qui avait l'air lasse cependant.

L'entrée du vieux M. Albion interrompit cette conversation enjouée. D'une main, il s'appuyait sur une canne à pommeau d'argent et Mme Pride soutenait son autre bras. Ses hauts-de-chausses, son gilet et sa cravate en soie étaient impeccables, ses cheveux tout blancs soigneusement brossés ; il n'avait pas coupé, mais bien taillé sa barbe de plusieurs jours. Malgré son grand âge, ses yeux étaient du bleu le plus vif que Martell eût jamais vu. Son corps maigre et frêle flottait dans sa veste, mais, tandis qu'il traversait lentement le salon vers un fauteuil à dossier vertical, il semblait s'être revêtu d'une antique dignité presque farouche pour rencontrer ses hôtes.

Comme cela se fait souvent lorsqu'une personne très âgée se trouve dans une pièce, chacun se leva tour à tour pour venir lui parler. M. Martell, en tant que visiteur, s'exécuta en premier. Après les compliments habituels, assez bien accueillis, il déclara qu'ils avaient tous apprécié la compagnie de sa fille à Oxford au printemps. Cela parut moins plaire au vieillard. Martell lui raconta ensuite qu'il était arrivé depuis peu du Dorset et projetait de poursuivre son voyage jusque dans le Kent, ce genre d'information d'ordre géographique relançant d'ordinaire la conversation.

— Le Dorset ? répéta M. Albion, l'air songeur. Je confesse n'avoir jamais beaucoup aimé cette région, ajouta-t-il à regret.

— Trop vallonnée, monsieur ? suggéra Martell.

— Je ne quitte plus cette maison maintenant.

— Je crois savoir que vous avez voyagé en Amérique, hasarda encore Martell.

Le vieil homme leva vers lui un regard aigu.

— Oui, c'est exact.

M. Albion paraissait à présent réfléchir à quelque chose et Martell supposa qu'il ferait une remarque sur le sujet. Mais après un moment, il changea d'avis, et son regard erra du côté de Louisa, vers laquelle il pointa sa canne à pommeau.

— Très jolie, n'est-ce pas ?

— En effet, monsieur.

M. Albion s'était apparemment désintéressé de M. Martell, car, pointant de nouveau sa canne vers Louisa, il s'adressa à elle :

— Vous êtes fort jolie aujourd'hui.

Elle inclina la tête et, souriante, y vit une invitation à venir à côté de lui, où elle s'agenouilla de manière charmante.

— Vous êtes bien, là, par terre ? demanda-t-il.

— Je suis toujours très bien auprès de vous.

Comme le vieillard se passait de sa compagnie, Martell retourna à sa place pendant que Fanny venait s'assurer que son père n'avait besoin de rien.

— Mlle Albion me fait de la peine, murmura Martell à Edward. Où aviez-vous l'intention de nous emmener demain ?

— A Beaulieu, si le temps est clément.

— Ne pourrions-nous pas proposer à votre cousine de nous accompagner ? Ce ne doit pas être bien gai de rester confinée dans cette maison avec son père.

Edward en convint et trouva l'idée bonne.

— Je vais faire de mon mieux, promit-il.

Fanny vint ensuite se rasseoir et Martell put bavarder avec elle quelques minutes. Elle sembla retrouver un peu de sa gaieté et se plut à cette conversation en aparté, comme à Oxford. Outre qu'elle paraissait plus âgée, il existait en elle un peu de tristesse, quelque chose de tragique même, maintenant qu'il la voyait dans son cadre familial. Il fallait qu'elle s'en échappe. On devait la tirer de là, mais, de toute évidence, ça ne lui serait pas facile de se libérer. Peut-être que la virée à Beaulieu lui redonnerait le moral. Du coin de l'œil, il vit Edward s'approcher du vieillard. Les manières affables du jeune Totton permettraient d'obtenir gain de cause.

— Monsieur, commença Edward avec un sourire charmeur, Louisa et moi vous prions de nous laisser vous voler notre cousine Fanny pendant une heure ou deux demain, s'il fait beau.

— Ah ? fit M. Albion en levant brusquement les yeux. Et pourquoi donc ?

— Nous avons l'intention de nous promener à Beaulieu.

L'espace d'une fraction de seconde, une ombre légère parut voiler le visage de Louisa, mais, l'instant d'après, elle avait disparu.

— Oh oui ! s'écria-t-elle. Accordez à Fanny la permission de se joindre à nous. Nous ne partons que pour une demi-journée, assura-t-elle en lançant à M. Albion un sourire qui aurait dû le faire fondre s'il n'avait détourné le regard à cet instant.

— Beaulieu ? répéta-t-il comme s'ils annonçaient leur départ pour l'Ecosse. Beaulieu ? C'est bien loin.

Personne ne lui fit remarquer que ça ne se trouvait qu'à un peu plus de six kilomètres, mais Edward observa avec un rire plaisant :

— Nous avons presque parcouru autant de chemin pour venir vous voir aujourd'hui. Nous aurons effectué l'aller-retour en un rien de temps.

M. Albion avait l'air sceptique.

— Avec ma sœur partie et mon état de santé... commença-t-il en secouant la tête, le sourcil froncé. Il n'y a personne d'autre pour s'occuper de la maison...

— Mme Pride reste là, monsieur, dit Edward.

Mais cette ingérence dans ses affaires domestiques ne fut pas du goût de M. Albion.

— Mme Pride n'a rien à voir avec cela, répliqua-t-il sèchement.

— Je crois, Edward, intervint gentiment Fanny, qui ne voulait pas voir son père contrarié, je crois qu'il est préférable que je ne parte pas.

— Vous voyez, enchaîna M. Albion avec irritation, un éclair de triomphe dans le regard. Elle n'a même pas envie d'y aller.

C'était si choquant que Martell, qui n'avait pourtant pas l'habitude de se mettre en colère, fut incapable de conserver le silence :

— Vous me permettrez de vous faire observer, monsieur, dit-il avec calme mais fermeté, qu'une brève excursion serait très salutaire à Mlle Albion.

Cette intervention avait-elle porté ses fruits ? Pendant une ou deux secondes, il fut impossible de le dire, M. Albion laissant sans mot dire sa tête s'affaisser sur sa poitrine. Il la releva brusquement sur son cou maigre, l'air furieux, ses yeux bleus jetant des éclairs.

— Et vous *me* permettrez de vous faire observer, monsieur, cria-t-il, que la santé de ma fille ne vous regarde pas ! A ma connaissance, la direction de cette maison ne vous incombe point. J'en suis encore le maître, que je sache ! fit-il en tapant de toutes ses forces sur le parquet avec sa canne pour souligner ces mots.

— Je n'en doutais nullement, monsieur, répondit Martell en rougissant, et je ne voulais pas vous offenser, monsieur, mais seulement...

M. Albion, blanc de rage, n'était plus disposé à écouter.

— Vous m'offensez, monsieur, et je vous saurais gré de faire vos remarques ailleurs, fit-il en éructant ses paroles de manière venimeuse et en s'évertuant apparemment à se lever en agrippant l'accoudoir de son fauteuil d'une main. Je vous saurais gré, monsieur, de quitter cette *maison* !

Il hurla presque ce dernier mot et, incapable de se lever, retomba dans son fauteuil et commença à tousser en s'étranglant à moitié.

Fanny, toute blanche elle aussi et redoutant manifestement pour son père une crise d'apoplexie, jeta un regard implorant à Martell, qui, avec quelque hésitation, au cas où cette crainte serait fondée, battit en retraite dans le vestibule, suivi par Edward et Louisa. Mme Pride apparut comme par miracle et, après avoir examiné son maître, signala aux visiteurs qu'ils pouvaient s'en aller sans inquiétude.

Une fois sorti, Edward secoua la tête d'un air un peu amusé.

— Je crains que cette visite n'ait pas été une réussite, dit-il.

— Non, admit Martell, encore trop interloqué pour ajouter grand-chose. C'est la première fois, fit-il remarquer avec une ironie désabusée, que l'on me jette dehors. Mais je m'inquiète pour Mlle Albion.

— Pauvre Fanny, se lamenta Louisa. Je reviendrai cet après-midi, Edward, avec mère.

— Bonne idée, convint Edward.

— On dit qu'il y a du mauvais sang dans la famille Albion, poursuivit tristement Louisa. Je crains que ce ne soit vrai. Pauvre Fanny.

Une heure plus tard, après avoir aidé M. Albion à regagner sa chambre et être restée un moment avec Fanny en larmes, Mme Pride se glissa hors de la maison et se rendit chez M. Gilpin.

Le temps était magnifique le lendemain matin quand Edward et Louisa se mirent en route avec M. Martell. Mme Totton ayant déjà des engagements, Louisa n'avait pu malheureusement retourner voir sa cousine, mais elle lui avait envoyé une lettre pleine d'affection, portée l'après-midi même par le garçon d'écurie, et elle était donc en paix avec sa conscience.

Elle se sentait pleine d'entrain tandis que la voiture suivait à bonne allure la route à péage de Lyndhurst, où ils feraient une halte avant de traverser la lande. M. Martell avait la conversation facile. Louisa appréciait, bien sûr, qu'il lui pose des questions avec une telle attention. Sans jamais manquer à la politesse, quand Martell s'intéressait à un sujet, il en faisait le tour avec une minutie qu'elle n'avait rencontrée chez personne mais qui, elle l'admettait, convenait à un homme.

— Je vois, monsieur Martell, fit-elle remarquer une fois, que vous aimez connaître les choses à fond.

Il en convint en riant.

— Veuillez m'en excuser, chère mademoiselle Totton, c'est dans ma nature. Trouvez-vous cela déplaisant ?

Il ne l'avait encore jamais appelée « chère mademoiselle Totton » ni ne lui avait demandé son avis sur son caractère.

— Pas du tout, monsieur Martell, répondit-elle avec un sourire empreint d'un peu de sérieux. Pour dire la vérité, personne ne m'avait encore obligée à penser beaucoup au cours d'une conversation. Pourtant, quand vous le faites, cela me plaît.

— Ah !

Ils se turent un instant, contents et pensifs.

Le village de Lyndhurst n'avait guère changé depuis le Moyen Age. La cour s'y retrouvait encore. La maison du roi, un peu agrandie, plantée face à de vastes écuries et adossée à une déclivité où étaient aménagés de grands jardins clôturés, demeurait pour l'essentiel le manoir royal et le pavillon de chasse qu'elle avait toujours été. Il existait deux gentilhommières dans le voisinage, Cuffnell's et Mount Royal, mais, avec ses cottages éparpillés, Lyndhurst demeurait un hameau. C'était plutôt la jolie église, bâtie pour remplacer l'ancienne chapelle royale à l'endroit le plus haut de Lyndhurst, près de la maison du roi, et que l'on voyait à des lieues à la ronde, qui révélait le caractère prestigieux du lieu.

Ils ne s'arrêtèrent qu'un court moment à la maison du roi avant de se rendre au champ de courses, aménagé de manière sommaire sur une vaste pelouse de la Nouvelle Forêt, au nord de Lyndhurst. Il n'y avait pas de tribunes : comme cela se faisait à l'époque, pour mieux suivre les courses, les spectateurs montaient sur leur voiture ou leur charrette.

— Les courses de poneys de la Nouvelle Forêt sont l'une des attractions, expliqua Edward. Vous seriez stupéfait de voir leur rapidité et leur équilibre. Il faut que vous reveniez assister à une course, Martell.

A l'expression de Martell, Louisa sut qu'il suivrait probablement ce conseil.

Ils partirent pour Beaulieu. Le chemin qui, à travers la lande, conduisait au sud-est jusqu'à la vieille abbaye, partait de Lyndhurst juste sous le champ de courses. En cours de route, on y voyait deux choses fort étranges, qui attirèrent immédiatement l'attention de Martell. La première était un grand tertre herbeux.

— C'est le Banc de Bolton, expliqua Edward.

Le duc de Bolton, le magnat du Hampshire, décida, au début du siècle, d'agrandir le petit monticule d'où Cola le Chasseur dirigeait jadis les opérations afin qu'on pût y dominer tout Lyndhurst. Le duc était réputé pour les transformations importantes qu'il faisait subir au paysage. Ailleurs dans la Forêt, il avait arbitrairement ouvert une large allée toute droite de plusieurs kilomètres de long à travers bois afin de chevaucher agréablement avec ses amis. Mais, plus encore que cette colline artificielle, la grande levée de terre couverte d'herbe qui, juste au-delà, coupait le paysage frappa Martell.

— Voilà le Clos du parc, commenta Edward. On s'en servait pour attraper les cerfs.

L'immense piège à cervidés où, dans le temps, le vieux Cola conduisait la chasse demeurait très impressionnant. Agrandie encore quelques siècles plus tôt, sa levée de terre s'étendait sur près de trois kilomètres avant de dessiner une courbe majestueuse dans les bois au-dessous de Lyndhurst. Dans le clair soleil du matin, ces vestiges faisaient songer à une enceinte laissée par quelque civilisation oubliée. Mais les cerfs de la Forêt continuaient de hanter les lieux, et les hommes de les chasser. Seules la route à péage et l'église sur les hauteurs de Lyndhurst avaient modifié le paysage depuis l'époque médiévale. Et qui sait si, pendant qu'ils contemplaient en silence l'ouvrage de terre, une biche à la robe pâle n'allait pas sortir brusquement de derrière le Banc de Bolton et traverser la lande en bondissant ?

A cet instant, ils entendirent un cri joyeux derrière eux. Ils se retournèrent et virent un cabriolet remonter le chemin autour du Banc de Bolton ; assis sur la banquette, M. Gilpin agitait gaiement son chapeau, entouré d'un gamin aux cheveux bouclés et de Fanny Albion.

— Oh, fit Louisa.

Ils entrèrent tous ensemble dans l'abbaye. M. Gilpin était d'humeur enjouée.

La veille, la visite de Mme Pride l'avait surpris ; intrigué, il avait été heureux de faire quelque chose pour aider Fanny. Il était tout à fait d'accord avec la gouvernante : elle avait besoin de prendre l'air en compagnie de ses cousins, surtout après la scène, imposée par son père. Il avait cependant remarqué que, si le vieillard persistait dans son attitude, il serait difficile à Fanny de s'échapper.

Mme Pride l'avait rassuré :

« Certains jours, M. Albion dort toute la journée, monsieur, et, en ce cas, il ne se rendrait même pas compte de l'absence de Mlle Albion.

— Vous pensez qu'il pourrait en être ainsi demain ?

— Il se trouvait dans un tel état d'excitation cet après-midi que je n'en serais pas surprise... »

« Je suis persuadé qu'elle va lui administrer une drogue, avait déclaré le pasteur amusé à sa femme après le départ de Mme Pride.

— Est-ce bien indiqué, mon cher ?

— Oui »

Le lendemain matin, il s'était donc mis en route le plus gaiement du monde dans son cabriolet à deux roues, puis s'était arrêté à l'école pour prendre le petit Furzey au passage. Il savait qu'il n'aurait pas dû, mais l'enfant montrait une intelligence si brillante qu'il ne résistait pas au désir de parfaire son éducation.

En arrivant à Albion House, il avait trouvé M. Albion abîmé dans une profonde torpeur et secrètement prié Dieu que le sommeil du vieillard fût éternel. Les difficultés vinrent plutôt de Fanny. Ce n'était pas tant la crainte de laisser son père qui la tracassait que la perspective de rencontrer M. Martell après son humiliation de la veille.

« Ma chère enfant, lui avait assuré le pasteur, il n'y a eu aucune sorte d'humiliation. Pour un homme de son âge, votre père a fait là un joli numéro, j'en suis convaincu.

— Mais, vous rendez-vous compte, M. Martell s'est vu réserver un accueil si...

— Ma chère Fanny, avait fait astucieusement remarquer M. Gilpin, où qu'il aille, M. Martell est entouré de flatteries. Il a dû apprécier le changement. De plus, ajouta-t-il, je ne suis même pas certain que vos cousins aient persisté dans leur intention de se rendre à Beaulieu. Il se peut fort bien que vous vous retrouviez avec le jeune Furzey et moi pour toute compagnie. Venez, je vous prie, car je dois déposer au passage une lettre à Lyndhurst. »

Ensuite, il insista pour marcher au côté des deux Totton, laissant Fanny et M. Martell fermer la marche. Si Fanny avait éprouvé quelque gêne après les événements de la veille, M. Martell parvint à la dissiper. Il prit les choses à la plaisanterie et affirma qu'on ne l'avait encore jamais mis à la porte, mais que ce ne serait certainement pas la dernière fois.

— En fait, mademoiselle Albion, votre père s'est comporté comme je le fais souvent. Si nous nous mesurions dans un tournoi, comme deux vieux chevaliers, je crois pourtant qu'il aurait le dessus.

— Vous êtes magnanime, monsieur, car je confesse que je me sentais mortifiée, avoua-t-elle.

Martell ne répondit pas tout de suite. Ce n'était pas de sa gêne de la veille qu'il se souvenait, mais de son air profondément triste, voire tragique, quand, toute pâle, elle était venue à leur rencontre dans le vestibule, et aussi, bien qu'il en ait eu à peine conscience sur le moment, de son désir de la protéger. Mais, finalement, elle était là, empourprée par la promenade dans l'air frais du matin. Deux visions de la même personne, deux facettes d'une même âme : intéressant. Il veillerait à chasser l'image tragique.

— Ah, poursuivit-il, si seulement nous pouvions exercer quelque ascendant sur nos parents ! Soit dit en passant, les yeux de votre père sont très beaux quand ils lancent des éclairs. Comme les vôtres, mademoiselle Albion, fit-il en la regardant attentivement. Vous avez hérité des magnifiques yeux bleus de votre famille.

Que pouvait-elle répondre ou faire, si ce n'est rougir ? Elle sourit. Elle ne l'avait encore jamais vu aussi chaleureux.

— Je présume que votre famille est une des plus anciennes de la Forêt, continua-t-il.

— On dit que nous sommes saxons, monsieur Martell, et que nous possédions ici des terres avant l'arrivée des Normands...

— Juste ciel ! Et nous sommes venus vous les voler ? Pas étonnant que vous nous chassiez de chez vous !

— Je crois en effet que vous êtes venus nous conquérir, monsieur Martell, poursuivit-elle en riant.

Sans intention particulière, en prononçant ces derniers mots, elle le regarda droit dans les yeux.

— Ah.

Il lui rendit son regard comme si l'idée de conquête venait soudain de lui traverser l'esprit et ils se regardèrent un moment avant qu'il ne détourne les yeux pensivement.

— Nous autres, dans les vieilles familles, nous appesantissons peut-être trop sur le passé.

Son ton, comparable à celui d'une conversation intime, fit à Fanny l'effet de porter un manteau douillet sur les épaules. Et pourtant... Le coup d'œil qu'il jeta dans la direction des Totton suggérait que certaines choses ne seraient jamais entièrement partagées avec eux par un Martell ou une Albion, bien qu'ils fussent des gens charmants.

— Je crois que nous appartenons à la terre d'une manière différente des autres.

— Oui, confirma-t-elle à voix basse, éprouvant le même sentiment.

Il se tourna vers elle avec un tel enjouement que c'était comme s'il avait passé un bras autour de sa taille.

— Alors, vous et moi, sommes-nous des vestiges du passé ou tout simplement pittoresques ?

— Je suis pittoresque, monsieur, répondit-elle avec fermeté. Mais, je vous en prie, ne me dites pas que vous êtes une ruine.

— Je vous assure que je ne le suis pas ! fit-il gentiment.

La rivière Beaulieu était à l'étiage, car la marée s'était retirée. Ils traversèrent le pont qui menait à la vénérable porte de l'abbaye. L'étang sur la gauche se trouvait presque à sec ; les roseaux qui entouraient sa surface boueuse saluèrent leur approche par un doux bruissement.

Sans être complètement en ruine, l'abbaye restait depuis longtemps à l'abandon, mais elle avait remarquablement conservé son caractère ancien. La porte et la plus grande partie du mur d'enceinte tenaient encore. La résidence de l'abbé, restaurée et quelque peu agrandie, était devenue un modeste manoir. Le cloître existait encore et l'immense *domus* des frères lais occupait toujours l'un de ses côtés. Et si la grande église monastique avait été presque entièrement démantelée, on avait converti le réfectoire des moines, juste en face, en une église paroissiale. L'héritière actuelle des Montagu venait rarement sur place. Elle avait fait un beau mariage, comme d'autres membres de sa famille avant elle, cette fois-ci avec un descendant de Monmouth. Bien que l'infortuné fils naturel de Charles II ait été décapité après sa rébellion de 1685, il avait transmis ses immenses terres à ses descendants grâce à sa femme. Et ces terres se trouvaient maintenant réunies à celles des Montagu. La famille appréciait la vieille abbaye et la bâtisse aux pierres grises avait gardé son atmosphère paisible d'antan.

— Alors, M. Martell ? lança Louisa en se retournant dès qu'ils eurent franchi les portes. Vous nous abandonnez au profit de Fanny ?

En prononçant ces mots, elle adressa à Martell un étrange petit regard, comme si Fanny avait quelque chose d'un peu bizarre, mais Martell sourit et n'y prêta pas attention.

— J'ai goûté sa conversation autant que j'ai apprécié la vôtre, répondit-il aimablement. Vous ne vous joignez pas à nous ?

Une jeune fille à chaque bras, il pénétra plus avant dans l'enceinte. Ils n'étaient pas allés bien loin qu'il remarqua soudain :

— Le lieu de cette abbaye est doux. « Le souffle, tendre et léger de l'air... »

Il ne finit pas sa phrase. Louisa resta sans expression, Fanny rit.

— « ... se recommande à nos sens adoucis », enchaîna-t-elle, avant de s'exclamer, voyant que sa cousine n'y était toujours pas : Eh bien, Louisa, c'est dans *Macbeth* ! Nous l'avons lu ensemble avec Mme Grockleton. Sauf que dans Shakespeare, il s'agit d'un château et non d'une abbaye.

— Je l'avais oublié, fit Louisa, toute rouge, avec une certaine irritation.

— Mais, monsieur Martell, vous vous rappelez sans doute qu'après avoir fait cette remarque le roi a trouvé la mort, lui rappela-t-elle. Vous feriez bien de rester sur vos gardes.

— Je ne crois pas courir un si grand danger, mademoiselle Albion, car aucune de vous deux ne ressemble à la redoutable Lady Macbeth, dit-il en les regardant l'une après l'autre.

— Vous ne m'avez pas encore vue une dague à la main, rétorqua Louisa d'un air faussement féroce.

Fanny avait l'impression qu'en ce moment sa cousine l'aurait plus volontiers poignardée elle que M. Martell, et elle décida de faire en sorte que Louisa ne se sente plus embarrassée.

Elle se tenait donc sur le qui-vive quand, en arrivant à la maison de l'abbé, Martell demanda à Louisa à quel ordre appartenaient les moines de Beaulieu.

— Leur ordre ? C'étaient des moines, c'est tout, fit Louisa avec un haussement d'épaules en jetant malgré elle un coup d'œil vers Fanny.

— Je ne sais pas au juste, dit celle-ci avec diplomatie, alors qu'elle le savait parfaitement. Ne possédaient-ils pas un grand troupeau de moutons, Louisa ? Il devait s'agir de cisterciens...

— En ce cas, remarqua Martell, pas dupe, il y avait probablement des moines lais et des fermes...

— Oui, confirma Fanny. Il reste encore des granges, ajouta-t-elle en montrant la direction de la ferme St Leonard.

Martell hocha la tête, intéressé.

Devant eux, M. Gilpin venait de s'arrêter, ayant remarqué que les Montagu avaient planté des arbres en haies rectilignes, et il expliquait à Edward et au petit Furzey qu'il désapprouvait cette rigidité. Ils attendaient qu'il ait fini, quand, au-dessus de l'entrée, une gambette traversa brusquement le ciel. C'était si beau qu'ils s'interrompirent pour regarder.

— Oh, regardez, un goéland ! s'écria Louisa en montrant l'élégant échassier.

Fanny se demanda ce qu'il arrivait à sa cousine. Martell et elle crurent un instant qu'elle plaisantait, mais comprirent bien vite qu'ils se trompaient. Fanny ouvrit la bouche pour dire quelque chose, puis se ravisa. Elle et Martell se regardèrent, puis, malgré eux, éclatèrent de rire. Pis, sans même y penser, Martell se pencha vers elle et lui pressa affectueusement le bras. Comme deux amoureux, ils partageaient une plaisanterie aux dépens de Louisa, dont la mine s'assombrit.

— M. Gilpin !

Ce cri providentiel, venu du cloître, les interrompit à cet instant même.

— Nous sommes très honorés de votre visite, déclara en se hâtant dans leur direction M. Adams, le vicaire de Beaulieu, qui résidait là puisque le titulaire du bénéfice ne venait jamais.

Il s'agissait du fils aîné du vieux M. Adams, qui dirigeait le chantier naval de la Cale de l'écu. Alors que ses frères s'étaient lancés dans le négoce, lui avait étudié à Oxford avant d'entrer dans les ordres. Après que Gilpin l'eut accueilli chaleureusement et lui eut présenté tout le monde, l'amical vicaire leur proposa de leur faire visiter les lieux et les emmena tout de suite dans le logement de l'abbé.

— Pour d'obscures raisons, on l'appelle maintenant la maison palatiale, expliqua-t-il.

Ils admirèrent les élégantes pièces voûtées. Martell, avec sa politesse habituelle, accordait toute son attention à l'ecclésiastique tandis que Fanny prenait plaisir à rester un peu en arrière avec le petit Nathaniel Furzey, qui la considérait manifestement comme son amie.

Ils se rendirent ensuite dans le cloître et le vicaire les conduisit vers l'ancien réfectoire des moines. Comme Fanny le connaissait déjà et que Nathaniel commençait à ne plus tenir en place, elle déclara qu'elle les attendrait dehors avec lui.

Si, dans les beaux jours de l'abbaye, le cloître avait été un endroit agréable, en ruine, il avait acquis un charme particulier. Le mur nord, dans lequel étaient aménagées les alcôves voûtées, demeurait plus ou moins intact. Les autres murs, couverts de lierre, se trouvaient dans un état de délabrement plutôt avancé. Ici et là, une petite arcade encore debout constituait un écran au-delà duquel les fondations de bâtiments anciens, recouvertes d'herbe, formaient un tableau intimiste. N'ayant nul besoin d'élever de fausses ruines, les Montagu avaient astucieusement planté une pelouse et des petits parterres près des murs écroulés et des piliers brisés, créant ainsi un délicieux jardin où l'on pouvait se promener et jouir de l'aimable compagnie des fantômes des cisterciens.

Fanny laissa Nathaniel gambader et, après avoir fait le tour du jardin, chercha un endroit où s'asseoir. Les voûtes des alcôves monacales, bien abritées du vent et du chaud soleil, semblaient accueillantes. Elle jeta son dévolu sur l'une d'elles, proche du milieu, s'assit sur le banc de pierre et s'adossa contre le mur. C'était tout à fait délicieux. Devant elle, de l'autre côté du cloître, le haut mur de l'ancien réfectoire dessinait un triangle sur le bleu du ciel. Ses compagnons se trouvaient encore à l'intérieur. Le silence régnait. Nathaniel avait disparu. Elle prit une profonde inspiration et ferma les yeux un moment, le soleil sur son visage.

Pourquoi se sentait-elle heureuse ? Elle crut en comprendre la raison. Elle n'était pas assez insensée pour imaginer que l'intérêt manifeste que lui portait M. Martell conduirait nécessairement à autre chose. M. Martell disposait sans nul doute de l'embarras du choix et pouvait conquérir presque n'importe quelle jeune demoiselle d'Angleterre. Mais il n'en restait pas moins agréable de sentir qu'il admirait son intelligence, son sens de l'humour, sa famille. Elle n'avait jamais eu affaire aux hommes et le premier qu'elle rencontrait, l'un des plus dignes d'intérêt qui soient, l'appréciait de toute évidence et était attiré par elle. Cela lui procurait un sentiment de confiance des plus plaisants. Voilà pourquoi elle était si heureuse et détendue.

Mais le contentement qu'elle éprouvait avait une cause encore plus simple — quelque chose qu'elle avait ressenti en marchant et en plaisantant avec M. Martell et qu'elle identifia après plusieurs minutes. Elle s'était sentie parfaitement à l'aise en sa présence, comme jamais encore. Il lui semblait en cet instant être entrée dans un monde où la peine n'existait plus.

Elle sourit intérieurement et, sans raison particulière, tira la croix de bois qu'elle portait souvent et en palpa les fines ciselures. Elle resta ainsi quelques minutes à jouir de la paix du lieu.

Après un moment, Nathaniel revint et s'assit près d'elle.

— Qu'est-ce que c'est ? demanda-t-il en remarquant le petit crucifix de cèdre.

— Une croix. Un cadeau de ma grand-mère. Il est très vieux.

Il l'examina et hocha la tête d'un air solennel.

— Il en a l'air, admit-il avant de se renverser en arrière pour voir si le siège était confortable.

Satisfait, il laissa son regard errer alentour.

— Le cloître vous plaît ? s'enquit-il.

Comme elle répondait que oui, il déclara qu'il l'aimait aussi.

Après une minute, Nathaniel montra le mur derrière Fanny. Elle se retourna pour regarder. Elle ne comprit pas tout de suite de quoi il s'agissait, puis distingua la lettre A creusée dans la pierre. Elle était toute petite, bien nette, et l'écriture avait l'air gothique, comme si la lettre avait été gravée longtemps auparavant par un moine. Elle sourit. Une trace laissée dans la pierre, un petit souvenir d'une vie révolue, disparue dans les entrailles de la terre.

— Ce moine, si moine il y a eu, serait bien surpris de nous voir tous les deux assis là dans son cloître, fit-elle remarquer. Et je suis sûre que ça ne lui ferait guère plaisir, ajouta-t-elle en souriant.

Il était donc dommage que frère Adam n'ait pu apparaître pour dire à ses descendants que, bien au contraire, cela lui faisait grand plaisir.

Une minute plus tard, M. Gilpin arriva et leur annonça qu'ils allaient visiter l'atelier de cordage puis descendre au chantier naval.

Lentement, le grand tronc d'arbre progressait. Lentement, les six puissants chevaux de trait, attelés l'un derrière l'autre, tiraient sur les chaînes, et l'énorme charrette craquait et vacillait sous son lourd fardeau. On acheminait un chêne jusqu'à la mer.

Puckle soupira. Qu'avait-il fait là ? Il ne s'était pas trompé, le jour où il avait rencontré Grockleton, quand il avait estimé la valeur du grand chêne près de la pierre de Rufus. Normalement, les arbres étaient abattus en hiver et transportés en été quand le sol était dur. Dieu sait pourquoi, M. Adams avait fait abattre l'arbre tardivement dans la saison. Alors que son jumeau écimé avait été laissé debout pour un siècle ou deux encore, ce splendide rejeton du vénérable chêne miraculeux avait succombé sous les haches aiguisées. Elles avaient entamé le bois jusqu'à son cœur vieux de deux cents ans jusqu'au moment où, non loin de l'endroit où avait poussé son père, l'arbre magique, il avait chancelé et était tombé dans un fracas épouvantable sur le sol moussu de la forêt. Alors, avec leurs haches et leurs scies, les bûcherons s'étaient mis à l'ouvrage.

Un chêne abattu se divisait en trois parties. Il y avait d'abord les branches et le sommet, sans utilité pour la construction navale, que l'on émondait tout de suite, avant de les emporter comme bois de chauffage. Venait ensuite la partie principale : le gros tronc, que l'on coupait en énormes sections, utilisées pour la coque des navires, et enfin, très importants, les « genoux », les endroits où les branches partaient du tronc, qui serviraient d'équerres de renforcement à l'intérieur du navire. Restait enfin l'écorce, que des marchands de bois arrachaient pour la vendre aux tanneurs. Mais M. Adams ne le permettait pas, et le grand arbre qui arrivait à la Cale de l'écu était encore couvert de la sienne.

Enchaîné et fermement maintenu en place, le tronçon inférieur du tronc, le plus gros, était donc transporté vers le chantier naval, où on le ferait sécher pendant un an ou deux avant de le débiter. Pour tailler le grand étambot et l'étrave d'un navire, il fallait un arbre d'une circonférence d'au moins trois mètres. Un chêne comme celui-ci fournissait environ quatre tombereaux, soit trois tonnes de bois. Un bâtiment de guerre nécessitait plus de deux mille tombereaux, quelque quarante arpents de chênes. Les haches des bûcherons étaient donc sans cesse en action, les vieux chênes tombaient les uns à la suite des autres et les chargements de bois parvenaient à flots continus jusqu'à la mer.

L'arbre était arrivé à destination. En marchant à côté du cheval de tête, Puckle regardait la Cale de l'écu en contrebas. Mais qu'avait-il fait ? Il prenait toute la mesure de son acte. En contemplant les deux petites rangées de cottages en brique rouge, il en aurait pleuré. Il devrait quitter tout cela, tout ce qu'il aimait.

La Cale de l'écu était devenue son monde. Combien d'heures avait-il passé là à travailler sur les bateaux ? Depuis combien d'années descendait-il la rivière jusqu'à l'endroit tranquille où l'on débarquait du lougre les fûts du meilleur cognac, avant de les transporter jusqu'à l'échoppe du cordonnier ? De la cave de celui-ci, les bouteilles étaient ensuite acheminées discrètement jusqu'aux manoirs du côté est de la Forêt. Combien de fois était-il passé à côté du chef de chantier, M. Adams, de l'un de ses autres amis ou même du jeune M. Adams, le vicaire de Beaulieu, à une heure indue, sans être jamais remarqué ?

Car la règle de conduite de M. Adams était simple : il ne voyait rien. Aucun produit de contrebande n'était débarqué à la Cale de l'écu. Le cordonnier disposait bien d'une cave, mais les marchandises y arrivaient et en repartaient de nuit. Quand une bonne bouteille était déposée à sa porte, il ne demandait jamais comment elle était venue là. Dans la mesure où ces exigences de discrétion étaient respectées, il était remarquable de constater à quel point les choses échappaient à sa vigilance. Chaque fois que Puckle rentrait tard après l'une de ses longues virées de l'autre côté de la Forêt — il lui arrivait d'être absent un jour entier —, M. Adams était toujours prêt à jurer qu'il avait travaillé toute la journée au chantier et il lui payait son salaire normal.

Puckle, l'homme de confiance, Puckle parmi ses amis, Puckle de la Forêt. Comment pouvait-il en partir ? Il y avait pensé, bien sûr. Il s'était même dit qu'il pourrait toujours essayer de discuter. Il existait des choses pardonnables, mais pas celle-ci. Il n'y aurait pas de clémence. Des semaines, des mois passeraient, il faudrait payer le prix, de toute façon.

Si seulement, il avait pu refuser. Le pouvait-il ? Il eut la vision de la main crochue de Grockleton et du visage vigilant de Seagull. Il ne pouvait refuser. D'autres venaient maintenant le relayer ; il s'éloigna de l'attelage et descendit vers la cale de lancement. Il se sentait toujours mieux quand il travaillait sur les bateaux.

Juste avant d'arriver à destination, il vit que M. Adams discutait devant chez lui avec un groupe de visiteurs.

Le vieux M. Adams se tenait en compagnie de deux de ses fils, mais c'est lui qui fascinait Fanny, avec son visage pareil à du silex, sa perruque blanche à l'ancienne mode, sa démarche droite et raide. A plus de quatre-vingts ans, il était capable de chevaucher jusqu'à Londres pour aller chercher les contrats de construction des navires de guerre. Si l'arrivée de visiteurs ne l'enchantait pas, il n'en resta pas moins assez courtois pendant qu'il leur faisait visiter les lieux.

Fanny ne tarda pas à découvrir avec tout autant d'intérêt le changement subtil qui s'était opéré chez M. Martell. Elle avait vu jusque-là le fier aristocrate, l'homme cultivé et aussi le compagnon et sans doute l'amant charmant. Mais, pendant la visite du chantier, il lui apparut sous un autre jour : il se tenait légèrement penché en avant pour ne rien perdre de ce que lui disait le constructeur naval ; il lui posait des questions perspicaces, auxquelles le vieillard répondait avec un respect évident. Son beau visage sombre avait pris un air concentré et dur, digne d'un puissant propriétaire terrien qui connaissait son affaire et s'attendait à être obéi. A sa grande surprise, en le regardant, elle se sentit parcourue par un léger frisson. Elle ne s'était pas rendu compte qu'il possédait un tel pouvoir.

En cette fin du XVIIIe siècle, la construction d'un grand bateau était une entreprise remarquable. Cela restait une affaire rurale, à petite échelle, dans laquelle le travail s'effectuait à la main. Le petit chantier naval en lisière de la Forêt n'en était pas moins extrêmement productif : outre un grand nombre de navires marchands, plus du dixième de tous les bâtiments de guerre neufs venaient de là.

M. Adams les amena d'abord dans une grande bâtisse en bois semblable à une grange juste au-dessus de la cale de lancement et voisine de la forge. Il leur montra un vaste espace tout en longueur où des schémas linéaires étaient tracés sur le sol.

— C'est ce que nous appelons le hangar des gabarits, expliqua-t-il. Nous dessinons par terre les modèles à l'échelle, puis fabriquons des gabarits en bois afin de nous assurer pendant la construction que la courbure de chaque pouce du bateau est la bonne.

Ils se rendirent ensuite dans l'immense fosse des scieurs de long. Deux hommes débitaient une section de tronc avec une énorme scie, l'un au fond de la fosse, l'autre debout sur le tronc.

— Celui en haut est le maître, il guide la scie, leur dit M. Adams. L'autre, son subalterne, a le travail le plus pénible, car il doit tirer la scie.

— Pourquoi porte-t-il un si grand chapeau ? demanda Louisa.

— Observez et vous verrez, répondit M. Adams avec un regard un peu ironique.

Quand la scie redescendit, la raison apparut avec évidence : une cascade de poussière de bois tomba sur la tête du compagnon.

Séduit par l'esprit pratique et rigoureux de l'aristocrate, M. Adams devenait tout à fait affable. Il les emmena en différents endroits, où des hommes effectuaient des tâches particulières. L'un donnait forme à un énorme gouvernail avec une gouge et un maillet, un autre creusait des trous dans une poutre au moyen d'un instrument qui ressemblait à un tire-bouchon à double manche.

— Il fait un trou avec l'augure. La pièce de bois sera ensuite maintenue en place avec cela, expliqua le constructeur en prenant une cheville longue comme le bras. C'est un clou en bois. Nous les confectionnons ici même. Ils sont toujours dans le même bois que la pièce qu'ils doivent fixer, sans quoi cela créerait du jeu et le bateau pourrirait. Il en existe d'encore plus gros.

— Vous n'utilisez jamais de clous en fer ? demanda Edward.

— Si.

Une pensée vint à M. Adams.

— Vous êtes passés près de l'atelier de cordage de Beaulieu, j'imagine ? Dans le temps, les moines avaient aménagé à Sowley un grand étang à poissons. L'endroit sert maintenant de ferronnerie. Nos clous viennent de là. Ainsi, même un monastère, quelque chose d'aussi inutile et papiste qu'un monastère, finit parfois par trouver une utilité, ajouta-t-il en souriant, pensant manifestement ce qu'il disait.

Et, de toute évidence satisfait de cette réflexion, il les conduisit vers la rivière. Trois bâtiments de taille différente, à des stades plus ou moins avancés d'achèvement, occupaient les cales de lancement. Martell les jaugea du regard.

— Je suppose que vous construisez un petit bateau bord à bord avec un gros pour des raisons d'économie, fit-il remarquer.

— En effet, monsieur. Vous avez vu juste, répondit M. Adams. Les bois les plus gros servent à construire le plus grand, expliqua-t-il aux autres et on tire parti des moins importants pour le plus petit, tous provenant du même arbre. Même ainsi, il y a beaucoup de gaspillage, car seule l'âme du bois est assez dure pour être utilisée. Nous vendons ce que nous pouvons mais...

Il n'acheva pas sa phrase, l'idée même de gaspillage lui répugnant.

— Ce sont tous des chênes de la Nouvelle Forêt ? demanda Fanny.

— Non, mademoiselle Albion. Elle est notre principale pourvoyeuse, dit-il en montrant la Forêt environnante. Mais nous nous approvisionnons aussi plus loin. Et les bateaux ne sont pas entièrement en chêne. La quille est en orme, les vaigres en hêtre. Pour les mâts et les espars, nous utilisons du sapin. Venez, je vais vous montrer.

Dans la plus grande cale de construction, un grand bateau de guerre était quasiment prêt à être lancé.

— C'est le *Cerberus*, annonça M. Adams, trente-deux canons, près de huit cents tonneaux. Les plus gros bâtiments de guerre ne mesurent qu'une douzaine de mètres de plus que les autres, alors que le tonnage est le double. On le lancera en septembre. Il sera remorqué le long de la côte jusqu'au chantier naval de Portsmouth pour y être armé. Le petit bateau à contre que nous avons mis en chantier est un navire marchand destiné à faire la route des Indes. Sa charpente est prête et il sera terminé l'année prochaine. L'autre, dans la troisième cale, est une gabare pour la marine. Comme vous le voyez, nous venons de poser la quille.

— Vous construisez aussi de gros bâtiments de guerre ? s'enquit Fanny.

— Oui, mademoiselle Albion, mais de temps en temps seulement. Le plus grand que nous ayons construit est l'*Illustrious*, il y a cinq ans. Un monstre de soixante-dix canons. Quant au plus beau, c'était sans doute l'*Agamemnon*, un bâtiment de soixante-six canons.

— Et vous suivez leur carrière quand ils ont quitté le chantier ?

— Nous essayons. L'*Agamemnon*, par exemple, vient d'être placé sous les ordres d'un nouveau commandant, un certain Horatio Nelson. Je n'ai jamais entendu parler de lui, ajouta-t-il avec un haussement d'épaules.

Il jeta un coup à la ronde. Personne d'autre ne le connaissait.

— Aimeriez-vous visiter l'intérieur du *Cerberus* ?

Puckle était seul dans l'entrepont. Quelques instants plus tôt, on entendait des coups de marteau au-dessus — les derniers bordés du pont étaient fixés —, mais maintenant le silence régnait dans le navire et, avec la lumière du jour qui tombait par les sabords, il faisait songer à une immense caverne.

Il n'existait rien entre les deux ponts, en dehors des supports habituels : pas de cloisons, de canons, d'équipement, de hamacs ni de cordages et de barriques. L'armement de la coque vide se ferait à Portsmouth. Il n'y avait que le pont et le vaigrage, longs d'une trentaine de mètres, le grain du bois visible dans la lumière tamisée, l'odeur des bordés et celle, âcre, de la poix utilisée pour les sceller. Dans les angles, là où le pont joignait la coque, les équerres de renforcement étaient constituées de genoux de chêne, comme si les ponts reposaient sur une voûte végétale.

Il entendit ensuite des bruits de pas et M. Adams descendit l'échelle avec ses invités.

« Quelle étrange allure a ce bonhomme, avec ses épaules voûtées, ses cheveux châtains en broussaille et son visage buriné », pensa Martell. L'un après l'autre, les hôtes de M. Adams descendaient l'échelle et le regardaient.

M. Adams arriva le dernier et le salua d'un petit signe de tête.

— Voici Puckle, dit-il. Cela doit faire quinze ans qu'il travaille avec nous.

— Dix-sept, monsieur, corrigea Puckle.

— Puckle ? fit Edward en riant. Quel nom étrange !

— C'est un bon vieux nom de la Forêt, ajouta immédiatement Fanny, jugeant que son cousin manquait de courtoisie. Les Puckle vivent ici depuis aussi longtemps que les Albion. Surtout à Burley, n'est-ce pas ? dit-elle à l'intéressé.

— C'est exact.

Puckle savait qui était Mlle Albion et elle avait sa sympathie. Elle était du pays. Les Totton continuaient d'observer Puckle d'un air amusé, comme un phénomène de foire. Martell examinait les lieux, notant comment le pont et la coque étaient jointés. M. Gilpin semblait méditatif.

— Il règne ici... une atmosphère étrange, remarqua Fanny en hésitant, incapable de préciser son sentiment.

Elle jeta un coup d'œil aux autres, que cela ne paraissait guère intéresser, puis se tourna vers Puckle.

— Vous ne trouvez pas ? lui demanda-t-elle, entendant avec irritation Louisa émettre un petit rire derrière elle.

Comme il éprouvait la même sensation et aimait bien la jeune fille, pour la première fois de sa vie l'homme de la Forêt tenta d'exprimer une idée complexe :

— C'est à cause des arbres, répondit-il en montrant la coque de la tête.

Il s'arrêta quelques instants, cherchant le moyen d'exprimer sa pensée.

— Quand nous trépassons, mademoiselle, il ne reste plus grand-chose, dit-il finalement. Après un an ou deux, en tout cas.

— Il y a aussi notre âme immortelle, intervint M. Gilpin avec fermeté, sortant de sa rêverie. Vous êtes prié de ne pas l'oublier.

— Je ne l'oublierai pas, monsieur le révérend, promit Puckle sans grande conviction. Les arbres, continua-t-il en s'adressant à Fanny, n'ayant pas d'âme comme ils disent, quand on les coupe, ils prennent une nouvelle vie. Cela arrive parfois dans les bateaux, ajouta-t-il en exprimant avec simplicité le mystère. J'ai l'impression de me trouver à l'intérieur d'un arbre.

Il lui sourit avec ardeur, un peu embarrassé pourtant.

— C'est drôle. Stupide, probablement, mais un homme comme moi ne sait pas grand-chose.

— Je ne trouve pas cela stupide du tout, dit Fanny avec chaleur.

Elle ne s'étendit toutefois pas davantage, car M. Gilpin indiqua par une petite toux que M. Adams et lui en avaient assez.

Quelques instants plus tard, ils se retrouvèrent sur le pont, dans le chaud soleil.

Louisa se mit à rire.

— Cet étrange personnage ressemble vraiment à un chêne, vous ne trouvez pas, monsieur Martell ? s'écria-t-elle.
— Un peu, convint-il.
— J'aime bien ses propos, pourtant, dit Fanny en se tournant vers lui dans l'espoir d'un soutien.
— Je vous comprends, mademoiselle Albion. Sa théologie n'est peut-être pas sans faiblesse, mais, à leur manière, ces paysans possèdent en effet une forme de sagesse.
— On a peine à croire qu'il s'agisse d'un homme, insista Louisa. A mon avis, c'est plutôt une sorte de troll ou de lutin. Je suis sûre qu'il habite sous terre.
— En tant que chrétien, je ne puis être de votre avis, fit Martell en riant. Tout en comprenant ce que vous voulez dire, chère mademoiselle Totton.
L'heure du départ avait sonné. Les Totton prendraient le chemin de Lymington par Sowley ; M. Gilpin voulait emprunter une autre route, qui devait les emmener à travers la lande jusqu'au gué, en amont d'Albion House.
Avant de se séparer, M. Martell s'approcha de Fanny.
— Mon séjour dans la région ne va pas tarder à prendre fin, mademoiselle Albion, mais j'ai bien l'intention de revenir. A mon retour, j'espère vous trouver ici et pouvoir vous rendre visite.
— Mais certainement, monsieur Martell. Je crains cependant de ne pouvoir répondre de l'attitude de mon père.
— Je puis vous assurer, mademoiselle Albion, que je suis tout à fait prêt à braver son courroux, dit-il en la regardant droit dans les yeux.
Elle inclina la tête pour cacher son plaisir.
— En ce cas, venez, murmura-t-elle.
Quelques minutes plus tard, Nathaniel pelotonné à côté d'elle, le cœur en fête, elle roulait bon train à travers la lande avec M. Gilpin.

Puckle resta encore un peu à l'intérieur du bateau après le départ des visiteurs. Il méprisait les Totton, mais avait été content de bavarder avec Mlle Fanny Albion. Quelque chose dans ses yeux bleus lui plaisait. Alors qu'il promenait tristement son regard sur le grand espace vide, les pensées qui l'avaient troublé revinrent en force.
Dans quelques mois, Mlle Albion vivrait encore dans la Forêt. Mais lui, où serait-il, les amarres larguées ?
Dans quelle galère s'était-il fourré ?

Le cabriolet s'arrêta devant Albion House. M. Gilpin offrit sa main à Fanny pour en descendre et l'accompagna jusqu'à la porte. Il se retourna alors et fit remarquer l'air de rien :

— A propos, il y a quelque chose que je voulais vous dire, Fanny. Vous vous rappelez que nous avons parlé de votre grand-mère et de son mariage ?

— Oui, bien sûr, répondit-elle joyeusement. Nous devions effectuer des recherches à ce propos.

— C'est cela. J'ai eu l'occasion, il y a quelque temps, d'examiner le registre de la paroisse de Lymington et j'ai pris la liberté d'y jeter un coup d'œil, pour voir ce que je pouvais trouver...

— Et qu'avez-vous trouvé ? demanda-t-elle, impatiente.

— Vous allez avoir une surprise, voire un choc, ajouta-t-il après une pause.

— Ah ?

— Il va de soi que dans toute famille, surtout du côté maternel, de tels liens de parenté sont monnaie courante, vous savez. C'est tout à fait normal. Vous allez être étonnée.

— Dites-moi, monsieur Gilpin !

— Il semble, Fanny, que M. Totton, le père de votre mère, a épousé en secondes noces une certaine demoiselle Seagull, de Lymington. Comme vous le savez sans doute, sa famille est bien connue en ville.

— Ma grand-mère, la vieille dame qui m'a donné ceci, dit-elle en touchant son crucifix de bois, est née Seagull ?

— Oui.

— Oh. Pas de bonne famille, donc. Tout juste respectable.

— Je suis certain qu'elle-même l'était, Fanny. Sinon, votre grand-père ne l'aurait pas épousée.

— Pensez-vous qu'Edward et Louisa soient au courant ? demanda-t-elle en fronçant les sourcils.

Il sourit d'un air désabusé.

— J'ai toujours supposé que les Totton se réjouissaient d'être liés aux Albion. Ils ne pensent qu'à cela.

— Peut-être les Seagull...

— Ça ne date pas d'hier, Fanny. Vous pouvez être à peu près certaine que personne, en dehors de nous, ne le sait. Il n'y a là rien, mon enfant, dont vous eussiez à rougir, je puis vous l'assurer.

C'était la première fois qu'elle entendait M. Gilpin proférer un mensonge manifeste.

— Que faire alors ?

— Que faire ? Mais rien. Je voulais seulement vous l'annoncer moi-même...

— Pour m'épargner une découverte embarrassante en présence de quelque clerc trop curieux... Merci, monsieur Gilpin, fit-elle en hochant la tête.

— Chassez cela de votre esprit, Fanny. C'est sans importance.

— Je vais m'y employer. Et merci de m'avoir accompagnée à Beaulieu.

Elle n'entra pas tout de suite et regarda le cabriolet disparaître dans la courbe de l'allée. Elle s'assit ensuite sur un banc sous un arbre et réfléchit un moment à ce qu'elle venait d'apprendre. Elle se demanda ce que penserait M. Martell, dont le blason était sans tache, s'il apprenait qu'elle était liée par le sang à des roturiers, les Seagull de Lymington.

— J'ai grand espoir que notre situation s'améliore, annonça Mme Grockleton bien avant la fin de l'été. Je crois pouvoir affirmer en fait que je n'ai jamais été aussi heureuse, monsieur Grockleton.

Cette déclaration emplit son mari d'inquiétude, car le bonheur de Mme Grockleton comportait toujours quelque chose de redoutable.

— Et je pense, poursuivit-elle, comme toujours très honnête en de telles matières, que nous devons en remercier l'habile Louisa.

M. Grockleton ne voyait pas en quoi il avait à remercier Louisa Totton, mais il était bien trop avisé pour le dire. Il lança donc à sa femme un regard interrogateur, semblable à un signe d'assentiment, et elle recommença bientôt à jacasser.

— Je reste persuadée que si M. Martell s'intéresse autant à Lymington, c'est à cause de Louisa. Apparemment, il a parlé à Sir Henry Burrard d'un siège au Parlement...

— Ce n'est peut-être pas à cause de Louisa, fit observer M. Grockleton.

— Mais si, mon cher ! Je vous l'assure. Et si une preuve était nécessaire, Louisa et Edward sont invités à lui rendre visite chez lui, dans le Dorset. Ils partent la semaine prochaine. Je vous le dis, monsieur Grockleton, il a l'intention de l'épouser.

— C'est tout à fait normal qu'il leur rende l'hospitalité, puisque les Totton l'ont reçu chez eux, souligna-t-il.

— Oh, monsieur Grockleton, vous êtes aveugle ! s'écria-t-elle. Mais pas moi ! Et vous comprenez certainement ce que cela signifie pour nous ?

— Pour nous, madame Grockleton ? Non, je ne vois pas.

— Eh bien, monsieur Grockleton, cela veut tout dire. Notre chère, chère Louisa, ma protégée favorite, mon élève la plus talentueuse, mariée à un membre du Parlement, gros propriétaire terrien de surcroît, et lié avec les Burrard...

— Et les Albion ?

— Les Albion ? Je ne vois pas ce que viennent faire les Albion là-dedans. Il n'y a que ces deux vieilles personnes et...

— Et Fanny.

— Fanny, en effet. Pauvre Fanny. Mais, je vous en prie, ne vous écartez pas du sujet. Fanny ne compte pas. Louisa et ce cher M. Martell étant de nos amis, vous pouvez être certain que nous serons introduits chez les Burrard en un clin d'œil. Cela se fera tout naturellement, dit-elle, rayonnante.

Elle envisageait la chose dans l'esprit d'un explorateur arrivant en vue d'un pays fabuleux.

— La prochaine fois que M. Martell vient dans les parages, je donnerai un bal et je pense vraiment que les Burrard seront de la fête, poursuivit-elle.

— Mieux vaudrait qu'il vienne à l'automne, marmonna le fonctionnaire des douanes malgré lui.

Même si elle l'avait entendu, Mme Grockleton n'aurait eu aucune idée de ce que son mari sous-entendait par ces paroles sibyllines. Cette considération le poussa à aborder un sujet qui le préoccupait de plus en plus.

— Vous est-il venu à l'esprit que nous pourrions être amenés un jour à partir de Lymington ?

— Partir de Lymington ?

Elle se tourna vers lui pour le regarder et il lui sembla qu'elle mettait un moment à le voir.

— Partir ?

— C'est dans les choses possibles.

— Les fonctionnaires des douanes ne sont jamais mutés, monsieur Grockleton. Vous êtes appelé à rester ici.

C'était tout à fait vrai. Dans sa position, il n'avait aucun espoir d'avancement ou de transfert. Il garderait son poste jusqu'à la retraite.

— Très juste, ma chère. Mais on peut choisir de s'en aller.

— Nous n'en ferons rien, monsieur Grockleton.

— Et si... commença-t-il avec prudence. Je n'affirmerai pas que c'est probable, madame Grockleton, mais si nous devions recevoir une somme d'argent ?

— De l'argent ? Mais d'où viendrait-il, monsieur Grockleton ?

— Vous ai-je jamais parlé, ma chère, de mon cousin Balthazar ?

S'étant inventé la veille ce mystérieux parent, la question avait un indéniable parfum d'hypocrisie.

— Je ne le crois pas. J'en suis même certaine. Quel nom extraordinaire !

— Pas quand on a une mère hollandaise. Mon cousin Balthazar a réuni une vaste fortune dans les Indes orientales et s'est retiré dans le nord, où il vit dans le plus grand isolement. Il n'a pas d'enfants. Je crois en fait être son seul parent. J'ai entendu dire qu'il souffre d'une maladie incurable et il est possible que sa fortune me revienne.

— Pourquoi ne m'avez-vous jamais parlé de lui, monsieur Grockleton ? Vous devriez aller le voir sur-le-champ !

— Je ne le crois pas. Alors qu'il s'est toujours montré très bon pour moi quand j'étais enfant, il éprouvait une grande antipathie pour mon père. Je lui ai écrit il y a un an. Il m'a répondu fort gentiment, en me signifiant de la manière la plus claire qu'il ne souhaitait recevoir aucune visite. A cause de sa maladie, je suppose. S'il venait à mourir et avait la bonne idée de ne pas m'oublier, notre situation s'en trouverait profondément changée et, en ce cas, j'ai bien l'intention de prendre ma retraite.

Assez content de lui, il observa sa réaction. Elle le croyait, de toute évidence, et il importait qu'il en soit ainsi. Car la dernière partie de son discours était tout à fait vraie.

Son entrevue avec Puckle avait emporté sa décision. En voyant la peur manifeste qui tenaillait le bonhomme — peur sans doute entièrement justifiée —, il imaginait sans mal le sort que lui réserveraient les contrebandiers de la Forêt après l'offensive de grande envergure qu'il lancerait contre eux. Peut-être seraient-ils intimidés, voire défaits. Mais il n'était pas assez insensé pour compter là-dessus. Non, plus probablement finirait-il par tomber dans une embuscade nocturne, une balle de pistolet dans la tête. Etait-il prêt à courir un tel risque ? Certes pas. Il était assez courageux pour s'en prendre aux contrebandiers, mais s'il l'emportait et si l'affaire lui rapportait une petite fortune, il suivrait l'exemple de Puckle. Il empocherait ses gains, plierait bagage et prendrait sa retraite. Personne ne l'en blâmerait, et quand bien même lui jetterait-on la pierre, il ne s'en souciait guère.

Comme il ne pouvait dire la vérité à sa femme et était incapable dc garder un tel secret, il avait imaginé d'inventer l'histoire du cousin Balthazar. Il épiait donc sa réaction avec intérêt. Après avoir réfléchi un moment, elle sourit.

— Mais, mon cher époux, si cet heureux événement advenait et si vous entriez en possession d'une certaine fortune, nous n'aurions aucune raison de quitter Lymington. Nous pourrions vivre ici sur un grand pied, avec à peine plus d'argent que maintenant, je vous l'assure. Oh, en fait...

De toute évidence, des projets de bals, auxquels les Burrard, les Martell et peut-être quelques visiteurs royaux feraient l'honneur de leur présence, lui traversaient à nouveau l'esprit. Ce n'était pas du tout ce qu'il attendait.

— Mais songez à tous les endroits où nous pourrions choisir de vivre. Même à Bath, pourquoi pas ? suggéra-t-il, habilement lui sembla-t-il.

— A Bath ? Je n'ai aucune envie d'habiter à Bath !

— Mais, madame Grockleton, vous parlez sans cesse de Bath, dit-il en la regardant, étonné. Il est sûr...

— Non, non, monsieur Grockleton, coupa-t-elle. Je parle de Bath comme d'un modèle à suivre pour Lymington, mais je n'ai pas la moindre envie d'y vivre. La place est déjà prise. Quelle que soit notre fortune, nous n'y serions rien. Alors qu'ici, avec tous nos bons amis...

— Vos amis pourraient ne pas être aussi proches que vous le pensez, suggéra-t-il avec douceur.

— Nous n'aurons jamais l'occasion de nous en faire de meilleurs, rétorqua-t-elle sèchement, dans un de ses brusques éclairs de réalisme si déconcertants.

— Il est inutile que nous envisagions la chose maintenant, ma chère, car il est possible que mon cousin Balthazar ne me laisse rien du tout.

S'il croyait avoir tranquillisé sa femme, il se trompait lourdement, car elle était maintenant en fureur.

— Je suis bien décidée à rester, monsieur Grockleton. Je ne bougerai pas d'ici, déclara-t-elle solennellement avec une fermeté qui le glaça.

M. Grockleton s'imagina un instant vivant seul à Londres avec sa fortune, et une ombre de mélancolie passa sur son visage. Il se reprit.

— Comme vous voudrez, ma chère, dit-il en s'apprêtant à partir pour le service des douanes. Croyez-vous vraiment que M. Martell s'intéresse tant à Louisa ? ajouta-t-il pour changer de sujet.

— Je les ai vus ensemble dans la grand-rue la veille de son départ et j'ai observé son attitude à son égard. Il l'aime beaucoup. Et elle a bien l'intention de se faire épouser par lui, vous pouvez me croire. C'est une jeune femme habile et déterminée.

— Les femmes déterminées parviennent-elles toujours à leurs fins ? demanda-t-il avec une réelle curiosité.

— Oui, monsieur Grockleton, répondit-elle calmement.

Isaac Seagull était rarement pris au dépourvu.

Un agréable soleil d'août brillait sur la grand-rue. Comme à son habitude, il se tenait devant l'entrée de l'auberge de l'Ange, à observer la rue. Il aimait rester là, non parce qu'il s'intéressait à ce qui se passait sous ses yeux, mais à ce qu'il y avait sous ses pieds : un tunnel.

Celui-ci reliait l'auberge de l'Ange à l'auberge plus modeste située de l'autre côté de la rue, puis descendait jusqu'à la mer. D'autres tunnels conduisaient à des salles souterraines ou en partaient. Seagull pouvait ainsi faire transporter les marchandises de ses bateaux jusqu'à des auberges et des cachettes aux quatre coins de Lymington sans être vu de personne. Quand il se tenait là et tapotait le sol du pied, il se prenait pour le maître de quelque antique labyrinthe empli d'un trésor secret.

Les tunnels de Lymington n'avaient rien d'exceptionnel. On en trouvait dans la plupart des villes côtières du sud de l'Angleterre. A Christchurch, l'église du vieux prieuré se trouvait au centre d'un dédale complexe. On avait creusé des tunnels pour dissimuler les marchandises de contrebande même dans des villages situés à une quarantaine de kilomètres de la côte, là-bas dans les collines crayeuses près de Sarum. En réalité, en un temps où les agents du fisc se montraient incapables de réprimer le trafic, certains de ces réseaux reflétaient peut-être plus le goût des hommes pour les passages secrets et les cachettes qu'une réelle nécessité.

Isaac Seagull pensait tranquillement à ses projets pour les mois à venir et à l'usage qu'il ferait de ses tunnels quand, du coin de l'œil, il entr'aperçut Mlle Albion, protégée par une ombrelle, qui se dirigeait nonchalamment dans sa direction. Il n'y prêta attention qu'au moment où elle l'aborda pour lui demander si elle pouvait s'entretenir avec lui un moment. Elle avait, disait-elle, une question d'ordre personnel à lui poser.

Comme il n'existait aucun endroit où s'isoler dans l'auberge, il la conduisit par la cour dans un jardinet juste derrière. Ils y étaient seuls.

Elle replia son ombrelle, leva vers lui ses beaux yeux bleus avec un étrange sourire et demanda à brûle-pourpoint :

— Etes-vous mon cousin, monsieur Seagull ?

La question ne manqua pas de le surprendre.

Elle avait mis longtemps à se décider à venir le voir. Elle y réfléchissait depuis que M. Gilpin lui avait fait part de sa découverte dans le registre de la paroisse. Elle avait demandé à son père et, après son retour de Winchester, à sa tante s'ils savaient quelque chose sur la famille de sa mère. A en juger par le peu d'intérêt qu'avait éveillé en eux le sujet, ils ne savaient rien. Pour eux, c'était une Totton, et, surtout, elle avait épousé un Albion, voilà tout. L'idée d'aller éplucher les registres paroissiaux n'enthousiasmait guère Fanny. A tout le moins, si elle voulait en apprendre davantage sur les liens de parenté de sa mère, la tâche promettait d'être fastidieuse et pénible. Suivre le conseil de M. Gilpin et oublier toute l'affaire paraissait le plus raisonnable.

C'est ce qu'elle avait essayé de faire. Après le retour de sa tante Adélaïde elle avait tranquillement repris le train-train quotidien. Elle rendait visite à ses cousins Totton, soumettait ses croquis à l'approbation de M. Gilpin et espérait secrètement que, si M. Martell revenait dans la région et venait la voir à Albion House, sa tante s'assurerait cette fois-ci qu'un meilleur accueil lui serait réservé.

Elle ne parvenait cependant pas à oublier cette histoire. Pas tout à fait. Peut-être, tout simplement, parce que sa curiosité avait été éveillée. Ou voulait-elle en savoir plus sur sa mère défunte ? Mais elle était honnête avec elle-même ; il y avait autre chose et la vérité n'était pas très agréable à entendre. Si elle était vraiment apparentée à ces gens, elle en avait honte. « Je répugne à voir en eux des membres de ma famille », pensait-elle.

Elle réalisa alors que quelqu'un devait certainement être au courant : le père d'Edward et de Louisa, le demi-frère de sa mère, M. Totton. Peut-être pourrait-elle l'interroger. Une certaine discrétion l'en empêchait pourtant. S'il savait et n'en parlait jamais, il avait sans doute ses raisons. Comme il habitait pratiquement en ville, peut-être ne serait-il pas enchanté d'évoquer les liens de parenté, même d'une demi-sœur, avec les membres les moins respectables de la communauté locale. Malgré sa curiosité, elle décida de ne pas aller le voir.

Il ne lui restait plus qu'une possibilité, la plus périlleuse : les Seagull eux-mêmes. Même si un lien existait, le connaîtraient-ils ? Peut-être pas. Peut-être avaient-ils décidé de garder le silence. Il se pouvait aussi qu'eux et d'autres à Lymington sachent, mais cela n'était jamais remonté jusqu'à elle. Qu'arriverait-il si elle se mettait en contact avec eux ? N'allaient-ils pas soudain clamer qu'elle était des leurs, la harceler, importuner les Totton et, finalement, nuire à sa position dans la bonne société ? C'était sans doute folie que d'approcher les Seagull.

Elle n'était pas allée plus avant dans cette affaire délicate quand une nouvelle d'un autre ordre la chassa brièvement de son esprit. « Fanny, êtes-vous au courant ? » Louisa était venue seule en cabriolet jusqu'à Albion House pour la tenir informée.

« Ma chère, ma chère Fanny, imaginez-vous, M. Martell a invité Edward à séjourner chez lui dans le Dorset et il a insisté pour que je vienne aussi. Nous partons la semaine prochaine. Oh, embrassez-moi, Fanny ! Je suis tout excitée à cette idée...

— Je suis sûre que vous allez passer un excellent séjour », avait répondu Fanny en réussissant à sourire.

Après le départ de Louisa, elle s'était demandé si elle aussi ne serait pas invitée, mais aucune invitation n'était arrivée. Il était naturel que M. Martell rendît leur hospitalité aux Totton, mais elle n'en avait pas moins continué d'espérer. « Peut-être M. Martell va-t-il écrire ou envoyer un messager. Je ne vois cependant pas pourquoi il le ferait », se réprimandait-elle. Il n'en fit rien et, dix jours après la visite de Louisa, les deux jeunes Totton s'étaient mis en route pour le Dorset. Après quoi, elle s'était sentie très seule.

Trois jours après leur départ, elle était assise dehors à essayer de lire et, sans qu'elle s'en rende compte, ses doigts s'étaient posés sur son petit crucifix. Soudain, une pensée la frappa. Comme la vieille dame qui le lui avait donné avait dû être seule ! « Ma mère lui rendait-elle visite ? se demanda-t-elle. Probablement pas. Je suis tout à fait sûre qu'elle ne m'a emmenée la voir qu'une fois. Pourquoi cela ? Vraisemblablement parce qu'elle lui faisait honte. Elle ne voulait même pas que je garde cette croix de bois, la seule chose que ma grand-mère a jamais eu l'occasion de me donner. Et me voilà contrariée parce que je n'ai pas été invitée chez un homme que je connais à peine et qui m'a sans doute oubliée. Mais combien d'années ma grand-mère a-t-elle passées toute seule dans cette maison de Lymington, privée de l'amour et de l'affection de sa petite-fille. Tout cela pour de vulgaires questions de vanité ? » Pour la première fois de sa vie, Fanny s'était rendu compte que la nature est aussi gaspilleuse des sentiments d'affection que des glands qui tombent sur le sol de la forêt.

« Peu m'importe ce qu'on en pensera. J'irai demain à Lymington. »

Isaac Seagull la regarda avec intérêt. La voyant franchir avec calme, tel un explorateur sur un pont branlant, l'abîme social qui les séparait, il mesurait la hardiesse de la question. « Cette fille a du courage », pensa-t-il. Il ne lui répondit pas moins avec prudence :

— Je n'y ai jamais songé, mademoiselle Albion. Tout cela ne date pas d'hier.

— Connaissiez-vous ma grand-mère, la vieille Mme Totton ?

— Oui, dit-il, souriant. C'était une dame charmante.

— Elle était née Seagull ?

— Je le crois, mademoiselle Albion. Elle était la cousine de mon père, admit-il sans détour. Elle n'avait ni frère ni sœur. Cette branche de la famille s'est éteinte.

— En dehors de moi.

— Si cela vous plaît de voir les choses ainsi...

— Vous ne me le conseillez pas ?

Isaac Seagull tourna son regard vers le fond du jardinet. Dans le calme de la réflexion, son curieux visage dépourvu de menton avait une délicatesse inattendue.

— Je crois, mademoiselle Albion, que personne ici ne se rappelle que la vieille Mme Totton a été une Seagull. Je pensais être le seul à le savoir.

Il marqua une pause, apparemment pour effectuer un rapide calcul.

— Vous avez seize trisaïeuls, dont l'un était mon arrière-grand-père. Et cela, seulement par la mère de votre mère... Non, vous êtes Mlle Albion, d'Albion House, aussi sûrement que je suis Isaac Seagull, de l'auberge de l'Ange. Si je racontais que je vous suis apparenté, mademoiselle Albion, on me rirait au nez et on dirait que je me donne plus d'importance que je n'en ai.

Il lui sourit avec gentillesse.

— Si ma grand-mère était donc la fille d'un M. Seagull, insista-t-elle tranquillement, qui était sa mère ?

— Je ne m'en souviens pas. Je ne crois pas l'avoir jamais su.

— Vous mentez.

Il était rare qu'on ose s'adresser en ces termes à Isaac Seagull. Il la regarda dans les yeux.

— Vous n'avez pas besoin de le savoir.

— Si.

— Si ma mémoire ne me joue pas des tours, dit-il à contrecœur, je crois bien que c'était une Puckle.

— Une Puckle ?

Fanny se sentit pâlir malgré elle. Puckle, le gnome au visage buriné qu'elle avait entrevu à la Cale de l'écu ? Les Puckle, ces forestiers et charbonniers, les paysans les plus humbles de la Forêt ? Elle avait entendu dire que certains vivaient dans des taudis.

— Une Puckle de Burley ?

— Elle vous aurait plu, mademoiselle Albion. Elle possédait une rare intelligence. Elle avait appris à lire et à écrire toute seule, ce que, pardonnez-moi, aucun des autres Puckle n'a jamais fait, j'en suis sûr. Mon père me répétait sans cesse qu'à sa manière, c'était une femme remarquable.

— Je vois.

Elle était abasourdie. Des paysages entiers s'ouvraient devant elle. Dans son for intérieur, elle voyait des lieux souterrains, des terriers profonds, des racines noueuses. Ces mondes étaient peuplés d'étranges créatures — infra-humaines, répugnantes, pareilles à de vieilles sorcières — qui se tournaient pour la regarder ou venaient à côté d'elle, prétendant qu'elle était des leurs. Une froide panique l'envahit, comme si elle avait été prise au piège dans une caverne et entendait les battements d'ailes d'innombrables chauves-souris. Elle, Fanny Albion, une Puckle. Non pas une Totton, ni même une Seagull. Le sang des charbonniers les plus communs coulait dans ses veines. Cette révélation lui était insupportable.

— Mademoiselle Albion, il se peut que je me trompe. Ce sont des choses que je crois avoir entendues quand j'étais petit. Cela ne change rien à rien, ajouta-t-il gentiment.

Elle se contenta d'incliner la tête, murmura quelques remerciements et disparut. Quelques minutes plus tard, Isaac Seagull reprit son poste habituel et profita du soleil. Avec lui, le secret de la demoiselle Albion était bien gardé. Il avait gardé des secrets toute sa vie. Mais il pensait à la confusion de la jeune fille avec un étonnement tout philosophique. C'était sans doute le prix à payer pour appartenir à la noblesse : il fallait montrer ses ancêtres comme les oiseaux leur plumage et étaler ses arpents de terre aux yeux de tous. Un prix trop élevé, estima-t-il, et ce n'était pas la première fois que l'habile libre marchand secouait la tête en songeant à la vanité des propriétaires terriens.

Pour sa part, il se sentait plus à l'aise avec ce qui restait obscur et souterrain. Même s'il courait fortune en haute mer.

Fanny avait parcouru la moitié de la grand-rue quand elle rencontra Mme Grockleton, rayonnante, qui la salua chaleureusement.

— Avez-vous déjà des nouvelles de votre maligne de cousine Louisa ? demanda-t-elle.

— Non, madame Grockleton, et je ne m'attends pas à en avoir. Mais pourquoi dites-vous « maligne » ?

— Allons, ma chère, fit Mme Grockleton, en agitant son gros doigt en signe de réprimande. Ne croyez pas, vous et votre cousine, que vous pouvez cacher vos secrets à nous autres, les vieux !

Elle lui adressa un regard entendu.

— Vous pouvez vous attendre à recevoir des nouvelles avant longtemps, ce me semble...

— Je ne comprends vraiment pas ce que vous voulez dire.

— Ma chère enfant, j'ai aperçu M. Martell en compagnie de Louisa, la veille de son départ. Ne le lui dites pas. Mais j'ai des yeux pour voir. Et il l'a assurément conviée dans le Dorset avec son frère. S'il n'avait pas eu d'intentions sérieuses, il vous aurait probablement invitée aussi.

— Je ne vois pas pourquoi...

— Oh, Fanny, vous êtes une bonne et fidèle amie, et je ne vous en demande pas davantage. Mais, ma chère enfant, nous savons toutes deux que Louisa a l'intention de se faire épouser par lui, et, connaissant le monde comme je le connais, je puis vous assurer qu'elle parviendra à ses fins. A quelles fêtes n'allons-nous pas assister, vous et moi !

Elle n'attendit pas d'autres commentaires, tourna les talons et remonta la rue.

Septembre arriva : les journées étaient tièdes, mais les feuilles des chênes commençaient à prendre une teinte dorée, signe avant-coureur de la grande fièvre de la saison du rut. A Boldre, les cours reprirent à l'école de M. Gilpin et, chaque dimanche matin, on voyait la troupe de fillettes et de garçons grimper vers l'église du village...

Nathaniel Furzey était parmi eux. Les semaines d'été qu'il avait passées dans sa famille à Minstead n'avaient en rien diminué son goût pour les polissonneries. A l'école, il se tenait plus ou moins à carreau. M. Gilpin lui avait donné un livre d'algèbre et de géométrie élémentaires, car, contrairement aux autres élèves, il maîtrisait depuis longtemps les opérations d'arithmétique. De plus, le pasteur l'avait autorisé, un peu à contrecœur, à lire un livre d'histoire une fois par semaine. Le reste du temps, il lui fallait lire la Bible. « Il y a là de quoi vous occuper jusqu'à la fin de vos jours, jeune homme », avait-il déclaré sévèrement.

Malgré tout, il causait du souci à son maître. Il se lançait dans d'étranges jeux avec les chiffres au lieu de se pencher sur le problème posé. Quand il devait apprendre un texte, il le faisait, mais modifiait l'ordre des mots pour obtenir des rimes dénuées de sens. Plus d'une fois, il avait fallu le punir pour ses mauvais tours. Il en était ainsi depuis le début du trimestre. Quant à ses questions incessantes, son habitude agaçante de s'enquérir des raisons de toute chose au lieu de se contenter d'apprendre ce qu'on lui disait, le maître avait dû en référer au pasteur. « Son esprit est trop actif. Il faut le contenir. »

Les Pride se montraient plus indulgents. Quand Nathaniel entraînait Andrew dans quelque mauvais coup, la plaisanterie se révélait toujours astucieuse, ce qui plaisait à Pride. « Laisse-les faire des bêtises, disait-il à sa femme. Je ne les en ai jamais empêchés. Ça ne prête pas à conséquence. » Quand ils étaient punis à la suite de quelque sottise, Andrew et Nathaniel devinaient que les adultes, sans pour autant le dire, ne désapprouvaient pas entièrement leurs facéties.

Mais quand, un après-midi à la sortie de l'école, Nathaniel exposa à Andrew son nouveau plan, même le jeune Pride en fut stupéfait.
— Tu ne peux pas faire une chose pareille, murmura-t-il.
— Pourquoi pas ?
— Parce que... C'est trop difficile. En tout cas, moi, j'ose pas.
— Absurde, dit Nathaniel.

Septembre semblait exercer un effet étrange sur la tante Adelaïde. Il se manifesta de manière inattendue un soir où Fanny et elle étaient assises ensemble, comme à leur habitude.
La nuit tombait, le ciel rougeoyant s'assombrissait, mais Adelaïde avait décidé de ne pas encore allumer les chandelles. Dans sa bergère à oreillettes, c'était tout juste si on la distinguait encore dans la pénombre. En dehors du tic-tac de la pendule du vestibule, le silence régnait dans la maison et Adelaïde paraissait s'être assoupie, quand elle dit soudain :
— Il est temps que vous vous mariez, Fanny.
— Pourquoi ?
— Parce que je ne serai pas à côté de vous pour toujours. Je veux vous voir établie avant de mourir. Avez-vous songé à quelqu'un ?
— Non.
Fanny marqua une pause.
— Je ne crois pas.
Puis, ne souhaitant pas poursuivre cette conversation, elle demanda à son tour :
— Et vous, vous n'avez jamais songé à vous marier, ma tante ?
— Peut-être, répondit-elle en soupirant. Ce n'était pas facile. Ma mère était là. J'avais le sentiment de ne pouvoir la laisser seule et elle a vécu si longtemps... Quand elle est morte, j'avais plus de quarante ans. Et puis il fallait que je m'occupe de cette maison. Je le faisais pour elle et pour la famille.
— Pour la vieille Alice aussi ?
— Bien sûr.
Elle hocha la tête, puis elle ajouta avec tant de sentiment que Fanny ne manqua pas d'être émue :
— Comment aurais-je pu ne pas m'occuper d'Albion House comme ils le souhaitaient ? Et qui que vous épousiez, vous ferez de même, n'est-ce pas, Fanny ?
— Oui.
Combien de fois avait-elle répété cette promesse ? Au moins cent. Et elle savait qu'elle la tiendrait.
— Vous ne devez jamais déshonorer votre famille. Quand je pense que ce maudit Penruddock et ses soudards, éclata-t-elle pour la millième fois, ont obligé ma pauvre et innocente grand-mère à monter à

cheval en pleine nuit, à moitié nue ! A son âge. Des vauriens ! Des goujats ! Et Penruddock se disait colonel, le scélérat !

Fanny hocha la tête. C'était à elle de donner la réplique à sa tante.

— Penruddock était-il au procès, tante Adelaïde ?

— Bien sûr.

Fanny s'attendait à ce que sa tante se lance dans le récit du procès, comme d'habitude, mais elle resta plongée dans un long silence. Elle se demandait si elle devrait se contenter d'écouter le tic-tac de la pendule quand Adelaïde reprit la parole :

— Ma grand-mère s'est trompée. Je l'ai toujours pensé.

— Elle s'est trompée ?

— Au procès. Elle s'est montrée faible... ou trop fière. Insensée Alice. Il ne faut jamais renoncer, mon enfant. Jamais ! Il faut se battre jusqu'au bout.

Fanny ne savait trop quoi répondre à cela, mais sa tante poursuivit :

— Au procès, c'est tout juste si elle a dit un mot. Elle s'est même endormie. Elle a laissé ce menteur de Penruddock et les autres déprécier son nom. Elle a laissé ce juge scélérat la malmener et la condamner...

— Peut-être n'y avait-il rien à faire...

— Non ! contredit sa tante avec une véhémence surprenante. Elle aurait dû protester. Elle aurait dû se lever et dire au juge que ce procès était un simulacre. Elle aurait dû leur faire honte !

— On l'aurait fait sortir du tribunal et condamnée, de toute façon.

— Probablement. Mais mieux vaut tomber en luttant. S'il vous arrivait d'être traînée un jour devant un tribunal, Fanny, promettez-moi de vous battre.

— Oui, tante Adelaïde. Il n'y a guère de chances cependant que je me retrouve devant une cour de justice.

Sa tante n'entendit pas cette dernière remarque. Elle regardait pensivement la lumière de plus en plus faible qui tombait de la fenêtre.

— Avez-vous entendu votre père parler de Sir George West, Fanny ?

— Une ou deux fois...

Fanny essaya de se rappeler.

— Un ami de Londres, je crois.

— D'une vieille famille. Son neveu, M. Arthur West, vient de prendre Hale en location. Comme j'ai l'intention de rendre visite à mon vieil ami le pasteur de Fordingbridge, qui est tout proche, j'ai pensé aller le voir...

— Je vois.

Fanny sourit intérieurement. Sa ruse pour détourner sa tante de la question du mariage n'avait manifestement pas produit son effet.

— Vous pensez que M. Arthur West est un parti acceptable ?

— C'est vraisemblablement un gentleman. Son oncle doit lui laisser une partie de sa fortune, qui est importante. C'est tout ce que je sais de lui pour l'instant.

— Vous avez donc l'intention de le soumettre à un examen ?
— Nous le ferons ensemble, Fanny. Vous m'accompagnerez.

Septembre vit aussi le retour de M. Martell dans la Forêt. Il séjourna cette fois-ci chez Sir Harry Burrard. Fanny entendait beaucoup parler de lui et de sa grande propriété du Dorset depuis le retour de Louisa.

« Oh, Fanny, je suis tombée amoureuse de la maison et vous le seriez aussi ! s'était-elle écriée. Je regrette que vous ne l'ayez pas vue. Sa situation est remarquable, entourée de hautes crêtes calcaires. Il est vraiment le seigneur du village, vous savez.

— La maison est ancienne ?

— La partie arrière est très vieille, je l'admets, sombre et solennelle. Si c'était moi, je la démolirais. Mais la nouvelle aile, avec ses grandes pièces, est très belle et l'on y a une jolie vue sur le parc.

— Ça a l'air délicieux, en effet.

— Et la bibliothèque, Fanny ! Comme elle vous aurait plu ! Elle contient plus de livres, tous joliment reliés, que vous n'en avez jamais vu. Sur une table sont rangés les journaux de Londres, envoyés tout exprès afin que l'on puisse suivre le monde de la mode. J'y ai passé au moins une demi-heure, je vous le jure !

— Je suis heureuse que M. Martell vous ai trouvée si studieuse.

— Chez lui, il a des manières tout ce qu'il y a d'aisé, je vous l'assure, Fanny. Rien d'un érudit. Nous nous sommes beaucoup amusés. Il dessine, fort bien, je dois le dire, et il a même pris plaisir à m'assister dans mes piètres efforts. J'aime particulièrement celui-ci. »

Elle avait sorti un petit croquis. « Vous vous souvenez du jour où nous sommes tous allés à la Cale de l'écu ? »

Le dessin était bon, Fanny avait dû le reconnaître. Très bon même. C'était une caricature, mais elle avait parfaitement saisi l'essence du sujet, Puckle en l'occurrence. Elle l'avait représenté en gnome, mi-arbre, mi-monstre. Il était grotesque, plutôt répugnant. Fanny avait frissonné.

« Vous ne trouvez pas que c'est un peu cruel ?

— Le bonhomme n'est pas censé le voir, Fanny. Il est uniquement pour nous.

— En ce cas... »

« Mais que diriez-vous, avait-elle pensé, si vous appreniez que je suis apparentée à ce paysan, moi, une Albion ? Et comment me représenteriez-vous ? »

Elle apprit aussi de la bouche de Louisa que Martell avait déjà écrit à Sir Harry Burrard à propos d'un siège au Parlement.

Le jour même de l'arrivée de M. Martell chez les Burrard, Louisa annonça à Fanny qu'Edward et elle y étaient invités à dîner. « Sir Harry nous est apparenté, vous comprenez. » Cela ne semblait pas surprenant. Et comme M. Martell devait rester au moins une semaine, Fanny supposa qu'il lui rendrait visite. C'est donc avec consternation qu'elle entendit sa tante lui annoncer :

— Nous partons mardi pour Fordingbridge, Fanny. Mon ami le pasteur nous hébergera pour la nuit. Le soir, nous sommes tous conviés à dîner avec M. Arthur West.

— Ne pourrions-nous pas retarder un peu notre départ ? demanda Fanny.

On était samedi soir. M. Martell risquait de ne pas venir avant le lundi. Ou le mardi, auquel cas ils se manqueraient.

— Retarder notre départ ? Non, Fanny. Nous sommes d'ores et déjà attendues. Par ailleurs, nous devons être de retour mercredi après-midi, car vous êtes invitée à Lymington le soir...

Le cœur de Fanny bondit de joie.

— Chez les Burrard ?

— Les Burrard ? Non. Mais je viens de recevoir ce message. Une obligation passablement ennuyeuse sans doute, mais je suppose que vous tiendrez à l'honorer par politesse.

Fanny lut le carton d'invitation que lui tendait sa tante. Mme Grockleton donnait un bal.

— Tout est parfait, ne voyez-vous pas, monsieur Grockleton ? fit sa femme, pépiant comme un oiseau. M. Martell est ici. Louisa m'a assuré qu'elle l'amènerait. De plus, il m'avait lui-même promis de venir et il est bien trop gentleman pour manquer à sa parole...

— C'est possible, fit M. Grockleton sobrement.

— Entre Louisa et M. Martell, qui est leur invité, je ne vois pas comment les Burrard pourraient ne pas venir. Pensez-y, monsieur Grockleton. Ce cher M. Gilpin sera là lui aussi, naturellement, poursuivit-elle. C'est un vrai gentleman.

— Et Mlle Albion ?

— Oui, oui, elle aussi.

Si Fanny représentait une moins belle prise, elle n'en avait pas moins une famille irréprochable. En fait, pensait Mme Grockleton, si elle avait une Albion, un Martell et les Burrard, peut-être attraperait-elle encore un autre membre de la petite noblesse locale ? Un Morant, pourquoi pas ?

— Nous servirons des rafraîchissements, un buffet, du vin, du champagne, du cognac, et il y aura l'orchestre du théâtre. Il est excellent, vous pouvez me croire. Veillez à tout cela, monsieur Grockleton.

— Je vais devoir tout acheter...

— Evidemment que vous allez tout acheter ! Comment faire autrement ?

— Vous oubliez que je suis la seule personne entre Southampton et Christchurch tenue de payer le prix fort.

Si Mme Grockleton avait entendu ces paroles, elle les ignora.

— Hormis la présence de M. Martell, pourquoi ce bal doit-il absolument être organisé à la dernière minute ? demanda-t-il avec irritation. Pourquoi mercredi ?

Mme Grockleton le regarda avec un réel étonnement.

— Evidemment, il faut qu'il ait lieu mercredi ! s'exclama-t-elle, ménageant une brève pause pour lui donner le temps d'en comprendre la raison. C'est nuit de pleine lune !

Le mardi matin, le temps était au beau, le ciel dégagé, et Adelaïde de si bonne humeur qu'on lui aurait donné vingt ans de moins.

— Vous serez très bien en compagnie de Mme Pride, Francis, dit-elle à son frère.

Comme cela équivalait pratiquement à un ordre, M. Albion n'en disconvint pas. A la première heure, accompagnées seulement du cocher et d'une femme de chambre, Fanny et Adelaïde prirent le chemin de la Forêt en direction de Ringwood. De là, la route jusqu'à Fordingbridge était facile.

— Nous devrions arriver là-bas à midi, annonça joyeusement Adelaïde.

Puis, avec un soupçon de reproche, elle fit remarquer un peu plus tard à Fanny :

— Vous n'avez pas l'air très contente, Fanny.

Il n'était pas venu. Il était allé dîner chez les Totton avec les Burrard — qui auraient pu l'inviter elle aussi, pensait-elle —, mais il n'était pas venu à Albion House. Peut-être n'était-ce pas étonnant, compte tenu de l'accueil qui lui avait été réservé la première fois. Après ce qu'il avait dit avant de partir, elle s'était pourtant attendue à recevoir au moins un message. Mais rien : ni lettre ni petit mot.

— Non, tante Adelaïde, je suis très contente.

En arrivant dans la plaine de Wilverley, elles remarquèrent au loin la présence de jeunes garçons, mais n'y prêtèrent pas attention.

Le problème, c'était le cochon. Un cochon adulte est un animal redoutable. Non seulement il pèse un poids énorme, mais il peut se déplacer à une vitesse étonnante. Un harnais s'imposait pour le conduire. Il y avait une autre difficulté : « Nous devons l'enfermer quelque part pour la nuit », avait fait remarquer Nathaniel. L'obstacle leur avait semblé presque insurmontable jusqu'à ce que l'un des membres de la bande se rappelle que l'un de ses cousins possédait une remise à Burley.

Ils n'empruntèrent pas le chemin principal, mais le longèrent à une centaine de mètres. A un certain moment, la piste passait à proximité d'un grand arbre dénudé et solitaire.

— Voilà l'Homme Nu, annonça Nathaniel, alors que les autres regardaient d'un air solennel. C'est là que ça se passera.

Le pasteur, un grand homme mince aux cheveux gris, les accueillit chaleureusement au presbytère. Il était enchanté de les accompagner dîner à Hale. Le nouveau locataire, assura-t-il à Adelaïde, semblait un parfait gentleman et occupait les lieux depuis cinq ans.

— Hale a eu plusieurs propriétaires et locataires ces dernières décennies, expliqua-t-il, et aucun n'en avait vraiment pris soin. Mais, si je ne me trompe, M. West a l'intention de prendre la maison en main.

Adelaïde souhaitait se reposer après le voyage et Fanny fut heureuse que le pasteur lui fasse visiter la petite ville de Fordingbridge. Les cinq rivières de Sarum avaient toutes conflué dans l'Avon et le spectacle du cours d'eau aux longs méandres passant sous l'élégant vieux pont de pierre était délicieux. Quand elle revint se préparer pour le dîner, elle put au moins faire assez bonne figure.

De la côte de Godshill, que gravissait la voiture du pasteur, vers le manoir de Hale, on avait une vue charmante sur la vallée de l'Avon. Tandis que la voiture remontait l'allée vers la maison, on se rendait compte que l'élégante façade géorgienne avait été mal entretenue. Mais la présence de deux valets de pied en livrée à la porte montrait clairement que M. West entendait tenir son rang. Son apparition sur le seuil le confirma.

A en juger par ses manières vives, masculines, M. Arthur West, un blond, plutôt râblé, d'environ trente-cinq ans, était à même, par sa naissance et ses dispositions personnelles, de diriger n'importe quel domaine seigneurial. Même si son héritage ne lui permettait pas tout à fait de s'établir à la tête d'une propriété aussi importante qu'il l'aurait souhaité, il n'avait pas à en rougir. On ne pouvait le prendre pour un aventurier. Il méritait une héritière d'un beau domaine et comptait bien en trouver une. Son assurance le rendait attirant auprès des femmes. Du moins étaient-elles sûres, lorsqu'il fixait sur elles ses yeux bleus, qu'il savait ce qu'il voulait — une qualité tôt ou tard appréciable.

Il se montra galant et plein de sollicitude avec Adelaïde et se rendit immédiatement agréable à Fanny, en homme d'expérience. Elle sentit qu'ils se comprenaient et que, si elle le souhaitait, il lui ferait la cour. N'ayant jamais rencontré une telle attitude chez un homme, elle se tenait un peu sur ses gardes. Comme, en même temps, son comportement restait irréprochable, elle pouvait apprécier la situation en toute sécurité et ne la trouva pas déplaisante.

— Mon oncle m'a raconté de nombreuses anecdotes sur votre père et ses voyages, mademoiselle Albion, dit-il avec un sourire tranquille. Il semble être épris d'aventure...

— Plus maintenant, je le crains, monsieur West.

— Ah, fit-il avec sympathie. Chaque âge a ses plaisirs. C'est probablement à notre tour de nous montrer aventureux.

— Il me semble difficile de mener une vie très aventureuse en vivant ici.

— Je ne le crois pas, mademoiselle Albion, objecta-t-il avec un sourire de gamin. La campagne réserve toujours assez d'aventures pour satisfaire les aspirations d'âmes bien nées, vous ne pensez pas ?

— J'adore la Forêt, répondit-elle simplement.

— Moi aussi.

Il les divertit tous très agréablement dans le grand salon. Pendant qu'il s'entretenait brièvement avec le pasteur, Adelaïde profita de l'occasion pour tapoter le bras de Fanny et lui chuchoter qu'elle trouvait que leur hôte convenait très bien. Fanny comprit parfaitement ce qu'elle voulait dire : ne possédant pas de domaine en propre dont il ait à s'occuper, M. West ferait l'affaire pour Albion House. L'annonce du dîner lui épargna d'avoir à répondre et M. West vint offrir son bras à la vieille dame pour l'escorter jusqu'à la salle à manger.

Le repas était excellent et M. West avait une conversation très plaisante. Il racontait des anecdotes amusantes sur Londres, demandait leur avis à Adelaïde et à Fanny sur les grands événements du moment et avait l'amabilité de paraître très intéressé par leur opinion. La présence de la garnison française à Lymington piqua sa curiosité et il écouta avec plaisir tout ce qu'elles lui révélaient à propos de la vie dans la Forêt.

Il affichait une franchise attachante. Quand Fanny fit observer que leur vie était vraiment très paisible, un éclair d'amusement brilla dans ses yeux bleus et il répondit :

— Bien sûr qu'elle l'est, mademoiselle Albion. Je n'en pense pas pour autant du mal de la campagne. Nos armées combattent et nos navires patrouillent en mer précisément pour préserver cette paix.

Il s'avéra également que M. West aimait les courses de chevaux, la chasse et la pêche. Après le dessert, il proposa que les messieurs, au lieu de s'asseoir autour d'une bouteille de porto, se retirent dans la bibliothèque. Cela convenait très bien à Adelaïde : elle lui demanda de l'excuser si, à son âge, elle ne souhaitait pas s'attarder.

— Mais j'aimerais visiter un peu la maison, monsieur West, car elle a toujours été vide ou tenue par des gens qui y résidaient rarement, et je n'y étais encore jamais venue.

— Volontiers, répondit-il aimablement en se levant, si vous pardonnez le fait que je n'ai pas encore eu le temps d'y effectuer tous les travaux nécessaires. Allons en faire le tour.

Il prit une chandelle, demanda aux valets d'en apporter d'autres et les précéda dans le vestibule.

Au rez-de-chaussée, deux petites pièces de réception encadraient la bibliothèque. La décoration était celle d'une demeure de la période géorgienne, un peu défraîchie cependant. Les plus beaux meubles avaient été apportés par M. West, mais certains tableaux et quelques vieilles tapisseries se trouvaient déjà là et dataient manifestement du siècle précédent. L'époque de Jacques Ier avait donc laissé son empreinte sur la maison, ce qui rappela à Fanny l'intimité austère d'Albion House.

Après la visite de ces pièces, il lui sembla que le moment était venu de se retirer, mais sa tante ne paraissait pas disposée à le faire.

— Qu'y a-t-il à l'étage ? demanda Adelaïde.

— Un palier, une petite galerie, un salon, répondit M. West, et les chambres à coucher naturellement. Mais tout cela a été à peine arrangé et ne mérite guère d'être vu..

— Ne pouvons-nous pas y jeter un coup d'œil, monsieur West ? demanda la vieille dame. J'avoue que j'en suis très curieuse.

— Si vous voulez, dit-il en souriant. Si l'escalier...

— J'en monte tous les jours, n'est-ce pas, Fanny ?

Ils grimpèrent donc à l'étage, lentement, Adelaïde au bras de M. West, deux valets de pied portant les chandelles, et le pasteur suivant Adelaïde comme son ombre, une marche derrière elle, au cas où elle perdrait l'équilibre. Ils s'arrêtèrent quelques instants sur le palier, puis M. West poussa la porte d'une des chambres, qui s'ouvrit en grinçant doucement. La pièce était plongée dans l'obscurité, mais, quand les valets entrèrent avec les chandelles, quelques meubles apparurent : un lit à baldaquin aux lourds rideaux en lambeaux, une chaise en chêne poli, un miroir terni.

— Je crois que personne n'a touché à ces pièces depuis près d'un siècle, déclara M. West.

La chambre suivante était identique et, après l'avoir vue, Adelaïde annonça qu'elle était prête à redescendre. Ils arrivaient à l'escalier quand, dans un petit couloir, la vieille dame entr'aperçut un grand portrait dans un lourd cadre doré qui leur faisait face, mais dont les linéaments se perdaient dans l'ombre. Voyant qu'elle le regardait, M. West pria obligeamment l'un des valets d'en approcher les chandelles. Leur lumière révéla un personnage d'allure frappante.

C'était un bel homme de haute taille, représenté de trois quarts. A en juger par sa mise, le tableau devait dater d'un siècle. Il ne portait pas de perruque et ses longs cheveux noirs tombaient sur ses épaules. Sa main reposait sur la garde d'une lourde épée et il les fixait avec cet air froid, fier et quelque peu tragique qu'avaient souvent arboré les amis des Stuarts.

— Qui est-ce ? demanda Adelaïde.

— Je l'ignore, reconnut M. West. Il était là à mon arrivée.

Il s'approcha du portrait avec une chandelle et examina le bas du tableau.

— Il y a une inscription, mais elle est difficile à déchiffrer... Ah, je crois que j'ai trouvé. Ce gentleman est... le colonel Thomas Penruddock.

— Penruddock ?

— De Compton... Compton Chamberlayne. Cela vous dit quelque chose ?

Et comment ! Les responsables du malheur de leur famille ! Quel mauvais sort leur avait réservé un tel choc ?

L'effet produit sur la tante Adelaïde fut terrible. Elle pâlit et s'agrippa à la rampe de l'escalier comme si elle était sur le point de chanceler. Elle laissa échapper un petit gémissement et parut s'affaisser. Fanny se précipita à son côté. Mais elle fut très fière de sa tante quand celle-ci, ne voulant pas embarrasser leur hôte, se redressa et dit calmement :

— Ce nom m'est familier, monsieur West. Les Penruddock ont été propriétaires de cette maison il y a bien longtemps. Maintenant, j'aimerais redescendre, poursuivit-elle en prenant le bras de Fanny. Je dois vous remercier, monsieur West, pour cette très agréable soirée.

Fanny l'escorta jusque dans le vestibule et, là, se rendit compte qu'elle tremblait encore.

Quand on amena la voiture, ce fut au tour de la vieille Adelaïde, à qui rien n'échappait, de regarder Fanny et de lui dire d'une voix douce :

— Vous vous sentez bien, mon enfant ? Vous êtes toute pâle.

— Oui, ma tante, je vais bien, répondit Fanny en souriant.

Ce n'était pas vrai, mais elle n'avait aucune envie de lui en expliquer la raison. Le portrait du colonel Penruddock ne lui était en effet que trop familier : au point qu'elle avait réprimé avec peine un petit cri en le voyant apparaître distinctement à la lumière des chandelles. La silhouette et le visage étaient ceux de M. Martell.

Caleb Furzey était parti d'Oakley le mercredi à l'aube. Il effectuait le trajet de Ringwood chaque mois pour aller au marché. Il avait parfois des cochonnets à vendre ou du gibier braconné. Il arrivait en milieu de matinée, laissait son cheval et sa charrette à l'auberge, flânait dans le marché et, tôt ou tard, rencontrait un Furzey de Ringwood. En fin d'après-midi, il allait à l'auberge, s'asseyait, buvait et bavardait. Au coucher du soleil ou même à la nuit tombée, ses cousins ou l'aubergiste le portaient sur sa charrette et, pendant qu'il dormait à l'arrière, le cheval, qui connaissait le chemin aussi bien que lui, le ramenait chez lui par Burley et la plaine de Wilverley.

Compte tenu de son caractère superstitieux et de la réputation vaguement mystérieuse que Burley avait toujours eue, Caleb Furzey aurait pu hésiter à y passer par une nuit de pleine lune, mais aujourd'hui n'était pas un jour ordinaire, comme il l'avait dit fièrement à ses voisins. C'était le cinquantième anniversaire d'un de ses cousins de Ringwood. « Si je ne suis pas là, ils diront que la fête est ratée. »

Il traversait donc la forêt en songeant à la réunion familiale et aux joyeuses beuveries qui l'attendaient. Il était sur la plaine de Wilverley quand il vit revenir la voiture des Albion, dont il salua respectueusement les occupantes au passage.

Le soleil rouge descendait déjà sur la lande de Beaulieu quand Wyndham Martell s'y engagea avec sa monture. Il venait de passer deux heures intéressantes avec M. Drummond, de Cadland, mais il était maintenant temps de revenir. Il serait un peu en retard au bal de Mme Grockleton.

Il supposait qu'il n'y aurait pas grand monde. La Forêt, il la voyait avec les yeux d'un membre de la noblesse. Et pour les nobles, même si les habitants ordinaires de la région ne s'en rendaient pas compte, la Forêt équivalait à une sorte de désert. Les Mill et les Drummond habitaient dans la partie est, d'autres le long de la côte, les Morant et les Albion au centre ; d'autres familles de l'aristocratie terrienne vivaient dans le nord et dans les domaines de la vallée de l'Avon, comme Bisterne. Mais, pour la bonne société, c'était tout juste si les villages et les hameaux de la Forêt, et même le bourg actif de Lymington, existaient. « Il n'y a personne là », disaient-ils sans avoir l'impression de proférer une incongruité. Le désir qu'éprouvait Mme Grockleton de les attirer dans son orbite ne résultait pas seulement de son snobisme, mais aussi d'un instinct plus profond : elle voulait tout simplement exister.

Les espoirs qu'elle avait placés dans la venue des Burrard seraient déçus. Quand elle avait appris qu'il se rendait chez M. Drummond, elle lui avait fait passer un message urgent par l'intermédiaire de Louisa pour le prier de convier ce gentleman et toute sa famille, suggestion qu'il avait tranquillement ignorée. Mais les Totton allaient au bal et il leur avait promis de les accompagner. De plus, Fanny Albion y serait, elle aussi.

Pourquoi Wyndham Martell n'était-il pas allé la voir ? A première vue, ses excuses se tenaient. Il était venu pour faire la connaissance de Sir Harry Burrard et souhaitait rester à sa disposition. Sir Harry avait en effet bien rempli son emploi du temps, tant en conversations en tête à tête qu'en réunions avec d'autres notables de la région, comme M. Drummond. Il avait certes raison de s'occuper d'abord de ces affaires et de ne pas éveiller les espoirs de Fanny à la perspective d'une rencontre qui risquait d'être différée. En outre, rien ne garantissait qu'il serait bien accueilli à Albion House et il ne tenait nullement à être mis à la porte une nouvelle fois. Voir Fanny présentait donc des complications.

Mais n'aurait-il pas pu au moins lui envoyer un message durant les quelques jours qu'il venait déjà de passer ici ? Il le pouvait et ne l'avait pas fait. La vérité, il le savait parfaitement, était qu'il la faisait attendre. Elle lui plaisait, sans aucun doute. Elle lui plaisait même beaucoup. Elle était gentille, intelligente et bien élevée. Elle appartenait à une vieille famille et était une modeste héritière. S'il l'épousait, il ne ferait pas ce que l'on appelait un brillant mariage. Il se rappela qu'il avait entendu, par hasard, un jeune homme déclarer d'un air jaloux à Londres, une semaine plus tôt : « Avec ses deux beaux domaines, ce damné Martell peut épouser qui ça lui chante, il aura toujours l'air d'un héros. »

S'il obtenait l'un des deux sièges au Parlement et épousait l'héritière du domaine des Albion, il ne doutait pas que son père et ses amis diraient qu'il avait bien fait. Il ne niait pas que tout cela comptait à ses yeux. Et s'il aspirait secrètement à autre chose que ces satisfactions conventionnelles, il espérait que sa carrière politique le lui procurerait.

Il appréciait en elle une autre qualité. Elle était modeste et n'avait pas tenté de le séduire. Bien des femmes s'y étaient essayées à Londres ; il avait trouvé cela flatteur, puis pénible. Peu lui importait que de petites effrontées comme Louisa Totton aient jeté leur dévolu sur lui, car, malgré ses défauts, il ne jugeait pas celle-ci assez remarquable pour le décevoir. De surcroît, elle l'amusait. Fanny était différente. Elle avait un caractère plus simple, plus pur, et était plus intelligente.

Et elle l'attendait. S'il le voulait, et il n'en était pas encore certain, elle attendrait d'être sienne. Il ne craignait pas la concurrence. Il aimait jouer et gagner. Mais en matière de mariage, s'il existait des rivaux, on courait toujours le risque que le cœur de la femme soit partagé. Et Wyndham Martell voulait un cœur qui lui appartienne entièrement, du début à la fin. En matière de sentiments, jouer ne l'intéressait donc pas. A moins, bien sûr, qu'il ne mène le jeu. Chacun sait que si une femme vous attend, il n'est pas mauvais de la faire attendre encore un peu.

Elle serait là, au bal de Mme Grockleton, et elle l'attendrait.

D'aucuns pouvaient trouver qu'il y avait trop de plantes. Mais on avait appliqué la maxime infaillible : en cas de doute sur l'agencement d'une pièce ou sur la qualité des invités, remplir l'endroit de fleurs. Et dans la mesure où la saison le permettait, c'était ce qu'avait fait Mme Grockleton. Chaque imperfection était masquée par une rose tardive ou un arbuste. Ce soir-là, on aurait pu prendre l'entrée des salles municipales de Lymington pour une serre.

— Monsieur Grockleton, je suis en grand émoi, déclara-t-elle en embrassant la scène du regard en compagnie de son mari et de ses enfants.

Et si une dame corpulente en robe de bal peut dire qu'elle est en émoi, alors elle l'est vraiment.

— Nous avons tout prévu : buffet, musique, jeux de cartes. J'ai fait de mon mieux. Et les invités sont...

Elle n'acheva pas sa phrase. L'assistance pouvait être qualifiée de mélangée. Les jeunes filles de l'académie en formaient bien sûr le noyau. Officiellement, le bal était donné en leur honneur. Elles fournissaient un prétexte à Mme Grockleton. Elles, leurs parents et leurs frères formaient les participants. Si certains des parents présents n'étaient peut-être pas au goût des Burrard, il eût été grossier de leur part de se montrer incivils avec les jeunes filles de l'école locale ou de faire insulte à sa directrice. Si elle ne pouvait s'empêcher de s'écarter un peu de cette position défendable, du moins pouvait-elle s'y replier.

Les officiers français constituaient de précieuses recrues. Aristocrates, séduisants et, inutile de le dire, trop contents d'aller quelque part où ils danseraient et se nourriraient gratis, les Français inviteraient les filles de commerçants et parleraient d'égal à égal avec M. Martell. Elle aurait été heureuse d'inviter une centaine de régiments.

— Nous allons vraiment avoir l'impression que tout Versailles est venu à Lymington ce soir, dit-elle à son mari.

Mais, même si une idylle se nouait entre un aristocrate français et l'une des jeunes filles, les Français n'étaient guère que des pions sur son grand échiquier mondain.

Pouvait-on présenter le médecin à la mode de la ville à M. Martell ? Oui, bien sûr. Certains autres parents ? Probablement pas. Elle rêvait d'une rencontre impromptue. Si, par exemple, les Burrard tombaient sur quelque autre grande famille et remarquaient qu'elle était de leurs amis, eh bien, ils l'accepteraient eux aussi. Si M. Martell amenait M. Drummond, il verrait qu'elle connaissait les Albion. Et, bien entendu, si elle pouvait se faire inviter à Cadland et y rencontrer les Burrard... « Les relations, monsieur Grockleton, expliquait-elle souvent. L'important, c'est de se faire des relations. » Mme Grockleton dépensait environ un quart de son énorme énergie mentale à rêver de ces relations.

— Quels que soient ceux qui viendront, dit-elle, entendant par là des gens comme les Drummond ou les Burrard, ils verront que les Totton et nous-mêmes, les Albion et M. Martell sommes très liés. Si tout va bien.

— Tout ira bien, ma chère, la rassura son mari.

La salle principale avait belle allure. Les tables pour jouer aux cartes avaient été installées dans une pièce latérale. La nourriture, fournie par M. Seagull, de l'auberge de l'Ange, le vin et le cognac, que ce même Seagull avait vendu à l'agent des douanes au prix fort sans s'émouvoir, tout était en place. Dans une demi-heure, quand les invités commenceraient à arriver, ils se montreraient enchantés, il en était certain.

— Et dès qu'il y aura de la musique et que les gens danseront... dit-il joyeusement.

Mme Grockleton hocha la tête, puis s'arrêta net. Elle laissa échapper un cri, presque un hurlement.

— Oh, monsieur Grockleton, monsieur Grockleton, qu'allons-nous faire ?

— Que se passe-t-il, ma chère ? s'écria-t-il, alarmé.

— J'ai oublié l'orchestre !

— L'orchestre ?

— Oui, l'orchestre. Les musiciens. J'ai oublié de les engager ! Nous n'en avons aucun. Oh, monsieur Grockleton, comment allons-nous danser sans musique ?

M. Grockleton dut avouer qu'il ne le savait pas. Sa femme jeta un regard fiévreux à ses enfants, comme si elle avait pu les transformer en violoneux d'un coup de baguette magique. Le miracle ne se produisant pas, elle se tourna vers son époux.

— Un bal sans musique ! Qu'allons-nous devenir ?

Une pensée plus terrible lui vint :

— Et si les Burrard venaient ? Vite, monsieur Grockleton, s'écria-t-elle, courez jusqu'au théâtre pour voir si les musiciens sont là !

— Mais, s'il y a une pièce...

— Une pièce n'a pas besoin de musique ! Il faut qu'ils viennent ici !

— Il n'y a pas de pièce ce soir ! s'écria l'un de ses enfants.

— Alors mettez-vous à la recherche des musiciens ! Dépêchez-vous. Un piano, monsieur Grockleton. Apportez-moi un piano, M. Gilpin jouera.

— M. Gilpin ne voudra peut-être pas...

— Bien sûr qu'il le voudra ! Il le faut bien.

Sur les ordres frénétiques de Mme Grockleton, son mari, ses enfants, les domestiques et même Isaac Seagull se précipitèrent aux quatre coins de la ville. Vingt minutes plus tard, un piano un peu désaccordé trônait dans la salle de bal. Un violoniste apparut quelques instants plus tard avec son instrument. Il ne s'était pas rasé et peut-être avait-il bu un verre ou deux, mais il était disposé à jouer et indiqua où trouver un de ses collègues. Quand la première de ses élèves arriva avec son père, le marchand de charbon, Mme Grockleton fut soulagée, quoique un peu déconcertée, d'entendre son unique violoniste, à demi caché derrière une plante en pot, se lancer dans une matelote.

La pleine lune se levait déjà quand la voiture quitta Albion House.

Il était tout naturel que Mme Grockleton ait voulu donner son bal une nuit de pleine lune. A la campagne, quand les gens devaient parcourir plusieurs kilomètres tard dans la nuit pour rentrer chez eux, ils préféraient toujours le faire quand la lune brillait le plus possible. Les bals étaient organisés en conséquence, aux époques de l'année où l'on avait le plus de chances d'avoir un ciel clair. Il n'existait plus de voleurs sur les chemins de la Forêt depuis l'affaire d'Ambrose Hole, mais on aimait mieux voir où l'on allait.

Fanny ne s'attendait cependant pas à rentrer tard. Elle avait d'abord des raisons personnelles de supposer que la soirée serait tout sauf agréable. En second lieu, elle avait été prise au dépourvu par un fait nouveau : M. Albion avait décidé de venir aussi.

Quand elles étaient rentrées à la maison dans l'après-midi, elle l'avaient trouvé déjà fin prêt. Il avait insisté pour venir. Il était difficile de dire s'il avait retrouvé sa vitalité ou s'il était furieux d'avoir été laissé seul pendant deux jours, mais comme il repoussait toute tentative de le dissuader et semblait sur le point de se mettre en colère, elles ne purent faire autrement que de l'amener. Mme Pride les accompagnait, en cas de difficulté.

Adelaïde était fatiguée, mais de bonne humeur. Bien qu'elle n'ait pas dit grand-chose à son frère, en dehors de lui transmettre le bon souvenir de M. West et de déclarer que le nouvel occupant de Hale était un parfait gentleman, la vieille dame avait déjà clairement exprimé son point de vue à Fanny : « C'est un parti très convenable, ne croyez-vous pas ? »

Fanny ayant admis qu'il semblait sensé, elle lui avait alors demandé si elle le trouvait à son goût. « A dire vrai, je n'en sais rien, ma tante. Nous venons seulement de faire connaissance. »

Sa tante se satisfit de cette réponse et ne lui posa pas d'autre question. Tandis qu'elle s'asseyait dans la voiture, emmitouflée dans son châle, Fanny voyait bien à son attitude qu'elle estimait ne pas avoir gaspillé ses efforts en vain en traversant la Forêt jusqu'à Hale et avoir fait quelque chose d'important pour l'avenir de sa nièce.

Quant à ses véritables sentiments, Fanny ne savait plus trop ce qu'elle éprouvait. Le silence de M. Martell, le fait de découvrir que même après son départ aucun message de lui n'était arrivé et enfin sa ressemblance inquiétante avec le portrait de Penruddock, tout cela avait été pour elle une série de chocs. Elle n'était pas certaine de vouloir que sa pauvre tante voie Martell, car, même avec ses yeux fatigués, Adelaïde ne manquerait pas de remarquer cette sinistre ressemblance et elle souhaitait lui épargner un nouveau coup.

Quand elles remontèrent la grand-rue dans le fracas des roues sur le pavé pour se rendre aux salles municipales, elle en était arrivée à espérer qu'il ne soit pas là. Quelques minutes plus tard, en se frayant lentement un chemin au milieu des plantes de la grande salle, Fanny ne ressentait plus rien.

Il manquait les Burrard, mais tous les Totton étaient là, ainsi que le comte, sa femme et tous les officiers français. L'essaim de jeunes filles de l'académie de Mme Grockleton s'avérait tout à fait charmant et si un ou deux de leurs parents portaient peut-être des vêtements de coupe un peu campagnarde, s'étaient mis trop de poudre, riaient un peu fort ou gloussaient timidement, il fallait être de bien mauvaise composition pour s'en formaliser. M. Gilpin se trouvait là lui aussi, d'assez mauvaise humeur apparemment. Quant à Martell, pas la moins trace.

Son père et sa tante désiraient s'asseoir et, là, Fanny dut reconnaître que M. Grockleton avait fait merveille : il avait installé pour eux des fauteuils dans un coin, amené les gens qu'il fallait, comme le médecin et sa femme, pour discuter avec eux, et il veillait sur eux à tout instant, si bien qu'elle eut le loisir d'aller bavarder avec ses amies. Après avoir salué ses cousins, elle crut de son devoir, compte tenu de sa position, de faire le tour de la salle. Pendant un certain temps, elle fut donc si occupée à se rendre agréable auprès des membres de plusieurs familles de Lymington et du contingent français qu'elle ne remarqua guère ce qui se passait. Elle jeta néanmoins une ou deux fois un coup d'œil à la ronde et constata que M. Martell n'était pas encore arrivé. Lorsque Mme Grockleton frappa dans ses mains et que son mari annonça l'ouverture du bal d'un ton solennel, elle fut assez étonnée de voir M. Gilpin, l'air assez mécontent, s'asseoir au piano et, accompagné de deux violonistes, commencer à jouer.

— Un menuet ! s'écria Mme Grockleton. Venez ; Fanny, Edward, venez donc, conduisez le menuet.

Fanny et Edward étaient tous deux de bons danseurs. Le comte et sa femme suivirent, les autres officiers français ne se firent pas prier pour choisir une cavalière, et la danse commença. Quand Edward lui murmura à l'oreille que M. Gilpin était au piano parce que Mme Grockleton avait oublié l'orchestre, Fanny faillit éclater de rire. D'autres danses suivirent le menuet. M. Gilpin indiqua ensuite qu'il souhaitait être relayé et se leva. Mais les deux violonistes, qui avaient maintenant trouvé leur rythme, entonnèrent une danse folklorique et la plupart des gens de Lymington s'élancèrent sur la piste. Quand il entra dans la salle, au moment où l'on annonçait l'ouverture du buffet, M. Martell eut donc sous les yeux un spectacle sinon très élégant, du moins fort plaisant.

Fanny ne le vit pas. Elle avait apporté à sa tante avec Edward une petite tarte aux fruits et une coupe de champagne, mais le vieux Francis Albion, qui d'évidence s'amusait énormément, réclama une assiette de jambon et du bordeaux. Qui plus est, il adressa à sa fille un regard coquin, comme elle ne lui en avait encore jamais vu, et lui suggéra de faire venir quelques-unes des jeunes demoiselles pour bavarder avec lui. Cette métamorphose étonna grandement Fanny et elle fit docilement ce qu'il lui demandait.

Quelques minutes plus tard, alors qu'elle discutait avec l'un des officiers français, elle prit soudain conscience d'une présence à côté d'elle et, tremblante, sut immédiatement qui c'était.

— Je vous cherchais, mademoiselle Albion, dit M. Martell.

Presque malgré elle, elle se tourna vers lui. Le petit cri qu'elle poussa était tout à fait involontaire, comme l'expression d'horreur qu'elle avait dû prendre, mais, en la voyant, il fronça les sourcils. Cependant elle n'y pouvait rien, car, à côté d'elle, se tenait l'homme dont elle avait vu le portrait la veille au soir.

C'était à donner des frissons. Il ne s'agissait pas d'une simple ressemblance — les cheveux identiques, les mêmes traits sombres, la même prestance, le même air fier. C'était l'homme, lui-même. Il lui semblait qu'en ce moment le portrait accroché dans le couloir obscur de Hale

House devait être vide et que le colonel Penruddock en était sorti, avait changé de vêtements et se trouvait à présent devant elle, grand, tout à fait vivant et menaçant. Elle recula d'un pas.

— Quelque chose ne va pas ? demanda-t-il, déconcerté.

— Non, monsieur Martell, ce n'est rien...

— Vous ne vous sentez pas bien ?

Il paraissait inquiet, mais elle secoua la tête en signe de dénégation.

— J'aurais dû venir vous voir avant ce soir, mais Sir Harry a pris beaucoup de mon temps...

— De toute façon, vous ne m'auriez pas trouvée ces deux derniers jours. Je me suis absentée.

— Ah.

Il y eut un temps de silence.

— Dans une maison où j'étais récemment, j'ai vu le portrait d'un personnage qui vous ressemble de manière frappante, pour le moins.

— Vraiment ? Son visage était-il si désagréable, mademoiselle Albion ?

Peut-être voulait-il la faire sourire, mais elle resta sérieuse.

— Un certain colonel Thomas Penruddock, de Compton Chamberlayne. Il vivait du temps de Charles II ou un peu plus tard.

— Le colonel Thomas ? répéta-t-il, son intérêt piqué. Voulez-vous me dire où vous avez vu ce tableau ?

— A Hale.

— J'ignorais tout à fait son existence. Quelle chance extraordinaire, mademoiselle Albion, que vous l'ayez découvert ! Le colonel Penruddock était le grand-père de ma mère, expliqua-t-il en souriant. Mon ancêtre. Nous ne possédons aucun portrait de lui.

— Vous êtes un Penruddock ?

— Certainement. Les Martell et les Penruddock se lient par mariage depuis des siècles. Je suis un Penruddock par plus d'un membre de ma famille. Quand vous attrapez l'un, vous faites d'une pierre deux coups, dit-il avec un grand sourire.

— Je vois, fit-elle sans se départir de son calme. Il y a eu des problèmes entre les Penruddock et les Lisle, une famille de la Nouvelle Forêt.

— J'en ai entendu parler. Les Lisle de Moyles Court, je crois. Mais j'avoue n'avoir jamais connu les détails. L'autre branche de cette famille était plus respectable, n'est-ce pas ?

— Je ne saurais dire.

— Naturellement. C'était il y a bien longtemps.

Fanny jeta un coup d'œil vers sa tante et son père. M. Albion bavardait gaiement avec deux jeunes filles et Adélaïde semblait s'être assoupie. Tant mieux. Inutile qu'elle sache qu'un Penruddock se trouvait dans l'assistance.

— Si votre père est dans de meilleures dispositions, peut-être pourrai-je vous rendre visite...

— Il ne vaut mieux pas, monsieur Martell.

— Bien. Il doit y avoir un dîner demain soir chez les Burrard. J'ai ici un petit mot de Lady Burrard qui vous prie de venir. Puis-je lui dire...

— Je crains d'être déjà prise, monsieur Martell. Voulez-vous la remercier de ma part. Je lui écrirai demain.

Elle se sentit soudain très lasse.

— Il faut que je m'occupe de mon père, maintenant.

— Naturellement. Quand la danse reprendra, je viendrai vous inviter.

Elle sourit poliment, sans se compromettre, et s'éloigna vers l'autre bout de la salle, laissant Martell un peu perplexe. Un fossé s'était manifestement creusé entre eux, mais il n'en voyait pas la cause. Etait-ce parce qu'il l'avait négligée durant son séjour ? Y avait-il d'autres raisons ? Nul doute que les choses pouvaient s'arranger, et il était impatient de le faire. Si son redoutable père n'avait pas été là, il l'aurait suivie. Cependant, Louisa apparut, quelques instants plus tard. Elle déclara qu'elle avait faim et il ne put faire autrement que de l'escorter jusqu'au buffet. Près d'une heure passa avant que le son des violons annonce la reprise du bal, et même alors elle ne décolla pas de la table.

A ce moment, certains invités avisés remarquèrent que quelque chose n'allait pas. Les deux violonistes ne ménageaient pas leur peine, mais l'un des deux devenait très rouge et le second, entre deux morceaux ou même pendant l'un d'eux, s'arrêtait pour tâter d'une chope qui, de toute évidence, ne contenait pas d'eau. Jouaient-ils un peu faux ? Manquaient-ils une note de temps en temps ? Il eût été mal venu de le demander. Mme Grockleton chuchota à l'oreille de son mari de lui retirer la chope.

— Il risque de s'arrêter de jouer, la mit-il en garde.

Une danse folklorique endiablée avait commencé quand M. Martell aperçut Fanny, seule. Il fendit la foule pour la rejoindre, mais elle ne le vit pas approcher, son attention mobilisée ailleurs.

Adélaïde dormait, confortablement calée dans son fauteuil, mais le vieux Francis Albion se trouvait dans un état peu ordinaire. Il avait entamé son deuxième verre de bordeaux et semblait fort joyeux. Les dames, depuis les jeunes filles de l'académie jusqu'à l'épouse du comte, l'avaient adopté. Il y en avait au moins une demi-douzaine assises autour de lui ou à ses pieds. A en juger par ses yeux brillants et leurs éclats de rire, il les amusait bien. Fanny secoua la tête, stupéfaite, et se fit la réflexion que, pendant ses longues années de voyage, son père avait dû mener une vie mondaine plus active qu'elle ne l'avait supposé

— Peut-être m'accorderez-vous cette danse ?

Elle se retourna. Elle avait déjà décidé de l'attitude à adopter si cette éventualité se présentait. Y réussirait-elle ?

— Merci, monsieur Martell, mais je n'ai pas envie de danser, je suis un peu fatiguée.

— Jen suis désolé. Mais aussi content si cela me donne l'occasion de bavarder avec vous. Mon séjour à Lymington tire à sa fin. Je repars ensuite dans le Dorset.

Elle inclina la tête et sourit poliment. En même temps, elle jeta un regard alentour dans l'espoir de trouver un prétexte pour mettre fin à la conversation sans se montrer grossière. Elle aperçut le comte et le salua de la tête ; elle voyait aussi M. Gilpin, mais il ne regardait pas dans sa direction.

L'occasion lui fut cependant donnée par Mme Grockleton, arrivée en ouragan, apparemment lestée d'une ou deux coupes de champagne.

— Enfin, vous voilà, monsieur Martell ! Mais où est donc cette chère Louisa ?

— Je crois qu'elle...

— Vous croyez, monsieur ? Ne me dites pas que vous l'avez perdue ! Vous devez la retrouver immédiatement, monsieur. Quant à vous, mademoiselle, nous avons entendu des rumeurs intéressantes concernant une jeune dame qui aurait rendu visite à un certain gentleman du côté de Hale, ce me semble. J'ai parlé à votre tante, mademoiselle. Elle s'est formé une excellente opinion de votre M. West.

— Je connais à peine M. West, Mme Grockleton.

— Vous auriez dû l'amener ici ! s'écria Mme Grockleton, inconsciente de l'embarras dans lequel elle mettait Fanny. Ce me semble que vous le cachez...

Fanny se demandait en vain comment faire taire leur hôtesse quand le galant comte apparut à côté d'elle, l'invita pour le menuet qui venait de démarrer et murmura à M. Martell qu'elle lui avait déjà promis cette danse, ce qui était un mensonge. Fanny sauta sur l'occasion.

— Quand cette danse sera finie, mademoiselle Albion, devrai-je vous raccompagner auprès de Mme Grockleton ? demanda le Français, l'œil pétillant de malice.

— Aussi loin d'elle que possible, le pria-t-elle.

Pendant un quart d'heure encore, elle réussit à éviter M. Martell. Elle le vit danser avec Louisa, puis chercha refuge auprès de M. Gilpin, en compagnie duquel elle put en toute sécurité assister à la fête pendant un moment. Malheureusement, il devenait maintenant évident que le bal de Mme Grockleton dégénérait quelque peu. On aurait dû retirer sa chope au violoniste, car elle contenait un mélange détonant de bordeaux et de cognac. Ses doigts glissaient et son violon émettait des sons étranges. Certains pouffaient de rire. Fanny remarqua Isaac Seagull près de l'entrée, qui regardait la scène, amusé, et elle se demanda quelles pensées traversaient son esprit cynique. Sa présence lui rappelait les obscurs secrets de son ascendance.

— Il faut faire quelque chose, murmura M. Gilpin. Si Grockleton n'intervient pas, je vais devoir le faire.

Comme pour l'y encourager, le violon laissa échapper un horrible grincement qui arrêta net les danseurs.

Le pasteur croisa le regard de Grockleton. Un signe et un petit hochement de tête de M. Gilpin suffirent : de bonne grâce, le fonctionnaire des douanes s'avança, frappa dans ses mains, leva un de ses appendices crochus et annonça :

— Mesdames et messieurs, il se fait tard. M. Gilpin a donc aimablement consenti à nous jouer un dernier menuet... non, deux, vous êtes très généreux, monsieur.

Le premier débuta bien. Fanny eut pour cavalier l'un des officiers français. Louisa dansait à nouveau avec M. Martell, mais elle s'efforça de ne pas les regarder. Au piano, M. Gilpin s'acquittait admirablement de sa tâche. Vers la fin, les choses se gâtèrent.

Les deux violonistes estimèrent qu'ils étaient loin d'en avoir fini. Arrivés à un stade d'ébriété avancé, ils prenaient fort mal qu'on les empêche de s'amuser. Ils considéraient que M. Gilpin avait besoin d'un accompagnement. Brusquement, le son des cordes se fit donc de nouveau entendre. Cela aurait passé, M. Gilpin tenant sa ligne mélodique avec fermeté, si les deux autres n'avaient pas jugé qu'un accompagnement ne suffisait pas et dirigé le pasteur. A ce moment-là, le crincrin de plus en plus strident des violons, qui malheureusement ne jouaient pas le même morceau que le piano, immobilisa les danseurs. M. Gilpin s'arrêta, l'air furieux.

M. Grockleton s'avança, tenta de parler aux violonistes, qui continuaient de jouer, tendit le bras pour arrêter l'un des deux et reçut dans l'instant un coup de violon sur la tête. Il l'empoigna alors et voulut l'entraîner au loin, sur quoi l'autre vida le contenu de sa chope sur la tête du fonctionnaire des douanes et entreprit de le rouer de coups d'archet. Il aurait pu lui faire mal si Mme Grockleton ne l'avait pas saisi brusquement par l'oreille pour l'entraîner au pas de charge vers la sortie devant un Isaac Seagull hilare.

Les bonnes gens de Lymington, tout semblant de dignité envolé, applaudissaient à tout rompre et riaient aux larmes, ce qui était sans doute la seule chose à faire. M. Gilpin, très irrité, mais qui ne voulait pas voir la fête se terminer dans la pagaille, attendit patiemment quelques instants près du piano, puis réattaqua hardiment le menuet, que les danseurs reprirent fidèlement jusqu'au bout. Une fois les Grockleton de retour dans la salle encore parcourue par les rires, le bon pasteur fit son possible pour sauver la soirée.

Il se montra admirablement à la hauteur.

— Mesdames et messieurs, dit-il en s'avançant au centre de la pièce, dans la Rome antique, il était de coutume d'accorder un triomphe aux généraux victorieux à leur retour. Je crois que vous serez de mon avis, nos aimables hôte et hôtesse ont bien mérité un tel triomphe. *Car ils ont bouté les barbares hors les murs !*

On tapa du pied, poussa des acclamations et applaudit. Un peu à l'écart, Fanny entendit Martell murmurer :

— Bien joué, monsieur.

— Et maintenant, pour la dernière danse, je suis à votre service. Mme Grockleton, laquelle voulez-vous ?

Il eût été faux de dire que le silence régnait dans la salle. Des murmures s'élevaient derrière des mouchoirs, des éventails. Et Mme Grockleton les entendait. Elle souriait, aussi courageusement que possible.

— Va pour une danse folklorique, dit-elle.

Il semblait vraiment que tout le monde dansait : les aristocrates français, les marchands de charbon, le médecin, les avocats. Fanny crut même voir danser Isaac Seagull. M. Gilpin se mit à jouer avec l'intention évidente de leur donner cinq bonnes minutes de plaisir.

Mais Fanny ne dansait pas. Elle restait à l'écart, se contentant de regarder et essayant de passer inaperçue. Elle chercha Martell des yeux, mais ne le vit pas. Louisa dansait avec un jeune Français. Fanny prit lentement conscience de sa présence. Elle avait entendu sa voix juste derrière elle avant le début de la danse. Il devait donc se trouver encore là. Elle n'osait pas se retourner, de crainte qu'il ne l'invitât à danser. Elle n'en avait aucune envie. Mais, s'il était là, que faisait-il ? Avait-il l'intention de s'adresser à elle ? Pourquoi lui parler alors qu'il se souciait si peu d'elle et que, de plus, il était un Penruddock ? Elle aurait aimé qu'il disparaisse.

Il se passait quelque chose sur la piste de danse. Une troupe tourbillonante de jeunes filles s'était rassemblée autour de Louisa. Elle disait quelque chose à son cavalier, qui haussa les épaules et sourit aimablement. La petite troupe se dirigea dans la direction de son père, Louisa en tête. Elle s'en approcha et lui parla. M. Albion était tout rouge. Réveillée, Adelaïde lui parlait, elle aussi, mais il l'ignorait manifestement. M. Albion se leva, encadré par deux filles. Les autres poussaient des cris perçants et applaudissaient. Grand Dieu, Louisa Totton conduisait le vieillard sur la piste de danse !

Et il dansait, avec raideur, bien sûr, soutenu par Louisa, mais il dansait, et une danse folklorique ! Les autres formaient une ronde. Tout le monde applaudissait le vieil homme qui sortait de sa retraite pour danser avec une jolie jeune fille. Et si elle l'aidait à se tenir droit, ils n'en paraissaient tous deux que plus vaillants. Le cœur battant, à la fois par appréhension et par délectation, Fanny se dressa sur la pointe des pieds pour mieux voir. A près de quatre-vingt-dix ans, son père dansait en public. Louisa, admirative, riait de plaisir. Avec un geste qui voulait dire : « Je vais vous montrer quelques tours à ma façon », le vieux Francis les gratifia d'une petite gigue de son invention. Tandis que la salle croulait sous les applaudissements, il se tourna vers Louisa, fut pris soudain d'une pâleur mortelle, étouffa, porta frénétiquement ses mains à son cou et tomba la tête la première sur le plancher. M. Gilpin, ignorant ce qui se passait, continua à jouer quelques mesures, jusqu'au moment où le silence l'avertit de s'arrêter.

Fanny entendit la voix de Martell derrière elle, mais, sans se retourner, elle se précipita vers son père au milieu des danseurs. Mme Pride, apparue comme par miracle, avait déjà soulevé son père. Sans un mot, elle le porta vers la sortie et l'air frais. M. Gilpin et le médecin de Lymington la rejoignirent aussitôt.

Quelques minutes plus tard, ne sachant trop quel serait le dénouement du drame, les invités récupéraient leur cape ou leur manteau pour s'en aller.

Et la pauvre Mme Grockleton, abattue par les épreuves de la soirée, ne put que se tourner vers son mari et lâcher, dans un soupir :

— O jour funeste !

Le cochon était prêt et la lune haute quand la charrette de Caleb Furzey surgit pesamment dans leur direction, sur la piste qui traversait la morne étendue semée d'ajoncs de la plaine de Wilverley. Dans le ciel clair et constellé d'étoiles, la lune brillait avec cette insistance effrayante qu'elle a souvent quand elle est pleine.

Les six gamins attendaient près de l'arbre que l'on appelait l'Homme Nu. Le cochon se tenait étonnamment tranquille, sans doute parce qu'il avait été bien nourri. Il se contentait de grogner un peu.

La charrette se rapprochait. La haridelle avançait à pas lents. On apercevait les pieds de Caleb Furzey qui reposait sur le côté. L'intérieur vide de la charrette amplifiait ses ronflements, comme par quelque effet magique de la lune.

Nathaniel et Andrew Pride avancèrent les premiers. Le vieux cheval les reconnut et, quand Nathaniel le prit par la bride, il s'arrêta sans rechigner. Nathaniel n'eut pas trop de peine à lui retirer son harnais. Andrew avait pour tâche de le conduire à une centaine de mètres de là pour l'attacher à un tronc d'arbre rabougri derrière un gros bouquet d'ajoncs. L'opération suivante consistait à mettre le cochon à la place du cheval.

Le harnais de fortune qu'ils avaient confectionné convenait assez bien, mais les bras de la charrette étaient beaucoup trop haut. Deux des garçons essayaient en vain de les tirer vers le bas. Deux autres gamins ajoutèrent leur poids sur les bras, qui s'abaissèrent, mais pas assez. Le cochon n'appréciait pas la situation. Nathaniel le tenait fermement, mais l'animal était gros. S'il tentait de s'enfuir, il n'y aurait pas moyen de l'arrêter. Agrippé au harnais du cochon, il entendit du bruit dans la charrette, les pieds de Caleb bougeaient et son ronflement avait cessé.

La charrette bascula soudain en avant. Il y eut un bruit sourd. Caleb avait roulé vers l'avant.

— Vite !

Attacher les traits au harnais fut l'affaire d'un instant. Nathaniel tenait toujours le cochon en tentant de l'apaiser pendant que les autres se reculaient. Tous regardaient la charrette avec appréhension, mais, miraculeusement, Furzey ne s'était pas réveillé.

— Allons-nous-en !

Ils se cachèrent derrière des ajoncs, où Andrew attendait déjà.

— Vous savez ce que vous avez à faire, dit Nathaniel en se déshabillant.

Ils agirent comme convenu et se rendirent à leur poste. On allait s'amuser. Etrangement, le cochon resta sans réaction pendant une bonne minute, puis il se décida à avancer.

Bien plus petit que le cheval, il était cependant lourd et très fort. La charrette avançait peu à peu, mais la sensation d'être retenu et suivi par quelque chose déplaisait à l'animal. Il grogna un bon coup et essaya de s'enfuir. La charrette le retenait toujours. Il hurla de rage, donna des coups contre les traits et poussa encore un cri perçant.

Caleb Furzey fronça les sourcils dans son sommeil. Il ouvrit les yeux, battit des paupières et se réveilla. La pleine lune était haute sur la plaine. Le paysage baignait dans une lumière argentée sinistre ; tout près, l'Homme Nu levait ses bras squelettiques comme pour le frapper. Il cligna encore des yeux. Quel était ce bruit bizarre qui l'avait réveillé ? Il se leva et se dirigea vers l'avant de la charrette. Son cheval avait disparu. Une autre créature était dans les traits et émettait un son étrange. Il en fut si saisi qu'il recula. La charrette s'inclina en arrière. Soulevé de terre, le cochon poussa un cri aigu et battit frénétiquement l'air de ses pattes. Caleb Furzey laissa échapper un hurlement de terreur.

Son cheval disparu à la pleine lune, un cochon à sa place ! N'importe quel paysan sait qui fait ce genre de choses : les sorcières et les fées. Il avait été ensorcelé ! Il s'apprêtait à sauter de la charrette quand un spectacle encore plus terrifiant s'offrit à ses yeux. Des petits personnages nus voltigeaient en criant d'un bouquet d'ajones à l'autre. Il y en avait partout. C'étaient certainement des fées. Il avait été fou de s'aventurer dehors, surtout près de Burley, par une nuit de pleine lune. Tandis que les silhouettes allaient et venaient alentour, les cris du cochon grimpèrent dans les aigus, terrifiants. Pendant un instant d'angoisse, Caleb vit le cochon en ombre chinoise devant la lune. Il poussa un autre cri d'effroi, se couvrit le visage et se jeta au fond de la charrette.

Le pauvre Caleb Furzey resta ainsi, recroquevillé, tremblant de terreur, pendant une demi-heure. Le silence revenu, il finit par jeter un coup d'œil au-dehors. La lune était haute. L'Homme Nu se dressait toujours dans son attitude menaçante, mais le cochon était parti et les fées avaient apparemment disparu dans les profondeurs de la terre. A deux cents mètres de là, son cheval paissait tranquillement au clair de lune.

Pendant ce temps, Nathaniel donnait ses dernières instructions :

— Pas un mot, même à vos frères et sœurs ! Rappelez-vous que si quelqu'un parle, on est tous morts !

Il les regarda solennellement.

— Jurez-le !

Ce qu'ils firent.

Wyndham Martell n'arrivait pas à fermer l'œil. La grande demeure des Burrard était silencieuse ; alors que tout le monde dormait depuis longtemps, lui restait assis dans sa chambre, complètement éveillé. Le clair de lune rentrait à flot par la fenêtre. Il pensa que la pleine lune l'empêchait de dormir. Peut-être. Mais aussi Fanny.

On avait finalement ramené le vieux Francis Albion chez lui. Le médecin avait d'abord cru à une crise d'apoplexie, puis avait changé d'avis. Ils avaient attendu une heure, lui avaient fait boire un peu de cognac pour le revigorer avant de le renvoyer chez lui, accompagné de M. Gilpin.

Bien que sa présence ne fût manifestement pas souhaitée, Martell avait attendu dans les parages en demandant au patron de l'auberge de l'Ange de lui rapporter les nouvelles, puis il était rentré se coucher. Il avait regardé Fanny partir, mais elle ne l'avait pas vu. Elle paraissait calme. Tout cela devait la gêner, bien que, selon lui, il n'y eût aucune raison.

Mais cela l'amenait à l'autre question. Pourquoi Fanny avait-elle changé d'attitude si brusquement à son égard ? Il se pouvait, bien sûr, qu'il se soit trompé depuis le début et qu'elle ne se soit jamais intéressée à lui. Peut-être avait-il été coupable de vanité en supposant autre chose. Mais on doit faire confiance à son intuition et il croyait fermement lui avoir plu. Pourquoi alors cette froideur soudaine ? Parce qu'il l'avait négligée ? Sûrement. Et il devait convenir qu'elle n'avait pas tort. Mais il pensait que ce n'était pas tout. On ne pouvait probablement pas se fier à Mme Grockleton en cette matière, mais M. Arthur West existait indubitablement, pouvait passer pour un parti acceptable et devait donc être pris en considération. « J'aurais dû me manifester plus tôt, pensa-t-il. Je n'aurais pas dû tant tarder. Mais cela suffit-il à expliquer sa froideur ? Que dois-je faire ? »

Que voulait-il faire ? Ça n'allait pas. La lune l'empêchait de dormir. Il prit une paire de bottes, descendit l'escalier sans bruit et sortit. La nuit était magnifique. Les étoiles au-dessus de la Forêt brillaient comme autant de cristaux. Il se dirigea vers la lande de Beaulieu au clair de lune.

La nuit de septembre n'était pas froide. Il longea sans difficulté la lande, dépassa Oakley, les bois sur sa gauche. Il marchait sans but. Il parcourut ainsi plus d'un kilomètre et réalisa que l'église de Boldre devait être tout près. En effet, après avoir suivi le chemin un moment, il tomba dessus, silhouette amicale dressée sur son tertre. Il en fit le tour et se dit qu'il ne devait pas être très loin d'Albion House. Il descendit le chemin vers le fond du vallon et prit la piste qui conduisait vers le nord à travers bois, bien qu'elle fût sombre. Quand il entendit la rivière clapoter sur des rochers, il s'en éloigna par un chemin encore plus obscur et parvint enfin dans une clairière : les pignons de la vieille demeure se dressaient devant lui, tels des fantômes dans la lumière crue de la lune. Il avança avec précaution en lisière des bois afin de ne pas réveiller les chiens ou d'alerter d'éventuels esprits tutélaires embusqués sur le toit comme des sentinelles dans leur tour de guet.

Où étaient la chambre de Fanny et celle de Francis Albion ? Quels secrets gardait ce vieux manoir ? Etait-il possible que la désaffection de Fanny ne soit pas due à de la simple indifférence ou à la présence d'un autre prétendant, mais à quelque secret caché dans cette maison ? « Je me fais des idées », se dit-il, mais il ne s'en alla pas. Posté à un endroit d'où il voyait bien les fenêtres de l'étage, il s'attarda là encore une heure sans trop savoir pourquoi.

Un peu avant l'aube, alors que la lune projetait encore des ombres allongées sur la pelouse baignée de lumière, deux volets s'ouvrirent et quelqu'un parut à la fenêtre. Fanny était en chemise de nuit blanche. Elle contempla la scène lunaire. Ses cheveux tombaient sur ses épaules et son visage, beau et tragique à la fois, semblait aussi pâle qu'un esprit. Elle ne le vit pas. Après un moment, elle referma les volets.

L'air froid était mordant en cette soirée d'octobre quand Puckle arriva à la Barrière de Beaulieu. Plus loin, dans le crépuscule mordoré de la lande brumeuse, le brâme du cerf annonça enfin le début de la saison du rut.

Puckle se sentait las. Il avait travaillé toute la journée à la Cale de l'écu. Il s'était ensuite arrêté un moment pour voir un ami à la ferme, l'ancienne ferme St Léonard. Il longeait les cottages disséminés au bord de la lande tandis que la nuit tombait et il avait hâte de se mettre au lit. Il venait d'arriver à la porte de la maisonnette quand un bruit le fit se retourner : le pas d'un cheval qui remontait le chemin dans sa direction. Son instinct lui dit immédiatement qui c'était.

Même dans le demi-jour, il n'y avait pas à s'y tromper : ce menton fuyant, ce sourire cynique. Isaac Seagull vint à lui.

Il ne dit mot avant d'être à côté de lui.

— Je ne vais pas tarder à avoir besoin de toi, dit-il à mi-voix.

Puckle prit une profonde inspiration. L'heure approchait.

On s'amusa beaucoup à Oakley quand Caleb Furzey raconta qu'il avait été ensorcelé.

— Tu étais saoul, rappelle-toi ! lança quelqu'un sur un ton jovial. Bois encore un petit coup et dis-nous combien tu as vu de fées.

— Fais attention avec ce cheval. Il risque de se transformer encore en cochon, plaisanta un autre.

Mais Furzey ne démordit pas de son histoire, et sa description du cochon et des lutins sur la plaine de Wilverley semblait si vivante que d'aucuns étaient sur le point de le croire. Seul Pride posa un long regard songeur sur Nathaniel, mais, s'il avait des soupçons, il conclut manifestement que mieux valait n'en rien dire. Les jours et les semaines passèrent. Et, en dehors de quelques petits rires et plaisanteries à propos du paysan crédule, aucun événement notable ne vint troubler la paix du hameau de la Nouvelle Forêt.

M. Arthur West ne tarda guère à faire une apparition à Albion House. Il était venu en conduisant lui-même un élégant cabriolet et expliqua qu'il passait un jour ou deux chez les Morant de Brockenhurst. Vêtu d'un lourd manteau et d'un chapeau de cocher, il souriait aimablement de sa tenue. De la tête aux pieds, il avait l'air du parfait gentleman sportif qu'il était.

Il fut reçu avec enthousiasme par la tante Adelaïde et, comme il était le neveu d'un ami, même le vieux Francis se sentit obligé de se montrer poli avec lui. Avec Fanny, il eut un comportement amical, détendu et enjoué. Il ne commit pas l'erreur de lancer une invitation qui eût donné l'impression de l'enlever à la compagnie de son père et se contenta de remarquer qu'il était certain de la rencontrer bientôt chez des amis communs, ajoutant qu'il espérait connaître au plus vite ce plaisir.

« L'un dans l'autre, il a bien mené sa barque », pensa Fanny malgré elle en souriant. Cela lui était agréable. Avec M. West, elle savait où elle en était. Il était présent, bon à marier ; il se ferait connaître aux jeunes demoiselles de la région et, s'il recevait des encouragements, il avancerait, raisonnablement, un pas à la fois. Ils se rencontreraient à un dîner, à un bal, et s'il en naissait quelque chose, tant mieux.

M. West apportait aussi une nouvelle :

— J'ai reçu récemment la visite d'un gentleman de votre connaissance, un ami des Totton, M. Martell.

A son grand dam, Fanny se sentit pâlir puis rougir. Voyant le regard de surprise de M. West, elle se hâta d'expliquer :

— Mon père et M. Martell ont eu une légère altercation quand il est venu ici.

Si Francis Albion avait donné à tout le monde une petite frayeur au bal de Mme Grockleton, il semblait de nouveau lui-même : autrement dit, on ne savait trop s'il n'aurait pas une crise et ne tomberait pas raide mort ou si, comme le médecin l'avait confié à M. Gilpin, il ne vivrait pas jusqu'à cent ans. Une chose au moins était certaine : tant qu'il vivrait, il entendait bien faire ce qui lui plaisait.

— Martell ? Un jeune homme extrêment insolent, fit-il d'une voix flûtée, sans une ombre de gêne.

— En tout cas, dit M. West, il avait grande envie de voir l'un de mes tableaux : le portrait d'un de ses ancêtres. Et je dois dire que, à y regarder de près, la chose est tout à fait extraordinaire. C'était son double. Vous avez vu le tableau, ajouta-t-il en se tournant vers Adelaïde. Le gentilhomme brun que nous avons vu à l'étage, le colonel Penruddock...

— Ce jeunot est un Penruddock ? s'écria Francis, alors que le visage d'Adelaïde restait de marbre.

— Je suis désolé, s'excusa M. West en les regardant tour à tour. Il y a là à l'évidence une querelle de famille dont j'ignorais l'existence...

— En effet, monsieur West, répondit aimablement la tante Adélaïde, mais vous ne pouviez en être au fait. Il reste que nous ne fréquentons pas les Penruddock, précisa-t-elle avec un sourire poli.

— Je saurai m'en souvenir, promit M. West en s'inclinant.

Ce faux pas n'entama certes pas sa faveur auprès d'Adelaïde et, à son départ, elle lui signifia clairement qu'il serait toujours le bienvenu.

— Je le trouve très agréable, dit Fanny en réponse au regard interrogateur de sa tante.

Et quand son père déclara qu'il espérait ne pas le voir venir tourner autour de la maison comme une mouche, elle lui assura en riant que M. West ne manquait pas d'endroits où aller.

M. West ne fut pas le seul à venir à Albion House. Que ce fût un effet du hasard ou qu'un ami comme M. Gilpin ait encouragé ces visites, plusieurs personnes vinrent s'assurer que Fanny ne manquait pas de compagnie et Francis Albion aurait eu mauvaise grâce de se plaindre quand elle sortait dîner de temps en temps. L'un de ces visiteurs les plus charmants était le comte, qui était passé une fois accompagné de sa femme, une autre fois seul.

Un après-midi, Nathaniel venait de sortir de l'école de M. Gilpin quand il fut hélé par un bonhomme qui remontait péniblement la petite route. Il ne le connaissait pas mais, à son allure, pensa que ce pouvait être un des Puckle. Quand il lui demanda s'il voulait gagner six pence, Nathaniel fut tout ouïe.

— Je viens d'Albion House et Mlle Albion m'a demandé de déposer cette lettre à Lymington. Je n'ai pas voulu refuser, mais ce n'est mon chemin. Prends les six pence qu'elle m'a donnés si tu veux bien la porter là-bas. Elle est destinée à un Français, qu'elle m'a dit.

— Je vois.

Nathaniel savait lire et l'écriture de Fanny était très nette. La lettre était adressée au comte. Six pence représentaient une somme coquette.

— Je la porte tout de suite, dit-il.

Une nuit de novembre sans lune. Une épaisse couche de nuages cachait les étoiles et, sur la mer, s'étalait le noir d'encre du néant. Seul le bruit amorti des vaguelettes qui se brisaient sur le rivage sans forme montrait que quelque chose avait déjà été créé dans cet univers vide. Un temps idéal pour les contrebandiers.

Puckle attendait sur une petite éminence proche de la côte sous la lande de Beaulieu. Devant lui, les laisses de vase s'étendaient sur des centaines de mètres à marée basse, coupées par de longs bras de mer, les « lacs », comme on disait par ici. Pitts Deep, la petite aire de débarquement des contrebandiers, se situait sur la gauche, à cinq cents mètres. A la même distance sur la droite, on trouvait le chemin des Tanneurs, puis le parc de Pylewell, une belle propriété en bord de mer. Les terres des Burrard se déployaient au-delà, avant Lymington, à trois kilomètres environ.

C'était un coin tranquille. On soupçonnait depuis longtemps le fermier du domaine de Pylewell d'être un des gros bonnets du libre-échange. On racontait que des centaines de tonneaux de cognac étaient enterrés à Pitts Deep.

Puckle tenait une curieuse lanterne qui, à la place d'une fenêtre, comportait un long bec. En occultant et découvrant alternativement le bec dirigé vers la mer, il pouvait envoyer de minuscules signaux lumineux, visibles uniquement des bateaux des contrebandiers. La marée avait commencé à monter.

Le plan, comme Puckle l'avait expliqué à Grockleton, était fort simple. A la marée montante, les lougres déposeraient la marchandise à terre et repartiraient. Le gros des libres marchands arriverait ensuite par le chemin des Tanneurs le long de la plage pour enlever la marchandise. Grockleton et ses soldats devraient lancer leur offensive à ce moment-là. L'opération était classique, mais la cargaison avait une valeur particulière : du cognac de qualité supérieure, une énorme quantité de soie et de dentelle, bref, l'une des courses les plus rentables jamais effectuées.

— Plus qu'une heure, dit-il à voix basse en essayant de paraître calme à l'homme de haute taille qui se tenait à côté de lui.

Grockleton acquiesça, mais ne dit mot. Il s'était donné beaucoup de peine. Jusque-là, tout s'était déroulé conformément à son plan. Le soi-disant petit mot de Fanny avait été une bonne idée. En copiant l'écriture d'une lettre qu'elle avait écrite à sa femme quelque temps auparavant, il avait fait un faux. Le contenu de la lettre ne comportait rien de compromettant, si elle tombait dans de mauvaises mains : elle remerciait le comte pour un livre qu'il lui avait prêté et lui transmettait le bon souvenir de son père et d'Adelaïde. Le billet avait été remis à Puckle. En le confiant à Nathaniel pour qu'il le porte au comte, chargé d'en informer immédiatement Grockleton, le contrebandier avertissait que la grosse cargaison allait arriver et que Grockleton et lui devaient se rencontrer de nouveau à la Pierre de Rufus le lendemain.

La préparation du contingent militaire avait fait l'objet de tous les soins. Grockleton n'avait dit à personne, pas même à sa femme et à ses hommes, que quelque chose se tramait. Le colonel avait fait en sorte que soixante de ses meilleurs soldats soient transférés à Buckland. Au crépuscule, il avait ordonné le rassemblement et, après avoir pris en plus vingt cavaliers de Buckland, il était sorti discrètement avec eux, les avait divisés en deux groupes et, à la faveur de l'obscurité, conduits au lieu de rendez-vous, un petit bois qui surplombait la plage juste au-dessus de Pitts Deep. Une douzaine d'hommes se tenaient déjà embusqués là. Les ordres étaient stricts. Personne ne devait gêner le débarquement des marchandises ni donner le moindre preuve de leur présence.

« Nous devons prendre les hommes à terre sur le fait », avait bien fait comprendre Grockleton au comte. Son rôle serait héroïque et, sans aucun doute, dangereux. Pendant que les vingt cavaliers sortiraient du bois à bride abattue pour longer la côte et leur couper la retraite et que vingt autres de ses hommes courraient le long de la caravane avec des lanternes, lui-même intimerait l'ordre aux contrebandiers de se rendre sur-le-champ, sous la menace d'une salve dévastatrice s'ils résistaient.

Il ne restait plus qu'à attendre. Il avait l'intention de demeurer près de Puckle jusqu'à ce que les lougres touchent terre, pour s'assurer qu'il ne changeait pas d'avis.

Même les yeux perçants d'Isaac Seagull ne parvenaient pas à fouiller l'obscurité. Il supervisait personnellement l'opération. Elle était de grande envergure. Derrière lui, deux cents hommes et quatre-vingts poneys attendaient en silence en une longue file bien ordonnée.

Chaque poney pouvait transporter deux tonneaux aux flancs applatis, attachés ensemble sur son dos. Ces tonneaux, appelés ankers, contenaient huit gallons impériaux un tiers. La plupart des hommes porteraient deux demi-ankers, l'un sur la poitrine, l'autre sur le dos, chacun pesant environ quarante-cinq livres — un lourd chargement quand on a près de vingt kilomètres à parcourir.

Le thé, empaqueté dans de la toile cirée, serait transporté par les poneys. Pour les balles de soie, aussi acheminées dans des sacs en toile cirée, Seagull avait imaginé un mode de transport particulier. Derrière lui, une douzaine de femmes grandes et fortes attendaient, vêtues de robes longues et amples. Une fois les sacs débarqués, elles enlevaient leur robe. On enroulait la soie autour d'elles. A la fin, pareilles à des momies, leur tour de taille triplé, elles remettaient leur robe et partaient, à pied ou à cheval, vers les marchés. Deux jours plus tard, deux de ces femmes seraient arrivées à Sarum, une autre à Winchester.

Seagull souriait intérieurement en attendant dans l'obscurité.

Quand les marchandises étaient débarquées sur le rivage de la Forêt, les voies d'acheminement ne manquaient pas. Pour cacher les marchandises les moins volumineuses, la tour de Luttrell, à l'est, était pratique. La rivière Beaulieu aussi. Cela l'amusait, à l'occasion, d'utiliser l'ancien fortin de Hurst. Les douanes y avaient placé un agent quelques années plus tôt. Isaac Seagull, avec son amabilité habituelle, était allé le voir et lui avait dit : « Préférez-vous que je vous fende le crâne ou que je vous paie ? — Payez », avait répondu promptement le bonhomme, et, bien qu'il eût rendu des rapports à Grockleton, il avait depuis lors ponctuellement suivi les ordres de Seagull.

Dans la partie ouest de la Forêt, le long de la côte entre la pointe du château de Hurst et Christchurch, il existait deux excellents lieux de débarquement. D'étroites ravines, les *bunnies*, descendaient jusqu'au rivage : une caravane de chevaux de bât pouvait attendre là sans être vue. Il y avait Becton Bunny, juste sous Hordle, Chewton Bunny, un kilomètre plus à l'ouest. Chewton Bunny était particulièrement apprécié parce que, de chaque côté, la plage comportait des sables mouvants qui gênaient les douaniers. De Chewton, en remontant environ sur cinq cents mètres on arrivait à l'auberge du Chat et du Violon, plus, à travers la Forêt, à la route des Contrebandiers, la piste entre Burley et Ringwood. Le premier des marchés des libres marchands se tenait régulièrement le long de cette voie. De la route des Contrebandiers, on continuait vers le nord de la Forêt et bien au-delà.

Mais, dans la partie est de la Forêt, se trouvait aussi Pitts Deep, qui présentait également des avantages. De là, on pouvait se rendre vers l'est en évitant Southampton ou gagner l'ouest de la Forêt par l'église de Boldre et le gué en amont d'Albion House pour retrouver la route des Contrebandiers quelques kilomètres plus loin. Pitts Deep était un endroit pratique et moins évident, raison pour laquelle on l'avait choisi cette fois-ci.

Grockleton se crispa et, sans s'en rendre compte, grimaça : une lueur, loin devant, aussitôt disparue. Pendant quelques instants, il ne vit plus rien. Puis il aperçut une faible lumière bleue qui clignotait sur la mer. Puckle lança deux signaux. Deux autres clignotements. Deux de Puckle. Puis un long signal bleu.

— Ils arrivent, annonça le contrebandier à voix basse.

Une brève éclaircie dans les nuages leur permit d'entrevoir le bord de l'eau et l'écume du ressac. Grockleton sentit son pouls s'accélérer. Le moment de son triomphe approchait.

A côté de lui, Puckle, lui, n'éprouvait pas la moindre excitation : il savait que l'action finale scellerait son destin.

— Ne vous inquiétez pas, murmura Grockleton près de lui en guise d'apaisement, vous aurez votre part, et elle sera généreuse.

Il n'y avait pas un mot de vrai là-dedans.

De longs moments passèrent. Puis le bruit des avirons, à deux cents mètres de là, les formes indistinctes de trois grands lougres approchant à la rame de Pitts Deep.

Grockleton avait disparu. Parti en courant, plié en deux sous la ligne de la petite falaise, certain maintenant que la marchandise arrivait vraiment, il était impatient de s'assurer que les soldats français ne passeraient pas à l'action trop tôt. Tout se déroulait comme prévu. Les trois lougres accostaient, des hommes sautaient dans l'eau. L'instant d'après, ils commençaient à décharger la marchandise.

Même à cette distance, Puckle voyait qu'ils en débarquaient une quantité prodigieuse. Tonneaux, caisses, paquets de toile cirée, on ne voyait pas distinctement, mais une ligne sombre de marchandises s'étirait sur une cinquantaine de mètres le long du rivage. Pitts Deep n'avait jamais reçu une telle cargaison. La mission des lougres s'achevait. La rapidité des marins était remarquable. L'un des lougres s'éloignait déjà. A quelques encablures, le deuxième se détachait à son tour du rivage.

Puckle soupira. Le moment était venu pour lui aussi de se déplacer.

Grockleton prenait son mal en patience. Une heure passa. Puckle lui avait dit que les libres marchands attendaient souvent un bon moment avant de se mettre en route afin de s'assurer que la voie était libre. Il avait hâte d'inspecter ces monceaux de marchandises, mais il fallait patienter. L'embuscade ne devait pas rater.

Il parcourut des yeux le rivage. Puckle avait reçu l'ordre de rester à son poste comme si de rien n'était. Il y avait un risque : il pouvait envoyer un signal aux contrebandiers pour les mettre en garde et non pour leur signifier d'approcher. En ce cas, Grockleton l'aurait fait arrêter et il aurait payé pour les autres. Il sourit : même dans cette éventualité, le résultat ne serait pas catastrophique. Il saisirait la cargaison sans courir le risque d'un combat.

Une autre heure passa. Il tendait l'oreille, à l'affût du moindre bruit. Finalement, n'en pouvant plus, courbé en deux, retenant sa respiration pour ne pas donner l'alerte, il revint auprès de Puckle. Cela lui prit dix minutes. Il gravit le petit tertre.

Plus personne. Il scruta l'obscurité alentour. Peut-être le bonhomme avait-il abandonné son poste pour satisfaire un besoin naturel. A moins que les libres marchands n'aient été tout près et ne l'aient appelé auprès d'eux. Pas le moindre bruit, pas l'ombre d'un mouvement. Il attendit cinq minutes. Si les contrebandiers avaient été là, ils seraient déjà venus jusqu'à lui.

Grockleton était un homme patient. Il attendit une demi-heure encore. Le silence était total. Puckle avait dû les avertir. Il se leva et se mit en marche avec raideur. Ce faisant, il heurta quelque chose du pied ; il lui sembla avoir fait un bruit à réveiller les morts. C'était la lanterne sourde. Il jeta un coup d'œil circulaire et haussa les épaules. Il n'y avait personne pour l'entendre.

Il retourna auprès des soldats et demanda une lanterne. La tenant bien haut, il descendit jusqu'aux marchandises : une fortune s'étalait à ses pieds. Par curiosité, il tendit la main vers un anker de cognac pour tenter d'évaluer son poids et tenta de l'incliner. Le tonneau tomba. Il fronça les sourcils et empoigna le suivant. Le tonneau se souleva aisément quand il tira dessus. Il était vide. Il donna un coup de pied à un troisième. Vide également. Il se précipita vers un paquet de thé en toile ciré et le défit : de la paille. Il courut en tous sens en décochant des coups de pieds aux ankers, aux paquets, aux caisses. Vides, tous vides.

Grockleton se tourna vers le large plongé dans l'obscurité et poussa un hurlement dans la nuit.

Isaac Seagull regardait la longue file de cavaliers remonter la route des Contrebandiers. Une profusion de pistes, de défilés et de ravines permettait de semer les douaniers montés ou les dragons qui auraient tenté de dénicher les caravanes de libres marchands en route vers le nord. Mais aucun cavalier n'était à leur poursuite, cette nuit-là. Le contingent des douanes se trouvait loin à l'est, où il l'avait habilement attiré.

La ruée vers Chewton Bunny avait été le plus beau moment de sa carrière : une cargaison prodigieuse. Il regrettait d'avoir dû obliger Puckle à jouer le rôle de compère. La torture morale du pauvre diable avait été pitoyable.

« Vous voulez dire que je vais devoir quitter la Forêt ?

— Oui.

— Quand pourrai-je revenir ?

— Quand je te le dirai. »

Le fonctionnaire des douanes s'était complètement laissé prendre par leur querelle fictive et leur petit numéro dans la rue. Puckle se trouvait déjà en mer, à l'abri de toute poursuite. Il s'était embarqué sur l'un des lougres. Il avait été bien payé. Non pas que l'argent eût beaucoup compté pour lui ; l'exil lui était insupportable. Mais quand Seagull avait appris que Grockleton projetait de faire appel à la garnison, il avait bien dû prendre des mesures radicales.

Lorsque M. Grockleton descendit la grand-rue de Lymington cet après-midi-là, tout le monde le salua très poliment. Chacun était à sa place habituelle, sauf Isaac Seagull, apparemment absent.

Curieusement, les habitants de Lymington en étaient arrivés à apprécier M. Grockleton. Il subissait les humiliations la tête haute. Tandis qu'il descendait la rue vers le bâtiment des douanes, il rendait chaque salut et, s'il ne souriait pas vraiment, on pouvait difficilement l'en blâmer. En bas de la rue, il aperçut le comte, qui s'approcha de lui et, avec un sourire mélancolique, lui toucha le bras en un geste de réelle affection.

— Peut-être aurons-nous plus de chance la prochaine fois, *mon ami*[1].

— Peut-être.

— Je reste à votre service.

Grockleton inclina la tête et poursuivit son chemin. Il avait déjà demandé qu'on lance un mandat d'arrêt contre Puckle. Il serait envoyé, avec son signalement complet, à tous les magistrats du pays. Peut-être cela prendrait-il du temps, mais, tôt ou tard, Puckle paierait. En attendant, si l'occasion se présentait, il recourrait aux soldats français pour abattre tous ces damnés contrebandiers de la Forêt.

Un aspect de l'affaire, et pas des moindres, lui échappait cependant : tant qu'il choisirait de faire appel aux troupes françaises, les contrebandiers seraient toujours mieux informés que lui. Car le compagnon que le comte avait amené à son rendez-vous au printemps n'était autre qu'Isaac Seagull.

Le comte avait une véritable affection pour M. Grockleton et sa grotesque femme, mais il n'était pas stupide.

Francis Albion se rendait parfois compte qu'il s'était mal comporté et il en éprouvait de temps en temps du remords. Mais, au soir de sa vie, on trouve souvent normal de donner encore un peu libre cours à ses penchants égoïstes. Si quelque sentiment de remords le tenaillait, il était tout à fait capable de le chasser.

A la mi-décembre, bien qu'elle ne sortît pas souvent, Fanny avait encore rencontré l'omniprésent M. West à trois reprises. Elle paraissait distraite et triste. Francis se demandait si elle était amoureuse de lui. Si Fanny devait se marier, il trouvait que West n'était pas le plus mal venu. Il pouvait résilier son bail de Hale et venir vivre à Albion House. Cela lui permettrait d'apprendre à gérer le domaine et ainsi Fanny ne lui serait pas enlevée. Il aborda donc la question un matin de décembre où elle lui tenait compagnie dans sa chambre.

— Avez-vous quelque sentiment pour M. West, Fanny ? lui demanda-t-il avec douceur.

— Je l'aime bien, père.

— C'est tout.

— Oui.

Elle hocha la tête et Francis vit bien qu'elle était sincère.

— Pourquoi, père... Vous souhaitiez que je l'épouse ?

— Oh, non. Ce n'est pas une obligation.

— Je sais que tante Adelaïde aimerait bien que je le fasse. Si j'y étais contrainte, je ne doute pas qu'il serait un compagnon agréable. Mais..

Elle écarta les mains en signe de fatalité.

1. En français dans le texte originel.

— Non, non, ma fille, dit-il tendrement. Vous devez suivre votre cœur... Il n'y a personne d'autre ? Vous paraissez un peu triste, en ce moment...

— Personne. C'est à cause du temps.

— Je suis heureux de l'entendre.

Il la regarda avec attention.

— Vous avez toute la vie devant vous, ma fille, et un héritage. Vous êtes jolie. Je ne crains nullement de vous voir rester célibataire. Mais rien ne presse, conclut-il avec un sourire de satisfaction.

— Vous ne souhaitez pas me voir mariée, père ?

Le vieux Francis marqua une pause avant de répondre, prudemment :

— Je ne me fais pas de souci pour vous, Fanny. J'ai confiance en votre jugement. Et je n'aimerais pas que vous vous mariiez dans la seule idée de me plaire. Quant au reste...

Il lui adressa un gentil sourire.

— Je suis content de vous avoir à mes côtés pendant le temps qui me reste à vivre et qui ne saurait être bien long, vous le savez. Je suis persuadé que votre tante vivra plus longtemps que moi, mais s'il devait lui arriver quelque chose, je serais tout seul, ajouta-t-il tristement.

— Vous ne serez jamais seul, père.

— Vous me promettez, Fanny, que vous ne partirez pas et ne me laisserez pas seul ?

— Jamais, père, promit-elle, soudain émue. Je ne vous abandonnerai jamais.

N'ayant encore jamais été amoureuse, Fanny n'avait nullement conscience de l'être et ne connaissait pas les souffrances inhérentes à cet état.

Si elle pensait à M. Martell, ce qu'elle faisait souvent, il ne lui inspirait, croyait-elle, que crainte et répulsion. Quand elle s'imaginait le voir par la fenêtre ou, entendant un bruit de sabots, se retournait, espérant à moitié que ce soit lui, ou encore lorsqu'elle écoutait attentivement sa cousine Louisa évoquer ses visites chez les Burrard au cas où elle aurait parlé de lui, tout cela participait, se disait-elle, d'un intérêt morbide, comme celui éveillé par un personnage inquiétant d'un roman gothique. Comment aurait-elle pu entretenir une intimité avec un Penruddock qui, de surcroît, était le portrait même du meurtrier de son arrière-grand-mère ? Comment aurait-elle pu interpréter ses propres sentiments, sa tendresse, le sourire de cet homme et ses avances ? Elle ne le pouvait pas et se croyait indifférente. Quoi qu'il en soit, tout cela était inutile et n'avait aucun sens. Mais ses réflexions s'accompagnaient d'une pensée nouvelle et insidieuse.

Se pouvait-il que son jugement soit défectueux ? Du mauvais sang coulait dans ses veines, elle avait de basses ascendances : elle possédait une hérédité chargée. Sa bonne naissance, sa prétention à la considération relevaient, en un sens, de l'imposture. « Du moins les paysans comme Puckle restent-il honnêtement ce qu'ils sont, alors que je n'ai même pas cette excuse. Même si M. Martell n'était pas un Penruddock, il répugnerait à me toucher s'il savait la vérité », pensait-elle.

A peine consciente de son état, elle constata, vers Noël, qu'elle avait de moins en moins d'énergie. Il lui arrivait de rester assise toute la matinée au salon, apparemment plongée dans un livre, mais l'esprit ailleurs. Quand arrivait un visiteur comme M. Gilpin, elle parvenait à se ranimer et semblait normale. Mais dès qu'il était parti, elle retombait dans sa léthargie, le regard perdu dans le vague. Lorsque M. Gilpin l'invitait à prendre le thé, elle acceptait, bien décidée à y aller. Mais, pour des raisons qui lui échappaient, elle restait assise là, tout juste capable de bouger, jusqu'à ce que Mme Pride vînt lui apporter son manteau et lui insuffler une petite bouffée d'énergie.

Elle venait à bout de ses journées et faisait le nécessaire. Ne la connaissant pas, on aurait pu croire que le temps était responsable de son apathie. Personne ne pouvait savoir, car elle se montrait incapable de l'exprimer, qu'elle n'éprouvait pas tant de la tristesse que le morne sentiment de l'absurdité de toute chose.

A la mi-janvier, Mme Pride et M. Gilpin s'inquiétaient sérieusement de son état.

Fanny Albion n'était pas la seule à causer du souci au pasteur. Le sort de Nathaniel Furzey le préoccupait tout autant. L'enfant avait en effet été démasqué.

Il était inévitable que, tôt ou tard, l'un de ses compagnons vende la mèche. A la période de Noël, l'un d'eux en parla à sa sœur, qui le rapporta à sa mère. Une semaine après, l'histoire avait fait le tour de la Forêt. Certains en riaient, d'autres s'en scandalisaient. A l'exception des Pride, embarrassés, les parents des autres gamins étaient remontés. Inciter leur fils à sortir en douce de nuit, à gambader tout nu, à jouer les sorciers ! Ils vinrent voir le pasteur.

Le maître d'école fit de même. « Ça ne peut pas continuer ainsi. Ce garçon exerce une mauvaise influence. Je ne pourrai pas poursuivre mon travail s'il reste là. Peut-être lui avons-nous trop appris », dit-il à M. Gilpin avec une malveillance qu'il gardait en réserve depuis des mois.

Il était inutile d'argumenter face à une telle opposition et M. Gilpin, bien trop avisé, ne s'y risqua pas. Nathaniel fut renvoyé chez ses parents à Minstead. Sa carrière à l'école de M. Gilpin s'achevait.

Mais que faire, ensuite ? A onze ou douze ans, les élèves de l'école rentraient normalement chez eux pour travailler avec leurs parents ou comme apprenti chez un commerçant ou un artisan. Mais M. Gilpin n'imaginait pas Nathaniel menant une vie routinière auprès d'un quelconque artisan. Il imaginait déjà un infortuné marchand, empoisonné par ses bons tours, le mettre à la porte bien avant qu'il ait fini son apprentissage. Il imaginait Nathaniel errant du côté de Southampton en quête de travail et embarqué par les recruteurs de la marine royale. Et puis après ? La marine faisait la gloire de l'Angleterre ; c'était son bouclier. Mais quelle vie attendait ceux qui travaillaient sur les nobles vaisseaux ? « Le rhum, la sodomie et le fouet », lui avait dit un jour un vieux marin. Il fallait espérer que ce n'était pas aussi terrible. Quoi qu'il en soit, il ne souhaitait pas cela à Nathaniel Furzey.

Connaissant la vive intelligence et l'esprit d'entreprise de l'enfant, M. Gilpin envisageait deux voies possibles. L'une consistait à recevoir une éducation convenable, peut-être en menant la vie d'un étudiant pauvre à Oxford, pour finir probablement dans les ordres. L'autre était de rester dans la Forêt et de devenir un patron de la contrebande, et, dans ce cas, mieux valait qu'il aille sans attendre faire son apprentissage auprès d'Isaac Seagull. Après tout, comme quelqu'un devait diriger les opérations de contrebande, autant que ce soit un homme intelligent. L'ironie que comportait ce choix n'échappait pas au pasteur. Quand il en parla avec M. Drummond et Sir Harry Burrard, ces deux dignes gentlemen considérèrent les deux possibilités avec intérêt.

La solution du problème émana cependant de manière inattendue de quelqu'un d'autre : M. Totton, le marchand. Il avait dîné avec les Burrard et entendu parler de l'affaire.

— N'ayant plus d'enfant à élever, dit-il à M. Gilpin avec son aisance habituelle, je serai heureux d'aider ce garçon si vous me le recommandez. Il semble cependant un peu turbulent...

— Je crois qu'il s'ennuie. C'est un risque à courir.

— C'est ce que font sans cesse les commerçants, fit gaiement Totton. Alors, dites-moi, à quelle école allons-nous l'envoyer ?

— Il y en a une excellente à Winchester, répondit Gilpin.

Et comme une bonne action en appelle presque toujours une autre, quelques jours après le départ de Nathaniel pour Winchester, M. Gilpin entreprit de faire quelque chose pour Fanny Albion.

— Bath ! s'écria Mme Grockleton. Bath ! Et avec Fanny Albion à notre charge. Nous serions pour elle comme père et mère, monsieur Grockleton, *in loco parentis*.

Elle prononça l'expression latine comme si ç'avait été un secret d'Etat.

— Songez-y. Ce serait différent si vous aviez à faire ici, ajouta-t-elle avec un certain manque de tact.

— Et les Albion sont d'accord ?

— M. Albion est contre, vous pouvez en être certain, comme il est contre presque tout. Et Fanny répugne à le laisser. Mais M. Gilpin l'a convaincue d'envisager la question et Mme Pride, la gouvernante, qui est vraiment pour elle comme une vieille nounou, l'y a aidée. Et M. Gilpin a tout à fait persuadé la vieille demoiselle Adelaïde. Je crois donc que l'affaire est réglée.

— Malgré l'opposition de M. Albion ?

— Vous savez, mon cher, les femmes décident dans cette maison.

— Ah, fit M. Grockleton. Je suppose donc, reprit-il après s'être rendu compte qu'une chance à ne pas manquer de quitter Lymington pendant quelque temps s'offrait à lui, je suppose que nous ferions aussi bien d'aller à Bath...

— Merci, monsieur Grockleton, lâcha sa femme, aux anges. Je leur ai dit que vous étiez toujours de mon avis.

Ils partirent deux semaines plus tard.

« Vous avez vu, Fanny, nous allons habiter sur la colline ! s'était écriée Mme Grockleton à leur arrivée. C'est le quartier à la mode », avait-elle précisé, au cas où Fanny ne l'aurait pas compris.

Ils devaient y rester six semaines. Après un tel séjour, il s'avérait de bon ton de se lasser de Bath, même si certains, pour des raisons de santé ou par goût, vivaient ici toute l'année.

M. Grockleton avait trouvé une jolie maison. Comme la plupart de celles de Bath, elle faisait partie d'une rangée d'élégantes demeures géorgiennes construites en pierre de couleur crème.

Des alignements en demi-lune de maisons couvraient les flancs des collines escarpées. On y avait une vue dégagée sur la partie basse de la ville, où la rivière déployait ses méandres entre de hautes berges de pierre. Si Dieu avait demandé à Mme Grockleton comment il devait s'y prendre, selon elle, pour créer l'univers, elle aurait sans doute répondu : « Faites-le à l'image de Bath. » Peut-être aurait-elle ajouté cependant, en songeant à ses projets : « Vous pouvez le placer au bord de la mer. »

Bien qu'elle n'en dît rien, Fanny appréciait moins l'endroit. La maison possédait certes de belles proportions et une certaine élégance, mais pas de jardin. Peu de maisons à Bath en avaient un. De plus, en dehors d'un ou deux parcs, en majeure partie occupés par des pelouses et des parterres de fleurs, la ville semblait dépourvue d'arbres. Quand elle en fit gentiment la remarque à Mme Grockleton, celle-ci lui en fournit immédiatement l'explication : « Des arbres, Fanny ? Mais imaginez-vous combien toutes ces feuilles feraient désordre dans une ville comme Bath ! De plus, ajouta-t-elle avec raison, il y a des bois à profusion sur les collines des environs où, j'ose le dire, ils sont du plus bel effet. »

La maison était très spacieuse. Les Grockleton avaient amené leurs enfants, mais des chambres leur étaient réservées au dernier étage. Les pièces de réception occupaient le niveau en élévation par rapport à la rue et offraient une vue magnifique sur la ville. Fanny aimait s'asseoir là et jouir du panorama. Elle essaya même de faire un dessin. Mais on avait rarement l'occasion de rester tranquillement assis quand Mme Grockleton menait la barque.

Elle tenait à ce que Fanny profite du changement d'air. Elles descendaient à la salle des bains, près des antiques thermes romains, où l'on prenait les eaux. Dans la grande cour, où une vieille église abbatiale gothique formait un charmant contraste, des hommes en manteau bleu à boutons dorés attendaient pour amener les visiteurs en chaise à porteurs. Mme Grockleton insista pour que Fanny et elle fassent appel à leurs services à la première occasion.

Le lendemain, ils assistèrent à un concert dans l'une des salles des curistes, vastes et très élégantes. Ils apprirent qu'un bal de bienfaisance serait donné le surlendemain et Mme Grockleton tint à ce qu'ils y assistent.

La journée du lendemain passa presque entièrement à courir les magasins, ce qui ne veut pas dire qu'elles achetèrent quoi que ce soit, mais se contentèrent d'aller dans les boutiques à la mode et d'observer les gens qui les fréquentaient.

— Bath donne le ton, Fanny, expliqua Mme Grockleton avec obligeance. C'est ici qu'est née la bonne société. Bath est... Bath est comme notre académie. Un séjour à Bath profite même aux jeunes demoiselles les plus charmantes, celles de plus haute naissance qui ont passé leur vie à la campagne.

Le bal se révéla un peu décevant. Si les gens à la mode se trouvaient à Bath, ils ne daignèrent pas honorer les salles des curistes de leur présence ce soir-là. Une foule de veuves habituées des stations thermales, d'invalides, d'officiers en demi-solde et de commerçants dansèrent toute la nuit. Ils rencontrèrent la famille d'un marchand de Bristol, dont les deux fils invitèrent Fanny à danser. Un sympathique major, dont le col de veste avait pris cette apparence graisseuse qu'ont les vêtements juste avant de s'effilocher, fit de même.

— Vous n'avez rien à craindre de moi, lui dit-il d'un ton cordial. Je suis ici pour trouver une riche veuve.

Le major se révéla amusant et il lui donna une multitude d'informations utiles sur la ville.

— Pour les gens comme vous qui habitent les beaux quartiers, mieux vaut aller dans les salles supérieures. La compagnie y est meilleure. Mais les gens de la haute, les nobles, ne fréquentent pas souvent les salles des curistes. Sauf s'il y a quelque événement important. Ils donnent des fêtes privées. Vous êtes de ce monde-là.

A sa manière, Mme Grockleton était parvenue à la même conclusion :

— Les salles sont pleines de gens dans notre genre, je le crains, fit-elle remarquer à son mari quand ils se retrouvèrent seuls ce soir-là.

— Vous n'avez pas envie de rencontrer des gens comme nous ? s'enquit son mari avec douceur.

— Si nous voulions côtoyer des gens comme nous, rétorqua avec raison Mme Grockleton, nous pourrions nous épargner des dépenses en restant à la maison.

Les jours suivants passèrent cependant assez plaisamment. Quand il faisait assez chaud, le matin, ils emmenaient les enfants voir les choses intéressantes de la ville ou se promener le long de la rivière pour apprécier le spectacle offert par les superbes pentes boisées de Beechen Cliff. Un autre jour, ils sortirent de l'agglomération pour visiter le magnifique parc du Prieur. La majeure partie des pierres utilisées pour la construction de la ville avait été acheminée par une voie ferrée spécialement aménagée, qui, en raison de la pente, fonctionnait grâce à la force de gravité. M. Grockleton s'y intéressa beaucoup.

Mme Grockleton faisait les choses à fond. Fanny eut vite l'impression de connaître la ville aussi bien que la plupart des gens de passage : le joli square de la Reine, le cirque, l'élégant pont Pulteney conçu par Adams, les salles des curistes et le Royal Crescent, où l'on se promenait le dimanche pour se montrer. Il n'existait pas de saison mondaine bien définie à Bath, car la station était fréquentée à longueur d'année. L'endroit se révélait dans l'ensemble très agréable, bien qu'ils n'y connussent pas grand-monde. A la fin de la première semaine, il plut presque sans arrêt pendant trois jours et Fanny se serait peut-être sentie un peu déprimée si elle n'avait pas reçu une lettre très gentille de Louisa. Elle y annonçait que son frère et elle projetaient de séjourner brièvement à Bath pour profiter de sa présence.

Au milieu de la deuxième semaine, un étrange petit incident se produisit. Après avoir passé une ou deux heures à jouer sans grande énergie avec les enfants des Grockleton à la maison, Fanny descendit seule dans le centre. Sous les arcades, des boutiques proposaient toutes sortes de produits de luxe, mais son attention avait été particulièrement attirée par une vitrine où était exposé un beau service en porcelaine de Worcester. La décoration, qui consistait en paysages anglais dans le style antique, lui avait semblé si appropriée à cette station thermale qu'elle avait décidé de revenir l'examiner à loisir. Pendant la demi-heure qu'elle passa à admirer les scènes charmantes les unes après les autres, son apathie disparut presque complètement. Elle s'arracha finalement à sa contemplation et remonta sur la colline.

Elle n'avait parcouru qu'un petit bout du chemin et était parvenue à un croisement quand, à quelque distance dans la rue de droite, elle aperçut M. Martell qui descendait d'une voiture. Il lui tournait le dos et donnait la main à une jeune demoiselle très élégamment vêtue pour l'aider à en descendre à son tour. L'instant d'après, ils entrèrent dans une grande maison.

M. Martell. Son cœur faillit lui manquer. Avec une dame ? Pourquoi pas avec une dame ? Etait-ce bien lui, d'abord ? Elle n'avait pas vraiment vu son visage. Un grand brun à l'air sombre. La voiture, tirée par quatre magnifiques chevaux, appartenait certainement à quelque noble et riche personne. La démarche, l'allure générale ressemblaient tant à celles de M. Martell qu'elle avait supposé qu'il s'agissait de lui. Mais si M. Martell avait pour double un vieux portrait, il pouvait bien avoir des sosies à Bath.

Etait-ce lui ? Les battements de son cœur s'accélérèrent. Elle voulait savoir, mais hésitait. Que ferait-elle si elle le rencontrait ? Se parleraient-ils ? Que dirait-elle à M. Martell et à l'élégante jeune demoiselle ? S'il séjournait à Bath, se rencontreraient-ils ou évoluerait-il d'une maison à l'autre, dans les hautes sphères de la société locale ?

« Du fait qu'il vit dans un monde tout autre que le mien, dans lequel il ne désire probablement plus ma compagnie, que son cœur est vraisemblablement pris désormais, qu'il est un Penruddock avec lequel je ne peux et ne souhaite pas avoir de liens, ces spéculations sont tout à fait inutiles », pensa-t-elle.

Elle ne s'en alla pas pour autant. Cherchant une excuse, elle trouva un beau point de vue à admirer et s'attarda là quelques minutes. Peut-être, après tout, raccompagnait-il la dame chez elle. Mais personne ne ressortait de la maison. La voiture stationnait toujours là. Au bout d'un moment, elle longea le trottoir dans sa direction. Par simple curiosité, se dit-elle.

Son cœur commençait pourtant à battre la chamade. Et s'il réapparaissait maintenant et tombait sur elle ? Elle se montrerait polie, mais froide. Elle le repousserait, certainement. S'il restait quelques doutes dans l'esprit de Martell quant à son attitude à son égard, elle aurait l'occasion de les dissiper. Fortifiée dans cette intention, elle s'approcha nonchalamment des grandes roues de la voiture.

La porte de la maison était close. Le cocher demeurait tranquillement assis à sa place. Il portait une cape et un manteau marron très élégants. Elle leva les yeux vers lui et sourit.

— Vous avez un fort bel équipage, dit-elle plaisamment.

Il toucha son chapeau en guise de salut.

— A qui appartient-il ?

— A M. Markham, *my lady*, répondit-il poliment.

— Markham, dites-vous, ou Martell ?

— Markham, *my lady*. Je ne connais pas de M. Martell. M. Markham vient d'entrer dans la maison.

— Je vois.

Elle s'obligea à sourire de nouveau et poursuivit son chemin. L'avait-il pris pour une sotte ? Elle ne le pensait pas. Se sentait-elle soulagée ? Elle le croyait. Pourquoi alors l'énergie qui l'avait envahie ces dernières minutes semblait-elle envolée ? Ses pieds pesaient soudain une tonne. Sans presque qu'elle s'en rende compte, sa tête s'affaissa et ses épaules se voûtèrent. Devant elle, sur la colline escarpée, au même moment le ciel prit une couleur plus grise.

En rentrant, elle monta s'asseoir avec un livre dans le salon de réception et quand Mme Grockleton proposa une promenade en voiture, elle s'excusa, prétextant une migraine. Et elle resta là plusieurs heures à ne rien faire, ne voulant rien faire. La nuit venue, elle dormit très mal.

La curiosité de Fanny quant à l'endroit où se trouvait M. Martell fut satisfaite au début de la semaine suivante par une lettre de Louisa.

Elle l'informait que, M. Martell étant attendu chez les Burrard dans les jours suivants, Edward et elle avait décidé de ne pas venir la voir à Bath. « Fanny, vous serez contente d'apprendre, j'en suis certaine, que M. Martell doit ensuite se rendre à Londres et a proposé à Edward et à moi-même de faire le voyage avec lui. Aussi grands que soient les plaisirs de Bath, je suis sûre qu'ils ne sont pas comparables à ceux de Londres, et je crains donc de ne pas vous voir là-bas, vous et Mme Grockleton. »

Et c'était tout. Louisa oubliait de s'enquérir de sa santé et même de manifester sa déception de ne pas la rencontrer. Il se trouvait encore autre chose dans cette lettre. Au début, Fanny n'arriva pas à mettre le doigt dessus, mais, peu à peu, en y réfléchissant, elle vit l'intention assez clairement. Une note de triomphe. Sa cousine lui signifiait manifestement qu'elle avait mieux réussi qu'elle. Une froideur : au-delà des regrets exprimés à la va-vite, Louisa lui écrivait en réalité qu'elle avait mieux à faire et que peu lui importait qu'elle le sache.

« Ainsi, ma cousine et amie intime ne m'aime pas », pensa Fanny sombrement. En dehors de son père et de sa tante Adelaïde, qui l'aimait ? M. Gilpin, peut-être, mais aimer était pour lui un devoir. Peut-être n'existait-il guère de raisons de l'aimer, finalement ? Et le sentiment de l'inutilité et de la futilité de toute chose l'envahit, si bien que la vie elle-même lui apparut comme une grande vague grise d'hiver qui se brise et se retire sur un rivage vide.

L'incident qui se déroula dans la ville thermale à la mode de Bath à la fin du mois de février peut sembler tout ce qu'il y a de banal. Il ne le paraissait pas, à l'époque. Dans les jours qui suivirent, il n'y avait pratiquement personne dans toute la ville qui n'eût pris parti, bien que rares fussent ceux qui connaissaient la jeune fille en question. Si l'affaire avait suscité une telle curiosité, c'est parce qu'elle restait difficile à expliquer. Les théories ne manquaient pas. On ne peut pas dire que tous ces bavardages, dont l'infortunée jeune demoiselle ignorait l'existence, aient fait du mal ou du bien à qui que ce soit. Si ce n'est au pauvre major qui avait dansé et parlé avec elle dans les salles des curistes. Car, fort de sa connaissance intime du sujet, il ne tarda pas à être très demandé, invité à dîner dans des maisons où il n'avait jamais été jusque-là, et ses chances de rencontrer une veuve riche augmentèrent grandement. Pendant ce temps-là, Fanny Albion était en prison.

— Mme Pride doit venir avec moi.

Tante Adelaïde se montra ferme et, en de telles circonstances, même le vieux Francis pouvait difficilement discuter.

— Vous allez rester chez les Gilpin, lui dit sa sœur.

M. Gilpin avait souhaité aller voir Fanny lui-même, mais Adelaïde l'avait persuadé qu'il serait d'une plus grande aide en veillant sur son frère. « Je n'aurais pas l'esprit en paix en le laissant seul sans Mme Pride », lui avait-elle dit. Le vieillard fut donc transporté au presbytère, ce qui lui plut assez. M. Gilpin, quant à lui, se contenta d'une lettre. « Ma chère enfant. Comment et pourquoi cette étrange affaire a-t-elle pris naissance, j'ai peine à le concevoir. De même, je ne puis imaginer que vous soyez capable de commettre un acte de méchanceté ou de malhonnêteté. Je prie pour vous et vous demande de vous rappeler, mieux, de savoir que vous êtes entre les mains de Dieu. Croyez en Lui, et sachez que la vérité vous rendra la liberté. »

A Adelaïde, il dit seulement :

— Prenez un bon avocat.

L'intrépide vieille dame et Mme Pride se mirent donc en route pour effectuer les cent kilomètres jusqu'à Bath. Grâce aux routes à péage et aux relais de poste, elles pouvaient être là-bas le surlendemain.

L'incarcération de Fanny mettait Mme Grockleton en fureur. Tous ses efforts pour l'empêcher avaient été vains. Dieu sait pourquoi — peut-être avait-il mangé quelque chose qu'il n'avait pas digéré ou bien était-ce à cause de l'arrivée imminente du juge —, le magistrat avait ordonné que Fanny soit retenue dans la prison de la ville en attendant le procès. Même la menace de Mme Grockleton d'envoyer les douaniers inspecter sa maison n'y avait rien fait.

Dans la mesure du possible, la petite prison où elle était détenue lui avait été rendue confortable. Elle disposait de sa propre cellule, d'une nourriture spéciale, de tout ce dont elle avait besoin. On la traitait avec politesse, ses gardiens ne voulant surtout pas déplaire à la généreuse et redoutable Mme Grockleton, qui lui rendait visite constamment. Pendant ce temps-là, M. Grockleton s'était déjà assuré les services du meilleur cabinet d'avocats de Bath pour prendre sa défense et son directeur en personne était allé voir Fanny à trois reprises.

Cette regrettable affaire n'allait donc certainement pas tarder à être réglée et Fanny remise en liberté. Il devrait en être ainsi. Pourtant, après chacune de ses visites, le distingué juriste était reparti en secouant la tête. « Je n'arrive pas à obtenir d'elle la moindre déclaration », confessait-il.

M. Grockleton avait donc été amené finalement à avouer à sa femme ce qu'il avait en tête depuis un certain temps :

— Supposons qu'elle l'ait fait, dit-il.

L'indignation avec laquelle elle accueillit cette suggestion est à mettre à son crédit.

— Si vous répétez une chose pareille, monsieur Grockleton, je vous donne un coup de poing !

M. Grockleton n'en dit donc pas davantage. Mais il ne s'en interrogeait pas moins.

La boutique n'était pas grande, mais elle tournait bien. On y vendait des boutons et des nœuds à boucle, des rubans et des dentelles en tout genre. Des dames, des coiffeurs et toutes sortes de gens y achetaient des babioles, des petits articles dépareillés, sans lesquels la vie à Bath aurait perdu presque tout son sel.

La journée s'était écoulée lentement, morne, et la nuit commençait déjà à tomber quand Fanny s'était dirigée vers la porte. Elle était dans la boutique depuis un moment, à déambuler avec indolence entre les tables, inspectant les coupons de soie et autres franfreluches à la mode. Elle n'avait pas vraiment envie d'acheter quelque chose et était entrée là seulement parce que l'énergie ou le désir de remonter sur la colline vers leur logement lui manquait. Des réflexions mélancoliques remplissaient son esprit. Pendant ses déambulations, son sac à main s'était ouvert. Après avoir passé ainsi une vingtaine de minutes, elle s'était attardée encore un peu près d'une table ronde où étaient présentées de jolies dentelles. Elle en avait pris quelques-unes pour les examiner de près. Puis, après avoir refermé calmement son sac, elle s'était dirigée vers la sortie.

La vendeuse s'était précipitée pour l'arrêter au moment où elle franchissait la porte. Le directeur de la boutique l'avait rejointe quelques secondes plus tard. Ils lui avaient demandé d'ouvrir son sac, au fond duquel se trouvait une pièce de dentelle à dix shillings soigneusement pliée. Des passants furent pris à témoin. On fit rentrer Fanny dans la boutique et on appela le gendarme.

Pendant tout ce temps, on remarqua que Fanny semblait hébétée et ne disait rien.

— Qu'est-ce que cela signifie, ma chère enfant ?

Malgré les fatigues du voyage, Adelaïde avait tenu à voir Fanny dès son arrivée chez les Grockleton. L'air frêle dans ce cadre inhabituel, mais avec une détermination inébranlable, la vaillante vieille dame lança à sa nièce un regard perçant.

Mais cela n'y fit rien. Fanny restait assise en secouant la tête sous les yeux de sa tante et de Mme Pride.

— Qu'est-ce que cela veut dire, mon enfant ?

Son effort pour se maîtriser avait mis ses nerfs à rude épreuve et c'est d'un ton exaspéré, presque en criant, qu'elle reposa la question :

— *Que voulez-vous dire par : « Je ne sais pas si je l'ai fait ou non » ?*

Il y avait un beau dîner chez les Burrard. Les Totton s'y trouvaient tous, ainsi que M. Martell, arrivé l'après-midi même, et aussi M. West, qui était maintenant connu des Burrard et toujours apprécié à un dîner.

Les convives attaquaient la venaison, le canard, le civet de lapin, la tourte au poisson et les autres plats quand M. Martell, après avoir goûté le grand cru de bordeaux, demanda poliment à Louisa :

— Quelles nouvelles avez-vous de votre cousine, Mlle Albion ?

Tandis que le silence tombait et que Louisa devenait toute rouge, Sir Harry lui-même, au haut bout de la table, intervint judicieusement :

— Si vous voulez servir la cause de votre cousine, vous devez fournir une meilleure réponse qu'en piquant un fard, Louisa. Car je vous le dis tout net, toute la Forêt parle d'elle et la nouvelle est déjà parvenue à Londres. Cette pauvre demoiselle, monsieur, dit-il en se tournant vers Martell, est accusée d'avoir volé un bout de dentelle dans une boutique de Bath. C'est la chose la plus absurde et déraisonnable que l'on puisse imaginer. Elle est incarcérée à la prison et doit être jugée très bientôt. Il ne peut s'agir que d'un malentendu et, naturellement, elle va être acquittée. Sa tante, malgré son âge, est allée la voir. C'est une vieille dame très courageuse. Pendant ce temps-là, son père séjourne chez M. Gilpin. Tous à cette table, ainsi que toutes nos connaissances, s'unissent pour défendre Fanny Albion et nous lui souhaiterons bientôt la bienvenue, dit-il d'un ton grave.

— Très bien ! Très bien ! fit M. Totton avec fermeté.

— J'aimerais me rendre utile en quelque manière, déclara M. Martell en fronçant les sourcils. Je connais un excellent avocat à Bath.

Il s'interrompit un instant.

— Je crains malheureusement d'avoir offensé notre jeune amie...

Les Totton et les Burrard se regardèrent sans comprendre et M. Totton fit remarquer qu'il n'avait jamais rien entendu de pareil. M. Arthur West intervint avec obligeance :

— Si vous me le permettez, monsieur, je crois pouvoir vous en donner la raison. Vous vous souvenez du portrait que vous avez vu à Hale ?

— Bien sûr.

— Celui auquel vous ressemblez de manière aussi frappante. Peut-être ignorez-vous que le vieux M. Albion et sa sœur Adelaïde sont les petits-enfants d'Alice Lisle et que, à leurs yeux, vous êtes un Penruddock.

Cette information produisit un effet spectaculaire. Burrard et Totton le regardèrent avec stupéfaction.

— Vous êtes un Penruddock ?

Tant d'autres choses avaient mobilisé l'attention, à propos de M. Martell — ses deux domaines, son éducation, sa belle prestance, l'intérêt qu'il manifestait pour l'Eglise et la politique —, que la question de la famille de sa défunte mère n'avait jamais été soulevée.

— Voilà des siècles que les Martell et les Penruddock se marient entre eux. Ma mère était une Penruddock, dit-il fièrement. Je ne savais pas qu'il existait un lien entre les Albion et Alice Lisle, mais le colonel Penruddock a assurément arrêté une fautrice de troubles notoire, et il y a bien longtemps que cette affaire est oubliée...

— Pas dans la Forêt, fit Sir Harry en secouant la tête. Les Albion, en tout cas, doivent vous regarder avec horreur.

— Je vois.

Martell se tut. Il se rappelait que Fanny l'avait interrogé au bal de Mme Grockleton et s'était brusquement montrée très froide.

— Le sujet enflamme la vieille demoiselle Albion, en particulier, expliqua M. Totton. Sa mère l'a pour ainsi dire élevée dans l'ombre d'Alice Lisle. Alice était née Alice Albion et Albion House était sa maison.

Martell hocha lentement la tête. L'image qu'il avait eue de Fanny la première fois qu'il s'était rendu dans cette vieille maison austère lui revenait clairement à l'esprit. Sa première impression était donc exacte : une figure de tragédie, piégée entre deux vieillards dans une maison pleine de souvenirs et de fantômes du passé. Cette information signifiait autre chose : il ne s'était sans doute pas trompé en pensant qu'elle ressentait pour lui de l'inclination. Mais après avoir découvert qu'il était un Penruddock, elle l'avait évité et repoussé.

« L'ombre d'Alice Lisle nous sépare. Maudite soit-elle », pensa-t-il. Cette histoire était impossible. En songeant à la terrible situation où se trouvait maintenant Fanny, une vague de pitié l'envahissait. Que pouvait-elle éprouver, presque seule face à une telle épreuve ?

— Je suis profondément désolé d'apprendre ce qui lui arrive, dit-il doucement.

Le dîner continua sans autre allusion à ce sujet douloureux. Lorsque les dames se retirèrent, laissant les messieurs à leur porto, il se risqua à l'aborder de nouveau avec Totton et Burrard.

— C'est une étrange affaire, dit ce dernier. Gilpin et moi avons discrètement essayé d'obtenir des informations. Le propriétaire de la boutique en question refuse de retirer sa plainte. Le magistrat a insisté pour qu'elle soit détenue. Mais le pire, c'est l'état dans lequel se trouve Fanny.

Il expliqua brièvement comment M. Gilpin avait persuadé les Grockleton d'emmener Fanny à Bath.

— Durant l'hiver, elle a sombré dans une profonde mélancolie. Il semble, hélas, que ce séjour à Bath n'ait eu aucun effet bénéfique. Elle est complètement léthargique et ne dit rien pour défendre sa cause. Et, même pour des gens comme nous, Martell, un vol est un vol. Je ne vous cacherais pas que j'ai des craintes à son égard. L'affaire est grave.

Au XVIIIe siècle, les peines encourues pour un vol étaient en effet sévères et les sentences de mort ou de relégation pas rares. Les tribunaux se préoccupaient rarement de la valeur des objets volés ; seuls comptaient le caractère moral de l'inculpé et l'atteinte à la propriété d'autrui. Un vol, tel celui dont on accusait Fanny, restait un crime pur et simple, et même des membres de la noblesse risquaient une sévère punition pour un délit de ce genre. Cela montrait que la loi s'appliquait à tous.

— Savons-nous pourquoi elle a sombré dans cet état de mélancolie ? demanda Martell.

— Non, répondit Edward Totton. Je crois qu'elle a commencé à se replier sur elle-même après le bal de Mme Grockleton. Je suppose que la façon dont son père s'est donné en spectacle l'a, à tort, profondément gênée. Louisa et moi sommes fautifs. Nous ne nous sommes pas vraiment rendu compte de son état et nous aurions dû en faire davantage pour elle à ce moment-là. Mais nous ne l'avons pas fait et j'en suis honteux.

« Juste après le bal. Sa mélancolie pourrait avoir une autre cause. Que faire ? » pensa Martell tandis qu'ils rejoignaient les dames. Il était difficile d'imaginer que la famille n'ait pas pris un bon avocat. Son intervention risquait de ne pas être bien accueillie.

Une phrase de cette conversation ne cessait de le travailler. « Elle est complètement léthargique et ne dit rien pour défendre sa cause. » Il fallait la persuader de se défendre. L'affaire se révélait bien trop sérieuse pour être laissée au hasard.

Les messieurs et les dames se répartirent en deux tables pour une partie de cartes. Martell n'avait pas le cœur à jouer et, apparemment, Louisa non plus. Ils s'installèrent sur un canapé et commencèrent à bavarder.

« Nul doute que Louisa est fort jolie et amusante », se dit Martell. Il l'aimait bien et appréciait sa compagnie. Il avait même, une fois ou deux, pensé à autre chose. Une Totton n'était peut-être pas tout à fait du même monde que lui, mais, dans des limites assez larges, il pouvait épouser qui il voulait. Peut-être le choc provoqué par ce qu'il venait d'apprendre à propos de Fanny l'avait-il mis d'humeur plutôt tendre : toujours est-il qu'il regardait Louisa avec affection.

— Je dois avouer que je suis profondément affligé par ce qui arrive à Mlle Albion, dit-il.

— Nous le sommes tous.

— Je me demande si je ne peux pas faire quelque chose. Si Edward allait la voir, continua-t-il, pensant tout haut, peut-être pourrais-je l'accompagner.

Une ombre traversa le visage de Louisa.

— J'ignorais que vous souhaitiez prendre une part active dans l'affaire de Fanny. Je ne suis pas certaine qu'elle souhaite même recevoir la visite d'Edward en ce moment.

— C'est possible. Pourtant... Je soupçonne que c'est précisément de compagnie, de véritable affection, dont elle a besoin.

— Je vois.

Il n'était pas nécessaire de posséder une grande intuition féminine, dont Louisa était abondamment pourvue, pour voir où allaient les sentiments de Martell.

— Il est difficile de savoir exactement ce qu'il en est, reprit-elle avec prudence. C'est pour cette raison, peut-être, que nous nous montrons circonspects...

— Que voulez-vous dire ? Il est inconcevable que Mlle Albion soit coupable !

— Non, monsieur Martell. Cependant, à distance, il est impossible d'avoir une certitude. Il se peut que...

Il la regarda avec curiosité et étonnement. Louisa n'était pas sotte. Elle essayait d'insinuer quelque chose. Mais quoi ?

— Je vais vous faire une révélation, monsieur Martell, si vous me promettez de ne jamais le répéter.

— Très bien. Je ne le répéterai pas.

— Il y a un état de choses dont ma cousine n'est peut-être pas au fait. Vous savez, je crois, que mon père et sa mère étaient frère et sœur ?

— Oui.

— En réalité, ils ne l'étaient pas. Elle était sa demi-sœur. Et sa mère, la seconde épouse de mon grand-père, venait d'un milieu beaucoup plus modeste. C'était une demoiselle Seagull. Sa famille était de basse extraction : des marins, des aubergistes, des contrebandiers. Et si l'on remonte plus loin...

Elle fit une petite grimace.

— Mieux vaut ne pas chercher à le savoir, conclut-elle.

— Je vois.

— C'est pourquoi nous nous interrogeons... Nous n'avons aucune certitude... fit-elle avec un petit sourire triste.

Il la regarda fixement. Et il lui sembla qu'elle n'avait pas même conscience de la profonde malveillance de ses propos.

— C'est aimable à vous de me faire cette confidence, dit-il enfin, à voix basse.

A l'instant même, il s'était décidé : il partirait pour Bath le lendemain à l'aube.

Adelaïde secoua la tête en un geste d'impuissance. Elle se trouvait à Bath depuis plus d'une semaine sans avoir abouti à rien. N'en pouvant plus, elle avait presque décidé à un certain moment de rentrer chez elle. Mais elle avait été si longtemps la gardienne du temple familial, tenant sa place avec ténacité pour la sauvegarde de sa mère, de son frère et de sa nièce que, l'eût-elle voulu, elle pouvait difficilement abandonner la partie. Cela ne signifiait pas pour autant qu'elle était optimiste quant à ses chances de succès.

— Vous allez faire comme Alice ! s'écria-t-elle d'un ton amer. Elle ne s'est pas défendue : elle s'est endormie devant le juge, elle n'a jamais protesté. Allez-vous les laisser vous assassiner ? Il n'y aura donc plus d'Albion ?

Fanny ne répondit pas.

— Ne pouvez-vous pas dire quelque chose pour tenter de la persuader ? fit la vieille dame en se tournant vers Mme Pride.

Depuis une semaine, Mme Pride escortait la tante Adelaïde partout, attentive à tout ce qui se passait chez les Grockleton, tentant, autant que possible, de procurer un certain réconfort par sa présence. Elle avait aussi observé Fanny et tiré ses conclusions. Tout en parlant avec douceur, la femme de la Forêt fit preuve de fermeté :

— Je vous connais depuis le jour de votre naissance, mademoiselle Fanny. J'ai veillé sur vous. Vous vous êtes toujours montrée courageuse et raisonnable. Mais maintenant, on en a après vous, dit-elle en regardant Fanny droit dans les yeux. Vous devez assurer votre défense. Il n'y a qu'une solution. Vous devez vous tirer de cette mauvaise passe, sinon il ne restera plus rien de la famille. Défendez-vous.

— Je ne suis pas certaine de le pouvoir, répondit Fanny.

— Vous devez le faire. C'est tout, répéta Mme Pride.

— Vous devez vous battre, Fanny ! s'écria sa tante. Ne le voyez-vous pas ? Vous devez lutter. Ne jamais renoncer !

Elle regarda fixement Fanny, puis se tourna vers Mme Pride.

— Je crois que nous devons nous en aller maintenant, dit-elle en se levant avec raideur.

En partant, Mme Pride se retourna et croisa le regard de Fanny. Son message restait sans équivoque.

Après leur départ, Fanny prit la lettre de M. Gilpin et la relut dans l'espoir d'y puiser la force de lutter, mais en vain. Puis elle ferma les yeux sans pour autant s'endormir.

« Défendez-vous. » Si seulement elle le pouvait ! Parfois, quand personne ne la voyait, elle se recroquevillait dans la position fœtale et restait ainsi pendant une heure. A d'autres moments, elle s'asseyait et regardait dans le vide, droit devant elle, incapable de faire quoi que ce soit. La fâcheuse situation où elle se trouvait lui semblait sans issue. Sa vie était enfermée dans des murs aussi nus et solides que ceux de sa cellule. Il n'y avait pas moyen d'en sortir, pas d'échappatoire, pas de fin.

O combien elle aspirait pourtant à s'échapper ! Elle n'espérait qu'une chose, que quelqu'un vienne et la sauve ! Tante Adélaïde en était incapable. Même Mme Pride ne le pouvait pas. Elles lui enjoignaient de se défendre alors qu'elle avait besoin d'être sauvée et réconfortée par quelqu'un d'autre. Mais par qui ? S'il avait été là, M. Gilpin aurait peut-être pu lui venir en aide. En fin de compte, elle savait pourtant qu'il ne le pouvait pas.

Elle aspirait à être pardonnée, mais savait à peine pour quoi. Pour son existence même, peut-être. Elle mourait d'envie que celui qu'elle aimait vienne la réconforter et lui dire qu'il lui pardonnait. Elle se sentirait alors capable de faire face. Mais c'était impossible. Elle restait donc là, au supplice, les yeux clos pour ne pas souffrir de la lumière du monde. Elle ne le vit donc pas arriver.

Combien de temps faut-il à un homme pour savoir avec une certitude absolue qu'il aime une femme ?

Wyndham Martell regarda la pâle silhouette assise en silence dans sa cellule. Un pauvre rayon de soleil qui tombait sur son visage par la lucarne lui donnait une apparence éthérée. Il songea à sa vulnérabilité, à tout ce qu'il connaissait d'elle, et, en cet instant, il sut qu'il s'agissait de la femme que le destin lui avait donnée pour qu'il l'aimât à jamais. Après quoi, comme tous ceux qui ont aimé le savent, il n'y a plus rien à ajouter. Sa vie était décidée. Cela avait pris à peu près une seconde.

Il franchit la porte et elle leva les yeux vers lui, stupéfaite. Il alla droit à elle. Comme elle se levait, il la prit dans ses bras et, avec un tendre sourire, dit :

— Je suis là, Fanny, et je ne vous abandonnerai jamais.

— Mais... fit-elle en fronçant les sourcils, l'air désespérée, vous ne savez pas...

— Je sais tout.

— Vous ne pouvez...

— Je connais même le secret de votre grand-mère Seagull et de ses ancêtres, ma chérie.

Il secoua la tête affectueusement.

— Rien ne compte tant que je suis avec vous et vous avec moi.

Avant qu'elle ait eu le temps de dire quoi que ce soit, il l'embrassa et la serra dans ses bras. Fanny se mit à trembler, puis elle éclata en sanglots et, cramponnée à lui, pleura à chaudes larmes sans pouvoir s'arrêter. Il n'essaya pas de les apaiser et la tint enlacée en lui murmurant des mots d'amour. Et ils restèrent ainsi, sans avoir la moindre sensation du temps qui passait.

Ni voir arriver la tante Adelaïde.

Pendant un instant ou deux, la vieille dame ne comprit pas ce qui se passait. Fanny se trouvait dans les bras d'un inconnu qui lui tournait le dos. Qui était-il et pourquoi Fanny était-elle enlacée à lui, elle n'en avait pas la moindre idée. Elle s'appuya pour se ressaisir sur le bras de Mme Pride, qui se tenait juste derrière elle. Plusieurs secondes passèrent avant qu'elle ne retrouve l'usage de la parole. Puis :

— Fanny ?

Les deux jeunes gens s'écartèrent l'un de l'autre. L'homme se retourna et la regarda. Tante Adelaïde le dévisagea et pâlit. Avait-elle compris qu'il s'agissait de M. Martell ou crut-elle un instant que le personnage dont elle avait vu le portrait à Hale avait miraculeusement pris vie et qu'elle se trouvait face au colonel Penruddock en personne ? Il était difficile de le deviner. Quoi qu'il en soit, elle le regarda avec horreur et, d'une voix sifflante, laissa échapper un seul mot :

— Vous !

— Mademoiselle Albion, je suis Wyndham Martell, dit-il après avoir rapidement repris son aplomb.

Si Adelaïde l'avait entendu, elle choisit de l'ignorer. Le visage blanc, elle avait une expression de colère et de haine comme Fanny ne lui en avait encore jamais vu. Quand elle reprit la parole, ce fut sur le ton de mépris qu'elle aurait pu prendre pour s'adresser à un voleur :

— Comment osez-vous venir ici, scélérat ! Sortez !

— Je ne suis pas sans ignorer, madame, que, dans le passé, des sentiments hostiles ont divisé votre famille et celle de ma mère...

— Sortez, monsieur.

— Je n'en vois pas la nécessité...

— Sortez.

Elle se tourna vers Fanny, comme si Martell n'existait plus.

— Que signifie tout cela ? Que faites-vous avec ce Penruddock ?

Ce n'était pas seulement la question, posée avec froideur et colère, mais l'expression de douleur, de déception totale, de trahison qu'elle lisait dans les yeux de la pauvre femme qui faisait tant de mal à Fanny. « Elle a veillé sur moi toute ma vie, elle m'a accordé toute sa confiance, et voilà que je la trahis de la façon la plus terrible », pensa-t-elle.

— Oh, tante Adelaïde ! s'écria-t-elle.

— Peut-être n'avez-vous plus besoin de votre famille, dit sa tante avec un calme qui lui transperça le cœur.

— Si, tante Adelaïde... Je vous en prie, allez-vous-en, dit-elle à Martell.

— Je reviendrai, fit celui-ci en les regardant l'une et l'autre.

Elles se turent pendant qu'il sortait.

— Voulez-vous me donner une explication ? demanda froidement sa tante.

Fanny confessa alors avoir conçu des sentiments pour Martell sans connaître son ascendance.

— Je ne crois pas qu'il ait connu non plus la mienne, ajouta-t-elle.

Elle expliqua comment elle avait découvert son appartenance à la famille Penruddock, qu'elle l'avait éconduit et ne l'avait plus revu avant ce jour.

— Vous l'embrassiez.

— Je sais. Il était très tendre. J'étais subjuguée.

— Subjuguée ? Par un Penruddock ? fit sa tante avec amertume.

— Cela ne se reproduira plus.

— Il pourrait revenir.

— Je ne le recevrai pas.

Sa tante la regarda d'un air suspicieux, mais Fanny secoua la tête.

— Fanny, reprit sa tante avec calme, si vous revoyez cet homme, je ne vous connais plus. Nous devrons nous séparer.

— Non, tante Adelaïde, je vous en prie, ne m'abandonnez pas. Je vous promets de ne plus le voir.

Adélaïde soupira et se tourna vers Mme Pride.

— Je suis lasse. Je crois que nous ferions mieux de rentrer. Nous reviendrons demain, mon enfant, dit-elle en embrassant Fanny gentiment.

Ayant fait tout ce qu'elle pouvait pour préserver sa famille, la vieille dame se retira.

Fanny reçut cependant une visite inattendue le même soir. Celle de Mme Pride. Cette estimable dame resta là près d'une heure, durant laquelle elle apprit exactement ce qui s'était passé entre elle et M. Martell. Elle vit clairement quels étaient ses sentiments.

— Il est venu me sauver, gémit Fanny, mais c'est impossible. Je sais que c'est impossible. Rien n'est possible...

Et tout en la serrant contre elle, en la laissant pleurer et en la consolant autant qu'elle put, Mme Pride ne pouvait nier que Fanny avait raison. « Tant que le souvenir d'Alice Lisle demeurera à Albion House, aucun Penruddock ne pourra jamais y venir », pensa-t-elle sombrement. Il ne pouvait en aller autrement. Les souvenirs avaient la vie dure dans la Forêt.

Le lendemain matin, M. Martell revint, mais, à la demande de Fanny, il se retira. La même chose se produisit l'après-midi. Le surlendemain, il tenta de déposer une lettre, mais elle fut refusée.

Après tant de fausses alertes, M. Gilpin attendit pour envoyer un message à Adelaïde que le médecin eût acquis la certitude que Francis Albion était mourant.

L'arrivée de la lettre plongea la vieille dame dans l'embarras. Elle avait le sentiment de devoir retourner au chevet de son frère, mais ne voulait pas laisser Fanny, d'autant moins qu'elle redoutait une nouvelle visite de M. Martell. Mais quand Fanny lui assura que Martell n'avait pas donné signe de vie depuis trois jours et renouvela sa promesse de ne plus avoir aucun contact avec lui, elle se sentit rassurée.

— Comment pourrais-je supporter l'idée que je vous ai éloignée de mon père si longtemps, vous, son seul réconfort ? s'écria Fanny. Partez, je vous en prie, et portez-lui mon amour afin qu'il sache que je suis là en esprit, si ce n'est physiquement.

La vérité éclatait dans ces paroles et Adelaïde se décida à partir. La grande question du procès imminent demeurait cependant. Il ne restait plus que dix jours. Le meilleur avocat de la région attendait de prendre sa défense. Mais le doute persistait quant à l'état d'esprit de Fanny. Un jour elle semblait avoir l'énergie de se défendre. Le lendemain, elle replongeait dans sa léthargie, si bien que l'avocat fit honnêtement remarquer :

— Je ne sais quelle impression elle donnera au tribunal, ni même si elle répondra aux questions qu'on lui posera.

— Quel que soit l'état de santé de mon frère, je reviendrai avant le procès, assura Adélaïde. Nous devons mettre tous les atouts de notre côté. Peut-être, ajouta-t-elle, demanderai-je à M. Gilpin de m'accompagner.

Sur ce, la tante Adelaïde repartit au bras de Mme Pride, laissant, pour l'heure, Fanny toute seule.

Pendant que la voiture roulait sur la route à péage entre Bath et Sarum, Mme Pride eut le temps de réfléchir aux événements des jours précédents. Son désir le plus cher était de trouver une solution à ce terrible dilemme.

Elle nourrissait de sérieux doutes quant au sort de Fanny. Le verdict, lui semblait-il, pouvait fort bien lui être défavorable, même si elle se défendait énergiquement. Son état d'esprit et la présence de M. Martell entraînaient de graves questions, auxquelles elle ne voyait aucune réponse. Quant à la tante Adelaïde, Mme Pride ne blâmait pas la vieille dame pour son attitude à l'égard de M. Martell. Si les Pride se souvenaient encore de la traîtrise des Furzey, comment la vieille Adelaïde pourrait-elle pardonner à un Penruddock ? A sa place, pensa-t-elle, elle aurait éprouvé la même chose. Et puis trouver Fanny dans ses bras... Cela aurait pu la tuer.

Son esprit revenait sans cesse à sa déchirante entrevue avec Fanny. Elle n'avait aucun doute quant à ses sentiments. Elle aurait aimé qu'il en fût autrement. Cet amour impossible était sans doute, en partie du moins, à l'origine de son état pitoyable. Elles arrivèrent à Sarum le soir sans que Mme Pride eût trouvé le moindre début de solution.

Le lendemain, elles prirent la route de Salisbury, qui longeait une haute crête d'où l'on voyait la Forêt, puis, un peu plus tard, celle à péage de Lymington. En fin d'après-midi, elles remontaient l'allée vers le presbytère de M. Gilpin.

Le pasteur vint les accueillir à la porte, l'air grave, et précéda Adelaïde dans le salon, où il l'invita à s'asseoir. Quand elle s'enquit de l'état de son frère, il marqua un silence puis lui dit à voix basse :

— Votre frère est mort ce matin, juste avant l'aube. Il était très paisible. J'avais prié pour lui. Il s'est ensuite endormi un moment avant de passer. J'aimerais avoir une telle fin.

Adelaïde hocha la tête lentement.

— Les obsèques ?

— Avec votre permission, elles auront lieu demain. Nous pouvons attendre, si vous le souhaitez.

— Non, fit Adelaïde dans un soupir. C'est mieux ainsi. Je dois retourner à Bath dès que possible.

— Voulez-vous le voir ? Il est dans la salle à manger.

— Oui, dit-elle en se levant. J'y vais tout de suite.

M. Gilpin avait pris toutes les dispositions avec prévenance. Quand Adelaïde eut passé un moment seule avec son frère, il lui décrivit brièvement le service funèbre qu'il avait prévu à l'église de Boldre, où le caveau familial avait été apprêté. Les Totton, les Burrard et d'autres familles de la région avaient été avertis et viendraient, à moins qu'elle n'en décidât autrement. Si elle souhaitait passer la nuit au presbytère, elle était la bienvenue, ajouta-t-il. Elle déclina l'invitation avec force remerciements, préférant rentrer à Albion House. On avait permis à quelques domestiques de retourner chez eux en son absence, mais il en restait assez pour prendre soin d'elle.

— Promettez-moi de vous reposer au moins un jour ou deux avant de retourner à Bath, la pria-t-il. Vous avez le temps.

— Oui, un jour. Mais ensuite, il me faudra repartir. Je ne peux laisser Fanny seule.

— C'est juste. Peut-être viendrai-je vous rendre visite le lendemain des obsèques. J'aimerais discuter avec vous de certaines questions.

— Bien sûr.

En fait, elle attendait impatiemment d'avoir son avis.

Il la salua et regarda la voiture s'éloigner jusqu'à ce qu'elle disparaisse. Seulement alors, il rentra, traversa le vestibule et se rendit dans sa bibliothèque, dont il avait laissé la porte close pendant la visite d'Adelaïde. Il se tourna vers celui avec qui il y était resté enfermé à discuter la majeure partie de l'après-midi.

— Après-demain, je lui parlerai. Mais je tiens à ce que vous m'accompagniez. Il se pourrait que vous ayez à lui parler, vous aussi.

— Vous pensez que c'est sage ?

— Sage ou non, cela peut être nécessaire.

— Je me laisse guider par vous, dit M. Martell.

Les obsèques se déroulèrent dans l'intimité. Les Totton, les voisins de la Forêt, les fermiers, les domestiques d'Albion House vinrent tous dans la vieille église. Le service funèbre fut court, mais digne. M. Gilpin fit allusion à Fanny dans son bref sermon et dans ses prières. Quand l'assistance prit congé d'Adelaïde, on ne manqua pas de lui murmurer des messages de sympathie pour sa nièce.

Adelaïde avait exprimé le désir de rentrer tranquillement chez elle après le service et on le respecta. On la ramena donc seule, avec Mme Pride, à la vieille maison à pignons. Quand elle fut installée dans le salon lambrissé, Mme Pride lui apporta une infusion et la laissa pour qu'elle pût somnoler un peu avant le dîner.

M. Gilpin arriva à onze heures le lendemain matin. Adelaïde était prête à le recevoir.

« Elle est admirable », pensait Mme Pride. Assise bien droite et calée par des coussins dans sa bergère à oreillettes, en dépit de sa fragilité et des épreuves qu'elle avait traversées, elle était merveilleusement alerte. Quand M. Gilpin entra, Mme Pride voulut se retirer, mais Adelaïde la rappela.

— J'aimerais que Mme Pride reste avec nous, dit-elle au pasteur. Nous ne pouvons nous passer de son avis.

— J'en suis intimement persuadé, fit M. Gilpin en adressant un sourire chaleureux à la gouvernante.

— Laissez-moi d'abord vous dire où en est Fanny, commença la vieille dame.

Elle décrivit avec précision l'état dans lequel celle-ci était plongée, son incapacité à se défendre, évoqua les inquiétudes de l'avocat et fit le point de cette triste affaire. Elle parla brièvement de la gentillesse des Grockleton, mais ne mentionna pas M. Martell. Quand elle eut fini, M. Gilpin se tourna vers Mme Pride et lui demanda si elle avait quelque chose à ajouter.

Mme Pride hésita. Que pouvait-elle dire ?

— La description de Mlle Albion est très précise, déclara-t-elle avec prudence. L'affaire de Mlle Fanny semble grave. Je redoute le pire.

— Il est curieux qu'elle refuse de se défendre, remarqua M. Gilpin. Les avocats ne pensent-ils pas qu'elle aurait pu, pour je ne sais quelle raison, prendre ce bout de dentelle ?

— C'est absurde, rétorqua la tante.

M. Gilpin regarda Mme Pride.

— Je ne saurais dire, monsieur, ce qu'ils pensent. Je ne crois pas, même maintenant, que Mlle Fanny ait abordé le sujet...

— De toute évidence, elle se trouve dans un état inhabituel. Il s'agit presque, pardonnez-moi, d'un dérèglement de l'esprit. Elle n'est manifestement pas elle-même, ma chère Mlle Albion.

— C'est juste.

— Pourquoi en est-il ainsi ? dit-il en lui lançant un regard pénétrant. Une chose la perturbe-t-elle ? Ses sentiments ?

— Rien d'important, répondit Adelaïde sèchement.

— Je crois, monsieur, intervint calmement Mme Pride, qu'elle se trouve dans une grande confusion affective.

Cette remarque lui valut un regard acerbe d'Adelaïde, mais il fallait qu'elle le dise. Commençait maintenant la partie la plus délicate de la mission de M. Gilpin. Il affirma d'abord sans ambages qu'il croyait Fanny en grand danger.

— Elle est inculpée de vol. Il y a des témoins respectables. Sa position sociale ne la protégera pas en de telles circonstances. En fait, les juges mettront peut-être leur point d'honneur à la condamner à la relégation afin de montrer qu'ils ne font pas de distinction. De telles choses sont déjà arrivées, par le passé...

Il ménagea un silence pour laisser ses arguments porter. Il n'avait cependant pas pleinement apprécié la détermination d'Adelaïde.

— La justice, dit-elle avec mépris. Ne me parlez pas de justice quand je songe à ce que les juges ont fait à Alice Lisle.

— Justice ou pas, poursuivit le pasteur, tel est le risque qu'elle encourt. Vous conviendrez que nous devons prendre toutes les mesures possibles pour la tirer de là.

Adelaïde acquiesça.

— Il me semble que je devrais vous accompagner à Bath. Cela vous serait-il agréable ?

Adelaïde acquiesça de nouveau.

— Je ne crois pas, cependant, que ma présence amènera nécessairement Fanny à réagir — et il faut qu'elle réagisse et se défende. Je suis convaincu que la solution est à rechercher ailleurs.

Si Adelaïde devinait où il voulait en venir, elle ne le manifesta pas, en dehors d'un léger froncement de sourcils, Gilpin poursuivit l'offensive.

Il fit preuve d'une grande sagesse. Il parla longuement du besoin de réconciliation — comment aurait-il pu ne pas le faire en tant que chrétien ? Il s'étendit sur le mal des anciennes querelles — « On ne peut punir les enfants pour les péchés de leurs pères, mademoiselle Albion ». Il s'étendit surtout sur la nécessité de sauver Fanny.

— Je crois, dit-il pour finir, que vous savez de quoi je parle.

— Je n'en ai pas la moindre idée, répondit Adelaïde, inébranlable.

— Et pourtant, je suis persuadé du contraire ! lança calmement mais fermement quelqu'un depuis la porte.

M. Martell apparut et la salua. Bien que M. Gilpin lui ait demandé d'attendre dans la voiture, il était entré dans la maison et avait écouté en silence pendant un moment.

Adelaïde devint toute pâle, regarda Martell puis Gilpin et demanda d'un ton acide :

— Vous avez amené ici ce scélérat ?

— Oui, confessa le pasteur, mais je suis persuadé qu'il n'est pas un scélérat. Bien au contraire.

— Soyez aimable de vous en aller, monsieur Gilpin, et d'emmener avec vous ce scélérat.

Elle avait délibérément usé du même terme. Ses yeux semblaient fixer un point au-delà des lambris.

— Je vois que de nos jours, monsieur, même les hommes d'Eglise trahissent la confiance de leurs amis. Mais ma famille a l'habitude des scélérats, des meurtriers et des séducteurs, bien que ce soit la première fois qu'un pasteur en introduit un dans cette maison.

— Ma chère mademoiselle Albion...

— Je vous suggère, à l'avenir, de ne plus nous importuner. Vous êtes prié de ne pas approcher ma nièce à Bath. Je vous souhaite le bonjour, monsieur.

M. Gilpin avait été réduit au silence par ces paroles, mais pas Wyndham Martell.

— Mademoiselle, commença-t-il calmement et poliment, vous pouvez insulter la famille de ma mère autant qu'il vous plaît. Si ce que vous dites d'eux est vrai, j'en suis profondément désolé. S'il était en mon pouvoir de me défaire de mon ascendance Penruddock en me coupant cette main, dit-il en la levant, je le ferais avec joie pour sauver votre nièce.

Elle le regardait, sans mot dire. Peut-être avait-il marqué un point.

— J'ai découvert que je ressemble à l'un de mes ancêtres, dont je ne connais pas grand-chose, et que cet homme est tenu en aversion et mépris par la famille de la jeune personne à laquelle ma tendresse est déjà profondément attachée et qui, sans explication, m'a éconduit pour cette raison. Mais, bien que nous honorions nos parents et nos ancêtres, chaque nouvelle génération est un recommencement. Même la Forêt donne naissance à de nouveaux chênes. Je ne suis pas, je vous l'affirme, le colonel Penruddock et ne désire aucunement l'être. Je suis Wyndham Martell, et Fanny n'est pas Alice Lisle...

— Sortez !

— Mademoiselle, il est possible que je puisse amener Mlle Albion à assurer sa défense. Quels que soient vos sentiments à mon égard, vous ne me permettriez pas de tenter de la sauver ?

Au même moment, M. Gilpin regarda Mme Pride et vit clairement qu'elle était elle aussi persuadée que Martell pourrait la tirer de cette mauvaise passe.

— Je vous en supplie, songez avant tout au salut de Fanny, tenta M. Gilpin.

— Un Penruddock sauver une Albion ? Jamais.

— Juste ciel, mademoiselle ! lança Martell, exaspéré. Vous voulez donc que votre nièce vive dans une tombe !

— Sortez d'ici.

— L'aimez-vous, mademoiselle ? poursuivit Martell, ignorant l'injonction. Ou bien est-elle uniquement une vestale de ce temple familial ?

— Sortez !

— Je vous le dis, mademoiselle, j'aime Fanny pour elle-même. Je ne me soucie guère qu'elle soit une Albion, une Gilpin ou...

Il se prit à regarder dans les yeux cette grande et belle femme qui n'était pas sans ressemblance avec lui et ne manquait aucune de ses paroles.

— ... ou une Pride. Je l'aime pour elle-même et j'ai bien l'intention de la sauver, avec ou sans votre permission. Il n'en reste pas moins que votre aide pourrait s'avérer fort précieuse...

— Sortez.

Sur un signe de Gilpin, Martell, échauffé, se retira avec lui et, quelques instants plus tard, on entendit la voiture du pasteur s'éloigner.

Adelaïde resta plongée dans le silence pendant un moment, tandis que Mme Pride restait à côté d'elle. Puis, s'adressant à la gouvernante ou peut-être à elle-même, elle dit finalement :

— S'il la sauve, il l'épousera. Oh, ma pauvre mère. Pauvre Alice. Mieux valait qu'elle meure plutôt que de connaître une chose pareille.

A cet instant, Mme Pride sut ce qu'il lui restait à faire.

Martell et Gilpin restèrent longtemps dans la bibliothèque du pasteur à débattre de la stratégie à adopter.

— Je veux aller là-bas, dit Gilpin, et je ne doute pas que Fanny accepte de me voir. Mais deux questions demeurent. Avec cette vieille dame implacable, ma présence ne va-t-elle pas ajouter à la confusion ? Par ailleurs, c'est de vous qu'elle a besoin maintenant, non de moi.

— Je n'ai pas d'inquiétudes quant à la vieille dame, répondit Martell. J'irai à la première heure. Mais encore faut-il que Fanny accepte de me voir. Je ne peux pas enfoncer la porte de sa cellule.

— Je vous donnerai une lettre pour la prier de vous recevoir. Je lui dirai que vous parlez avec ma bénédiction. Cela pourra aider.

Gilpin venait de s'asseoir à son secrétaire pour écrire la lettre et Martell de commencer à lire un livre quand ils entendirent quelqu'un arriver à la porte. Quelques instants plus tard, un valet entra et murmura quelques mots à l'oreille de Gilpin. Celui-ci se leva et disparut dans le vestibule pendant une ou deux minutes avant de revenir en toute hâte.

— Prenez votre manteau, Martell ! s'écria-t-il. Nous allons avoir besoin de vous. On est en train de seller les chevaux !

— Où allons-nous ? lança Martell en montant quatre à quatre dans sa chambre pour aller chercher ses bottes et son manteau.

— A Albion House. Il n'y a pas une minute à perdre !

Personne ne savait où et comment cela avait commencé car, apparemment, toute la maisonnée dormait à poings fermés. C'est seulement lorsqu'un valet se réveilla au dernier étage et entendit un étrange crépitement qu'il comprit que quelque chose n'allait pas. Dès qu'il sortit de sa chambre, il trouva le couloir envahi par une épaisse fumée. L'instant d'après, il tomba sur Mme Pride, en chemise de nuit, qui venait manifestement de se réveiller elle aussi.

— Toute la maison est en feu ! s'écria-t-elle. Vite, va chercher tous les domestiques ! L'escalier de derrière est dégagé. Emmène-les à l'écurie et assure-toi qu'il ne manque personne.

— Où allez-vous ?

— Chercher madame, bien sûr.

Quand Mme Pride gagna le palier du premier, la fumée était déjà étouffante. Elle se rendit rapidement jusqu'à la chambre où dormait Adelaïde, entra et se dirigea vers le lit. Il était vide.

Elle la chercha dans la chambre. Personne. Elle essaya la chambre voisine, la trouva vide également et retourna à l'escalier. Le feu léchait déjà une tapisserie. En bas de l'escalier, des flammes sortaient du petit salon. Elle se précipita au rez-de-chaussée et tenta d'entrer, mais la chaleur était trop forte. Elle ouvrit la porte principale et sortit en vitesse.

— Quelqu'un a-t-il vu Mlle Albion ?

Toute la maisonnée était maintenant assemblée dans l'écurie. Personne ne manquait à l'appel. Les hommes récupéraient des seaux pour former une chaîne jusqu'à la rivière. C'était d'évidence inutile, mais elle n'essaya pas de les dissuader.

Aucun d'eux n'avait vu Mlle Albion.

— Elle a dû se lever. Elle doit être dehors, suggéra l'un.

— C'est peut-être elle qui a mis le feu en trébuchant sur une lampe, dit une servante.

— N'entrez pas dans la maison ! ordonna Mme Pride en y retournant.

De la fumée s'échappait maintenant du toit et des flammes sortaient par des fenêtres du haut. On avait sans doute vu les flammes depuis Boldre, car des hommes remontaient l'allée en courant. Elle les envoya faire la chaîne avec les autres. Quelqu'un était déjà parti prévenir le pasteur.

— Cherchez madame autour de la maison ! lança-t-elle à la cuisinière et aux autres femmes. Elle est peut-être sortie.

Quand MM. Gilpin et Martell arrivèrent, les flammes jaillissaient de la toiture et un flot de cendres s'élevait dans le ciel nocturne. L'entrée de la maison restait franchissable, mais à l'intérieur régnait comme une obscurité vacillante.

On avait cherché Adelaïde en vain. Personne n'avait la moindre idée de l'endroit où elle aurait pu se réfugier. Si c'était au petit salon, elle devait déjà être réduite en cendres.

— Elle a pu tomber, dit M. Gilpin. Elle est peut-être encore vivante.

Il lança un coup d'œil à Martell.

— Alors ? Nous y allons ?

Mais, le temps que les deux hommes descendent de leur monture, Mme Pride les avait devancés.

— Attendez ici ! s'écria-t-elle. Vous ne savez pas où la chercher.

Et avant qu'on ait pu l'en empêcher, elle se précipita dans la maison. Les flammes qui léchaient le bord du toit donnaient l'impression étrange que les pignons triangulaires en pierre nue cherchaient à échapper au feu. La moitié des fenêtres vomissaient des flammes. Il paraissait quasiment impossible que quelqu'un pût rester en vie dans cette fournaise. Pourtant, la haute silhouette de Mme Pride apparut à une fenêtre, puis disparut et réapparut à une autre. Elle disparut de nouveau et, cette fois-ci, ne réapparut pas. Gilpin et Martell couraient déjà vers la porte quand Mme Pride en sortit à grands pas, portant un léger fardeau : Adelaïde.

Elle n'était pas brûlée, malgré sa chemise de nuit blanche noircie et roussie. Sa tête et ses membres pendaient mollement, elle était morte. Elle avait dû vraisemblablement tomber, peut-être même s'assommer, et l'épaisse fumée l'avait asphyxiée.

Sans une pompe à eau, il ne restait aucun espoir de sauver Albion House. L'incendie menaçait de durer, car l'imposante charpente Tudor brûlait lentement et certaines des énormes poutres en chêne, bien que carbonisées à l'extérieur, ne se consumaient pas entièrement. Aux premières heures du jour, la vieille demeure se résumait à une grande carcasse rougeoyante. Albion House était détruite. Elle avait disparu et ses deux occupants, Francis et Adelaïde, sa gardienne tutélaire, avaient quitté la scène.

Le bon M. Gilpin ne manqua pas de constater que cet effroyable accident laissait Fanny Albion libre, si elle le voulait, d'accepter que M. Martell la sauve. Se rappelant que le sommeil profond de Francis Albion avait un jour permis à Fanny de l'accompagner à Beaulieu, le pasteur lança à Mme Pride un regard inquisiteur.

Mais le noble visage de Mme Pride, éclairé par le rougeoiement des flammes, n'exprimait rien et le pasteur se rappela sagement que les choses n'étaient pas toujours ce qu'elles semblaient être dans la Forêt.

On parlait tout bas dans la salle d'audience. Trois affaires de vol étaient jugées ce matin-là. Au banc des accusés, les prévenus, chacun gardé par un gendarme, devaient assister à la comparution des autres.

On appela d'abord un jeune homme qui avait attaqué un vieux gentleman et l'avait dépouillé de son argent et d'une montre en or. Avec son abondante chevelure noire bouclée, il avait dû ressembler à Nathaniel Furzey quelques années plus tôt. Mais, s'il avait été un gamin espiègle, cela ne se remarquait plus. Il regardait dans le vide, découragé, désespéré. Le jury ne tarda pas à le déclarer coupable. Il fut condamné à la pendaison.

La pauvre fille de seize ans, blonde aux yeux bleus, qui avait dérobé un jambon pour nourrir sa famille, s'en tira à meilleur compte. On voyait tout de suite qu'elle aurait pu être aussi jolie qu'une des pensionnaires de Mme Grockleton, n'eût-elle passé trois mois dans une cellule répugnante, quasiment au pain et à l'eau. Il eût été dommage de la pendre, aussi écopa-t-elle de treize ans de relégation en Australie.

Des affaires courantes. Bien que tragiques pour les familles des condamnés, elles ne suscitaient pas un intérêt particulier.

Mais celle de la jeune demoiselle accusée d'avoir volé un bout de dentelle représentait une tout autre histoire. L'arrière de la salle était bondé. Captivés, les membres du jury se redressèrent sur leur siège. Les avocats en robe noire et perruque la regardaient avec curiosité. Même le juge avait abandonné son air blasé.

Si l'affaire éveillait l'intérêt, et la jeune demoiselle la curiosité, ce n'était rien en comparaison de l'effet produit par cette dernière quand, le juge lui ayant demandé qui la représentait, elle répondit calmement :

— Je n'ai pas d'avocat, Votre Honneur. Si vous le permettez, j'entends assurer seule ma défense.

Un murmure parcourut la salle. Pour qui avait vu Fanny Albion une semaine plus tôt, la transformation était remarquable. Sa robe blanche à taille haute lui donnait un air particulièrement chaste. La frange de dentelle, l'écharpe de soie et les souliers de satin montraient que Mlle Albion, bien que modeste, était manifestement riche. Et si, sous sa robe, elle portait un petit crucifix en bois qui avait jadis appartenu à une paysanne, elle et M. Gilpin restaient presque les seuls à le savoir.

Elle se laissa conduire à la barre avec calme et assurance. Lorsqu'on lut l'acte d'accusation et lui demanda si elle plaidait coupable ou non, d'une voix claire et ferme elle répondit :

— Non coupable.

Elle jeta un coup d'œil dans la salle et vit qu'elle était soutenue. Les Grockleton étaient là, assis à côté de M. Gilpin, qui l'avait exhortée à dire la vérité le plus simplement possible. Elle remarqua aussi Mme Pride. « Après tout ce qui s'est passé, vous devez vous défendre, mademoiselle Fanny, l'avait-elle adjurée avec ardeur la veille. Vous devez vivre votre vie maintenant. » Et puis il y avait l'homme qui lui souriait et lui avait demandé sa main. Wyndham Martell l'avait amenée à promettre de lutter en lui disant : « Faites-le pour moi, Fanny. »

La stratégie de la partie plaignante était simple. Elle fit d'abord appeler la vendeuse de la boutique. Elle déclara qu'elle avait observé la prévenue pendant un moment, l'avait vue ouvrir son sac, examiner les dentelles et en laisser tomber une pièce dans le sac, qu'elle avait refermé avant de sortir rapidement de la boutique. La vendeuse avait couru après elle, l'avait arrêtée. En présence du directeur, on avait alors trouvé la dentelle au fond du sac.

— Qu'a dit la prévenue lorsque le vol a été constaté ?

— Rien.

Des murmures s'élevèrent dans la salle, mais le juge réclama le silence et déclara à Fanny qu'elle pouvait interroger à son tour le témoin.

— Je n'ai pas de question, Votre Honneur.

Que signifiait tout cela ? Les gens se regardèrent.

On appela à la barre le directeur de la boutique. Il confirma les faits. La possibilité de l'interroger fut de nouveau donnée à Fanny. Elle déclina l'offre, à nouveau.

Une passante qui avait assisté à la confrontation apporta son témoignage. Fanny ne le contesta pas. M. Grockleton semblait inquiet, sa femme prête à bondir de son siège. Mme Pride faisait la moue, dubitative.

— J'appelle la prévenue, Mlle Albion, à la barre, annonça l'avocat de l'accusation.

C'était un petit homme replet. Quand il parlait, les pattes de son col empesé se déplaçaient d'avant en arrière contre son cou charnu.

— Voulez-vous dire à la cour ce que vous avez fait l'après-midi en question, mademoiselle Albion ? commença-t-il.

— Certainement. J'ai fait le tour de la boutique exactement comme il a été dit à la cour, répondit-elle gravement d'une voix claire.

— Votre sac était ouvert ?

— Je ne m'en suis pas rendu compte, mais je n'ai pas de raison de douter qu'il l'était.

— Vous vous êtes approchée de la table sur laquelle étaient présentées les dentelles ? Niez-vous avoir pris une pièce de dentelle, l'avoir laissée tomber dans votre sac et vous être dirigée vers la porte ?

— Je ne le nie pas.

— Vous ne le niez pas ?

— Non.

— Vous avez volé la dentelle ?

— Bien sûr.

— Celle-là même que l'on a trouvée dans votre sac devant la boutique ?

— Précisément.

L'avocat parut un peu perplexe. Il regarda le juge et haussa les épaules.

— Votre Honneur, messieurs les jurés, vous venez de l'entendre de la bouche de la prévenue : elle a volé la dentelle. La partie plaignante conclut sa plaidoirie.

Il retourna à sa place, chuchota quelque chose à l'oreille de son commis à propos de la sottise des femmes qui essayaient de se défendre sans l'aide d'un avocat et attendit la plaidoirie adverse.

Le juge indiqua à Fanny qu'elle pouvait commencer. La salle était absolument silencieuse quand elle se leva.

— Je n'ai qu'un seul témoin à appeler, Votre Honneur, déclara-t-elle. C'est M. Gilpin.

Celui-ci vint à la barre avec une grande dignité. Il confirma qu'il était le pasteur de Boldre, le titulaire de plusieurs diplômes, l'auteur d'ouvrages respectés et qu'il connaissait Fanny et sa famille depuis toujours. Interrogée quant à sa position sociale, il expliqua qu'elle était l'héritière du domaine des Albion et d'une belle fortune. Elle lui demanda si, à sa connaissance, elle avait été jamais à court d'argent et il répondit que non. Sommé de décrire son caractère, il le fit très impartialement, parla de sa vie paisible et de son dévouement pour son père et sa tante. Comment avait-elle eu l'occasion de se rendre à Bath ? Lui-même, dit-il à la cour, était convenu avec les Grockleton qu'ils l'y emmèneraient pour le changement d'air. Selon lui, elle était restée trop longtemps recluse à Albion House en compagnie de deux personnes âgées.

— Comment décririez-vous mon état d'esprit à ce moment-là ?

— Vous étiez mélancolique, apathique, distraite.

— Quand vous avez appris que j'étais accusée de vol, avez-vous été surpris ?

— Stupéfait. Je ne l'ai pas cru.

— Pour quelle raison ?

— Parce que, vous connaissant comme je vous connais, l'idée même que vous ayez volé quelque chose m'a semblé inconcevable...

L'avocat de la partie adverse bondit de son siège et se précipita vers le pasteur.

— Dites-moi, monsieur, si vous croyez la prévenue quand elle déclare avoir volé la pièce de dentelle ?

— Certainement. Je ne l'ai jamais entendue prononcer un seul mensonge de tout sa vie.

— Elle l'a donc bien volée. Je n'ai pas d'autres questions.

Le juge regarda Fanny. C'était à elle.

— Puis-je m'adresser à la cour en mon propre nom, Votre Honneur ?

— Vous le pouvez.

Elle inclina la tête et se tourna vers le jury. Ses douze membres la regardaient attentivement. C'étaient en majorité des commerçants, à l'exception de deux fermiers de la région, d'un commis et de deux artisans. Leur sympathie allait naturellement au boutiquier. Ils étaient désolés pour la jeune demoiselle, mais ne voyaient pas comment lui éviter d'être condamnée.

— Messieurs les jurés, commença Fanny, peut-être avez-vous été surpris que je ne cherche nullement à contredire les témoignages déposés contre moi. Je n'ai même pas tenté d'insinuer que la vendeuse de la boutique s'était trompée.

Elle s'arrêta un instant.

— Pour quelle raison l'aurais-je fait ? Ce sont de bons et honnêtes gens. Tous vous ont dit ce qu'ils avaient vu. Pourquoi ne pas croire à leur parole ? J'y crois.

Les jurés et elle se regardèrent mutuellement. Les douze hommes ne savaient trop où cela mènerait, mais ils écoutaient avec attention.

— Messieurs les jurés, je voudrais vous demander maintenant de considérer ma situation. M. Gilpin, un pasteur d'une haute réputation, a évoqué mon caractère. Je n'ai jamais rien volé de ma vie. Vous avez aussi entendu parler de ma fortune. Même si j'inclinais à mener une vie délictueuse, et Dieu sait que ce n'est pas le cas, pour quelle *raison* n'aurais-je pas payé un bout de dentelle ? Ma fortune est grande. Cela n'a pas de sens.

Elle s'interrompit une nouvelle fois pour laisser ses paroles produire leur effet.

— Je vous demande maintenant de vous rappeler le témoignage de ce qui s'est passé lorsque j'ai été arrêtée devant la boutique. Apparemment, je n'ai rien dit. Pas un mot. Pourquoi ?

Elle regarda leur visage, l'un après l'autre.

— C'est parce que j'étais stupéfaite, messieurs. D'honnêtes gens me disaient que j'avais dérobé une pièce de dentelle. J'en avais la preuve sous les yeux. Impossible de nier. Je n'imaginais pas qu'ils pouvaient mentir. Ils ne mentaient pas. J'avais bel et bien pris la dentelle. Je l'affirme maintenant. Mais j'étais si abasourdie que je ne savais que répondre. Et, en vérité, je ne sais toujours pas vraiment comment répondre de cette action. Car, je vous le demande de le croire, *je ne savais pas ce que je faisais*. Je n'apporte aucun démenti, messieurs. Je vous affirme seulement avoir inconsciemment laissé tomber ce morceau de dentelle dans mon sac. Jamais de ma vie je n'ai été aussi stupéfaite en constatant que je l'avais fait.

Elle regarda le juge, puis de nouveau les jurés.

— Comment cela se peut-il ? Je l'ignore. Il est vrai, comme l'a dit M. Gilpin, que j'étais alors dans l'affliction. Je me rappelle que, cet après-midi-là, mes pensées concernaient mon cher père, qui n'allait pas bien. Je me demandais si je ne quitterais pas Bath pour retourner auprès de lui, car j'avais l'intuition qu'il approchait de la fin, intuition qui s'est, hélas, avérée. Avec l'esprit occupé par de telles pensées, j'ai erré distraitement dans cette boutique. Je ne me souviens même plus d'avoir regardé les dentelles, mais je suppose que, la tête ailleurs, j'ai dû en mettre une dans mon sac en passant près de la table. Peut-être, dans ma distraction, ai-je imaginé que je me trouvais autre part, chez moi, pourquoi pas ? Car, messieurs, fit-elle en élevant la voix, comment, sous quelle influence, pour quel motif aurais-je volé un morceau de dentelle dont je n'avais nul besoin ? Pourquoi, moi, l'héritière d'un vaste domaine, dévouée à ma famille et soucieuse de préserver son renom, aurais-je tout à coup risqué tout pour un délit que je n'avais aucune raison de commettre ?

Elle prit une profonde inspiration avant de continuer :

— Messieurs, j'ai eu la possibilité de me faire représenter par les meilleurs avocats et j'ai songé recourir à leurs services. Ils auraient probablement essayé de semer le doute sur les motifs, la véracité des propos et le sérieux des bonnes gens qui m'accusent. Durant la période qui a précédé ce procès, j'ai été détenue dans la prison de la ville. J'ai perdu ma réputation, mon père, ma tante et même la maison familiale. Dieu a jugé bon de me prendre tout.

Elle s'exprimait avec tant de sentiment que, l'espace d'un instant, elle fut incapable de poursuivre.

— Mais cette terrible épreuve m'a convaincue d'une chose. Je devais me présenter devant vous pour dire la vérité. Je m'en remets entièrement à votre sagesse et à votre clémence. Votre Honneur, je n'ai rien à ajouter, conclut-elle en se tournant vers le juge.

Il ne fallut pas longtemps aux jurés pour prendre une décision. Même le boutiquier était prêt à la croire. Quel fut le verdict ?

— Non coupable, Votre Honneur.

Elle était libre. Quand elle sortit de la salle d'audience avec ses amis, Fanny n'éprouvait aucune allégresse. Devant la porte, gardée par un gendarme, elle vit la pauvre fille condamnée à la relégation et elle s'arrêta un instant près d'elle.

— Je suis désolée pour vous.

— Je suis en vie, répondit la fille avec un haussement d'épaules. Pour moi, ça ne pourra pas être pire qu'ici.

— Mais vos parents...

— Contente de les voir loin. Ils n'ont jamais rien fait pour moi.

— J'ai failli être du voyage, dit Fanny à voix basse.

— Vous ? Une dame ? Laissez-moi rire ! Ils vous auraient relâchée, de toute façon.

— Ne soyez pas impertinente, dit M. Gilpin sans méchanceté.

Fanny ne s'en retourna pas moins pour lancer à la fille un regard de pitié.

Le mariage de Mlle Fanny Albion et de M. Wyndham Martell eut lieu un peu plus tard au printemps. On avait hésité quant au lieu de la cérémonie, mais la question fut réglée à la satisfaction de tous quand M. Gilpin mit à disposition son presbytère, où Fanny avait déjà séjourné. M. Totton, son plus proche parent, la conduisit à l'autel, Edward était témoin et Louisa demoiselle d'honneur. Si les Totton avaient perçu une certaine froideur à leur égard de la part des mariés, il n'y en eut plus aucune trace le jour de la noce, quand tout le monde loua Louisa pour sa beauté et affirma qu'elle ne saurait tarder à trouver un mari elle aussi.

Trois jours avant le mariage, Fanny reçut un visiteur inattendu. Il vint au presbytère lui apporter un cadeau et, bien qu'un peu nerveuse, Fanny eut le sentiment qu'elle pouvait difficilement refuser de l'accueillir.

Isaac Seagull était très soigné ce jour-là, avec son élégant manteau bleu, ses bas de soie et sa cravate parfaitement empesée. Avec une petite révérence et un curieux sourire, il lui tendit son cadeau, un très joli plateau en argent. Fanny le prit et le remercia, mais elle ne put s'empêcher de rougir un peu, car elle n'avait pas jugé bon de l'inviter à la noce.

Devinant ses pensées, le propriétaire de l'Ange lui sourit.

— Je ne serais pas venu au mariage, me l'eussiez-vous demandé, dit-il sans ambages.

— Ah.

Elle regarda par la fenêtre en direction de la pelouse, dont l'herbe était haute après les pluies printanières.

— M. Martell connaît nos liens de parenté...
— Peut-être. Mais inutile d'en parler tout de même. Le secret n'est pas une mauvaise chose, dit celui dont la vie en dépendait.
— M. Martell n'est pas ici en ce moment. Je suis certaine qu'il serait content de vous serrer la main.
— J'espère avoir le plaisir de serrer la sienne un de ces jours, dit le contrebandier.

Puis il s'en alla. Une demi-heure plus tard, M. Gilpin, avec un sourire forcé, trouva une bouteille du meilleur cognac devant la porte à l'arrière du presbytère.

« Tout le monde était là, vous avez vu, M. Grockleton ? Les Morant et les Burrard et je ne sais qui, du Dorset. » Mme Grockleton déclara que ç'avait été le plus beau jour de sa vie — après le jour de son propre mariage, eut-elle l'intelligence de préciser. Et rien ne pouvait se comparer à l'instant où Fanny, Wyndham Martell à son côté, avait appelé Sir Harry Burrard, qui arrivait dans leur direction, et dit avec une simplicité chaleureuse : « Mme Grockleton, je suis sûre que vous connaissez Sir Harry Burrard. Mme Grockleton est une de nos grandes amies. » Paroles que Mme Grockleton avait attendues toute sa vie, sans en avoir vraiment conscience.

Pour tous les autres invités, l'événement le plus remarquable de la journée fut le discours de M. Martell : « Je sais que beaucoup d'entre vous se demandent si j'ai formé le dessein d'arracher la dernière des Albion à la Forêt. Il n'en est rien, je puis vous l'assurer. Car, si nos intérêts nous amèneront à nous rendre dans le Dorset, le Kent et à Londres, nous avons l'intention de construire une nouvelle maison, pour remplacer Albion House. » Ce n'était pas à l'endroit de la vieille demeure nichée au milieu des bois, mais dans une zone dégagée au sud d'Oakley, où il voulait aménager un parc avec vue sur la mer. On était déjà en train de dessiner les plans d'un beau manoir néo-classique. « Afin de bien montrer que nous n'avons pas oublié le passé, avait-il conclu joyeusement, nous l'avons baptisé Albion Park. »

1804

Tout était prêt à la Cale de l'écu en ce tiède soir de juillet.

Les trois derniers jours avaient été particulièrement animés. Plus de deux cents hommes, des gréeurs, étaient arrivés des chantiers navals de Porstmouth pour aider au lancement. Ils campaient autour de la Cale.

Le lancement, qui devait avoir lieu le lendemain, serait l'un des plus impressionnants jamais effectués au chantier. Deux ou trois mille personnes y assisteraient. La petite noblesse locale serait là, ainsi que toutes sortes de gens importants venus de Londres. On allait lancer le *Swiftsure.*

C'était la troisième fois seulement qu'on construisait un bâtiment de soixante-quatorze canons au chantier naval. Même l'*Agamemnon* n'en comptait que soixante-quatre. Avec ses sept cent vingt-deux tonneaux, le navire écrasait le chantier de sa masse imposante. Pour sa construction, les Adams avaient signé un contrat de plus de trente-cinq mille livres.

Les affaires de la Cale de l'écu marchaient bien. A quatre-vingt-onze ans, on voyait toujours Henry Adams sur le chantier, mais c'étaient à présent ses deux fils qui en assuraient la gestion. Au cours des trois dernières années, ils avaient construit trois caboteurs et un ketch marchands, trois bricks de seize canons, deux frégates de trente-six, dont la seconde avait été réalisée le long du *Swiftsure*, et le puissant soixante-quatorze canons lui-même. Trois autres bricks, de douze canons chacun, se trouvaient déjà en chantier. En fait, la Cale était si surchargée de travail que les Adams avaient souvent du retard et les bénéfices n'étaient pas aussi importants qu'ils auraient dû l'être. Mais l'achèvement du grand *Swiftsure* n'en offrait pas moins l'occasion d'une grande cérémonie.

Puckle avait certes l'intention de célébrer l'événement. Il avait participé à la construction du *Swiftsure* depuis que la quille avait été posée.

Avant, il avait connu les longues années d'exil. Il n'avait pas manqué d'activité. Isaac Seagull avait fait une discrète allusion auprès du vieil Adams et celui-ci en avait touché un mot à un ami, au chantier naval de Deptford, près de Londres, sur la Tamise. Un mois après, Puckle le contrebandier était patriotiquement employé à construire de nouveau des bateaux pour la marine royale.

La marine n'avait jamais eu autant besoin de navires. Depuis l'arrivée de Puckle à Londres, l'Angleterre était en guerre, ou presque, avec la France. De la Révolution était sorti un redoutable militaire, Napoléon Bonaparte, un nouveau Jules César, qui s'était rendu maître de la France et espérait probablement aussi devenir le maître du monde. Ses armées avaient tout balayé sur leur passage. En Angleterre, seul l'inflexible ministre William Pitt et les grands bâtiments de la marine britannique lui barraient le chemin.

Ce furent des années difficiles. La guerre, de mauvaises récoltes et le blocus français avaient durement touché l'économie anglaise. Le prix du pain était monté en flèche. Il y avait eu des émeutes sporadiques. On avait assez bien pourvu aux besoins de Puckle, qui travaillait dur à Deptford. Bien qu'il ait eu le loisir de remonter jusqu'au port animé de Londres ou de se promener dans les collines et les bois du Kent, la terre tourbeuse et molle, les pistes gravillonneuses, les chênes et la bruyère de la Forêt lui manquaient. Il languissait d'y retourner. Il avait attendu six ans.

Le modeste héritage que M. Grockleton avait reçu non pas de son cousin fictif, mais d'une tante de sa femme, issue d'une riche famille de commerçants de Bristol, avait permis au couple de prendre sa retraite. C'est avec surprise que leurs nombreux amis, qui comptaient plus ou moins les Burrard, apprirent que Mme Grockleton n'avait finalement pas l'intention de rester à Lymington. Son académie prospérait. Quatre jeunes filles de la noblesse terrienne bien en vue fréquentaient l'établissement. Son bal annuel était devenu un événement mondain très apprécié, auquel n'assistait que le gratin des familles de commerçants, comme les Totton et les St Barbe, aux côtés de la petite noblesse locale. On disait avec une ironie désabusée que M. Grockleton, qui n'avait jamais saisi un seul baril de cognac, buvait sans rechigner la bouteille laissée de temps à autre devant sa porte sur l'ordre d'Isaac Seagull, qui s'était pris d'affection pour lui. Pourquoi alors voulaient-ils s'en aller ?

Bien que Mme Grockleton fût trop polie et aimable pour l'avouer, Lymington n'avait pas répondu à ses espérances. La Forêt non plus. « C'est à cause de ces marais salants », disait-elle tristement. Car les puits salants, les petites pompes éoliennes et les chaudières n'avaient pas disparu. Une ou deux maisons agréables, avec vue sur la mer, avaient certes été bâties récemment à Lymington. Un capitaine et deux respectables amiraux avaient honoré la ville de leur présence et d'autres devaient suivre.

Il manquait malgré tout quelque chose. Peut-être étaient-ce les Français. En 1795, la plupart d'entre eux étaient partis en campagne contre les révolutionnaires. Ils avaient débarqué en force sur le sol français, s'étaient battus vaillamment, mais en vain. L'expédition n'avait pas été soutenue comme il fallait par le gouvernement anglais. Rares furent les courageux Français qui en revinrent. Une ou deux veuves d'aristocrates, un grand nombre de filles du cru, tombées amoureuses ou mariées avec des soldats français et, inévitablement, quelques enfants illégitimes, qui, tous, seraient probablement à la charge de la paroisse, voilà ce qu'il restait de leur séjour à Lymington.

Ce n'était pas tout. Avec ses puits salants et ses contrebandiers, Lymington n'avait aucune chance de devenir un lieu à la mode.

Qu'en était-il de la position de Mme Grockleton ? N'était-elle pas l'amie de Fanny et Wyndham Martell ? Et de Louisa, cette chère Louisa, qui avait épousé M. Arthur West ? N'entretenait-elle pas, à défaut d'être régulièrement invitée à leurs dîners, des relations amicales avec les Burrard, les Morant et même M. Drummond, de Cadland ? Si, et de là venait justement le problème. Elle avait atteint son but. L'ennemi était vaincu. Elle avait fait leur connaissance et c'étaient de simples mortels. Ces bonnes gens auraient été sans doute surpris de le savoir, mais, dans son esprit du moins, Mme Grockleton les avait dépassés. La Forêt n'était plus assez vaste pour satisfaire ses grandes aspirations.

Les Grockleton partirent donc s'installer à Bath.

Et une fois M. Grockleton parti, rien ne s'opposa plus au retour de Puckle.

Cela se fit très discrètement. Isaac Seagull y veilla. Sa vieille chaumière l'attendait, et son travail aussi. Et, par quelque magie de la Forêt, quand il retourna au chantier naval, personne ne sembla s'être aperçu de son absence.

Autre chose encore l'attendait à son arrivée : le grand chêne qu'il avait rapporté de la pierre de Rufus était là lui aussi. Il était si grand, le bois de si bonne qualité, que M. Adams l'avait gardé en réserve jusqu'à ce qu'il ait à construire un bateau digne de lui. Ce bateau avait été le *Swiftsure*. Ainsi, le gland provenant de l'arbre magique qui se couvrait de feuilles au milieu de l'hiver devint partie intégrante de l'un des navires de Nelson.

Puckle était revenu quatre ans plus tôt, alors que la construction du *Swiftsure* ne faisait que commencer, et, depuis, il avait travaillé sur le bateau. Son lancement était donc pour lui une sorte de confirmation : il était rentré chez lui et avait donné au monde un magnifique bateau. Du moins une fois le navire lancé.

Le lancement d'un bâtiment de cette importance n'était pas simple. Pour l'essentiel, il fallait transférer l'énorme poids du vaisseau des tins de cale sèche, sur lesquels il avait été construit, sur les couettes vives, le long desquelles il glisserait vers la mer.

Depuis des jours, Puckle aidait à la fabrication des glissières en bois, des rails en orme, et, puisque ceux-ci devaient entrer dans l'eau, la majeure partie du travail s'effectuait à marée basse, dans la boue.

Le transfert de l'énorme poids du bateau s'était opéré avec le plus grand soin. Pendant sa construction, le navire avait reposé sur les tins de cale sèche, en orme également, hauts d'un mètre cinquante et écartés d'autant. Tout autour de la coque, des poteaux en bois de près de dix mètres de long, aussi hauts que les mâts du navire, faisaient office d'échafaudage. En partant de la poupe, la partie la plus proche de l'eau, les gréeurs avaient travaillé rapidement : ils enfonçaient d'énormes coins en bois pour soulever le bateau des tins et le placer sur les épontilles qui le guideraient jusqu'aux couettes vives. L'opération était longue et exigeait un grand savoir-faire. Car tout devait rester bien droit. Si le bateau vacillait, il risquait de basculer sur le côté. Si l'angle des glissières était trop faible, il ne pouvait être lancé. Dans le cas contraire, il risquait d'entrer trop vite dans l'eau, de se coucher et de s'enliser dans les bancs de vase. Cela était déjà arrivé. Si tout se passait bien, la marée montante soulèverait la poupe des tins, on retirerait les coins et, ralenti par des cordes de halage, le navire glisserait doucement dans la rivière Beaulieu. On le remorquerait ensuite vers l'aval et le Solent.

Puckle fit le tour du bâtiment. Il appréciait la ligne de l'immense quille et la maîtrise avec laquelle elle avait été construite. L'âme était en orme, la partie extérieure en chêne. Lorsque les bateaux descendent le long des couettes vives ou, par la suite, s'ils s'échouent, la quille extérieure supporte le frottement et protège la quille intérieure.

Il allait passer la nuit au chantier naval, car, avant que le navire puisse être lancé, il restait encore une tâche essentielle à accomplir.

A la Cale de l'écu, les bateaux étaient habituellement lancés une heure avant la marée haute. A marée basse, c'est-à-dire, cette nuit-là, un peu avant l'aube, des équipes devaient graisser les couettes avec du suif et du savon fondus. On avait demandé à Puckle d'en faire partie. Pour rien au monde, il n'aurait manqué ce dernier préparatif nocturne.

La lune était au premier quartier et le ciel plein d'étoiles. A Albion Park, la façade pâle de la maison regardait, au-delà des pelouses qui luisaient faiblement, la ceinture de petits champs et de bois qui descendaient en pente douce vers le Solent, comme dans un rêve. Plus loin, nettement visible au clair de lune, l'île de Wight s'allongeait comme un gardien tutélaire.

Dans l'élégante demeure, tout le monde dormait. Les cinq enfants de Fanny et Wyndham Martell occupaient l'aile qui leur était réservée. Mme Pride, au seuil de la vieillesse mais toujours à son poste, dormait paisiblement elle aussi. Le lendemain, toute la maisonnée rejoindrait la Cale de l'écu pour assister au lancement du *Swiftsure*.

Tout le monde dormait. Ou presque.

M. Wyndham Martell veillait. Il avait été réveillé une heure plus tôt par sa femme et la regardait dormir pensivement.

Au cours de ces dernières semaines, elle s'était mise à parler dans son sommeil. Il ignorait pourquoi. Elle l'avait fait auparavant, généralement pendant des périodes d'une ou deux semaines, comme si des secrets cachés au fond de son esprit affleuraient sans qu'elle s'en rende compte. Il lui arrivait parfois de distinguer quelques mots. Elle parlait de sa tante, de Mme Pride, d'Alice Lisle. Elle avait aussi conversé avec Isaac Seagull, apparemment. M. Gilpin recevait également certaines de ses confidences. Mais un de ses rêves semblait l'angoisser particulièrement ; elle s'agitait, se retournait et même criait. Elle venait de faire ce cauchemar.

Wyndham Martell aimait profondément sa femme. Il voulait lui venir en aide, mais ne savait trop que faire. La plupart de ses discours nocturnes ne comportaient aucun sens particulier. Quand elle traversait ces crises d'angoisse, il était impossible de comprendre ses gémissements et ses cris. Lorsqu'elle se réveillait le matin, elle lui souriait avec amour et semblait se porter bien. Cette nuit-là, il eut l'impression d'en comprendre un peu plus.

Wyndham Martell se leva et alla à la fenêtre. La nuit était tiède. Au-delà du parc, il apercevait la côte, la langue de terre du château de Hurst et, au-delà, la mer. C'était le fief d'Isaac Seagull, le contrebandier. Le cousin de sa femme. Il se rappelait le soir où Louisa avait abordé le sujet et combien ces propos malveillants l'avaient désolé en songeant à Fanny. Peut-être la révélation de ce secret l'avait-elle poussé vers la femme qu'il aimait.

Chacun portait sans doute en soi d'obscurs secrets dont il pouvait ne pas avoir conscience.

Et comme il aimait sa femme et tous ses secrets, il sortit de la chambre sans bruit, descendit dans sa bibliothèque et, assis à son secrétaire, prit une feuille de papier. Il allait lui écrire une lettre.

Il réfléchit un moment et commença ainsi : « Ma femme chérie, chacun de nous possède ses secrets, et il en est un que je souhaite maintenant vous révéler. »

C'était une longue lettre et l'aube pointait déjà quand il en écrivit le dernier mot et la cacheta.

A la Cale de l'écu, Puckle s'activait. La marée était basse. Glissant gaiement dans la boue de la berge, il passait le chiffon de cuir imbibé de suif et de savon sur le rail en bois. Au-dessus de lui, la silhouette impressionnante du *Swiftsure*, gigantesque présence amicale, se découpait sur le ciel pâlissant. Sur l'autre rive, un oiseau commença soudain à chanter et, vers l'est, apparurent les premières lueurs de l'aube.

Le *Swiftsure* serait lancé le jour même. En levant les yeux vers le bateau, bien qu'il lui manquât les mots pour exprimer sa pensée, Puckle songea une fois de plus que les arbres de la Forêt naissaient à une vie nouvelle, peut-être tout aussi glorieuse que la première, en se métamorphosant en cet énorme vaisseau en bois. Et son cœur s'emplit de joie à la pensée que la Forêt elle-même, avec ses secrets et ses merveilles, allait, d'une certaine manière, descendre le long des couettes pour se joindre à la mer infinie.

Pride de la Forêt

1868

La gare de Brockenhurst, un beau jour de juillet. La locomotive à haute cheminée, qui sifflait et fumait à quai, luisait de tout son cuivre bruni, tel un serpent après la mue. Derrière, des wagons marron et trapus, aux fenêtres essuyées et aux cuivres astiqués, attendaient de recevoir leurs passagers, qu'ils allaient emmener à Londres, à plus de cent kilomètres de là, dans un superbe bruit de ferraille et à une vitesse de près de cinquante kilomètres à l'heure.

La ligne de chemin de fer de Londres et du sud-ouest était une belle affaire, le symbole de la nouvelle ère industrielle. Une dizaine d'années plus tôt, elle avait été prolongée vers l'ouest à travers la Forêt, jusqu'à Ringwood et au Dorset. Le directeur de la compagnie, M. Castleman, avait accepté non seulement de verser une compensation pour cette intrusion, mais aussi de suivre un tracé sinueux qui possédait le mérite d'infliger le minimum de dommages aux bois — la ligne avait été baptisée le Tire-Bouchon de Castleman. A Brockenhurst, où les enclos à bestiaux et à poneys confinaient à la gare, les locomotives s'arrêtaient pour se ravitailler en eau.

Les deux hommes qui faisaient les cent pas sur le quai offraient un étrange contraste. Le plus âgé, qui approchait de la soixantaine, était un gentleman victorien jusqu'aux bouts des ongles. Comme il faisait chaud, il ne portait pas de manteau sur sa redingote grise. Sa cravate était nouée lâche autour de son col cassé. Il tenait une canne à pommeau d'argent. Son haut-de-forme noir brillait tant il avait été brossé et on aurait été en peine de trouver un seul grain de poussière sur son pantalon. Quant à ses chaussures, le cireur les avait astiquées au point qu'elles étincelaient au soleil. Visage rubicond, yeux bleus, cheveux blancs et longue moustache tombante, le colonel Godwin Albion aurait été enchanté d'apprendre qu'il ressemblait à son ancêtre saxon Cola le Chasseur et, selon toute probabilité, il aurait partagé son avis sur les questions essentielles.

Si le colonel Albion se sentait un tantinet nerveux à la perspective de ce qui l'attendait, il ne le montrait pas plus qu'il ne l'avait fait, une douzaine d'années plus tôt, quand il menait ses hommes au combat durant la guerre de Crimée. S'ils avait pu affronter les Russes, se disait-il, il serait certainement capable d'affronter une commission parlementaire composée de ses compatriotes, même s'ils étaient tous pairs du royaume. Il redressait donc les épaules et allait de l'avant avec courage.

Le personnage à côté de lui, d'une dizaine d'années son cadet, était, à sa manière, lui aussi sur son trente et un. Coiffé d'un chapeau à large bord à la mode campagnarde, il portait son costume du dimanche, une redingote en grosse étoffe sans grande tenue. Ses bottes, sur l'ordre formel du colonel, avaient été soigneusement astiquées. Ainsi que la plupart des travailleurs, il ne voyait pas l'utilité de faire briller ses chaussures comme il plaisait aux membres de la petite noblesse et aux militaires puisqu'elles étaient vouées à être vite recouvertes de poussière. Sa barbe était soigneusement peignée et sa femme n'avait cessé de brosser sa redingote qu'à l'arrivée du colonel. Mais, tandis que de sa démarche légèrement bondissante il accompagnait gaiement son propriétaire, M. Pride, modeste métayer d'Oakley, était probablement moins préoccupé que lui par ce qui l'attendait.

Par ailleurs, si le colonel avait tenu à ce qu'il vienne, cela constituait pour Pride une raison amplement suffisante. Il connaissait le colonel depuis toujours et ses parents aussi. C'était un homme digne de confiance. Lorsque, quelques années plus tôt, le colonel avait monté une équipe de cricket à Oakley et que Pride avait montré des dispositions certaines comme lanceur, il s'était créé entre eux un lien supplémentaire qui, dans la mesure où la différence de position sociale le permettait, pouvait être qualifié d'amitié.

Il existait une seule ombre au tableau : son fils George. C'est tout juste s'ils s'étaient adressé la parole ces dernières années. Jusqu'à l'avant-veille, où le petit, craignant de perdre son travail, avait fait une apparition pour lui demander de ne pas aller à Londres. Il fronçait les sourcils quand il y pensait ; il ne voulait pas faire le malheur de son fils. « Tu n'aurais pas dû travailler pour Cumberbatch », avait-il dit froidement. Et il était parti avec le colonel.

Il n'était jamais allé à Londres et avait seulement lu des articles sur la ville. Comme son père Andrew avant lui, il avait fréquenté l'école fondée par M. Gilpin et il aimait lire le journal. Mais c'était sa première visite de la capitale. La grande aventure. Le fait de paraître devant un comité de pairs ne lui suggérait rien. Il les imaginait pareils aux verdiers du domaine royal. De toute façon, qu'ils aient été des diables incarnés ou un chœur d'archanges, lui savait qui il était : un Pride de la Forêt. Et cela lui suffisait.

Le colonel, qui faisait des distinctions plus subtiles, ne fut pas mécontent de tomber sur un autre monsieur en haut-de-forme, à la barbe brune abondante, qui attendait devant la porte d'une voiture de première classe. Le châtelain du grand domaine de Beaulieu, propriétaire terrien comme lui, avait cependant à peine plus de la moitié de son âge et était fils de duc, ce qui n'était pas rien dans l'Angleterre victorienne.

— Mon cher colonel, fit l'aristocrate en levant son chapeau et en saluant même Pride d'un petit signe de tête.

— Mon cher Lord Henry.

— Nous sommes ici, je crois, pour sauver la Nouvelle Forêt, dit Lord Henry en souriant à ses deux interlocuteurs.

En 1851, quinzième année du règne de la reine Victoria, le Parlement britannique avait voté une loi qui devait provoquer dans la Forêt le changement le plus important depuis l'époque de Guillaume le Conquérant. Il avait été décidé d'abattre les cerfs.

Personne ne savait exactement combien il existait de ces cervidés, sept mille sûrement, peut-être plus de dix mille. Cerfs communs et daims, mâles et biches, petits et faons, tous étaient condamnés. C'est ce que stipulait la loi sur la suppression des cerfs.

Cela faisait certes des siècles que la Nouvelle Forêt n'avait plus aucune justification économique en tant qu'élevage de cerfs. Les bêtes abattues chaque année revenaient aux anciens fonctionnaires ou aux propriétaires terriens de la région. On avait calculé que chaque cerf tué coûtait en fait à la Couronne la somme exorbitante de cent livres ! La Forêt constituait un anachronisme, ses services administratifs des sinécures, et ses beaux cerfs un luxe. Mais ce n'était pas la raison pour laquelle ils devaient tous périr. Ils devaient mourir pour laisser place à des arbres.

Depuis les premiers taillis de la fin du Moyen Age, la Couronne s'était beaucoup intéressée aux arbres de la Forêt. Lorsque le joyeux monarque Charles II avait commencé ses plantations, il avait abordé la question du bois de manière plus organisée. Et en 1698, le Parlement s'était vraiment penché sur le problème pour la première fois. Il avait passé une loi visant à créer des enclos afin de protéger les jeunes arbres jusqu'à ce qu'ils soient trop grands pour être mangés par les animaux. On ouvrait ensuite les enclos pour qu'ils broutent le sous-bois et on en aménageait d'autres ailleurs. Des enclos avaient été créés pour les chênes et les ormes, mais l'entreprise n'avait jamais été menée à terme. La plupart des chênes abattus pour le chantier naval de la Cale de l'écu provenaient en fait des zones ouvertes de la Forêt, non des pépinières.

Les bois et les landes étaient restés à peu près ce qu'ils étaient depuis le Moyen Age.

N'était-ce pas un grand gaspillage ? L'empire britannique était en expansion, la révolution industrielle avait donné naissance au monde moderne, celui de la vapeur et de l'acier. La grande Exposition de Londres de 1851 et son immense Crystal Palace de fer et de verre avaient drainé des trains entiers de visiteurs venus de toute la Grande-Bretagne pour apprécier les résultats du progrès industriel à grande échelle. Les machines agricoles faisaient leur entrée dans les campagnes ; un nouveau programme ambitieux d'enclosure avait divisé les anciens prés communaux peu rentables et les friches en parcelles privées. Des paysans avaient certes été chassés de la campagne, mais les villes manufacturières en plein essor leur offraient du travail. Il était temps de créer des plantations bien organisées dans la Forêt, cette région sauvage qui avait jusque-là échappé aux réformes.

En 1848, une commission de la Chambre des communes avait mené une enquête dans la Forêt. Elle fut scandalisée par ses découvertes : des fonctionnaires payés à ne rien faire, ceux chargés des espaces boisés vendant le bois pour leur compte, vénalité, délinquance. Bref, la région était restée ce qu'elle était depuis neuf siècles. Une réforme immédiate se révélait indispensable.

Ils procédèrent avec une logique admirable. Les cerfs devaient disparaître puisqu'ils n'avaient plus aucune fonction économique. Mais si la Couronne n'élevait plus de cervidés, il fallait une compensation. Toutes les voix qui s'élevaient pour affirmer qu'en se débarrassant des cerfs la Couronne s'épargnait des pertes furent étouffées. La compensation fut fixée à quatorze mille arpents de bois enclos, qui s'ajoutaient aux quelque six mille prévus par l'ancienne loi de 1698, d'ailleurs pas tous utilisés. Enfin, pour manifester clairement l'intérêt nouveau que la Couronne portait à la forêt, les personnes qui partageaient le droit de vaine pâture furent placées, sans avoir été consultées, sous le contrôle de l'Office des forêts. Dans la brève période qui sépara le dépôt de la loi de son vote, les cinq plus grands propriétaires terriens de la Forêt réussirent à réduire à dix mille arpents les nouveaux enclos. La mesure fut ensuite promulguée à toute allure.

Peu après, l'administration quotidienne de la Forêt fut confiée à un nouveau géomètre adjoint. Il s'appelait Cumberbatch.

N'avait-il pas eu tort de se faire accompagner par Pride ? Beaucoup d'habitants de la Forêt n'avaient que faire de l'Office des forêts, mais la répugnance de Pride pour Cumberbatch était légendaire. Il ferait un excellent témoin. Il n'existait pas de meilleur agriculteur dans toute la région. C'était risqué, mais il tiendrait soigneusement en bride son métayer. Dans la mesure où celui-ci se maîtriserait.

La présence de Lord Henry s'avérait, en revanche, très rassurante. Non seulement sa position sociale équivaudrait à un atout précieux, mais comme le propriétaire de Beaulieu siégeait à la Chambre des communes, il possédait une réelle influence à Westminster.

En un sens, se disait Albion, leur situation était similaire. Quand Wyndham Martell était mort, il avait partagé ses terres entre ses trois fils : le vieux domaine du Dorset était revenu à l'aîné, celui du Kent au deuxième. Le domaine plus petit de la Nouvelle Forêt était allé, par l'intermédiaire de Fanny, à Godwin, qui, en tant que propriétaire de l'héritage des Albion, avait jugé bon de prendre le nom de sa mère et non celui de son père. Les biens de Wyndham Martell étaient importants, ceux du duc, immenses. Bien que descendant des Stuarts par l'intermédiaire de l'infortuné Monmouth et membre de la famille Montagu, beaucoup de ses ancêtres appartenaient à l'aristocratie écossaise. Ses terres, au nord et au sud de la frontière, s'étendaient sur des centaines de milliers d'arpents. Les huit mille arpents de Beaulieu qu'il avait offerts à son deuxième fils en cadeau de mariage ne représentaient pas grand-chose pour lui, mais c'était une grande affaire pour la Nouvelle Forêt. Car, si le duc et sa famille s'étaient toujours montrés de bons ménagers de Beaulieu par l'intermédiaire de leur intendant, un propriétaire résidant n'était pas du tout la même chose. Lord Henry — en tant que fils de duc, il bénéficiait du titre de lord, placé par courtoisie devant son nom — avait formé des plans pour reconstruire l'abbaye en ruine et en faire la maison familiale et il s'intéressait beaucoup à l'endroit.

Le moment était venu de monter dans le train. Le colonel avait donné à Pride un billet de deuxième classe. Lui et Lord Henry s'apprêtaient à monter en première et il avait déjà un pied dans la voiture quand une voix le héla depuis le quai. Il se retourna, sursauta et perdit presque l'équilibre.

— Attention ! lança gaiement celui qui l'apostrophait. Vous avez failli tomber.

Un gentleman d'une vingtaine d'années arrivait vers lui d'une démarche souple et balancée, vêtu d'un ample manteau de velours et coiffé d'un grand feutre. Il portait un cartable sous le bras. Ces attributs, son petit bouc pointu et ses longs cheveux blonds tombant jusqu'aux épaules laissaient deviner l'artiste.

— Vous allez à Londres ? s'enquit-il aimablement.

Le colonel ne répondit pas, mais il serra la mâchoire et le poing comme s'il était sur le point de tailler un Russe en pièces à coups de sabre.

— Je vais voir une exposition, poursuivit le jeune homme, puis, regardant Sir Henry : Nous nous connaissons ?

Alors, ne serait-ce que pour arrêter ce flot de paroles exaspérant, le colonel se tourna pour faire face au jeune homme.

— Je n'ai rien à vous dire, monsieur ! rugit-il. Je vous souhaite le bonjour !

Il se précipita dans la voiture aussi furieusement que s'il avait pris d'assaut une batterie russe.

— C'est comme vous voudrez ! lança gaiement le jeune homme en se dirigeant vers une autre porte.

La locomotive, comme par sympathie pour le colonel, lâcha une énorme bouffée de fumée.

Un moment plus tard, en arrivant près de Southampton, Lord Henry se hasarda à demander :

— Qui était-ce ?

Le pauvre Albion se cacha le visage dans les mains et répondit en serrant des dents :

— C'est mon gendre, monsieur.

— Ah.

Lord Henry ne chercha pas à en savoir davantage. Il avait entendu parler de Minimus Furzey.

Albion ne tarda pas à comprendre à quel jeu ils jouaient. La salle où se réunissait la commission était bondée. Cumberbatch et ses amis, les propriétaires terriens de la Forêt, étaient présents. Et face à eux, derrière la longue table, siégeaient les dix membres de la commission, tous juristes, lords et pairs du royaume. Il comprit leur jeu à la façon dont ils le regardaient.

Le colonel Albion avait toujours tiré fierté de son appartenance à deux des plus anciennes familles du sud de l'Angleterre. Il ne manifestait aucune arrogance, mais avait la satisfaction de savoir que personne, pas même les plus puissants du pays, ne pouvait l'accuser de ne pas être un gentleman, de ne pas appartenir au sérail. Bien qu'il ait acquis son grade de capitaine, il se sentait également fier de s'être élevé à celui de colonel grâce à ses seuls mérites.

Mais les aristocrates qui lui faisaient face n'appartenaient pas à la même espèce. Ils pouvaient sortir d'aussi vieilles familles, mais peu leur importait. Leurs domaines étaient bien plus vastes et ils faisaient partie du club fermé de ceux qui gouvernaient le pays. Et — ils étaient trop polis pour le dire, mais il le voyait dans leurs yeux — pour eux, il restait un petit châtelain au visage rougeaud.

— Colonel Albion, vous êtes membre de la commission en charge de la loi sur la suppression des cerfs, n'est-ce pas ?

— Oui.

Treize commissaires avaient en effet pour tâche de veiller à l'application de ladite loi, en particulier d'approuver la création des nouveaux enclos. Trois appartenaient à l'Office des forêts, notamment Cumberbatch. Il y avait aussi quatre verdiers, choisis par le comté, mais leur pouvoir n'était rien par rapport à ce qu'il avait été au Moyen Age. Les autres, des gentlemen ou des francs-tenanciers, les *commoners*, jouissaient du droit de vaine pâture dans la Forêt. Il était naturel qu'Albion, qui avait des droits importants et de nombreux métayers, occupe un siège à la commission.

— Et pourquoi, selon vous, s'est formée une telle opposition à la Couronne ?

Une opposition ? Bien sûr qu'il y avait eu opposition : des clôtures brisées, des plantations récentes incendiées. Les habitants les plus pauvres de la Forêt exprimaient ainsi leur façon de penser et il ne pouvait les en blâmer. Cumberbatch se plaisait peut-être à qualifier cela de rébellion contre la Couronne, mais il ne le laisserait pas s'en tirer à si bon compte.

— Il y a eu opposition à l'Office des forêts, dit-il calmement, mais ceux qui, comme moi, bénéficient du droit de vaine pâture dans la Nouvelle Forêt sont de loyaux sujets de Sa Majesté et ont toujours joui de la protection particulière de la Couronne. Jusqu'à récemment, ajouta-t-il.

— Colonel, voulez-vous, je vous prie, résumer ce qui, de votre point de vue, a été cause de ressentiment dans la Forêt depuis la promulgation de la loi sur la suppression des cerfs ?

— Certainement.

Peut-être était-il un militaire mal équarri et un simple châtelain, peut-être n'avait-il pas étudié à Oxford comme son père, Wyndham, mais celui-ci eût été fier de la déclaration de son fils devant la commission de la Chambre des communes. Elle était concise, précise et élégante.

— Ma réponse se présente en deux parties, commença-t-il. La première est d'ordre politique, la seconde, d'ordre pratique...

L'histoire était attristante.

Pourquoi, se demandait le colonel, avait-on choisi Cumberbatch ? Il était beaucoup trop jeune, à peine plus de vingt ans quand il avait pris ses fonctions. Il ressemblait à un boxeur sur le ring et se comportait comme tel. Il ne savait rien de la Forêt et s'en souciait encore moins. Et il s'en était pris tout de suite aux gens de la Forêt.

Sa première offensive avait été absurde. A l'époque où la Forêt consistait en une réserve de cerfs bien gérée, les personnes qui possédaient le droit de vaine pâture étaient censées garder leur bétail à l'écart pendant le mois de clôture, quand les biches mettaient bas, et pendant les mois d'hivernage, lorsque la nourriture se faisait rare. Ces règles n'étaient pas appliquées depuis des décennies. On estimait généralement que les redevances payées pour la vaine pâture autorisaient à laisser paître le bétail à longueur d'année. Les cerfs étant appelés à disparaître, il n'existait plus aucune raison valable de respecter ces règles issues du Moyen Age. Pas plus tôt arrivé, Cumberbatch avait tenté d'imposer que tout le bétail soit tenu à l'écart de la Forêt durant les périodes en question. C'étaient des tracasseries dénuées de sens, qui auraient pu aboutir à ruiner la plupart des *commoners*.

Et ce n'était qu'un début. Un nouveau registre des droits de vaine pâture avait ensuite été dressé, pour l'essentiel une mise à jour du registre de 1670, à une différence près, et de taille. Presque tous ces droits, depuis ceux, étendus, de gens comme les Albion, jusqu'à ceux, modestes, des petits francs-tenanciers, étaient maintenant contestés par la Couronne.

— Messieurs les commissaires, toute personne sensée est fondée à en conclure que l'intention était de ruiner les *commoners*. Le seul coût de la procédure était rédhibitoire. Et pourtant, cela est éclipsé par une autre affaire...

En dépit des bouleversements provoqués par la loi sur la suppression des cerfs, beaucoup de gens attendaient des changements encore plus radicaux. Le raisonnement était simple : si l'Office des forêts et les *commoners* ne pouvaient s'entendre sur la façon de se partager la Forêt, pourquoi ne la démembrait-on pas une bonne fois pour toutes ? Les *commoners* pouvaient avoir leurs terres, l'Office des forêts ses enclos, et ils ne se gêneraient plus. Le grand problème serait de s'assurer qu'une des deux parties n'accaparait pas toutes les bonnes terres aux dépens de l'autre.

— Je fais naturellement référence à la fameuse lettre de M. Cumberbatch, poursuivit Albion.

Fameuse... Infâme, oui ! Il n'était peut-être pas juste que ce document — une lettre personnelle adressée à ses supérieurs et leur indiquant l'attitude la plus avantageuse à adopter — ait été publiée en 1854 dans un rapport sur la Forêt. Tout le monde avait pu la lire. La remarque du jeune géomètre adjoint était astucieuse et brutale. Puisqu'il existait de fortes chances que la Forêt finisse par être démembrée, arguait-il, l'Office des forêts devrait aménager tous ses enclos le plus vite possible sur les meilleures terres. Ces terres étant éliminées de l'équation, la future part des *commoners* vaudrait beaucoup moins.

— Rien n'a suscité plus de ressentiment au cours des vingt dernières années, fit observer Albion. On a signifié sans doute possible aux *commoners* que la Couronne avait l'intention de les ruiner. Telle est, messieurs, la situation politique actuelle de la Nouvelle Forêt.

S'en souciaient-ils ? C'était difficile à dire.

— J'en viens maintenant à la menace matérielle.

Il les regarda sévèrement.

— Vous devez comprendre le problème sous-jacent, messieurs les commissaires. C'est sur les terres les plus riches que les arbres poussent le mieux et ce sont elles aussi qui fournissent les meilleurs pâturages. Les pépiniéristes et les paysans jouissant du droit de vaine pâture convoitent tous les mêmes zones de la Forêt. En second lieu, on suppose qu'après avoir clôturé une parcelle de terrain pour laisser pousser les arbres et avoir attendu qu'ils atteignent une certaine hauteur, on peut ouvrir l'enclos au pâturage. Ce n'est pas vrai. Avec les méthodes de plantation modernes, les arbres sont plantés si près les uns des autres que la couverture végétale du sous-bois est très réduite. Les nouveaux enclos sont perdus pour le pâturage pendant des générations. Les pépiniéristes cherchent donc à priver le paysan de ses meilleures terres pour une période indéfinie...

— Vous dites « cherchent à priver », colonel. N'est-ce pas là présumer que l'Office des forêts a une attitude agressive dans ses revendications ?

— Ce n'est pas une simple présomption. Je détiens la preuve matérielle absolue qu'il se montre extrêmement agressif. Premièrement, il a dit et répété qu'il clôturerait les arpents qui lui sont alloués, rouvrirait les enclos par la suite — ce qui, je viens de l'expliquer, ne donne rien —, avant de clôturer la même superficie plus loin. Je ne crois pas que la loi le permette, mais si elle le fait, il va finir tout simplement par accaparer l'ensemble de la Forêt.

Dans l'immédiat, il a agi assez astucieusement. Il a affirmé qu'on était toujours autorisé à enclore en vertu de l'ancienne législation de 1698, qui n'a jamais été appliquée. Il a donc ajouté plusieurs milliers d'arpents aux dix mille permis par la nouvelle loi, dit-il en adressant aux lords un regard désabusé.

C'est peut-être légal, messieurs, mais laissez-moi vous montrer le côté sournois de la chose. Vous vous rappelerez qu'en vertu de la loi sur la suppression des cerfs il a été convenu qu'aucun enclos ne serait inférieur à trois cents arpents. Cette restriction visait précisément à empêcher l'Office de faire main basse sur de petites parcelles des meilleures terres un peu partout dans la Forêt. Mais, en annonçant qu'il tirerait parti des quotas non appliqués de la législation antérieure, il va manifestement à l'encontre des intentions du Parlement. Voici la liste des enclos. Je vous invite à l'examiner...

Il avait fait son travail à fond. La liste en question confirmait ses dires : quelques dizaines d'arpents ici, une centaine là, deux cents ailleurs, tous des meilleures terres.

— Et ce n'est pas tout, poursuivit le colonel. Nous en arrivons maintenant aux enclos permis par la nouvelle loi. Environ quatre mille sur les dix mille arpents prévus ont été déjà été occupés. Vous vous rappelez que chaque enclos doit mesurer au minimum trois cents arpents. L'Office a-t-il respecté la loi ? Bien sûr. Et laissez-moi vous montrer comment. J'ai dressé quelques cartes. Nous autres, vieux soldats, savons faire ce genre de chose, ajouta-t-il d'un ton pince-sans-rire. Peut-être aurez-vous l'amabilité d'y jeter un coup d'œil ?

En regardant les cartes, quelques lords ne purent réprimer un sourire. Peut-être les nouveaux enclos avaient-ils trois cents arpents, mais leur forme était fantastique : ici, un long doigt tendu à travers de riches pâturages, là une grande courbe pour éviter une parcelle de terre pauvre. L'un des enclos avait la forme d'un énorme « C ».

— Nous avons tous été pris pour des sots, messieurs, dit plaisamment le bon colonel.

La manœuvre s'était poursuivie année après année. Avec la sanction de la loi, Cumberbatch et ses hommes avaient dérobé les meilleures terres communautaires, lentement mais sûrement. Personne n'avait pu l'empêcher. Jusqu'à deux ans plus tôt.

La réunion qui avait précipité la crise avait eu lieu lorsque les membres de la commission, qui ne s'étaient pas rencontrés depuis des années, furent brusquement convoqués pour s'entendre demander, sans avoir été ni consultés ni avertis, d'approuver la création d'enclos sur le reste des superficies prévues par la loi. Six mille arpents : le plus gros accaparement jamais tenté. Quand ils exprimèrent leur indignation, Cumberbatch les menaça de les faire radier de la commission.

Le temps était venu de se battre. En l'espace de quelques semaines, les plus gros propriétaires terriens de la Forêt s'étaient réunis et avaient formé une ligue, l'Association de la Nouvelle Forêt. Le colonel en faisait naturellement partie, ainsi qu'un verdier, un certain M. Eyre, dont la famille possédait d'importantes terres dans la partie nord de la Forêt. D'autres familles, notamment les Drummond, les Compton de Minstead et les châtelains du vieux domaine de Bisterne, étaient prêtes à défendre leur héritage. Lord Henry, à la tête du domaine le plus vaste, était un membre clé de l'association. Le ralliement d'un autre propriétaire fut aussi le bienvenu : un certain M. Esdaile, qui avait acquis un domaine dans le vieux village de Burley quelque dix-huit ans plus tôt — un nouveau venu, par conséquent, selon les critères de la Forêt, mais que sa formation juridique rendait précieux. Ils avaient préparé une pétition. L'Office des forêts fut forcé d'interrompre ses agissements. Et ils se trouvaient là, dans l'enceinte vénérable de la Chambre des lords, à lutter pour sauver la Forêt.

— Colonel Albion, l'interpella un autre pair, plus jeune que les autres. Puis-je vous demander si vos collègues de la commission, autres que les trois de l'Office des forêts, sont tout aussi opposés à ces enclosures ?

Albion le regarda d'un air grave. Il savait à qui il faisait référence. Ce maudit Grockleton. Il n'avait jamais su exactement pourquoi le magistrat de Southampton avait décidé de prendre une part active dans les affaires de la Forêt, mais, quelques années plus tôt, il avait acheté une centaine d'arpents assortis de droits de vaine pâture et s'était fait nommer au sein de la commission. Lui et le géomètre adjoint étaient d'accord sur tout. Autant qu'on pouvait en juger, Grockleton voulait que la Forêt tout entière devienne une plantation commerciale sans aucun être vivant.

— Je ne saurais dire, répondit le colonel calmement. La plupart le sont, je pense, mais il ne m'appartient pas de m'exprimer à leur place.

— Je vois. Vous exposez ces doléances au nom des *commoners* en général, n'est-ce pas ? Qui sont, en gros, un millier ?

— Les droits de vaine pâture varient. A mon avis, il existe au moins un millier de foyers possédant des droits de cette sorte.

— Oui, poursuivit le jeune pair avec une petite lueur de triomphe dans le regard, ce ne sont pas les membres de l'Association de la Nouvelle Forêt, les principaux propriétaires terriens comme vous, qui ont le plus à perdre ou à gagner dans cette affaire ?

C'était ça, clair comme de l'eau de roche : Cumberbatch et Grockleton avaient acheté le jeune pair. Car telle était l'argumentation de l'Of fice des forêts : si l'on s'opposait à lui, on le faisait nécessairement pour défendre ses intérêts. Il sourit doucement.

— C'est, en fait, tout le contraire, répondit Albion, tandis que le jeune pair fronçait les sourcils. S'il est vrai que je peux donner à bail un arpent assorti de droits de vaine pâture à un prix bien plus élevé qu'un arpent dépourvu de ces droits, cette affaire ne risque pas de me ruiner. Et si un jour la Forêt est démembrée — en termes techniques, déclarée en dehors du régime forestier, comme vous devez le savoir —, les gros propriétaires recevront probablement une compensation. Alors que, sans libre accès à la Forêt, les petites gens seront ruinées. Et, en ce qui me concerne, je ne veux pas que cela advienne... Il se peut, bien sûr, que d'autres propriétaires voient les choses autrement, ajouta-t-il après une pause, comme si cette pensée venait de lui traverser l'esprit. Mon collègue commissaire M. Grockleton, par exemple, a des terres et quelques métayers, mais je ne sais s'il s'en soucie réellement...

La remarque porta. Mais le jeune pair n'avait pas encore tout à fait fini :

— Les petits paysans et les métayers de la Forêt ne constituent pas une population bien établie, n'est-ce pas ? Je veux dire qu'il est difficile de les qualifier d'agriculteurs et de francs-tenanciers sérieux ?

Il aurait dû voir venir le coup. Quand on s'adresse à des gens de l'extérieur, tôt ou tard, ils en arrivent toujours là. Les propriétaires terriens se sont toujours fait une idée bien arrêtée de la paysannerie. Les bons paysans vivent en rase campagne et saluent. Dès qu'on arrive dans les collines, attention. Quant à la forêt, on n'y trouve que des hors-la-loi : braconniers, charbonniers et romanichels. Qui sait de quelle sorte de gens descendent les *commoners* ? Les intérêts légitimes de la Couronne devaient-ils être compromis pour une population de vagabonds et de fainéants ?

Le colonel sourit.

— Je suggère que monsieur le commissaire juge par lui-même, dit-il aimablement. Car la personne que vous allez interroger est l'un d'eux. Mon métayer, M. Pride.

Extérieurement, le colonel souriait ; intérieurement, il faisait une prière. Il allait voir s'il avait eu raison de prendre le risque, si Pride ne se montrerait pas injurieux, affaiblissant leur défense. Il lui en avait parlé avec assez de franchise et Pride avait promis de rester circonspect.

L'autre problème venait de George. Personnellement, Albion ne blâmait pas George Pride de travailler pour l'Office des forêts. Il n'était pas le seul. Un emploi est un emploi. George devait pourvoir au besoin de sa jeune famille. Mais Pride père ne partageait pas cet avis. Cela avait provoqué une dispute épouvantable. Il avait juré de ne jamais lui pardonner, et depuis que George avait commencé à travailler pour Cumberbatch, son père ne lui adressait plus la parole. Les liens familiaux demeuraient étroits dans la Forêt et cette rupture représentait une triste et grave affaire.

Que Cumberbatch ait compris tout cela était une autre question. Aux yeux du géomètre adjoint, le père de l'un de ses employés témoignerait contre lui et cela lui déplaisait profondément. Il ne pouvait renvoyer George pour ce motif, mais le jeune homme serait regardé avec suspicion. Albion s'en sentait désolé, mais c'était nécessaire et il lui fallait sacrifier George Pride pour le bien de la communauté. Si Pride père ne perdait pas son sang-froid, il ferait un témoin de première importance.

Ils regardèrent avec intérêt Pride se lever et l'invitèrent à s'asseoir devant eux. Il s'assit bien droit sur sa chaise. Même le jeune pair ne put s'empêcher de lui trouver un air très respectable. Le président s'adressa à lui aimablement.

— Où habitez-vous ?

— A Oakley.

— Depuis combien de temps vivez-vous là ?

— Depuis toujours.

— Toujours ? répéta le président en souriant. Vous voulez dire que vous y avez passé toute votre vie ?

— Je veux dire que ma famille a toujours vécu là, monsieur le président. Enfin, pas toujours, mais elle vivait là avant le roi Guillaume, corrigea Pride.

— Vous voulez parler du roi Guillaume IV, le prédécesseur de notre reine actuelle, ou du roi Guillaume III ?

— Non, monsieur. De Guillaume le Conquérant, qui a créé la Forêt.

Le président, stupéfait, jeta un coup d'œil en direction du colonel Albion, qui acquiesça.

— Vous avez combien d'arpents ?

— J'en avais huit. Maintenant, j'en ai douze. Les huit sont loués au colonel, j'ai acheté les quatre autres en pleine propriété.

— Vous avez une famille ?

— Douze enfants, monsieur. Dieu soit loué !

— Vous pouvez entretenir une famille de douze enfants avec si peu d'arpents ?

— Dans la Forêt, on estime généralement que douze arpents équivalent à une bonne taille, monsieur. On peut les travailler sans avoir à engager des journaliers. Selon les années, je dégage un bénéfice de quarante à cinquante livres.

Ce n'était pas une fortune, mais un revenu décent pour un petit paysan.

— Comment faites-vous ?

— Mes terres, en majeure partie, sont en pâturage pour le foin. Sur une parcelle, je cultive des choux, des légumes, des racines...

— Des navets ?

— Oui. Et aussi de l'avoine.

— Quel bétail avez-vous ?

— Cinq vaches laitières, deux génisses et deux bêtes d'un an. Nous vendons le lait et le beurre à Lymington. J'élève aussi trois truies pour la reproduction. Elles mettent bas deux ou trois fois par an. J'ai aussi quelques poneys. Les poulinières courent en liberté toute l'année dans la Forêt.

— J'ai entendu dire que les vaches de la Nouvelle Forêt possèdent des qualités particulières. Voulez-vous nous les décrire ?

— La plupart sont mouchetées, monsieur le président. Plutôt petites, mais robustes. Elles peuvent se nourrir de bruyère et de l'herbe de la lande s'il le faut. Ce sont de bonnes laitières. Les paysans des plaines calcaires, comme celles de la région de Sarum, viennent acheter des bêtes à Ringwood. Ils les croisent avec les leurs et, sur les pâturages plus riches, ces hybrides produisent d'énormes quantités de lait.

— Vous faites paître vos bêtes dans la Forêt ?

— Nous ne pouvons faire autrement. Il me faudrait beaucoup plus d'arpents.

— Vous pourriez subvenir aux besoins de votre famille sans les droits de vaine pâture ?

— Non. Et puis, il y a autre chose. Rapport aux enfants, vous voyez, monsieur. J'ai deux fils adultes. L'un habite avec moi et travaille comme ouvrier agricole. Mais il a aussi deux arpents sur lesquels il élève du bétail qu'il mène paître dans la Forêt. Ça lui permet de doubler son salaire. Dans quelques années, il pourra se mettre à son compte et élever une famille.

— Vous avez aussi le droit de tourbe ?

— Oui. C'est avec la tourbe et le bois de la Forêt que je me chauffe.

— Sans ces droits...

— Nous aurions froid.

— Comment les *commoners* ont-ils été affectés par la loi sur la suppression des cerfs ?

— De diverses façons. D'abord, l'absence des cerfs a réduit les pâturages.

— Comment cela ? Si les cerfs ne sont plus là, il doit y avoir davantage à brouter pour les autres animaux...

— C'est que je pensais, mais il en a été autrement. Les pelouses, où pousse l'herbe la meilleure, sont envahies par les broussailles que les cerfs mangeaient. Cela m'a étonné, mais c'est ainsi.

— A part cela ?

— M. Cumberbatch nous a interdit de laisser paître notre bétail en liberté pendant l'hiver, ce que nous faisions quand il y avait encore des cerfs. L'interdiction a été en partie appliquée. Si elle l'était strictement, je ne sais comment je m'en sortirais.

— Et les enclos ?

— Certains *commoners* doivent maintenant conduire leurs bêtes à des kilomètres pour trouver des pâturages. Les meilleurs sont pris. Quand on rouvre les enclos, ils n'offrent pas grand-chose à manger aux animaux et les fossés aménagés pour les plantations constituent un danger pour eux.

— Vous craignez donc pour votre avenir ?

— Oui.

Les membres de la commission se taisaient. Le petit paysan les avait impressionnés. Ils se rendaient compte qu'il ne s'agissait pas d'un braconnier, mais d'un petit fermier dont le genre remontait à l'époque la plus reculée de l'histoire de leur île, avant même que les seigneurs féodaux gouvernent le pays. Seul le jeune pair semblait disposé à mettre encore Pride à l'épreuve. Cumberbatch venait de lui faire passer une note.

— Monsieur Pride, commença-t-il pensivement, j'ai cru comprendre que les enclosures ont suscité du ressentiment. Certaines clôtures ont même été arrachées, d'autres brûlées. Est-ce vrai ?

— J'en ai entendu parler, oui.

— Je suppose que c'est le seul moyen qu'ont trouvé jusqu'ici les *commoners* pour exprimer leur point de vue. Souscrivez-vous à cette attitude ?

C'était un piège. Le colonel Albion lança à Pride un regard pénétrant pour essayer de capter son attention, mais celui-ci gardait les yeux fixés sur le mur derrière la commission.

— Je ne saurais dire, monsieur le président.

— Oserais-je affirmer que vous avez de la sympathie pour ceux qui ont fait cela ?

— Je compatirais, je suppose, au sort de quiconque se voit retirer ses moyens d'existence, répondit Pride calmement. Mais, naturellement, ils ont tort d'enfreindre la loi. Je le désapprouve.

— Vous ne le feriez pas vous-même ?

Pride regarda le jeune pair sans émotion. S'il éprouvait de la colère ou du mépris, il n'en laissait rien paraître.

— Je n'ai jamais contrevenu à la loi, dit-il d'un air grave.

Bien joué, pensa Albion. Il regarda le jeune pair pour voir s'il en avait fini, Pas encore, apparemment.

— Monsieur Pride, vous me semblez très opposé à l'Office des forêts. Voulez-vous nous dire cependant où travaille votre fils aîné George ?

— Oui, monsieur. Il travaille pour M. Cumberbatch.

— A l'Office des forêts donc ?

Le jeune pair triomphait. Il avait pris le paysan en défaut.

— Si l'Office est une telle monstruosité, pourquoi votre fils y travaille-t-il ? Il pactise avec l'ennemi ?

Albion retint sa respiration. Il avait prévu beaucoup de choses, mais pas celle-là. Il n'avait pas imaginé que dans une telle enceinte quelqu'un s'abaisserait à tourmenter son métayer à propos de son fils. Le jeune pair n'avait probablement pas compris la question qu'on lui avait demandé de poser. Albion jeta un coup d'œil vers Cumberbatch. Le porc.

Il vit les cheveux de Pride se hérisser sur sa nuque. Doux Jésus, c'était la goutte qui faisait déborder le vase. Tendu, il se mordit la lèvre.

Pride eut un rire bref et secoua la tête.

— Je pense qu'un jeune homme prend le travail qu'il trouve, monsieur, ne croyez-vous pas ? Quant à M. Cumberbatch, ce n'est pas mon ennemi.

Il tourna la tête vers le géomètre adjoint et lui sourit.

— Pas pour l'instant, du moins. Certes, si M. Cumberbatch crée tant d'enclos qu'il provoque ma ruine et me contraint à envoyer mes enfants à l'hospice, ajouta-t-il en s'adressant de nouveau au jeune pair, que je le veuille ou non, il se fera de lui-même mon ennemi. Je suis venu ici, monsieur, dans le seul espoir que vous pourrez faire quelque chose afin que M. Cumberbatch et moi-même restions amis.

Même le président arborait maintenant un large sourire et le jeune pair reconnut sa défaite de bonne grâce.

— Je crois que nous avons fait la connaissance de M. Pride, la fierté de la Forêt. Le moment est peut-être venu de lever la séance, dit le président.

La femme aux cheveux blancs attendait, nerveuse, dans la grande église vide au sommet de la colline. Elle n'avait pas parlé à son mari de son rendez-vous.

Quand M. Arthur West avait épousé Louisa Totton, ils avaient eu deux fils et quatre filles ; les fils avaient reçu une éducation leur permettant de faire leur chemin dans l'existence, les filles avaient été élevées pour obéir, d'abord à leurs parents, puis à leur mari. Lorsque Mary West s'était mariée avec Godwin Albion, il avait été entendu clairement qu'elle lui obéirait, et elle l'avait toujours fait. Pour elle, ce rendez-vous secret dans l'église de Lyndhurst ne représentait donc pas rien, d'autant plus que l'homme qu'elle devait rencontrer, M. Minimus Furzey, avait mauvaise réputation.

Toute sa vie, les femmes avaient toujours excusé Minimus Furzey. Minimus, le petit dernier d'une famille nombreuse, celui qui s'en sortait à bon compte quand ses frères et sœurs écopaient. Il était si charmant que les femmes lui pardonnaient tout. Les hommes, en particulier les maris, n'en faisaient pas toujours autant. Les pères non plus.

Sa famille ne s'était pas offusquée quand Minimus était devenu artiste. Tous possédaient du talent. Son grand-père Nathaniel avait fait son droit et était devenu avocat à Southampton. Son père avait aussi embrassé la carrière juridique. Après sa licence, obtenue à Londres, il avait prospéré. Son frère aîné était chirurgien, le cadet professeur. Deux de ses sœurs avaient épousé de riches citadins. Elles lui versaient un modeste revenu pour suivre ses penchants sans soucis financiers.

Trois ans plus tôt, Minimus était venu dans la Forêt, s'y était plu et y était resté. Il n'était pas le premier artiste de l'époque à le faire. Au siècle précédent, Gilpin avait évoqué dans ses écrits la beauté pittoresque de la Forêt et, ces dernières années, nombre de peintres et d'écrivains s'y étaient rendus en visite. Vingt ans plus tôt, l'écrivain Marryat, dont le frère avait acheté une maison sur Chewton Glen, l'ancienne route des Contrebandiers, avait immortalisé la région dans *Les Enfants de la Nouvelle Forêt*.

« Est-ce le jeu de la lumière sur la lande ou la beauté des chênes qui vous amène, vous autres artistes ? avait un jour demandé une dame, enthousiaste, à Minimus.

— Les deux, mais plus encore le train », avait répondu Minimus.

Le fait que la Forêt fût pleine d'humbles Furzey qui lui étaient indubitablement apparentés ne gênait ni n'intéressait Minimus. Il affichait une innocence insouciante pour tout ce qui concernait les questions sociales. Non qu'il eût ignoré les conventions, mais il n'avait qu'une vague idée de leur existence. Si quelque chose lui semblait agréable, Minimus le faisait, et il était sincèrement surpris quand les gens se mettaient en colère. Cela valait pour ses relations avec les femmes.

Minimus ne cherchait pas à les séduire ; il les trouvait tout simplement délicieuses. Quand elles étaient charmées par son innocence juvénile, quand elles lui trouvaient l'âme d'un poète et désiraient le materner ou quand une jolie fille l'attirait, tout cela n'était à ses yeux que merveilles de la nature. Il ne se demandait jamais s'il s'agissait de dames ou de filles de ferme, mariées ou non, expérimentées ou innocentes. Pour lui, tout suscitait l'émerveillement. Il ne comprenait pas pourquoi le monde entier ne se comportait pas avec la même insouciance.

Il appréciait particulièrement la partie ouest de la Forêt et avait déniché près de Fordingbridge un agréable petit cottage qu'il avait entrepris de meubler avec goût. Il avait accroché aux murs ses huiles et ses aquarelles et construit une annexe avec un atelier et un cabinet de travail déjà rempli de spécimens de plantes et d'insectes, auxquels il accordait un grand intérêt. Mais c'était dans sa chambre à l'étage que se trouvait l'objet qui lui plaisait le plus.

Il l'avait trouvé en se promenant près de Burley. Il avait remarqué un vieux cottage ravagé par le feu, qu'un groupe d'hommes s'apprêtait à démolir. Toujours curieux, il était entré à l'intérieur. A l'étage, à ciel ouvert, enfoui sous les cendres et les poutres calcinées, il avait découvert un lit cassé. Le vieux chêne sombre avait résisté aux flammes. En écartant les cendres, il avait vu qu'il était magnifiquement sculpté. Quand les hommes l'avaient aidé à le descendre, Minimus s'était aperçu qu'il était tombé sur un véritable trésor. Ecureuils et serpents, cerfs et poneys, tous les animaux de la Forêt vivaient sur le vieux meuble. Il avait décidé de le conserver absolument. Pour quelques shillings, il l'avait acheté et fait transporter jusque chez lui, où il l'avait restauré pour son propre usage. Le lit de Puckle avait ainsi trouvé un nouveau domicile.

Mme Albion l'attendait dans l'église depuis un bon moment. Mieux valait ne pas se mettre en colère, Minimus était toujours en retard. Dans la nef où une chaude lumière filtrait par les vitraux, elle eut le temps de se demander ce qui avait décidé sa fille Beatrice à épouser Minimus Furzey. Il avait près de dix ans de moins qu'elle et elle avait dû affronter la fureur de son père.

« Elle veut de lui uniquement parce qu'elle est persuadée qu'elle ne trouvera jamais de mari, avait fulminé le colonel Albion.

— Elle a presque trente-cinq ans, avait fait remarquer Mme Albion.

— C'est un aventurier de la pire espèce. »

Le fait que Minimus ait été apparenté à quelques-uns de ses plus humbles métayers ne plaisait pas à Albion, aussi bienveillant fût-il avec eux. Cela dérangeait l'ordre des choses. Sans métier convenable ni revenu, en dehors de celui dont ses sœurs lui faisaient la charité, Minimus était un aventurier. On ne pouvait le nier.

Pourtant, Mme Albion savait parfaitement que Minimus ne s'était pas marié pour cette raison. La dot que son mari prévoyait de verser à Beatrice restait fort modeste et le fait qu'il ait refusé de la lui donner n'avait guère dérangé Minimus. Elle soupçonnait que Furzey avait été bien moins empressé de se marier avec Beatrice qu'elle avec lui. « Ce galapiat la considère comme une gouvernante bénévole », avait un jour marmonné le colonel, et Mme Albion se disait qu'il ne devait pas être loin de la vérité. Ils vivaient certes d'une manière peu ordinaire, avec une bonne qui venait faire la cuisine et le nettoyage. Même le boutiquier le plus chiche de Fordingbridge disposait d'un ou deux domestiques à demeure.

— Vous êtes bien seule, n'est-ce pas ? s'enquit-il en refermant la porte derrière lui.

— Oui.

Elle lui sourit et dut un instant réprimer les stupides petites palpitations de son cœur quand il s'approcha d'elle.

Il jeta un coup d'œil circulaire.

— Drôle d'endroit pour un rendez-vous, fit-il remarquer de sa voix musicale dont l'écho se perdit vite dans le silence. Vous l'aimez ?

La nouvelle église qui remplaçait celle du XVIIIe siècle sur la colline de Lyndhurst était une haute construction très ornée, en brique rouge, dans le style victorien, agrémentée d'une tour. La tour venait d'être achevée et elle se dressait maintenant, monument élevé à la fierté et à la respectabilité de l'époque, au-dessus des chênes du vieux manoir royal niché au cœur de la Forêt.

— Je ne sais pas trop.

Elle préférait rester dans le vague au cas où il aurait désapprouvé.

— Hmm. Les vitraux sont beaux, vous ne trouvez pas ?

Les deux qu'il lui montrait, l'un à l'extrémité est, l'autre dans le transept, impressionnaient certes par leur forme hardie. Ils avaient été dessinés par Burne-Jones, le peintre préraphaélite, venu en visite dans la Forêt quelques années auparavant.

— Ces deux personnages sont en fait dus à Rossetti, et non à Burne-Jones, ajouta-t-il en désignant le vitrail du transept.

— Ah. Je suppose que vous connaissez tous ces peintres personnellement.

— Il se trouve que oui. Pourquoi ?

— Cela doit être si...

Elle allait dire « intéressant », mais trouva le mot banal et n'acheva pas sa phrase. La lumière qui tombait du vitrail jouait dans les cheveux de Minimus.

— J'adore les fresques, fit-il en souriant.

L'énorme tableau *Le Sage et les Vierges folles*, de Leighton, l'ami de Rossetti, dominait une partie de l'intérieur. L'évêque s'était inquiété du caractère par trop « papiste et ornemental » des peintures préraphaélites, mais on les avait néanmoins autorisées. Ils se tenaient donc sous le sage et les vierges folles, à admirer les deux.

— Je vous ai prié de venir ici, dit Mme Albion, pour parler de Beatrice...

Elle prit une profonde inspiration.

— Je voudrais que vous fassiez quelque chose pour moi.

Bognor Grockleton se sentait de bonne humeur. Tout en essuyant de sa main crochue la sueur qui perlait sur son visage pâle rasé de près, il souriait de contentement.

Pour apprécier Bognor Grockleton — son prénom rappelait la cité balnéaire où ses parents aimaient séjourner —, il fallait comprendre qu'il était animé de bonnes intentions. Peut-être avait-il une âme de missionnaire, à moins qu'il n'ait hérité génétiquement de sa grand-mère qui, après avoir habité à Lymington, avait vécu jusqu'à un âge canonique à Bath. Quelle que fût l'influence qui poussait Bognor Grockleton inlassablement de l'avant, il agissait toujours avec la conviction profonde que l'on devait améliorer le monde. Rares étaient ceux, en cette époque victorienne, qui l'auraient contredit.

Il avait essayé d'apporter des améliorations à la Forêt depuis son arrivée. Tout naturellement, il n'avait pas tardé à trouver un allié en la personne du géomètre adjoint. Les deux hommes étaient en fait très différents. Pour Cumberbatch, la Forêt se résumait à une ressource naturelle, au même titre qu'une mine de charbon ou une carrière de gravier. Ses habitants représentaient une nuisance. S'il avait pu les enchaîner comme des esclaves ou les abattre comme des cerfs, il ne s'en serait probablement pas privé. Aux yeux de Grockleton, les paysans de la Forêt avaient besoin que l'on fasse quelque chose pour eux. Beaucoup vivaient dans de petites fermes misérables, avec un arpent ou deux seulement de terre. Leur conditions de vie restaient primitives. Même les moins mal lotis, comme les Pride d'Oakley, ne parvenaient à mener une existence modeste que parce qu'ils accédaient librement à la Forêt, et il y avait là un terrible gaspillage de ressources. Lorsque la Forêt serait gérée rationnellement, l'exploitation forestière fournirait du travail à beaucoup d'entre eux. Quelques-unes des fermes les plus importantes sur le pourtour de la Forêt survivraient sans doute. Les manufactures et les entreprises qui se multipliaient à Southampton et dans les villes de marché comme Fordingbridge et Ringwood absorberaient le surplus. Le nouveau monde productiviste serait bien meilleur. Quand les gens de la Forêt le constateraient, ils comprendraient.

La visite à la Chambre des lords, à Londres, avait été intéressante, et bien que la commission d'enquête n'eût pas encore rendu son rapport, il ne doutait guère de sa teneur. Les plantations continueraient. Il le fallait. C'était le progrès.

Il avait été content que Cumberbatch lui donne George Pride pour guide cet après-midi-là. Si Pride père symbolisait le passé, le fils représentait l'avenir. Il possédait un bon travail. On n'avait plus besoin des gardes-chasses et de leurs auxiliaires depuis la disparition des cerfs, mais il existait différents postes de forestiers pour s'occuper des plantations. Ceux-ci recevaient un cottage comme logement de fonction. Peut-être George travaillait-il pour Cumberbatch, mais il vivait dans la Forêt et était bien payé.

« Il sera très désireux de vous être agréable », avait dit Cumberbatch avec un sourire sardonique. A son retour de Londres, le géomètre adjoint avait fait venir George dans son bureau et lui avait déclaré sans mettre de gants : « Vous n'êtes peut-être pas capable de dire à votre père ce qu'il a à faire, mais je n'ai pas apprécié de le voir à la réunion de la commission. Je vous aurait à l'œil. Un faux pas, le moindre signe de désobéissance, et vous êtes viré. »

Ainsi, quand Grockleton arriva sur le lieu du rendez-vous, il trouva George pratiquement au garde-à-vous. Cela aurait dû suffire à le mettre dans de bonnes dispositions à son égard, mais, même sans cette réception, il aurait été d'humeur joyeuse. Parce qu'ils avaient rendez-vous au Clos Grockleton.

Avoir une rue qui porte son nom est flatteur. Mais quand, après l'aménagement de cet enclos quelques années plus tôt, Cumberbatch lui avait donné son nom, Grockleton s'était rendu compte qu'il y avait là autre chose : un bois entier, un symbole sur la carte pour les générations à venir. Le Clos Grockleton : sa fierté et sa joie la plus grande. Il se situait dans la partie centrale de la Forêt, à l'ouest de Lyndhurst, et couvrait plus de trois cents arpents. Mieux encore, il était planté de pins d'Ecosse.

On plantait des pins dans la Forêt depuis un demi-siècle. Ils faisaient généralement office de pare-vent pour protéger les jeunes chênes et hêtres. Certains servaient parfois à la fabrication de mâts de navire, mais c'étaient surtout le chêne et le hêtre qu'utilisait la marine. Ou avait utilisé. Car les bateaux en bois laissaient la place aux bateaux en acier. On ne construisait plus de navires à la Cale de l'écu ; l'herbe envahissait ses cales de construction, et des artisans et des ouvriers agricoles louaient ses cottages.

Depuis 1851, les nouvelles plantations se composaient d'un mélange d'essences bien différent. Les chênes et les hêtres, à croissance lente, bois dur et larges feuilles, avaient cédé le pas devant des arbres au bois tendre, les pins d'Ecosse et autres conifères de rapport, à croissance rapide. Bien que récente, cette substitution transformait subtilement le caractère de la Forêt. L'ancienne mosaïque de bosquets de chênes et de lande était coupée par des rangs rectilignes de pins, qui gardaient leur feuillage vert sombre tout l'hiver. Qui plus est, les pins s'étendaient, poussaient ici et là sur la lande ou, rabougris, dans les tourbières acides.

C'est cependant son exceptionnel rendement que Grockleton appréciait le plus dans sa plantation.

— Voyez comme ils sont plantés tout près les uns des autres, Pride, fit-il remarquer avec satisfaction.

Ils l'étaient tellement qu'on devait écarter leurs aiguilles quand on essayait de passer entre eux.

— Ils absorbent toute la valeur nutritive de la terre. Il ne se produit aucune perte.

Le tapis de verdure et le sous-bois lui avaient toujours fait l'effet d'un véritable gaspillage. Les plantations de hêtres lui semblaient préférables : dans les bois de hêtres, la mousse couvrait le sol. Mais, sous les pins, il n'y avait ni lumière ni espace. Rien n'y poussait, pas même l'herbe ou la mousse. C'était mort.

— Voilà l'avantage des pinèdes, Pride, expliqua-t-il au garde forestier. Une grande amélioration.

— Oui, monsieur, dit Pride.

Ils longeaient le sentier au milieu de la plantation et admiraient sa merveilleuse uniformité. Quand le commissaire fut finalement satisfait, il déclara qu'il aimerait faire le tour de la partie septentrionale de la Forêt. Ils chevauchèrent donc à travers la lande en direction du nord.

George Pride était joli garçon. Un collier de barbe encadrait son visage frais, rasé de près. Il semblait de bonne volonté et ardent. C'était l'occasion de faire son éducation et Grockleton ne manqua pas d'en profiter.

— Vous allez me trouver très direct, Pride, expliqua-t-il. Et j'aime les gens qui sont sans détour avec moi.

— Oui, monsieur, dit George.

— L'Office des forêts est en train d'apporter ici d'importantes améliorations, poursuivit Grockleton alors qu'ils descendaient vers un petit cours d'eau, Dockens Water.

— Oui, monsieur.

— Je suis content que vous soyez de cet avis, remarqua Grockleton.

Ils restaient si nombreux à ne pas l'être. L'état des routes en donnait un exemple typique. Lorsque les anciennes routes à péage avaient commencé à se délabrer au milieu du siècle, les conseils paroissiaux, dans la plupart des régions de l'Angleterre, assumèrent généralement la responsabilité des réparations. Les villages de la Nouvelle Forêt avaient-ils coopéré ? Pas du tout. Quand les gens comme lui et les messieurs de l'Office des forêts avaient protesté, qu'avaient répondu les habitants de la Forêt ? « Si l'Office veut des routes, qu'il les paie. Nous n'en avons pas besoin. »

— Que faire avec des gens pareils ? Nous devons marcher avec le progrès, Pride.

Ils passèrent le ruisseau à gué. Devant eux s'élevait une longue pente en haut de laquelle s'étendait une lande, la plaine de Fritham. Du bétail paissait ici et là et en arrivant sur la plaine, ils comptèrent une douzaine de poneys. Grockleton soupira. Les *commoners* et les éleveurs comme le père de George demeuraient si attachés à ces bêtes inutiles ! Garder les vaches, ça pouvait se comprendre, mais les petits poneys, ça se justifiait difficilement. A l'époque de la loi sur la suppression des cerfs, le prince Albert, le mari de la reine, avait prêté un étalon arabe pendant plusieurs saisons pour qu'il se reproduise avec les juments locales. On percevait parfois une trace de sang arabe chez certains des poneys actuels, mais l'expérience n'avait pas donné grand-chose. Dieu sait pourquoi, son ami Cumberbatch s'était lui-même intéressé aux poneys et avait fait venir de jeunes juments de l'extérieur. Ces animaux râblés n'en continuaient pas moins de sembler affreux à Grockleton.

— Nous ne devons pas jeter la pierre à des gens comme votre père, Pride, dit-il gentiment. C'est un mode de vie qui est appelé à disparaître, mais nous devons nous montrer patients.

— Oui, monsieur, dit George.

— Je crois qu'on projette de nouvelles plantations dans ce secteur, continua Grockleton. J'aimerais que vous me montriez l'endroit.

— Oui, monsieur, dit George. Par ici.

« A l'évidence, se disait Minimus Furzey, le nord de la Forêt est un autre monde. » Il y avait certes des endroits au-dessous de Lyndhurst où on avait une belle vue. Mais quand on montait vers le nord au-dessus de Lyndhurst, dépassait Minstead et gravissait Château Malwood, on arrivait sur une large crête qui se prolongeait vers l'ouest jusqu'à Ringwood. Au-dessous, la Forêt descendait vers le sud en gradins successifs, alors qu'au nord, dans l'immense triangle nord-ouest, un haut plateau couvert de lande s'étendait sur une vingtaine de kilomètres jusqu'à Fordingbridge et Hale.

C'était cette région qu'aimait par-dessus tout Minimus Furzey. Là-haut, dans ces silences aériens, sous la voûte du ciel, un immense panorama s'offrait à la vue au-delà des bords du plateau : vers l'est, jusqu'aux ondulations herbeuses du Wessex, vers l'ouest et les collines bleues du Dorset, vers le nord et les crêtes calcaires de Sarum, qui roulaient au loin comme une mer. C'était une terre haute, dénudée, brune et pourpre, une terre en plein ciel, un monde à part.

Comme souvent, Minimus avait choisi cet après-midi-là un endroit agréable pour s'asseoir et dessiner. Beatrice et lui étaient montés ensemble de leur cottage et elle avait continué vers la lande pendant qu'il restait là pour travailler.

Il faisait délicieusement doux. A ses pieds, Minimus aperçut le dos émeraude des cicindèles champêtres. A travers la lande et les ajoncs, il entendait une fauvette de Dartford, le claquement d'un tarier pâtre et le chant lointain d'un ou deux autres oiseaux de la lande. Mais il ne resta pas seul longtemps.

La caravane de bohémiens qui longeait la piste vers l'ouest n'offrait pas un spectacle inhabituel. Personne ne savait au juste à quel moment les bohémiens avaient fait leur apparition dans la Forêt. D'aucuns disaient que cela datait du temps de l'Armada, d'autres, d'une époque plus tardive. Quoi qu'il en soit, ces gens curieux venus de l'est, qui erraient à travers toute l'Europe, ajoutaient une note colorée sur la scène de la Forêt. Avec leurs roulottes peintes de couleurs vives et leurs files de chevaux, ils passaient près de Fordingbridge, puis suivaient les pistes préhistoriques qui longeaient les crêtes de Sarum vers les foires aux chevaux dans le sud-ouest de l'Angleterre.

Minimus bavardait souvent avec les bohémiens de passage. Une fois, il était même parti avec eux pendant quelques jours en laissant à Beatrice un petit mot annonçant son départ. Il était revenu avec une brassée de croquis et un abondant vocabulaire de mots gitans, si bien que, lorsqu'il parlait avec eux maintenant, seuls eux et lui se comprenaient.

Il était en pleine conversation avec le couple de bohémiens quand il vit Grockleton et George Pride approcher.

Grockleton n'aimait pas Minimus Furzey. C'était l'une des seules choses sur lesquelles le colonel Albion et lui s'accordaient. Dans le cas de Grockleton, il n'existait pas de raison particulière à cette antipathie ; elle était instinctive. A ses yeux, Furzey représentait le désordre. Quel dommage que ce perturbateur ait précisément choisi pour dessiner le coin qu'il voulait inspecter, mais il ne le laisserait pas le gêner. Il jeta à Furzey et aux bohémiens un regard glacial, mit pied à terre et commença à arpenter le secteur.

L'endroit sur lequel Minimus avait jeté son dévolu se trouvait au bord de la crête. De là, on descendait vers une cuvette marécageuse. De l'autre côté, à moins d'un kilomètre, on avait récemment planté sur la lande des pins d'Ecosse, qui n'arrivaient encore qu'à hauteur du genou. Après être allé jusqu'à la plantation pour l'inspecter, Grockleton revint sur ses pas et resta là à regarder la longue déclivité d'un air pensif.

— Achetez un petit bouquet, monsieur, des fleurs pour votre femme.

Il se retourna brusquement. La bohémienne s'était approchée de lui. Elle portait un panier de fleurs au bras et elle avait confectionné de petits bouquets avec des touffes de bruyère. Il lui lança un regard noir. Les fleurs avaient probablement été volées dans quelque jardin, pensa-t-il. Les paysans de la Forêt semblaient tolérer ce genre de choses, mais pour lui, ça équivalait à du vol. Quant à la bruyère, il devait bien y avoir une loi pour empêcher ces miséreux de la cueillir.

— Allez au diable avec vos fleurs ! s'exclama-t-il avec irritation.

— Vous feriez mieux de les acheter ! cria Furzey. Si vous refusez, ça vous portera malchance...

— Quand j'aurai besoin de votre avis, je vous le demanderai, répliqua sèchement Grockleton, qui se tourna vers George Pride, resté gauchement un peu à l'écart : Faites partir ces gens, Pride !

— Oui, monsieur, dit George.

La tentative de Pride pour éloigner la femme se résuma à peu de chose, mais elle battit en retraite vers Furzey. Le peintre dit quelque chose qui fit rire les deux bohémiens. Puis ils retournèrent à leur roulotte et s'en allèrent. Grockleton savait qu'après cela il aurait dû ignorer Furzey complètement, mais il se demandait ce qu'il avait pu raconter aux romanichels. Après avoir embrassé du regard le paysage pendant une minute ou deux, il se dirigea vers lui, jeta un coup d'œil à son dessin, lâcha un « Pas mal » et continua un peu plus loin jusqu'à un massif de fougères piétinées, sur lequel, monté comme sur une plate-forme, il pouvait embrasser la scène du regard avec dignité. Minimus se tourna dans sa direction, sourit et continua à dessiner. Après un moment, il leva les yeux.

— Savez-vous sur quoi vous marchez ? demanda-t-il.

Grockleton lui adressa un regard dénué d'expression.

— C'est un nid de busard Saint-Martin. Les gens d'ici l'appellent le faucon bleu.

— Je ne vois pas ce que ça a d'intéressant.

— Ces oiseaux nous honorent très rarement de leur visite. Il leur arrive de ne pas venir pendant des années. C'est un des rares coins d'Angleterre où l'on en a vu. C'est l'un des trésors de la Forêt.

— Des trésors pour vous, Furzey, répondit Grockleton. Pour personne d'autre.

Et content de voir Minimus hausser les épaules avec irritation, il donna un coup de pied dans ce qui restait du nid et se remit à arpenter le bord de la crête.

— Pourtant, on peut faire de cet endroit quelque chose d'utile, lâcha-t-il en passant près du peintre.

Il marqua un silence avec un sourire sardonique.

— Nous pouvons planter, dit-il enfin.

— Ici ? Vous allez détruire le site.

— Ne soyez pas stupide, Furzey. Il n'y a rien ici, en dehors de votre fichu nid d'oiseau. Nous pouvons planter le long de la crête et de la pente. Trois cents arpents, selon moi, précisa-t-il en hochant la tête, l'air satisfait.

— On ne peut rien planter sur la pente, remarqua Minimus avec humeur. C'est une tourbière.

Grockleton le regarda fixement. Ce Furzey devenait vraiment agaçant quand il s'y mettait.

— La tourbière est en contrebas, Furzey. L'eau coule le long de la pente et alimente la tourbière. N'importe quel imbécile est capable de voir ça. Je sais que vous ne voulez pas de plantation, mais si vous souhaitez soulever des objections, essayez d'inventer quelque chose de plus intelligent.

— C'est une tourbière, maintint Minimus.

— Non ! s'écria Grockleton en commençant à descendre le long de la déclivité. Le terrain est solide ! lança-t-il posément, comme s'il s'adressait à un enfant à l'esprit lent. Un terrain solide et non pas...

Il n'acheva pas sa phrase, mais poussa un cri en s'enfonçant brusquement jusqu'à la taille.

Il existait plusieurs sortes de tourbières dans la Nouvelle Forêt. Dans la région méridionale la plus basse, où les vallées sont larges et peu profondes, les grandes tourbières qui drainaient l'humidité du terrain en pente douce s'étendaient sur des centaines de mètres. Des haies d'aulnes signalaient parfois la ligne d'écoulement de l'eau. De l'herbe pourpre de bruyère, du trèfle d'eau, des fougères, des touffes de laîche et des roseaux y poussaient. La mousse tapissait les bords. Même après avoir été ramassée pendant des siècles, la couche de tourbe atteignait encore un mètre cinquante, parfois plus.

Dans les ravines plus escarpées et étroites du nord de la Forêt, on trouvait des tourbières plus petites. Et, sur les vastes étendues des crêtes septentrionales, on en découvrait d'une nature différente et inattendue : les fondrières.

Leur formation est tout à fait logique. En s'infiltrant à travers le gravier des hautes terres, l'eau rencontre souvent une couche d'argile. S'écoulant alors sur le côté, elle affouille le gravier et crée une saillie. Elle y creuse même une tranchée par laquelle elle s'écoule dans la vallée où, si le drainage ne s'effectue pas bien, se forme une tourbière. Au milieu de la pente, un tapis de mousse et des touffes d'herbe pourpre montrent que l'eau imbibe le sol. Mais vers le haut, où l'humidité est rapidement drainée, la couverture d'herbe nue peut amener les imprudents à supposer que le terrain est sec. Quant aux saillies, elles ont été recouvertes de tourbe et de végétation au fil des siècles. On pense que le terrain est solide et uni alors qu'il s'agit d'une fondrière. Grockleton venait de tomber dans l'une d'elles.

— Je vous l'avais dit ! lança plaisamment Minimus.

En remontant la pente, trempé et sale, Grockleton eut la malchance de tomber sur Beatrice, coiffée d'un chapeau de paille, qui revenait de sa balade. Elle baissa le regard vers lui, compatissante.

— Mon pauvre ami. Ça m'est arrivé une fois.

Grockleton lui fut reconnaissant de ses paroles et apprécia aussi que Furzey ait le tact de ne pas se moquer de lui.

Mais George Pride, lui, ne put s'empêcher de rire. Si le jeune forestier ne lui avait pas témoigné un tel respect au cours de l'après-midi, il ne s'en serait pas autant formalisé. En le voyant s'esclaffer, il se demanda s'il ne s'était pas moqué de lui depuis le début. Ces gens de la Forêt étaient tous les mêmes. Il en toucherait un mot à Cumberbatch.

Beatrice avait commencé à teindre ses cheveux peu après son mariage. Elle les teignait parfois en noir et Minimus l'appelait alors son corbeau. Elle n'avait pas tardé à s'apercevoir que lorsqu'elle se couchait sur le lit, son corps mince, sa peau claire et nue, ses cheveux noirs étalés sur sa poitrine bien pleine — voluptueuse, disait Minimus — tout cela l'excitait beaucoup.

Elle les teignait parfois en roux avec des dégradés et évoquait alors ces femmes splendides des tableaux préraphéalites. Elle possédait des traits énergiques, assez classiques, de sorte que ces transformations produisaient leur effet. Elles n'étaient pas seulement d'ordre esthétique ; elles comportaient de la magie. Et une sorte de calcul. Quand Furzey était sorti, il lui arrivait de se déshabiller et de prendre des poses devant la glace. Elle redevenait ensuite la fille de châtelain aux cheveux d'or qu'elle était, et cela plaisait aussi à Minimus.

Ses parents portaient un regard différent sur son mode de vie. Un jour où, dans la grand-rue de Lyndhurst, son père la vit arriver vers lui avec d'abondantes boucles pourpres, il lui fit remarquer qu'elle ressemblait à une courtisane et refusa de lui parler. Mme Albion, sans pour autant approuver, se montra plus curieuse et lui demanda pourquoi elle agissait ainsi.

— Minimus aime la variété.

Béatrice aurait pu ajouter qu'elle se plaisait à changer ainsi d'allure, mais elle s'en abstint.

— Il m'est parfois arrivé de craindre que son amour de la variété ne puisse... hasarda-t-elle sans achever sa phrase.

— ... l'attirer vers d'autres femmes, poursuivit-elle en regardant sa mère d'un air pensif. Il est plus jeune que moi, c'est vrai. C'est un risque, mère. J'en ai toujours eu conscience.

Elle resta silencieuse un moment en tripotant le petit crucifix en bois que sa grand-mère Fanny lui avait donné.

— Je l'amuse beaucoup, vous savez. J'ai une certaine culture.

Elle n'avait pas suivi de longues études, mais avait beaucoup lu dans la bibliothèque d'Albion Park. Nombre de jeunes gens l'avaient trouvé bien trop intelligente pour eux.

— Il dit que j'ai du talent.

C'est en partie parce qu'il l'appréciait pour son esprit qu'elle avait été attirée par lui au départ. Au lieu de s'extasier sur ses aquarelles sans prétention, comme le faisait sa mère, il lui avait montré comment s'améliorer. Quand elle écrivait des vers, il parlait d'autres poètes, lui lisait quelques-unes de leurs œuvres pour qu'elle puisse mieux juger les siennes. Des poètes et des peintres leur rendaient parfois visite, et ils partaient tous se promener ou dessiner en plein air. De temps à autre, ils allaient à Londres en train pour visiter des ateliers, des galeries ou assister à des conférences. Pour Béatrice, tout cela se révélait inédit et exaltant.

Il lui avait surtout appris à porter un regard nouveau sur la Forêt. Elle aimait cette région, y avait vécu toute sa vie et réalisait pourtant qu'elle ne la connaissait pas vraiment. Quand il s'absorbait dans la contemplation du sol, examinait de près une branche tombée ou s'attardait près d'une tourbière, il lui arrivait de pousser un cri et elle voyait soudain une demoiselle, un lucane ou quelque autre minuscule créature qu'elle n'avait jamais songé à regarder. « La Forêt est un paradis pour les naturalistes, lui disait-il. Il y a probablement plus d'espèces d'insectes ici que dans toute autre région d'Europe. »

Ils emportaient parfois des filets à papillon. Dans le passé, elle avait déjà vu des gens s'en servir et trouvé cela plutôt comique. Mais maintenant, quand ils rapportaient leurs spécimens, les montaient et les répertoriaient, quand elle lisait des articles dans les revues spécialisées, notamment certaines notes de son mari, elle voyait bien que c'était une recherche scientifique sérieuse.

Si Beatrice avait attendu longtemps et éconduit plusieurs prétendants sans grande originalité avant de rencontrer Furzey, il était aussi probable qu'elle avait été la première femme capable et désireuse de partager sa vie. Les amis de Minimus appréciaient Beatrice, et il aimait cela. Ils vivaient très heureux ensemble.

« Et vous n'avez pas envie d'avoir d'enfants ? lui avait récemment demandé sa mère, étonnée qu'ils n'en aient pas encore.

— Nous ne sommes pas pressés, avait-elle répondu. On évite d'en avoir pour l'instant.

— Ah.

— Mais je pensais il y a peu... Il se pourrait que, bientôt. Nous verrons.

— Vous devriez. Vous devriez. »

Son désir d'avoir des petits-enfants avait amené Mme Albion à fixer ce rendez-vous avec Minimus dans l'église de Lyndhurst. Ses deux fils résidaient à l'étranger, et ni l'un ni l'autre n'était marié. Depuis son mariage, Beatrice venait rarement à Albion Park, et Furzey n'était pas autorisé à y mettre les pieds. Elle ne supportait pas l'idée qu'un enfant puisse arriver au milieu d'une telle situation. Par ailleurs, elle était certaine que Beatrice avait besoin d'argent.

Ses efforts pour ramener la paix étaient restés vains jusque-là. Le colonel Albion se montrait inflexible. Il refusait de voir Furzey. De son côté, Beatrice ne s'était guère mise en peine, sachant que peu importait à son mari de voir ou non son père. Le seul espoir était que Furzey lui-même fasse une tentative d'approche. Une lettre, sérieuse, respectueuse, voire pleine d'humilité. S'il ne présentait pas d'excuses d'avoir épousé Beatrice, du moins pouvait-il exprimer sa gratitude pour le sacrifice qu'elle avait consenti en se mariant avec lui. Il pouvait chercher la réconciliation pour son bien à elle et celui de leurs enfants. Minimus ne s'y entendait guère à rédiger des lettres de ce genre. Voilà pourtant ce que Mme Albion l'avait prié de faire à l'église de Lyndhurst.

Elle lui en avait dicté la majeure partie. Elle en avait éliminé les apartés ironiques, les traits d'esprit, les allusions à l'éducation de Beatrice en amélioration constante. Elle l'avait regardé l'écrire et l'avait emportée avant qu'il ait eu le temps d'y ajouter autre chose.

A sa stupéfaction, cela avait marché. Après qu'elle eut attiré l'attention de son mari sur certains passages respectueux dont elle se sentait particulièrement fière, il avait finalement accepté à contrecœur que Beatrice et son artiste viennent dîner.

Le repas se passa étonnamment bien. Rien ne vaut l'infortune pour rapprocher les gens, et il se trouva que, le jour du dîner, on apprit la décision de la Chambre des lords. Ils avaient conclu, non sans raison, que les intérêts des deux parties en présence, l'Office des forêts et les *commoners*, étaient irréconciliables, la solution à long terme consistant à partager la Forêt entre eux. Les *commoners* seraient traités équitablement et on ne laisserait pas Cumberbatch et ses hommes accaparer les meilleures terres.

— Mais comment cela va-t-il se passer en pratique ? fit remarquer Albion sombrement. Je ne suis pas certain que même Pride puisse s'en tirer.

— Si j'ai bien compris, dit Minimus d'un ton respectueux, ce rapport de la commission d'enquête n'est pas contraignant.

— C'est vrai. Il s'agit seulement d'un avis. Mais il a du poids, expliqua Albion. Il se peut que le gouvernement ne trouve pas le temps de préparer le texte de loi sur la Forêt avant un an ou deux, mais, quand il le fera, il suivra certainement l'avis de la commission.

— Nous devons continuer la lutte, dit Minimus.

Cette réflexion lui valut un sourire de Mme Albion et un grognement d'approbation du colonel. Mais Minimus fit encore mieux avec cette suggestion :

— Je refuse de croire que nous puissions être malmenés par des gens qui tombent dans des fondrières, lança-t-il avant de raconter la récente mésaventure de Grockleton.

Le colonel en fut enchanté.

— Vous voulez dire qu'il a carrément marché dedans ? demanda-t-il, incrédule.

— Je vous le jure, répondit Minimus en souriant. Je l'avais pourtant mis en garde. Je lui avais dit que c'était une tourbière, mais il ne m'a pas écouté. En plein dedans, jusqu'aux aisselles !

Le repas devint alors tout à fait gai et c'est presque avec bonne humeur que, après le porto, le colonel Albion conduisit Minimus dans son cabinet de travail pour une conversation en tête à tête.

Le cabinet en question résumait bien l'homme. Il en disait aussi beaucoup sur l'état présent de la Forêt. Sur les étagères, on trouvait les habituels ouvrages de généalogie et d'histoire locale, les fondations et les piliers de l'univers de la petite noblesse. Il y avait tous les rapports parlementaires reliés du XVIIIe siècle sur la Nouvelle Forêt, une étagère couverte de parchemins, les inventaires des biens des Albion et plusieurs volumes de minutes de la cour des verdiers, empruntés à Lyndhurst une dizaine d'années plus tôt et pas rendus. Il y avait aussi des œuvres littéraires. Celles de M. Gilpin côtoyaient des romans de Jane Austen, non pas tant en raison de leur valeur littéraire, mais parce que l'auteur avait vécu dans le même comté. Un exemplaire des *Enfants de la Nouvelle Forêt*, dont les nombreuses erreurs techniques étaient soigneusement soulignées et annotées de la main du colonel, lui avait été donné par un parent, propriétaire du domaine d'Arnewood, où se passait l'action.

D'un rouge éclatant, la veste de chasse du colonel était accrochée près de la porte. Dans la Nouvelle Forêt, on chassait maintenant surtout le renard, et le cerf, que l'on trouvait encore dans la région malgré la loi sur sa suppression. En souvenir de l'époque médiévale, le roi avait permis aux chasseurs de porter l'insigne du lord-gouverneur sur leurs boutons. Le colonel Albion, descendant de Cola le Chasseur, pratiquait les deux chasses.

Sur une table, un coffret contenait une paire de pistolets. Car les chasses au cerf et au renard n'étaient pas les seuls sports en vogue dans la Forêt. La région était devenue de plus en plus giboyeuse. Comme les anciens pavillons de garde-chasse avaient perdu leur raison d'être depuis la quasi-disparition des cervidés, Cumberbatch avait vite compris qu'on pouvait les remettre à neuf et les louer comme pavillons de chasse. Des messieurs arrivaient régulièrement en train pour se livrer à leur passe-temps favori. Mieux encore, de l'avis d'Albion, on pouvait aussi chasser le gibier à plumes dans les marais proches du Solent.

Il semblait curieux qu'Albion garde ces objets, dont la place était le vestiaire ou l'armurerie, dans son bureau. Sa femme voyait probablement juste quand elle estimait qu'ils le réconfortaient en lui évoquant le plaisir futur pendant qu'il expédiait le courrier, qu'il détestait écrire.

Pendant que le colonel farfouillait dans des papiers, Minimus aperçut, sur un fauteuil en cuir, le registre dans lequel il consignait les résultats de ses parties de chasse et commença à le feuilleter.

— Doux Seigneur !

— Qu'y a-t-il ? demanda le colonel en levant les yeux.

— Je regarde seulement votre tableau de chasse. C'est stupéfiant !

N'importe quel chasseur eût en effet été fier d'en avoir un pareil. Pour l'année précédente, outre les bécassines, les oies, les canards et les pluviers habituels, il comprenait un cygne, six pilets, quatre bécasseaux et un huîtrier.

— C'est un véritable massacre, dit Minimus. A ce train-là, dans quelques années, il n'y aura plus de gibier. Savez-vous combien il reste d'huîtriers dans les îles britanniques ?

— Non, je l'ignore.

— Moi aussi. Mais il n'y en a plus beaucoup, fit Minimus en soupirant. Il va falloir que l'on vous arrête, vous savez, si vous continuez comme ça, dit-il sur un ton amical.

— Vous n'êtes pas chasseur, à ce que je vois, dit le colonel entre ses dents.

— Plutôt naturaliste, répondit Minimus. A propos, enchaîna-t-il en se tournant vers Albion, maintenant que nous sommes en de meilleurs termes, permettez-vous que je vous dise quelque chose concernant le sauvetage de la Forêt ?

Le colonel lui signifia qu'il l'écoutait.

— Vous vous y prenez mal. Si vous voulez exercer une influence sur le gouvernement, vous devez mettre l'opinion publique de votre côté. C'est essentiel.

— L'opinion publique ?

Comme celle de beaucoup d'hommes dans son genre, l'attitude politique du colonel Albion ne se révélait pas aussi cohérente qu'il le pensait. Si des *commoners* comme Pride lui présentaient des doléances concrètes, il était de leur côté. Lisait-il dans le journal un article sur la même affaire présentée en termes généraux, cela lui faisait l'effet d'une révolution et il devenait soupçonneux.

— Oui. Qu'est-ce que les gens connaissent de la Forêt ? Ce qu'ils voient du train. Sa beauté, son aspect sauvage, sa nature préservée. Ils ne comprennent pas que Pride y fasse paître ses vaches, tout en trouvant qu'elles vont bien dans le paysage. Mais ils comprendront si vous leur expliquez que Pride et l'héritage qu'il représente sont appelés à disparaître. Parce que la Forêt leur appartient. Elle appartient au public.

Si le début de ce discours avait éveillé chez Albion une lueur d'intérêt, cette dernière affirmation l'éteignit d'un seul coup.

— Non, elle ne lui appartient pas ! s'exclama-t-il en lançant un regard noir à Minimus, puis dans un effort pour se maîtriser : Pour être précis, elle appartient à la Couronne et aux *commoners*.

— Mais ne voyez-vous pas que le public vient ici ? Les gentlemen amateurs de chasse ne sont pas les seuls à prendre le train pour s'y rendre. Les gens ordinaires commencent aussi à le faire. Des commerçants de Southampton ou de Londres, même des ouvriers et leurs familles. Ils viennent passer la journée dans la Forêt.

Le colonel Albion avait bien remarqué ces gens, peu nombreux encore, qui arrivaient de la gare de Brockenhurst pour se promener dans les vastes espaces de Balmer Lawn ou pagayer dans les ruisseaux. Il ne savait trop s'il appréciait ces intrusions. Il savait que Pride et lui aimaient la Forêt et la parcouraient chaque jour avec plaisir. Si des enfants de Londres venaient jouer dans un ruisseau, comme ceux de la Forêt l'avaient toujours fait, il pouvait difficilement les en blâmer. Cela ne faisait probablement pas de dégâts tant qu'ils restaient peu nombreux.

— Ces gens sont l'opinion publique ? grommela-t-il, sceptique.

— Beaucoup d'entre eux ont le droit de vote. Les leaders de l'opinion publique façonnent leurs conceptions.

Albion estimait être un leader de l'opinion publique, ici dans la Forêt, mais il ne pensait pas que Furzey voulait dire la même chose.

— Et qui sont ces leaders ? s'enquit-il d'un air mécontent.

— Des écrivains, des artistes, des conférenciers, des savants, répondit Minimus. Des gens qui écrivent dans les journaux.

— Des gens comme vous ? demanda Albion, de plus en plus sombrement.

— Oui, fit Minimus gaiement. Ce qu'il vous faut, c'est une pétition, des artistes qui écrivent à la presse. Les nouvelles plantations détruisent le paysage. Il y a aussi les naturalistes. Ils vous diront que la Forêt est unique. Toutes sortes d'espèces y vivent, que l'on ne trouve nulle part ailleurs. Nous pourrions provoquer un tollé dans la presse, les universités. Les hommes politiques redoutent ce genre de choses. De toute façon, si vous voulez sauver la Forêt, suivez mon conseil. Je pourrais me rendre utile. Je suis de votre côté.

L'idée d'avoir Minimus dans son camp ne parut pas réjouir particulièrement le colonel Albion.

— Merci pour le conseil, dit-il sèchement.

Puis, se souvenant des prières de sa femme, il prit une grande inspiration et s'adressa à son gendre le plus gentiment possible :

— Il serait bon, je crois, que nous abordions un autre sujet, Minimus, commença-t-il en se forçant à l'appeler par son prénom. C'est la question de l'argent.

— Vraiment ? Je n'en ai pas, vous le savez.

— Je le sais.

— Nous nous débrouillons. J'ai vendu quelques toiles l'année dernière. Je suis en train d'écrire un livre. Cela pourrait rapporter quelque chose.

— Un livre. Sur quel sujet ?

— Les scarabées.

Le colonel respira profondément, se forçant au calme.

— S'il vous arrivait de disparaître, avez-vous pris des dispositions concernant Beatrice ? Savez-vous ce qu'elle deviendrait ?

— Elle aura mes tableaux et mes collections. Je pense qu'elle serait contrainte de revenir vivre auprès de vous. Vous l'aideriez, n'est-ce pas ?

— Comment feriez-vous si vous aviez des enfants ? Y avez-vous songé ?

— Des enfants ? Beatrice a envie d'en avoir, vous savez.

Il eut un vague sourire.

— J'imagine qu'ils courent partout.

— Ils coûtent de l'argent.

— Ça se peut, fit Minimus, avec l'air d'en douter. Je pourrais demander à mon père de nous aider, mais je ne sais pas s'il le ferait. Il pense que je devrais trouver un emploi.

Le colonel Albion n'avait jamais rencontré M. Furzey père, l'avocat, mais il le comprenait. Comment ce jeune irresponsable avait-il pu oser lui dire comment organiser la défense de la Forêt ?

— Quelle éducation leur donneriez-vous ?

— Ah, ça je le sais. Beatrice et moi avons l'intention de les élever à la maison.

— Des garçons ?

Les filles, naturellement, pouvaient recevoir une éducation à la maison, mais pour les garçons, c'était une tout autre histoire. Dans certaines familles d'aristocrates, on engageait des précepteurs, mais cela semblait difficilement envisageable dans le cas présent.

— Nous ne les enverrons certainement pas dans l'un de ces nouveaux pensionnats, dit Minimus.

Il existait des pensionnats en Angleterre depuis le Moyen Age. Quelques-uns, comme Eton et Winchester, avaient même été fréquentés par l'aristocratie depuis le XVIIIe siècle. Mais l'engouement des couches les plus riches pour ces collèges était un phénomène récent et ils s'en créait un peu partout.

— Ce sont les endroits les plus exécrables de la Terre, poursuivit Minimus. Ils émoussent l'intelligence, étouffent la sensibilité. Savez-vous qu'on y fouette les élèves et qu'on les oblige à faire du sport ? Etes-vous allé dans l'un d'eux ?

Le colonel Albion le regardait avec stupéfaction.

— Je suis allé à Eton, répondit-il froidement.

— Alors, vous savez ce que c'est.

— Je n'ai pas envie de voir ma fille vivre ainsi, dit Albion, de plus en plus remonté.

Minimus le regarda, surpris.

— Bien sûr que non. Mais elle est mariée avec moi, dit-il en jetant un regard circulaire sur les volumes de généalogie et la veste de chasse du colonel. J'imagine qu'elle a voulu s'éloigner de tout cela, vous ne croyez pas ?

Le fait que cette remarque ait été vraisemblablement juste n'apaisa nullement la colère d'Albion.

— Lorsque vous avez entraîné ma fille à se marier, vous est-il arrivé de songer à son bien-être ?

L'insulte n'échappa pas à Minimus.

— C'est elle qui voulait que je l'épouse. Elle est assez grande pour savoir ce qu'elle veut, vous savez. Après tout, elle aurait pu tout simplement venir vivre avec moi. Je le lui avais proposé.

— Vous êtes en train de me dire, monsieur, que vous aviez l'intention de séduire ma fille et de la persuader de vivre avec vous dans le péché ? fit le colonel qui devenait tout rouge.

— Mais je l'ai épousée, répondit Minimus d'une voix plaintive. Inutile de prendre la mouche. Je connais plusieurs personnes qui vivent avec leur maîtresse...

— Des personnes ? répéta Albion, dont la voix montait dans les aigus. Des gens comme vous, monsieur. Des *artistes !*

Il aurait tout aussi bien pu dire lépreux.

— Et ces gens-là ont des enfants ?

— Naturellement ! s'écria Minimus. Je lui ai toujours dit qu'elle n'avait pas à se marier avec moi pour avoir des enfants.

C'en était trop. Le colonel Albion, du même rouge que sa veste de chasse, suffoquait.

— Espèce de vaurien ! cria-t-il. Vous...

Il cherchait le mot, le trouva :

— Vous êtes un parfait... *goujat* !

1874

George Pride s'occupait consciencieusement de ses enclos. Il en avait trois à sa charge. Le travail de garde forestier était agréable. Il devait maintenir les clôtures en bon état et entretenir les fossés. Deux choses assez faciles. La gestion des bois proprement dite se révélait plus intéressante : superviser l'abattage, le replantage et les coupes claires. Il était également responsable de l'attribution des branches et des cimes aux personnes ayant droit à la portion affouagère et de la coupe de la tourbe et des bruyères du secteur.

Chaque garde forestier recevait quinze shillings par semaine et jouissait d'un cottage avec un enclos où il pouvait garder un poney. Il avait droit de faire paître une vache dans la Forêt à longueur d'année, à une ration de fougères pour la litière ainsi qu'à de la tourbe pour se chauffer.

Il y avait maintenant douze gardes forestiers pour toute la Forêt. Les enclos de George Pride se situaient sur les hautes terres, à cinq kilomètres à l'est de Fordingbridge. C'était une magnifique région déserte. A trois kilomètres plus à l'est, perché sur une éminence boisée, au milieu de nulle part, se trouvait le hameau de Fritham. D'après les vieux du coin, les libres marchands y venaient par la route des Contrebandiers. Mais le service des gardes-côtes avait tué ce vieux commerce avant la naissance de George et Fritham n'était plus un repère de hors-la-loi. A part cela, où que l'on regarde, on ne voyait que de magnifiques étendues sauvages.

Les enclos de George Pride étaient des endroits délicieux. Les plantations de conifères manquaient certes de vie, mais les enclos, où chênes, hêtres et noisetiers se mélangeaient, étaient fort beaux. Protégés des animaux, ils se couvraient de jacinthes des bois au mois de mai. Ancolies, primevères et violettes y poussaient. Il y avait même quelques lis des vallées.

George se montrait particulièrement fier de ses clôtures, aussi bien celles des enclos que celles de son cottage. Il avait voulu les meilleures et était donc allé à Burley pour engager Berty Puckle. Les clôtures de Berty Puckle n'avaient pas leurs pareilles. Pour commencer, il taillait les planches comme il fallait.

« Certains vont les chercher sur les chantiers de bois, où elles sont *sciées*. » Il prononçait ce dernier mot avec un profond dégoût. La bonne manière de faire une planche, expliquait-il, consistait à fendre le bois soigneusement avec un coin et un maillet. En suivant le grain, un bon charpentier obtenait des planches fines comme une galette et en tirait un bien plus grand nombre qu'un collègue maladroit avec une scie. En outre, elles étaient d'une solidité à toute épreuve. « Naturelles, elles sont meilleures, disait-il. Ça prend plus de temps mais ça dure plus longtemps. »

Les portes étaient sa spécialité. « Je crois que ça m'est venu quand j'étais petit, dit-il un jour à George. A la Cale de l'écu. Alors que mon père était déjà revenu à Burley, mon grand-père y travaillait encore. C'était un vieux monsieur. Nous allions le voir souvent et je me souviens des « genoux » de chêne qu'ils utilisaient comme des équerres pour soutenir le pont des bateaux. Il était impossible de les briser. Voilà ce qui m'a donné l'idée, je pense. »

Pour ses portes, Berty Puckle utilisait une fourche de chêne qui formait la verticale et la diagonale. Il assemblait ensuite d'autres pièces de bois en queue-d'aronde, clouait avec des chevilles de bois ou de fer. La porte finie évoquait davantage une croissance naturelle qu'un objet fabriqué par l'homme. Il lui arrivait même de travailler à partir d'un bois noueux. On repérait les portes de Berty Puckle à cent mètres. George Pride en avait quinze.

Les enclos, leurs clôtures et leurs portes étaient sa seule vraie cause de souci. L'autre partie de son travail consistait en effet à les garder. Et ils risquaient fort d'être attaqués.

Après le revers de la Chambre des lords, la Forêt avait bénéficié d'un coup de chance. Un membre du Parlement, un certain professeur Fawcett, qui s'était intéressé à la région, avait fait passer une résolution qui y interdisait la création de nouveaux enclos et l'abattage des vieux arbres jusqu'à la mise en place d'un nouveau cadre juridique. Le chef du gouvernement était maintenant M. Gladstone, un libéral qui hésitait à attaquer les *commoners*. La Forêt bénéficiait d'un répit. Mais pour combien de temps ? Et si des hommes comme le colonel Albion et Lord Henry préparaient la prochaine bataille au Parlement, les gens de la Forêt exprimaient leur opinion à leur manière, nettement plus tranchée. Ils mettaient le feu aux enclos et volaient les clôtures.

En ces années d'incertitude, l'Office des forêts tant haï étant provisoirement tenu en échec, il ne semblait guère surprenant que les paysans de la Forêt aient allumé quelques petits incendies. Cumberbatch avait même engagé des hommes supplémentaires pour faire la police. En vain, naturellement.

« Nous ne sommes encore jamais allés par chez toi, n'est-ce pas, George ? fit un jour remarquer gaiement à Pride un gars de la Forêt qu'il avait croisé à Lyndhurst, un grand gaillard solidement charpenté, le genre d'homme avec lequel on n'avait pas envie d'avoir maille à partir.

— Non. Et je vous demande de ne pas le faire, avait répondu Georges.

— Je ne me ferais pas de mouron, si j'étais toi, répliqua l'autre. Dors sur tes deux oreilles. »

« Je ne sais vraiment pas comment je réagirais s'ils venaient, confessa un jour George à sa femme. Mais je ne les laisserai pas détruire mes enclos. »

En dehors de ces soucis, cela avait été des années agréables. Sa famille avait grandi. Gilbert, son fils aîné, était âgé de dix ans. Quand il le voyait revenir tout heureux après avoir attrapé des lapins ou couru le long d'un des ruisseaux de la Forêt, il revivait sa jeunesse et cela lui procurait une profonde satisfaction.

Il avait maintenant quatre enfants. Il emmenait généralement ses deux aînés avec lui au cours de ses balades. Il leur arrivait de suivre les ruisseaux couleur d'ambre et de longer les près où les poneys venaient s'abriter des mouches. Ils regardaient un martin-pêcheur passer comme une flèche ou observaient une petite truite, et il leur apprenait tout ce qu'il savait sur la vie dans la Forêt.

Il se retrouvait dans Gilbert, mais ne voyait pas exactement de qui tenait Dorothy. Elle avait les traits de sa femme, mais son corps maigre et nerveux tendait plus du côté des Pride, tous de haute taille. Ses yeux étaient d'un bleu sombre, presque violet. Quand il la regardait aider sa mère à la maison, cuire des galettes et des pains ou faire de la gelée de pommes à l'automne, il pensait en souriant intérieurement qu'elle rendrait un jour un homme heureux. Elle courait aussi comme un lapin. Gilbert n'arrivait pas à la rattraper. George était plus fier d'elle qu'il ne l'imaginait.

Un beau jour d'été, quand elle avait neuf ans, il fit une petite découverte à propos de ses sentiments pour elle, dont il eut un peu honte.

Un cerf avait pénétré dans l'un de ses enclos et, comme il en avait le droit, il l'avait abattu. Après que sa femme et lui l'eurent dépecé et débité en quartiers, il avait emporté les cuissots à Fritham, où le patron du Chêne-Royal, la seule auberge à des lieues à la ronde, avait accepté de les fumer pour lui. Une fois la venaison fumée, sa femme l'envelopperait dans de la mousseline et la suspendrait dans la grande cheminée du cottage, à l'abri des mouches.

Il était retourné à Fritham la chercher un dimanche d'août ensoleillé en conduisant un poney par la bride et avait emmené sa fille avec lui. Arrivé à Fritham, il avait bu un peu de cidre, échangé quelques mots avec le patron du Chêne-Royal, puis, après avoir chargé le poney, avait repris avec plaisir le chemin du retour. Dorothy gambadait au soleil. Les cuissots fumés battaient contre les flancs du poney. Ils passèrent à côté d'un affleurement rocheux où poussaient des ajoncs et elle y courut comme une sauvageonne.

Quand il l'entendit pousser une exclamation, il pensa qu'elle était tombée dans des ajoncs et, lui criant de venir, il poursuivit son chemin. Il l'entendit crier de nouveau et s'arrêta.

— Un serpent ! s'égosilla-t-elle.

Une vipère. Il y avait des serpents inoffensifs dans la Forêt, mais aussi des vipères. Il revint en arrière au pas de course.

— Il était gros ?

Elle hocha la tête et indiqua un trou à quelques mètres d'elle. Le serpent avait disparu.

Elle montra sa jambe, qui commençait à enfler. Les marques laissées par les crochets étaient bien visibles. La morsure d'une grosse vipère pouvait être dangereuse pour un enfant. Il chercha son couteau.

— Assieds-toi, ordonna-t-il. Tu vois le poney ?

Elle acquiesça.

— Regarde-le. Ne le quitte pas des yeux.

Elle obéit. Il incisa. Elle se contracta brusquement, mais ne cria pas. Il incisa plus profond, puis aspira le venin, cracha, aspira encore. Il en sentait le goût piquant.

Il continua pendant un quart d'heure. Elle tremblait comme une feuille, mais ne disait mot. Puis il l'installa sur le poney et la ramena à la maison.

Sur le chemin du retour, il se rendit compte qu'il l'aimait plus que ses autres enfants.

Un jour humide de février. Mme Albion roulait bon train sur la route après Brook dans une petite voiture hermétiquement close, emportant chez elle son colis secret. Elle espérait être rendue avant l'arrivée du train de son mari à Brockenhurst. Les vitres de la voiture étaient couvertes de buée. Elle en abaissa une et regarda dehors.

En hiver, la Forêt tout entière donnait parfois l'impression de se changer en eau. Un voile de brume enveloppait les arbres, s'accrochait au tronc couvert de lierre des vieux chênes, s'infiltrait dans les interstices des branches brisées, trempait le bois. Le sol était gorgé d'eau. D'immenses flaques recouvraient les sentiers, le tapis de verdure et la litière de feuilles, transformant tout en une gadoue brunâtre. Une humidité envahissante semblait aussi vouloir pénétrer l'âme. La Forêt était souvent ainsi pendant les mois d'hivernage.

Elle était allée rendre visite à ses petits-enfants. Le colonel Albion et Minimus ne s'étaient plus revus depuis leur entretien dans la bibliothèque. La rupture n'avait rien de vraiment officiel. Quand on évoquait le colonel, Minimus se contentait de hausser les épaules et de dire : « Il crie après moi. » Si quelqu'un parlait, par inadvertance, de Minimus au colonel, il ne disait rien mais son visage s'empourprait dangereusement. Peut-être Minimus se lassait-il parfois de cette distance et peut-être attristait-elle un peu Albion. Mais ils ne se voyaient plus. Et il n'y avait pas d'argent.

En fait, il y en avait un peu. Mme Albion prélevait habilement des petites sommes sur ce que lui allouait son mari, assez pour payer une bonne et acheter des vêtements, qu'elle donnait à sa fille lors de ses visites clandestines à leur cottage près de Fordingbridge. Son mari ne lui interdisait pas d'y aller, mais elle lui cachait sagement ces virées. Quand le colonel Albion croisait sa fille dans la rue, ce qui arrivait rarement, il lui adressait un salut de la tête glacial, mais ne s'arrêtait pas pour lui parler. Il ne connaissait aucun de ses deux petits-enfants.

« Ils sont élevés comme des païens », avait-il déclaré tristement. Il était vrai, et cela choquait beaucoup Mme Albion, que ni le fils ni la fille de Beatrice n'avaient été baptisés. « A n'en pas douter, ils mèneront leur vie en conséquence, avait conclu le colonel. Il n'y a rien à faire. » Il était allé voir l'avocat de la famille. Les Furzey avaient été complètement déshérités, comme cela pouvait se faire à l'époque. Le fils aîné du colonel s'était marié depuis. Il avait déjà un enfant. Là se trouvait l'avenir de la famille. La plupart des hommes dans sa position auraient agi de même. C'est ainsi que les familles survivaient.

Les enfants de Beatrice étaient blonds et jolis. Intelligents. En fait, en raison de l'intérêt que leurs parents portaient aux choses de l'esprit, ils avaient appris à lire et à écrire plus tôt que les autres. S'ils couraient partout à travers la Forêt, comme des petits païens, ainsi que le disait le colonel, cela semblait leur profiter.

Mais le plus grand désordre régnait indéniablement chez les Furzey. La veille, la bonne qu'ils employaient en avait eu assez et était partie. Ils ne disposaient ni d'une bonne d'enfants ni d'une servante, mais seulement d'une jeune fille d'un orphelinat de Sarum, qui travaillait dans la petite cuisine. Beatrice se demandait que faire. Mme Albion lui avait suggéré de se faire aider par la fille de George Pride. Beatrice connaissait bien le garde forestier. Sa fille avait douze ou treize ans. « J'irai la voir demain », avait-elle dit à sa mère. Mme Albion ne doutait pas que la fille de George Pride était équilibrée et aurait une bonne influence sur les enfants.

Ce jour-là, la véritable mission de Mme Albion était cependant plus détournée. Elle n'avait jamais désespéré de ramener les Furzey dans le giron familial, mais elle savait qu'il lui faudrait mener une campagne longue et bien organisée. Sa tactique du jour consistait en deux supercheries délibérées. La première faisait intervenir une requête de son cousin Totton, le fils de son oncle Edward, qui vivait à Londres. Il l'avait obligée et elle gardait sa lettre sur elle. La seconde était la remise du paquet enveloppé dans du papier marron qu'elle avait à côté d'elle sur le siège de la voiture.

A son retour à la maison ce soir-là, le colonel Albion était d'humeur songeuse. Sa journée à Londres s'était révélée plus fertile en événements qu'il ne s'y attendait et, dès son arrivée à Albion Park, il se hâta de les rapporter à sa femme.

— Gladstone a donné sa démission ! Le gouvernement est tombé.

Il s'agissait d'une nouvelle grave. Non pas qu'il ait eu une prédilection particulière pour Gladstone, mais les implications de sa démission pour la Forêt étaient importantes.

— Il ne fait aucun doute qu'il va perdre les élections, poursuivit le colonel. Et nous, nous perdrons sa protection.

C'était une question d'ordre constitutionnel, technique, mais essentielle. La résolution de la Chambre des communes qui interdisait la création de nouveaux enclos n'avait force de loi que pendant la législature actuelle. Lorsque les communes se réuniraient de nouveau après les élections, ce serait une nouvelle chambre.

— Vous pouvez être certaine que l'Office des forêts le sait aussi bien que nous, dit-il sombrement. Nous devons nous attendre au pire.

Les habitants de la région n'étaient pas restés les bras croisés. Les propriétaires terriens de l'Association de la Nouvelle Forêt avaient assidûment préparé leur argumentation. Un autre groupe, la Ligue des *commoners*, qui représentait les petites gens, commençait également à s'agiter.

— Nous nous battrons ! déclara le colonel.

Sa femme attendit la fin du dîner pour sortir la lettre et le paquet.

— Regardez, dit-elle, ce que nous envoie mon cousin Totton. C'est vraiment gentil de sa part.

Il expliquait dans sa lettre qu'il était tombé sur un tableau dans une galerie. Il ne pouvait leur dire qui en était l'auteur, mais il était quasiment certain qu'il représentait un paysage de la Nouvelle Forêt. Il avait pensé qu'il leur plairait.

Le colonel grommela. Il ne s'intéressait guère à la peinture, mais comme le tableau était offert par Totton, il l'examina de bonne grâce.

— C'est la vue que l'on a de Château Malwood, dit-il. Et voilà l'église de Minstead !

Le fait qu'il ait pu reconnaître le coin éveilla son intérêt. Il regarda plus attentivement. Le tableau représentait un coucher de soleil estival. Quelques instants après, il sourit.

— C'est très bien rendu, dit-il. La lumière. Tout à fait cet effet-là.

— Je suis heureuse qu'il vous plaise.

— Moi aussi. Quel bon tableau ! C'est vraiment gentil de la part de Totton. Je vais lui écrire.

— Je me demandais où l'accrocher...

Elle réfléchit un instant.

— Il irait bien dans l'une des chambres.

— Je vais le mettre dans mon bureau, dit le colonel. A moins que vous ne préfériez un autre endroit.

— Dans votre bureau. Pourquoi pas ?

Le colonel ignorait qu'il venait de contempler son premier Minimus Furzey.

Le colonel Albion ne s'était pas trompé sur le résultat des élections. Gladstone avait perdu. Au mois de mars se constitua un nouveau Parlement. Quelques semaines après, Cumberbatch et ses hommes avaient repris l'abattage. George Pride dut assister à la chute d'un vieux chêne, du côté de la pierre de Rufus.

— Il a fait ça uniquement pour le principe, dit-il tristement à sa femme.

Ses nouveaux enclos étaient en bon ordre. L'un devait être éclairci cette année-là. Quand Cumberbatch lui demanda la liste des arbres à abattre, il n'eut donc pas de mal à le satisfaire.

— Bonjour, Pride, fit le géomètre adjoint avec un bref salut de la tête. Il se pourrait qu'on vous confie une nouvelle plantation. M. Grockleton propose que vous drainiez certaines de ces tourbières et les plantiez.

— Oui, monsieur, dit George.

A part ça, le printemps passa sans incident. Dorothy se réjouissait d'aller chez les Furzey. « C'est un drôle d'endroit », disait-elle à son père. Mais les Furzey se montraient très gentils avec elle et elle ressentait de l'affection pour les enfants. « Ils les élèvent comme des enfants de la Forêt », affirmait-elle.

Elle aimait beaucoup Beatrice. « On voit bien que c'est une dame, papa. Mais elle ne vit pas comme les autres dames. » Elle trouvait Minimus drôle, mais bizarre. « C'est incroyable tout ce qu'il sait. » George s'était demandé comment l'artiste avait réussi à épouser la fille du châtelain. Toute la Forêt savait que les deux hommes ne s'adressaient pas la parole. « Encore moins que moi et papa », disait-il, car si les deux Pride persistaient à s'éviter, ils ne refusaient pas de se parler quand ils se rencontraient par hasard.

L'été arriva et le calme continua de régner dans la Forêt.

Ils s'étaient retrouvés à minuit près de Nomansland, le hameau le plus éloigné sur les marges septentrionales de la Forêt. Sous les étoiles et un quartier de lune, montés sur des poneys, ils avaient dépassé Fritham comme une caravane de contrebandiers du bon vieux temps. Ils étaient une douzaine, tous de vrais hommes de la Forêt, emmenés par le grand gaillard qui s'était adressé à George à Lyndhurst.

Quand ils arrivèrent aux enclos de George, ils s'arrêtèrent, coupèrent des ajoncs et des bruyères sèches et allumèrent un petit feu. Ils portaient des torches enduites de poix. A différents points de la clôture, ils entassèrent des broussailles sèches qui brûleraient bien.

— Je crois que nous allons nous offrir une belle petite flambée, dit le costaud.

— Qu'est-ce qu'on fait des portes ? demanda l'un de ses compagnons.

— Elles sont belles. C'est Berty Puckle qui les a faites. Vous n'allez quand même pas les brûler. C'est un crime fit le colosse, content de sa plaisanterie. Ce *serait* un crime, ajouta-t-il en riant. Un vrai crime, tu crois pas, John ?

D'autres rirent dans l'obscurité.

— On devrait en embarquer quelques-unes. Pourront toujours servir.

Quelques minutes plus tard, plusieurs des portes les plus petites avaient été démontées.

— Très bien, allons-y ! s'écria le grand gaillard.

Les hommes commencèrent à allumer les feux avec leurs torches.

Quand George arriva, avec son fusil, la clôture flambait déjà sur cinq cents mètres. Il y eut des cris.

— Le voilà. Les ennuis arrivent. Holà, George !

Mais George ne plaisantait pas. Le grand costaud non plus.

— Je croyais t'avoir dit de rester couché ! cria-t-il.

George ne répondit pas.

— Rentre chez toi ! lancèrent plusieurs voix. On veut pas te faire de mal.

George secoua la tête.

— Arrêtez immédiatement ! s'écria-t-il.

— Qu'est-ce que tu vas faire, George ? demanda le meneur de sa grosse voix. Tu vas m'abattre ?

— Non, je vais abattre votre poney.

Silence.

— Ne sois pas stupide, mon gars, dit une voix.

— Si j'abats plusieurs poneys, non seulement vous allez devoir rentrer chez vous à pied, mais il faudra que vous expliquiez au géomètre adjoint pour quelle raison vos poneys se trouvaient là.

— Tu pourrais manquer ton coup et me tuer, George ! lança une autre voix dans l'obscurité.

— C'est vrai.

— Je ne suis pas très content, George, dit le grand costaud.

— Je ne m'attendais pas à ce que vous le soyez.

Ils s'en allèrent. George abattit les clôtures en flammes et, par miracle, ne perdit que quelques arbres.

— Qui c'était ? demanda Cumberbatch le lendemain matin.

— Je n'ai pas vu. Ils se sont éloignés sur leurs montures.

— Nous savons qui est le chef, Pride. Vous l'avez certainement vu. Je vous demande seulement de me dire qui c'était.

— Impossible, monsieur Cumberbatch, répondit-il en le regardant droit dans les yeux. Ce serait un mensonge puisque je ne l'ai pas vu. Ils ont pris la fuite quand ils ont aperçu mon fusil.

— Vous mentez.

— Non, monsieur.

Cumberbatch le regarda avec curiosité. Pride était-il un homme de la forêt fidèle aux siens ? S'il avait été du côté des incendiaires, il aurait prétendu qu'il dormait pendant leur venue. Mais il ne l'avait pas fait.

— Vous avez une heure pour changer d'avis, dit-il en lui donnant congé d'un geste de la main.

Une heure plus tard, George Pride répéta ce qu'il avait dit et Cumberbatch le renvoya chez lui.

— Ne pouvais-tu pas lui donner au moins un nom ? demanda sa femme.

Mais, même à elle, il ne dit rien. Le risque était trop grand. Il ne pouvait lui dire qu'une des voix entendues dans l'obscurité était celle de son père.

Le lendemain, George Pride fut licencié.

1875

La commission de la Chambre des communes qui siégea au cours de l'été 1875 mena l'enquête la plus approfondie sur l'administration de la Forêt depuis sa création par Guillaume le Conquérant. Pendant onze jours, elle reçut des témoignages : d'Esdaile et d'Eyre, du professeur Fawcett, de Cumberbatch et d'une multitude d'autres. Le président de la commission, W.H. Smith, après avoir été papetier et libraire et avoir fait fortune, s'était lancé dans la politique et révélé un homme d'Etat de grande envergure. Il était juste et consciencieux. Le gouvernement ayant l'intention de légiférer sur la Nouvelle Forêt, il voulait s'assurer qu'il serait bien informé et conseillé. Car le public s'intéressait de près à la question.

Ce qui s'était passé au cours de l'année écoulée se révélait tout à fait remarquable, le colonel Albion devait le reconnaître. Lorsque Esdaile et Lord Henry lui avaient bien fait comprendre la nécessité de gagner le soutien du public, il était allé à son club de Londres et avait parlé à toutes sortes de gens comme lui, qui avaient écrit des lettres fort utiles au *Times*. Ils avaient sans doute fait avancer les choses. Mais il ne s'attendait pas à un tel tollé général. Tandis que M. Esdaile s'était occupé de l'aspect juridique de l'affaire des *commoners*, M. Eyre, le châtelain du nord de la Forêt, avait accompli un travail extraordinaire en mobilisant le public. Scientifiques, artistes, naturalistes : les journaux étaient bombardés de lettres.

« Où diable allez-vous chercher tous ces gens ? lui avait-il demandé.

— Où je peux, avait répondu M. Eyre. Ce sont eux qui forment l'opinion publique. C'est d'eux que nous avons le plus besoin.

— Ah », avait répondu le colonel.

La commission avait commencé ses auditions. Bien qu'Albion ne témoignât pas, Lord Henry s'était débrouillé pour qu'il puisse assister aux séances. Cela lui faisait un drôle d'effet de se retrouver dans l'enceinte même où il était venu, sept ans plus tôt, avec Pride.

Il s'était produit récemment un grand changement dans la famille Pride et il en avait été heureux. Après le renvoi de George, le père et le fils s'étaient apparemment réconciliés. Albion avait mis un cottage à la disposition de George pour le dépanner et l'employait sur son domaine. Bien que cette réconciliation en ait été une heureuse conséquence, cette histoire de licenciement avait renforcé le colonel dans sa détermination à voir réussir la tentative de sauvetage de la Forêt.

Il n'avait pas le même compagnon, cette fois-ci. Sa femme avait, Dieu seul savait pourquoi, insisté pour l'accompagner. De manière générale, il avait été content de sa compagnie, mais, le cinquième jour des auditions, elle l'irrita un peu en les mettant en retard à cause d'emplettes tout à fait inutiles. A leur arrivée, la salle de réunion était déjà pleine et ils durent s'asseoir à l'arrière. Il ne savait même pas qui serait entendu ce jour-là.

Il fut donc entièrement pris au dépourvu quand W.H. Smith s'adressa au témoin suivant :

— Monsieur Furzey, vous êtes peintre et vivez dans la Nouvelle Forêt, je crois.

Le colonel Albion voulut s'en aller. Sa femme, qui avait placé une main sur son bras pour le retenir, ne l'en aurait pas empêché, mais, en se levant, il aurait perturbé la séance. Il resta donc à sa place, stupéfait et furieux, et entendit Minimus témoigner.

— Vous pensez, monsieur Furzey, que la Nouvelle Forêt présente un intérêt particulier pour les artistes ?

— Sans aucun doute. J'aimerais attirer votre attention sur la pétition qui a été récemment signée, non seulement par moi, mais par quelques-uns des membres les plus distingués de l'Académie royale.

La pétition en question avait obtenu une énorme publicité. Beaucoup des plus grands noms de l'art britannique avaient donné leur opinion, affirmant que la Nouvelle Forêt dépassait même la région des lacs par sa beauté naturelle.

— La Forêt possède un caractère sauvage très romantique sans égal dans toute l'Angleterre, continuait Furzey. On y éprouve la sensation d'une nature primitive intacte. Le jeu de la lumière est extraordinaire sur ses vénérables bois de chênes...

Le colonel le regardait d'un air ébahi. Etait-il possible que Furzey en soit quitte avec cette sorte de discours fleuri devant une commission d'enquête du Parlement britannique ? Plusieurs membres de la commission acquiesçaient.

— J'aimerais aussi évoquer l'exceptionnelle richesse que la Forêt présente pour le naturaliste, poursuivit Minimus. Peut-être l'ignorez-vous, mais les espèces suivantes...

Le colonel Albion écoutait, médusé. Mouches, lucanes, papillons, noms anglais et latins, Furzey débitait à ces gentlemen une liste d'insectes qui devait certainement les ennuyer à mourir. Pourtant, là encore, plusieurs paraissaient impressionnés. Et il continuait : des opinions qui le laissaient perplexe, des termes qu'il comprenait à peine. Minimus était dans son élément. Puis vint la péroraison :

— Cette région est un trésor national sans égal. Je dis national, car, si historiquement elle a été la chasse gardée de la Couronne, elle est maintenant une source d'inspiration, d'étude et de divertissement pour le peuple de cette île. La Nouvelle Forêt appartient aux citoyens de ce pays. C'est pour eux qu'elle doit être sauvée.

Minimus avait fini. La commission fit une pause. Les membres de l'assistance commencèrent à sortir à la queue leu leu. Alors que le colonel Albion restait assis, ne sachant trop que penser. M. Eyre vint à lui en souriant.

— C'était percutant, dit-il. Exactement ce qu'il fallait, ne trouvez-vous pas ?

Albion était encore ébahi quand sa femme l'entraîna jusqu'à Regent Street en fin de journée. M. Eyre et Lord Henry y avaient organisé une réception, et bien qu'il ait eu peu de chance de se sentir à l'aise dans l'endroit qu'ils avaient choisi, le colonel aurait manqué de courtoisie en n'y allant pas.

Monter une exposition sur l'art de la Nouvelle Forêt dans une galerie dc Regent Street était certes une excellente idée. Elle avait attiré favorablement l'attention de la presse. La peinture animalière et les paysages avaient toujours été appréciés en Grande-Bretagne, et depuis que la reine Victoria avait mis à la mode le décor sauvage de l'Ecosse, n'importe quel tableau où l'on voyait de la bruyère ou un cerf était sûr de trouver preneur.

Avec toute la bonne grâce possible, le colonel se laissa donc conduire à l'intérieur. La galerie était déjà bondée. Dieu merci, la plupart des gens ne ressemblaient pas à des artistes et paraissaient respectables. Il ne tarda pas à se retrouver en grande conversation avec un amiral en retraite de Lymington qui, l'année précédente, avait tué de nombreux canards. Il se sentait d'excellente humeur quand son œil fut attiré par un petit tableau, un coucher de soleil, vu depuis Château Malwood en regardant vers l'église de Minstead.

— C'est superbe, fit-il remarquer. J'ai exactement le même. J'ignore qui l'a peint.

L'amiral ne le savait pas non plus. A ce moment-là, ils furent rejoints par Lord Henry, qui, après avoir jeté un coup d'œil au tableau, lança un regard perplexe à Albion.

— Mon cher ami, dit-il gentiment, vous l'aimez à juste raison car c'est un très bon tableau d'un excellent peintre, Minimus Furzey, en l'occurrence.

La loi sur la Nouvelle Forêt de 1877 allait modeler le région pour les générations à venir. A la suite du rapport du comité W.H. Smith, les dispositions de la loi pouvaient difficilement être plus décisives pour les titulaires du droit de vaine pâture. Aucune nouvelle parcelle n'était allouée à l'Office des forêts. Il devait protéger les vieux arbres de la Forêt et non plus les abattre. Contre paiement de la redevance habituelle, les *commoners* pouvaient explicitement laisser paître leurs bêtes à longueur d'année dans la Forêt.

Mais la plus mauvaise surprise pour les partisans du « progrès » venait d'une disposition que la commission W.H. Smith avait introduite de son propre chef.

L'ancien ordre des verdiers, qui avait administré la Forêt au Moyen Age par le truchement de ses tribunaux de Swainmote, revivrait sous une forme nouvelle. Sous l'égide d'un verdier officiel nommé par la Couronne, six autres, des propriétaires terriens locaux, seraient élus par les *commoners* et les paroissiens de la Forêt. C'étaient eux qui dirigeaient la Forêt : ils prenaient les arrêtés, géraient la pâture, collectaient les redevances, rendaient la justice et, surtout, protégeaient les intérêts des *commoners*. Si l'Office des forêts manquait à ses devoirs, il aurait à répondre de sa conduite devant les verdiers. L'Office avait été, pour ainsi dire, enfermé dans ses propres enclos.

Apprenant la nouvelle, M. Cumberbatch quitta la Forêt pour ne jamais y revenir.

A une fête donnée à Beaulieu par Lord Henry pour célébrer la victoire, le colonel Albion, un peu hésitant et l'air grave, serra la main que lui tendait son gendre et déclara :

— Nous avons gagné.

1925

Sally, la femme de Jack et la belle-fille de George Pride, avait persuadé ce dernier de parler. Il restait le même, mince, droit comme elle l'avait toujours connu, mais il avait maintenant quatre-vingt-trois ans.

« Quand vous aurez disparu, lui avait-elle rappelé, qui se souviendra de tout cela ? » La famille de Sally venait de Minstead. Elle avait reçu une formation d'infirmière. Elle avait aussi une bonne plume. Ainsi, au printemps 1925, George Pride s'asseyait-il dans son fauteuil favori dans son petit cottage d'Oakley et parlait-il pendant une heure ou deux chaque après-midi, jusqu'à ce qu'il soit fatigué. Sally avait été surprise, une fois qu'il avait commencé à raconter, par la vitesse à laquelle elle avait rempli ses carnets de notes. Au début du cinquième après-midi, elle en avait déjà noirci deux quand il en arriva à la question qui l'intéressait vraiment.

— Ton Jack était notre dernier-né, commença-t-il. Nous savions qu'il n'y en aurait pas d'autre. C'était l'été 1880. Et trois jours plus tard, dit-il en souriant, je fus appelé à Lyndhurst...

La maison de la reine, près de la cour des verdiers, est un bâtiment très impressionnant et tu peux donc imaginer que j'étais un peu nerveux les rares fois où j'y entrais. J'avais l'occasion de rencontrer le nouveau géomètre adjoint, le remplaçant de Cumberbatch, pour la première fois. On pouvait dire ce qu'on voulait, mais M. Lascelles était un gentleman. De haute taille, sportif, très poli. Il me regarda comme pour me jauger et dit : « J'ai entendu parler de vous, Pride. En bien et en mal. » Il dit cela en souriant. « Mon prédécesseur vous a renvoyé. Cela vous dirait de reprendre votre poste ? »

Comme tu peux t'en douter, j'étais sidéré. Mais j'ai jugé prudent de dire : « Puis-je vous donner ma réponse lundi, monsieur ? » On était un vendredi. Il m'a répondu que oui et je suis parti.

La première chose que j'ai faite a été d'aller voir le colonel, à Albion Park. Il faisait aussi partie de la nouvelle cour des verdiers. Je lui ai dit : « M. Lascelles vient de me proposer de reprendre mon travail à l'Office des forêts. — Vraiment ? Revenez me voir dimanche soir, je m'en occupe. »

A ce moment-là il m'a offert la place d'*agister*. Le travail était à peu près le même que maintenant. On était responsable de tout le cheptel dans notre secteur de la Forêt et presque toujours à cheval pour aller surveiller le bétail et les poneys. Il fallait parfois aider à percevoir les droits de marquage et les redevances. J'étais mieux payé qu'avant : soixante livres par an. En revanche, on se logeait soi-même. « Mais je vous aiderai à acheter un cottage », m'avait dit le colonel.

Surtout, ça impliquait un choix. J'avais la possibilité de travailler pour les verdiers ou pour l'Office des forêts. C'étaient alors les deux partis opposés de la Forêt. Ils le sont encore et je crois qu'ils le seront toujours. Je devais choisir mon camp. J'ai donc dit oui au colonel Albion et non à M. Lascelles.

On m'avait confié le nord de la Forêt. J'étais content d'y retourner. Nous avons trouvé un cottage à Fritham. C'est là que Jack a été élevé, presque depuis sa naissance...

Nous étions très heureux là-bas. J'avais un bon cheval et je montais chaque jour. J'ai coupé mes favoris et me suis laissé pousser une longue moustache. On disait que j'avais fière allure. J'amenais mon fils Gilbert avec moi sur son poney parce que je m'imaginais que ce genre de boulot aurait pu lui plaire. Il arrivait à remarquer mieux que moi si une vache était en train de tomber malade et je l'envoyais le signaler à son propriétaire. Il avait dans les seize ans et me facilitait beaucoup la tâche.

Mais Dorothy restait la meilleure. Les Furzey s'étaient montrés très bons pour elle pendant les années qui suivirent mon licenciement. Ils la logeaient et la payaient, ça nous aidait bien. C'était une bonne formation et, en plus, ils lui ont appris beaucoup. Elle lisait des livres bien au-dessus de son âge. Chaque année, elle faisait un tableau pour ma femme et moi, très réussi, qu'elle nous offrait pour Noël. On l'accrochait au mur. Nous étions très fiers d'elle. Et, je ne dis pas ça parce que je suis son père, mais c'était une fille ravissante, grande et mince, aux longs cheveux châtain foncé. Elle s'y entendait pour tenir une maison : une seconde mère pour les enfants. Quand elle est revenue à Fritham, ma femme se réjouissait. On pensait qu'elle aurait le choix quand le moment viendrait de prendre un mari.

Comme beaucoup de filles, elle décida alors de travailler à la maison. Elle se lança dans le blanchissage. Elle faisait le tour des villages et, tous les quinze jours, elle allait chercher le linge chez les Furzey. Quand Jack eut deux ans, elle avait du travail par-dessus la tête. Parfois, elle restait partie pendant des heures pour faire les livraisons...

Es-tu déjà allée à l'étang d'Eyeworth ? Je me souviens encore du joli petit pavillon de garde forestier. C'est seulement à un kilomètre de Fritham. Puis l'Office des forêts l'a vendu à quelqu'un qui voulait y fabriquer de la poudre à canon. Peux-tu imaginer une chose pareille ? Une fabrique de poudre en plein milieu de la Forêt ? C'était bien dans les façons de l'Office. Ensuite, une société allemande l'a rachetée. C'est devenu la fabrique de poudre Schultze, et ils se sont servis de l'étang comme réservoir. Ils avaient construit un tas de remises, heureusement en grande partie cachées par les arbres. Leur présence se manifestait aussi d'une autre manière.

Les effluents qu'ils déversaient à l'extérieur ! Sombres et sulfureux. Ça sentait mauvais ! Et ça s'écoulait dans le ruisseau de Latchmore, qui passe tout près, et emportait tout cela sur des kilomètres à travers la lande. Une partie de mon travail consistait à m'assurer que le bétail ne s'approchait pas du ruisseau, parce que si les bêtes buvaient de cette eau, ça les rendait malades. Une ou deux en sont mortes.

Deux ans après notre installation à Fritham, je passais à cheval près d'Eyeworth un après-midi d'été quand j'aperçus Dorothy. Elle était toute pâle. Je compris qu'elle m'attendait. « Il faut que je vous parle, papa », m'a-t-elle dit. Je lui ai demandé si elle ne pouvait pas le faire à la maison, mais elle a secoué la tête et m'a dit : « Je ne peux pas rentrer à la maison. »

J'ai mis pied à terre et nous sommes restés là, près de ce ruisseau puant. C'est alors qu'elle m'a annoncé qu'elle était enceinte. J'étais très surpris et je me suis dit : J'espère au moins que c'est un bon garçon. Puis j'ai pensé : J'espère qu'il ne travaille pas à l'Office des forêts.

« Ah, j'ai fait. J'imagine que tu vas te marier. » Elle a de nouveau secoué la tête. « Veux-tu que j'aille lui parler ? j'ai dit. Ils ont parfois besoin d'être un peu persuadés, tu sais... — Ce n'est pas un jeune homme, qu'elle m'a dit. Il est marié. – Ah. — Je ne sais pas que faire, papa. C'est pour ça que je vous cherchais. Je ne peux pas me présenter devant maman. C'est drôle que j'ai eu envie de me confier à vous et non à maman », a-t-elle ajouté.

Je me suis alors souvenu du jour où elle avait été mordue par une vipère. Il y avait pas si longtemps que ça. « Tu ferais mieux de m'avouer qui c'est, je lui ai dit. Au moins je pourrais t'aider. — C'est impossible, papa. »

Je lui ai parlé calmement pendant un moment. A la fin, elle a haussé les épaules et m'a dit : « Ça ne change pas grand-chose. » Et elle m'a appris qu'il s'agissait de M. Minimus Furzey.

George se tut. Sally se demanda s'il reprendrait son récit, puis elle s'aperçut qu'il pleurait. Sans bruit, juste un petit tremblement des épaules.

Elle attendit.

— J'ai été stupide de la laisser retourner là-bas, dit-il enfin. Je n'aurais pas dû faire confiance à M. Furzey.

— Je ne suis pas au courant de cela, George, dit Sally.

Il resta silencieux quelques instants.

— Le lendemain, je suis allé le voir. J'étais très en colère, comme tu peux l'imaginer. Une vraie trahison. Mais en arrivant là-bas, je suis resté très poli. Je lui ai demandé si je pouvais lui dire un mot en particulier. Il est sorti, l'air un peu gêné. On est allés dans le petit jardin, où personne ne pouvait nous entendre. Je lui ai raconté ce que je savais et lui ai demandé ce qu'il comptait faire. Et tu sais ce qu'il m'a répondu ? « Oh, mon cher. Ce n'est pas la première fois que ça m'arrive. Je n'ai pas d'argent, vous savez. »

Je ne savais trop quoi faire. A ce moment-là, Mme Furzey est sortie et m'a souri gentiment. Je me suis rendu compte qu'elle n'était pas au courant. « Qu'y a-t-il ? m'a-t-elle dit. Nous pouvons faire quelque chose pour vous ? — Pas grand-chose, je lui ai répondu. Je venais seulement poser des questions à M. Furzey à propos d'un nid d'oiseau que j'ai trouvé. »

J'étais furieux à cause de Dorothy, mais quand j'ai vu Mme Furzey comme ça, ça m'a fait de la peine pour elle aussi. « Très bien, qu'elle a dit. Il en sait plus que tout autre sur les animaux de la Forêt. — Bon, nous parlerons de cela plus tard. Pride, s'est hâté d'ajouter Furzey. Laissez-moi un jour ou deux. » Comme je ne voulais rien dire devant Mme Furzey, je suis parti. Mais, évidemment, je n'ai plus entendu parler de lui. Il était comme ça. C'était un démon, on peut le dire, mais qu'y faire ?

Ma femme m'a conseillé d'aller voir le colonel. J'avais attendu une semaine avant de lui annoncer la chose. Elle était dans une colère noire et l'a déversée sur Dorothy. Elle n'a pas mâché ses mots, c'est dommage. Je ne savais trop si je devais en parler au colonel. Il n'avait rien à voir là-dedans. Et il faut être prudent, n'est-ce pas ? Le colonel était un verdier et les verdiers m'employaient. Ce n'est jamais bon d'embarrasser son patron. Mais ma femme a continué de me harceler, tant et si bien que je me suis rendu à Albion Park.

J'étais très gêné, mais j'ai expliqué aussi simplement que possible ce qui s'était passé et que j'attendais toujours des nouvelles de M. Minimus Furzey. Le colonel est devenu si rouge que j'ai cru qu'il allait avoir une attaque. « Vous avez bien fait de venir me voir, m'a-t-il dit à mon grand soulagement. Il mériterait le fouet ! » Il tremblait de colère. Après un silence, il m'a demandé si sa fille savait. « Non, monsieur. Je n'ai pas voulu le lui dire. — Bien. J'apprécie beaucoup, Pride. Je suis désolé pour votre fille. Ce n'est pas la première fois. » Il prit l'air pensif, puis commença : « Je suppose que vous êtes sûr... » Il n'acheva pas sa phrase et frappa du poing le bureau. « Non, non, bien sûr, c'est lui, le petit salaud. Pride, laissez-moi faire. Je m'en occupe. Que personne ne soit au courant. Je peux compter sur vous ? — Oui, monsieur. »

Et en effet, une semaine plus tard, Furzey est venu me voir, l'air tout penaud, et il m'a donné dix livres en promettant de m'en donner encore à la naissance du bébé. Je crois bien que ça venait du colonel. « Nous pourvoierons aux besoins de l'enfant, il m'a déclaré. On m'a dit de vous le dire. »

Dorothy est donc restée à la maison et a eu son enfant. J'aurais préféré qu'on soit encore dans le pavillon de garde forestier, et non à Fritham. Personne n'aurait rien vu. Mais c'était comme ça. Cela arrive dans la Forêt comme partout, mais, évidemment, c'était humiliant pour nous tous. Nous n'avons jamais rien dit à propos du père. J'ignore ce que les gens en pensaient.

C'était une petite fille. Une jolie petite fille... Elle n'a vécu que six semaines. Elle avait attrapé la fièvre. Dorothy a pleuré pendant des jours.

Deux mois après, on m'a demandé de venir à Albion Park, pour voir Mme Albion, cette fois-ci. « Vous connaissez les Hargreaves de Cuffnells ? » m'a-t-elle demandé. Je savais que Cuffnells était une belle demeure en bordure de Lyndhurst, mais je n'y étais jamais allé. Les Hargreaves l'avaient achetée quelques années plus tôt et le fils Hargreaves s'était marié récemment avec Mlle Alice Liddell. Elle vit encore. Comme tu dois le savoir, c'est elle le personnage d'*Alice au pays des merveilles*.

« Ce sont de bons amis à nous, a continué Mme Albion. Et ils cherchent une femme de chambre pour leur belle-fille. Ou plutôt une bonne d'enfant, corrigea-t-elle en souriant. J'ai eu une longue conversation avec eux avant-hier et j'ai pensé que cela intéresserait peut-être Dorothy. C'est vraiment une bonne place et, bien sûr, je me ferais un plaisir de la recommander. Voulez-vous le lui proposer ? »

Imagine dans quel état j'étais sur le chemin du retour. C'était une place tout ce qu'il y a de respectable. Un nouveau départ pour Dorothy. Quand je suis arrivé à la maison, ils avaient tous l'air un peu tristes. Je leur ai dit que j'avais une nouvelle qui allait leur faire plaisir. « Ça m'étonnerait », a dit ma femme, puis elle m'a annoncé que Dorothy était partie.

On ignorait pourquoi elle était partie. On ne savait même pas où elle était allée. Au bout d'un mois, on a reçu une lettre de Londres. Sans adresse. Elle disait seulement qu'elle était désolée et qu'elle ne reviendrait pas. Il n'y avait rien à faire. Le colonel a engagé un détective pour essayer de la retrouver, mais en vain. On n'a plus jamais eu de nouvelles.

Il baissa les yeux puis regarda par la fenêtre.

— Je crois que c'est assez pour aujourd'hui, fit George Pride.

— Ton Jack n'avait que cinq ans quand on a parlé de lui dans les journaux, commença George le lendemain.

Il alla prendre dans le buffet une vieille enveloppe marron bourrée de papiers et déplia lentement une coupure de presse jaunie.

— Il a fait les gros titres. Je m'en souviendrai, de cette année-là ! On avait eu un hiver glacial. C'est l'année où Lord Henry a reçu le titre de lord Montagu de Beaulieu, à cause de tout ce qu'il avait fait pour la Forêt. Les *commoners* en étaient très contents.

Signe des temps, les gens ordinaires venaient prendre leur retraite sur la côte. De petites villas en brique, jumelées pour la plupart, poussaient comme des champignons entre Hordle et Christchurch. Surtout au-delà de Christchurch.

Quand j'étais gamin, Bournemouth n'était qu'un village de pêcheurs, à quelques kilomètres à l'ouest de Christchurch. La lande tout autour. Puis c'est devenu une petite ville et, à l'époque de ces événements, il existait déjà des maisons, des hôtels et des pensions de famille tout le long de la côte.

L'ancienne ligne de chemin de fer, le Tire-Bouchon de Castleman, reliait Brockenhurst à Ringwood, à des kilomètres à l'intérieur des terres. On voulait donc créer une autre ligne, de Christchurch à Bournemouth. Une bonne idée, apparemment. M. Grockleton avait maintenant une autre raison de s'enthousiasmer : il était l'un des directeurs de la nouvelle ligne.

Beaucoup de jeunes de la Forêt travaillaient à sa construction. La paye était bonne. Mais je n'ai pas du tout été content quand Gilbert m'a annoncé qu'il y allait aussi. Je l'avais formé pour qu'il devienne *agister*.

Le problème était qu'il n'y avait pas de travail dans la Forêt et il voulait gagner sa vie. « C'est seulement pour un an ou deux. De toute façon, la ligne sera terminée à ce moment-là. » Une semaine après qu'il eut signé son contrat, j'ai reçu la visite de M. Minimus Furzey. Il ne venait pas souvent jusque chez nous, tu penses bien ! « Ne laissez pas votre fils travailler sur la ligne de Grockleton, qu'il m'a dit. C'est dangereux. Ils sont fous de la construire là. Il suffit de regarder la géologie de la région. »

Après ce qu'il nous avait fait, je n'étais guère d'humeur à recevoir des conseils de Furzey. Je lui ai dit : « Je ne crois pas que vous en sachiez plus que les ingénieurs de la ligne de Londres et du sud-ouest. » Après tout, qu'on le veuille ou non, M. Grockleton était un magistrat et un homme important. On ne pouvait imaginer qu'il se lance dans une affaire pareille sans savoir ce qu'il faisait.

« C'est de l'argile et du gravier, insista Furzey. Toute l'eau de la Forêt s'écoule par là », me dit-il, et des tas de chose du même genre. Comme je ne savais pas de quoi il parlait, je ne l'écoutai pas. Et Gilbert est allé travailler là-bas.

Nous n'avons pas tardé à comprendre ce que voulait dire Furzey. Au début, les travaux de terrassement ont paru faciles. De Brockenhurst à Sway, il n'y a que du sable et du gravier, qu'il est aisé de déplacer. La première année, ils étaient contents de l'avancement des travaux. Mais, dans la Forêt, les choses ne sont pas toujours ce qu'elles semblent être.

Tu sais, quand on s'assoit sur la plage, le sable paraît tout à fait sec. Mais, en creusant, même un enfant avec un seau et une pelle ne tarde pas à découvrir que c'est plein d'eau en dessous, que le sable humide a tendance à s'ébouler et ne tient pas. Le sud de la Forêt était comme ça. Des ruisseaux descendaient de Sway, mais, dessous, ça suintait de partout à travers l'argile et le gravier. A chaque déblai, quand ils essayaient de faire tenir les rampes, tout s'écroulait. Il y avait eu plusieurs blessés. On appelait le chantier la « mine de mélasse » parce que l'argile était dorée et aussi molle que de la mélasse. Les travaux eurent bientôt plusieurs mois de retard.

Seul Grockleton paraissait ne pas s'en faire. « Tout s'arrangera, disait-il. C'est la voie du futur. » La terre de la Forêt n'était probablement pas de cet avis. Mais il sembla ensuite que les choses étaient en train de s'arranger. La ligne d'Arnewood à Sway, qui avait posé le plus de problème, fut posée en temps voulu. Les remblais paraissaient solides.

Pour fêter ça, M. Grockleton organisa un pique-nique au bord de la ligne. Il pensait sans doute que ce serait bon pour le moral des ouvriers... Il avait bien fait les choses. Il y avait une fanfare, des tables couvertes de tartes et de gâteaux, plus qu'on en pouvait manger. De la bière et du cidre. C'était comme une foire, en ce bel après-midi d'août. Toutes sortes de gens étaient invités : les familles des ouvriers, des gens de Lymington, de Sway et même de Christchurch. Le colonel et Mme Albion étaient venus, ainsi que les Furzey.

Ça devait faire un drôle d'effet de voir tout ce monde — deux ou trois cents personnes — assis sous un soleil de plomb en plein milieu de la lande au son d'une fanfare autour d'une voie de chemin de fer à moitié terminée. Mais il y avait autre chose d'encore plus étrange...

As-tu remarqué que les gens deviennent un peu bizarres quand ils gagnent beaucoup d'argent ? Un homme comme ça avait pris sa retraite à Sway. Il avait une véritable passion pour le béton. Il était un peu comme M. Grockleton. Il voulait recouvrir de béton tout ce qui lui passait entre les mains. Et il était en train de construire une tour de béton. Un énorme machin — on le voit à des lieues à la ronde. On racontait qu'à sa mort il voulait être déposé au sommet. Elle était alors à moitié construite et je m'en souviendrai toujours, pointée vers le ciel bleu comme un grand pilier cassé, à même pas un kilomètre de l'endroit où nous nous trouvions.

La bonne humeur régnait. Même M. Grockleton, qui était toujours sévère, faisait de son mieux pour se montrer amical. Il organisait des jeux pour les enfants et lorsqu'on a fait la course et que Furzey a eu l'idée d'un tir à la corde, il y a participé.

En fin d'après-midi, les Albion et des gens de Christchurch avaient déjà commencé à partir quand je remarquai que le petit Jack avait disparu. C'était déjà un gamin téméraire, les cheveux sombres, l'œil vif. Il était sans arrêt en train de grimper sur quelque chose. Il lui arrivait toujours des histoires, mais on ne pouvait s'empêcher de l'aimer tant il était gai et courageux.

Il ne pouvait pas être loin. Il avait rencontré un autre gamin un peu plus âgé, nommé Alfie Seagull, de Lymington, et ils avaient joué ensemble. J'étais certain qu'en trouvant l'un on trouverait l'autre. Tout de suite après, quelqu'un me montra le petit Seagull qui jouait près du déblai de la voie ferrée.

« Jack est avec toi ? » lui cria ma femme. Il hocha la tête et désigna le déblai. Nous étions rassurés. Mme Furzey vint ensuite nous parler. Nous étions toujours contents de la voir et nous avons bavardé. Du coin de l'œil, je voyais Furzey marcher au bord du déblai, un peu plus loin. Il devait l'inspecter. Mais je ne fis guère attention à lui.

Puis nous l'avons vu se mettre à courir. J'ai vu beaucoup de choses dans ma vie, mais jamais, je crois, quelqu'un courir aussi vite. Il allait plus vite qu'un cerf. J'ignore comment, mais il savait ce qui allait se passer. En tout cas, il s'est précipité dans la direction d'Alfie Seagull et, quand il est arrivé là, nous avons entendu le bruit.

Quand tant de terre et de pierre dégringolent, on s'attendrait à entendre un grondement. Ça se peut, dans le cas de certains glissements de terrain. Mais de là où nous étions, quand les parois du déblai ont lâché, nous n'avons entendu qu'une sorte de sifflement.

Furzey courait comme une flèche le long du bord. Il avait dû dévaler le terrain qui s'éboulait, prendre Jack dans ses bras et continuer à courir. Cette masse de gravier, d'argile et de pierres l'avait sans doute atteint tout près du fond et submergé. Il avait dû tenir Jack à bout de bras et le jeter en avant au moment où il avait été renversé.

Quand nous sommes arrivés, quelques instants plus tard, Jack était couvert de bleus et saignait, mais il était sain et sauf. On voyait les mains de Furzey qui dépassaient. Mais nous devions creuser avec précaution pour le dégager car nous nous étions vite aperçus qu'il avait les jambes écrasées.

Jack avait donc eu la vie sauve et c'est pour ça qu'il a été dans le journal. On a aussi beaucoup parlé de Furzey et il le méritait bien. Après, il n'a plus jamais marché normalement. C'était désolant. Il était la plupart du temps dans un fauteuil roulant, mais se déplaçait remarquablement bien Ma femme allait de temps à autre lui apporter un cake. A ses yeux, il s'était racheté.

— J'ai toujours trouvé curieux que Jack aime par-dessus tout descendre à la voie ferrée, alors qu'elle avait failli le tuer... dit George Pride, le lendemain.

Les traits de son visage se durcirent et ses vieilles mains serrèrent les accoudoirs de son fauteuil.

— Une multitude de petits ponts enjambaient la voie de chemin de fer afin de permettre au bétail d'aller et venir et il avait entraîné son poney à ne pas être effrayé par le passage d'une locomotive en dessous. Il était sans cesse fourré sur l'un de ces ponts. Un petit incident aurait dû peut-être nous avertir de ce qui suivrait...

L'Office des forêts n'avait jamais digéré la victoire des *commoners* et, sans se départir de sa politesse, M. Lascelles ne laissait jamais échapper une occasion de couper l'herbe sous les pieds des verdiers. Et tu peux être sûre que les verdiers rendaient coup pour coup. Il nous fallait être sans cesse sur le qui-vive, car les gens de l'Office plantaient des arbres où ils ne devaient pas et, de manière générale, abîmaient la Forêt. L'Office des forêts a été rebaptisé Service des eaux et forêts, mais c'est exactement la même chose et ça le restera toujours.

Un matin, nous étions, Jack et moi, en train de seller nos poneys quand Gilbert arriva. Il était récemment devenu *agister*. « Vous feriez bien de venir avec moi », dit-il. Nous sommes donc partis tous les trois vers la nouvelle voie ferrée, près d'un joli pré où les poneys aimaient paître.

Normalement, on coupait le bois à la scierie, car la poussière et les copeaux recouvrent le sol et empêchent ainsi le pâturage. Mais là, tout contre l'herbe, une affreuse scie à vapeur vomissait de la fumée et soufflait de la poussière de bois dans tout le pré. On a demandé : « Qui vous a autorisés à faire ça ? — M. Lascelles », a répondu le contremaître.

Nous étions furieux. Mais ce n'était pas tout. Jack avait fait le tour de la machine pour voir comment elle fonctionnait. On a appris qu'il y était retourné le lendemain et pendant des semaines.

Jack n'avait jamais parlé de ça à Sally. Elle dressa l'oreille. Elle n'avait jamais perçu l'amertume qui séparait son mari et son beau-père. Mais elle la voyait maintenant transparaître sur le visage de George.

— Même si je le lui interdisais, poursuivit-il, il filait en douce pour jouer avec cet engin infernal. Chaque fois que Lascelles me voyait, il hochait la tête et disait : « Votre fils au moins nous apprécie, Pride. »

Il aimait tout ce qui est mécanique. C'est à cette époque que les militaires ont commencé à faire des manœuvres dans la Forêt. Pour eux, elle n'était qu'un terrain d'entraînement. Il nous fallait toujours réparer les dégâts après leur passage. Des bêtes étaient tuées. Jack s'en souciait-il ? Il allait apprendre comment fonctionne un fusil et tirait même, quand les soldats le laissaient faire.

En dépit de l'amour que je lui portais, je dois avouer qu'à dix-huit ans il m'échappait complètement. Il était donc inévitable que nous nous séparions, un jour ou l'autre.

Un jour, nous étions partis à cheval ensemble du côté de Lyndhurst. Nous venions d'arriver près de l'ancienne palissade où on prenait les cerfs au piège quand, tout à coup, sur la petite route de Beaulieu, un véhicule extraordinaire arriva dans notre direction. C'était une sorte de petite voiture en métal ; elle faisait un bruit épouvantable et de la fumée s'échappait par l'arrière. J'avais naturellement entendu parler des automobiles dans les journaux et vu des photos, mais c'était la première fois que j'en voyais une dans la Forêt...

L'honorable John Montagu, le fils de Lord Montagu, conduisait cet engin, et cela me contrariait que son père lui permette de le faire. Mais Jack la trouva merveilleuse, inutile de le dire. « C'est l'avenir, papa ! C'est l'avenir ! » s'écria-t-il. En parlant de l'avenir sur le chemin du retour, j'en vins à évoquer le sien...

George se leva de son fauteuil et alla à la fenêtre. Les piquets qui supportaient ses haricots d'Espagne semblèrent occuper son attention un moment, puis il secoua la tête presque avec colère et se retourna.

— Il faut bien comprendre qu'à la fin du siècle dernier, la Forêt traversait une période de prospérité. En Angleterre, beaucoup d'exploitants et de propriétaires terriens avaient été durement touchés, voire ruinés, par les importations de céréales à bas prix en provenance d'Amérique. Mais il y avait une forte demande de produits laitiers et les petits paysans de la Nouvelle Forêt s'en sortaient très bien. Les poneys atteignaient des prix élevés. Certains étaient utilisés dans les mines à cause de leur robustesse et d'autres, c'est triste à dire, étaient envoyés dans les Flandres pour le marché de la viande chevaline. L'afflux de population dans des endroits comme Lymington créait aussi des emplois. Le prix de la terre grimpait et certains empochaient de jolies sommes en vendant des terrains à bâtir. Tout compte fait, ça n'allait pas trop mal dans la Forêt.

Voilà plusieurs années que je travaillais comme *agister*. J'avais quelques économies. J'étais prêt à aider Jack à démarrer une petite exploitation, ce qu'il était à même de faire. Je le lui ai proposé. « Non, merci, il m'a répondu, exactement comme ça. – Ah ? Alors, est-ce que je peux te demander quels sont tes projets ? – Je vais être mécanicien dans les chemins de fer. »

J'étais loin d'être enchanté, comme tu l'imagines. « Bon. Je suppose que tu vas chercher un poste à Brockenhurst ? lui ai-je dit, pensant à la proximité de la gare. — Je quitte la Forêt. – Tu quittes la Forêt ? Et où iras-tu ? — A Southampton, je pense. Ou à Londres. » Il me gratifia de son petit sourire apitoyé, ce que je n'appréciai pas. « Je ne veux plus voir une vache de toute ma vie. Ça m'ennuie. »

Alors, je me suis disputé avec lui. Puis il m'a dit des choses auxquelles je ne veux plus penser parce que ça n'a plus d'importance. Il m'a dit pourtant ces mots que je n'oublierai jamais : « Avant longtemps, nous n'aurons plus besoin de chevaux, Papa. » J'ai cru qu'il était stupide...

George se laissa tomber dans son fauteuil et ferma les yeux. Puis :

— Il est donc parti pour Southampton. Il lui a fallu travailler plusieurs années sur les voies ferrées avant de réaliser son rêve. Mais il a fini par conduire des locomotives. Etrangement, il avait fait plus ample connaissance avec l'honorable John Montagu.

Lorsque la voie ferrée avait été construite à travers la partie nord du domaine de Beaulieu, un accord avait été conclu. La ligne pouvait couper la propriété, mais une petite gare devait être bâtie, là, en plein milieu de la lande. Quand monsieur le duc voulait un train pour lui et ses invités, un signal avertissait le mécanicien et le train s'arrêtait. Jack ne tarda pas à conduire le train. La première fois, il s'arrêta donc, mais, à sa surprise, l'honorable John Montagu monta dans la locomotive et lui dit : « Si vous n'y voyez pas d'inconvénient, je vais faire le trajet avec vous. » Jack était déjà un mécanicien confirmé. En arrivant, il ne manqua pas de demander à Montagu s'il pouvait examiner sa voiture. Lorsque nous avons revu Jack, il savait tout sur les automobiles. Et quand le train passait, on ne savait jamais si c'était un Pride ou un Montagu qui conduisait la locomotive.

Dix ans après, Jack est allé s'installer plus loin sur la ligne. Il nous écrivait de temps en temps, mais on ne le voyait pas beaucoup.

Nous n'avons pas été surpris que, au début de la guerre, Jack ait été impatient de rejoindre une unité motorisée. Il s'engagea immédiatement comme volontaire. Et, le moment venu, il fit en sorte de conduire un véhicule près du front. Il en parlait tout au long de ses lettres. Bien sûr, aucun de nous ne se rendait vraiment compte de ce qui se passait, là-bas, sur le front. On avait parfois l'impression qu'il devait être plus en sécurité dans un véhicule blindé. Il l'était probablement plus que les pauvres poilus dans les tranchées. Mais pas encore assez...

Il se racla la gorge.

— Un télégramme nous apprit qu'il avait été blessé. Ils disaient que c'était grave et qu'il fallait attendre. On a attendu. Et quand il est finalement revenu, tu t'en souviens, Sally, nous avons eu un choc. L'idée qu'il puisse redevenir normal, sans parler de se marier et d'avoir une famille... Bref, il ne restait plus grand-chose de son visage et nous n'avions plus beaucoup d'espoir. Mais il était en vie.

Oh oui, Sally se souvenait du pauvre estropié qu'on avait amené à l'hôpital de Southampton où elle était infirmière. Les médecins ne pensaient pas pouvoir faire grand-chose pour lui. Les infirmières non plus.

Mais elle, oui. Et elle l'avait prouvé. Elle lui avait rendu la santé, puis l'avait épousé. Elle sourit. Son bonheur, elle l'avait gagné.

George s'était remis à parler :

— Il m'a déclaré un jour : « Je les entendus le dire, papa. J'ai entendu l'officier, le jeune capitaine Totton, s'approcher. C'était un bon officier. Il avait perdu une jambe. Il est arrivé en clopinant et demandant après moi. L'infirmière lui a dit : "Je crois qu'il n'en a plus pour longtemps. — Pourquoi ? — Je crois qu'il n'a plus envie de vivre." Ensuite elle a chuchoté quelque chose et il a fait : "Oh." Il y a eu un silence, puis je l'ai entendu venir vers moi, le toc-toc de sa béquille, et il a dit à haute voix : "Allez, mon vieux, c'est pas le moment. Je sais que c'est dur, mais vous ne devez pas vous laisser aller. N'abandonnez pas la partie." Je ne lui ai fait aucun signe, papa. Je savais qu'il faisait de son mieux. "Pensez à l'Angleterre", il a ajouté. J'essayais, sans grand résultat. Quand je pensais à l'Angleterre, je me voyais seulement en train de conduire ma loco et je savais évidemment que je ne pourrais plus jamais le faire. Je restais donc là étendu et pensais : "C'est fichu. Autant que je parte maintenant." Une heure après, j'ai entendu une sorte de bruissement près de mon lit. Même avec tous mes pansements et tout le désinfectant, je sentais quelque chose, une odeur de boue et de sueur apparemment, pas vraiment déplaisante. Alors j'ai entendu une voix me dire : "Tu es Jack Pride ? Si c'est pas toi, tu peux crever, ça ne fait rien. Je viens d'arriver et mon nom est Alfie Seagull. Mais si tu es le Jack Pride auquel je pense, je t'ai vu presque emporté par un glissement de terrain sur une voie ferrée en tranchée. Alors, c'est toi ?" J'ai essayé de lui faire un signe. "C'est donc toi, il a dit. Tu peux pas mourir ici, bon sang ! Tu es un Pride de la Forêt !" Et c'est drôle, je me suis alors souvenu de notre cottage, des bois et de nos chevauchées de bon matin. Quand j'y pensais, ça me donnait de la force, papa, et me voilà. »

C'est idiot, dit George, mais ça m'a toujours fait plaisir qu'il m'ait raconté ça.

La Forêt

Avril 2000

Dimanche matin. Dottie Pride était arrivée à l'hôtel Albion Park la veille au soir, mais elle se sentait déjà nerveuse, comme d'habitude. Elle en avait pour toute la semaine, une semaine pour tenter de trouver un sujet et la bonne façon de l'aborder. Plus de temps qu'il n'en fallait. Mais c'était le moment où elle se mettait toujours à paniquer.

Elle décida de commencer par visiter Beaulieu. Elle retournerait là-bas le samedi pour les prises de vue, mais tenait d'abord à faire un repérage. Peut-être cela lui donnerait-il des idées. Cela se trouvait à dix minutes à peine en voiture, même en respectant la limitation de vitesse — soixante kilomètres à l'heure — qui protège les poneys et les cerfs.

Elle fut impressionnée. Si les grandes demeures britanniques avaient besoin des touristes pour payer leur entretien, Lord Montagu avait montré beaucoup de flair. Tirant parti de l'intérêt que son père avait témoigné pour les débuts de l'automobile, il avait fait de son musée de l'Automobile une institution nationale. Dottie n'était pas fanatique des questions de mécanique, mais elle passa une demi-heure à rêver devant des Daimler victoriennes, des Rolls éduardiennes et même des voitures des années cinquante. Quand elle sortit du musée pour parcourir la courte distance qui le séparait de l'abbaye, l'âge mécanique s'effaça discrètement et elle entra dans la paix du monde médiéval.

Tout était très bien conçu. Après la maison, elle fit le tour d'une exposition consacrée à la vie monacale dans l'immense *domus* où vivaient les frères lais quand ils n'étaient pas dans les fermes. Quand elle entra dans le cloître en ruine, elle imagina les moines cisterciens en train de vaquer à leurs occupations parmi les vieilles pierres grises.

Dans l'une des alcôves où ils s'asseyaient, elle remarqua qu'un vandale avait gravé une petite lettre, « A ».

Beaulieu ouvrirait le documentaire à la perfection. Lord Montagu avait choisi le 24 avril, le dimanche de Pâques, pour fêter le neuf centième anniversaire de la mort du roi Guillaume Rufus dans la Nouvelle Forêt. Il avait organisé une grande compétition de tir à l'arc, qu'inaugurerait l'acteur Robert Hardy, grand spécialiste de l'arc au Moyen Age. Lord Montaigu jouerait le rôle de suzerain de la journée, terme médiéval qui désignait le parrain d'un tel événement. Une journée haute en couleur, pleine d'apparat. Excellent sujet pour la télévision.

Avec une surprise à la clé. L'éminent spécialiste de l'histoire locale, M. Arthur Lloyd, avait démontré sans l'ombre d'un doute que, selon les annales de l'époque, la mort de Rufus avait eu lieu à Througham, sur la côte au-dessous de Beaulieu. La célèbre pierre de Rufus, l'un des sites touristiques les plus visités de Grande-Bretagne, n'était pas au bon endroit.

Et ensuite ? Elle passa le reste de la journée à rouler à travers la Forêt. Elle alla d'abord à la Cale de l'écu. Un musée de la Marine y était installé sur les berges herbeuses. Une maquette représentant le chantier naval tel qu'il devait être pendant la construction du *Swiftsure*, l'un des bâtiments de Nelson, attira son attention. Elle nota que des parties des grands ports flottants utilisés pendant le débarquement de la Seconde Guerre mondiale avaient aussi été construites sur la rivière de Beaulieu. Intéressant.

A l'est de Beaulieu s'étendent les jardins d'Exbury et le parc du comté de Lepe. En lisière de la Forêt, du côté de Southampton, on trouve un centre de nature et une ferme modèle. Un peu plus au nord, un parc de loisirs, où les enfants peuvent s'amuser. De toute évidence, la Forêt s'était équipée de manière très professionnelle pour accueillir les touristes en grand nombre. Mais les grosses boîtes n'étaient pas les seules sur le coup. Quand Dottie traversa la sombre petite enclave de Burley dans l'après-midi, elle constata que le village faisait commerce de sa réputation d'ancien repère de sorcières. Trois boutiques au moins vendaient des babioles prétendument en rapport avec la sorcellerie. Tourisme et loisirs : était-ce là l'avenir de la vieille réserve de chasse du roi ?

Le lundi, il faisait un temps magnifique. Dottie était tout excitée en remontant la grand-rue courbe et en pente de Lyndhurst. Sur sa gauche, le haut clocher victorien de l'église s'élançait vers le ciel printanier bleu pâle.

Quand elle avait téléphoné au musée de la Nouvelle Forêt, on lui avait non seulement recommandé d'assister à la réunion de ce matin, mais on lui avait annoncé que l'on mettrait quelqu'un à sa disposition pour l'y recevoir. « Ne vous inquiétez pas, avait affirmé son interlocuteur en riant. On vous trouvera. »

En arrivant en haut de la rue, elle comprit pourquoi. La maison de la reine, l'ancien pavillon de chasse et manoir royal, était une élégante bâtisse en brique. Devant une porte latérale, une vingtaine de personnes attendaient déjà. Elles semblaient manifestement se connaître. Elle jeta un coup d'œil circulaire.

— Etes-vous Dottie Pride ? demanda quelqu'un derrière elle.

— Oui.

Elle se retourna et serra la main qu'on lui tendait. Salutations. Sourire. Lui avait-il dit son nom ? Si oui, elle ne l'avait pas entendu.

La seule chose qu'elle savait, c'était qu'elle avait devant elle le plus bel homme qu'elle ait jamais vu. Grand et mince, le type celte. Ses cheveux tombaient en boucles sombres sur ses épaules. Son visage pâle et délicat évoquait ces représentations des poètes métaphysiciens du XVIIe siècle. Il avait de grands yeux marron, très doux, pétillants d'intelligence. Il portait une veste en cuir brun.

— Nous pouvons entrer, dit-il. Ils ouvrent les portes.

La salle des verdiers était une grande pièce rectangulaire. A l'autre bout, une estrade en occupait toute la largeur, comme dans un tribunal. Les armoiries royales étaient accrochées au mur nu du fond. Tout autour, des têtes de cerf, des andouillers et des vitrines. A la place d'honneur trônait le vieil étrier à travers lequel les chiens devaient passer sous peine d'être légalisés. Des bancs en bois occupaient tout le plancher, sauf un espace au devant, où se dressaient une table et la barre des témoins. De vieilles poutres en chêne soutenaient le plafond. Dottie, un peu hébétée, s'assit au fond et s'efforça de ne pas regarder son compagnon.

— La cour des verdiers se réunit le troisième lundi de chaque mois, dix mois par an, murmura-t-il. Le verdier officiel est nommé ; quelques-uns représentent des organismes officiels ; les autres sont élus. Ils doivent défendre les droits communaux.

— C'est le tribunal instauré en 1877 pour remplacer l'ancienne cour médiévale ? s'enquit-elle.

Elle avait potassé la question et se demanda si elle avait fait son effet.

— Modifié une fois ou deux, mais pour l'essentiel, oui.

Les verdiers entraient à la queue leu leu. Il en brossa des portraits rapides à mesure qu'ils arrivaient. Deux avaient publié des ouvrages sur la Nouvelle Forêt. Le verdier officiel était un important propriétaire terrien. La plupart d'entre eux avaient des racines dans la Forêt depuis des siècles. Ils étaient huit, ce matin-là. Les deux *agisters*, en uniforme vert, se tenaient devant. *L'agister* en chef, debout près de la barre, cria :

— Oyez, oyez, oyez, toutes gens ayant quelque réclamation à faire ou quelque matière ou chose liée à cette cour des verdiers ! Qu'ils s'avancent et ils seront entendus !

« Me voilà retournée au Moyen Age », pensa Dottie.

Un bref rapport fut lu à haute voix. Puis vint la liste des poneys renversés par des voitures, triste énumération de rigueur à chaque réunion. Lorsque l'assistance eut la parole, les gens défilèrent à la barre pour effectuer leur déposition, leur réclamation. Chaque fois, son compagnon lui chuchotait quelques paroles d'explication à l'oreille. Un blond au visage large vint se plaindre de détritus laissés par les clients d'un camping voisin.

— C'est Reg Furzey. Un petit éleveur.

Un autre, au curieux visage noueux qui lui parut taillé dans du chêne, se plaignit de ce que la clôture d'une nouvelle propriété empiétait sur la Forêt.

— Ron Puckle. Il vend du mobilier de jardin en bois à Burley...

Le jeune homme sourit.

— C'est drôle, quand on y pense, chuchota-t-il. Pendant des siècles, les vieilles familles de la Forêt ont passé leur temps à empiéter sur la Forêt ; maintenant, elles passent leur temps à s'assurer que personne d'autre ne le fait !

A la fin de chaque réclamation, le verdier officiel se levait courtoisement, remerciait l'intéressé et promettait de prendre son affaire en considération. Certains des problèmes soulevés concernant les activités du Service des eaux et forêts en rapport avec des arrêtés locaux étaient trop techniques pour que Dottie puisse suivre. Mais le sens de cette réunion était évident : c'était le cœur même de la Forêt, son ancien esprit. Et les *commoners* comme les verdiers comptaient bien protéger son caractère authentique.

Il n'était pas encore midi quand ils ressortirent de la cour. Elle avait ensuite rendez-vous en début d'après-midi au musée, et son compagnon s'apprêtait à partir. Elle se demanda comme le retenir.

— Il faut que j'aille voir le Clos Grockleton, dit-elle. Pouvez-vous m'indiquer où ça se trouve ?

— D'accord. Il va vous falloir marcher un peu.

— Ça me va. A propos, redites-moi votre nom ?

— Peter. Peter Pride.

— Pride !

Elle n'avait jamais marché aussi vite. Elle se demanda, si elle s'arrêtait, s'il continuerait son chemin, et n'osa pas prendre le risque. Heureusement, il faisait des haltes fréquentes pour lui montrer quelque lichen, un étrange scarabée sous une souche ou une petite plante qui, pour le naturaliste chevronné, faisait de cette vieille région un paradis écologique. A un moment, en arrivant sur la lande, elle remarqua le long d'une crête toute proche l'étrange profil de houx découpé sur le ciel.

— Ils sont aplatis par en dessous comme des champignons, fit-elle remarquer.

— C'est la ligne de broutage, expliqua-t-il. Les poneys et les cerfs mangent les feuilles aussi haut qu'ils peuvent.

Elle se rendit compte que la plupart des arbres qu'elle voyait présentaient la même caractéristique. De loin, cela faisait un effet magique, ils semblaient flotter dans les airs.

La leçon continua ainsi. Si elle n'arrivait pas toujours à suivre les explications scientifiques qu'il ne cessait de lui donner, du moins pouvait-elle saisir l'essentiel du sujet. Et puis elle contemplait sa haute silhouette athlétique qui avançait rapidement devant elle.

Il avait une formation d'écologiste et aussi d'historien de la Forêt. Et il était remarquablement informé. Elle s'interrogea sur son âge. Entre vingt et vingt-cinq. Peut-être un an ou deux de moins qu'elle, mais pas plus. Elle se demanda s'il avait une petite amie.

Ça l'amusait qu'elle porte le même nom que lui.

— Il y a des Pride dans toute la Forêt. Je ne suis que l'un d'entre eux. Vous êtes sûre que vous n'êtes pas d'ici ?

Son père lui avait dit, quand elle était petite, qu'elle lui rappelait sa grand-mère Dorothy, et elle tenait d'elle son prénom. Elle avait aussi appris par lui, plus récemment, que sa grand-mère ne s'était jamais mariée. « En fait, elle a un peu fait la vie, lui avait-il dit. Elle a vécu avec un professeur des beaux-arts, puis avec un autre. Elle avait apparemment le chic pour attirer les artistes. Le premier lui a laissé un grand nombre de tableaux, qui se sont révélés d'une assez grande valeur. Qui était son père, mon propre père ne le savait pas. Mais elle a pris son nom : Pride. »

— Mon arrière-grand-mère est née Dorothy Pride, dit-elle. Mais elle était de Londres.

Il hocha la tête, mais ne s'attarda pas sur le sujet. Il voulut savoir pourquoi elle tenait à voir le Clos Grockleton. Quand elle expliqua que son patron, John Grockleton, avait des liens avec la Forêt, il parut trouver ça drôle.

— Grockleton était un commissaire du détesté Office des forêts, expliqua-t-il. Il a construit une voie ferrée où plusieurs personnes ont été blessées. Pas un nom très populaire, par ici...

— Ah.

Il allait lui falloir trouver autre chose à dire.

— Nous y sommes, annonça-t-il gaiement, quelques minutes plus tard. Le Clos Grockleton.

La plantation, bien que les arbres aient été coupés plusieurs fois, n'avait pas beaucoup changé depuis un siècle. Les rangées de conifères semblaient infinies. Sous les arbres, dans le peu d'espace libre, tout était sombre, silencieux, sans vie.

— Allons-y, dit-elle.

Ils arrivèrent un peu en avance au musée de la Nouvelle Forêt de Lyndhurst et eurent donc le temps d'en faire rapidement le tour. Tous les aspects de la vie de la Forêt y étaient évoqués — depuis un célèbre chasseur de serpents jusqu'à un schéma qui expliquait en détail comment construire un carbonisateur de bois. Quand ils allèrent à la bibliothèque, à l'étage, elle voulait poser quelques questions.

Le monsieur qui se leva à la grande table centrale était un homme de petite taille à barbe blanche, au visage empreint de gentillesse et aux yeux bleus pétillants et observateurs. Selon Peter Pride, en dépit de son air tranquille, il était la force discrète qui présidait aux destinées du musée. Il souhaita la bienvenue à Dottie, la présenta à plusieurs personnes qui travaillaient là, toutes des bénévoles.

— Voici Mme Totton, dit-il en désignant une femme d'allure assez distinguée, qui avait dû être une superbe blonde dans sa jeunesse. C'est son tour, aujourd'hui. Que voulez-vous savoir ?

Dottie avait soigneusement préparé cette entrevue et elle se révéla fertile en informations. La Forêt faisait-elle face à une crise ?

— Les défis du XXe et du XXIe siècle ont un caractère nouveau, mais, comme on pouvait s'y attendre, ils sont un produit du passé, répondit l'historien. La raison des contestations et des incendies est tout ce qu'il y a de simple. Les *commoners* n'ont pas seulement des difficultés en tant qu'exploitants du fait des prix terriblement bas du bétail, des porcs et des poneys. Les nouveaux venus payent si cher leurs enclos à poneys que le terrain devient inabordable pour les gens du cru. Ils ont en outre le sentiment que le monde moderne, symbolisé par le Service des eaux et forêts et le gouvernement local et central, les méprise. Et pourtant, la Forêt, c'est eux, vous savez. Et puis, il y a aussi la dégradation de l'environnement : campeurs négligents et touristes en général...

— Des milliers de voitures ? suggéra-t-elle.

— Oui. Mais quatre-vingt-dix pour cent des gens qui arrivent en voiture ne s'éloignent jamais de plus de vingt mètres de la route. L'afflux nouveau de bicyclettes est bien plus préoccupant...

En allant au Clos Grockleton, Dottie avait remarqué un cycliste qui labourait le sol en roulant à travers bois. Elle hocha la tête.

Il sourit piteusement.

— Comme toujours, nous voulons les touristes pour les revenus qu'ils apportent à la région, mais pas pour les dégâts qu'ils provoquent. C'est une grande question, évidemment. Mais il y a un troisième danger à long terme, la grande menace du siècle.

— La construction ?

— Exactement. D'une part, l'augmentation importante de la demande de logements, d'autre part, l'existence de cette immense zone à peine touchée par l'urbanisation. Certains estiment que nous devrions protéger la Forêt en en faisant un parc national, ce qui interdirait pratiquement toute construction nouvelle ; d'autres, en particulier les *commoners*, craignent que cela ne diminue le pouvoir des verdiers, qui, depuis un siècle et demi, ont été leurs uniques protecteurs. Nous pouvons aborder l'une de ces questions, ou toutes, si vous le souhaitez.

Ils discutèrent un moment et l'aidèrent à dresser une liste des gens à voir.

— Puis-je ajouter mon nom à la liste ? demanda Mme Totton.

L'aimable historien fit signe à Dottie d'accepter.

— Très bien, dit la vieille dame. Venez prendre le thé vendredi. Venez assez tôt, disons quatre heures.

— Si vous voulez vraiment connaître les *commoners*, intervint Peter Pride, vous devriez assister à une vente de poneys. Il y en a une jeudi.

— Cela doit être pittoresque. Peut-être pourrions-nous filmer. Vous y serez ? demanda-t-elle à Peter Pride.

— Certainement.

A la fin de la réunion, elle posa une dernière question avant de s'en aller :

— Dites, la Nouvelle Forêt évoque souvent la sorcellerie dans l'esprit des gens. Croyez-vous qu'elle se pratique encore ?

L'historien haussa les épaules. Mme Totton sourit et dit qu'elle ne le pensait pas. Peter Pride secoua la tête et affirma que c'était absurde.

— Je me le demandais seulement, dit Dottie.

L'équipe de tournage s'affairait. Il ne fallait pas manquer un spectacle comme celui-ci. Les deux journées précédentes avaient été bien remplies, mais elle attendait ce jeudi avec impatience.

Les ventes de poneys qui se déroulaient à la vieille gare particulière de Lord Montagu sur la route de Beaulieu étaient toujours très animées. Après avoir quitté Lyndhurst par la palissade aux cerfs, ils avaient roulé vers le sud-ouest en rase campagne en direction de Beaulieu pendant environ cinq kilomètres avant le dos-d'âne du pont qui enjambait la voie ferrée et signalait l'arrivée. Tout de suite après le pont, sur la gauche, on tombait sur l'enceinte circulaire entourée d'une barrière où avaient lieu les ventes et sur les enclos voisins.

Les camions et les vans commencèrent à arriver tôt. En dehors des habituels stands de boissons et de sandwichs, il y en avait où l'on vendait des articles de sellerie et des bottes de cheval. Les enclos ne tardèrent pas à se remplir de poneys.

Et de gens. Des gens de la Forêt. Peter Pride était déjà là et il vint vers eux à grands pas, avec un large sourire.

— Vous allez vivre le grand jour de la Forêt, annonça-t-il. Ces ventes de poneys, leurs visites vétérinaires et les courses de la Saint-Etienne, voilà les événements marquants de la Forêt.

— Quel effet produit notre présence ? demanda Dottie.

— Les gens restent sur leurs gardes. Ne le seriez-vous pas ?

Tous arrivaient, maintenant : campagnards hirsutes, à casquette et favoris, femmes en vêtements de pluie de toutes sortes et enfants chaussés de tennis aux couleurs criardes. Les stands périphériques étaient noirs de monde. Des enfants grimpaient sur les barrières pour voir les poneys de près. Le commissaire prit sa place en bordure de l'enceinte, tapota le micro et la vente commença.

Les poneys entraient un à un ou deux par deux. La description qu'en faisait le commissaire était brève, les enchères rapides. Les hommes agitaient les bras, criaient et donnaient des tapes aux animaux pour les faire avancer dans la bonne direction. Dottie remarqua avec intérêt, chez certains, une finesse provenant de croisements avec des chevaux arabes. Tous les poneys de la Forêt n'étaient pas de race pure. Quelques belles juments entraient aussi dans l'enceinte.

L'équipe de tournage était à son affaire et n'avait pas besoin d'elle. Les bonnes séquences ne manqueraient pas. Peter Pride lui commentait les événements à mi-voix.

— Voilà Toby Pride. A côté de lui, Philip Furzey. Et là, James Furzey, John Pride et son cousin Eddie Pride. Ça c'est Ron Puckle. Vous l'avez vu à la cour des verdiers. Et Reg Furzey, vous vous rappelez ? Derrière lui, Wilfrid Seagull... Pas très franc du collier, celui-là. Tiens, mon cousin, Mark Pride. Et...

— N'en jetez plus, supplia-t-elle.

Quand on regardait autour de soi, on retrouvait une demi-douzaine de caractères physiques bien marqués chez ces gens, tous plus ou moins cousins. Un Pride pouvait ne pas ressembler à un de ses homonymes, mais le Furzey qui se trouvait à côté de lui était de toute évidence apparenté.

— Nous sommes comme les cerfs, dit Peter. Nous nous déplaçons à travers la Forêt pour nous reproduire. C'est probablement pour ça que nous ne dégénérons pas.

— Vous laissez parfois entrer les gens de l'extérieur ? Je veux dire, vraiment s'intégrer à la Forêt ?

Il montra de l'autre côté une très jolie blonde aux traits slaves. Ses poneys venaient d'être poussés dans l'enceinte.

— Ils ne sont pas d'ici, commenta-t-il en désignant à présent un blond qui bavardait avec un Pride dans l'un des enclos. Des gens sérieux. Ils font vraiment partie de la Forêt, maintenant.

La jeune fille était réellement d'une beauté stupéfiante. Dottie ressentit soudain comme un accès de jalousie. Quant à Peter, il secouait la tête d'un air compatissant en voyant l'air furieux de la blonde. Ses poneys s'étaient vendus à un prix dérisoire.

— A peine de quoi payer le transport et les frais, soupira-t-il. Il va vraiment falloir faire quelque chose.

Ils restèrent encore une demi-heure. Dottie déclara qu'elle avait soif et ils allèrent vers le stand des boissons.

— A propos, dit-il, j'ai fait des recherches. Vers 1880, il y a eu dans ma famille une certaine Dorothy Pride. Toute jeune, elle est allée s'installer à Londres

Comme beaucoup de manoirs géorgiens, Albion Park avait tout naturellement été converti en hôtel. La salle à manger était élégante. Dottie avait dû insister un peu, mais Peter Pride avait finalement accepté de venir dîner avec elle. Outre le plaisir de passer encore un moment en sa compagnie, elle voulait discuter avec lui de son reportage. Depuis le lundi, elle avait interviewé une douzaine de personnes : des historiens, des membres du Service des eaux et forêts, les propriétaires de la librairie Nova Foresta, qui connaissaient tous les livres jamais écrits sur la région, des *commoners*, des verdiers, des résidents ordinaires. Chacun possédait son point de vue sur la Forêt. Il lui fallait les passer au crible pour décider de l'approche à adopter.

Ils parlèrent d'abord de tout et de rien. Elle découvrit qu'ils aimaient le même genre de musique. Il était bon joueur d'échecs. Elle n'en fut pas surprise. Elle préférait les cartes, mais peu importait. Le sport ? La randonnée.

— Vous devez aimer marcher, dit-il en souriant. Vous êtes une Pride.

Ils durent convenir que le fait qu'une Dorothy Pride ait quitté la Forêt et qu'une autre soit apparue à Londres ne prouvait pas grand-chose.

— Si elle s'était mariée, expliqua Dottie, nous aurions au moins le nom de ses parents sur le certificat de mariage. Mais elle ne l'a pas fait.

— C'est pas grave, fit-il avec un charmant sourire. Peut-être qu'on vous adoptera quand même.

Elle trouva cela gentil. Il répondait à ses questions avec pertinence. Pourquoi tout le monde haïssait-il tant le Service des eaux et forêts ?

— Par habitude, en fait. Rappelez-vous qu'il a pris la succession de l'ancien Office des forêts, l'ennemi juré des *commoners*.

La Forêt serait-elle transformée en une juxtaposition d'affreux bosquets de conifères comme le Clos Grockleton ?

— Non. Après avoir planté des conifères pendant des années, le Service des eaux et forêts les mélange maintenant avec des feuillus et adopte une approche écologique très créative. Tout le monde n'est pas parfait, évidemment.

Quand elle l'entreprit sur l'écologie en général, ses yeux étincelèrent et il donna toute sa mesure.

— Pourquoi la Nouvelle Forêt est-elle si importante du point de vue écologique ? demanda-t-il avec ardeur. Pourquoi héberge-t-elle plus d'invertébrés que n'importe quel autre écosystème d'Europe ? Pourquoi toutes ces belles fondrières ? Une telle diversité d'habitats intacts ? Pourquoi ces écotones — ces zones d'une exceptionnelle diversité où se mêlent deux habitats — si inhabituels ? Oui, pourquoi ?

— Dites-le-moi.

— Parce que, il y a neuf siècles, un roi normand en a fait une réserve de chasse et, par chance, les bois sont restés à l'état naturel et les tourbières n'ont pas été drainées. L'écologie tient à l'histoire.

Il lui adressa un regard triomphant.

— Sauf que, bien sûr, si l'homme n'avait jamais mis les pieds dans la Forêt, elle serait restée dans son état de perfection originel, lança Dottie.

— Pas du tout. L'homme entre dans l'équation de la nature, au même titre que les autres créatures de Dieu. Pensez-y. Pourquoi la biomasse de la Forêt est-elle pauvre au ras du sol ? Parce que les poneys et les cerfs la mangent. Curieusement, cela apporte pourtant la diversité. Faut-il les chasser ? Ils étaient probablement là avant que l'homme n'arrive dans la région. Il n'existe pas de système parfait, mais seulement un équilibre. Et cet équilibre varie constamment. Livrés à eux-mêmes, les animaux, les bois, tous les systèmes naturels meurent et se régénèrent à des rythmes variables. Chaque fois que l'on tente d'imposer à la nature un ordre statique, ça ne marche pas. De toute façon, le système tout entier évolue. Il y avait quatre aiguilles à l'extrémité de l'île de Wight, il n'en reste plus que trois. La mer en a emporté une au XVIIIe siècle. Le paysage a complètement changé depuis la fin de la période glaciaire, c'est-à-dire à peine dix mille ans... Un chêne vit quatre siècles. La durée de la vie humaine est trop courte pour que nous comprenions vraiment les processus de la nature et nous nous trompons la moitié du temps.

— Que préconisez-vous donc pour la Forêt ?

— La recherche d'un équilibre, en sachant que la nature en trouvera un meilleur.

Il la regarda droit dans les yeux.

— Je pense que c'est comme cela qu'il faut vivre, pas vous ?

Dottie resta silencieuse quelques instants. Puis :

— Viendrez-vous à Beaulieu, dimanche ?

Elle n'avait vraiment aucune envie d'aller prendre le thé chez Mme Totton. On était vendredi. Elle avait accumulé tant d'informations au cours des cinq derniers jours qu'elle voulait revoir ses notes et mettre en forme son projet. Elle y avait consacré la matinée et avait bien avancé. Ça se tenait, mais il manquait quelque chose. Elle n'arrivait pas à mettre le doigt dessus — cet ingrédient magique qu'elle appelait l'« histoire » ? Ça lui venait toujours à la fin et, jusque-là, en temps utile. Elle trouverait d'ici à samedi.

Mme Totton habitait un charmant cottage blanchi à la chaux, avec un jardin clos de murs et un petit verger derrière. Il était situé dans le vallon verdoyant près du pont de Boldre.

— Comme il fait beau, j'ai pensé que nous pourrions traverser le pont et aller jusqu'à l'église, annonça-t-elle en lui ouvrant.

Sur son tertre, l'église de Boldre était accueillante. L'obscurité des bois environnants n'avait rien de sinistre, mais la bâtisse paraissait très vieille. Des plaques à la mémoire de membres de vieilles familles de la Forêt étaient fixées aux murs. L'une d'elles attira particulièrement l'attention de Dottie : celle de Frances Martell, née Albion, d'Albion Park. De manière tout à fait inhabituelle, elle rappelait aussi le souvenir de sa « dévouée gouvernante et fidèle amie », Jane Pride.

— Albion Park, c'est le nom de l'hôtel où je suis descendue, fit remarquer Dottie.

— C'est aussi la maison où je suis née, lui dit son hôtesse. J'étais une Albion avant d'épouser Richard Totton. Beaucoup de grandes demeures de la Forêt sont maintenant des hôtels.

Elles prirent le chemin du retour.

— Si vous voulez, je vous raconterai l'histoire de Fanny Albion, proposa-t-elle un peu plus tard. Elle a été jugée à Bath pour avoir dérobé un morceau de dentelle.

Il y avait une autre invitée à l'heure du thé, Imogen Furzey, une femme agréable d'une cinquantaine d'années, que Mme Totton présenta ainsi : « Une cousine. » Dans l'univers de Mme Totton, une cousine pouvait être éloignée de plusieurs générations, devina Dottie, mais elle ne demanda pas de précisions.

— C'est une artiste, et j'ai pensé que cela vous serait agréable de faire sa connaissance, lui dit Mme Totton sur le ton de la confidence, comme si ceux qui travaillaient dans les médias appartenaient nécessairement au monde des artistes.

Imogen Furzey était peintre.

— C'est de famille, expliqua-t-elle. Mon père était sculpteur. Et son grand-père était Minimus Furzey, un peintre assez connu de la Nouvelle Forêt.

Dottie trouva Imogen Furzey à son goût. Elle était vêtue avec excentricité, mais non sans élégance et simplicité. La blouse qu'elle portait avait sans doute été dessinée par elle. De même, probablement, que son bracelet en argent. Autour du cou, pendu à une chaîne assortie au bracelet, elle avait un curieux petit crucifix en bois sombre.

— Un héritage, dit-elle en voyant que Dottie l'avait remarqué. Il doit être extrêmement ancien, mais je ne sais pas d'où il vient.

La réunion fut très agréable. Elle se révéla même utile. Mme Totton et Imogen Furzey lui apprirent un tas de choses sur la Forêt et le firent apparemment avec plaisir.

— Je me demande si avec un nom comme Pride vous n'avez pas des liens avec la Forêt, s'interrogea Mme Totton à la fin.

Dottie leur dit qu'elle en avait parlé avec Peter Pride sans aboutir à un résultat concluant.

— Une Dorothy Pride a quitté la Forêt pour s'installer à Londres et une Dorothy Pride vivait à Londres. Mais il est impossible de savoir si c'était une seule et même personne.

Mme Totton réfléchit un moment.

— Il y a des années, quand nous avons vendu Albion Park, mon frère et moi avons épluché les vieux papiers du colonel Albion. Ça ne date pas d'hier, mais je crois me rappeler qu'il y était question d'une jeune Pride qui s'était enfuie à Londres. Cela vous intéresserait d'y jeter un coup d'œil ?

Dottie hésita. Il fallait qu'elle se remette au travail. D'un autre côté...

— Si ça ne vous dérange pas trop...

— Du tout, rien de plus simple... Enfin, si ces papiers se trouvent bien à l'endroit auquel je pense... Imogen, ma chère, c'est trop lourd pour moi, mais dans la réserve, vous verrez une boîte marquée « Colonel Albion ». Vous pourriez peut-être la prendre, à vous deux ?

La réserve de Mme Totton se révéla une solution soigneusement pensée au problème auquel sont confrontés beaucoup de gens quand ils quittent une grande maison pour emménager dans une petite : que faire des monceaux de papiers, de photos de famille et autres souvenirs impossibles à caser dans un espace réduit ? Sa solution à elle avait consisté à faire construire une vaste remise. Aux murs, de grands portraits toisaient les visiteurs. Soigneusement étiquetés et rangés dans des casiers, une vingtaine de coffres contenaient les papiers et les souvenirs de tel ou tel ancêtre. Des épées, des vieilles cannes à pêche, des fouets et des cravaches étaient rassemblés dans des rateliers et il y avait plusieurs cartons d'uniformes, de vestes de chasse, de robes en dentelle et autres parures dûment remisées. La remise renfermait le trésor familial. Elles trouvèrent assez facilement le coffre en cuir, réussirent à le traîner le long du couloir jusqu'au salon et l'ouvrirent.

Le colonel détestait écrire, mais il avait pourtant fait des copies de presque toutes les lettres qu'il recevait ou envoyait. Pour quelqu'un qui avait la paperasse en aversion, c'était louable. Les lettres étaient classées non pas chronologiquement, mais par sujet, et chaque liasse placée dans une enveloppe marquée de l'écriture énergique du colonel.

Elles fouillèrent, à la recherche d'un paquet « Pride ». En vain.

— Oh, je suis désolée, ma chère. Ma mémoire fait des siennes, s'excusa Mme Totton.

— C'est sans importance, dit Dottie. Merci d'y avoir pensé.

Elles commencèrent à remettre les liasses à leur place.

— Regardez ! s'exclama Imogen en brandissant un paquet.

Il était marqué « Furzey, Minimus », souligné par le colonel d'un trait vigoureux.

— Je peux ?

— Bien sûr.

Il y avait un certain nombre de lettres, courtes pour la plupart. L'une était beaucoup plus longue. Elle commençait sèchement : « Monsieur, peut-être vous intéressera-t-il d'apprendre que le détective que j'ai engagé il y a deux ans vient de me fournir une réponse. »

— Qu'est-ce que cela peut bien vouloir dire ? fit Imogen en continuant de parcourir la lettre des yeux. Ah.

Elle lut encore un peu.

— Dottie, je crois que j'ai trouvé ! dit-elle en lui prenant le bras.

« On a retrouvé la fille Pride. Elle est vivante et en bonne santé, nous pouvons en remercier Dieu. Elle vit, dans le péché, avec une personne dont on dit que c'est un artiste dépourvu de moralité. Une personne tout à fait dans votre genre, donc.

On l'a incitée à revenir chez ses parents ou du moins à leur faire savoir qu'elle est en vie. Elle a catégoriquement refusé, parce qu'elle s'est enlisée et accoutumée à une vie de péché ou par honte, je l'ignore. En l'occurrence, je pense que le mieux est de n'en rien dire à ses parents.

Peut-être méditerez-vous sur le fait, monsieur, que vous et vous seul êtes responsable de la déchéance de Dorothy Pride.

Je dis "peut-être méditerez-vous". J'aurais dit plutôt "vous méditerez sans doute" si je n'ignorais pas que, quelles soient les circonstances, il n'est pas dans votre caractère de tirer des conclusions morales.

Je ne peux conclure qu'en vous assurant que, pour ma part, votre caractère m'inspire une répulsion et un dégoût chaque année plus grands. »

— Ce doit être votre arrière-grand-mère, Dottie.

— C'est probable. Vivant avec un artiste...

— Et mon arrière-grand-père...

— Enfin, nous l'avons trouvée, dit Mme Totton. C'était il y a longtemps, mais bienvenue au pays, Dottie.

Elle regarda la pendule sur le dessus de la cheminée.

— Mes chères amies, il est temps de boire quelque chose...

Dottie s'excusa. Elle voulait avoir sa soirée pour travailler. Elle les remercia toutes les deux et s'apprêta à prendre congé.

— Voulez-vous que l'on vous aide à remettre les papiers dans la réserve ? demanda-t-elle.

— Non, merci. Il se peut que je jette un coup d'œil à certains ce soir, dit Mme Totton. Peut-être nous verrons-vous plus souvent dans la Forêt ? ajouta-t-elle en souriant.

— Peut-être.

Sa soirée de travail se passa bien. La masse de matériaux qu'elle avait réunie commençait à prendre forme. Cela annonçait généralement la découverte de l'« histoire ».

C'était étrange, cette liaison entre son arrière-grand-mère et Minimus Furzey. Une fois ou deux, elle prit le téléphone pour annoncer la nouvelle à Peter Pride, mais s'obligea à n'en rien faire. Elle pourrait le lui dire dimanche, s'il venait.

C'était son cousin, lointain, évidemment.

Mme Totton resta longtemps assise seule, ce soir-là, dans un parfait état de contentement. La journée avait été bonne. Elle aimait bien cette Dottie Pride. Quant à la découverte de sa famille, c'était un cadeau du ciel. Avoir des liens avec la Forêt était pour Mme Totton la plus grande des bénédictions.

Elle lut un moment, somnola pendant une demi-heure, puis, après avoir posé sa chaise près du coffre, parcourut d'autres lettres du colonel Albion. Beaucoup évoquaient des questions d'intendance, certaines, des querelles entre les verdiers et l'Office des forêts. Après la lettre adressée à Furzey, aucune n'était bien excitante. Peut-être n'avait-elle pas l'esprit à ça.

Elle était sur le point de remettre les paquets à leur place et de refermer le coffre quand une petite lettre se détacha du reste. Elle ne semblait pas faire partie d'une correspondance. Le colonel y avait écrit un seul mot : « Mère ? »

Sa curiosité piquée, elle prit l'enveloppe et l'ouvrit. Il n'y avait qu'une seule feuille de papier à l'intérieur, écrite des deux côtés d'une belle écriture serrée, certainement pas celle du colonel Albion.

Elle commençait par ces mots : « Ma femme chérie, chacun de nous possède des secrets, et il en est un que je souhaite maintenant vous révéler. »

Pour une confession, elle était plus qu'étrange. Il semblait que l'épouse de l'auteur, qu'il aimait manifestement, avait des cauchemars et parlait dans son sommeil. Il avait ainsi appris qu'elle était coupable, ou croyait l'être, d'un grave forfait. D'autres avaient été condamnés à la relégation et même à la peine capitale, mais elle avait été innocentée.

Parce qu'elle avait menti. Un sentiment de culpabilité, le remords la harcelaient dans ses rêves nocturnes. Elle endurait visiblement des souffrances qu'elle ne pouvait partager avec personne, pas même son mari. A l'état d'éveil, elle ne disait rien. Les cauchemars revenaicnt apparcmment de manière récurrente.

Qu'avait donc à confesser son mari ? D'abord, qu'il avait surpris malgré lui ces confidences. Il ne savait trop s'il devait lui en parler ou non. Il lui disait ensuite qu'il la connaissait trop bien pour posséder le moindre doute quant à sa bonté. Elle n'avait aucune mauvaise pensée ou intention, que ce fût comme épouse, mère ou maîtresse de maison.

Etait-il possible qu'elle ait vraiment dérobé ce bout de dentelle ou en était-elle arrivée à l'imaginer ? Il l'ignorait. Le délit, même s'il était réel, ne méritait pas le châtiment reçu. Par sa bonté, elle avait depuis longtemps gagné le pardon.

« Peut-être serai-je capable de vous persuader de ces choses, ma chère Fanny. Peut-être ces terribles cauchemars vont-ils prendre fin. Mais je désire vous laisser cette lettre afin que vous puissiez la lire après ma mort.

Car, moi aussi, j'ai une confession à vous faire Lorsque je suis venu vous voir à Bath et vous ai implorée de vous defendre en vous disant que je vous savais innocente de ce forfait, je mentais. Je l'ignorais. Mais je désirais par-dessus tout que vous deveniez ma femme, coupable ou innocente. Et maintenant encore, tout en sachant fermement que vous êtes destinée à gagner le royaume céleste, dussiez-vous être condamnée aux flammes de l'enfer, je vous y suivrai et en serai mille fois heureux.

Votre mari aimant, Wyndham. »

— Bien, bien, murmura Mme Totton.

Dottie Pride s'éveilla avant l'aube. Ça venait, elle le sentait. Elle tiendrait son histoire le jour même.

Incapable de se rendormir, elle se leva, enfila quelques vêtements, descendit l'escalier à peine éclairé d'Albion Park et sortit. Le gravier de l'allée crissait sous ses pas. Elle marcha sur le bord de la pelouse jusqu'à la grille.

Il faisait froid, mais elle s'en fichait. Sans même s'en rendre compte, elle suivit la petite route et entra dans Oakley. Le village était endormi. Pas âme qui vive. Elle arriva à la pelouse où le terrain de cricket était déjà entouré de barrières. Elle le distinguait à peine dans l'obscurité.

Oakley. Si elle était une Pride, elle était alors de retour au pays. Elle marcha dans l'herbe couverte de rosée. Ses chaussures seraient trempées. Peu lui importait. Elle prit une profonde inspiration, huma l'odeur de tourbe et de bruyère, frissonna.

La nuit printanière recouvrait encore le ciel. Tout était calme, comme si la Nouvelle Forêt attendait quelque événement dans le silence qui précède l'aube. Elle regarda en direction de la lande de Beaulieu.

Une alouette se mit à chanter dans l'obscurité.

Remerciements

J'ai une lourde dette envers les personnes suivantes, qui m'ont aimablement aidé à préparer ce livre : Georgina Babey, Louise Bessant, Sylvia Branford, Peter Brown, Ewan Clayton, Maldwin Drummond, le géomètre adjoint et les autres membres de la commission forestière, Jonathan Gerrelli, Bridget Hall, Barbara Hare, Paul Hibbard, Peggy James, le major Giles Hallam Mills, Lord Montagu et le personnel de l'abbaye de Beaulieu et de la Cale de l'écu, Edward Morant, le personnel du musée de la Nouvelle Forêt et de la Fondation du neuvième centenaire de la Nouvelle Forêt, Gerald Ponting, Lord Radnor, Peter Roberts, Robert Sharland, David Stagg, Caroline Stride et Ian Young.

Je dois aussi beaucoup aux écrits de A.J. Holland, Dom Frederick Hockey, Jude James, F.E. Kenchington, Arthur Lloyd, Anthony Passmore et David Stagg, sans lesquels la rédaction de ce livre n'aurait pas été possible. De nombreux articles du magazine *Nueva Foresta* m'ont également été très précieux.

Je ne remercierai jamais assez Mme Jenny Wood, dont les talents de dactylo ont donné un sens à mon manuscrit, ainsi que Kate Elton et, surtout, Anna Dalton-Knott, pour la préparation de ce manuscrit.

Remerciements encore à Andrew Thompson, pour ses magnifiques cartes.

Comme toujours, je n'aurais rien pu faire sans mon agent, Gill Coleridge, et mes deux éditrices, Kate Parkin et Betty Prashker, dont la patience, la gentillesse, les encouragements et l'aide ont rendu possible la publication de ce roman.

Je suis grandement redevable à ma femme, Susan, à mes enfants, Edward et Elizabeth, et à ma mère, pour leur patience et leur soutien.

Je dois enfin reconnaître mon immense dette envers deux érudits : MM. Jude James et Richard Reeves. Non seulement leur gentillesse à mon égard, leurs conseils et leur extraordinaire générosité intellectuelle se retrouvent dans chaque partie de ce livre, mais ils ont aussi fait de sa préparation la plus agréable de mes expériences professionnelles à ce jour. Toutes les erreurs pouvant subsister dans ce livre sont de mon fait.

Impression réalisée sur CAMERON par

BUSSIÈRE CAMEDAN IMPRIMERIES

GROUPE CPI

à Saint-Amand-Montrond (Cher)
en avril 2001

N° d'édition : 6893. — N° d'impression : 011699/1.
Dépôt légal : mars 2001.

Imprimé en France